Das große Nordfriesland-Buch

Das große Nordfriesland-Buch

Herausgegeben von Thomas Steensen

Ellert & Richter Verlag

NORDFRIISK
INSTITUUT

Inhalt

Nordfriesland – Land der Vielfalt

Thomas Steensen

Nordfriesland ist ein Land der Vielfalt. Es gibt nicht *die* nordfriesische Landschaft, sondern mehrere, bestimmt durch den Dreiklang Wattenmeer – Marsch – Geest. Die Nordfriesen sprachen und sprechen nicht nur *eine* Sprache, sondern mehrere. Und auch *die* originäre Sprache der Region, die friesische, gibt es im Singular eigentlich nicht, sondern sie besteht aus mehreren Dialekten. *Das* nordfriesische Haus treffen wir nicht an, auch hier ist die Mehrzahl zu benutzen, die eben in Nordfriesland viel wichtiger ist als die Einzahl: Es gibt das utlandfriesische Haus und das jütische Geesthardenhaus mit verschiedenen Spielarten im Norden, den Haubarg in Eiderstedt, das niedersächsische Hallenhaus im Südosten des Kreises; so viele verschiedene traditionelle Hausformen finden wir auf engem Raum kaum irgendwo sonst in Europa. Auch in religiöser Hinsicht ist Nordfriesland nicht einförmig. Zwar bestimmt seit der Reformation die evangelisch-lutherische Kirche das Bild. Aber es traten doch immer wieder Abweichler auf, „Schwärmer" und „Sektierer", die sich entschieden gegen die Unterordnung des Glaubens unter die Staatsgewalt wandten. Eine Sonderstellung nahm überdies Friedrichstadt ein, wo zeitweise sieben Religionsgemeinschaften nebeneinander in Frieden lebten. Und eine solche Vielzahl schöner Kirchen auf kleinstem Raum wie auf der Halbinsel Eiderstedt findet man selten.

Schon ein Blick auf die Karte gibt einen Hinweis auf die Vielfalt Nordfrieslands. Die Lage am Meer ist der wichtigste geographische Tatbestand, der Natur und Landschaft ebenso bestimmt wie Geschichte und Mentalität der Menschen. Die Küste ist zergliedert in Inseln, Halbinseln und Halligen. Mit den engeren Lebensräumen identifizieren sich die Menschen vor allem. Darum gibt es auch nur in Ansätzen und in Grundzügen *die* nordfriesische Geschichte. Sie verlief in Husum ganz anders als in der Wiedingharde und auf Föhr ganz anders als in Eiderstedt. Drei Völker und Kulturen sind in Nordfriesland zusammengetroffen, haben sich gegenseitig beeinflußt, meistens friedlich miteinander gelebt, manchmal miteinander gerungen. Der Dreiklang Friesisch – Deutsch – Dänisch hat zu einem Teil die Vielfalt Nordfrieslands herbeigeführt.

Ein weiterer friesischer Dreiklang weist über Nordfriesland hinaus. Die friesischen Lande sind aufgeteilt in drei Regionen: Nordfriesland, Ostfriesland im Bundesland Niedersachsen und Westfriesland in den Niederlanden. Seit vielen Jahrhunderten schon gehen sie getrennte Wege. Ein gewisses Zusammengehörigkeitsgefühl ist dennoch erhalten geblieben. So treffen sich alle drei Jahre Friesen aus den drei Frieslanden zu einem Friesenkongreß.

Viele Besonderheiten, manche davon einzigartig weithin, zeichnen Nordfriesland aus. Von allen Kreisen Schleswig-Holsteins verfügt es zum Beispiel über die meisten Museen, in denen Zeugnisse der mannigfaltigen Kultur gezeigt werden, und über die größte Zahl eingetragener Kulturdenkmale. Die nordfriesische ist unter allen germanischen Sprachen die am stärksten aufgegliederte. Nordfriesland weist von allen Kreisen in Schleswig-Holstein die meisten Naturschutzgebiete auf und nimmt damit eine Spitzenstellung nicht nur in Deutschland, sondern in ganz Europa ein. Das Wattenmeer, 1985 zum Nationalpark erklärt, ist eine der weltweit großartigsten Landschaften. Mit nur 79 Menschen je Quadratkilometer gehört der Kreis Nordfriesland zu den am dünnsten besiedelten Regionen in Deutschland. Zugleich ballen sich in der Urlaubssaison in bestimmten Gebieten Menschenmassen, kaum irgendwo sonst besitzt der Tourismus eine so herausragende Bedeutung.

Nordfriesland hat Anteil an einem der größten Bauwerke in Europa. Allein die erhaltenen nordfriesischen Deiche ergeben in ihren verschiedenen Linien einen fast 850 Kilometer langen Erdwall – das entspricht etwa der Nord-Süd-Ausdehnung der Bundesrepublik Deutschland –, 163 Köge bestehen heute im Kreisgebiet. Dennoch ist das Gebiet des mittelalterlichen Nordfriesland nicht auch nur annähernd wiedergewonnen worden. Die Erfahrung des Verlustes und der Bedrohung durch die Nordsee hat bis heute Spuren in der Mentalität vieler Nordfriesen hinterlassen. Die beiden wichtigsten Geschichtszahlen Nordfrieslands sind die der großen Sturmfluten von 1362 und 1634, die zu den verheerendsten Naturkatastrophen in der europäischen Geschichte gehören. Landgewinn und Landverlust, das ist geradezu das klassische friesische Thema. Theodor Storm hat es wie kein anderer meisterhaft eingefangen in seinem Alterswerk „Der Schimmelreiter", das viele als „Nationalepos" der Nordfriesen sehen.

Vielfalt bestimmt auch Politik und Administration. In ganz unterschiedlicher Weise waren die Teilregionen verfaßt. Sie gehörten zeitweise sogar zu verschiedenen Staaten. In der frühen Neuzeit war Nordfriesland zergliedert in die Anteile des dänischen Königs und des Gottorfer Herzogs. Auch als die Region 1713/21 insgesamt zum dänischen Gesamtstaat gelangte, verblieb eine verwaltungsmäßige und rechtliche Unterscheidung: Der größte Teil gehörte zum Herzogtum Schleswig, die „Enklaven" Westerland-Föhr, Amrum und das Listland auf Sylt aber weiterhin zum Königreich Dänemark. Erst das Epochenjahr 1864 brachte grundsätzlichen Wandel. Zum ersten Mal in seiner Geschichte gelangte Nordfriesland zu Deutschland, bei dem es seitdem verblieb. Eine Sonderrolle spielte die nordfriesische Insel Helgoland, die von 1807 bis 1890 von Großbritannien regiert wurde.

Niemals gab es einen nordfriesischen Staat. Die politischen Geschicke Nordfrieslands wurden weitgehend von außerhalb bestimmt, zunächst von Kopenhagen und Gottorf, dann von Berlin, Schleswig, Kiel, Bonn und wieder Berlin aus. Das Fehlen eigener Staatlichkeit ist ein Grundzug der nordfriesischen Geschichte. Angesichts der Entwicklung der Nationalstaaten muß der Verzicht darauf den Nordfriesen allerdings nicht unbedingt als ein Versagen zugerechnet werden. Trotz – oder wegen – der fehlenden Staatlichkeit prägte Selbstverwaltung in wesentlichen Bereichen das öffentliche Leben. Dies galt insbesondere für die existentielle Aufgabe der Deichunterhaltung und die Rechtsverfassung. Vor allem in den „Landschaften" verwalteten Nordfriesen wesentliche Belange selbst, auch als anderswo der Absolutismus herrschte. Zwar konnten hier Adlige nie wirklich Fuß fassen, aber die Lebensweise mancher reicher Bauern, deren große Höfe in der Marsch wie Burgen erschienen, mutete durchaus aristokratisch an. Auf den Inseln hatten kaum weniger selbstbewußte Kapitäne das Sagen. Nicht gerne wollte man sich von außerhalb in die eigenen Dinge hineinregieren lassen. Etwas von dieser Einstellung spielte noch in die Auseinandersetzungen um den Nationalpark Wattenmeer seit den 1970er Jahren hinein.

Mehr als 100 Jahre lang war die Administration Nordfrieslands durch einen Dreiklang bestimmt, den der Kreise Eiderstedt, Husum und (Süd-)Tondern. Erst 1970 wurde aus der Dreiheit eine Einheit. Der Kreis Nordfriesland umfaßt erstmals alle nordfriesischen Teilregionen, mit Ausnahme der Insel Helgoland. Im Kreiswappen spiegelt sich die frühere Dreiheit noch heute; die drei Koggen weisen in ihren Segeln jeweils Symbole der einstigen Kreise auf.

Die Vielfalt der Region ist auch ein Ergebnis von Zu- und Abwanderung. Als das Gebiet fast menschenleer war, wanderten im frühen Mittelalter Friesen von der südlichen Nordseeküste ein. Sie trafen auf eine jütische Bevölkerung, und auch später machte sich dänischer Einfluß etwa auf den Inseln bemerkbar, als im Sommer viele Jüten in der Landwirtschaft aushalfen und teilweise fest ansässig wurden. Zuerst im Südosten des heutigen Kreises Nordfriesland sowie in den entstehenden Marktflecken und Städten siedelten sich seit dem ausgehenden Mittelalter deutsche Bauern sowie Handwerker und Kaufleute an. Dieser Einfluß aus dem Süden nahm im Laufe der Jahrhunderte mehr und mehr zu. Vor allem in der frühen Neuzeit, vom 16. bis hinein ins 18. Jahrhundert, spielten Einflüsse aus den Niederlanden eine bedeutende Rolle. Niederländische Glaubensflüchtlinge und Kaufleute drückten dem 1621 gegründeten Friedrichstadt ihren Stempel auf. Die neuen Formen im Deichbau des 17. Jahrhunderts wären undenkbar ohne Fachleute und Unternehmer aus den Niederlanden. Von niederländischen Häfen aus fuhren Inselfriesen auf Walfang und Robbenschlag. Ohnehin brachten die Seefahrer viel Fremdes und Neues ins Land. Die Erfahrungen der Seefahrt schufen auch eine Bereitschaft zur Mobilität, die in Krisenjahren des 19. und 20. Jahrhunderts eine geradezu massenhafte Auswanderung nach Übersee begünstigte. Vor allem für Föhr und Amrum ist die Verbindung mit Amerika wichtig geblieben, und manchem Insulaner liegt New York näher als Niebüll. Viel „Fremdes" wurde aufgenommen und den eigenen Bedürfnissen angepaßt. Manches, was man importierte, galt vielen bald als typisch friesisch. Ein Beispiel bilden die aus den Niederlanden eingeführten blau bemalten Wandfliesen.

Als an die Peripherie geratene Region gab und gibt Nordfriesland viele Menschen ab an die Industrie- und Ballungsgebiete. Häufig sind es gerade aktive Menschen, die in ihrer Heimat keinen angemessenen Ausbildungs- und Arbeitsplatz finden und die dann besonders fehlen. Mancher große Kopf des deutschen und europäischen Geisteslebens stammt eigentlich aus Nordfriesland. Andererseits haben die faszinierende nordfriesische Landschaft und Kultur immer wieder bedeutende Menschen hierher gezogen. Als ein Beispiel sei nur der in Indien geborene Schwabe Carl Haeberlin (1870–1954) genannt, der wie kaum ein anderer die Kultur seiner Wahlheimatinsel Föhr erforschte und bereicherte. Andererseits hat die massenhafte Zuwanderung durch Flüchtlinge nach dem Zweiten Weltkrieg, durch Soldaten und deren Angehörige an Bundeswehrstandorten sowie durch Zweit- und Dritthausbesitzer in den Fremdenverkehrsgebieten erhebliche Probleme für den Fortbestand der angestammten Kultur mit sich gebracht.

Wie eigen ist Nordfriesland heute noch? Sicherlich gibt es in aller Vielfalt nach wie vor die eigene friesische Sprache, ein eigenes Geschichtsbewußtsein, eine eigene Kultur. Aber vieles davon ist doch heute eher die Ausnahme als die Regel. Daß – zum Beispiel – Eltern mit ihren Kindern friesisch sprechen, ist, abgesehen vom Westteil der Insel Föhr, keineswegs mehr selbstverständlich. Daß man etwas weiß von den großen „Mandränken" (Sturmfluten) und ihren Folgen, trifft auf die jüngere Generation kaum mehr zu, weil die Schule die Region im Unterricht allzu leicht aus dem Blick verliert. Das nordfriesische „Nationalfest", das Biikebrennen, hat sich in den letzten Jahren stark ausgebreitet. Aber gleichzeitig zeigt sich die Gefahr, daß es zur bloßen Folklore, zum äußerlichen Dekor verkommt. Schon werden Sonderzüge eingesetzt: Seht, wie die friesischen „Ureinwohner" ihr „Nationalfest" feiern, „urgemütliches, friesisch-rustikales" Grünkohlessen im Pauschalpreis inbegriffen. Und doch finden immer wieder – frei von aller Folklore und von Friesentümelei – junge Menschen zu einer Besinnung auf Friesisches, Eigenes. Sie suchen wohl eine Vergewisserung, Verankerung in der kleinen Welt, ohne die Offenheit für die große aufgeben zu wollen.

Beides findet sich, wenn auch in ganz anderer Weise, in der nordfriesischen Vergangenheit. Die Verwurzelung in der eigenen kleinen Welt kann als ein wesentlicher Grundzug nordfriesischer Geschichte und nordfriesischer Mentalität angesehen werden. Zugleich aber ist sie gekennzeichnet von einer überraschenden Offenheit, die auf den Inseln vor allem der Seefahrt zu verdanken ist, in den Marschen, wenn auch in kleinerem Maßstab, den zum Teil weitgespannten Handelsbeziehungen. Ganz zweifellos waren die Menschen überwiegend konservativ eingestellt. Sie hingen am Überkommenen, lehnten Neuerungen manchmal bis hin zur starren Kleinlichkeit ab. Und dann wieder findet sich eine überraschende Aufgeschlossenheit für Neues, Fernes, Fremdes. Diese Ambivalenz zwischen

Enge und Weite, Kleinkariertheit und Weltoffenheit, konservativer Erstarrung und Aufnahmebereitschaft ist in der Geschichte Nordfrieslands häufig anzutreffen. Etwas davon findet sich wieder in den beiden bekanntesten nordfriesischen Wahlsprüchen: *Liiwer düüdj as sloow!* (Lieber tot als Sklave!) Das stolze – und oft mißbrauchte – Wort pointiert friesisches Freiheitsbewußtsein, drückt zugleich Unbeugsamkeit aus. Allerdings dürfte eine immer wieder neue Anpassung an neue Herausforderungen viel eher als ein Grundzug der nordfriesischen Geschichte anzusehen sein als ein starres Beharren um jeden Preis. *Rüm hart – klaar kiming!* (Weites Herz – klarer Horizont!) Dieses Wort, das wohl auf welterfahrene inselfriesische Seefahrer zurückgeht, drückt in schöner Weise Offenheit und Großzügigkeit, aber auch Geradlinigkeit aus. Eine ganz ähnliche Lebensmaxime findet sich bei den Geschwistern Scholl aus dem Widerstandskreis der Weißen Rose: Weiches Herz – harter Verstand!

Bei aller Bedeutung des Plurals ist Nordfriesland doch reich an Singularitäten. Einzigartig ist das Wattengebiet der Nordsee, und das Watt Nordfrieslands gilt als die Perle des gesamten Wattenmeers. Einmalig auf der Welt sind die kleinen Halligen, deren Land immer wieder vom Meer überflutet wird. Hallig Gröde ist eine der kleinsten politischen Gemeinden der Bundesrepublik. Auf den Halligen Nordstrandischmoor und Gröde bestehen die wohl weltweit kleinsten Schulen. Die Kleinheit ist ohnehin in vielfacher Weise wichtig für Nordfriesland. Die Nordfriesisch sprechenden Menschen etwa zählen zu den kleinsten Sprachgruppen in Europa. Das macht vieles schwierig. Aber Kleinheit ist nicht nur problematisch. Sie kann auch Geborgenheit vermitteln, Eigeninitiative und Verantwortungsgefühl stärken. In der Geschichte Nordfrieslands gibt es dafür viele Beispiele. *Small is beautiful* – dies gilt für Nordfriesland in besonderer Weise.

Wenn denn etwas „typisch nordfriesisch" ist, dann nicht das triste Einheitsgrau, sondern Besonderheiten, bunte Mannigfaltigkeit. Sie geben dem Leben Farbe. „Unter den Landschaften Schleswig-Holsteins ist Nordfriesland die eigenartigste und mannigfaltigste. Nirgendwo in unserer meerumschlungenen Heimat, ja, nirgendwo an der ganzen Nordseeküste findet man eine solche Fülle verschiedener Geländeformen, ein so mannigfaltiges Naturleben – vergangenes und gegenwärtiges – und eine Bevölkerung mit solcher Eigentümlichkeit wie gerade bei uns." Dies schrieb schon Lorenz Conrad Peters (1885–1949), der Herausgeber des 1929 erschienenen, noch heute wichtigen Werkes „Nordfriesland. Heimatbuch für die Kreise Husum und Südtondern". Das vorliegende Buch knüpft an dieses Standardwerk an. Es schließt mit Eiderstedt einen wichtigen Teil Nordfrieslands ein, ebenso die nordfriesische Insel Helgoland.

Vielfältig, eigenartig, einzigartig – diese Begriffe begegnen einem bei der näheren Betrachtung Nordfrieslands immer wieder. Die verschiedenen Kapitel in diesem Buch zeigen dies in vielen Facetten. Ausgewiesene Fachleute stellen in 57 Beiträgen den neuesten Stand der Forschung in kompakter Form dar. Dieses Werk wendet sich jedoch nicht (nur) an ein fachwissenschaftliches Publikum, sondern möchte alle ansprechen, die in Nordfriesland leben oder hier zu Gast sind und die mehr wissen wollen über diese singuläre Region, in der dennoch der Plural wichtiger ist als der Singular – das Land der Vielfalt.

Natur und Landschaft

Heef, mjarsch än gååst

Sturmflut – die Brandung trifft auf Uferschutzwerke, haushoch brechen sich die Wellen. Die gewaltige Kraft der entfesselten Nordsee wird sichtbar. Sturmfluten haben die Entwicklung Nordfrieslands und seine heutige Landschaft entscheidend mitgestaltet.

Himmel, Sand, Wasser – ein Dreiklang Nordfrieslands. Die Weite der Landschaft wird nirgendwo deutlicher als auf dem Amrumer Kniepsand. 15 Kilometer lang und bis zu einem Kilometer breit hat er sich im Laufe der Jahrhunderte an die Insel angelagert. Noch im 19. Jahrhundert gab es im Norden eine Bucht, den „Kniephafen“.

Grünes Vorland, weiße Schafe, ein Leuchtturm am Horizont – typisch Nordfriesland. Kaum eine Landschaft auf der Erde wird so sehr durch die Horizontale und durch gerade Linien bestimmt. Leuchttürme sind die höchsten Landmarken. Der vor Westerhever in Eiderstedt gehört zu den bekanntesten und meistfotografierten.

Feiner, von der Sonne erwärmter Sand – ein Weg ins himmlische Strandvergnügen. Hier auf dem Sylter Ellenbogen, dem nördlichsten Punkt Deutschlands, und im Listland bestimmen Dünen das Landschaftsbild. Fast alle wurden mittlerweile durch Bepflanzung befestigt. Vereinzelte Wanderdünen erinnern daran, daß in früheren Jahrhunderten der wandernde Sand auf Sylt ganze Siedlungen unter sich begrub.

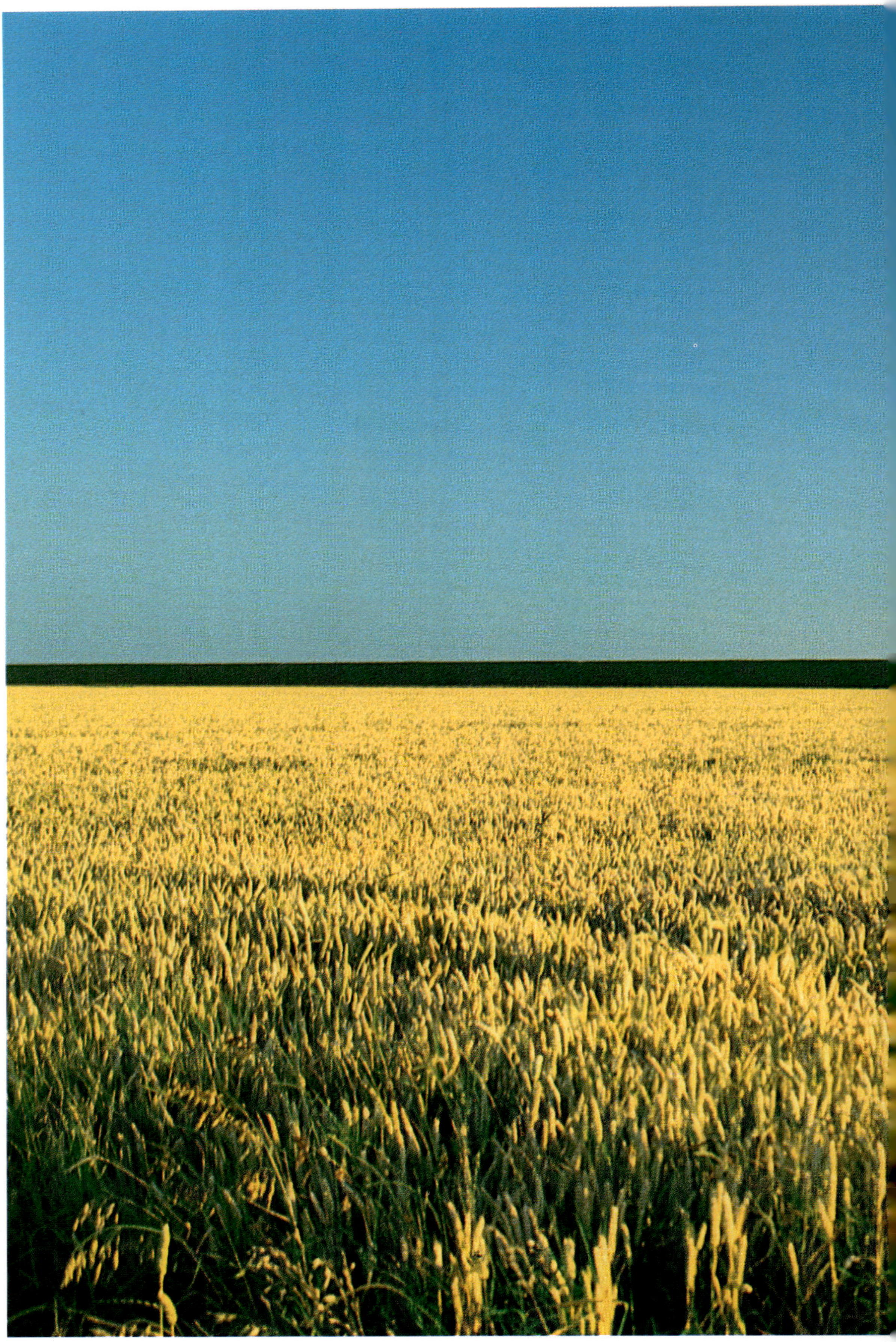

Getreide in einem nordfriesischen Koog, soweit das Auge reicht. Nach wie vor ist Nordfriesland eine Agrarlandschaft. Rund vier Fünftel der Gesamtfläche werden beackert oder beweidet. Ihre beherrschende Stellung hat die Landwirtschaft allerdings schon vor Jahrzehnten eingebüßt. Nur noch jeder fünfzigste Beschäftigte findet hier seinen Arbeitsplatz.

„Noldes Landschaft"? Wandel der Wahrnehmung

Ludwig Fischer

Was eine Landschaft ist, wird für uns heute sehr stark durch die Anschauung bestimmt: Landschaften zu erleben und zu beurteilen bedeutet für die meisten und bei den meisten Gelegenheiten, daß wir uns ein Bild von ihnen machen. Einzelheiten unserer Umgebung zu einem charakteristischen Ausschnitt zusammenzufügen, sie eben zu einem Bild werden zu lassen, ist eine Leistung unserer Wahrnehmung, die wir lernen müssen, die uns aber ganz natürlich erscheint. Der Blick in die Geschichte von Landschaftswahrnehmung kann uns lehren, daß die umgebende Lebenswelt auch ganz anders erfahren und bewertet werden kann, daß nicht ihr Anblick sie vorrangig als Landschaft definieren muß.

Die Landschaften des Gebietes, das heute den Kreis Nordfriesland ausmacht, geben ein besonders sprechendes Beispiel dafür, daß manche Gegenden sich lange gar nicht den beherrschenden Vorstellungen, die man sich von einer Landschaft als Bild macht, fügen wollten. Sie erschienen einer vorrangig bildlichen Wahrnehmung als Landschaft sozusagen nicht wert, und erst eine drastische Umwertung führte dazu, daß ihnen ein eigener, positiv gesehener Reiz der landschaftlichen Erscheinung zugeschrieben wurde.

In Nordfriesland lassen sich, etwas vereinfachend gesprochen, vier landschaftliche Formationen unterscheiden: im Osten des Kreisgebietes die Geest, die sanft gewellte Ebene der eiszeitlichen Moränenausläufer; westlich schließt sich, stellenweise durch einen steilen Abfall von bis zu 20 Metern markiert, die völlig flache Marsch an, das kultivierte, durch Deiche geschützte Schwemmland aus älteren und jüngeren Meeresablagerungen; seewärts der Deiche folgt das Wattenmeergebiet mit den Salzwiesen, Sand- und Schlickflächen im Tidebereich; und innerhalb dieser vom Gezeitenwechsel bestimmten Zone kann man die Areale der unbedeichten Marscheninseln, der Halligen und ihrer bedeichten Schwestern von denen der am weitesten vorgelagerten Geestkerninseln unterscheiden, die zur See hin Sandstrände und Dünenketten aufweisen, zur Wattseite hin Heidegebiete und kleinere Marschenflächen. Durch eine klare Linie sind aber von diesen vier Formationen lediglich Geest und Marsch voneinander getrennt. Der Bereich zwischen dem Geestrand und den seeseitigen Uferlinien der Inseln und Außensände ist jener „Flickenteppich", den die jahrtausendelange Meereseinwirkung hat entstehen lassen: Vorgeschobene Geestrücken bzw. deren Restbestände, sandige Nehrungen und Marschenflächen verschiedenen Alters greifen ineinander, im Tidebereich umschlossen oder zerteilt von den offenen Sand- und Schlickwatten. Große Bereiche dieser Wattflächen geben sich – besonders eindrucksvoll auf Luftaufnahmen – als untergegangenes Kulturland, als überflutete Marsch zu erkennen, und gräbt man nur wenig in die Tiefe, findet man unter der Marsch und auch im Watt großflächige Schichten überschlickter Moore.

Die außerordentlichen Veränderungen, denen die „sichtbare Fläche" zwischen Geestrand und Meeressaum allein in den letzten zweitausend Jahren durch Sturmfluten, Gezeiten und Meeresspiegelanstieg einerseits, menschliche Kultivierungs-, Landgewinnungs- und Küstenschutzmaßnahmen andererseits unterworfen war, liegen dem ungeschulten Blick im heutigen Landschaftsbild keineswegs überall offen zutage. Wer ohne viel Vorwissen und ohne eine kundige Begleitung die nordfriesischen Landschaften wahrnimmt, erkennt zwei klar bestimmte, landfeste Formationen – Geest und Küstenmarsch – und zwei in den Wattenbereich eingebettete – Halligen und Inseln.

So behandeln heute die Reiseführer, die regionalen Sachbücher, die Fotobände und Filme den nordfriesischen Raum. Und so ähnlich sah es schon die Reiseliteratur, die seit dem Ende des 18. Jahrhunderts auch die abgelegene Küstenregion des Herzogtums Schleswig im dänischen Gesamtstaat entdeckte.

Blick von Südwesten über die Halbinsel Eiderstedt in die Husumer Bucht. Im Vordergrund erhebt sich auf dem Vorland der Leuchtturm Westerheversand. Streckenweise ist der Seedeich, der die völlig flache, kaum über dem mittleren Meeresspiegelniveau liegende Marschlandschaft umschließt, gut zu erkennen. Die Landfläche ist von älteren Deichen, den sogenannten Mittel- oder Schafdeichen, und von vielen Wasserläufen durchzogen.

Aber diese vier Landschaftsformationen, die der Augenschein zu unterscheiden erlaubt, galten über lange Zeit als kaum der Wahrnehmung und Abbildung wert. Man schrieb ihnen keinen ästhetischen Reiz zu, der beispielsweise eine ansprechende, künstlerisch anspruchsvolle bildliche Darstellung in der Malerei gerechtfertigt hätte. Wenn man von diesen Landstrichen sprach und schrieb, dann richtete sich die Aufmerksamkeit auf anderes als ihre landschaftliche Qualität.

An der Abfolge dieser vier Formationen, wie sie früher zumeist ein Reisender erfuhr, der sich Nordfriesland näherte, soll die Umwertung beschrieben und erläutert werden, die jede für sich erfahren hat und die doch einige gemeinsame Gründe aufweist. Unsere heute scheinbar so selbstverständliche Wahrnehmung und Bewertung der nordfriesischen Landschaften kann so als ein Ergebnis eines ziemlich jungen kulturellen Wandels verstehbar werden und zugleich verschiedene Urteilsmöglichkeiten über einen Landstrich einsichtig machen, wie sie bis heute zum Beispiel politische Auseinandersetzungen über die Landschaftsgestaltung beeinflussen.

Die Geest

Zwischen den Küstenräumen der Nord- und der Ostsee liegt im nördlichen Schleswig-Holstein ein breiter Geestrücken. Er ist – etwa im Vergleich mit den Moränenrelikten der Holsteinischen Schweiz – ziemlich flach, und sein sandiger Boden gab bis ins 20. Jahrhundert einen mehr als bescheidenen landwirtschaftlichen Ertrag her. Auch der westliche Rand dieser Geest, der jetzt zum Kreis Nordfriesland gehört, galt deshalb als der Lebensraum der armen Leute – die Marschenbauern bezogen oft das junge Magervieh, das sie auf den Fettweiden mästeten, von den mühsam wirtschaftenden Geestbauern.

Geprägt war dieser Landstrich von ausgedehnten Heideflächen und in den Sen-

Vereinzelt haben sich auch weit im Innern des heutigen Festlands Dünen gebildet. Die Binnendünen bei Süderlügum liegen auf der sandigen Geest, vor der sich nach Westen die tiefer gelegene Marsch erstreckt.

ken von Mooren. Die Reisenden früherer Zeiten, soweit sie uns Texte überliefert haben, erlebten die Geestregion als öde, langweilig, dürftig, reizlos, ja abstoßend. Man suchte, wenn nicht ein ganz besonderer Grund zum Verweilen zwang, so schnell wie möglich hindurchzukommen.

Beredtes Beispiel für diese Sicht auf die Geest ist ein Abschnitt in den Lebenserinnerungen von Hans Christian Andersen (1805–1875), den der dänische König zu einem Besuch in das Seebad Wyk auf Föhr eingeladen hatte. „Ich war von Fünen nach Flensburg gefahren, dessen Wälder und Hügel mit dem malerischen Fjord ich zum ersten Mal sah, ich machte die langsame Fahrt über die Heide, wo nur die Wolken schnell dahinfliegen; eintönig ging es durch den tiefen Sand, eintönig piepste ein einzelner Vogel im Heidekraut, man hätte dabei einschlummern können …"

Bemerkenswert ist an dieser Passage zweierlei: Zum einen sieht Andersen zwar die Wolken an dem riesigen Himmel über der flachen Gegend. Aber sie liefern ihm keinen Beitrag zur Ästhetik dieser Landschaft, ganz anders als schon 200 Jahre vorher den niederländischen Landschaftsmalern, die ihre Bilder oft aus nuancierten Wolkengebilden über dem tiefliegenden, geraden Horizont komponierten; ganz anders auch als heutigen Betrachtern, denen das Wolken- und Farbenspiel am Himmel geradezu ein Signum für den besonderen Reiz des Flachlandes ist. Und zum Flachland gehört eben die Geest Nordfrieslands, auch wenn sie höher liegt als die Marsch. Auffällig ist zum zweiten an Andersens Text, daß er ein Erlebnis von 1843 wiedergibt, daß er also zu einer Zeit formuliert wurde, als die Heide in anderen Regionen schon vom romantischen Blick umgewertet wurde. Am deutlichsten wird diese Umwertung einer als unschön geltenden Gegend an der Sicht auf die Lüneburger Heide. Noch Anfang des 19. Jahrhunderts erschien sie den gebildeten Reisenden „gräßlich … scheußlich … kahle Hügel und braunes Heidekraut … schauderhafte Wüsteneien … Nur wenige Landhäuser mildern die Eintönigkeit der traurigen Gegend" (Jeremias Gotthelf). Zur selben Zeit aber begannen Maler und Schriftsteller in zentralen Partien der Lüneburger Heide – wie in ähnlichen Gegenden Niedersachsens und Westfalens – bereits eine geheimnisvolle und faszinierende Landschaft zu sehen, ein Stück (im wahrsten Sinne des Wortes) zauberhafter Natur, dessen Kargheit, vermeintliche Urtümlichkeit, Weite und Ödnis einen gesuchten Kontrast zur ausufernden städtischen Zivilisation boten, aber auch zur gefälligen, harmonischen Schönheit von Landschaften, die dem ästhetischen Ideal eines wohlarrangierten Landschaftsgartens entsprachen. Das Ergebnis war schon in der zweiten Hälfte des 19. Jahrhunderts eine verbreitete, geradezu populäre Romantisierung der Heide, die sich nicht nur in zahllosen Bilddarstellungen und Schriften, sondern auch in Wanderbewegungen und einem beginnenden Ausflugstourismus niederschlug.

Erstaunlich ist nun aber, daß Hans Christian Andersen schon 1831 – also Jahre vor jener zitierten Reise über die schleswigsche Heide – in einem Reisebericht an der romantisierenden Faszination durch die Heide mitgearbeitet hatte. Weil Andersen in der Lüneburger Heide auch Elemente einer abwechslungsreichen, anmutig-schönen Landschaft entdeckte, in die man Märchenhaftes hineinphantasieren konnte, fiel eine positive Bewertung leichter. Dies galt aber offensichtlich nicht für die Heide auf dem Weg von Flensburg nach Dagebüll. Sie blieb für Andersen – und für andere – öde, langweilig und häßlich. Ihre charakteristischen Bestandteile fügten sich nicht zu einem ansprechenden, wenn auch vielleicht herben Landschaftsbild.

Bis heute trägt die schleswigsche Geest und so auch ihr nordfriesischer Teil an dieser Hypothek. Partielle Umwertungen haben sich vor allem dort eingestellt, wo die Geest gewissermaßen teilhat an den positiven Werten der norddeutschen Flachlandschaft im allgemeinen, besonders der küstennahen Zonen: an der Offenheit und Weite, der Naturnähe eines scheinbar unverfälscht ländlichen, wenig modernisierten Raumes, vor allem aber an der Größe und Erhabenheit des Himmels über einem unverstellten Horizont.

Die Marsch

Auch die völlig flache, zunächst sich ohne Baumbewuchs erstreckende Küstenmarsch galt der maßgeblichen Landschaftswahrnehmung bis ins 19. Jahrhundert hinein als langweilig, öde und unästhetisch. Wer ihr, ungewöhnlich genug, einen landschaftlichen Reiz zuschreiben wollte, mußte nach Hilfskonstruktionen suchen, die sich nicht aus den üblichen ästhetischen Urteilen ableiteten.

Das zeigt überdeutlich Friedrich Carl Volckmars „Versuch einer Beschreibung von Eiderstädt" vom Ende des 18. Jahrhunderts: „... dem, der überall nur das Auffallende und Mahlerische aufsucht und schön findet, muß jede Marsch überhaupt und also auch unsere, allerdings sehr einförmig vorkommen. Das ganze Land ist eine vollkommene Ebene, die weder durch Waldungen noch Berge unterbrochen wird, und die Häuser selbst haben alle ein sehr einförmiges Ansehn. Auf die Art vermissen Reisende hier alles das, was man sonst schöne Gegenden nennt, die uns bald zu erhabnen, bald zu melancholischen, bald zu sanft erquickenden Gefühlen hinreissen oder durch die Abwechslung und glücklichste Mischung, mit der einzelne an sich verschiedne Gegenstände mit einemmale in unsern Gesichtskreis zusammengedrängt sind, bezaubern." Hat Volckmar (1766–1814), Rektor der kleinen Lateinschule in Garding, damit zunächst einmal zugestanden, daß die Marsch keine im üblichen Sinn schöne Gegend sei, versucht er anschließend, die übliche Wahrnehmung der schönen Gegenden zu diskreditieren: Diese veranlaßten nur eine Art „kontemplativer Schwärmerei", eine selbstbezogene und unproduktive „Seelenstimmung", während der Aufenthalt in der so wenig „wohlgefälligen" Marsch den „Geist erquickt": „... immer bietet eine Umsicht in der Marsch eine höchst vortreffliche einzelne Gruppe zu einem Gemälde dar, welches weniger durch die Größe seiner Kunst, als durch Erweckung der lachendsten Ideen hinreissen wird, indem die Seele zugleich immer mit Gedanken an die Nutzbarkeit und den hohen Werth desjenigen was man sieht, erfüllt wird, welche hingegen bei den romantischsten Gegenden wegfallen ..."

Ansicht von Westerhever an der Nordwestspitze Eiderstedts. Die um 1860 entstandene Lithographie gehört zu den wenigen älteren Darstellungen einer in ihren Hauptmerkmalen noch mittelalterlichen Marschlandschaft: Die Häuser und Höfe liegen zumeist einzeln auf den Warften. Nur wenige kümmerliche Büsche und Bäume auf den Hofgrundstücken erheben sich über das von alten Prielen und Sielzügen durchzogene Grasland.

Volckmar versucht also, die Nachteile der Marsch in ästhetischer Hinsicht zu Vorzügen zu wenden, indem er die Wertsetzung auf Kriterien verlagert, die der bürgerlichen Ästhetik eigentlich fremd sind: Der Gedanke an die „Nutzbarkeit" wird zum Bestandteil der ästhetischen Bewertung gemacht. Damit aber schließt der Text an eine lange, beglaubigte Traditionslinie an, die an den Marschen nicht ein malerisches Landschaftsbild lobte, sondern das weithin sichtbare Ergebnis menschlichen Fleißes. Die niederländischen Marschen geben dabei das Vorbild und Muster ab. Weit über 100 Jahre lang waren es immer die gleichen Stichwörter, die aufgerufen wurden: Sauberkeit der Städte und Dörfer, Pracht der Gebäude, gepflegter Zustand von Straßen, Gärten, Höfen, ja Hecken und Zäunen, vor allem aber die planmäßige Nutzung und geradezu geometrische Formung der Agrarlandschaft, die Wohlstand und Fleiß gewissermaßen demonstrativ in ihrer Erscheinung vor Augen führte.

Die positiven, bisweilen überschwenglichen Urteile der Reisenden über die Marschdistrikte entsprangen also nicht einer Wahrnehmung von Natur, sondern der an dem Land – nicht der Landschaft! – abgelesenen Nutzung durch die Menschen. Gepriesen wurden die sichtbaren Resultate ertragreicher menschlicher Tätigkeit, nicht aber die Elemente einer schönen Natur, die sich zum malerischen oder anrührenden Bild der Landschaft zu-

Hinter einem Feld mit blühendem Raps in Eiderstedt ist am Horizont ein von Bäumen umstandener Haubarg zu erkennen. Das Bild bezieht, wie sehr viele ästhetisch ansprechende Darstellungen der Marschlandschaft, seinen Reiz aus der beherrschenden, von Wolkenformationen belebten Himmelsfläche über der tiefliegenden Horizontlinie.

sammenfügten. Ebenso formelhaft wie der Lobpreis des Menschenwerks, das man in den Marschengebieten erkannte, war die Verachtung für ihre ästhetische Monotonie und Dürftigkeit.

Diese Einstellung zu den Marschen änderte sich erst grundlegend, als eine neue ästhetische Bewertung des Meeres sich durchgesetzt hatte und sozusagen über die Deiche hinweg auch auf das angrenzende Flachland ausgriff, das ja von dieser Nachbarschaft zur offenen See bestimmt wird und das eine gleichartige Aufteilung des Landschaftsbildes aufweist: nahezu unbegrenzter Rundblick, tiefer, schnurgrader Horizont, Dominanz des überwölbenden Himmels mit dem Schauspiel der Wolkenformationen, der Sonnenuntergänge, der atmosphärischen Farbgebungen. Das Meer, der Ozean – gerade auch der rauhe, stürmische, unschöne – galt als beispielhaftes Phänomen für die Ästhetik des Erhabenen, die seit dem 18. Jahrhundert immer deutlicher die Geltung des Schönen relativierte.

Auf die Marschen wird nun vorrangig die Wahrnehmung von Unendlichkeit übertragen. Das kann man insbesondere an Gemälden der romantischen Maler zeigen, und es wirkt nach bis hin etwa zu Emil Noldes Aquarellen und Ölgemälden. Wo unter der theoretischen Vorgabe einer – bald popularisierten – Erhabenheitsästhetik die Offenheit des unverstellten Horizonts, die Leere und Flächigkeit der Landschaft, die dominante Weite und Höhe des Himmels chiffrenhaft die gegenüber der klassischen Ästhetik des Schönen höherwertige Wahrnehmung verbürgen, da erst werden die Marschen endgültig zu einer Landschaft von ganz besonderem Reiz und einer nicht leichthin zugänglichen Eigenart.

Die besondere Ästhetik der Marschenlandschaft, wie sie uns längst geläufig ist, wurde geschichtlich also der Ästhetisierung des Meeres, der am benachbarten Naturphänomen vorbuchstabierten Erscheinung des Erhabenen entlehnt. Den Nachhall dieses vergleichsweise späten Prozesses kann man noch in jüngsten Texten einer aufs große Publikum zielenden „Landschaftskunde" vernehmen. Bis heute bleibt freilich diese Wertschätzung der Marschen als Landschaft etwas heikel: Sie muß eben, wie schon die frühen Texte dazu betonen, gegen gängige Urteile über das Schöne an Landschaften behauptet werden. Emil Nolde, als *der* Maler der Marschen breiten Kreisen bekannt, kommentierte in seiner Autobiographie „Aus meinem Leben" denn auch das Unverständnis gegenüber einer Vorliebe für die „langweilige Gegend": „So denken wohl alle üblichen, schnell durchfahrenden Reisenden." Und auch bei ihm schloß sich eine Konzession an vorherrschende Erwartungen an, gegen die dann erst der besondere Wert der Marschenlandschaft behauptet werden könne: „Unsere Landschaft ist bescheiden, allem Berauschenden, Üppigen fern, das wissen wir, aber sie gibt dem intimen Beobachter für seine Liebe zu ihr unendlich viel an stiller, inniger Schönheit, an herber Größe und auch an stürmisch wildem Leben."

Auch wenn die besondere Qualität des Landschaftsbildes der Marschen inzwischen so allgemein anerkannt zu sein scheint, daß die Tourismuswerbung mit Formeln von der „grünen Weite" und dem „grandiosen Himmel" nur darauf anzuspielen braucht, hält sich im Hintergrund immer noch das vergleichende (Vor-)Urteil von der langweiligen, ästhetisch dürftigen Küstenmarsch.

Die Inseln

Die Inseln im nordfriesischen Wattenmeer müssen eigentlich, ihrer Beschaffenheit und ihrem sozusagen vor-touristischen Erscheinungsbild nach, genauer unterschieden werden: die großen, bedeichten Marscheninseln Pellworm und Nordstrand, Reste der 1634 zerrissenen und untergegangenen, viel umfänglicheren Insel Strand; dann Föhr, halb Geest- und halb Marschinsel; schließlich Amrum und Sylt, die vorgeschobenen Geestinseln mit kleinen, östlichen Marschflächen.

Aber so sehr besonders die Reiseschriftsteller und auch die lokalen Chronisten die geologische bzw. morphologische Eigenart der einzelnen Inseln heraushoben und besprachen – ein cha-

Dünen bei List auf Sylt. Die an manchen Stellen über 20 Meter hohen Dünen von Sylt und die etwas niedrigeren auf Amrum sind – ebenso wie die Außensände und die Dünen von St. Peter-Ording – Reste der alten Nehrung, die vor mehreren tausend Jahren eine zunächst nahezu geschlossene Barriere bildete.

Der Strandhafer ist eine Pionierpflanze, die in dem feinen Quarzsand der Dünen wurzelt und damit das Fortwehen des Sandes nach Osten – das Wandern der Dünen – verhindert. Deshalb wurde und wird Strandhafer systematisch angepflanzt.

Das im Schutz einer Insel liegende Watt kann einen so ruhigen Wasserspiegel aufweisen, wie ihn die Seeseite auch bei Windstille so gut wie nie zeigt. Das Bild verdoppelt sozusagen die klassische Ästhetik der meernahen Landschaft durch die Wolkenspiegelung.

rakteristisches landschaftliches Bild von den Inseln wurde lange Zeit nicht eigentlich entworfen. Die Marscheninseln boten den Betrachtern im Grunde das gleiche Bild wie die Küstenmarschen; die Dünenzüge und Heideflächen der Geestinseln machten einen ähnlich öden, armseligen Eindruck wie die Festlandsgeest.

Es fällt an vielen Reiseberichten des 19. Jahrhunderts auf, daß sie die nordfriesischen Inseln – mehr noch die Halligen – als ein fremdes, ja beinahe exotisches Land betrachteten. Deshalb widmeten sie ihre Aufmerksamkeit vor allem den Bewohnern, beschrieben deren Arbeitsalltag, Gebräuche, Sprache, Kleidung, die Häuser und Wohnungen und teilten viele Einzelheiten von den Auswirkungen der Gezeiten, des Windes und der Sturmfluten mit. Schon Mitte des Jahrhunderts wurde Föhr herausgehoben, weil Wyk seit 1819 eines der frühen Seebäder war, das bald der dänische König zu einem jährlichen Sommeraufenthalt wählte.

Der Eindruck, den der Badeort mit seiner Strandpromenade, den Gebäuden und dem Hafen machte, wurde zum Teil eingehend wiedergegeben, aber ein Landschaftsbild im genaueren Sinne wurde kaum gezeichnet. Die Inseln wurden offenbar vorrangig als bemerkenswerte Naturphänomene im Wattenmeer und als fremdartige Lebensorte wahrgenommen, nicht aber als Landschaftsformationen mit ästhetischen Qualitäten.

Das änderte sich, als am Ende des 19. Jahrhunderts die Attraktivität vor allem der Geestinseln Sylt und Amrum eine neue Qualität erhielt: Gesucht wurden nun nicht mehr nur die heilsamen Wirkungen des Meerwassers und der Seeluft, sondern immer mehr die atmosphärischen und ästhetischen Reize von Brandungskante und Dünen, Heideflächen und Wattensaum. Das zeigte sich nicht allein darin, daß immer mehr Maler und Schriftsteller das Besondere solcher Inselerfahrungen gestalteten. Auch die populäre Idyllisierung der über viele Jahrhunderte kargen, ja oft armseligen Lebenswelt der Geestinseln – die keineswegs durchgängig von den „goldenen Zeiten" der Walfänger und Kapitäne geprägt war – hatte großen Anteil an der ästhetischen Aufwertung der Inseln. Die Auswirkungen sind bis heute sichtbar, etwa mit der allgegenwärtigen Mode der Friesenhäuser oder mit dem millionenfachen Ablichten der Sonnenuntergänge am Strand.

Die Geestinseln Sylt und Amrum, abgeschwächt auch Föhr, besitzen seit Beginn des 20. Jahrhunderts im allgemeinen Bewußtsein auch unvergleichliche Qualitäten als Landschaften, in denen sich das Elegisch-Stimmungshafte von Heidepartien, das faszinierende Wechselspiel an der Wattengrenze, die Kargheit der bewegten Dünenpartien, auf Sylt auch das Gefährlich-Monumentale der Kliffs mit der Allgegenwart von Meeresfläche, Horizont und unverstelltem Himmel verbinden.

In diese Ästhetik der Inseln gehen also mehrere Komponenten ein. Aber gleichsam zusammengehalten wird das landschaftliche Bild von der umschließenden See: Die Ästhetik des erhabenen Meeres beherrscht die Variationen des Inselbildes. Dies ließe sich gerade an den Kontrasten zeigen, die immer wieder aus der Idyllisierung des Details, aus der Entschärfung der Erhabenheitsästhetik gewonnen werden – ob nun Friesenhaustüren oder Inselgärtchen, Strandkorb-Stilleben oder neckische Badepose, Muschelarrangement oder Picknick in den Dünen, Kurkonzert im Angesicht der Brandung oder Nolde-Verschnitt der Kunstdruckindustrie.

Man könnte meinen, für den touristischen Massenansturm seien die dem Meer verdankten ästhetischen Qualitäten der Inseln eher nebensächlich geworden, überdeckt von der industrialisierten Routine eines Erholungsurlaubs am Strand, verflogen für die *events* einer inszenierten Erlebniswoche der Mondänen und ihrer Nachahmer. Unschwer lassen sich aber allenthalben die noch so mittelbaren Rückbezüge auf das Besondere der Inselformation ausmachen, die ihre landschaftliche Qualität von der Dominanz der Meeresästhetik erhält.

Die Marscheninseln Pellworm und Nordstrand mußten bis nach dem Zweiten Weltkrieg warten, bevor ihre landschaftliche Erscheinung Aufmerksamkeit

Die harmonisch wirkenden Proportionen des „Friesenhauses" sind oft mit einer idyllisierenden Wahrnehmung verbunden, die das ursprünglich karge, ja ärmliche Leben auf den nordfriesischen Geestinseln verdrängt. Industriell verfertigte Versatzstücke wie der „Friesengiebel" in Pinneberg oder Uelzen oder das „Friesentor" in der Lüneburger Heide gehören zu den Auswirkungen dieses romantisierenden Blicks.

In der flachen nordfriesischen Landschaft bildeten die früher zahlreichen Holländermühlen, hier die Mühle bei Borgsum auf Föhr, wichtige Orientierungspunkte. Föhr wurde auch als „Insel der Windmühlen" bezeichnet.

Durch den tiefliegenden Blickpunkt werden die Dünen vor dem Quermarkenfeuer bei Kampen auf Sylt zu regelrechten „Bergen" erhöht. Schon in der holländischen Landschaftsmalerei des 17. Jahrhunderts wurde diese Technik entwickelt, um die Erhabenheit der meernahen Landschaften zu steigern.

Findlinge liegen am Goting-Kliff vor der Insel Föhr im Watt. Das Bild bezieht seinen ästhetischen Reiz aus der Tiefenwirkung des mit gestaffelten Wolken belebten Himmels, mit dem hier die Verfremdung der Wasserfläche durch die großen Steine korrespondiert.

fand. Auf ihnen wirken die Eigenheiten der Küstenmarsch konzentriert und verstärkt durch die direktere Präsenz der See. Ein wirklich eigenes Landschaftsbild haben sie damit aber nicht erhalten.

Die Halligen

Die Halligen haben seit der Mitte des 19. Jahrhunderts ein ganz besonderes Interesse der Reiseschriftsteller, der Volkskundler und der Künstler geweckt. Ihre extreme Lage, ungeschützt in der See, mit dem damals fortschreitenden Schwund der Landfläche, die einzigartigen Formen einer Mangelwirtschaft und die gewissermaßen konservierte vormoderne Lebensweise ließen diese abgeschiedenen Inselwelten wie exotische Einsprengsel in einer zusehends modernisierten Gesellschaft erscheinen. Befremdlich, ja unfaßbar kam es vielen Besuchern vor, daß Menschen auf so gefährdeten, kaum eine dürftige Existenz ermöglichenden Fleckchen Graslands ausharrten und auch nach schweren Sturmfluten an den Wiederaufbau ihrer Lebensgrundlagen gingen. Der Reiseschriftsteller Johann Georg Kohl (1808–1878) nahm um die Mitte des 19. Jahrhunderts eine seltsam übermächtige „Heimathliebe“ an: „Alle Beobachter stimmen darin überein, daß die Halligleute sich vor ihren Nachbarn durch ein ganz eigenthümlich starkes, unbesiegbares Heimweh auszeichnen und daß sie oft, von Sehnsucht getrieben, aus schöneren Ländern zu ihren, von Seewasser triefenden Wohnsitzen zurückkehren.“

„Schönheit“ konnte man den Halligen nicht eigentlich zubilligen, wohl aber ein unvergleichliches Erscheinungsbild, das seit der Antike in eine Metapher gefaßt war. Die von Plinius dem Älteren stammende Wendung, zitiert in der Landschaftsbeschreibung Johann Georg Kohls, ist bis heute die gängige Formel für die Wahrnehmung dieser unbedeichten Inseln mit den Warften, den Wohnhügeln, darauf: „Man bemerkt von weitem gar nichts auf ihnen als die einzelnen, auf hohen Wurten liegenden Häuser, deren Ansehen schon der Römer Plinius so frappant richtig schildert ... Er sagt, sie lägen bei niedrigem Wasser da wie Schiffe, die auf den Strand gelaufen, bei hohem aber wie solche, die mitten im Wasser schwämmen.“

Dieses Bild von den Halligwarften als Schiffen und dem kaum wahrnehmbaren „Strich“ des Graslands in der Meeresfläche gibt ja nicht einen Landschaftseindruck im strengen Sinne wieder. Es übersetzt eher die schon für Plinius und für die meisten Betrachter bis heute unbegreifliche Lebenssituation der Halligbewohner in einen naheliegenden Vergleich.

Von den Halligen liegt uns aber auch, anders als von den übrigen nordfriesischen Landschaften, ein früher Versuch eines Bewohners selbst vor, die landschaftliche Eigenart dieser Überreste großflächiger, zum Meer hin offener Marschflächen zu fassen und positiv darzustellen. In der „Genauen Beschreibung der wunderbaren Insel Nordmarsch“ pries der studierte Pastorensohn Lorenz Lorenzen 1749 den Blick von seiner Heimathallig: „Weil die Insel Nordmarsch eine freye und offene Lage in der See hat, so gibt es hier bey schönem Wetter rund umher viel zu sehen, und die ganze Situation der Insel ist also beschaffen, daß man hier den anmuthigsten Prospect und die lustigste Aussicht von der Welt hat, keine Berge und Hügel stehen im Wege, und ist überall ein plattes und ebenes Feld.“ Wo die Insel selbst nur „plattes Feld“ ist, muß man den Reiz dieser Landschaft eben auf den Blick verlagern, den man *von ihr aus* hat. Deutlicher läßt sich kaum fassen, daß die Halligen selbst eben kein positiv formulierbares landschaftliches Bild aufwiesen – es sei denn jenes, das sie dem Meer nahezu gleichsetzt und ihre Erhebungen wie Schiffe erscheinen läßt.

Habel, die kleinste der Halligen mit heute nur noch einem Haus, wird längst nicht mehr bewohnt und bewirtschaftet. Das Gebäude dient im Sommer den Vogelschützern des Vereins Jordsand als Unterkunft. Das Foto verdeutlicht die Metapher von den Halligháusern als „Schiffen" im Wattenmeer.

Auf wenig oder gar nicht beweideten Flächen an den Salzwasserprielen, wie hier auf Gröde, blüht im Hochsommer die „Charakterpflanze" der Halligen, der Strandflieder. Seit den berühmt gewordenen Bildern des nordfriesischen Malers Jacob Alberts (1860–1941) gilt die „blühende Hallig" als Inbegriff der „herben Schönheit" dieser unbedeicht im Wattenmeer liegenden Inseln.

Ein Priel durchzieht die Marsch auf Hallig Gröde, im Hintergrund zeichnen sich am Horizont die beiden Warften ab.

Hallig Hooge im Sturm. Die Häuser auf den Warften erscheinen, da das Halligland weitgehend überschwemmt ist, tatsächlich wie jene Schiffe auf hoher See, von denen schon der Römer Plinius sprach. Seit der Mitte des 19. Jahrhunderts weckten die Halligen das besondere Interesse von Reiseschriftstellern, Künstlern und Volkskundlern.

Leben in Watt und Meer Nordfrieslands

Karsten Reise

Als Watt wird der bis zu 20 Kilometer breite Saum flacher Küsten bezeichnet, von dem sich bei Ebbe das Meer zurückzieht und den es bei Flut rund sechs Stunden später wieder vollständig bedeckt.

Hier leben Meeresorganismen, die einerseits die Härte eines zeitweiligen Landlebens ertragen müssen, andererseits von einer Nahrungsfülle profitieren, wie sie in tieferen Meeresböden nur noch selten zu finden ist. Die Härte äußert sich in Austrocknung, Schwankung der Temperatur, des Lichtes und bei Regen des Salzgehaltes. Die Fülle hat zwei Quellen: Zum einen stranden im flachen Watt Schwebstoffe und Plankton, Nahrung für Konsumenten, die meist zurückgezogen im Wattboden leben; zum anderen erreicht den Wattboden bei Niedrigwasser genügend Tageslicht, um eine üppige Weide aus Mikroalgen gedeihen zu lassen. Sie ist die zweite Nahrungsquelle vieler Wattbodentiere, die ihrerseits als Beute eine Doppelrolle spielen. Ist das Watt überflutet, werden sie von Krebsen und Fischen gefressen, ist das Wasser mit der Ebbe abgelaufen, suchen Vogelschwärme hier ihre Nahrung. Krebse und Fische haben im Watt ihre Kinderstube, und viele Küstenvögel nutzen es zum „Auftanken" für den weiten Flug zwischen arktischem Brutgebiet und südlicherem Winterquartier. So wird das Watt zur kulinarischen Drehscheibe zwischen Land und Meer. Nähr- und Schwebstoffe bringen die Flüsse vom Land, Wellen und Flut von der offenen See. Im Watt wird dieser Import von Bodenbakterien, Algen, Würmern, Schnekken, Muscheln und anderen Wirbellosen in Biomasse umgesetzt. Vögel fliegen daran gesättigt zurück zum Land, und herangewachsene Krebse und Fische schwimmen hinaus ins Meer.

So wird der schmale Küstensaum zu einem biologisch hochproduktiven Lebensraum, dessen Bedeutung weit über seine Grenzen hinausreicht.

Nordfrieslands Tidebecken

Der Gezeitenbereich zwischen mittlerem Hoch- und Niedrigwasser ist keine natürliche Einheit. Mit den episodisch überfluteten Salzwiesen oberhalb, mit dem flachen, aber nicht mehr freifallenden Meeresboden unterhalb sowie mit den Prielen und Wattströmen werden Sedimente, im Wasser gelöste Substanzen und driftende oder wandernde Organismen ausgetauscht. Natürliche Einheiten sind vielmehr die Tidebecken. Das sind die Wassereinzugsgebiete der Gezeitenströme, von denen es in Nordfriesland fünf große (Lister Tief, Hörnum Tief, Norderaue, Süderaue und die Heverströme) und drei kleinere gibt (Hoogeloch, Rummelloch West und Tümlauer Bucht).

Seewärts beginnt ein Tidebecken mit einem Seegat. Dies ist die Mündung des Wattstroms zur Nordsee. Die starke Gezeitenströmung verursacht hier Erosionsrinnen von zehn bis 40 Meter Tiefe. Seeseitig treffen küstenparallele und küstensenkrechte Gezeitenströmung mit dem Seegang der Nordsee zusammen. Dies führt zu Strömungswirbeln und zur Entstehung von veränderlichen Sandbänken, den bevorzugten Liegeplätzen der Seehunde. Zwischen den Seegaten liegen die Barriereinseln Sylt und Amrum und die hohen, nur bei Sturmfluten überspülten Sände (Japsand, Norder- und Süderoogsand, Westerheversand und der breite Strand von St. Peter-Ording).

Landwärts verzweigen sich die Seegaten in Wattströme und diese weiter in Priele, die von Ebbwasser geformt werden. Die sandigen Sedimente sind dort immer in Bewegung und zeigen ausgeprägte Strömungsrippel. Mit zunehmender Entfernung vom Seegat nimmt die Strömung ab, während die Lagebeständigkeit und der Schlickgehalt des Wattbodens zunehmen.

Werden die Tidebecken durch Eindeichungen auf ihrer Landseite verkleinert, kommt es zu Umverteilungen der Sedimente. Die Wattströme werden flacher, und die Inseln, Sandbänke oder Watten liefern dazu das Sediment. Fische und Garnelen können durch Veränderung

ihrer Schwimmtiefe und Schwimmrichtung in den Wattströmen in ganz andere Bereiche des Tidebeckens mit der nächsten Flut vordringen, um dort nach Nahrung zu suchen. Für sie ist das Seegat mit seinen Gezeitenströmen wie ein Verschiebebahnhof. Tidebecken sind Ausgleichssysteme für Transporte von Sedimenten und Organismen.

Innerhalb des Wattenmeeres ist der Bereich von Eiderstedt bis Sylt die vielfältigste Region mit Geest- und Marschinseln, Halligen und hohen Sänden, durchzogen von weitverzweigten Prielen mit zahlreichen Seegraswiesen und Muschelbänken. Die vom Land her einmündenden Flüsse sind klein und verdünnen das Meerwasser nur wenig. Große Hafenstädte mit Industrie fehlen, was dieser Region größere Schadstoffeinträge ersparte. Das Watt Nordfrieslands ist die Perle des gesamten Wattenmeeres.

Wattgeschichte Nordfrieslands

Ausgelöst durch den langfristigen Anstieg des Meeresspiegels seit der letzten Eiszeit, war die Küste Nordfrieslands immer in Bewegung. Das Meer überspülte aber nicht nur früheres Land, sondern schwemmte auch abgetragene Sedimente wieder an. So wuchsen durch Aufschlikkung Salzwiesen über Watten, und auf ihrer Landseite entstanden Brackröhrichte, Moore und Bruchwälder. Drang dann das Meer bei weiter steigendem Wasserspiegel erneut vor, lagerte es Sand und Schlick über den vorher entstandenen Marschenklei und Torf. In den Prielen erodierte der Ebbstrom diese Böden, und der Flutstrom trug das Material in neue Buchten.

Dieses wechselhafte Geschehen beendete der Mensch. Durch Eindeichungen und Landgewinnungsmaßnahmen wurde die Küstenlinie des Festlands seit dem Mittelalter um rund fünf Kilometer seewärts vorgeschoben und dabei weitge-

Ein Prielsystem auf der Pellwormer Plate aus der Luft betrachtet: Sandbänke säumen den Hauptstrom, und sich immer feiner verästelnde Priele durchziehen das dunklere Schlickwatt. Dort verkleben auf dem Wattboden lebende Kieselalgen mit ihrem Schleim feinkörniges Sediment, das so an Festigkeit gegenüber Strömung und Wellen gewinnt.

Priele winden sich in Mäandern durch die Watten Nordfrieslands. Hier sammeln sich bei Niedrigwasser Fische und Krebse, bevor sie mit der nächsten Flut wieder auf die umgebenden Watten zur Nahrungsaufnahme wandern. Der schmale Küstensaum des Wattenmeeres ist ein biologisch hochproduktiver Lebensraum, dessen Bedeutung weit über seine Grenzen hinausreicht.

Die Strand-Grasnelke wächst bevorzugt auf sandigen Salzwiesen in höheren Lagen, wo sie nur noch selten überflutet wird. Schafe meiden diese Pflanze. Sie ist daher auf dem intensiv beweideten Deichvorland Nordfrieslands eine der häufigsten Blütenpflanzen.

hend begradigt. Gleichzeitig sind die mittleren Hochwasserstände um 1,3 Meter angestiegen. Dadurch tat sich eine zunehmende Diskrepanz zwischen natürlichem Sollzustand der Küste und der vom Menschen geschaffenen Küstenarchitektur auf. Der Wattensaum wurde um 20 Prozent schmaler, weil seewärts keine neuen Watten entstanden. Dadurch und durch die steigenden Wasserstände nahm der hydrodynamische Energieeintrag auf der verbliebenen Wattfläche zu. Dies bewirkte, daß (1) an ungeschützten Salzwiesen seeseitig Abbruchkanten entstanden und natürliche Verlandung ausblieb, (2) an den Inselufern die Erosion zunahm sowie (3) mehr Turbulenz im Wasser zu geringerer Sedimentation der Schlickpartikel führte und das Wasser daher trüber und der Wattboden sandiger wurde. Hinzu kommt, daß Deiche und Marschentwässerung die wechselseitige Durchdringung von Land und Meer durch eine abrupte Grenze ersetzen. Die Lebensgemeinschaften im brackigen Übergang zwischen Land und Meer, in der Verlandungszone und im Schlickwatt sind folglich auf dem Rückzug, ebenso lichtbedürftige Algen in den tiefen Wattströmen. Im Vorteil sind mobile, kleine Organismen, die an bewegte Sandwatten angepaßt sind.

Vom Watt zur Salzwiese

Das Watt wird – abgesehen von den Vögeln – fast nur von Meeresorganismen besiedelt. Erst ganz am oberen Rand der Gezeitenzone leben auch Landpflanzen und Landtiere. In Buchten, die vor Seegang geschützt sind, dringt der Schlickqueller *(Salicornia stricta)* am weitesten seewärts vor. Wie der Name andeutet, wirkt diese Pionierpflanze aufgequollen infolge der hohen Salzkonzentration im Gewebe. Einzelpflanzen können bei mittlerem Hochwasser bis zu 40 Zentimeter überflutet sein. Dichte Quellerrasen bilden sich aber erst nahe der Hochwasserlinie aus, wo diese einjährige Pflanze zonenartig vom mehrjährigen Andelgras *(Puccinellia maritima)* abgelöst wird.

In dichten Queller- und Andelrasen kommt es durch den Strömungswiderstand zu vermehrter Sedimentation, und die Erosion ist gebremst. Feinfädige Bakterien- und Algenmatten auf dem Boden tragen zur Verfestigung bei. Unter günstigen Bedingungen kann diese Pioniergesellschaft zur Verlandung von Watten führen. Da der Queller aber im Herbst abstirbt, ist die sommerliche Wattbodenerhöhung meist nicht von Dauer. Nimmt die Wasserbewegung in einer Bucht zu, werden im Winter mit dem Schlick auch die Samen des Quellers fortgespült, und am Andelrasen bildet sich eine Erosionskante aus.

Besonders dort, wo vor einem Deich ein ausgedehntes Vorland bei Sturmfluten einen Teil der Wellenenergie abfangen soll, werden am Übergang zwischen Watt und Salzwiese mit Buschlahnungen die Wasserbewegungen reduziert und durch ein Ausheben von breiten Gräben – sogenannten Grüppen – die Sedimentationsbedingungen verbessert. Diese Maßnahmen begünstigen zwar den Wuchs der meisten Salzwiesenpflanzen, verursachen andererseits aber häufige Störungen, so daß andere Organismenarten des natürlichen Übergangs zwischen Meer und Land ausbleiben.

Prägenden Einfluß auf die Salzwiesen haben in Nordfriesland die Schafe. Nur bei Beweidung wird die untere Salzwiese vom Andelgras dominiert. Ohne Beweidung herrscht die strauchige Salzmelde *(Halimione portulacoides)* vor. In der oberen Salzwiese, die nur noch bei höheren Fluten, weniger als hundertmal im Jahr, unter Salzwasser gerät, bilden sich bei intensiver Beweidung (neun bis zwölf Schafe pro Hektar) kurze Rasen mit Rotschwingel, Strandnelke oder Bottenbinse aus. Ohne Beweidung wächst hier die Salzwiesenvegetation hoch auf, und ein bunter Teppich mit Strandastern, Strandbeifuß und Strandflieder stellt sich ein, gelegentlich breiten sich auch dichte Horste der Strandquecke aus.

Lebender Schlick

Tonpartikel und organische Verbindungen können sich im Wasser zu Flocken verbinden und werden in ruhigen Buchten und

Im Übergang zwischen Watt und Salzwiese wächst das um 1920 aus England eingeführte *Spartina anglica,* hervorgegangen aus der Kreuzung eines afrikanischen mit einem amerikanischen Schlickgras. Diese Landpflanze dringt am weitesten ins Watt vor, ist aber empfindlich gegenüber Erosion.

Als erste Landpflanze besiedelt der Queller das Schlickwatt. Wo seine Samen in Trockenrisse fallen, werden sie nicht fortgespült und können so im nächsten Frühjahr an gleicher Stelle keimen. Solche Trockenrisse treten nur in den landnahen Schlickwatten auf, die nicht mehr regelmäßig überflutet werden.

Der Strand- oder Halligflieder auf der oberen Salzwiese wird nur noch wenige Male im Jahr bei Spring- und Sturmfluten überflutet. Wird die Wiese nicht beweidet, so wächst die Vegetation hier hoch auf. Am Horizont zeichnen sich die Dünen der Insel Amrum ab.

Wattsenken abgelagert. Wenn die Flut die ganz flachen, meist ufernahen Zonen erreicht hat, ist ihre horizontal gerichtete Fließgeschwindigkeit so weit gebremst, daß sie von der vertikalen Sinkgeschwindigkeit selbst leichtester Partikel übertroffen wird. Diese erreichen hier auf kurzem Wege den Wattboden. Dort angekommen, bedürfen sie wegen chemischer und biologischer Bindungskräfte einer stärkeren Strömung, um wieder remobilisiert zu werden. Deshalb fällt der seewärtige Rücktransport mit dem nachfolgenden Ebbstrom kürzer aus als der vorherige landwärtige Transport mit der Flut.

Das Resultat sind Anreicherungen leichter Partikel in den geschützten, flachen Wattzonen. Es entsteht weicher, klebriger Schlick. Einzellige Kieselalgen sondern Schleim ab und kriechen damit wie Schnecken auf der Oberfläche des Schlicks. Lädt die Flut über ihnen Sinkstoffe ab, versuchen sie nach oben zu gelangen, um am Licht zu bleiben. Dabei verschleimen sie die neuen Partikel und schichten so Millimeter um Millimeter den Schlick höher. Ihre Aufbauarbeit im Sommer wird während der stürmischeren Jahreszeiten von Wellen vielfach wieder abgetragen.

Je mehr organische Substanz ein Wattboden enthält, desto höher ist die Aktivität der Bodenbakterien, die unter Sauerstoffverbrauch diese Substanzen mineralisieren. Daran sind auch Schwefelbakterien beteiligt. Ein Endprodukt ihres Stoffwechsels ist Schwefelwasserstoff, der dem Wattwanderer oft als fauliger Geruch in die Nase steigt. Ein Teil davon wird im Wattboden als Schwefeleisen gebunden, das den Wattboden schwarz färbt. Nur die Oberfläche bleibt bräunlich, weil hier Sauerstoff das Eisen oxydiert. Rostig erscheinen auch die Wurmgänge, die den schwarzen Boden durchziehen. Die Bewohner pumpen von oben Wasser durch ihre Gänge, um Sauerstoff zum Atmen zu erhalten und um den giftigen Schwefelwasserstoff zu binden.

Im Schlick sind Bodentiere besonders zahlreich. Sie ernähren sich teils von abgelagerter organischer Substanz, teils von Bodenbakterien und besonders von den mikroskopisch kleinen Kieselalgen. Am häufigsten sind kleine Wattschnecken, die sich oft am Wasserhäutchen kriechend über weite Strecken mit der Gezeitenströmung verdriften lassen. Die jungen Schnecken sind kaum größer als Sandkörner und beweiden deren Oberflächen. Die älteren beweiden die kriechenden Kieselalgen der Schlickwatten.

Wurm im Sand

Am prägendsten für die Watten Nordfrieslands sind die Sandschnurkringel des Wattwurms. Der mehr als fingerlange Wurm ernährt sich von den Mikroorganismen, die auf der Oberfläche der Sandkörner wachsen: sehr kleinen, fest haftenden Kieselalgen und Bakterienkolonien. Nur die Sandkörner der obersten Bodenschicht sind reich damit besetzt. Sie rutschen durch einen Freßtrichter bis in 20 Zentimeter Tiefe, wo sie, vom Wurm aufgenommen und gereinigt, schon nach zwei bis drei Stunden als Sandschnur wieder nach oben gedrückt werden. Der Wurm pumpt Atemwasser in seinen L-förmigen Wohngang, der an den Freßtrichter anschließt. Der Wattboden wird dadurch belüftet und von den Stickstoffausscheidungen des Wurms zusätzlich gedüngt. So entsteht in der Tiefe ein Bakteriengarten, von dem nicht nur sein Gärtner profitiert, sondern auch eine ganze Lebensgemeinschaft von Kleintieren, unter denen es Spezialisten gibt, die nur in diesen Wurmgängen leben.

Bei durchschnittlich 30 Wattwürmern pro Quadratmeter passiert die nahrungsreiche oberste Sedimentschicht rund zehnmal im Jahr den Darm dieser Tiere. Wo die Wattwürmer sehr zahlreich sind, werden andere Bodentiere und Pflanzen verdrängt, so die kleinen Schlichterkrebse mit ihren U-förmigen Wohngängen und das im Boden wurzelnde Seegras. Dort ist auch kein Platz für die eigenen Jungwürmer. Diese verlassen den Muttergang im Herbst und verbringen als kleine, durchsichtige Würmchen den Winter in Muschelschill und Schlick entlang den tiefen Wattströmen. Im nächsten Frühjahr driften sie bis in den obersten Bereich der

Die ausgedehnten Sandwatten Nordfrieslands sind mit den Kothäufchen des Wattwurms übersät. Er dient Vögeln als Nahrung und ist in seiner ökologischen Leistung vergleichbar mit dem Regenwurm auf den Äckern und Wiesen.

Der Wattwurm wird fingerdick und bis zu 20 Zentimeter lang. Durch seinen Freßtrichter sinken mit Mikroalgen bewachsene Sandkörner in die Tiefe, werden vom Wurm gefressen und kommen ohne Algen als gekringelte Sandschnur zurück zur Bodenoberfläche.

Die Strandschnecken werden oft durch Wellen aus Seegraswiesen und Muschelbänken herausgespült und über die weiten, gerippelten Sandwatten gerollt. Sie hinterlassen breite Kriechspuren auf ihrem langen Rückweg.

Wattzone, wo die älteren Würmer nur spärlich siedeln. Sie sind wegen des Winterfrostes in die untere Wattzone abgewandert und machen so Raum frei für die nächste Generation. Fällt ein Winter milde aus, ist der Platz eng für die Jungwürmer, während sie sich nach strengem Eiswinter ausbreiten können. So werden Winterverluste gut ausgeglichen.

Allein schon wegen seiner Größe und Häufigkeit ist der Wattwurm eine begehrte Beute für Fische und Vögel, wenn auch in der Tiefe seines Ganges schwer erreichbar. Jedoch kommt er für wenige Sekunden mit seinem Hinterende bis zur Bodenoberfläche, wenn er nach erfolgter Verdauung eine Sandschnur ausscheidet. In diesem Moment wird zugebissen, oft aber nur ein Teil des Schwanzendes erwischt, weil der Wurm bei Gefahr die hinteren Segmente abschnürt und so in die Tiefe entkommt.

Miesmuscheln

Eine große Miesmuschel filtriert rund 15 Liter Meerwasser am Tag, und alle Muschelbänke des nordfriesischen Wattenmeeres filtrieren das gesamte Wasservolumen in ein bis zwei Wochen. Mit ihrer Biomasse und ihrem Stoffumsatz übertreffen Miesmuschelbänke bei weitem das umgebende Watt. Sie ernähren sich von Planktonalgen und anderen Mikroorganismen des Gezeitenwassers. Ihre Filtrierleistung bewirkt, daß über Muschelbänken das trübe Wattenwasser vorübergehend ganz klar werden kann.

In Nordfriesland befinden sich die meisten Miesmuschelbänke auf den vor Weststürmen geschützten Seiten der Inseln. Obwohl einige Bänke auch in höheren Wattgebieten liegen, konzentrieren sich dauerhafte Bänke mit großen Muscheln auf die Randbereiche der Priele und Wattströme. Strenge Winter mit Eisschollen, die auf Muschelbänke wie Hobel wirken, führen zu großen Verlusten.

In Muschelbänken häuft sich Schlick an. Er ist im wesentlichen das Produkt der Muschelfiltration. Das Filtrat wird im Kiemenraum der Muschel sortiert. Unerwünschte Partikel werden mit Schleim umkleidet und gleich ausgesondert, die übrigen passieren den Darm, und der unverdauliche Rest wird als Kotschnur ausgeschieden. Diese Partikel sammeln sich zwischen den Muscheln an, die sich daher mit ihren Verankerungsfäden ständig nach oben hangeln müssen, um nicht im Schlick zu versinken. Dadurch sind Muschelbänke oft um einen halben Meter höher als der sie umgebende Wattboden.

Miesmuschelbänke sind sehr komplexe Lebensgemeinschaften mit gut 100 Arten an Algen, anderen Bodentieren, Krebsen und Fischen. In Nordfriesland ist darunter auch die kleine Schnecke *Littorina fabalis.* Genetische Untersuchungen zeigten, daß sie von ihren nächsten Artgenossen auf Helgoland deutlich verschieden ist. Mit Tang bewachsene Miesmuschelbänke sind ihr einziger Lebensraum.

Die hohe Biomasse der Miesmuschelbänke wird vornehmlich von Strandkrabben, Seesternen, Austernfischern, Silbermöwen und besonders von den Eiderenten genutzt. Bevorzugt werden Muscheln unter vier Zentimeter Schalenlänge. Muscheln über fünf Zentimeter dürfen von der Muschelfischerei auf den Markt gebracht werden. In Nordfriesland begann eine nennenswerte Miesmuschelfischerei erst Mitte des 20. Jahrhunderts und in industriellem Maßstab für den Export erst in den achtziger Jahren. Zu Zuchtzwecken werden vornehmlich bei Sylt und Föhr in ständig mit Wasser bedeckten Bereichen Kulturen mit Jungmuscheln angelegt, die woanders vom Wattboden abgekratzt wurden.

Um die Jungmuscheln vom Boden zu lösen, benutzt man sogenannte Dredgen, kurze Netzbeutel mit einem schweren Eisenmesser von etwa zwei Meter Länge an ihrer unteren Öffnungskante, die vom Schiff aus über den Wattboden gezogen werden. Die Kulturflächen liegen dort, wo ein optimales Wachstum möglich ist.

Bedingt durch die herausragende Rolle der Miesmuschel im Stoffhaushalt des Ökosystems, durch ihre Fähigkeit, Sedimente an den Prielrändern zu binden, und durch die hohe Artenvielfalt in natürlichen Muschelbänken, wird die in großem Umfang betriebene Muschel-

Verfallende Buhnenwerke am Strand sind Zeugen vergeblicher Mühe, die von Wellen und wechselnder Strömung verursachte Erosion der Sedimente aufzuhalten.

Die Miesmuschel ist nicht nur wichtige Vogelnahrung, sondern auch ein bedeutendes Exportprodukt des nordfriesischen Wattenmeeres. Vor dem Kochen muß sie vom Schlick und den Byssusfäden, mit denen die Muscheln sich aneinander heften, gereinigt werden.

Miesmuscheln leben auf dem Wattboden und bilden fest miteinander versponnene Teppiche, um sich vor der Verfrachtung durch Wellen zu schützen. Ihre Fäden heften die Muscheln auch an vielerlei Treibgut. Der schwarzgrüne Tang erhält dadurch eine Verankerung im Watt, ohne die er dort nicht gedeihen könnte.

Das Seegras ist eine echte Wasserpflanze, die im Watt meist nur in Senken vorkommt, wo die Ebbe immer etwas Wasser zurückläßt. Wird das Sediment dort aber von der Wühltätigkeit des Wattwurms zu sehr in Bewegung gehalten, kann sie nicht ungestört wurzeln und beschränkt sich auf zähe Kleiböden, in denen keine Wattwürmer leben.

fischerei im Nationalpark Wattenmeer mit Sorge betrachtet. Ein Kompromiß in diesem Interessenkonflikt erfordert eine Aufteilung in Tidebecken mit naturbelassenen Miesmuschelbänken und solchen, auf die sich die Kulturflächen und die Saatmuschelgewinnung beschränken.

Seegraswiesen und Grünalgenmatten

Zwei Seegrasarten wachsen im nordfriesischen Wattenmeer. Das Zwergseegras (*Zostera noltii*) bildet im Gezeitenbereich ausdauernde Wiesen und vermehrt sich vorwiegend durch unterirdische Ausläufer (Rhizome). Das Große Seegras *(Zostera marina)* gedeiht am besten bei ständiger Überflutung, wächst aber in Wattpfützen, auch bis in den oberen Gezeitenbereich hinein. Das Vorkommen ist wechselhaft, denn die Pflanzen sind in der Gezeitenzone einjährig und vermehren sich durch Samen.

Mit meterlangen Pflanzen kam das Große Seegras bei Sylt und Föhr bis in vier Meter Tiefe in dichten Wiesen vor. In den dreißiger Jahren starben sie beim Befall durch einen pilzähnlichen Einzeller *(Labyrinthula zosterae)* ab und erholten sich nicht wieder. Wo sie wuchsen, erodierte das Sediment, und heute sind in diesen Bereichen die Lichtverhältnisse bei trüber gewordenem Wasser nicht mehr ausreichend für das Seegras. Im Gegensatz zum südlicheren Wattenmeer, wo es auch in der Gezeitenzone seit den sechziger Jahren zu dramatischen Rückgängen der Seegraswiesen kam, hält sich in Nordfriesland ein Bestand von rund 30 Quadratkilometern.

Seegräser sind nicht die einzigen Pflanzen, die im Sommer die sonst graubraunen Watten in grüne Flächen verwandeln können. Seit den achtziger Jahren sind im Wattenmeer vermehrt Grünalgen aufgetreten. In den Jahren 1989 bis 1993 kamen sie in solchen Massen vor, daß sie gut 20 Prozent der Watten Nordfrieslands bedeckten, teilweise in so dichten Matten, daß darunter der Wattboden keinen Sauerstoff mehr erhielt, sich bis nach oben schwarz färbte und die Bodenfauna abstarb. Die Ursache sind erhöhte Stickstoffeinträge vom Land in Kombination mit günstigen Witterungsbedingungen im Frühjahr.

Für die Entwicklung der fädigen Grünalgen sind die kleinen Wattschnecken wichtig. Ihre Gehäuse sind für die Algensporen ein besseres Keimsubstrat als Sandkörner, weil die Schnecken immer an der Oberfläche des Wattbodens und damit im Licht bleiben. Werden die Algenfäden länger, verdriften sie mitsamt den Schnecken, bleiben aber bei ablaufendem Ebbwasser in kleineren Vertiefungen des Wattbodens liegen. Solche Mulden sind fast immer die zahllosen Freßtrichter der Wattwürmer. Die Grünalgen rutschen darin abwärts, werden so regelrecht eingepflanzt und können nun oberhalb des Wattbodens, ohne zu verdriften, weiterwachsen. Neben seinem nun verstopften Freßtrichter legt der Wattwurm einen neuen an, und der Vorgang wiederholt sich. In kurzer Zeit wächst so eine Wattfläche dicht mit Grünalgen zu. Auch Seegräser werden oft von Grünalgen überwuchert und gehen dabei ein.

Am Boden der Wattströme

Besonders vielfältig waren einmal die Lebensgemeinschaften der Wattströme Nordfrieslands. Hier lagen bis zum Beginn des 20. Jahrhunderts die Austernbänke. Da die Austern mit Schale verkauft wurden, fehlte es den Austernlarven an geeignetem Ansiedlungssubstrat, denn das waren vorzugsweise die frisch gewachsenen Schalenränder älterer Austern. Versuche, die Folgen des Raubbaus mit importierten Saataustern anderer Meeresgebiete auszugleichen, schlugen fehl. Sie verhinderten möglicherweise endgültig eine Erholung der Bänke, weil durch genetische Vermischung die regionalspezifischen Anpassungen an das nordfriesische Wattenmeer verlorengingen.

Die *Sabellaria*-Riffe, auch Sandkorallen genannt, entstanden durch die Arbeit vieler Generationen von kleinen Meereswürmern, die aus Sandkörnern Wohnröhren dicht aneinander bauten und so stabile, bis zu einem Meter hohe Riffe in den Wattströmen errichteten. Bis auf ein Riff südlich von Amrum und kleinere Reste in anderen Wattströmen sind sie seit den sechziger Jahren verschwunden. Sie waren ein Hindernis für die Fischerei mit Baumkurren und konnten leicht mit Ketten, die über den Meeresgrund gezogen wurden, zerstört werden. Zu dem Verlust der Austernbänke und *Sabellaria*-Riffe kam noch das Verschwinden der großen Seegraswiesen hinzu. Weil viele weitere Tier- und Algenarten an Austernbänke, Riffe und Seegraswiesen der Wattströme gebunden waren, sind heute weit weniger Arten in den Wattströmen zu finden als noch zu Beginn des 20. Jahrhunderts.

Exoten im nordfriesischen Wattenmeer

Als Exoten werden hier Meeresorganismen bezeichnet, die von fernen Meeresküsten durch den Menschen nach Nordfriesland eingeschleppt wurden und sich hier etablierten. Dies geschah oft im Ballastwasser oder an der Außenwand der Schiffe. Beispiele sind die Chinesische Wollhandkrabbe, Seepocken aus Australien und die Amerikanische Schwertmuschel. Letztere kam 1978 und ist heute eine der häufigsten Muscheln im Spülsaum der nordfriesischen Inseln. Austernimporte boten weiteren Arten Gelegenheit, aus weiter Ferne an die Küste Nordfrieslands zu gelangen. Durch sie kamen aus Amerika Bohrmuscheln und Pantoffelschnecken, aus Asien Grüner Fingertang, Beerentang und warzige Manteltiere. Die zu Kulturzwecken eingeführte Felsenauster aus Japan konnte sich von Sylt aus seit 1990 auf den Miesmuschelbänken ausbreiten. Im Gegensatz zu der früher hier heimischen Europäischen Auster ist die japanische Auster an Gezeitenbedingungen mit Winterfrost gut angepaßt.

Auffälligster Exot der nordfriesischen Küste ist das Schlickgras *Spartina anglica*. Es wurde um 1920 als Verlandungspflanze aus England eingeführt und breitete sich schnell auf den Salzwiesen aus.

Ausblick

Der die Küste gestaltende und hier wirtschaftende Mensch hat das ökologische Gefüge des nordfriesischen Wattenmeeres ins Wanken gebracht. Nicht mehr umkehrbar sind die Verluste an Brackwasserröhrichten, Salzwiesen und Schlickwatten, bedingt durch die neue Küstenarchitektur. Einen gewissen Ersatz können allerdings binnendeichs mit Salzwasser geflutete Bereiche bieten. Unumkehrbar sind auch die Veränderungen in Flora und Fauna durch die eingeschleppten Exoten, wahrscheinlich ebenfalls der Verlust der heimischen Austern. Andere Fischereifolgen wie die mechanischen Störungen am Meeresgrund durch Schleppnetze oder dezimierte Bestände von Fischen sind durch Schutzmaßnahmen noch umkehrbar. Das gilt auch für Veränderungen im ökologischen Gefüge durch die Überdüngung des Küstenwassers oder durch den Eintrag giftiger Substanzen.

Für die Lebensgemeinschaften des Wattenmeeres dürfte der beschleunigte Anstieg des Meeresspiegels infolge des zu erwartenden Klimawandels zum Hauptproblem werden. Der Grund liegt darin, daß wegen der künstlich fixierten Küstenlinie auch Strömung und Seegang zunehmen. Dies führt zu stärkeren Sedimentumlagerungen und schließlich zur Ausräumung der Wattsedimente. Damit ginge der Verlust dieses einzigartigen amphibischen Lebensraumes einher.

Die flache nordfriesische Auster (oben) verschwand aus den Wattströmen durch Übernutzung der Wildbänke, während sich die in Kultur genommene Auster aus Japan (unten) auf den Miesmuschelbänken ausbreitete.

Facetten einer vielfältigen Landschaft: Marsch und Geest

Rudolf-Eugen Kelch

Nordfriesland wird im Norden, Osten und Süden von den Flüssen Wiedau, Treene und Eider und im Westen vom Wattenmeer und der Nordsee umschlossen. Auf engstem Raum von etwas mehr als 2000 Quadratkilometern stoßen die Naturräume Geest und Marsch in unterschiedlicher Ausbildung aufeinander.

Naturräume der Geest

Die Geest besteht aus dem Rest einstmals hoher Moränen der Saaleeiszeit, die während der nachfolgenden Weichseleiszeit von Schmelzwässern durchbrochen wurden und zerflossen. Sie ist in drei große Komplexe mit jeweils eigenen Naturräumen gegliedert.

Der Naturraum Nordfriesische Geestinseln setzt sich aus Geest, Marschen und Sandhaken zusammen. Einen Einblick in den Aufbau der Geest ermöglichen die auf allen drei Geestinseln vorhandenen Kliffs. Auf Föhr und Amrum steigt die Geest nur bis zu einer Höhe von 20 Metern, auf Sylt dagegen über 30 Meter an. Die Sandhaken im Norden und Süden der Geest von Sylt und Amrum hat der Wind zu mehreren parallelen Dünenketten aufgeworfen. Dem Meer zugewandt liegen die mit Strandhafer bewachsenen Weißdünen. Nimmt der vom Meer kommende Sandflug landeinwärts ab, so siedeln sich Sandsegge, Silbergras, Moos, Flechten und Kriechweide an. Die so entstandene Graudüne geht noch weiter landeinwärts in die Braundüne mit einer Vegetation aus Krähenbeere, Besenheide und Rauschbeere über. In feuchten Dünentälern wachsen neben der Glockenheide auch Sonnentau und Sumpfbärlapp. Natürliche Wälder mit Zitterpappel, Sandbirke und Vogelbeere können sich windgeschützt in feuchten Tälern ansiedeln. Die in den Dünen weitverbreitete Kartoffelrose ist ein Fremdling von der Kamtschatka-Halbinsel, der mehr und mehr die Dünenheide überwuchert.

Auf den sandigen Geestböden Amrums haben sich ausgedehnte Heiden erhalten oder nach Aufgabe der Landwirtschaft neu entwickelt. Auf angrenzenden mageren Grünländereien wachsen Schafgarbe, Herbstlöwenzahn, Habichtskraut, Hornklee, Sauerampfer und kleine Heidekomplexe. Trockene Sandwälle mit Glockenblumen und Grasnelken trennen die Flächen voneinander. Die Amrumer Geest vermittelt den Eindruck jener kargen, baumlosen Geestlandschaft des Festlands früherer Jahrhunderte.

Auf Amrum haben sich nur kleine Marschen gebildet. Dagegen ist auf Sylt mit der Nössemarsch und den nördlich davon liegenden Salzwiesen eine ausgedehnte Marschlandschaft entstanden, aus der die besiedelten Geestkuppen von Archsum und Morsum herausragen. Sie wurde erst 1937 bedeicht und wirkt mit ihren Schilfwäldern, Prielen und Wiesen sehr natürlich. Im Schutz der Föhrer Geest hat sich der nach 1523 bedeichte Föhrer Marschkoog gebildet. Er ist im Gegensatz zur Sylter Marsch aufgrund der langen Tradition der Bewirtschaftung rasterartig gegliedert, gut entwässert und wird intensiv genutzt.

Wuchtiger und komplexer als auf den Inseln ist die Geest auf dem Festland. Die Bredstedt-Husumer Geest, mit etwa 55 000 Hektar der größte Geestbereich, wird in Ost-West-Richtung von den Flüssen Arlau und der Husumer Mühlenau durchschnitten. Nur bei Schobüll geht die Geest unmittelbar ins Wattenmeer über. Der Stollberg nördlich von Bredstedt bietet mit 44 Meter Höhe einen weiten Blick nach Westen über die Marsch und das Wattenmeer mit seinen Halligen und Inseln. Die Aussicht vom Glockenberg bei Schwabstedt reicht über das Wilde Moor bis weit in die Eider-Treene-Niederung. Der höchste Berg ist mit 53 Metern der Sandesberg östlich von Ostenfeld. Der nördlichste Geestblock ist die etwa 28 000 Hektar große Lecker Geest mit der 45 Meter hohen Rantzau-Höhe südöstlich von Leck. Er wird in einem breiten Tal von der Lecker Au durchflossen. Bredstedter und Lecker Geest sind von der Schleswiger Vorgeest getrennt. Sie ist während der Weichselvereisung entstanden, deren Schmelzwässer nach Westen abflossen und weite, ebene und sandbedeckte Flächen hinterließen. Die Soholmer Au durchfließt die Vorgeest. Sie vereint sich mit der Lecker Au zum Bongsieler Kanal und entwässert bei Schlüttsiel in die Nordsee.

Die Geest Nordfrieslands ist im Gegensatz zur hohen Geest des östlichen Hügellandes wesentlich weicher geformt, die Höhenunterschiede sind gering, die Böden verarmt und ausgelaugt. Teilweise haben sich Binnendünen gebildet, so bei Schobüll, Joldelund, Lütjenholm oder Süderlügum. Es gibt keine Seen, da sie während der letzten Eiszeit verschüttet wurden. In ihren Senken entstanden ausgedehnte Moore. Die einzigen größeren Wasserflächen sind künstliche Mergel- und Kiesgruben. Andere, kleinere Wasserflächen dienen als Viehtränken oder sind an Fließgewässern als Fischteiche, zum Beispiel am Glockenberg bei Schwabstedt, am Stollberg oder am Langenberg südlich von Leck, aufgestaut.

Mergelung von Heiden und Mooren

Bis auf die natürlichen Eichen-Buchen-Wälder auf lehmigen Böden zwischen Schwabstedt, Ostenfeld und Immenstedt und einzelne kleine Eichengestrüppe war die Geest zu Beginn des 19. Jahrhunderts nahezu baum- und strauchlos. Sandheiden bedeckten die trocken-sandigen Böden und Moore die feuchten Niederungen. Die Heiden dienten als Bienen- und Viehweide, der Beschaffung von Streu für die Ställe und Soden zum Heizen. In den Mooren wurde Torf gegraben und zum Heizen in die Marsch und die Städte verkauft. Sandwälle ohne Baumbewuchs umgaben die wenigen Sandäcker. Die Kalk- und Nährstoffarmut, die Dürre des Bodens und eine betonharte Schicht aus Eisen-Humus, der Ortstein, verhinderten die Ansiedlung von Wald und Kulturpflanzen. Zu Beginn des 19. Jahrhunderts waren 70 Prozent des Kirchspiels Ladelund von Heiden und Mooren bedeckt. Gleiches gilt für die umgebenden Gemarkungen und die übrige nordfriesische Geest. Kartenblätter von 1880 zeigen für den Raum Langenhorn-Bordelum, Süderlügum und Ladelund noch einen ausgedehnten Heide- und Mooranteil von weit über 50 Prozent, während der Waldanteil bereits unter einem halben Prozent lag.

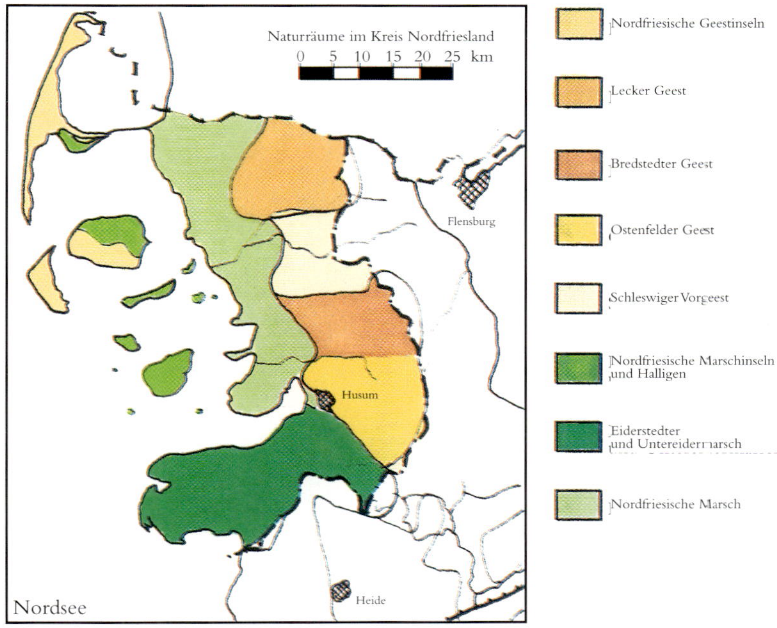

Die Küstenlinie Nordfrieslands ist mit Inseln und Halligen, Geest und Marsch tief gestaffelt. Sie weist darauf hin, daß über die Jahrhunderte die Landverluste die Landgewinne weit überwogen.

Um die Mitte des 19. Jahrhunderts begann das Graben nach Mergel. Mergel ist ein Gemisch aus Kalk, Sand und Ton, das mit der Saalevereisung hierher transportiert wurde. Er düngt den Boden, macht ihn krümelig und erhöht die Speicherkraft für Wasser und Nährstoffe. Zur dauerhaften Bodenverbesserung wurden 20 bis 50 Kubikmeter Mergel pro Hektar in den Boden eingearbeitet. Zusätzlich mußte der Ortstein zunächst von Hand, später mit dem Pflug zerbrochen werden. So kultivierte man nach und nach Heiden, Moore und Niederungen. Mergelverbände gab es in Ladelund seit 1904 und seit 1912 in Dörpum. In den Verbänden wurden Abbau, Transport, Verteilung und Finanzierung organisiert. Allein in Ladelund und Dörpum förderte man bis 1930 zusammen etwa 1,25 Millionen Kubikmeter Mergel. In Verbindung mit dem Brechen des Ortsteins, der Entwässerung der Moore, der Auffüllung der Niederun-

Auf der sanftwelligen Geest mit ausgedehnten Wiesen, Weiden, Maisschlägen und Wäldern finden sich noch immer Flächen mit Mager- und Trockenrasen sowie natürlichem Aufwuchs von Birke, Eiche, Zitterpappel und Vogelbeere.

gen und dem Einsatz von Kunstdünger ab Ende des 19. Jahrhunderts hat das Mergeln das Gesicht der nordfriesischen Geest verändert. Statt ausgedehnter Moore und Heiden entstanden ertragreiche Äcker, Weiden und Wälder. Noch vor dem Beginn des von der Landesregierung 1953 initiierten landeskulturellen „Programms Nord" waren im Bereich Bordelum-Langenhorn und in Ladelund nur etwa zehn Prozent Heide und Moor geblieben. Heute liegt der Moor- und Heideanteil auf der Festlandsgeest unter einem Prozent. Rund 80 Prozent der Geestflächen werden landwirtschaftlich genutzt, überwiegend als Grünland. Mit der Schaffung einer nachhaltigen, ertragreichen und überschußorientierten Landwirtschaft auf der Geest wurde das starke Gefälle zwischen reicher Marsch und armer Geest beseitigt. Den trockenen Kuhlen, kleinen Angelteichen oder Badegewässern sieht man ihren Einfluß auf den Wandel von Heiden und Mooren zur blühenden Agrarlandschaft nicht mehr an.

Wald und Windschutz

Mit der Heidekultivierung sollte der Aufbau eines Windschutzsystems aus Waldblöcken von mehreren 100 Hektar Größe, linearen Windschutzpflanzungen und Gehölzpflanzungen um die Dörfer einhergehen. Mit Hilfe des 1871 gegründeten Heidekulturvereins legte Carl Emeis zwischen 1875 und 1900 nach gründlicher Bodenbearbeitung und Durchbrechen des Ortsteins die Forste Langenberg, Karlum, Süderlügum, Lütjenholm und Drelsdorf mit zusammen 1720 Hektar auf Heideflächen an. Fichte, Weißtanne, Kiefer und Lärche wurden mit bis zu 20 Prozent Buche und Eiche gemischt. Die Wälder wurden zu Lehrbeispielen nachhaltiger Heideaufforstung. Um die gleiche Zeit wurden auf Sylt, der Amrumer Heide und im heutigen Stadtgebiet von Wyk auf Föhr die ersten Anpflanzungen vorgenommen. Dann verebbte die Aufforstungswelle und wurde erst nach 1953 wieder angeschoben. Auf den Inseln Sylt, Föhr und Amrum entstanden zusammen 480 Hektar Wald. Im Gotteskoog, im Katinger Watt, um Garding, Tönning und St. Peter-Ording wurden bedeutende Wälder auf Marsch und Düne angepflanzt. Die übrigen im „Programm Nord" aufgeforsteten kleinen Nadelwälder wurden schlecht gepflegt und sterben ab. Sie müssen nun zu stabilen Laubmischwäldern umgewandelt werden. Trotz aller Bemühungen ist Nordfriesland mit etwa 7500 Hektar Waldfläche der waldärmste Kreis in Schleswig-Holstein.

Der von Carl Emeis vorgeschlagene lineare Windschutz mit Eiche, Esche, Vogelbeere, Buche, Birke, Weide, Holunder und Weißdorn wurde nicht gepflanzt. So war der Kreis Nordfriesland noch vor 50 Jahren bis auf die südöstliche Husumer Geest quasi ohne Windschutz. Häufig kam es zu Sandverwehungen mit völligen Ernteausfällen. Noch vor dem „Programm Nord" hatte sich der Ort Joldelund 1949 mit Hilfe von Prof. Jens Iwersen (1893–1954) entschlossen, ein umfassendes Windschutzsystem aus Wald, Knicks, Gehöft- und Alleepflanzungen anzulegen, um den Wind „über die Gemarkung hinwegzuleiten". Auf mageren Böden wurden Eiche, Vogelbeere, Zitterpappel, Birke, Roterle, Holunder, Schlehdorn, Weißdorn, Flieder und Grauweide gepflanzt. Auf Böden mit lehmigem Untergrund traten Buche, Esche, Feldahorn und Wildapfel hinzu. In den Jahren zwischen 1953 und 1978 wurden auf der schleswigschen Geest nach dem Vorbild Joldelunds 9000 Kilometer linearer Wind-

Die Süderlügumer Binnendünen, einst durch Waldvernichtung entstanden, wurden nicht aufgeforstet. Mit ihren Heiden, Magerrasen, Windrissen und dem niedrigen Strauchbewuchs stehen sie unter Naturschutz.

Das an der oberen Arlau gelegene Ahrenviölfelder Westermoor hat viel von seiner Natürlichkeit verloren. Torfstiche wurden zu großen Wasserflächen. Der übrige Moorkörper ist entwässert, geschrumpft und gesackt und nur noch von Gräsern und Büschen bedeckt.

In mehreren Kultivierungswellen seit dem Ende des 19. Jahrhunderts wurde die Heide, die früher fast 70 Prozent der Geest bedeckte, von landwirtschaftlichen Nutzflächen und Wäldern verdrängt. Nur in Naturschutzgebieten oder auf extrem armen Sandböden wie hier bei Joldelund finden sich noch kleinflächige Heiden.

Watt und Marsch sowie die Niederungen der Geest waren früher Moore. Inzwischen sind sie entweder auf natürliche Weise vom Meer mit Klei und Sand überdeckt oder ausgeräumt worden, oder man hat sie künstlich entwässert und kultiviert. Das Wilde Moor bei Schwabstedt ist in seiner Ausdehnung, der uhrglasförmigen Aufwölbung und der baumlosen unendlichen Weite mit Wollgrasrasen und sumpfigen Wasserrinnen auch heute noch eine Landschaft von großer Ursprünglichkeit. Sie läßt den Besucher erschauern, wenn im Spätsommer und Herbst Nebelschwaden die Landschaft mystisch verschleiern.

schutz gepflanzt. Leider legte man gerade im nördlichen Kreisgebiet häufig nur Baumhecken mit Sitkafichten an, die heute absterben. Besonders erfolgreich hingegen war die Pflanzung von Zitter- und Silberpappeln, die in der Gegend als große Bäume das Landschaftsbild der Geest und Marsch bereichern. Ulmenalleen, die nicht dem Straßenbau zum Opfer fielen, wurden von der Ulmenkrankheit vernichtet, so daß es heute keine bedeutende Allee mehr in Nordfriesland gibt.

Die Naturräume der Marsch

Der Geest westlich vorgelagert ist die Marsch, die mit 1000 Quadratkilometern etwa 49 Prozent der Kreisfläche einnimmt. Sie ist in die Naturräume Eiderstedter und Untereidermarsch, Nordfriesische Marsch sowie Nordfriesische Marschinseln und Halligen gegliedert. Marschen sind unter dem Einfluß des Meeresspiegelanstiegs entstanden, der den Wasserabfluß hemmte, so daß sich zunächst ausgedehnte Sümpfe und Moore bildeten. Meereseinbrüche haben über Mooren und flachen Geestrücken Tone und Feinsande abgelagert. So entstand eine von Rinnen und Prielen durchzogene, sehr flache Landmasse in Höhe des Meeresspiegels mit fruchtbaren Böden. Die Rinnen und Priele sind noch als niedrige Terrassen oder als Wasserflächen – wie das Waldhusentief auf Pellworm, das Rosenborger Deep in Eiderstedt oder der Gotteskoogsee bei Niebüll – in den Altmarschen erkennbar.

Vor etwa zwei Jahrtausenden konnten die Menschen noch ebenerdig in der Marsch siedeln. Später mußten sie ihre Siedlungen auf künstlichen Erdhügeln, den Warften, anlegen. Etwa ab dem Jahre 1000 schützten sie die landwirtschaftlichen Nutzflächen durch flache Sommerdeiche, später durch Seedeiche. Es entstanden die Köge. Die alten noch vorhandenen Deichlinien sind ein Charakteristikum der Marschlandschaft. Die Köge steigen vom Geestrand zum Seedeich an, da die jeweils jüngeren Köge höher aufgeschlickt sind. Dies führt zu erheblichen Entwässerungsproblemen. Neben Deichen, bei Deichbrüchen ausgespülten Wasserlöchern (Wehlen), Prielrinnen und Bodenentnahmen für den Deichbau (Späthingen) ist es die enorme Dichte von Sielzügen und Gräben, die zusammen mit der aus dem Vorland bekannten Grüppen- und Beetstruktur des Grünlandes den Marschcharakter prägt.

Der Gotteskoog

Das Gebiet nördlich von Niebüll wurde bei der großen „Mandränke“ von 1362 und weiteren Fluten des 14. Jahrhunderts von Nordwesten bis an die Geest zwischen Süderlügum und Braderup durch einen gewaltigen Meereseinbruch überflutet. Im Westen blieb die Horsbüllharde, der heutige Wiedingharder Alte Koog, als Insel zurück. 200 Jahre später wurde die Horsbüllharde durch einen gewaltigen Ringdeich zwischen Hoyer, Ruttebüll und Humptrup und von Klixbüll bis Emmelsbüll wieder landfest gemacht. Es entstand der 9435 Hektar große Gotteskoog. Dieser vom Meerwasser abgeschlossene Koog lag wie eine Schüssel ohne Entwässerungsmöglichkeit zwischen der Geest und der Horsbüllharde. Wattströme wurden zu Süßwasserseen, Wattflächen zu Überschwemmungsgebieten. Ein Viertel der Fläche war Wasser, ein Drittel hohes Land und der Rest Überschwemmungsgebiet. Eine erste Entwässerung gelang 1622 mit dem Rollwagensielzug. Im 18. Jahrhundert wurde der Dreiharder Gotteskoogstrom gebaut, der den Zufluß des Geestwassers in den Koog verhindert. Ab 1933 pumpte man das Wasser über zwei Schöpfwerke ab. Damit verlor der Gotteskoog seinen Halligcharakter. Die Erweiterung des Schöpfwerks Verlath 1952 und die Absenkung des Wasserstands um zwei bis drei Meter verhinderten fortan winterliche Überschwemmungen. Ab 1953 griff auch hier das „Programm Nord“: Durch Wegebau, Sanierung der säurehaltigen Böden sowie die Schaffung von landwirtschaftlichen Nutzflächen und ausgedehnten Fichten-, Lärchen- und Erlenwäldern entstand eine völlig veränderte Landschaft. Von dem einstmals 1500 Hektar großen See blieben nur etwas

Der von der Wiedau durchflossene Ruttebüller See gehört gemeinsam mit dem Hülltofter Tief, dem Kahlebüller, Aventofter und Gotteskoogsee zu den Relikten des Meereseinbruchs von 1362, der bis auf den Wiedingharder Alten Koog die Marsch bis an die Geest bei Süderlügum zerstörte.

Das Vorland, das sich im Schutz des 1927 erbauten Hindenburgdamms bilden konnte, wurde 1954 eingedeicht. Es entstand der 1300 Hektar große Friedrich-Wilhelm-Lübke-Koog, ein Musterbeispiel einer auf rationelle landwirtschaftliche Nutzung ausgerichteten Landgewinnung.

mehr als 30 Hektar fast verlandeter Wasserfläche zurück.

Sümpfe, Brüche und Moore sind selten geworden. Daher legte der Deich- und Hauptsielverband Südwesthörn-Bongsiel 1982 einen Renaturierungsplan für etwa 800 Hektar verbandseigener Flächen vor und führte ihn mit finanzieller Hilfe des Staates durch. Es entstand ein 275 Hektar großes Staugebiet, die Seefläche wurde auf 75 Hektar erweitert und vertieft. Weitere Flächen entlang alter Prielrinnen kamen als Stauflächen hinzu. Es entstand ein Feuchtgebietsnetz von internationaler Bedeutung. Ausgeprägte Schilfwälder, Weidengebüsche, Naßwiesen, Feuchtheide und Moorvegetation mit Wollgras, Sonnentau, Bärlapp, Tannenwedel und Wasserschlauch bereichern Bild und Wert der Landschaft.

Wasserwirtschaft in den Kögen

Die Marschbewohner kämpfen nicht nur gegen das Meer, sondern auch gegen das Wasser von der Geest. So hat der Bongsieler Kanal nur 200 Quadratkilometer Marsch und zusätzlich 520 Quadratkilometer Geest in einem 18 Kilometer breiten Korridor bis vor die Tore Flensburgs zu entwässern. Durch Gewässerausbau auf der Geest, Kultivierung der Moore und Versiegelung des Bodens schrumpften die Fließzeiten von drei bis acht Tagen auf wenige Stunden. Bei anhaltend hohen Außenwasserständen an den Sielen im Seedeich wurden die Marschen im Winter wie im Sommer überschwemmt. Ähnlich lagen die Verhältnisse in den Arlaumarschen. 228 Quadratkilometer Geestgebiet entwässern durch ein 63 Quadratkilometer kleines Marschgebiet. Hier wurden die Flächen des Almdorfer Koogs noch bis in die fünfziger Jahre mehr als 60 Tage im Jahresmittel überschwemmt. Es wurden unterschiedliche Varianten zur Beherrschung des Wassers untersucht: die Schaffung von Wasserspeichern in den Niederungen der Geest, in Überschwemmungspoldern der Marsch und in Speicherbecken vor dem Seedeich sowie der Bau leistungsfähiger Schöpfwerke. Da auf landwirtschaftliche Nutzflächen in den fünfziger Jahren nicht verzichtet werden konnte, wurde 1959 zusammen mit der Bedeichung und Begradigung der Auen vor dem Bongsieler Kanal durch Vordeichung ein 600 Hektar großer Speicherkoog, der Hauke-Haien-Koog, mit einer Kapazität von sieben Millionen Kubikmetern gebaut. Er verfügt über ein Deichsiel, das den freien Wasserabfluß gewährleistet. Die drei Speicherbecken des Hauke-Haien-Koogs zeigen mit über 400 Hektar Wasserfläche, mit feuchtem Grünland, Salzwiesen und riesigen Schilfwäldern ein weitgehend natürliches Bild amphibischer Marschen.

An der Arlau entschied man sich für eine Bedeichung und Begradigung der Auen und baute 1957 ein leistungsfähiges Schöpfwerk. Mit der Vordeichung des Beltringharder Koogs 1987 hat das Schöpfwerk seine Funktion an ein Speicherbecken abgetreten. Die Arlaumarschen zählen zu den interessantesten Grünlandgebieten Nordfrieslands. Wegen des moorigen Untergrunds und der Gefahr der Bodenabsenkungen wurde neben der Ent- auch die Bewässerung der Marsch geregelt. An den Geestzuflüssen wird das Wasser gestaut und in die Gräben der Köge geleitet. Darüber hinaus stehen entlang der Arlau Bewässerungsschöpfwerke, die das Wasser aus der Arlau in die angrenzenden Gräben pumpen. Das dichte Grabennetz in den Arlaumarschen beherbergt daher viele seltene Wasser- und Sumpfpflanzen.

Bis Mitte der fünfziger Jahre war die Treeneniederung von Friedrichstadt bis Hollingstedt ein ausgedehntes Überschwemmungsgebiet. Die Bedeichung der Treene begann 1958 im Norden und endete Mitte der sechziger Jahre bei Friedrichstadt. Es entstanden ausgedehnte hochwasserfreie Grünländer. Zur Beherrschung des Hochwassers mußten aber Polder angelegt werden, die das Hochwasser schadlos speichern. Der mit 4,5 Millionen Kubikmetern ausgelegte Polder Wildes Moor ist heute Naturschutzgebiet. Der 330 Hektar große, von niedrigen Wällen umgebene Schwabstedter Westerkoogpolder speichert bis zu vier Millionen Kubikmeter Wasser. Mit seinen offenen Wasser- und Schilfflächen bietet er Lebensraum für Pflanzen wie die Krebsschere, die Schwertlilie, das Sumpfveilchen und den Wasserschlauch. Seine Entwicklung zum Erlenbruchwald führt zur Ansiedlung von Grau- und Ohrweide, Schwarzerle, Esche und Schneeball.

Eiderstedt

Die Treeneniederung geht fließend in die etwa 400 Quadratkilometer große Eiderstedter Marsch über. Eiderstedt ist in seinem Kern uraltes Marschland. Im Norden und im Osten haben sich neue Köge entwickelt, deren letzter 1967 eingedeicht wurde. Die Höhenunterschiede von einem Meter unter bis 2,5 Meter über dem Meeresspiegel sind durch frühere Meereseinbrüche, Alteiderrinnen und einen etwa 6000 Jahre alten Strandwall zwischen Garding und St. Peter, der in den einzigen Festlandsdünenkomplex übergeht, begründet. Baumbestandene Warften prägen das Bild der Marsch und vermitteln mit den ausgedehnten Grünländereien den Eindruck einer Parklandschaft von unendlicher Weite und Schönheit. Diese Schönheit zeigt sich auch im Kleinen, wenn im zeitigen Frühjahr an den Warften ganze Matten von Winterlingen gelb leuchten und mit dem Weiß der Märzbecherfelder kontrastieren oder im Sommer die Bauerngärten mit Mohn, Rittersporn, Margerite, Phlox und Sonnenbraut aufflammen. Eiderstedt ist ein Bauernland. Grünland ist mit etwa 70 Prozent vorherrschend. Die frühere Ochsenmast wurde von Milchwirtschaft und Bullenmast abgelöst. Auf den Äckern Eiderstedts werden vor allem Raps, der die Landschaft im Mai chromgelb färbt und die Luft mit süßem Duft erfüllt, und Weizen angebaut. Eiderstedt ist noch immer eine amphibische Landschaft, in der das Wasser eine zentrale Rolle für Natur, Siedlung und Wirtschaft spielt. 1500 Hektar meist schilfbewachsene Gräben und Sielzüge, unzählige Tränkekuhlen, Wehlen, Späthinge und ein etwa 600 Hektar großes Gebiet mit alten Prielen, die teilweise im Winter überschwemmt werden, kennzeichnen den Wasserreichtum. 30 Siele, elf Schöpfwerke und 900 Kilometer öffentlich unterhaltene Vorfluter entwässern die Landschaft gründlich. Heute ist kaum noch vorstellbar, daß der Verkehr in Eiderstedt über weite Teile des Jahres auf Sielzügen wie der Norder- und Süderbootfahrt stattfand und daß es mitten in Eiderstedt Häfen gab.

Zwei Eiszeiten, der Anstieg des Meeresspiegels, Sturmfluten und Regen haben die Landschaft Nordfrieslands vorgeformt. Der siedelnde Mensch war mit der Kargheit der Geestböden und der Wasserhypothek der Marschen konfrontiert. In Jahrtausenden hat er die Naturlandschaft gründlich umgeformt und zur Kulturlandschaft gemacht, in der Natur noch immer einen bedeutenden, aber heute gefährdeten Anteil einnimmt. Diesen Anteil gilt es in Zukunft zu bewahren und zu entwickeln.

Die bei Sturmfluten ins Land einbrechenden Wassermassen haben immer wieder tiefe Kolke in der Deichlinie ausgespült. In früheren Jahrhunderten war es den Menschen nicht möglich, sie aufzufüllen. Tiefe, fast kreisrunde Wasserflächen, die Wehlen, blieben zurück. Um sie herum wurden die Deichlücken seeseitig halbkreisförmig geschlossen. Das Foto zeigt die Uelvesbüller Wehlen.

Kaum irgendwo sonst ist das Land so grün und so flach wie auf der Halbinsel Eiderstedt. Sie wird auch heute noch geprägt von mächtigen Bauernhäusern, den Haubargen. Mit den sie umgebenden Baumbeständen verschmelzen sie zu einer Einheit und prägen als Kristallisationspunkte den Charakter der Eiderstedter Landschaft.

Von Seehunden, Strandigeln und Silbermöwen – die Tierwelt Nordfrieslands

Georg Quedens

Eine der ältesten schriftlichen Dokumentationen über den Raum des heutigen Nordfrieslands, das anno 1231 verfaßte „Erdbuch" des dänischen Königs Waldemar II., beschäftigt sich nicht nur mit den Steuerzahlungen der drei Geestinseln Sylt, Föhr und Amrum, sondern auch mit deren Fauna: Als wildlebende Tiere auf allen Inseln werden Hasen genannt, Amrum gilt zudem als Heimat der Wildkaninchen. Offensichtlich erfolgte diese Angabe als Hinweis auf Jagdmöglichkeiten für das Königshaus, wobei die Wildkaninchen vermutlich von Waldemar höchstselbst zu Jagdzwecken auf Amrum angesiedelt worden sind. Ob der König auf Amrum zur Kaninchenjagd weilte oder ob von den Insulanern erlegte Tiere vorschriftsgemäß an das Königshaus geliefert wurden, ist unbekannt. Aber zwischen 1842 und 1847, als er in Wyk auf Föhr seine Sommerresidenz hatte, jagte der dänische König Christian VIII. alljährlich in den Amrumer Dünen Kaninchen. Auf Sylt wurden vermutlich zunächst deshalb keine Wildkaninchen angesiedelt, weil die Insel – mit Ausnahme des Listlandes – nicht zum Königreich, sondern zum Herzogtum Schleswig gehörte. Erst im Jahre 1732 sollen Sylter Seefahrer Wildkaninchen von der niederländischen Düneninsel Ameland mitgebracht und in den Sylter Dünen ausgesetzt haben. Der Sylter Chronist Christian Peter Hansen berichtet jedoch, daß dort um 1800 keine Kaninchen mehr zu finden waren, angeblich durch „Marder und andere Raubtiere" ausgerottet, die es aber seinerzeit auf Sylt gar nicht gab. Vermutlich sind die Kaninchen der eifrigen Jagd und wildernden Hunden zum Opfer gefallen. Erst um 1908 wurden durch Westerländer Jagdpächter auf Hörnum wieder Wildkaninchen angesiedelt, doch ist der Bestand in den Sylter Dünen gegenwärtig relativ gering. Die zwecks Bekämpfung der Kaninchen durch Impfung künstlich ausgelöste Seuche Myxomatose, vor allem aber die vielen Füchse halten die Wildkaninchen kurz. Nur in Ortsbereichen kommen sie häufiger vor.

Auf Föhr wurden – ebenfalls durch Jagdinteressierte – um 1947 heimlich Kaninchen ausgesetzt, zum Ärger der Landwirte und der Deichverbände, da sie erhebliche Ernteschäden verursachten und ihre Höhlen in den Deichen anlegten. Durch scharfe Bejagung sowie durch die seit 1962 regelmäßig auftretende Myxomatose wird gegenwärtig der Wildkaninchenbestand in Grenzen gehalten. Merkwürdigerweise haben Wildkaninchen in mehr als 700 Jahren nie ihren Weg über das Eis von Amrum zur nahen Nachbarinsel Föhr gefunden.

Föhr ist seit König Waldemars Zeiten bis heute aber eine Haseninsel geblieben; die Zahl der erlegten Tiere gehört zu den höchsten, die in der Bundesrepublik erzielt werden. Auch Sylt war durchgängig von Hasen besiedelt. Der Amtmann von Tondern erließ anno 1680 und 1702 Verordnungen zum Schutze des herzoglichen Jagdprivilegs, die den Insulanern diktierten, alle Flinten in der Landvogtei Tinnum abzuliefern und den Hunden zwecks Vermeidung von Wilderei einen Schleifknüppel umzubinden oder eine Vorderpfote abzuhauen. Auf der kleineren Insel Amrum sind die im „Erdbuch" genannten Hasen hingegen zu einem unbekannten Zeitpunkt ausgestorben und erst nach 1900 durch Jagdpächter wieder angesiedelt worden. Auch die gegenwärtigen Hasenbestände auf den Marscheninseln Pellworm und Nordstrand dürften in jüngerer Zeit neu angesiedelt worden sein, da sie kaum die völlige Überflutung der Inselflächen am 11. Oktober 1634 überlebt haben können. Erst neuerdings sind über den 1935 fertiggestellten Autodamm auch Wildkaninchen nach Nordstrand gelangt, doch hält sich ihre Verbreitung in Grenzen. Die lokalen Wildkaninchenkolonien auf der Festlandsgeest entstammen ebenfalls punktuellen Aussetzungsaktionen, insbesondere um 1920 im Raum Flensburg.

Vermutlich ließ der dänische König Waldemar um 1230 Kaninchen von der iberischen Halbinsel holen, um sie zu Jagdzwecken auf Amrum anzusiedeln. Die Insel wäre damit der älteste Ort in Deutschland mit einer Wildkaninchen-Population. Heute wird der Bestand durch scharfe Bejagung in Grenzen gehalten.

Besonders zahlreich sind Hasen auf Föhr vertreten. Aber auch auf Sylt und Amrum, auf den Marscheninseln Pellworm und Nordstrand sowie in den Marschen und auf der Geest des Festlands begegnet man ihnen nicht selten.

Rehwild zieht seit Urzeiten seine Fährten durch Heide und Wälder auf der Festlandsgeest. Das Vorkommen auf den Inseln Föhr und Sylt geht jedoch auf Einbürgerungen in den dreißiger und fünfziger Jahren des 20. Jahrhunderts zurück. Das Bild zeigt einen Bock im Bast.

Während das Rehwild dort auf der Heide und in den Forsten seit Urzeiten seine Fährten zieht, wurde es auf den Inseln Föhr und Sylt erst im 20. Jahrhundert angesiedelt. Auf Föhr setzte das Jagdinstitut Hannoversch Münden 1939 einen Bock und zwei Ricken aus einem Revier mit magerer Äsung bei Düren aus, um die Entwicklung auf der fruchtbaren Geest- und Marscheninsel hinsichtlich des Gehörns und Wildbrets zu beobachten. Nach einigen Jahren konnte eine erfolgreiche Bilanz gezogen werden. Heute zählt das Rehwild auf Föhr, nachdem der Bestand zwischenzeitlich zur Vermeidung von Inzucht mit Rehwild aus Dänemark aufgefrischt worden ist, etwa 300 Tiere.

Weniger erfolgreich war die Ansiedlung von Rehwild auf Sylt. Die hier 1959 ausgesetzten Rehe und ihr Nachwuchs wurden zum Teil Opfer des Straßenverkehrs, so daß der Bestand bei etwa 30 Tieren stagniert. Sylt ist aber hinsichtlich seiner übrigen Säugetierfauna besonders interessant. Viele der auf dem Festland vorkommenden Arten sind über den 1927 fertiggestellten Hindenburgdamm eingewandert, so etwa der Iltis und der Steinmarder, der gerne unter Reetdächern haust. Auch der Rotfuchs ist Ende der 1930er Jahre nach Sylt gelangt und hat in der Folgezeit alle Seevogelkolonien in den Dünen vernichtet. Ebenso ist der Maulwurf trotz Drahtsperren eingewandert, während es bei anderen Arten – so den Mäuse- und Spitzmausarten – fraglich ist, ob sie zur ursprünglichen Fauna gehören, angesiedelt wurden oder über den Damm eingewandert sind.

Seehunde, Kegelrobben und Schweinswale

Das Wattenmeer ist die Heimat der Seehunde. 1988 machten die Meeressäuger – mit rundem Kopf und „Kulleraugen" schon seit jeher Symboltiere der Küste und des Naturschutzes – bundesweit Schlagzeilen, als in die seit der Jagdruhe (1973) stark angestiegenen Bestände ein Virus eingeschleppt wurde, dem die Hälfte der Tiere zum Opfer fiel. So plötzlich wie die Seuche begonnen hatte, so jäh ging sie aber im Herbst zu Ende, und seitdem haben sich die gegen die Robbenstaupe-Viren immunisierten Seehunde wieder stark vermehrt. Der gegenwärtige Bestand an der Nordseeküste liegt bei 14 000, rund 5000 mehr als vor der Seuche, so daß sich Probleme einer Überpopulation bemerkbar machen. Im Seebereich von Sylt und Amrum tummeln sich im Sommerhalbjahr über 2000 Seehunde, auf Hörnum-Knob allein ein Rudel von etwa 1200 Tieren – so viele wie noch nie in geschichtlicher Zeit.

Seehunde ruhen bei Ebbezeit auf hohen Sänden, die eine abfallende Kante zu einem tiefen Priel oder Wattenstrom haben, so daß eine schnelle Flucht und schnelles Untertauchen gewährleistet sind. An hiesigen Küsten gibt es allerdings keine natürlichen Feinde, so daß der Seehund keinerlei Verfolgung ausgesetzt ist. Das war nicht immer so. In früheren Jahrhunderten, als die Nutzung der Natur für Küstenbewohner und Insulaner eine beachtliche Rolle spielte, hatte auch die Seehundjagd einen hohen Stellenwert. In vielen Inselhäusern gab es Flinten, mit denen man jederzeit auf Seehundjagd gehen konnte, weil der Seehund als „Fischräuber" keine Schonzeit genoß und ganzjährig bejagt werden durfte. Die Jäger legten sich auf eine Seehundsbank, robbten wie Seehunde umher und täuschten die nicht scharf sehenden Tiere, die den Jäger für einen Artgenossen hielten, an Land kamen und geschossen wurden.

Vom Seehundsfleisch wurde in der Regel nur die Leber verwertet. Aus der Speckschicht wurde Tran ausgekocht, der als Brennstoff für altertümliche Beleuchtungsquellen diente, und auch das Fell wurde für mancherlei Zwecke verarbeitet. Eine besondere Rolle spielte der Seehund dann im Zusammenhang mit dem Fremdenverkehr in den Küstenbädern, als betuchte Kurgäste anreisten, um Seehunde aus Jagdvergnügen zu erlegen. Von allen Seebädern fuhren Schiffer mit solchen Gästen auf die Seehundjagd und verdienten sich ein entsprechendes Honorar. Schließlich war der Seehund an der deutschen Nordseeküste derart bedroht,

Kegelrobben auf Jungnamensand bei Amrum. Neben einem „Strandrudel" von etwa 25 Tieren erscheint in den Sommermonaten ein größeres, offenbar von England kommendes Rudel, das aber im Hochsommer wieder abwandert.

Der Seehund ist an den Küsten des Nordatlantiks weit verbreitet und kommt auch in der Ostsee vor, gilt aber vor allem als „Symboltier" der Nordsee. Sein bevorzugter Lebensraum ist das nordfriesische Wattenmeer, wo Sandbänke bei Ebbe Ruheplätze bieten.

Mit einer Länge von etwa 1,80 Metern ist der Schweinswal der kleinste aller Wale. Er bevorzugt die Küstengewässer und läßt sich durch häufiges Auftauchen und Atemholen im Seebereich der Inseln und Halligen öfter beobachten.

Seehunde sind Rudeltiere, die gern in großer Zahl auf den Sänden mit Fluchtmöglichkeiten zu nahen Prielen liegen. Seit Anfang der 1970er Jahre werden sie an der deutschen Nordseeküste nicht mehr bejagt und haben sich – ungeachtet der Virenseuche von 1988, die zu einer Halbierung des Bestandes führte – inzwischen so stark vermehrt, daß sich die Frage nach einem ausreichenden Nahrungsreservoir stellt.

daß er im Rahmen des Reichsjagdgesetzes 1935 eine Schonzeit erhielt und nach dem Zweiten Weltkrieg in eine kontrollierte Abschußplanung einbezogen wurde, ehe es 1973 zur völligen Jagdruhe kam. Heute mehren sich angesichts der gewachsenen Seehundrudel und des damit verbundenen Nahrungsmangels sowie möglicher Seuchen Stimmen, die sich für eine kontrollierte Bejagung der Seehunde im Rahmen von Wildhege aussprechen.

Im Juni werden gelegentlich Jungtiere, sogenannte „Heuler", im Watt und an Inselstränden gefunden und verursachen unter Kurgästen große Aufregung. Oft handelt es sich um Jungtiere, die zum Ruhen an die Küsten gekommen sind und durch ihr Heulen den Kontakt zur Mutter zu halten versuchen. Seehundsheger und Naturschützer machen darauf aufmerksam, diese Jungen an Ort und Stelle zu belassen, damit die Seehündin ihr Jungtier finden und abholen kann. Die wenigen Jungtiere, die tatsächlich verlorengegangen sind, werden zur Aufzuchtstation in Friedrichskoog gebracht, die der Landesjagdverband dort eingerichtet hat. Hier aufgezogen, werden die Jungtiere im Spätsommer wieder in der Nordsee ausgesetzt.

Neben dem Seehund hat sich eine weitere Robbenart im Seebereich der Inseln Sylt und Amrum etabliert – die Kegelrobbe. Nach Ausgrabungsfunden in der Lembecksburg bei Borgsum auf Föhr spielte die Kegelrobbe in der Zeit von 800 bis 1000 als Jagdwild eine beachtliche Rolle. Jedenfalls überwog der Anteil der dort gefundenen Kegelrobbenknochen die der Seehunde eindeutig. In den letzten Jahrhunderten tauchte diese Art in den Jagdbüchern der Seehundjäger aber nur ganz vereinzelt auf. Erst Ende der 1950er Jahre siedelten sich diese großen Robben – Bullen werden um die drei Meter lang – auf den Seesänden nordwestlich von Amrum an und bringen hier im Dezember/Januar auch Junge zur Welt. Gegenwärtig liegt der Bestand bei etwa 25 Tieren, doch kommen seit einigen Jahren im Sommerhalbjahr weitere Rudel mit 50 und mehr Tieren hierher, die vermutlich von britischen Küsten stammen.

Als seltene Irrgäste treten dann und wann auch die kleine Ringelrobbe, die Klappmütze und vereinzelt das Walroß im Seebereich der nordfriesischen Inseln auf.

Immer wieder machen auch Strandungen von Pottwalen und Zwergwalen, ebenso von Weißschnauzen- und anderen Delphinen Schlagzeilen. Der kleinste aller Wale, der Schweinswal, hat hingegen einen festen Platz in der Küstenmeeresfauna. Er wird nur bis etwa 1,80 Meter lang und ist, wie manche Delphinarten, an der Unterseite weiß und an der Oberseite schwarz gefärbt. Bei Windstille und spiegelglatter See kann man die Wale vom Strand aus häufig registrieren: Es taucht die Rückenfinne auf, und manchmal springen die Tiere beim Spiel halb aus dem Meer. Da Schweinswale etwa viermal in der Minute atmen müssen, erscheinen sie entsprechend häufig an der Meeresoberfläche. Um die Mitte des 20. Jahrhunderts waren diese Tiere eine regelmäßige Erscheinung im Wattenmeer und im Seebereich vor den Inseln. Dann wurden sie seltener und treten erst seit Anfang der 1990er Jahre wieder häufig auf.

Gegenwärtige Schätzungen gehen von zeitweise einigen hundert Schweinswalen bei Sylt und Amrum aus, so daß hier die Erweiterung des Nationalparks Wattenmeer bis zur 12-Seemeilen-Grenze der staatlichen Hoheitsgewässer diskutiert wird. Das „Walschutzgebiet" soll die Kleinwale, aber auch die Robbenpopulationen insbesondere vor der Industriefischerei schützen.

Flutsaumfunde

Nordsee und Wattenmeer sind Lebensraum einer vielfältigen Tierwelt, die sich mancherorts – insbesondere im Bereich von Schlick- und Mischwattzonen – in kaum vorstellbarer Dichte konzentriert. Ein großer Teil dieser Wattenfauna verbirgt sich jedoch im Boden und läßt sich nur durch Ausgrabung mittels einer Forke in Augenschein nehmen. Andere Tiere verbergen sich im Dunkel der Priele.

Seesterne gehören wie die Seeigelarten zu den „Stachelhäutern“ und leben bevorzugt auf Miesmuschelbänken, wo sie Muscheln umklammern, öffnen und aussaugen. Nach Sturmfluten werden sie massenhaft an die Küste gespült und dienen dort Möwen als Nahrung.

Einen Querschnitt des Pflanzen- und Tierlebens vermittelt der tägliche Flutsaum an Inselstränden, an Halligufern und an den Deichen, insbesondere nach Sturmfluten. Dunkelbraune Bündel des Blasentangs wechseln mit den grünen Blättern des Meersalats und den Haufen der Borstenalgen. Dazwischen finden sich seltenere Braun-, Grün- und Rotalgen und manchmal auch die breiten, derben Blätter des Zuckertangs oder des Fingertangs von den Felssockeln rund um Helgoland. Helle, gelblichweiße Büschel von See- und Korallenmoos täuschen uns mit Namen und Habitat jedoch nur Pflanzen vor. Es sind die Sprossen von Hydroidpolypen, die auf dem festen Untergrund von Wattenströmen „wachsen" und früher für die Fischerei eine große Rolle spielten. Präpariert und grün eingefärbt diente See- und Korallenmoos als Zierstrauch für Wandvasen. Die braunschwarzen Eikapseln von Rochen, die faustgroßen Eiballen der Wellhornschnecken und die kalkigen Rückenschulpe von Tintenfischen gehören zu den regelmäßigen Flutsaumfunden, während andere nur zu bestimmten Jahreszeiten zu erwarten sind, wie beispielsweise die Quallen.

Die taubeneigroße Kugelrippenqualle, wegen ihrer Zeichnung auch Seestachelbeere genannt, ist vor allem im Winter zu finden. Im Frühjahr erscheint die Ohrenqualle, eine harmlose Art, während die Monate Juni und Juli die Zeit der Blauen und der Gelben Haarqualle sind. Besonders letztere, die einen Glockendurchmesser von einem halben Meter erreicht, kann mit ihren Nesselfäden „brennende" Schmerzen verursachen. Später im Jahr tauchen dann wieder die harmlose, blaue Wurzelmundqualle und die deutlich gezeichnete Kompaßqualle auf. Quallen bestehen zu rund 98 Prozent aus Wasser. An den Strand gespült, können sie Sonne und Wind nicht lange standhalten und sterben rasch. Seltener stranden Seesterne, die bald von Möwen entdeckt und gefressen werden. Überhaupt sammeln Möwen als „Oberkontrolleure" des Strandes alles eßbare Seegetier auf, noch bevor es von Strandwanderern gefunden werden kann.

Seesterne gehören zur Familie der Stachelhäuter und sind mit den See- und Strandigeln verwandt. Ersterer lebt in tieferem Wasser, der grüne Strandigel hingegen ist im Küstenbereich und somit manchmal auch im Flutsaum zu finden. Massenhaft treiben gelegentlich die weißen, zerbrechlichen Schalen der Herzigel an, die im Untergrund leben, aber durch Verlagerung des Watten- und Meeresbodens freigespült werden. Die lebenden Tiere tragen ein dichtes Stachelkleid.

Treibgüter, ob Holz, Flaschen oder Plastikkanister, die lange im Meer getrieben haben, ehe sie strandeten, sind fast immer mit Seepocken besetzt, Rankenfüßlern, die zur großen Familie der Krebstiere gehören. Und Krebstiere sind auch die blauen Entenmuscheln, die auf Treibgut hängen und mit ihren spinnenartigen Rankenfüßen im Meer nach Nahrung fächern. Angespült sind sie aber, wie auch die Seepocken, verloren.

Vor allem aber wird der Flutsaum von Muschelschalen bestimmt, die mancherorts wie ein buntes Mosaik den Strand bedecken. Hier handelt es sich um Reste längst abgestorbener Weichtiere, die nach langem Hin und Her am Strand endeten. Am häufigsten sind die Schalen der Herzmuscheln, gleichzeitig ein Hinweis auf deren Häufigkeit im Watt. Auch die in Rot, Weiß und Blau leuchtenden Plattmuscheln sind gut vertreten, ebenso wie die Schalen von Tell-, Dreieck-, Pfeffer- und Trogmuschel und – unverwechselbar – die fast gänseeigroße Schale der Sandklaffmuschel. Die Amerikanische Bohrmuschel, die sich mit ihren zackigen Rippeln in festen Boden eingraben kann, ist erst um die Jahrhundertwende von der amerikanischen Ostküste in die Nordsee eingewandert, wie übrigens weitere Muschel- und Schneckenarten auch. Erst um 1980 ist die Amerikanische Schwertmuschel, vermutlich in Form von Laich im Ballastwasser von Frachtschiffen, an hiesige Küsten gelangt und hat sich hier gewaltig vermehrt. Besonders nach Sturmfluten, wenn die Brandung den küstennahen Meeresboden aufgewühlt hat, bedecken Millionen von Schalen den Strand.

Quallen – hier eine Kompaßqualle – entwickeln sich aus kleinen, festsitzenden Polypen, die sich querteilen und Scheibe um Scheibe die freischwimmende Quallen-Generation in das Wasser entlassen. Sie bestehen zu fast 98 Prozent aus Wasser. Beute fangen die Quallen mit ihren Nesselfäden.

Strandigel leben in Küstennähe und Wattenströmen und werden nach Sturmfluten vereinzelt im Flutsaum des Strandes gefunden. Die Stacheln sitzen auf einer Art Kugelgelenk und ermöglichen dem Strandigel langsame Bewegungen, wenn er mit seinem fünfzahnigen Kauapparat Meerespflanzen äst.

Herzigel tragen ein pelzartiges Stachelkleid und leben im Gegensatz zu den Strandigeln im Watt- und Meeresboden. Sie halten nur über einen Saugfaden Verbindung zur Oberfläche. Freigespülte Schalen bedecken nicht selten in Massen den Strand.

Weichtiere in harten Schalen

Alle genannten Muschelarten leben im Boden, die Herzmuschel wenige Zentimeter, die Klaffmuschel bis über 30 Zentimeter tief. Alle haben über Schläuche (Siphone) Verbindung mit der Oberfläche, um während der Flutzeit Sauerstoff und Nahrung aus dem Wasser zu filtern. Zwei heimische Arten, zugleich die bekanntesten, leben jedoch auf der Oberfläche: Miesmuschel und Auster. Die Miesmuschel bildet über und unter der Niedrigwasserlinie ausgedehnte Bänke, die als schwarze Flächen im hellen Wattboden weithin sichtbar sind. Dank ihrer Vermehrungskraft – ein Muschelweibchen stößt im Frühsommer bis zu zehn Millionen Eier aus – sowie ihres Wohlgeschmacks erfolgt im nordfriesischen Wattenmeer eine umfangreiche Bewirtschaftung der Miesmuschel. Mehrere Firmen, vor allem in Wyk auf Föhr beheimatet, befischen diese Muschelbänke und haben zusätzlich künstliche Bänke angelegt. Nach einigen Auseinandersetzungen zwischen Naturschutz und Muschelfirmen ist jetzt eine Regelung über den Umfang der Fischerei getroffen worden, die für beide Seiten akzeptabel ist. Bei Dagebüll und Emmelsbüll sind Verarbeitungsbetriebe für die in Dagebüll angelandeten Miesmuscheln errichtet worden.

Auch die Auster ist seit alters her als Delikatesse bekannt, und schon im Mittelalter beanspruchten die Landesherren die Austernbänke als Regal, wobei den Küstenbewohnern und Insulanern streng verboten war, für die eigene Küche oder auf eigene Rechnung Austern zu fischen. Die Bänke wurden verpachtet, und die Austernfischer von Sylt und Amrum „strichen“ im Auftrag der Pächter, mußten aber auch „Deputataustern“ an die Höfe von Herzögen und Königen liefern. Durch Raubbau der Pächter, vorangetrieben auch durch immer höhere Pachtzahlungen, wurde die hiesige Auster *(Ostrea edulis)* Anfang des 20. Jahrhunderts im nordfriesischen Wattenmeer praktisch ausgerottet, und die immer noch am Strand und im Watt zu findenden Schalen stammen aus längst abgestorbenen Beständen. Neuerdings breitet sich aber eine neue Art im Wattenmeer aus, die aus dem Nordpazifik stammende Auster *Crass ostrea gigas,* die über Zuchtanlagen an der Nordseeküste durch Laich nunmehr natürliche Vorkommen bildet. Die bedeutendste Austernzuchtanlage befindet sich in der Blidselbucht im Watt bei Sylt. Hier reifen in speziellen Vorrichtungen jährlich Millionen von Austern für den Export und für die Restaurants auf den Inseln und an der Küste heran.

Wie die Muscheln zählen auch die Schnecken zur großen Familie der Weichtiere (Mollusken). Auch ihre Gehäuse gehören zu den regelmäßigen Flutsaumfunden, am auffälligsten ist das hühnereigroße Gehäuse der Wellhornschnecke, deren Eiballen schon genannt wurden. Lebensraum der groschengroßen Strandschnecke ist die Uferzone, insbesondere auf der windabgewandten Seite von Inseln und Halligen, wo Brücken, Buhnen und andere Festwerke zu finden sind. Hier ruhen die Strandschnecken bei Ebbe dicht an dicht, während andere unabhängig von Ebbe und Flut unterwegs sind und lange Schleifspuren in Sand und Schlick hinterlassen. Die Menge der Strandschnecken wird aber noch weit übertroffen von jener der Wattschnecken, die allerdings nur wenige Millimeter klein sind und wie grober Kies erscheinen. Auf Schlickwattzonen leben diese Schnecken mit einer Dichte von bis zu 70 000 Tieren pro Quadratmeter, und ihre leeren Gehäuse liegen oft in Form von Wällen zu Milliarden am Wattufer.

Draußen auf dem sandigen Wattboden fallen neben Häufchen und Krümeln verschiedener Würmer insbesondere die Sandkringel und Trichter der Wattwürmer auf. Hier hausen, oft dicht an dicht, die Tiere in ihren U-förmigen, verkitteten Röhren.

Kaum Spuren an der Oberfläche hinterlassen hingegen die eigenartigen Goldköcherwürmer, der Seeringel- und der Meerringelwurm und die mit ihrem irisierenden Stachelkleid kaum wie ein Wurm wirkende Seemaus. Auffälliger sind an festen Prielkanten und im Bereich von Miesmuschelbänken die daumenhohen,

Die Wellhornschnecke gehört zu den größten Meeresschnecken an der Nordseeküste. Ihre etwa hühnereigroßen Gehäuse sind ebenso wie ihre Laichballen überall am Strand und im Watt zu finden.

Muscheln werden die bunten Schalen am Strand genannt, die oft in Massen wie ein Mosaik den Boden bedecken. Aber es handelt sich nur noch um die Schalen der längst gestorbenen Weichtiere, von denen die meisten Arten im Boden verborgen leben.

Handballengroße Austernschalen liegen noch immer am Strand und auf dem Wattboden, obwohl diese europäische Art an der deutschen Nordseeküste als ausgestorben gilt. Neuerdings breitet sich aber aus niederländischen oder Sylter Zuchtanlagen eine nordpazifische Austernart im nordfriesischen Wattenmeer aus.

Häufig ist im sommerlichen Watt die Strandkrabbe anzutreffen, die sich bei Ebbe unter Tangbüscheln versteckt und bei Flut auf dem Wattboden umhereilt. Sie bewegt sich quer zur eigenen Körperachse und wird daher auch „Dwarslöper“ (Querläufer) genannt.

Im Mai ziehen Massen von Hornfischen über Priele und Wattenströme mit der Flut herauf auf das Watt, um hier zu laichen. An Tangbüscheln, Seegras, Schiffstauen und Buhnen kleben die Klumpen der durchsichtigen Eier, aus denen nach fünf Wochen die Jungfische schlüpfen.

Flunder, Scholle, Butt und Seezunge – hier ein Goldbutt – gehören zu einer artenreichen Fischfamilie. Sie leben in Wattenströmen oder ziehen mit den Gezeiten hin und her. Manche bleiben auch bei Ebbe in flachen Prielen zurück und ruhen hier eingegraben im Sand.

grob gekitteten und mit Borstenköpfen versehenen Röhren der Bäumchenröhrenwürmer, die tief im Boden sitzen, aber bei Flut zwecks Nahrungsfang an den Kopf ihrer Röhre steigen.

Lebensräume eigener Art sind die Priele, die immer Wasser führen. Hier hausen Strandkrabben, die sich bei Ebbe im flachen Wasser unter Tangbüschen verbergen oder eingraben, aber mit der Flut nahrungsuchend über das Watt bis an die Küste eilen. Auch der Einsiedlerkrebs, zum Schutze seines weichen Hinterleibes im Schneckengehäuse steckend, ist hier zu finden. Behende läuft er mit dem relativ schweren Gehäuse umher, zieht sich bei Gefahr zurück und verschließt den Eingang mit seinen verhältnismäßig großen Scheren. Seltener sind die Seespinne und – neuerdings zunehmend – die Wollhandkrabbe in den Prielen zu sehen. Aber in Mengen flitzen Garnelen hin und her – besser als „Krabben" bekannt –, die sommertags von vielen Häfen aus von Krabbenkuttern gefischt und als Delikatesse angeboten werden.

Priele und Wattenströme sind aber auch Lebensraum etlicher Fische, der Grundeln, Aale, Aalmuttern, Seeskorpione, Steinpicker, Tobiasfische, der Flundern, Schollen und anderer Plattfische, die hier dauernd leben oder Priele während der Flutzeit als „Wildwechsel" benutzen – ebenso wie Hornfische, Makrelen und Meeräschen, die hier zu verschiedenen Jahreszeiten auftauchen.

Lebensraum der Wasservögel

Wie überall auf der Welt bestimmen auch in Nordfriesland Landschaft und Klima die Vogelwelt. In den Marschwiesen der Köge auf dem Festland dominieren Kiebitz und Austernfischer, aber bemerkenswert sind auch die noch gut besetzten Graureiherkolonien, insbesondere in Eiderstedt. Der Storch, ein früherer Charaktervogel, ist hingegen auf dem Rückzug und nur im Bereich der Treene noch nennenswert vertreten, vor allem auf den Dächern des Dorfes Seeth sowie im benachbarten Bergenhusen, das aber schon zum Kreis Schleswig-Flensburg gehört. Ansonsten weist die in Dörfern und Städten sowie in der Feldmark, in der Heide und in Forsten der Geest vertretene Vogelwelt keine Besonderheiten im Vergleich zum sonstigen Festland auf.

Dagegen ist der unmittelbare Küstenbereich Nordfrieslands von Wasservögeln bevölkert, die von der dortigen Landschaftsstruktur außerordentlich begünstigt werden, gibt es doch neben den natürlichen Seen – so Gotteskoogsee, Hülltofter Tief, Ruttebüller- und Bottschlotter See – etliche durch Menschenhand entstandene Biotope: die lagunenartigen Flach- und Speicherseen im Gefolge von Eindeichungsmaßnahmen. Solche Süßwasserseen mit entsprechender Vegetation entstanden mit dem Rantum-Becken auf Sylt, dem Rickelsbüller Koog an der deutsch-dänischen Grenze, der Vordeichung des Fahretofter Kooges, des Hauke-Haien-Kooges und des Beltringharder Kooges sowie durch die Wester-Späthinge im Simonsberger Koog und im Katinger Watt infolge des Eidersperrwerks. Hier haben sich neben einigen Seevogelarten ausgesprochene Süßwasservögel wie Taucher, Schwäne, fast alle Wildentenarten, Rallen, Lachmöwen, Trauerseeschwalben, die letzten Bestände der Rohrdommeln, die neu eingewanderten Bartmeisen, Rohrsängerarten, Rohrammern, Bachstelzen und andere Arten etabliert. Über Schilffelder schwebt die Rohrweihe, vereinzelt auch noch die Wiesenweihe. Besonders stark hat sich die Graugans vermehrt, die von Menschenhand im Hauke-Haien-Koog angesiedelt wurde und inzwischen die meisten Süßgewässer Nordfrieslands erobert hat. Auch als Rastplätze für ziehende Wasservögel spielen diese von Menschen geschaffenen Naturparadiese eine große Rolle. Fast alle genannten Areale sind als Naturschutzgebiete ausgewiesen und werden von Naturschutzvereinen betreut.

Seevögel

Auffälliger aber als Wald-, Wiesen- und Wasservögel sind die eigentlichen Seevögel, die Inseln und Halligen, Nordsee und Wattenmeer bevölkern. Sie treten

Zugvögel prägen die Jahreszeiten im Watt und am Meer. Zwischen März und Mai ziehen „Wolken“ von Limikolen im Wechsel der Gezeiten hin und her und zeigen dabei eindrucksvolle Flugspiele, ehe sie nach und nach zu ihren skandinavischen und sibirischen Brutplätzen entschwinden. Im Hochsommer kehren die ersten Arten schon wieder zurück, wenn auch weniger zahlreich als im Frühjahr.

Fast explosionsartig hat sich seit den 1970er Jahren die Heringsmöwe vermehrt, die bis dahin nur auf der ostfriesischen Sandinsel Memmert gebrütet hatte. Sowohl von Westen als auch von Skandinavien wanderten Heringsmöwen ein und sind nun auf fast allen Inseln und Halligen als Brutvögel zu finden.

nicht nur in beachtlicher Zahl auf, sondern prägen auch durch ihre Größe und Ruffreudigkeit die weitsichtige Meereslandschaft.

Charaktervogel der Küste ist die Möwe, die im Bereich Nordfrieslands als Brutvogel mit sechs Arten vertreten ist: Mantel-, Herings-, Silber-, Dreizehen-, Sturm- und Lachmöwe. Als vereinzelter Brutvogel kommt noch die schwarzköpfige Zwergmöwe dazu, während sich die größte aller Möwenarten, die Mantelmöwe, erst neuerdings als Brutvogel etabliert hat.

Möwen sind Koloniebrüter und konzentrieren sich manchmal zu Tausenden in einem geeigneten Brutrevier. Mit rund 20 000 Paaren ist die Lachmöwe gegenwärtig die häufigste Art in Nordfriesland. Sie brütet an den genannten Lagunen und Speicherseen der Festlandsküste sowie auf allen Halligen und auf den Vorländern des Festlands und der Inseln. Die ursprüngliche Binnenlandsmöwe wanderte erst ab Mitte des 20. Jahrhunderts in den Küstenbereich ein. Die eigentliche Charaktermöwe der Nordseeküste, die Silbermöwe, ist derzeit nur mit etwa 5500 Paaren vertreten, davon brütet die Hälfte in den Amrumer Dünen sowie auf der Odde. Ihr Bestand wird hier seit Anfang der neunziger Jahre des 20. Jahrhunderts von den Heringsmöwen bedrängt, die gegenwärtig auf Amrum mit über 6000 Paaren (1997) vertreten sind. Die Sturmmöwe hat mit fast 2000 Brutpaaren ebenfalls ihr Hauptvorkommen auf Amrum, doch leiden die Kolonien stark unter den 1995 von unbekannter Hand auf der Insel ausgesetzten Füchsen. Größere Kolonien mit jeweils mehreren hundert Paaren befinden sich auf einigen Halligen. Ansonsten gilt die Sturmmöwe immer noch als „Ostseemöwe“.

Haben sich alle Möwenarten in der zweiten Hälfte des 20. Jahrhunderts stark vermehrt, so hält sich der Bestand an Seeschwalben in Grenzen. Insbesondere die gefährdete Zwergseeschwalbe, die als Brutplatz Sandstrände liebt, ist kaum noch mit hundert Brutpaaren vertreten. Offenbar spielen hier klimatische Einflüsse eine große Rolle. Aber auch von den ehemals großen Kolonien der Küsten- und Flußseeschwalben sind gebietsweise nur noch Reste vorhanden, am häufigsten auf einigen Halligen, so auf Langeneß mit über 700 Paaren. Die Brandseeschwalbe brütet traditionell nur auf der Hallig Norderoog, wo ihr Bestand rund 2500 Paare zählt.

Zur großen Familie der Watvögel, der Limikolen, gehören Säbelschnäbler, Austernfischer, Rotschenkel, Kiebitz, Sand- und Seeregenpfeifer sowie der Große Brachvogel. Der Säbelschnäbler kam Mitte des 20. Jahrhunderts nur noch auf der Hamburger Hallig vor, wurde dann aber durch Eindeichungsmaßnahmen sehr begünstigt und ist heute überall an Speicherseen und Wasserkuhlen sowie auf den Vorländern zu finden. Häufigster Watvogel ist jedoch der Austernfischer, der sozusagen alle Reviere an der Küste und auf Inseln und Halligen besiedelt. Er brütet sogar in Küstenorten auf flachen Hausdächern und auf Firsten von Reetdachhäusern und ist mitunter auch tief im Binnenland anzutreffen. Insgesamt wurden 1997 um die 15 000 Austernfischer-Paare in Nordfriesland ermittelt, allein auf Pellworm etwa 2800, auf Föhr um die 2100 und auf Langeneß etwa 2000.

Sehr viel seltener ist der Rotschenkel, der in Salz- und Marschwiesen brütet und dort seine Jungen aufzieht. Typisch für die Küstenlandschaft ist das melodische „Läuten“ des balzenden Männchens bei windstillem Wetter. Der Kiebitz ist kein eigentlicher Küstenvogel, kommt aber in Kögen

Von Juni bis August wimmelt es in fast allen Küstenlandschaften von Jungvögeln, die als „Nestflüchter" von den Eltern durch das Gelände geführt werden oder in der Vegetation verborgen auf Fütterung warten – hier eine erst vor wenigen Tagen geschlüpfte Sturmmöwe.

Mit fast 50 000 Brutpaaren ist die Silbermöwe – nach der erst im 20. Jahrhundert zugewanderten Lachmöwe – der häufigste Brutvogel an der deutschen Nordseeküste. Mehrere Halligen, insbesondere aber die Dünen der Insel Amrum, sind von einigen tausend Paaren bevölkert.

Etliche Seevogelarten sind erst im Laufe des 20. Jahrhunderts an hiesigen Küsten heimisch geworden, so auch die Flußseeschwalbe, die ihre ehemals binnenländischen Brutplätze weitgehend aufgegeben hat.

Mit dem fast exotisch bunten Gefieder wirken Brandgänse wie Farbtupfer im grauen Wattenmeer. Um sich mit ihrer Brut zu verbergen, nutzen sie für ihr Gelege Höhlen aller Art, vor allem Wildkaninchenhöhlen in den Dünen von Sylt und Amrum.

Der Kiebitz gehört zu den Frühlingsboten in der noch wintergrauen Küstenlandschaft. Seine Balzrufe und Flugkapriolen setzen erste Zeichen in Marschenkögen und Inselwiesen.

Austernfischer sind die „Allerweltsvögel" des Wattenmeeres und der Küste und kommen als Brutvögel in allen Landschaften vor. Sie werden über 30 Jahre alt und halten lebenslang sowohl am Partner als auch am Brutplatz fest. Der Name ist allerdings irreführend, denn Austern fischen sie nicht.

und Inselmarschen noch häufiger vor, während er im Binnenland in seinem Bestand durch Landwirtschaft und Krähen bedroht ist. Der Sandregenpfeifer liebt mit Steingeröll oder Muscheln bedeckte Strände und Sandbänke und fällt dort ebenso wie sein Gelege kaum auf. Nur das wehmütige „Büüip" verrät seine Anwesenheit. Vom zierlichen Seeregenpfeifer gibt es nennenswerte Bestände nur noch im Beltringharder Koog und auf der Sandbank von St. Peter-Ording. Offenbar zieht auch er sich aus klimatischen Gründen aus unseren Breiten zurück.

Schönster Vogel des Wattenmeeres ist die farbig gefiederte Brandgans, die auf Sylt, Föhr und Amrum in Höhlungen aller Art, vor allem in Wildkaninchenhöhlen, brütet. Auf den Halligen und in Vogelschutzgebieten werden auch künstliche Höhlen angeboten. Die nordische Eiderente brütete Anfang des 19. Jahrhunderts zunächst nur auf Sylt, besiedelte in den 1880er Jahren Amrum und hielt sich lange an diese südlichste Verbreitungsgrenze. Aber neuerdings hat sie fast alle Halligen und Nordseeinseln besiedelt. Die Enten ziehen mit ihren gerade geschlüpften Jungen zum Watt und bilden dort sogenannte „Kindergärten", deren Hauptzweck darin besteht, den Nachwuchs gegen Silbermöwen zu verteidigen.

Ein Vogelparadies eigener Art ist die Westklippe von Helgoland. Hier sind einige Hochseevogelarten heimisch, die nicht auf anderen Inseln und Halligen zu finden sind. Die Trottellumme brütet hier dicht an dicht auf Felsplatten, und auf den Simsen des Buntsandsteinfelsens haben Dreizehenmöwen mit Algen und eigenem Kot ihre Nester festgekleistert. Neuerdings haben sich auch einige Paare der Baßtölpel und Eissturmvögel angesiedelt. Die Trottellumme ist mit etwa 1600, die Dreizehenmöwe mit rund 6500 Paaren vertreten.

Die Brutvögel sind aber nur ein Teil der nordfriesischen Vogelwelt. Im Herbst und Frühjahr belebt sich die Meereslandschaft zusätzlich mit großen Schwärmen von Zugvögeln. Knutts und Alpenstrandläufer treten dabei oft in „Wolken" mit Zehntausenden von Vögeln auf. Häufig sind auch Goldregenpfeifer, Pfuhlschnepfen und Große Brachvögel – um nur einige auffällige Arten zu nennen. Im Frühjahr bevölkern große Scharen von Ringelgänsen die Wiesen vor und hinter den Deichen sowie das Halligland – zum Ärger der Landwirte, die jedoch hohe Ausgleichszahlungen vom Land für Weideschäden erhalten. Auch die Pfeifente hat sich an der Westküste stark vermehrt, wie überhaupt die meisten Wasservogelarten.

Die Zunahme der See- und Wasservögel wird vor allem dem intensiven Naturschutz zugeschrieben. Fast auf jeder Insel gibt es Natur- und Vogelschutzgebiete, und im Zusammenhang mit dem Nationalpark Wattenmeer ist auch die Jagd auf Zugvögel weitgehend eingestellt worden.

Ebbe und Flut bestimmen den Rhythmus des Vogellebens im Wattenmeer. Bei Ebbe sind die Vögel auf Nahrungssuche weit über die Flächen des Sandes und Schlicks verstreut, aber die Flut drängt alle „Nichtschwimmer" – hier Alpenstrandläufer und Knutts – zur Küste, wo sie Kopf an Kopf während der Hochwasserzeit rasten.

Scharen von Ringelgänsen prägen auf dem Frühjahrszug die Marschen und Salzwiesen an der nordfriesischen Festlandsküste sowie auf Inseln und Halligen. Von Februar bis Mai halten sich hier einige zehntausend auf, um Fettreserven für den Flug zu ihren Brutplätzen im sibirischen Eismeer zu bilden.

Geschützte Natur

Wolfgang Riedel

Die Landschaft Nordfrieslands ist wie die Schleswig-Holsteins insgesamt – ungeachtet ihrer natürlichen Gegebenheiten wie Relief, Klima, Boden und Pflanzenkleid – im festländischen Bereich in der Regel eine Kulturlandschaft mit vom Menschen gestalteten Bau- und Nutzungsstrukturen. Diese Kulturlandschaft ist das Ergebnis einer jahrhundertelangen Wechselwirkung zwischen naturräumlichen Voraussetzungen und menschlichem Handeln. Im festländischen Schleswig-Holstein gäbe es heute sonst in der Regel nur Wald, Seen, Moore und ungebändigte Fließgewässer. Daß Nordfriesland neben dieser den „Normalfall" darstellenden Kulturlandschaft die naturnahe Region des Wattenmeeres besitzt, darf als außergewöhnliche Besonderheit gelten. Das in mitteleuropäischem Maßstab bedeutende nordfriesische Wattenmeer ist trotz kulturlandschaftlicher Beeinflussungen in einzelnen Bereichen noch von natürlichen Prozessen geprägt.

Vor diesem Hintergrund ist es nachvollziehbar, daß es für die nordfriesische Landschaft nicht nur eine Naturschutzstrategie geben kann. Der Normalfall in der Geschichte der Naturschutzentwicklung war es, Gebiete vor äußeren Beeinträchtigungen zu bewahren. Dies führte nicht immer zum Ziel, da der Gesichtspunkt der natürlichen oder vom Menschen verursachten Landschaftsentwicklung mitunter nicht ausreichend berücksichtigt wurde; so werden etwa Zwergstrauchheiden wieder zu Waldgesellschaften, wenn keine bäuerliche Heidenutzung durch Mahd, Beweidung, Plaggen oder Brennen betrieben wird. Die bislang zu wenig beachtete Naturschutzstrategie, neben Arten, Lebensgemeinschaften, Nahrungsketten, Ökosystemen, bemerkenswerten Naturbildungen und Landschaftsschönheiten auch den Prozeß selbst in seiner freien Entwicklung zu schützen, die Natur möglichst weitgehend sich selbst verwirklichen zu lassen, ist beim Naturraum Wattenmeer unverzichtbar. Diese Grundfeststellungen sind der Schlüssel für das Verständnis der unterschiedlichen Formen von „geschützter Natur" in Nordfriesland.

Die Notwendigkeit des Naturschutzes ist heute weitgehend unbestritten und gesetzlich festgelegt. Nicht nur ökologische, ethische und emotionale, sondern auch ökonomische Gründe haben zu dieser Einsicht beigetragen. Über die Formen der Durchsetzung des Schutzes hingegen gibt es – gerade in Nordfriesland – so manche Kontroverse. Dabei ist die Natur lokal wie global gefährdeter denn je. Dies zeigt sich vom regionalen wie überregionalen Rückgang von Arten bis hin zum globalen Treibhauseffekt. Vor diesem Hintergrund ist der Natur- und Umweltschutz heute in Schleswig-Holstein sogar in der Verfassung des Landes als Staatsziel (Artikel 7) verankert. Neben dem Landes- und Bundesnaturschutzgesetz wirkt sich eine Vielzahl von internationalen Konventionen, Übereinkommen, Richtlinien und Verträgen unmittelbar oder mittelbar auf den Naturschutz in Schleswig-Holstein und Nordfriesland aus. Zu den Zielen und Grundsätzen gehören zum Beispiel Bodenschutz, Gewässerschutz, Klima- und Emissionsschutz und der biologische Naturschutz einschließlich des Aufbaus eines landesweiten Biotopverbundsystems. Die Voraussetzung für eine erfolgreiche Umsetzung ist eine Landschaftsplanung auf den Ebenen des Landes, der Region und der Gemeinde.

Die Sicherung und Entwicklung der zahlreichen, überwiegend naturnahen Landschaftsräume Nordfrieslands ist nur dann möglich, wenn dem Naturschutz Vorrang vor konkurrierenden Nutzungsansprüchen eingeräumt wird. Daneben sieht das Landschaftsprogramm für Schleswig-Holstein Gebiete naturverträglicher Nutzung vor, in denen ein Miteinander von Nutzungs- und Naturschutzaspekten anzustreben ist. Dazu zählen anerkannte Naturerlebnisräume, Naturparks, historische Knicklandschaften, Erholungswälder und Räume, insbesondere Landschaftsschutzgebiete, die der Erholung dienen.

Schon recht früh, um 1900, begann der Naturschutz in Nordfriesland. Insbeson-

Zum 1985 eingerichteten Nationalpark Schleswig-Holsteinisches Wattenmeer gehören auch die weiten Außensände im Westen, hier der Japsand vor der Hallig Hooge. Der Nationalpark umfaßt die größte zusammenhängende Wattenlandschaft der Erde.

Hinter dem Vogelwärterhaus im Vogelschutzgebiet Amrum-Odde erheben sich besonders eindrucksvolle Dünenkomplexe mit Übergängen in Wattenbereiche. Sie sind von großer Bedeutung für die Seevogelfauna.

Seit den Anfängen des Naturschutzes in Nordfriesland um 1900 leisten Vogelwärter einen wichtigen Beitrag zum Schutz gefährdeter Seevögel.

Jens Sörensen Wandt, der „Vogelkönig von Norderoog", mit einer Schar von Brandseeschwalben. Er betreute in der ersten Hälfte des 20. Jahrhunderts das Vogelschutzgebiet Hallig Norderoog. 1950 ertrank er im Watt zwischen Hooge und Norderoog.

dere naturbegeisterte Auswärtige sahen im zunehmenden Fremdenverkehr eine Gefährdung. Sie störten sich zum Beispiel an der Vogeljagd, die als „Lustbarkeit" für die Badegäste veranstaltet wurde, und auch am Absammeln vieler Gelege durch Einheimische. Als „Vogelwärter von Helgoland" machte sich Heinrich Gätke (1814-1897) einen Namen. Der Husumer Gymnasiallehrer Joachim Rohweder (1841-1905) wurde ein Pionier des Vogelschutzes in Schleswig-Holstein. Bis in die Gegenwart hinein ist der Naturschutz in Nordfriesland eng verbunden mit ehrenamtlichem Einsatz in Vereinen, wobei häufig Auswärtige die Initiative ergriffen. Besondere Bedeutung erlangte der 1907 gegründete „Verein zur Begründung von Vogelfreistätten an den deutschen Küsten" in Hamburg. Er machte die kleine zwischen List/Sylt und dem Festland gelegene Hallig Jordsand zu einer Stätte des Seevogelschutzes. Im Jahre 1909 erwarb er mit Hilfe von Spenden die Hallig Norderoog, die seit der Sturmflut von 1825 nicht mehr ständig bewohnt war. Vier Jahrzehnte hindurch betreute sie Jens Sörensen Wandt (1875-1950), der als „Vogelkönig von Norderoog" bekannt wurde. Auch auf staatlicher Seite führte die fortschreitende wirtschaftliche Nutzung vormals kaum berührter Landschaftsräume zu einem verstärkten Bewußtsein für den Naturschutz. Als erste Naturschutzgebiete in Schleswig-Holstein wurden 1923 die Lister Dünen und das Morsumkliff auf Sylt ausgewiesen; im Jahre 1930 folgte die Vogelfreistätte Hamburger Hallig.

Ein Schwerpunkt des schleswig-holsteinischen Naturschutzes liegt unübersehbar in Nordfriesland. Kein anderer Kreis weist so viele Schutzgebiete auf. Darüber hinaus erfüllen viele Gebiete die Voraussetzung einer Unterschutzstellung, sind zur Zeit vorgeschlagene, geplante oder schon einstweilig sichergestellte Naturschutzgebiete sowohl im großräumigen Verbund als auch in kleinflächigeren Bereichen. Zudem liegen im Bereich Nordfriesland und angrenzend in der Eider-Treene-Sorge-Niederung Schwerpunkträume und Hauptachsen des landesweiten Schutzgebiets- und Biotopverbundsystems, das Gebiete mit besonderer Bedeutung für den Arten- und Biotopschutz zusammenfaßt. Der Nationalpark Schleswig-Holsteinisches Wattenmeer ist darüber hinaus ein Feuchtgebiet von internationaler Bedeutung und mit diesem Status auch als Biosphärenreservat der UNESCO ausgewiesen. Somit nimmt Nordfriesland eine Spitzenstellung in Schleswig-Holstein, aber auch in Deutschland und Europa ein, wobei „geschützte Natur" niemals Stillstand und gesicherten Erfolg, sondern Aufgabe und Herausforderung bedeutet.

Der 1985 gesetzlich eingerichtete Nationalpark Schleswig-Holsteinisches Wattenmeer umfaßt die größte zusammenhängende Wattenlandschaft der Erde. Neben dem Hochgebirge ist dieser Naturraum die letzte bedingt naturnahe Großlandschaft in Mitteleuropa. Das Gebiet gilt als größter Nationalpark Mitteleuropas und weist mit Sandwatten, Sänden, Salzwiesen, periodisch oder dauerhaft überflutet, sehr unterschiedliche Lebensraumtypen auf. Dem Nationalpark zugeordnet sind die kleinen Halligen wie Habel, Norderoog, Süderoog, Südfall und Hamburger Hallig. Probleme mit Überdüngung, Verschmutzungen durch Schiffahrt, militärische Nutzungen, Erdölförderung und Fremdenverkehr werden noch kontrovers diskutiert. Verwaltet wird das Gebiet vom Landesamt für den Nationalpark mit Sitz in Tönning. Kuratorien für die Kreise Nordfriesland und Dithmarschen, in denen auch verschiedene Interessengruppen vertreten sind, haben Mitwirkungsrechte.

Aus der Vielzahl der Naturschutzgebiete seien beispielhaft nur einige genannt. Einen besonderen Schwerpunkt bildet die Insel Sylt. Im Norden der Insel wird ein großflächiges Areal mit den größten Dünenerhebungen und Wanderdünen in Deutschland geschützt. Das Naturschutzgebiet Morsumkliff, eine geologisch bedeutsame Steilküste mit wertvoller Pflanzen- und Tierwelt, stellt eine geomorphologische Singularität dar. Das 1936 als Seeflughafen eingedeichte Rantum-Becken dient mit seinem Brackwas-

Wollgraswiesen finden sich in Nieder- und Hochmooren. Obwohl sie unter Schutz stehen, sind sie noch immer ebenso gefährdet wie ihre Lebensräume.

Wollgrasstand in abendlicher Moorstimmung. Die weißen Haare der Blütenhüllen verlängern sich zur Fruchtreife und verleihen den Ähren ein wattebauschartiges Aussehen.

Dünenmoore sind in Binnendünenkomplexe eingebettet. Sie dienen vielen seltenen Tierarten als Lebensraum, vor allem den Wirbellosen.

Dünenheiden sind geologisch junge Komplexe mit einer hoch spezialisierten Vegetation, die sich ständig verändern. Zu den geschützten Heidearealen gehören die Gebiete auf Amrum und Sylt.

Stark gefährdet sind die feuchten Standorte der Senken, Moore, Feuchtheiden und Dünentäler. Charakteristisch für die Vegetation dieser Gebiete ist der Lungenenzian.

Karthäusernelken gehören zu den sehr selten gewordenen Pflanzen auf den Heiden und Trockenrasen der Inselgeest. Diese Vegetationsformen können fast nur noch in Schutzgebieten erhalten werden.

sercharakter als bedeutsames Brut- und Rastgebiet für Vögel. Unter Schutz gestellt wurde ebenfalls die Vogelkoje Kampen. Dünen werden auf der Insel Amrum geschützt, ebenso wie die wenigen Binnendünen, zum Beispiel bei Süderlügum. Reste der Heide, die früher fast die gesamte Geest Nordfrieslands bedeckte, stehen zum Beispiel auf Amrum, Sylt sowie in der Bordelumer und Langenhorner Heide unter Schutz. Von den früher großen Moorgebieten sind das Schwansmoor und Kranichmoor bei Westre, das Ahrenviölfelder Westermoor und das Wilde Moor bei Schwabstedt, in dem nachhaltige Regenerationsmaßnahmen vorgenommen wurden, von besonderer Bedeutung. Auch ehemalige Teile des Wattenmeers stehen unter Schutz. Die Grüne Insel mit Eiderwatt entstand als Folge der 1967 bis 1973 vorgenommenen Eiderabdämmung. Der 1979 bis 1982 eingedeichte Rickelsbüller Koog an der deutsch-dänischen Grenze wurde als erster Koog vollständig unter Schutz gestellt, da er Seevögeln und Gänsen als wichtiger Rast- und Brutplatz dient. Der 1983 bis 1987 nach kräftezehrenden Auseinandersetzungen bedeichte Beltringharder Koog in der Nordstrander Bucht wird ebenfalls nicht landwirtschaftlich genutzt und weist großflächige Salz- und Süßwasserlebensräume auf, allerdings weitgehend ohne Tideeinfluß. Daneben gibt es in Nordfriesland weitere Gebiete anderer Schutzkategorien wie Landschaftsschutzgebiete, Naturdenkmale, geschützte Landschaftsbestandteile, Naturerlebnisräume, Naturparks und gesetzlich geschützte Biotope.

Der Wert des Naturschutzes ist nicht nur unter Fachleuten weithin unbestritten. Kontrovers diskutiert wird aber über die weitere Entwicklung, über das angemessene Verhältnis zwischen Nutzung und Schutz. Aufgabe von Landes- und Regionalpolitik, von Hochschulen und Wissenschaft muß es in der nächsten Zukunft sein, die konträren Meinungen nicht nur klar zu analysieren und zu bewerten, sondern langfristig zu einem gemeinsamen Leitbild zusammenzuführen. Denn niemand kommt um ein zentrales Leitbild integrierter Regionalentwicklung mit dem Ziel der Nachhaltigkeit herum. Ein solches dient nicht nur dem Naturschutz, sondern bietet auch eine Grundlage wirtschaftlicher Wertschöpfung und sozialen Friedens. In Nordfriesland hat es in der Vergangenheit an Toleranz und Bereitschaft zum Zuhören, am verständlichen Erklären und an Geduld oft gefehlt. Erfahrungen in vielen anderen deutschen Landschaften und europäischen Ländern belegen, daß Naturschätze und Naturschönheiten, wertvolle Naturgebiete und naturnahe Landschaften langfristig kein Hindernis für eine nachhaltige wirtschaftliche Entwicklung sind. Andere Regionen beneiden den nordfriesischen Raum um seinen Naturreichtum, verkennen nicht die natürlichen und vom Menschen verursachten Bedrohungen, können jedoch den hier ausgefochtenen Streit mit seinen Aufgeregtheiten kaum nachvollziehen. Amtlichem und ehrenamtlichem Naturschutz muß es in der nächsten Zeit gelingen, die Menschen von der ökonomischen Bedeutung und der ökologischen Unersetzbarkeit des nordfriesischen Naturraums zu überzeugen. Die Instrumente dafür sind vielfältig vorhanden in den bewährten Organisationsformen des Naturschutzes, darüber hinaus aber besonders in einer in Nordfriesland sowohl professionell als auch ehrenamtlich mit Engagement betriebenen Öffentlichkeitsarbeit in zahlreichen Naturschutzstationen und Umweltzentren und einer qualifizierten Forschung. Die „geschützte Natur" Nordfrieslands bietet auch wirtschaftliche Chancen und ist für die weitere Entwicklung der Region das wertvollste Potential.

Friesennerz und Badehose – Widersprüchlichkeiten im Wetter Nordfrieslands

Klaus Baese

In herben bis weichen, durch oft farbenprächtige Wolkenhimmel geprägten Landschaftsbildern schilderte Emil Nolde seinen Eindruck von Nordfriesland. Zuvor hatte Theodor Storm von Husum als der „grauen Stadt am Meer" geschrieben. Haben sich Wetter und Klima von der Zeit Storms bis hin zu Noldes Schaffenszeit so rasch gewandelt, haben Literat und Maler das Wetter unterschiedlich empfunden, oder ist das Klima Nordfrieslands so vielgestaltig?

Anhand von einfachen, typischen Klimadaten der Klimastation Wyk auf Föhr mit einer Jahresdurchschnittstemperatur von 8,4 °C, einer Jahresniederschlagssumme von 807,8 Millimetern und der jährlich zu erwartenden Sonnenscheindauer von 1592 Stunden läßt sich das Klima ganz Nordfrieslands offensichtlich nicht hinreichend beschreiben. Gerade die in Nordfriesland reizvolle Mischung aus Geestbereichen, flachen Marschlandschaften, Küstenform, Wattbereich und Inselwelt gestaltet die Wetterabläufe und das Klima sehr unterschiedlich.

Nicht nur die Künstler vergangener Zeiten, auch wir erleben heute häufig ein Nebeneinander oder ein rasches Nacheinander widersprüchlichster und unterschiedlichster Wettererscheinungen in der besonders durch die Nordsee geprägten friesischen Klimaregion. Bezogen auf Nordfriesland fällt uns zu „Wetter" und „Klima" spontan eine ganze Reihe gegensätzlicher Phänomene ein wie zum Beispiel Friesennerz und Sonnenbrand, trister Nebel und Sonnenschein, Schneekatastrophe (1978/1979) und grünes Weihnachtsfest oder Wattlaufen über ausgedehnte, von Prielen durchzogene Flächen, die bei Flut oder gar Sturmfluten tief unter Wasser liegen.

Besonders beeindruckend für Gäste in Nordfriesland ist die Tatsache, daß ausgeprägte Sturmtiefs ungehindert über die Region ziehen und für besonders starke, meist westliche Stürme sorgen können. Die Aktivität der Tiefdruckgebiete führt zu den gefürchteten Herbst-, Winter- und Frühjahrsstürmen mit gelegentlichen Sturmfluten. Die sommerlichen Schwankungen um den mittleren Luftdruck von 1008,5 Hektopascal sind nicht so ausgeprägt – ein Zeichen größerer Wetterstabilität und wichtiger Hinweis für Urlauber. Nicht hinwegtäuschen sollte dies jedoch über die Tatsache, daß auch im Sommer Tiefausläufer das Wetter bestimmen und zu Stürmen führen können, die schon manchen unerfahrenen Wattwanderer durch rasch auflaufende Flut in Gefahr brachten.

Gegenüber dem Binnenland von Schleswig-Holstein weht auf den Inseln Nordfrieslands und im Küstenbereich ein allgemein deutlich lebhafterer und beständigerer Wind. So verwundern die vielen modernen Windkraftanlagen und Windparks nicht. Trifft man im Bereich der Schleswiger Vorgeest nur vereinzelt in exponierten Kuppenlagen auf Windenergieanlagen, so steigt ihre Zahl deutlich in Küstennähe. Dort sind die Bedingungen bei mittleren Windgeschwindigkeiten von fünf bis sechs Meter pro Sekunde optimal.

Die Windstärke ist nicht nur abhängig von der Küstennähe und der Jahreszeit. Es besteht auch eine deutliche Beziehung zwischen Geschwindigkeit und Windrichtung. So ist aus Südwest bis West mit den höchsten Windgeschwindigkeiten zu rechnen. Diese in der Hälfte aller Fälle auftretende Vorzugswindrichtung zeigt sich besonders deutlich im Dezember und Januar und verschiebt sich auf westliche Richtungen in den Spätsommermonaten Juli bis September.

Allgemein geringere mittlere Windgeschwindigkeiten im Sommer täuschen etwas darüber hinweg, daß gerade zu dieser Jahreszeit in den frühen Nachmittagsstunden an warmen Sonnentagen ein für die Küste Nordfrieslands typischer Wind auflebt, der den Erholungsuchenden eine angenehm kühle Brise von der Seeseite her bringt. Abends schläft dieser Wind

Wie Wegweiser zeigen besonders die freistehenden Bäume die Richtung des Windes an. Der beständige Wind aus der Vorzugsrichtung West hat den Baumwuchs an der Nordseeküste geformt.

meist wieder ein oder weht nachts sogar vom Land auf die See hinaus, um am nächsten Nachmittag erneut von See her aufzuleben. Wie an vielen anderen Küsten auch, zeigt sich hierin ein besonderes sommerliches Windsystem mit weitreichenden Folgen für das Klima. Die Wirkung dieser Land- und Seewindzirkulation ist ein Phänomen des Hochsommers, das an Schönwetterperioden und an den Tagesrhythmus gebunden ist. Die normalerweise südwestlichen Winde drehen dabei in Nordfriesland gegen West. Der Wind kommt also direkter von der Seeseite und wird zugleich etwas verstärkt. Badegäste erfahren bei hochsommerlichen Temperaturen und brennender Sonne gerade im unmittelbaren Strandbereich eine Erfrischung durch diesen kühlen Seewind. Zuvor hat sich jedoch über dem Festland die Luft aufgeheizt. Diese warmen Luftmassen steigen auf und bilden im Landesinnern kräftige Quellwolken. Strandbesuchern, die von diesem Zusammenhang nichts ahnen, erscheint es unverständlich, daß sie den ganzen Tag sonnenbaden können, während zugleich etwa 20 Kilometer hinter der Küstenlinie und weiter im Landesinnern kräftige Schauer niedergehen.

Nicht nur der regelmäßige Tagesablauf der Seewinde charakterisiert das sommerliche Wettergeschehen in Nordfriesland. Mit wolkenreichen Wetterfronten durchziehende Tiefdruckgebiete weisen ebenfalls große Ähnlichkeiten und immer wieder gleiche Erscheinungsbilder auf. So ist die typische Verdichtung dünner Cirruswolken innerhalb weniger Stunden für Fischer und Inselbewohner ein deutliches Zeichen einer Wetterverschlechterung mit nachfolgendem Regen aus tiefhängenden Wolken. Geschieht das am Morgen, so leuchtet der Himmel mit einem kräftigen Morgenrot: Die Morgensonne scheint gegen die von Westen rasch heranziehende Bewölkung und färbt sie rot. Was Nolde so fasziniert und zum Malen angeregt hat, ist für den wetterkundigen Einheimischen ein untrügliches

Zeichen für aufkommenden Regen. Dem Niederschlag folgt nach dem Abzug des Tiefdruckgebiets ebenso rasch der erste Sonnenstrahl, und ein Abendrot signalisiert auch für den kommenden Tag noch gutes Wetter. Der so beschriebene Durchzug eines atlantischen Tiefs über Nordfriesland dauert typischerweise etwa zwei Tage, so daß der Spruch „Freitagswetter gleich Sonntagswetter" durchaus gerechtfertigt und für Urlauber eine gute Wetterregel ist. Dies gilt jedoch nicht, wenn Hochdruckgebiete über Skandinavien im Sommer mit östlichen Winden für meist trockene und warme Luft vom Festland sorgen. Dann sind im Sommer anhaltend Spitzentemperaturen möglich – im Winter aber ist es die Zeit ausgeprägter Kälteperioden mit dichter Wolkendecke und nicht selten Schnee.

Im Jahresverlauf wechselt das Wetter in Nordfriesland sehr häufig. Hochsommer und Hochwinter führen häufig zu beständigeren Wetterlagen. Wie stellt sich also das typische Klima in Nordfriesland dar?

Neben dem oft lebhaften Wind kennzeichnen viel Sonnenschein und – im Vergleich zum Festland Schleswig-Holsteins – wenig Niederschlag das Klima Nordfrieslands. Der weitgehend ausgeglichene Temperaturverlauf ist dem Einfluß des Meeres zuzuschreiben und darf nicht als Mittelmaß, sondern muß als klimatischer Vorteil bezeichnet werden. Gerade das Ausbleiben von besonders scharfer Winterkälte und übermäßiger Sommerhitze macht den Vorzug dieser Klimaregion aus.

Nach mehreren sonnenreichen und sommerwarmen Jahren mit idealem Badewetter konnten viele Urlauber zum Beispiel im Jahre 1998 ein deutlich anderes Sommerwetter erleben. Während im Monat August von 1995 bis 1997 in List auf Sylt die Höchsttemperaturen im Mittel bei 21 bis 25 °C lagen, und die Sonne zwischen 240 und 330 Stunden lang scheinen konnte, waren die Erholungsmöglichkeiten im August 1998 merklich herabgesetzt. Bei gerade 176 Stunden Sonnenscheindauer erreichten die Tageshöchsttemperaturen im Durchschnitt kühle 18,3 °C und an nur vier Tagen mehr als 20 °C. Dieses für Urlauber nachteilige Wetter konnte der Landwirtschaft auf den weiten Marschfeldern jedoch nicht schaden.

Die große Vielfalt des Wetters erschließt sich uns also nicht aus einzelnen zufälligen Wetterbeobachtungen eines Jahres. Erst die Zusammenfassung aller täglichen Beobachtungen der Wetterelemente über einen längeren Zeitraum (üblicherweise über 30 Jahre) in mittleren Jahresübersichten und Jahresabläufen vermittelt einen Eindruck vom Klima mit Temperaturen, Niederschlag und Sonnenscheindauer.

Die vorzugsweise westlichen, also von der Nordsee wehenden Winde deuten an, daß alle Wetterelemente in Nordfriesland besonders von der geographischen Lage zur Küste geprägt sind und folglich über die Küstenlinie hinweg größere Differenzen aufzeigen. Die zwischen 1 °C im Winter und etwa 18 °C im Sommer liegenden Wassertemperaturen der Nordsee spielen dabei eine bedeutsame Rolle.

Die Temperaturen des Meerwassers werden im Jahresverlauf schnell an die über dem Wasser liegenden Luftmassen weitergegeben. Diese prägen dann die Temperaturen Nordfrieslands. Die Sonnenstrahlung erwärmt das Meerwasser nur langsam. Daher bleibt die mittlere tägliche Schwankung der Temperaturen selbst im Sommer bei nur 6 °C auf den Inseln und bei maximal 8 °C auf dem nordfriesischen Festland. In Berlin zum Beispiel beträgt sie mehr als 10 °C.

Die Angabe einer vieljährig gemittelten Lufttemperatur von 8,2 °C für Nordfriesland stellt jedoch keine direkt verwertbare Aussage dar. Der Jahresverlauf der mittleren Temperaturen für Sylt und Leck verdeutlicht, daß es im Sommer im Inselbereich Nordfrieslands wärmer ist als im Binnenland. Im Januar bleibt die „natürliche Heizung" der Nordsee voll in Funktion und sorgt für einen Mittelwert von etwa 1 °C, während auf dem Festland das Temperaturmittel fast auf den Gefrierpunkt zurückgeht. Es bleibt durch die Mittelwerte jedoch verdeckt, wie die Gunst des Sommers und die Strenge des Winters tatsächlich aussehen.

Bei Seewind türmen sich über Land die Wolken. Wattwanderungen können dann meist bei herrlichem Sonnenschein und erfrischender, nach Seetang und Salzluft riechender Brise unternommen werden.

In der durch die Küste mit vornehmlich südwestlichen Winden geprägten Region Nordfrieslands wird niemand eine hohe Zahl von heißen Sommertagen erwarten. Die Anzahl dieser Tage mit Höchsttemperaturen über 30 °C bleibt im Mittel des Zeitraums 1961 bis 1990 denn auch unter einem Tag pro Jahr. Dagegen sind auf den Inseln im entsprechenden vieljährigen Zeitraum immerhin jährlich bis zu zehn Sommertage (Tage mit einer Höchsttemperatur über 25 °C) und damit nur zwei weniger als auf dem Festland zu erwarten. Der bereits erwähnte Land-See-Wind-Einfluß führt dazu, daß der Sommer unmittelbar an der Küste und auf den nordfriesischen Inseln üblicherweise für die hohe Zahl von ungefähr 1600 Stunden Sonnenschein pro Jahr sorgt. Auf dem Festland sind es der Statistik nach etwa 100 Stunden weniger. Dabei stellt sich die Zeit von Mai bis August mit 220 bis annähernd 250 Stunden am sonnenreichsten dar – genug Sonnenenergie, um leuchtendes Gelb der Rapsfelder, goldene Weizenfelder und saftiges Grün auf den ausgedehnten Weiden hervorzubringen. Die Energie reicht allerdings auch aus, um an etwa 18 bis 20 Tagen im Jahr Gewitter – vorzugsweise im Juli und August – grollen zu lassen. Zwar sind die Gewitter über dem Inselreich des Wattenmeers mit etwa zwölf Tagen geringfügig seltener, wegen fehlender Schutzmöglichkeiten im Watt aber auch besonders gefährlich. Ebenso gefährlich ist bei einem Aufenthalt im Wattenmeer der plötzliche Einbruch von Nebel. Glücklicherweise geschieht dies in den Sommermonaten im Schnitt nur an etwa ein bis zwei Tagen. In den Herbst- und Wintermonaten ist mit größerer Nebelhäufigkeit zu rechnen. Die Statistik zeigt, daß im Sommer und besonders in den Herbst- und Wintermonaten in Husum die Anzahl der Tage mit Nebelmeldungen deutlich über der Zahl der Nebelbeobachtungen auf den Inseln liegt. Wurde Storm dadurch bewogen, seine Heimatstadt als „graue Stadt“ anzusehen?

„Avendroot maakt Wedder goot." Die scharfsinnige Wetterbeobachtung von Bauern und Fischern verbindet Himmelsansichten mit einer meteorologisch sinnvollen Wettervorhersage. Erzeugt in Nordfriesland die Abendsonne einen stimmungsvollen, leuchtend roten Abendhimmel, so zieht schlechtes Wetter ab, während sich von der Seeseite rasch heiteres Wetter nähert.

Aber nicht nur die Nebeltage werden im Herbst häufiger. In Nordfriesland weist auch der Jahresgang der Niederschläge zu dieser Jahreszeit ein deutliches Maximum auf. Von den im gesamten Jahr erwarteten etwa 800 Millimeter Regen fällt der geringste Anteil im Frühjahr. Nach dem Mai steigt die monatliche Niederschlagsrate von 40 Millimetern auf ein herbstliches Monatssoll von etwa 90 Millimetern.

Wieder zeichnet sich die Inselwelt durch geringere Werte aus. Werden auf Nordstrandischmoor im Mittel nur 650 Millimeter Regen aufgefangen, so sind es auf dem Festland, zum Beispiel in Leck, bereits 870 Millimeter. Auch von Jahr zu Jahr bestehen erhebliche Schwankungen. So erreichte die Jahresniederschlagssumme 1994 den Extremwert von 1000 Millimetern, im Jahre 1996 blieb es mit etwa 450 Millimetern sehr trocken.

Regengüsse von einem Millimeter und mehr betreffen Einwohner und Urlauber besonders, da bei dieser Regenmenge alles naß wird. Kommt dies in den Sommermonaten in Husum und Leck an etwa zwölf Tagen vor, so geschieht es auf den Inseln durchschnittlich zwei Tage seltener. Schwere sommerliche Regengüsse mit Mengen über zehn Millimeter treten dort üblicherweise von Juni bis September an nur ein bis höchstens zwei Tagen im Monat auf.

Von November bis Februar sollte man durchschnittlich mit nicht mehr als zwei Stunden Sonnenschein täglich rechnen. Dennoch kühlt es nicht so aus wie in anderen Landesteilen Schleswig-Holsteins, denn die wärmende Wirkung des Nordseewassers sorgt auch in der kalten Jahreszeit für klimatische Unterschiede zwischen dem Festland und dem Küsten- oder Inselbereich. Allein schon die Anzahl der Eistage zieht an der Westküste eine deutliche Trennlinie. Während die langjährige Statistik von List, Wyk und St. Peter-Ording jährlich weniger als 18 solcher Eistage mit einer Höchsttemperatur noch unter 0 °C ausweist, können es

Ein ganz besonderer Reiz geht von den Insellandschaften im Winter aus. Wenn sich der seltene Anblick verschneiter Dünen bietet, macht die frische klare Luft den Aufenthalt in Nordfriesland zu einem unvergeßlichen Erlebnis mit gesundheitlich positiven Folgen.

in Husum und auf dem Festland bereits mehr als 21 Tage sein. Auch wenn Eis und Schnee auf den Inseln nicht völlig fehlen, so lockt gerade das mildere Inselklima im Herbst und Winter zunehmend mehr Besucher an. Schnee auf den nordfriesischen Inseln übt einen besonderen Reiz aus, den man jedoch dem statistischen Mittel nach im Januar und Februar jeweils nur an weniger als zehn Tagen genießen kann.

Zu den Umweltfaktoren, die auf Menschen einen besonders starken Einfluß ausüben, gehört der Klimareiz. Küstenferne Landesteile zeichnen sich häufig durch reizschwache (schonende) Klimate aus oder belasten gar den Menschen. Im Küstenbereich Nordfrieslands sind die Bewohner durch rasche Wetterwechsel, hohe Dosen intensiver Strahlung und beständig wehende Winde mit einem starken Reizklima konfrontiert. Daneben wirken auch das Meerwasser und die besondere Zusammensetzung der Aerosole in der Luft als weitere Reizfaktoren auf den menschlichen Organismus. Für die Erholungs- und medizinische Gesundheitsberatung hält der Deutsche Wetterdienst eine Landkarte mit Bioklimastufen bereit, in der das besonders gesundheitsfördernde Reizklima Nordfrieslands deutlich zum Ausdruck kommt. Seltene Wärmebelastung und vermehrter Kältereiz charakterisieren ganz Nordfriesland.

Emil Nolde hat uns mit seinen Landschaftsaquarellen auf die farblich schönen Züge Nordfrieslands aufmerksam gemacht. Ebenso hat Theodor Storm mit seinem Gedicht über die „graue Stadt am Meer“ zu Recht darauf hingewiesen, daß sich Husum eher neblig-trüb verhangen zeigt als die vor der Küste liegende Inselwelt. Jeder erlebt die Vorzüge vom Wetter und Klima Nordfrieslands auf seine Weise. Die Küstenlage und das Nordseewasser sorgen für eine reiche klimatische Vielfalt. So ist es nicht verwunderlich, daß der Dichter und der Maler die gleiche nordfriesische Landschaft unterschiedlich erleben konnten.

IOHANNES.
S.T THOMAS.

Geschichte

Ole un niere Tieden

Auf Hooge steht eine der charakteristischen Halligkirchen Nordfrieslands. Wichtige Themen der nordfriesischen Geschichte spiegeln sich hier. Ihre Erbauung um 1640 hängt zusammen mit der Sturmflut von 1634, denn es wurden Backsteine von der zerstörten Kirche in Osterwold auf Alt-Nordstrand verwandt. Der von der Decke hängende Dreimaster kann die Seefahrtsepoche, die „goldene Zeit“ der Inseln und Halligen, symbolisieren. Der Danebrog erinnert daran, daß Nordfriesland bis 1864 mit Dänemark verbunden war.

Nordfriesland: Landschaft von Eis und Meer geschaffen

Dietrich Hoffmann

Nordfriesland ist Teil der großen norddeutschen Tiefebene, deren Oberfläche vorwiegend im Laufe der letzten 400 000 Jahre in der Eiszeit (Pleistozän) und Nacheiszeit (Holozän) entstanden ist. Viele einzelne geologische Prozesse waren notwendig, bis die heutige Landschaft geformt war. Auch der heutige Zustand ist nicht konstant. Dies wird uns gerade in Nordfriesland anschaulich vor Augen geführt, wenn bei Sturmfluten die Kliffs an der Westküste der Insel Sylt abbrechen und in ferner Zukunft die Insel vielleicht vollkommen verschwunden sein wird. Ein anderes Beispiel: Im südlichen nordfriesischen Wattenmeer sind Reste einer ursprünglich besiedelten Kulturlandschaft auf dem Meeresboden erhalten, der heute im Rhythmus der Gezeiten vom Meerwasser überflutet wird. Hier hat sich das Niveau des mittleren Tidehochwassers (Flut) zu dem der ehemaligen Landoberfläche seit Beginn der Besiedlung offensichtlich verändert.

Nordfriesland besteht nicht nur aus Meeresküsten, sondern auch aus einem Mosaik von Landschaftsformen, die sich durch ihre Oberflächenmorphologie und ihr Alter voneinander unterscheiden.

Den Südosten Nordfrieslands nimmt ein hügeliger Altmoränenkomplex zwischen Treene, Husum und Bredstedt ein, der nur durch wenige kleine Täler zerschnitten ist. Im Nordosten liegt eine Sandebene, geologisch als Sander bezeichnet, aus der inselartig kleinere Altmoränen herausragen; vielerorts sind Dünen auf die Sandfläche aufgesetzt. Altmoränen und Sander – sie bestehen vorwiegend aus Sand, Kies und Lehm – werden zusammenfassend als Geest bezeichnet. Ihr sind nach Westen die Marschen vorgelagert, die im Bereich der Halbinsel Eiderstedt, nur durch eine Sandbank getrennt, unmittelbar bis an das offene Meer reichen. Nach Norden schließt sich das Wattenmeer an, das von breiten, teilweise über 20 Meter tiefen Wattströmen durchzogen ist. Außer den bedeichten Inseln Nordstrand und Pellworm sind es die unbedeichten Halligen, die als ein einmaliges geologisches Phänomen besondere Aufmerksamkeit verdienen. Gegen die offene See sind sie durch die Außensände Süderoogsand, Norderoogsand und Japsand geschützt. Weiter nördlich bilden die Inseln Sylt und Amrum die Grenze zwischen offener See und Wattenmeer. Zusammen mit Föhr sind diese ganz anders aufgebaut als die bereits erwähnten Inseln, denn sie entwickelten sich aus einem Geestkern; später lagerten sich Marschen und von Dünen bedeckte Sände an sie an.

Die älteste Landschaftsform sind die Altmoränen. Sie entstanden während der Saale-Eiszeit, als in einer kühlen Klimaphase Gletscher von Skandinavien bis nach Norddeutschland und in die Nordsee vorstießen. Dabei war im Eis eingeschlossener Gebirgsschutt nach Süden verfrachtet worden und blieb nach der Eisschmelze als Gemisch aus Ton, Sand und Kies (Geschiebemergel) zurück, teils in Form einer Decke mit schwachgewellter Oberfläche, der Grundmoräne, teils in Gestalt einer wallartigen Aufschüttung vor der Gletscherstirn, der Endmoräne.

Damals hatte die Landschaft Nordfrieslands noch wenig Ähnlichkeit mit der heutigen: Das gesamte Gebiet war bis in die heutige Nordsee hinein von Grund- und Endmoränen bedeckt, und die Landoberfläche war auch im Bereich des Wattenmeeres und noch weiter nach Westen hin hügelig und etwa so hoch wie die Geestkerne von Sylt, Föhr und Amrum. Der Tätigkeit der saalezeitlichen Gletscher ist ein Blick in die noch ältere Erdgeschichte zu verdanken: Durch das Gewicht des Eises sind voreiszeitliche Schichten am Morsumkliff auf Sylt bis an die heutige Oberfläche gedrückt worden. Verschiedene Sedimente sind hier infolge der Stauchung durch das Eis in mehrfacher Wiederholung sichtbar: Der schwarze Glimmerton ist die Ablagerung eines Meeres, das hier vor etwa fünf bis sieben Millionen Jahren existierte. Der rotbraune Limonitsandstein ist ein ehemaliger Strand und der Kaolinsand die Ablagerung eines Flußsystems, das sich vor etwa zwei Millionen Jahren von Skandinavien aus in südwestliche Richtung erstreckte. Diese Schichten dokumentieren eine Zeit, in der Schleswig-Holstein zum Festland wurde.

Bereits das nach Westen abfließende Schmelzwasser des saalezeitlichen Eises mußte sich einen Weg durch die Moränen bahnen, und damit begann deren Abtragung. Während der Eem-Zwischeneiszeit vor etwa 115 000 bis 126 000 Jahren, einer wärmeren Klimaperiode, war der Meeresspiegel fast bis auf das heutige Niveau angestiegen, ein Vorgang, der zur weiteren Erosion der saalezeitlichen Moränen beitrug. Die Küstenlinie hatte während der größten Ausbreitung des Meeres in Nordfriesland einen ganz anderen Verlauf als heute. Aus den vom Meeresschlick dieser Zeit bedeckten Flächen läßt sich erkennen, daß im Bereich der westlichen nordfriesischen Inseln und Sandbänke langgestreckte große Inseln lagen, deren westliche Uferlinie bisher nicht lokalisiert werden konnte. Östlich von Sylt, Föhr und Pellworm zog sich eine schmale Meeresbucht bis Eiderstedt. Die zu dieser Zeit landfesten Gebiete sind Relikte der saalezeitlichen Moränen.

Nach der relativ kurzen Eem-Warmzeit leitete eine Absenkung der Durchschnittstemperaturen die Weichsel-Eiszeit ein. Zwar erreichten die Gletscher selbst während ihrer größten Ausdehnung vor 20 000 Jahren Nordfriesland nicht mehr, dennoch war es hier sehr kühl. Der Meeresspiegel war bis auf etwa 120 Meter unter das heutige Niveau abgesunken. Der südliche Teil der Nordsee war trocken.

Als das Kältemaximum der Weichseleiszeit überschritten war, schmolz das Eis, und das dabei anfallende Wasser bahnte sich durch die Altmoränen einen Weg nach Westen in die Nordsee und schuf die heutigen Flußtäler sowie die im nordöstlichen Nordfriesland verbreiteten Schmelzwassersandebenen, die Sander. Dabei wurden vor allem die Altmoränen zwischen Bredstedt und Leck sowie im Bereich der heutigen Nordsee abgetragen. Gleichzeitig begann die Formung der Geestkerne von Sylt, Föhr und Amrum, die ursprünglich Teil einer einzigen großen Endmoräne waren. Durch das heutige südliche nordfriesische Wattenmeer zogen sich mehrere Wasserrinnen, die teilweise den Verlauf der heutigen großen Wattströme vorgezeichnet haben.

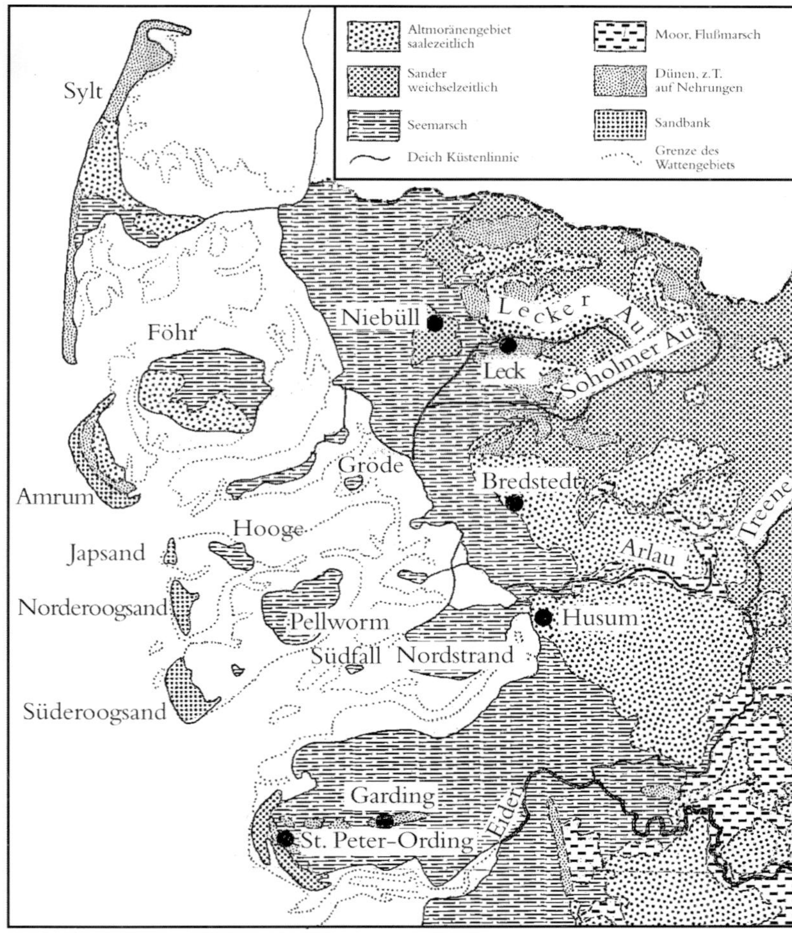

Nordfriesland besteht aus einem Mosaik unterschiedlicher Landschaftsformen, die sich größtenteils in der Eiszeit und Nacheiszeit herausbildeten.

Mit dem Abfließen der Schmelzwässer begann der Meeresspiegel weltweit rasch zu steigen, und das Nordseebecken füllte sich erneut mit Wasser auf. Zunächst war Nordfriesland davon noch nicht betroffen, weil der Meeresspiegel um fast 100 Meter ansteigen mußte, bis er die ersten Landoberflächen dieser Region überfluten konnte. Dieses Niveau erreichte er vor etwa 8000 Jahren. Zuerst wurde das westliche Eiderstedt vom Meer bedacht. Bereits 700 Jahre später hatten sich auch im Bereich der südlichen nordfriesischen Inseln erste Meeresbuchten gebildet. Nach weiteren 2000 Jahren waren das

Das Morsumkliff auf Sylt ist eine einzigartige erdgeschichtliche Sehenswürdigkeit. Während der Eiszeit haben Gletscher hier zwei bis sieben Millionen Jahre alte Schichten an die Oberfläche gepreßt, die sonst in Schleswig-Holstein nur aus Bohrungen bekannt sind.

Kilometerweit erstrecken sich zwischen Amrum und dem westlichen Eiderstedt die drei großen Sandbänke Japsand, Norderoogsand und – im Vordergrund im Bild – Süderoogsand. Sie bilden vermutlich Reste eines Sandwalls, den die vordringende Nordsee abtrug. Die Außensände werden nur bei höheren Fluten vollständig überschwemmt. Untersuchungen haben ergeben, daß sie sich unter dem Anprall der See jährlich um einige Meter nach Osten bewegen. Auf Süderoogsand steht eine Rettungsbake, die schon manchem in Seenot Geratenen Zuflucht bot.

südliche nordfriesische Wattenmeer und Teile der heutigen Marschen mit Ausnahme der Geestkerne von Sylt, Föhr und Amrum, die damals noch größer waren und weiter nach Westen reichten als heute, vom Meer bedeckt. Bei diesem Anstieg des Meeresspiegels wurden Altmoränenreste in der heutigen Nordsee sicherlich großenteils vollständig zerstört oder zumindest durch Kliffabbruch immer weiter abgetragen.

Im vorletzten Jahrtausend v. Chr. hatte sich die Anstiegsgeschwindigkeit des Meeresspiegels erheblich verlangsamt. Zeiten des Anstiegs und des Stillstands bzw. des Abfallens wechselten einander ab. An den Küstensäumen bildeten sich stellenweise Moore aus. In Eiderstedt entstand ein Sandwall, dessen Reste von St. Peter-Ording bis über Garding hinaus nach Osten heute noch erhalten sind. Er besteht aus dem Sand und Kies, der bei der Abtragung einer westlich bis nordwestlich von Eiderstedt in der Nordsee gelegenen Altmoräne anfiel und durch die Gezeitenströme nach Osten verfrachtet und abgelagert wurde. Mit großer Wahrscheinlichkeit hat es auch einen weiteren Sandwall gegeben, der nach Norden hinaufgeschüttet worden ist und im Bereich der jetzigen Außensände, vielleicht sogar noch weiter westlich gelegen hat, heute aber durch das Vordringen der Nordsee nach Osten bereits wieder abgetragen ist. Durch diese beiden Sandwälle wurde das Gebiet zwischen Eiderstedt und Amrum–Föhr im letzten Jahrtausend v. Chr. von der offenen See abgetrennt. Dort sammelte sich Süßwasser, das die Entstehung von Moor ermöglichte. Die Torfe waren im Norden mächtiger als im Süden und lieferten später den Rohstoff für die mittelalterliche Salztorfgewinnung. Um Christi Geburt kam es zu einem Absinken des Meeresspiegels. Weite Marschengebiete hatten sich im nördlichen Nordfriesland, zum Beispiel in der Wiedingharde, im Bereich Sylt–Föhr sowie in Teilen Eiderstedts ausgebildet und wurden besiedelt. Lediglich die vermoorten Gebiete im südlichen nordfriesischen Wattenmeer und auf dem östlich angrenzenden Festland blieben leer. Ob unmittelbar an der Küstenlinie Siedlungen existiert haben, ist heute nicht mehr nachweisbar, es kann nur vermutet werden.

Sicher ist jedenfalls, daß in der römischen Kaiserzeit besiedelte Marschen schon fast so hoch aufgeschüttet worden waren wie in der Neuzeit. Nach dem heutigen Forschungsstand kann man davon ausgehen, daß im ersten Jahrtausend n. Chr. der Meereseinfluß in den nordfriesischen Marschen nur gering war.

Seit dem 7./8. Jahrhundert n. Chr. wurden nun auch die Gebiete zwischen

Große Sandplaten charakterisieren das weit nach Westen vorgeschobene Watt vor St. Peter-Ording.

Die Findlinge im Watt bei Föhr zeigen an, daß sich hier die eiszeitlichen Ablagerungen dicht unter der Wattoberfläche befinden.

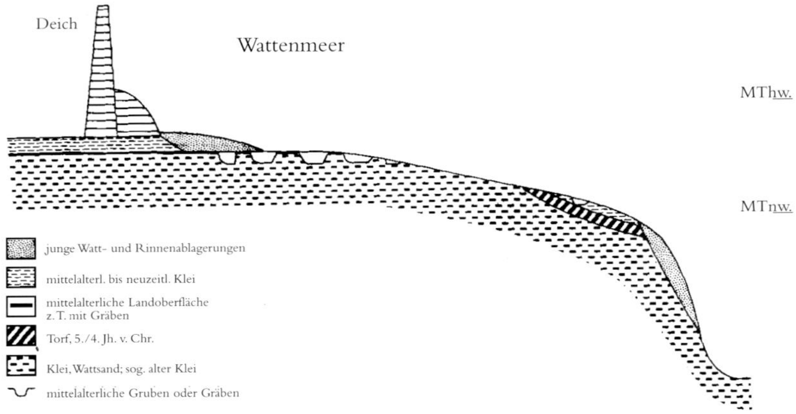

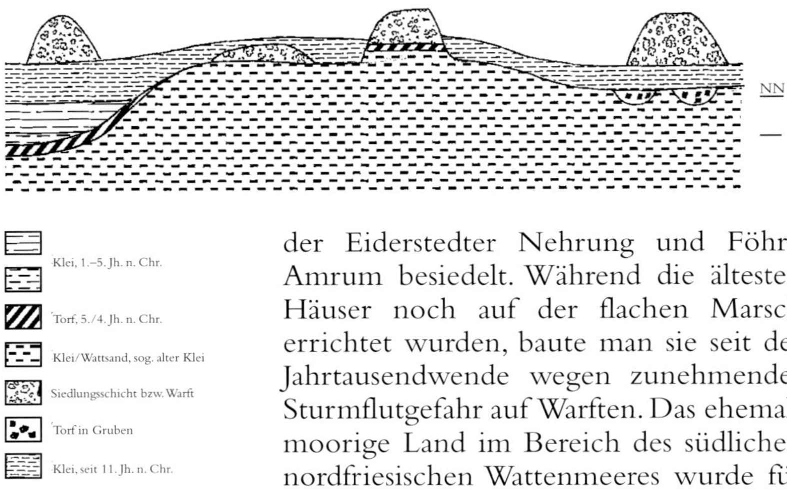

Oben: Die Schichtenfolge im südlichen nordfriesischen Wattenmeer läßt Kulturspuren sichtbar werden, die teilweise von jungen Wattablagerungen überdeckt, teilweise durch Erosion an der Oberfläche freigespült oder am Rand der Wattströme vollkommen abgetragen wurden.

Unten: Die generalisierte Darstellung zeigt die jüngere Schichtenfolge auf Pellworm. Höhenunterschiede des Torfes sind weitgehend auf Setzungen des Untergrunds zurückzuführen, die die Landschaftsgeschichte in den letzten 2000 Jahren hier besonders stark beeinflußten.

der Eiderstedter Nehrung und Föhr–Amrum besiedelt. Während die ältesten Häuser noch auf der flachen Marsch errichtet wurden, baute man sie seit der Jahrtausendwende wegen zunehmender Sturmflutgefahr auf Warften. Das ehemals moorige Land im Bereich des südlichen nordfriesischen Wattenmeeres wurde für die landwirtschaftliche Nutzung vorbereitet, indem man geringmächtigen Torf, soweit er dicht unter der Oberfläche lag, abgrub. Der mächtigere Torf, vor allem im Gebiet der heutigen nördlichen Halligen, wurde zur Salzproduktion planmäßig abgebaut. Dies führte überall zu einer Tieferlegung der Landoberflächen, die nun eingedeicht werden mußten, wenn das Land angesichts des steigenden Meeresspiegels und vermehrter Sturmfluten nicht aufgegeben werden sollte.

Wie weit diese umfangreichen Erschließungsmaßnahmen der Siedler im 14. Jahrhundert fortgeschritten waren, ist nicht bekannt. Im Jahre 1362 brach eine schwere Sturmflut in die besiedelten Marschen ein, vor allem im Bereich zwischen Eiderstedt und Föhr. Große Teile konnten nicht mehr gegen die seitdem weit in das ehemalige Kulturland eindringenden Tiden geschützt werden, so daß es wieder zu Wattenmeer wurde. Besonders betroffen waren Gebiete, die in der Nacheiszeit zuerst vom Meer überschwemmt worden waren. Hier war überwiegend Schlick abgelagert worden, der während des ersten Jahrtausends n. Chr. stark gesackt war. Deshalb lagen die Marschoberflächen verhältnismäßig tief, was bei Beginn der Besiedlung, als der Meeresspiegel noch sehr niedrig war, kein Hindernis dargestellt hatte. So ist die Ursache der Sturmflutkatastrophe von 1362 nicht allein auf Eingriffe des Menschen in die Natur, beispielsweise durch Torfabbau, zurückzuführen; vielmehr bereitete sich dieses Ereignis langfristig durch die erdgeschichtliche Entwicklung während der Nacheiszeit vor, indem durch die unterschiedliche Verteilung von Schlick und Sand mehr oder weniger stark setzungsfähige Gebiete geschaffen worden sind. Folge dieser Sturmflut war, daß sich das Wattenmeer stark ausgedehnt hatte. Die Insel Alt-Nordstrand mit ihrer charakteristischen Hufeisen-Form war entstanden. Im Bereich der nördlichen Halligen dürften die Landverbindungen beispielsweise nach Föhr noch vorhanden gewesen sein. Dies ist jedoch nicht geologisch nachweisbar, sondern nur aus schriftlichen Quellen zu entnehmen.

Die erdgeschichtlichen Untersuchungen des Küstengebietes von Nordfriesland sind für die letzten 1000 Jahre außerordentlich schwierig, weil mehr alte Bodenschichten erodiert worden sind als abgelagert wurden. Außerdem läßt sich deren Alter nur selten sicher bestimmen. Dennoch hat sich das nordfriesische Küstengebiet auch nach 1362 erheblich verändert: Die nach der verheerenden Sturmflut eingedeichten Gebiete mußten stellenweise wieder aufgegeben werden, weil die Deiche auf unstabilem Untergrund standen und auch zu schwach waren, um den damaligen Sturmfluten standzuhalten. Im Jahre 1634 wurde Nordfriesland erneut von einer schweren Sturmflut heimgesucht, bei der das Meer den größten Teil der Marschen und Inseln zumindest kurzfristig überschwemmte und erneut große kultivierte Marschflächen von den Siedlern aufgegeben werden mußten: Die Insel Alt-Nordstrand wurde weitgehend zerstört, so daß zunächst nur noch

Eiszeitlicher Geschiebelehm bildet die Kliffküsten auf Sylt und Föhr, die bei Sturmfluten immer wieder abbrechen. Sie sind ein deutlicher Hinweis auf den zunehmenden Abtrag der Inseln.

Teile der heutigen Inseln Pellworm und Nordstrand sowie einzelne Halligen bzw. Teile von ihnen übrigblieben, andere Halligen entstanden wieder neu. Im Gegensatz zur Marcellusflut von 1362 wurden jetzt auch diejenigen Marschen zerstört, die auf stabilem Untergrund lagen. Demnach sind die Ursachen für den Untergang der Siedlungsflächen in der Marsch im 17. Jahrhundert einerseits sicherlich in der extrem hohen Sturmflut und den noch zu schwachen Deichen, andererseits aber auch in den Eingriffen des Menschen in die Landschaft durch Torfabbau oder Entwässerung zu suchen. Zwar sind seit 1634 zahlreiche Köge wieder eingedeicht worden; aber auch Sturmfluten sind nicht ausgeblieben, so daß uns der Blick in die jüngere Erdgeschichte lehrt, aufmerksam das Naturgeschehen an der Küste zu verfolgen und künstliche Eingriffe nur nach sorgfältiger Abwägung aller Risiken vorzunehmen. Dazu ist eine detaillierte Kenntnis der Geologie und Hydrologie im Küstenvorfeld erforderlich. Unser heutiger Kenntnisstand ist gerade in Nordfriesland noch immer ergänzungsbedürftig.

Hünengrab und Brunnenring – Archäologie Nordfrieslands

Martin Segschneider

Durch die kleinräumige Verzahnung verschiedener Landschaftsformen und den Einfluß der Nordsee besitzt das nordfriesische Gebiet eine außergewöhnliche Vielfalt an archäologischen Quellen. Die zahlreichen Relikte der Vor- und Frühgeschichte in dieser Region ermöglichen einen Einblick in die Besiedlungsentwicklung und die Austauschbeziehungen von der Steinzeit bis zum Mittelalter. In Nordfriesland wurde dieser Prozeß vor allem vom Landschaftswandel entscheidend geprägt.

Steinzeit

Während der Warmzeit zwischen der vorletzten und der letzten Eiszeit vor gut 120 000 Jahren herrschte ein mildes Klima. Verschiedene heute ausgestorbene Tierarten wie der Waldelefant und das Waldnashorn lebten in den Wäldern und wurden von Neandertalern mit Holzspeeren gejagt. Diese während der letzten Eiszeit vom modernen Menschen verdrängte Menschenart, benannt nach einem Fundplatz bei Düsseldorf, lebte auch in Nordfriesland. Das ist durch Faustkeile aus Flint nachweisbar, die den Neandertalern als Werkzeug dienten. Gefunden wurden solche Faustkeile im Altmoränengebiet bei Drelsdorf und bei Joldelund. Die Klimaverschlechterung am Ende der Warmzeit lichtete den Wald auf; Mammute und Wollnashörner durchwanderten nun die nordfriesische Kältesteppe.

Die nordfriesische Landschaft wurde in der letzten Eiszeit durch Erosion und Bodenbewegungen erheblich umgestaltet, wenn sie auch nicht wie der Osten Schleswig-Holsteins von Gletschereis bedeckt war. Frost und heftige Sandstürme vertrieben alles Leben.

Nach dieser Verödung konnten sich in Nordfriesland erst vor etwa 13 000 Jahren wieder Pflanzen der Tundra entfalten. In einer Wärmephase herrschten dann für etwa 800 Jahre milde Temperaturen. Rentiere und Wildpferde fanden wieder eine Nahrungsgrundlage und durchwanderten auch den nordfriesischen Raum. Ihnen folgten Jäger, deren Lebensform und Geräteausstattung nach Ausgrabungen bei Hamburg als Hamburger Kultur bezeichnet wird. Die Verwendung von Pfeil und Bogen ist noch nicht nachweisbar; das Wild wurde mit hölzernen Speeren erlegt, die mit Flintspitzen bewehrt waren. Seit einigen Jahren untersuchen Wissenschaftler Lagerplätze dieser Jäger bei Ahrenshöft. Bei den Ausgrabungen wurde neben typischen Kerbspitzen und anderen Geräten aus Flint auch eine durchlochte Bernsteinscheibe gefunden.

Von der in die darauffolgende Wärmephase fallenden Federmesser-Kultur gibt es nur spärliche Hinweise: eine Flintspitze vom Morsum-Kliff auf Sylt, andere von den Rändern der Soholmer Au bei Lütjenholm.

Allgemein in die ausgehende Eiszeit einzuordnen ist auch ein Bruchstück eines Gerätes aus Rentiergeweih. Es wurde 1885 beim Bau der Husumer Hafenschleuse aus einer fünf Meter unter dem Meeresspiegel liegenden Torfschicht gebaggert. Das Geweihstück ist durchbohrt und mit Ritzverzierungen versehen. Wenn die Vermutung zutrifft, daß es sich um den Spant eines Fell- oder Rindenbootes handelt, wäre dies der Überrest des weltweit ältesten Wasserfahrzeugs.

Beim Bau der Husumer Schleuse wurden auch Geweihäxte und bearbeitete Geweihsprossen von Reh und Rothirsch entdeckt. Diese in der späten Eiszeit in unserem Raum noch nicht vertretenen Tierarten zeigen eine Umweltveränderung an. In der mittleren Steinzeit (9000–4000 v. Chr.) hatte sich dichter Wald gebildet, in dem zunächst Elche, Wölfe und Bären, später Auerochsen, Wildschweine, Rehe und Rothirsche lebten.

Die als Jäger und Sammler lebenden Menschen erlangten eine gewisse Seßhaftigkeit und bauten Hütten. Sie legten ihre saisonal genutzten Wohnplätze an Flüssen oder Seen an, so daß sie fischen, aber auch in den Wäldern jagen konnten. Solche Plätze sind unter anderem von der Soholmer Au bei Lütjenholm und von Sandkuppen bei Löwenstedt bekannt. Nur die Flintgeräte blieben erhalten. Es sind vor allem Flintbeile, Flintschaber und sehr kleine Flintklingen, die zu mehreren in Pfeile und Speere eingelassen wurden.

Zum Ende der mittleren Steinzeit vor etwa 6000 Jahren erreichte die Nordsee die Geestkuppen Nordfrieslands. An der Husumer Schleuse barg man auch ein Schulterblatt eines Seehundes – ein Hinweis auf das durch das Abschmelzen der Gletscher vordringende Meer und die dadurch ermöglichte Seehundjagd. Die Überflutung der Fundstellen im Wattenmeer wirkte sich günstig auf die Erhaltung der organischen Materialien aus. Neben den Funden aus dem Husumer Hafen sind eine Geweihaxt aus dem Watt bei Nordstrand und die gezähnte Knochenspitze eines Fischspeers bekannt, die in der Marsch bei Wyk auf Föhr aus dem in vier Meter Tiefe anstehenden Torf geborgen wurde.

Der Husumer Fundstelle entstammt auch der Schädel eines Hundes. Der aus dem Wolf gezüchtete Hund wurde in der frühen Nacheiszeit als Jagdbegleiter das erste Haustier des Menschen.

Während sich die Menschen in Mitteleuropa durch Jagen und Sammeln ernährten, entwickelte sich im Vorderen Orient im 8. und 9. Jahrtausend v. Chr. die Landwirtschaft. An die Stelle der gejagten Wildtiere traten gezüchtete Schafe, Ziegen, Rinder und Schweine. Angebautes Getreide und Ölpflanzen ersetzten gesammelte Wildpflanzen, man gründete Dörfer und baute feste Bauernhäuser. Nach Nordeuropa kam die bäuerliche Lebensweise zwischen 4000 und 3700 v. Chr. in einer entwickelten Form. Am Ende der mittleren Steinzeit hatten die Einwohner Kontakte mit von Süden her vordringenden bäuerlichen Kulturen und konnten neben prestigeträchtigen Werkzeugen aus Stein und Kupfer ab und zu auch Haustiere und Getreide eintauschen. Außerdem wurde erstmals Keramik hergestellt. Sicher hatte auch das von den Bauern aus Gerste gebraute Bier seinen

An Marmorkuchen erinnert ein durch Gefrieren und Auftauen verquollener Boden mit Funden der späten Altsteinzeit bei Ahrenshöft.

besonderen Reiz. Schrittweise nahm man die bäuerliche Lebensweise auf, das Jagdwild verlor im Vergleich zu den Haustieren immer mehr an Bedeutung, und der Anbau von Getreide begann. Es bildete sich die Trichterbecherkultur heraus, so benannt nach einer typischen Tongefäßform, die ihre Verbreitung in Norddeutschland, Dänemark, Südschweden und Polen fand.

Leider wurden in Nordfriesland bisher nur wenige Fundstellen aus der Übergangszeit entdeckt. Lediglich ein schlichtes Erdgrab bei Tinnum auf Sylt, das als Beigabe ein schlankes Flintbeil enthielt, ist in die frühe Jungsteinzeit zu datieren.

Erst mit dem Beginn der mittleren Jungsteinzeit nimmt in Nordfriesland die Zahl der Fundstellen zu; zahlreiche Grabbauten sind von den Inseln, einige auch vom Festland bekannt. Die Verwendung von großen Steinen zum Bau der Grabkammern war in ganz West- und Mitteleuropa üblich.

Während kleine Kammern wie der Sanjberg bei Utersum auf Föhr noch für die Bestattung einzelner Personen errichtet wurden, waren größere Grabkammern wie der Denghoog auf Sylt oder die Gräber bei Schwesing Kollektivgräber, in denen wiederholt bestattet wurde. Dafür legte man einige Grabkammern so an, daß sie begehbar waren. Den sechs Meter langen Eingang und die etwa fünf Meter breite Kammer des Denghoogs bei Wenningstedt auf Sylt bedeckte ein

Bei Restaurierungsarbeiten wurde der Eingang zur Grabkammer des jungsteinzeitlichen Grabhügels Denghoog bei Wenningstedt auf Sylt freigelegt. Die Kammer kann besichtigt werden.

Sehr fein gearbeitete Flintpfeilspitzen aus der Steinbronzezeit finden sich auf den nordfriesischen Inseln meist als Beigaben in den Großsteingräbern, aber auch als verlorengegangene Einzelstücke.

etwa drei Meter hoher, rundlicher Erdhügel.

In länglichen Grabhügeln, sogenannten Riesenbetten, waren der Sage nach Riesen beerdigt. Sowohl runde als auch längliche Hügel umfaßte man mit aufrecht stehenden Steinen. Die Toten bestattete man in den Kammern mit schön verzierten Tongefäßen, die Speise und Trank enthielten. Außerdem wurden den Toten Flintbeile, Steinäxte und Bernsteinperlen beigegeben. Die Kleidung der Toten sowie mögliche Beigaben aus Holz und anderen organischen Materialien blieben nicht erhalten.

Die markanten Großsteingräber waren Monumente, die mit großer Arbeitsleistung errichtet wurden. Sicherlich verband man bestimmte religiöse Vorstellungen mit ihnen. An den Eingängen der Grabkammern wurden bei Ausgrabungen Reste von zahlreichen verzierten Gefäßen gefunden, die als Opfergaben dienten.

Das Landschaftsbild wurde durch das weiter vordringende Meer erheblich verändert. Die Inseln waren fortan vom nordfriesischen Festland getrennt, so daß sich die beiden Räume eigenständig entwickelten. Der Meeresspiegel lag zu dieser Zeit allerdings noch etwa drei Meter tiefer als heute.

Typische Fundstücke der Jungsteinzeit sind sorgfältig geschliffene Flintbeilklingen, die, in Holzstiele eingesetzt, zur Rodung des Urwaldes und zu Zimmermannsarbeiten dienten. Sie finden sich überall in Nordfriesland, auch auf dem Eiderstedter Strandwall bei Tholendorf und auf dem Nehrungshaken Listland im Norden von Sylt. Neben graugetöntem Flint fand auch roter Flint als Rohstoff für die Steinwerkzeuge Verwendung. Ein Meißel aus diesem Material wurde in einem Grab bei Nieblum auf Föhr gefunden. Da roter Flint nur auf Helgoland vorkommt, muß er von dort aus mit Schiffen transportiert und verhandelt worden sein.

Ein anderes Handelsgut in der Jungsteinzeit waren erste Kupferbeilklingen, wie sie aus einem Grab in Wenningstedt auf Sylt und als Einzelfund aus Schwabstedt bekannt sind. Vermutlich wurden sie aus dem Süden importiert, während ein massiver Goldring aus dem Randbereich eines Langhügels bei Schwesing wahrscheinlich aus Irland stammt.

Aus Osteuropa kamen um 2800 v. Chr. neue Impulse auf die jütische Halbinsel. Markante Änderungen fanden vor allem im Grabbau statt: Kollektivgräber errichtete man nun nicht mehr, sondern Gräber für jeweils eine Person.

Das archäologische Erscheinungsbild wird daher als Einzelgrabkultur bezeichnet. Typische Grabbeigaben sind schön geformte Streitäxte aus grünem oder braunem Felsgestein, die sich in Form und Farbe eng an kupferne Vorbilder anlehnen. Vom Festland sind einige Gräber der Einzelgrabkultur aus der Nähe von Schwesing bekannt. Es sind flache, runde Erdhügel mit einer Grabgrube in der Mitte. Auf den Inseln fehlen Anlagen dieser Art, hier wurden die Kammern der Großsteingräber weiter genutzt, wie einzelne Streitäxte und Flintpfeilspitzen als Grabbeigaben belegen.

Aus dem Gebiet der heutigen Niederlande gelangten Elemente der nach einer charakteristischen Gefäßform benannten Glockenbecherkultur auf dem Seewege nach Jütland und beeinflußten die Einzelgrabkultur. Vom Archsumer Geestkern auf Sylt stammt eine Armschutzplatte aus Knochen, die das Handgelenk eines Bogenschützen vor der zurückschnellenden Sehne schützen sollte. Auch Flintpfeilspitzen mit Schaftdorn sind der Glockenbecherkultur entlehnt. Als Beigabe für Nachbestattungen in Großsteingräbern oder als Einzelstücke wurden sie vor allem auf den Inseln gefunden.

In einem Großsteingrab bei Nebel auf Amrum bargen Archäologen 1952 bei einer Ausgrabung einen menschlichen Schädel, der eine Operationsöffnung aufweist. Mit einem Flintinstrument hatte man ein kreisrundes Loch aus dem Schädelknochen an der Stirn ausgeschnitten. Eine Einschlagwunde an der Schläfe des etwa 30 Jahre alten Mannes, die vielleicht von einer Streitaxt herrührte, sollte vermutlich durch gezieltes Öffnen des Schädels behandelt werden. Die Knochenränder verheilten nicht; der Mann muß kurz nach der Operation gestorben sein. Denkbar ist auch, daß der Eingriff religiös motiviert war.

Die Steinbronzezeit begann in Norddeutschland etwa 2300 v. Chr. Neuartige Kupfergeräte und erste Bronzegegenstände gelangten aus Süd- und Westeuropa in den Norden. Dolchklingen, Sicheln und feine Pfeilspitzen wurden allgemein bekannt, waren aber nur vereinzelt erhältlich. Deshalb befriedigte man die Nachfrage, indem man diese Metallgegenstände meisterhaft aus Flint nachformte.

Die Toten bestattete man, wie schon zur Zeit der Einzelgrabkultur, weiterhin in den Grabkammern der Großsteingräber, so daß dort wiederholt Flintdolche als Grabbeigabe gefunden wurden.

Neben zahlreichen Streufunden von der Geest entdeckte man vor allem auch im Wattenmeergebiet und auf den Nehrungen der Inseln immer wieder Flintdolche und -sicheln. Anscheinend waren dort zu dieser Zeit höher gelegene Bereiche begehbar oder sogar besiedelbar. Auf eine vorübergehende Abschwächung des Meeresspiegelanstiegs deuten auch Eichen- und Erlenwaldreste aus der Zeit um 2000 v. Chr. hin, die im Wattenmeer südlich von Föhr und um die Halligen Langeneß und Gröde herum vorkommen.

Bronzezeit

Mit Beginn der Bronzezeit 1700 v. Chr. wurden auf den Inseln die alten Megalithkammern, mit Ausnahme einer Bestattung mit Bronzeschwert in einem Großsteingrab in Kampen, nicht weiter genutzt. Nun errichtete man auf dem Festland und auf den Inseln zahlreiche Grabhügel, im Volksmund Hünengräber genannt. Die Toten bestattete man einzeln in kleinen Grabkammern aus Steinplatten oder in Baumsärgen aus ausgehöhlten Eichenstämmen, die man mit Steinen umgab. Darüber wurde ein runder Erdhügel aus Heidesoden (durchwurzelte Bodenstücke) aufgeworfen und durch einen Steinkreis und einen Kreisgraben von der Umgebung abgegrenzt. Oft stockte man die Hügel mit weiteren Bestattungen und entsprechender Erdabdeckung weiter auf, so daß sie eine stattliche Größe erreichten.

Beim Bau vieler Grabhügel auf den Inseln schüttete man große Mengen Miesmuscheln auf. Anscheinend wurde ein Teil der Muscheln zusammen mit dem Fleisch von Haustieren zubereitet und verspeist, wie Feuerstellen unter den Hügeln nahelegen. Außerdem opferte man

Wie diese Dolchvorarbeit (oben) und der stark abgearbeitete Flintdolch (unten) aus dem nordfriesischen Wattenmeer belegen auch zahlreiche andere Einzelfunde, daß das Wattgebiet in der Steinbronzezeit begehbar war.

Replik eines Bronzeschwertes, das bei Kampen auf Sylt gefunden wurde. In der Bronzezeit stattete man die Toten in den Grabhügeln mit schön verzierten Schwertern aus, die als Statussymbole galten.

vor der Anlage auch Tongefäße, indem man sie an Ort und Stelle zerschlug.

Für die frühesten Bestattungen der Bronzezeit sind noch Flintdolche als Beigaben typisch. Später treten auch erste Nadeln und Schwertklingen aus Bronze auf, die aus dem niedersächsischen Raum importiert wurden. Neben Bernsteinperlen finden sich sehr selten auch Glasperlen als Import aus dem Mittelmeerraum. Aus Männergräbern stammen außerdem kleine Drahtspiralen aus Gold oder Bronze, die vermutlich an den Schläfen im Haar getragen wurden. Später gelangten neben Bronzebeilen und Lanzenspitzen zahlreiche schön verzierte Bronzeschwerter in die Gräber, außerdem wurden Bronzefibeln (Gewandschließen) und selten auch Goldringe beigegeben. In Frauengräbern finden sich Bronzedolche, außerdem als Schmuck bronzene Gürtelplatten und Halskragen aus Bronzeblech. Bernsteinperlen und bronzene, selten auch goldene Arm- und Fußringe vervollständigten die Schmuckausstattung. Die Kleidung bestand ausschließlich aus Wolle, wie jütländische Grabfunde zeigen.

Auf der Geest des südlichen nordfriesischen Festlandes sind die Grabhügel in auffälligen Reihen angeordnet. Wahrscheinlich legte man sie als Grabdenkmäler gut sichtbar an den Hauptwegen an, die in der Bronzezeit durch Nordfriesland führten.

Auf den Inseln Sylt, Föhr und Amrum wurden im Verlauf der Bronzezeit mindestens 1000 Grabhügel errichtet. Mitunter dachte man deshalb früher, die nordfriesischen Inseln seien in der Bronzezeit unbesiedelte Toteninseln gewesen. In den fünfziger Jahren entdeckten Archäologen dann bei Norddorf auf Amrum eine Fundstelle, an der sich Pfostenstandspuren zu einem Haus von etwa fünf Meter Breite und mindestens zehn Meter Länge rekonstruieren ließen.

Auf dem Melenknop bei Archsum auf Sylt wurde die Geestkuppe durch Bodenauftrag zu Ackerland gemacht und bepflügt, wie die sich kreuzenden Spuren eines Hakenpfluges zeigen. Später wurde die Anhöhe besiedelt. Auch auf dem Strandwall von Eiderstedt ist bronzezeitliche Besiedlung nachweisbar. Beim Bau eines Silos auf dem Knappenberg in Tholendorf bei Tating stießen Archäologen auf eine Siedlungsschicht. Einzigartig ist der etwa fünf Zentimeter große Torso eines vierbeinigen Tierchens aus gebranntem Ton, der hier gefunden wurde.

Aus Nordfriesland gibt es auch einige Funde, die als Opferniederlegung gedeutet werden können. In Bohmstedt fand man beim Torfgraben ein Depot von bronzenen Armspiralen und Ringen, die noch in Birkenrinde eingewickelt waren, ein weiteres Depot mit vier Bronzebeilen stammt aus Wisch. Aus einer Kiesgrube in der Nähe des Amrumer Leuchtturms kommen fünf verschieden große Arm- und Halsringe aus Bronze. Bei Baggerarbeiten im Husumer Hafen wurde außerdem ein Bronzeschwert aus einer Torfschicht gehoben. Ein schöner Halsring mit Schiffsgravuren könnte ebenfalls aus einem Mooropfer stammen.

Der an den Bestattungen ablesbare Wohlstand ist möglicherweise auf die günstige Lage der nordfriesischen Inseln am Seehandelsweg entlang der Nordsee-

Weithin sichtbar liegen die wenigen erhaltenen bronzezeitlichen Grabhügel auf den Anhöhen der nordfriesischen Inseln und der Festlandsgeest.

küste zurückzuführen. Bernstein wurde in der Bronzezeit bis nach Griechenland und Ägypten verhandelt, Kupfer, Zinn und Gold kamen im Gegenzug aus den Gebirgen und von der britischen Insel nach Nordfriesland. Möglicherweise wurde Kupfer auch auf Helgoland gewonnen. Mehrere Grabhügel mit Bronzebeigaben weisen darauf hin, daß Helgoland in der Bronzezeit besiedelt war.

In der mittleren Bronzezeit ab 1200 v. Chr. änderte sich die Bestattungsweise. Die Toten wurden nun auf einem Scheiterhaufen verbrannt und die Knochen anschließend mit den Beigaben in tönerne Urnen oder Holzdosen gefüllt. Oft vergrub man die Urnen in den alten Grabhügeln und umgab sie mit einer Steinpackung, es wurden jedoch auch neue Hügel angelegt. In den Urnen war für große Beigaben wie Schwerter kaum noch Platz, daher wurden nun bronzene Rasiermesser und Pinzetten zur Schönheitspflege bevorzugt. In einem Grabhügel bei Ahrenshöft entdeckte man in einer Urne neben einem Schwert eine schöne, aus dem Süden importierte Henkeltasse aus Bronzeblech. In der späten Bronzezeit fanden Gefäße mit aufmodellierter Augenbrauenpartie und angedeutetem Augenpaar, sogenannte Augenurnen, gelegentlich als Grabgefäße Verwendung.

Eisenzeit

Der Übergang von der Bronze- zur Eisenzeit (500–400 v. Chr.) ist durch das gehäufte Auftreten von Geräten aus Eisen als Grabbeigabe charakterisiert. Das Eisen wurde in Barrenform vermutlich aus dem Süden importiert und weiterverarbeitet, nennenswerte Eisenverhüttung ist in unserem Gebiet erst nach Christi Geburt nachweisbar.

In der älteren vorrömischen Eisenzeit wurden steinumpackte Urnen weiterhin hauptsächlich in bronzezeitlichen Grabhügeln oder deren Umgebung vergraben. Kleine Urnenfelder sind aus der Nähe von Ahrenshöft und Bordelum bekannt. Wahrscheinlich wurden die Grabstellen durch oberirdische Steinkreise markiert. Als Beigaben sind Nadeln zum Zusammenstecken der Kleidung recht häufig, die ihre Vorbilder vor allem in Süddeutschland fanden. Die Urnenbestattungen zu ebener Erde wurden manchmal mit kleinen Erdhügeln überdeckt und mit einem Graben umgeben.

In der Zeit des Übergangs zur jüngeren vorrömischen Eisenzeit scheint die

Im Oldtidspark Hjemsted in Südjütland vermittelt ein rekonstruiertes eisenzeitliches Haus einen Eindruck von den damaligen Wohnverhältnissen. Vor dem Haus sind ein Transportschlitten und Knochen von gestrandeten Pottwalen zu sehen.

Bevölkerungsdichte auf den Inseln abgenommen zu haben. Einzelne Bestattungen und die auf Geestkuppen aufgetragenen Böden, die bei den Forschungsgrabungen in Archsum auf Sylt zutage kamen, zeigen jedoch eine kontinuierliche Besiedlung an.

Bei Dunsum auf Föhr wurden in einem Hügel mächtige Lagen aus Muschelschalen und Siedlungsschichten gefunden. Die Bewohner des Hügels waren anscheinend zu einer Lebensweise zurückgekehrt, bei der ein wichtiger Teil der Nahrungsversorgung durch Muschelnsammeln und Jagd gedeckt wurde. Ein verwandter Befund liegt vom Strandwall im westlichen Eiderstedt vor, wo auf dem Fundplatz Tating-Haferacker eine stark muschelschalenhaltige Siedlungsschicht abgelagert und mit einem Hakenpflug beackert wurde.

Auf dem Festland legte man einige Gräberfelder neu an. Auf dem Gräberfeld Achtrup wurden überwiegend Frauen bestattet, außerdem einige Kinder und sehr wenige Männer. Gräberfelder, auf denen ein Geschlecht deutlich dominiert, sind vor allem aus dem Niederelbegebiet bekannt. Als Beigaben treten nun erneut Fibeln auf. Zwei besonders schön verzierte Exemplare stammen von Bestattungen aus Breklum.

Zu Beginn der römischen Kaiserzeit (kurz vor Christi Geburt) nimmt die Bevölkerungsdichte und damit die Anzahl der Fundstellen auf den Inseln so sprunghaft zu, daß eine Zuwanderung vom Festland aus oder von See her vermutet werden muß. Auf den Inseln liegen die Siedlungen meist am Rande der Geest, der fruchtbaren Marsch zugewandt. Diese war entstanden, weil die Nordsee das Watt nur noch selten überflutete und sich großflächige Salzwiesen bildeten, die als Rinderweiden genutzt werden konnten.

Bäuerliche Siedlungen der älteren römischen Kaiserzeit gruben Archäologen auf der Geest in Wester-Ohrstedt, Wenningstedt und Archsum auf Sylt, Utersum auf Föhr sowie in Nebel auf Amrum aus. Sie setzten sich aus Häusern von 15 bis 20 Meter Länge und 6 bis 8 Meter Breite zusammen, in denen Wohnraum und Stall unter einem Dach vereint waren. Von den Häusern blieben die Fußböden, die Steinpflasterungen in den Ställen und die Standspuren der dachtragenden Pfosten erhalten. Bei den von 1963 bis 1978 durchgeführten Grabungen in Archsum auf Sylt wurden soziale Unterschiede in der bäuerlichen Gesellschaft durch die ermittelten Hausgrößen sichtbar; ein Großgehöft wird als der Sitz einer einflußreichen Familie gedeutet.

Siedlungen der jüngeren römischen Kaiserzeit konnten in Ladelund, Joldelund, Rantrum und Archsum auf Sylt untersucht werden. Neben den zunehmend größeren Wohnhäusern sind vor allem Grubenhäuser typisch, die als kleine, halb in die Erde eingegrabene Web- und Lagerhäuser dienten. In der Marsch wurden ein kleiner Siedlungsplatz bei Westerland auf Sylt und größere Flachsiedlungen in der Wiedingharde untersucht.

Die eisenzeitliche Besiedlung der Halbinsel Eiderstedt hinterließ ihre Spuren auf dem Strandwall zu beiden Seiten der Süderhever, die Eiderstedt bis zum Mittelalter zweiteilte. Ähnlich wie auf den nordfriesischen Inseln nutzte man die fruchtbaren Marschen vom höhergelegenen Gebiet aus, wie die Siedlungen und Gräberfelder anzeigen. Hier wurde die Siedlung Tofting untersucht, die sich durch gut erhaltene organische Reste wie Hauspfosten und Hauswände auszeichnet. Unter dem Fußboden eines Hauses wurde ein bestatteter Säugling entdeckt. Das kleine Kind war von seinen Eltern sorgsam in einer hölzernen Hängewiege beigesetzt worden. Knochen weisen darauf hin, daß die Hauskatze über das Römische Reich ihren Weg nach Tofting gefunden hatte.

Im allgemeinen bestattete man die Toten auf den Inseln auch in der älteren römischen Kaiserzeit in den bronzezeitlichen Grabhügeln. Auf dem Festland legte man hingegen kleine Urnenfelder zu ebener Erde an, zum Beispiel in Almdorf, Karlum und in Schobüll. Man stattete die Toten hauptsächlich mit gebogenen Eisenmessern und Bronzefibeln aus.

Ab dem 3. Jahrhundert treten auch auf den Inseln Gräberfelder ohne Anbindung an bronzezeitliche Grabhügel auf, zum Beispiel in Nieblum auf Föhr. In Almdorf und Westerland auf Sylt legte man nun auch Körpergräber an. Das Beigabenspektrum wird vielfältiger, kleine Anhänger in Form von Scheren und Amulettkapseln finden sich ebenso wie Kosmetikbestecke in den reichverzierten Urnen. Die Kleidung scheint recht farbenfroh gewesen zu sein; in Körpergräbern, die nördlich der deutsch-dänischen Grenze in Lønne Hede entdeckt wurden, konnten rote und blaue Stoffe nachgewiesen werden.

Ein sehr schöner, vermutlich römischer oder fränkischer Glasbecher aus einem der kleinen Grabhügel in Westerland auf Sylt wurde bereits 1766 bei Bauarbeiten entdeckt. Auch Glasperlen, die als Halsschmuck beliebt waren, stammen aus dem Römischen Reich. Glänzendrote Feinkeramik fand man in Tofting auf Eiderstedt und in Archsum auf Sylt. Drehmühlsteine aus rheinischer Basaltlava dienten als Vorbild für die einheimischen Drehmühlen aus Granit. Vermutlich wurden römische Waren und Münzen nicht nur durch Handel erworben, sondern auch von germanischen Söldnern, die im Römischen Reich Dienst taten, bei der Rückkehr in den Norden mitgenommen.

Einige römische Münzen wurden im Wattenmeer bei Baggerarbeiten nördlich von Hallig Süderoog gefunden. Die im Muschelkies eingelagerten Münzen gelangten vermutlich in der zweiten Hälfte des 2. Jahrhunderts n. Chr. an den Fundort. Das Vorkommen ist eigentlich nicht außergewöhnlich, wie Münzfunde aus Niebüll, Wyk auf Föhr und Osterhusum zeigen. Die Landschaft im südlichen nordfriesischen Wattenmeer war damals jedoch eine unbewohnbare Sumpflandschaft. Stammen die Münzen also möglicherweise von Bord eines Schiffes?

Ein römischer oder fränkischer Glasbecher aus der Grabhügelgruppe Barminghooger bei Westerland auf Sylt kam 1766 bei Bauarbeiten zutage. Vermutlich wurde der kostbare Becher während des 4. bis 7. Jahrhunderts n. Chr. im Rheinland oder in England hergestellt.

Ein Boot aus dieser Zeit, mit dem die Küstengewässer befahren werden konnten, untersuchte man 1953 in Leck in der Lecker Au. Es war ein Einbaum aus der zweiten Hälfte des 2. Jahrhunderts n. Chr. mit eingefügten Spanten und einem aufgesetzten Plankengang. Die Länge betrug etwa zwölf Meter bei einer Breite von 1,6 Metern. Ein Paddel befand sich noch an Bord. Die Reste eines weiteren, über elf Meter langen einbaumartigen Bootes mit Spanten wurden 1961 im Gotteskoog gefunden.

Ein Eisenverhüttungsrevier des 4. Jahrhunderts n. Chr. wurde in Joldelund entdeckt. Neben mehreren Gehöften fand man über 200 Schlackegruben als Reste von Verhüttungsöfen sowie Erzröstgruben, Holzkohlemeiler und Schmieden. Das in Joldelund produzierte Eisen deck-

Aus dem Watt bei der Hallig Süderoog stammen diese römischen Münzen, die in der ersten Hälfte des 2. Jahrhunderts geprägt wurden.

Oben rechts: Im Eisenverhüttungsrevier von Joldelund wurden im 4. Jahrhundert n. Chr. mehrere hundert Öfen errichtet und mit Raseneisenerz aus den umliegenden Niederungen beschickt. Da der obertägige Schacht aus Lehm zerschlagen wurde, um an das Eisen zu gelangen, sind nur die unter den Öfen liegenden Gruben erhalten. In sie floß die unbrauchbare Schlacke ab.

te wahrscheinlich in erster Linie den Eigenbedarf der Siedlung.

Tierknochenreste in der Joldelunder Ofenschlacke und kleine Gruben mit verbrannten Tierknochen können als Opfergaben des Schmieds angesehen werden, die zum Gelingen der Eisenverhüttung beitragen sollten. Die Verwandlung des rostigen Erzes zu glänzendem Eisen mit Hilfe von Feuer wurde nicht nur als technischer Prozeß, sondern auch als magisches Geschehen angesehen.

Hinweise auf rituelle Handlungen entdeckte man auch in den Resten der Archsumburg, einer ringförmigen Erdburg mit 80 Meter Durchmesser. Die Anlage wurde kurz nach Christi Geburt errichtet und diente vermutlich als Kultstätte. Im Inneren des Ringwalls lagen die Reste kleiner Hütten und steingefüllte Gruben, die mit Opferhandlungen in Zusammenhang gebracht werden.

In Almdorf wurden beim Torfgraben zahlreiche Holzgegenstände gefunden, die unter anderem als Wagenteile und als Teile der Anschirrung für Zugtiere gedeutet werden. Es könnte sich um einen Mooropferplatz handeln, wie sie auch im östlichen Teil Schleswigs entdeckt wurden. Opfergruben fand man auch in einer Siedlung bei Rantrum.

Am Ende der Eisenzeit, in der Völkerwanderungszeit, ging die Zahl der Siedlungen im Kreis Nordfriesland stark zurück. Anscheinend nahm ein Großteil der Einwohner an der Auswanderung der Angeln und Sachsen nach England teil, die ungefähr 400 n. Chr. begann. Die Ursachen der Abwanderung sind ungeklärt. Möglicherweise verringerten Sturmfluten die landwirtschaftliche Nutzfläche, vielleicht taten Mißernten oder Krankheiten ein übriges. Da die Römer um das Jahr 400 Britannien verließen, bestanden verlockende Möglichkeiten, ihre Position einzunehmen.

Aus dem nachfolgenden Zeitraum, dem 5. und 6. Jahrhundert n. Chr., gibt es nur sehr wenige Funde. Unweit nördlich der Grenze zu Dänemark wurden in Gallehus bei Mögeltondern zwei mit Runen und Figuren verzierte Goldhörner gefunden. Ein in einem Tongefäß vergrabener Hortfund aus Katharinenheerd auf Eiderstedt enthielt neben einem Fingerring zahlreiche Drahtspiralen aus Silber. Auf einer Amrumer Fundstelle des 5. Jahrhunderts n. Chr. barg man Scherben von Glasbechern, die im Kölner Raum von fränkischen Handwerkern hergestellt worden waren.

Die an der Rheinmündung ansässigen Friesen finden in römischen Quellen bereits um Christi Geburt Erwähnung. Wahrscheinlich nahmen sie in den folgenden Jahrhunderten an dem über die Rheinmündung abgewickelten römischen Handel nach England und in den Nordseeraum teil. Nach dem Rückzug der Römer scheinen Friesen den Seehandel weitergeführt zu haben, wie die Verbreitung fränkischer Gläser in Westskandinavien andeutet. Der Friesenhandel gewann in der Folgezeit so an Bedeutung, daß die Nordsee in einer Schriftquelle aus der Zeit um 700 als „Friesisches Meer" bezeichnet wird.

Friesische Einwanderung

Um 650 n. Chr. deuten verschiedene Funde auf ein kräftiges Aufleben der Besiedlung hin. Die Funde aus dieser Zeit, zum Beispiel Goldmünzen aus Alkersum auf Föhr und von Sylt, kamen auf dem Seewege nach Nordfriesland. Ein Schatzfund aus 87 Münzen vom Goting-Kliff auf Föhr, der etwa in der Mitte des 8. Jahrhunderts in den Boden gelangte, besteht neben fränkischen Denaren hauptsächlich aus Sceattas, Silbermünzen aus dem englisch-westfriesischen Raum. Ebenso wie Mahlsteine und Feinkeramik deuten auch die Münzen darauf hin, daß friesische Kaufleute Nordfriesland mit Handelswa-

Ein deutlich erkennbarer Erdwall umgrenzt den Innenraum der wikingerzeitlichen Lembecksburg bei Borgsum auf Föhr. Im Inneren der guterhaltenen Fluchtburg wurden bei Ausgrabungen Hausreste nachgewiesen.

ren versorgten. Ein wichtiges Ziel für die Händler war der Handelsplatz Ribe an der jütischen Westküste.

An die Handelsverbindungen anknüpfend, kamen sehr wahrscheinlich friesische Einwanderer vom niederländischen Ursprungsgebiet über Ostfriesland nach Nordfriesland. Die Einwanderer siedelten sich in einem weitgehend menschenleeren Gebiet an. Es ist zu vermuten, daß dies mit Duldung oder sogar Förderung dänischer Könige geschah, zu deren Einflußgebiet Nordfriesland wahrscheinlich zählte. In fränkischen Chroniken wird berichtet, daß die Eider im Jahre 811 Grenzfluß zwischen dänischem und fränkischem Machtbereich wurde. In der Mitte des 8. Jahrhunderts war das Danewerk ausgebaut worden, ein gegen Süden gerichteter Verteidungswall bei Schleswig. Nordfriesland war also Grenzland, das möglicherweise durch die Ansiedlung friesischer Bevölkerung gesichert werden sollte. Die mächtigen Ringwälle Lembecksburg bei Borgsum auf Föhr und Tinnumburg auf Sylt wurden kurz darauf zu Verteidigungsanlagen ausgebaut. Die Lembecksburg hat einen Durchmesser von etwa 100 Metern und einen bis zu zehn Meter hohen Wall. Im Inneren der Burg wurden bei Ausgrabungen Haus- und Bohlenwegreste entdeckt, auch Tierknochen und Gefäßscherben belegen die zeitweilige Nutzung des Burginneren als Siedlung.

Das friesische Königreich im Ursprungsgebiet mit dem Handelsplatz Dorestad war zeitweilig in der Lage, militärische Erfolge gegen die vordringenden fränkischen Machthaber zu erringen. Letztlich konnten die Friesen dem militärischen Druck aber nicht standhalten, und die Schriftquellen berichten, daß friesische Könige zu den Dänen flüchteten. Offensichtlich gab es Kontakte, die die Auswanderung eines Teils der Bevölkerung nach Osten und Norden erleichterten. Sicher war es dabei verlockend, die fruchtbaren nordfriesischen Marschen zu nutzen, deren Bewirtschaftung man aus dem eigenen Herkunftsgebiet kannte.

Tatsächlich belegen neue Untersuchungen, daß die Einwanderer in Nordfriesland nicht nur die Geestgebiete besiedelten, sondern von Anfang an auch die Marschen. Siedlungen konnten bei Hallig Hooge, in der Wiedingharde bei Horsbüll und Emmelsbüll-Toftum und auf der Insel Föhr nachgewiesen werden. Die auf Föhr gewonnenen naturwissenschaftlichen Datierungen fallen in die Zeit ab 650 n. Chr. und entsprechen damit den frühesten archäologisch gewonnenen Datierungen.

Wikingerzeit

Der Überfall auf das Kloster Lindisfarne an der englischen Ostküste 793 wird allgemein mit dem Beginn der Wikingerzeit gleichgesetzt. Die Krieger aus dem Norden waren für ihre Raubzüge mit schnellen Segelbooten ausgerüstet. Daneben befuhren aber vor allem geräumige Handelsschiffe und kleine, flachbodige Küstenschiffe die Nordsee. Außer der Seefahrt betrieb man hauptsächlich Landwirtschaft, wie die Ausgrabungen in bäuerlichen Siedlungen in den Marschen und auf der Geest bei Alt-Archsum auf Sylt und bei Bredstedt und Rantrum zeigen.

In der Eiderstedter Marsch wurden frühmittelalterliche Siedlungen bei Tofting, Welt und Elisenhof untersucht. Besonders in Elisenhof konnten durch die sehr guten Erhaltungsbedingungen zahlreiche Aufschlüsse über das dörfliche Leben gewonnen werden. Wie schon in der Eisenzeit befanden sich in den bis zu 32 Meter langen Häusern Wohnraum und Stall unter einem Dach. Rinderhaltung, Schafzucht und etwas Ackerbau bildeten die wirtschaftliche Grundlage der Bewohner von Elisenhof. Von Booten aus wurde Hochseeangelei betrieben. Neben Auerochsen und Rothirschen wurden auch die verschiedensten Vogelarten, wie zum Beispiel Seeadler, Storch und Kiebitz, gejagt.

Tierknochen und Geweih wurden genutzt, um Kämme herzustellen. Daneben verarbeiteten die Bewohner von Elisenhof auch an der Küste gesammelten Bernstein. Die Hälfte eines aus Bernstein gefertigten Werkstücks gehört als Steg für die Saitenauflage zu einer Laute.

Während der bereits erwähnte Münzschatz von Goting auf Föhr wohl die Kasse eines von der Rheinmündung gekommenen friesischen Händlers war, besteht der Silberschatz von Rantrum aus zerhackten Ringen, Silberbarren und 13 arabischen Münzen, die über die russischen Flüsse und die Ostsee im 9. Jahrhundert nach Nordfriesland gelangten. Der Schatz, der in einem Rinderhorn in List auf Sylt gefunden wurde, bestand hauptsächlich aus englischen Münzen, die König Aethelred II. (978–1016) prägen ließ, um Tribut an die ihn bedrängenden Wikinger zu leisten. Offensichtlich nahmen einige Bewohner Nordfrieslands an Kriegs- und Beutezügen in Westeuropa teil, und ein Teil der Einnahmen wurde vergraben.

Bestattungen der Wikingerzeit untersuchte man bisher vor allem auf den Inseln und auf dem Strandwall von Eider-

Wikingerzeitliche Bernsteingegenstände wurden in Elisenhof auf Eiderstedt entdeckt. Aus am Strand gesammeltem Bernstein wurden hier zahlreiche Objekte geschnitzt, darunter Spielsteine und ein Steg, der als Saitenauflage einer Laute diente (halbiert, drittes Objekt von rechts).

stedt. Noch vor gut 100 Jahren gab es auf Sylt, Föhr und Amrum Hügelgräberfelder mit über 100 Kleinhügeln, die heute jedoch weitgehend zerstört sind. Durch das Abgraben der Hügel sind die Grabkonstruktion und die Bestattungsbräuche wohlbekannt. An der Basis der etwa einen bis 1,5 Meter hohen Hügel stand meist eine Urne, die die Überreste einer verbrannten Leiche und Beigaben enthielt. Um die Urne herum wurden vier Holzpfosten errichtet, die wahrscheinlich eine Art Totenhaus trugen. Dieses Merkmal ist auch aus den Hügeln west- und ostfriesischer Gräberfelder bekannt.

Reichhaltige Waffenausstattung ist ein Hinweis auf die Zugehörigkeit zur Adelsschicht. Die in Karlum vor 1865 gefundenen zwei eisernen Steigbügel mit aufwendigen Silbereinlagen könnten Grabbeigaben gewesen sein. Aus einem Moorstreifen bei Leck barg man verzierte Trensenteile aus Bronze. Ein berittener Krieger wurde in einem Grab in Steenodde auf Amrum mit Schwert, Schild, Lanze und Steigbügeln ausgestattet. Schlichte Männergräber enthalten dagegen oft nur ein Klappmesser aus Eisen oder überhaupt keine Beigabe. In Frauengräbern fanden sich neben Fibeln, Kämmen und Glasperlen auch Schlüssel aus Eisen und Bronze. Seltene Beigaben sind Trinkgläser und Brettspielfiguren aus Bernstein.

Aus einer Bestattung in Tating auf Eiderstedt stammt eine mit silbernen Zinnplättchen verzierte schwarze Keramikkanne aus dem Rheinland, die auch als Tatinger Kanne bezeichnet wird. Ein zweites Exemplar dieser kostbaren Gefäße wurde in Monklembergen bei Süderende auf Föhr gefunden.

Ab 800 setzte in Nordfriesland die skandinavische Bestattungssitte ein, die Überreste der verbrannten Leiche mit der Branderde des Scheiterhaufens nicht mehr in einer Urne, sondern ohne Behälter aufzuschütten und darüber einen Hügel zu errichten. Auf den Gräberfeldern wurden nun neben Beigaben, die dem fränkisch-friesischen Raum am Rhein entstammen, auch skandinavische Trachtbestandteile verwendet. Charakteristisch sind ovale Schalenfibeln, die von Frauen paarweise getragen wurden. Sie wurden bei St. Peter auf Eiderstedt, Goting und Hedehusum auf Föhr sowie bei Steenodde auf Amrum gefunden und deuten darauf hin, daß auch dänische Bevölkerung in Nordfriesland ansässig war.

In der Wikingerzeit gehörte Nordfriesland zum Gebiet des nordischen Götterglaubens, an dessen Spitze Odin, Frigga und Thor standen. Aus einem Grab in Steenodde stammt ein kleiner eiserner Thorshammer als Amulettanhänger und Glaubenssymbol.

Um 965 ließ der Dänenkönig Harald Blauzahn auf den Runenstein von Jelling schreiben, daß er „die Dänen zu Christen gemacht“ habe. Das Christentum hatte sich allmählich bis in den Norden verbreitet, und die ersten kleinen Kirchen wurden etwa um das Jahr 1000 in Nordfriesland errichtet. Sie wurden aus Holz gebaut und mit kunstvollen Schnitzereien versehen, wie ein zufällig in der Humptruper Kirche erhalten gebliebener Balken zeigt. Er stammt vermutlich von einem hölzernen Vorgängerbau, der noch im nordischen Tierstil verziert wurde. Erst mit den auf Geheiß Roms ab etwa 1100 errichteten ersten Steinkirchen im romanischen Stil paßte man sich der mitteleuropäischen Bautradition an.

Man ging dazu über, die Toten nach Osten ausgerichtet auf dem Friedhof an der Kirche zu bestatten. Die alten Gräberfelder wurden aufgegeben, Beigaben in den Gräbern waren nun verboten. Die Wesen der vorchristlichen Mythologie wie Zwerge und Riesen lebten als heidnische Geschöpfe in den Sagen fort, so zum Beispiel die von den nordfriesischen Inseln bekannten *Onerbäänkin,* die unterirdischen Zwerge, die der Sage nach in den Grabhügeln hausten.

Mittelalter

Auch aus dem Mittelalter gibt es noch Hinweise auf heidnische Opferpraktiken. In einem bronzezeitlichen Grabhügel bei Westerland auf Sylt fand sich ein heimlich vergrabener mittelalterlicher Kugeltopf, der mit zahlreichen Geflügelknochen gefüllt war.

Im 13. und 14. Jahrhundert wurden kleine Burgen, sogenannte Motten, errichtet, die aus einem hölzernen Turm auf einem Erdhügel bestanden. Meist waren die Turmhügel von einem Wassergraben umgeben, wie etwa an der abgetragenen Burganlage Leckhus bei Leck. Die Burgen waren Sitze adliger Landherren, die gegen Angriffe verteidigt werden konnten. Meist wurden sie am Rande von Niederungen angelegt. Dies gilt auch für die vollständig abgetragene Burg bei Utersum auf Föhr, der gegenüber eine weitere bei Norddorf auf Amrum liegt. Schriftlich überlieferte Quellen deuten darauf hin, daß es sich hier um die Sitze von Beauftragten des dänischen Königs Waldemar Atterdag handelte, die an der nordfriesischen Küste wahrscheinlich Hanseschiffe kaperten. Die Wälle und Gräben der Burg von Schwabstedt sind im Gelände noch gut erkennbar. Die Burg war Residenz der Schleswiger Bischöfe, wurde zeitweise aber auch von Seeräubern, den Vitalienbrüdern bzw. Likedeelern, genutzt.

Im 12. und 13. Jahrhundert herrschte in Nordfriesland Wohlstand, wie die aufwendigen Kirchenbauten zeigen. Neben der Landwirtschaft war auch der Verkauf von Salz einträglich, das man durch Verbrennen von meerwassergetränktem Torf gewann. Abbauspuren der Salztorfgewinnung sind im Wattenmeer im Bereich der nördlichen Halligen und der Festlandsmarsch zu finden. Die Erträge aus dem Salzhandel ermöglichten die Einfuhr von Sandsteinsärgen aus dem Rheinland.

Die Marschen wurden, wie auf Pellworm zu erkennen ist, zunächst von verstreut liegenden Siedlungen aus genutzt. Die Häuser legte man seit dem 12. Jahrhundert auf Wohnhügeln aus Marschenklei, den Warften, an, um sie vor Sturmfluten zu schützen. In einer zweiten Besiedlungsphase der Marschen wurden planmäßig angelegte, langgestreckte Siedlungen errichtet, von denen sich die Parzellen streifenförmig ins Umland erstreckten.

Vor allem mit den Sturmfluten von 1362 und 1634 ging viel Kulturland verloren. Auf den Inseln Sylt und Amrum führte die vordringende Nordsee gewaltige Sandmassen heran, die vom Wind auf den Geestkernen zu Dünen aufgetürmt wurden. Spuren überwehter Äcker sind in den Amrumer Dünen vielfach anzutreffen.

Gezeiten, Sandbänke und Untiefen machen die nordfriesische Küste bis heute zu einem gefährlichen Fahrwasser für Schiffe. Hunderte von Segelschiffen strandeten und wurden von den Wellen zerstört oder von den Bewohnern der Küste abgewrackt. Der Rumpf eines vor dem Deich bei Uelvesbüll auf der Halbinsel Eiderstedt gesunkenen Lastenseglers aus dem frühen 17. Jahrhundert blieb jedoch erstaunlich gut erhalten. Das etwa zwölf Meter lange und 3,7 Meter breite Wrack aus Eichenholz wurde vor einigen Jahren bei Sielbauarbeiten entdeckt und ausgegraben. Zwischen den Planken wurden Kacheln, Tontöpfe, Zinnlöffel, eine Tabakspfeife im Holzfutteral und eine Dudelsackpfeife gefunden. Der Schiffsrumpf

Bei Sielbauarbeiten in der Nähe von Uelvesbüll stieß ein Baggerführer auf merkwürdige Holzkonstruktionen. Ein um 1620 in den Niederlanden gebauter einmastiger Binnensegler kam zutage. Mit einer Zuckerlösung wurde das Schiffswrack konserviert. Es ist das Kernstück der Ausstellung im Anbau des Schiffahrtsmuseums in Husum.

wurde in einer Zuckerlösung konserviert und ist inzwischen zusammen mit den Begleitfunden in Husum zu besichtigen. Von dort stammen wohl auch die Tongefäße, die sich an Bord befanden. Bei Ausgrabungen in der Husumer Süderstraße wurden in den letzten Jahren die Überreste einer Töpferei untersucht, deren buntbemalte Fehlbrände den Töpfen aus dem Wrack sehr ähnlich sind.

Die großen „Mandränken“: Sturmfluten in Nordfriesland

Manfred Jakubowski-Tiessen

Die Lebenswelten der nordfriesischen Insel-, Hallig- und Küstenbewohner wurden nicht ausschließlich von politischen und sozialen Gegebenheiten und Ereignissen geprägt, sondern ebenso von den natürlichen Bedingungen und Veränderungen ihrer Umwelt. Zu den extremen Herausforderungen der agrarischen Gesellschaft an der Küste zählen die Sturmfluten, die als plötzlich hereinbrechende Naturereignisse nicht nur Leib und Leben, sondern auch die materielle Existenz der Küstenbewohner immer wieder gefährden konnten.

Sturmfluten sind an der Nordseeküste keine Seltenheit; jedoch nur wenige verursachen große Schäden. Schwere Sturmfluten liegen etwa zwischen 2,30 und 3 Metern über dem Mittleren Tidehochwasser und sehr schwere Sturmfluten über 3 Meter. In früheren Jahrhunderten, in denen es noch keine exakte Statistik der Wasserstände gab, wurden die Sturmfluten an den durch sie verursachten Schäden gemessen. Insofern waren die Sturmfluten, von denen die Chroniken berichten, immer Schadensfluten. Diese aus der historischen Überlieferung bekannten Sturmfluten wurden nach den Namen des Kalenderheiligen oder des Feiertags benannt, an dem sie geschahen.

Sturmfluten haben nicht nur wesentlichen Anteil an der Landschafts- und Küstengestaltung Nordfrieslands gehabt, sondern konnten auch gravierende Auswirkungen auf die agrarische Gesellschaft dieser Region haben. Die wirtschaftliche Entwicklung, die Besitzverhältnisse, die soziale Struktur, die Religiosität und das Lebensgefühl konnten maßgeblich davon tangiert werden. Kurzum: Die Sturmfluten müssen als ein entscheidender Faktor von historischer Gestaltungskraft in Nordfriesland angesehen werden. Sie waren und sind als erlebte oder auch latente Gefahr fest im kollektiven Gedächtnis der Küstenbewohner verankert.

Über die Sturmfluten im Mittelalter liegen nur spärliche und zudem wenig zuverlässige Nachrichten vor. Nicht alle Sturmfluten, über welche die Chroniken berichten, haben sich auch tatsächlich ereignet. Mitunter haben sich Fehler in die Überlieferung eingeschlichen, die dann immer weiter fortgeschrieben wurden. Besonders unzuverlässig sind überdies die Angaben über die in den einzelnen Sturmfluten zu verzeichnenden Opfer. Meistens sind diese viel zu hoch angesetzt.

Erst von der Marcellusflut vom 15. bis 17. Januar 1362, die allgemein als „de grote Mandränke“ bezeichnet wird, berichten alle Chronisten einmütig. Schaut man sich das historische Material genauer an, so wird man feststellen, daß auch über diese Sturmflut und ihre Auswirkungen alles in allem nur relativ wenige Informationen überliefert sind. Als gesichert darf gelten, daß sie eine der größten Sturmfluten des Mittelalters war, die unzählige Menschen in den Tod riß und zu gewaltigen Landverlusten führte. Die Chroniken sprechen von Tausenden von Toten. In einer Aufzeichnung des Schleswiger Stadtbuches heißt es: „Anno MCCCLXII am XVI. Tage des Januars, da war ein große Wasserflut im Frieslande, darin auf dem Strande 30 Kirchen und Kirchspiele ertranken.“

Die „grote Mandränke“ von 1362 hat die maritime Landschaft Nordfrieslands stark verändert. Erst jetzt erhielt die Insel Alt-Nordstrand jene Hufeisenform, wie wir sie aus Karten des frühen 17. Jahrhunderts kennen. In dieser Sturmflut ist die zwischen dem heutigen Pellworm, Nordstrand und Südfall gelegene Gemeinde Rungholt untergegangen. Rungholt muß eine wohlhabende Gemeinde gewesen sein, denn dort gab es eine *ecclesia collegialis*, eine Kirche, an der mehrere gleichberechtigte Kleriker lebten und wirkten. Viel mehr wissen wir aber nicht. Möglicherweise haben sich Überlebende dieser Sturmflut dort niedergelassen, wo bald darauf der Ort Husum heranwuchs, der nun als Handelszentrum Nordfrieslands von Bedeutung werden sollte. Alles, was wir in späteren Chroniken vom Unter-

Sturmfluten waren und sind eine immer wiederkehrende Gefahr für die nordfriesischen Insel-, Hallig- und Küstenbewohner. Das besonders eindrucksvolle Bild vom Friedhof der Hallig Hooge gelang Pastor Bernhard Speck bei einer schweren Sturmflut im Januar 1976. Im Hintergrund ist die vom Wasser umspülte Ockelützwarft zu erkennen.

gang Rungholts lesen, ist mit sagenhaftem Erzählstoff verwoben, so daß diese Darstellungen eher den Charakter moraltheologischer Exempel haben, denn als Wiedergabe vergangener Wirklichkeit zu begreifen sind. Unser heutiges Bild vom Untergang Rungholts ist außerdem wesentlich durch Detlev von Liliencrons Gedicht „Trutz blanke Hans“ geprägt worden, in dem die Rungholtsage poetisch gestaltet wird.

Im Spätmittelalter haben verschiedene Sturmfluten, die allerdings wohl nicht solche katastrophalen Ausmaße hatten wie die von 1362, zu weiteren Landverlusten an der nordfriesischen Küste geführt. Zwischen dem Beginn des 14. Jahrhunderts und der Mitte des 15. Jahrhunderts sind von 133 Kirchen in Nordfriesland 40 untergegangen, die meisten davon in der Sturmflut von 1362.

Es ist nicht allein auf eine zuverlässigere und ausführlichere Überlieferung zurückzuführen, wenn wir seit dem letzten Drittel des 16. Jahrhunderts bis weit ins 17. Jahrhundert hinein eine Häufung von Sturmfluten feststellen können. Vielmehr ist davon auszugehen, daß die rasche zeitliche Folge der Sturmfluten in dieser Zeit mit der allgemeinen Klimaverschlechterung zusammenhing, die in ganz Europa in den 1560er und 1570er Jahren einsetzte und von den Klimaforschern mit dem Begriff „Kleine Eiszeit“ bezeichnet wird.

Die größte Sturmflut des 16. Jahrhunderts war die Allerheiligenflut vom 1. November 1570, die unbeschreibliche Schäden an der gesamten niederländischen und deutschen Nordseeküste verursachte, wobei allerdings die schwersten Deichbrüche und Überschwemmungen an der südöstlichen Nordseeküste geschahen. In Nordfriesland war vor allem die Insel Alt-Nordstrand betroffen, wo mehrere Deiche brachen und die nördlichen Dörfer Westerwold und Volgsbüll unter Wasser gesetzt wurden. Die Gemeinde Westerwold verlor in dieser Flut etwa 200 Demat Land, das entspricht etwa einem Quadratkilometer.

Die Deiche waren nur notdürftig ausgebessert worden, als am 24. April 1571 der Volgsbüller und der Westerwolder Deich erneut brachen. Unter den folgenden Sturmfluten vom 21. August 1573, 25. Januar 1574 und 1. Mai 1580 hatten Eiderstedt und wiederum besonders die Insel Alt-Nordstrand zu leiden. Am Weihnachtsabend 1593 richtete eine Sturmflut an der nördlichen Festlandsküste Nordfrieslands erhebliche Deichschäden an. Schlimmere Auswirkungen hatte die Sturmflut von 1615, vor allem für Alt-Nordstrand, wo die Deiche an zahlreichen Stellen brachen und 19 der 22 Kirchspiele unter Wasser gesetzt wurden. Die Kirchen von Stintebüll und Brunock stürzten damals ein. Nach

Heimreich ertranken in dieser Flut 300 Menschen. Zwei zeitgenössische niederdeutsche Gedichte schildern die trostlose Lage auf Nordstrand. In einer Strophe heißt es:

„Also ys dyth herlycke kornrycke Landt
Itzunder in bedrövenden Standt,
In Jamer groth gekamen;
O ewiger Gerechter Godt,
Help uns uth der Noth thosamen.“

Die Schicksalsflut Nordfrieslands war die Burchardiflut vom 11. Oktober 1634, die neben der Sturmflut von 1362 den stärksten Einfluß auf die Landschaftsgestaltung gewann. Über den Verlauf und die Auswirkungen der Sturmflut von 1634, der zweiten „Mandränke“, ist uns eine Fülle von Nachrichten überliefert, so daß dieses Ereignis die erste große Flutkatastrophe Nordfrieslands darstellt, von der wir uns ein einigermaßen deutliches Bild machen können.

Am Morgen des 11. Oktobers 1634 schien die Sonne. Gegen Mittag zogen dann Wolken auf, und es begann zu regnen. Der Wind, der zunächst aus Südwesten blies, wurde am frühen Abend stärker, drehte nach Nordwesten und entwickelte sich zu einem Sturm mit Orkanstärke. Nach den vorhergehenden schönen Herbsttagen kam die Sturmflut für die Küstenbewohner völlig überraschend.

Eine nicht reale überschwemmte Küstenlandschaft nach einem Deichbruch zeigt dieser Kupferstich aus dem Jahre 1697. Die schwerste Sturmflut nach der großen „Mandränke“ von 1362 hatte Nordfriesland 63 Jahre zuvor heimgesucht: die Burchardiflut von 1634.

Gegen zehn Uhr abends brach der erste Deich in Stintebüll auf der Insel Alt-Nordstrand. Es sollten viele weitere Deichbrüche folgen. Das Nordseewasser, das auf eine Höhe von etwas über vier Metern über dem Mittleren Tidehochwasser stieg, hielt seinen hohen Stand bis etwa drei Uhr nachts. Um die Höhe der Sturmflut zu veranschaulichen, sei erwähnt, daß das Wasser in der Kirche von Dagebüll etwa einen Meter hoch stand. In Stedesand soll ein totes Schwein in der Flut durch eine offene Bodenluke auf den Hausboden geschwemmt worden sein.

Das ganze Ausmaß dieser verheerenden Flutkatastrophe wurde erst am nächsten Morgen deutlich. Der niederländische Ingenieur Jan Adrianß Leeghwater, der an dem Deichbauprojekt in der Dagebüller Bucht, dem sogenannten Bottschlotter Werk, beteiligt war, berichtet als Augenzeuge von dieser Flut, die er in Fahretoft überlebte. Er beschreibt unter anderem das Bild, das sich ihm am Morgen nach dem Sinken des Wassers darbot: „Des Morgens, als es Tag geworden war, als wir hörten und vernahmen, wie die Sachen standen, da waren alle Zelte und Hütten weggespült, die auf dem ganzen Werk waren, 36 oder 37 an der Zahl, mit allen Menschen, die darin waren ... Die Wohnung von Pieter Janß Zimmermann und das Zelt von Pauwel Harmenß, wohin ich des Abends, um etwas zu schnakken, gegangen war, waren auch beide weggespült und die Bewohner, Pieter Janß mit all seinem Gesinde, Frauen und Kindern, Pauwel Harmenß mit dem Knecht, der mich des Abends an mein Haus geleitete, die waren des Morgens alle ertrunken, so daß nicht einer davon übrig geblieben war. Ja noch mehr. Meine Wohnung, aus der ich des Nachts mit meinem Sohn flüchten mußte, war des Morgens, auch vom Deich abgespült ... Große Seeschiffe waren auf dem hohen Deich stehen geblieben, wie ich selber gesehen habe. Mehrere Schiffe standen in Husum auf der hohen Straße.

Ich bin auch den Strand allda entlang geritten, da hab ich wunderbarliche Dinge gesehen, viele verschiedene tote Tiere, Balken von Häusern, zertrümmerte Wagen und eine ganze Menge Holz, Heu, Stroh und Stoppeln. Auch habe ich dabei so manche Menschen gesehen, die ertrunken waren. Es sah aus, als ob es eine Sündflut gewesen wäre.“

Die Sturmflut von 1634 richtete an der gesamten nordfriesischen Küste schwere Schäden an. Viele Deiche brachen und setzten fast das gesamte Marschland unter Wasser. Die begonnene Eindeichung der Dagebüller Bucht wurde nach dieser Flut aufgegeben, weil bereits geleistete Deicharbeiten völlig vernichtet worden waren. Wie groß die Verluste in den einzelnen Këgen tatsächlich waren, läßt sich aufgrund der sich widersprechenden Angaben nicht immer genau rekonstruieren. Fraglich ist, ob überhaupt alle Ertrunkenen erfaßt wurden, wie zum Beispiel die Deicharbeiter und das Gesinde. Überschlägt man die einzelnen Angaben der Todesopfer, so müssen in den Marschen zwischen Tondern und Tönning mehr als 3000 Menschen in der Sturmflut ertrunken sein. Große Verluste hatte Eiderstedt zu verzeichnen, wo allein 2107 Menschen den Tod fanden. In der Nordergoesharde waren besonders das exponiert liegende Ockholm und die Bargumer Marsch betroffen. Der Chronist Anton Heimreich (1626–1685), Pastor auf Nordstrandischmoor, gibt für Ockholm 400 und für Bargum 300 Tote an, während eine andere Quelle 300 und 206 Ertrunkene nennt.

Die größten Schäden und meisten Verluste an Menschen, Vieh und Häusern hatte die Insel Alt-Nordstrand zu beklagen, die in dieser Sturmflut weitgehend vernichtet wurde. An über 40 Stellen waren die Deiche gebrochen. Die traurige Bilanz dieser Schreckensnacht: 6035 Einwohner Nordstrands waren ertrunken (ca. 70 Prozent), 1336 Häuser zerstört worden (knapp 80 Prozent aller Häuser). Auf den benachbarten Halligen Hooge, Langeneß und Nordmarsch waren 113 Ertrunkene zu verzeichnen. Selbst bei vorsichtiger Schätzung wird man davon ausgehen können, daß in der großen Sturmflut von 1634 in Nordfriesland mindestens 9000 Menschen ihr Leben verloren.

Die Karte der nordfriesischen Insel- und Halligwelt veränderte sich durch die-

Die Insel Alt-Nordstrand um 1634. Hervorgehoben sind die nach der Sturmflut vom 11. Oktober 1634 übriggebliebenen bzw. wiedergewonnenen Teile Pellworm, Nordstrand und Nordstrandischmoor in ihrer heutigen Gestalt. Auch die Hamburger Hallig war ein Koog Alt-Nordstrands, ist aber durch Erosion ostwärts gewandert.

se Sturmflut grundlegend. Von der Insel Alt-Nordstrand waren ein Teil der Pellwormharde, das Wüste Moor (Nordstrandischmoor) und der größte Teil der Edomsharde, die von nun an den Namen Nordstrand trug, übriggeblieben.

Während die Restinsel Pellworm bereits nach drei Jahren einen Teil ihres Landes durch neu errichtete Deiche schützen konnte und schließlich durch weitere Eindeichungen in der zweiten Hälfte des 17. Jahrhunderts ungefähr ihre heutige Gestalt erhielt, gelang es den Bewohnern Neu-Nordstrands nicht, ihr Land vor dem Wasser zu sichern, da die wenigen Überlebenden zur Finanzierung kostspieliger Deichbauten nicht in der Lage waren. Zudem hatten in den Jahren nach der Sturmflut immer wieder verzweifelte Nordstrander Familien trotz fürstlicher Abwanderungsverbote ihre verwüstete Insel verlassen. Die Folge war, daß Nordstrand trotz einzelner Bedeichungsversuche 20 Jahre lang unbedeicht blieb und in dieser Zeit immer mehr Land verlorenging. Von den 21 Kirchspielen blieben letztlich nur noch drei übrig. Schließlich holte der Gottorfer Herzog Friedrich III., der aus merkantilistischen Gründen an einer Wiederbedeichung dieser fruchtbaren Insel interessiert war, aus Brabant stammende Niederländer ins Land, die 1652 als sogenannte Partizipanten mit weitgehenden Privilegien ausgestattet wurden. Die alten Einwohner Nordstrands mußten ihr Land gemäß altem Deichrecht an die Partizipanten abtreten. Die Übergabe des Landes an die Niederländer geschah, wie der Chronist Heimreich mitteilt, „nicht ohne bittere Zähren der alten Landeigner“.

Noch in seiner Osterpredigt des Jahres 1689 brachte der lutherische Pastor auf Nordstrand, Otto Lorentzen Strandiger, die Enteignung zur Sprache: „Es ist Abend geworden, und der Tag des Wohlstandes hat sich geneiget in diesem Lande Anno 53 und 54, da die frembde Herrn gekomen, dis Land eingeteichet, und eine irrige Lehre mitgebracht, da die alten Eigener und Einwohner ihre saltze Gräsungen und Mohrland alß ihr väterliches Erbe nicht ohne bittern Thränen haben fahren lassen müssen; darüber sie ... wie Frembdlinge in unßerm Vaterlande, von Eigenern Heurlinge geworden, und der Gefahr von der falschen Lehre vergifftet zu werden, unterworffen worden.“

Die Folge der Sturmflut von 1634 war eine radikale Veränderung der Besitzverhältnisse auf Nordstrand. Aus den alten Landbesitzern waren Pächter, Kätner oder Tagelöhner geworden. So verwundert es nicht, daß es zu Spannungen zwischen den alteingesessenen Einwohnern und den niederländischen Partizipanten kam. Da im 17. Jahrhundert auch konfessionelle Auseinandersetzungen und Animositäten noch eine große Rolle spielten, ist es erklärlich, daß die lutherischen Alteinwohner die Übergabe ihres Landes an Niederländer katholischen Glaubens als eine zusätzliche Provokation empfanden. Oftmals überlagerten sich jedoch die konfessionellen und die sozialen Spannungen. Die Hoffnung des Gottorfer Herzogs, möglichst ganz Alt-Nordstrand, die Kornkammer des Herzogtums, wiedergewinnen zu können, ließ sich auch von den Niederländern nicht erfüllen. Die Beltringharde mußte aufgegeben werden. Jedoch gelang es den niederländischen Partizipanten, bis zum Ende des 17. Jahrhunderts die Ländereien der Edomsharde einzudeichen, den Kern des heutigen Nordstrand.

Wie das 16. und 17. Jahrhundert, so hatte auch das 18. Jahrhundert seine „Jahrhundertflut“. Es war die Weihnachtsflut von 1717, eine der verheerendsten Sturmfluten der Neuzeit, bei der die gesamten Marschen der östlichen Nordsee von Nordfriesland bis Groningen unter Wasser standen. Die stärksten Schäden und die größten Verluste mußten die niedersächsischen Nordseemarschen und die nördlichen Niederlande erleiden. Verschlimmert wurde die Lage in den Marschländern durch eine nur zwei Monate nach der Flutkatastrophe folgende erneute Sturmflut in der Nacht vom 25. auf den 26. Februar 1718, die auf ein noch weitgehend offen liegendes Land traf. Einen weiteren Rückschlag für die Regeneration der Küstenländer bedeutete schließlich die Sturmflut vom 31. Dezember 1719 auf den 1. Januar 1720, die sogenannte Neujahrsflut. Erneut brachen Deiche, erneut kam es zu Überschwemmungen, und abermals wurden neue oder fast fertiggestellte Deichbauten zerstört oder schwer beschädigt.

Für Nordstrand bedeutete die Weihnachtsflut den ersten schweren Rückschlag nach den Wiedereindeichungen. Alle vier Köge wurden überschwemmt, die Deiche schwer beschädigt und – wie im Osterkoog – teilweise bis auf den Grund weggespült. Durch die Eisflut vom Februar 1718 wurden die Deichschäden noch verschlimmert, so daß die Partizipanten davon sprachen, sie müßten eine „Wiedereindeichung“ Nordstrands vornehmen. Die Zahl der Ertrunkenen hielt sich jedoch in Grenzen, weil die Einwohner sich rechtzeitig hatten in Sicherheit bringen können. Es waren hier insgesamt fünf Todesopfer zu beklagen.

Auf der Insel Pellworm hatte die Weihnachtsflut ebenfalls große Schäden an den Deichen verursacht. Die Pellwormer mußten in den Jahren 1718 und 1719 für deren Wiederherstellung die enorme Summe von 140 660 Mark Courant aufbringen. Eine Aufstellung der einzelnen Schäden und Verluste an Getreide, Vieh und Häusern nennt eine Schadensumme von fast 80 000 Mark Courant. 36 Pellwormer fanden in der Flut den Tod. Die Halligen wurden von der Sturmflut 1717 und den folgenden zwei Sturmfluten wieder stark in Mitleidenschaft gezogen. 39 Halligbewohner ertranken, über 35 Häuser gingen verloren, und viele weitere Häuser wurden stark beschädigt. Relativ hoch waren auf den Halligen die Verluste an Vieh.

Auch Eiderstedt erlitt in der Sturmflut von 1717 und den folgenden Sturmfluten schwere Deichschäden und Landverluste. Die Reste der Lundenbergharde konnten trotz großer Anstrengungen nicht gehalten werden. Fast alle Köge des nordfriesischen Festlands standen damals unter Wasser, ausgenommen die erst 1682 und 1706 eingedeichten Christian-Albrechts-Köge sowie Fahretoft und Ockholm.

Fast jede Generation der Nordseeküstenbewohner hat eine Sturmflut mit Deichbrüchen und Überschwemmungen erleben müssen. Jede Sturmflut, selbst wenn sie nicht so verheerende Folgen hatte wie die Katastrophenfluten von 1634 und 1717, stärkte die Erinnerung an die dauernde existentielle Bedrohung durch das Wasser und schürte die Angst vor dem unheimlichen Meer mit seinen gefährlichen Stürmen und seinen angeblich die Gesundheit gefährdenden Nebeln und Ausdünstungen. Bis ins 18. Jahrhundert hinein deuteten die Menschen die Sturmfluten als eine Strafe Gottes für ihre Sünden. Vorherrschend war bis dahin eine weitgehend vom Glauben an die Vorsehung bestimmte Sicht, die Ansätze eines mechanistischen Weltbildes noch kaum kannte. Erst mit der allmählichen Verbreitung neuer Erkenntnisse im Bereich der Meereskunde wurde die Meereswelt nach und nach entzaubert. Parallel zu dem sich im Laufe des 18. Jahrhunderts vollziehenden Einstellungswandel verblaßte die Angst vor dem Meer immer mehr, wobei sich eine enge Beziehung zwischen dem Grad der Naturerkenntnis und -beherrschung und den kollektiven Ängsten der Bevölkerung feststellen läßt. Erst bei der Sturmflutkatastrophe vom 3./4. Februar 1825 läßt sich ein deutlicher Wandel bei der Erklärung und Deutung dieser Naturkatastrophe bemerken. Jetzt herrschte eine naturalistische Sicht vor.

Die Sturmflut von 1825 erstreckte sich auf die gesamte deutsche Nordseeküste und richtete in allen Marschlandschaften große Schäden an. In Nordfriesland wurden in ganz besonderem Maße die Halligen betroffen, wo in der Sturmflutnacht 74 Personen ertranken. In den folgenden Tagen verließen 234 Einwohner die Halligen und suchten auf der Insel Föhr und auf dem Festland Zuflucht. Damit verringerte sich die Einwohnerzahl infolge der Sturmflut um etwa ein Drittel. Für viele

Hans Martin Winterstein hielt 1675 die Folgen eines Deichbruchs auf einem Stich fest. Die oftmals an den Deichen gelegenen Häuser der Kätner und Tagelöhner waren früher in besonderem Maße den durchbrechenden Fluten ausgesetzt.

Überlebende war der Wegzug von der Hallig die einzige Möglichkeit, ihr Leben zu erhalten, da sie dort keine Bleibe mehr hatten. Von den 260 Hallighäusern waren 79 in der Flut ganz verschwunden und 154 so stark beschädigt, daß sie nicht mehr bewohnbar waren.

Außerdem hatte die Sturmflut von 1825 die landwirtschaftliche Existenz der meisten Halligbewohner grundlegend zerstört. 1833 Schafe, 169 Kühe, drei Kälber und drei Pferde ertranken im Wasser. Schon vor der Sturmflut hatten die Halligbewohner nach dem Ende der Seefahrtsepoche mit ihren landwirtschaftlichen Erträgen nur ein bescheidenes Leben fristen können, durch die Schäden und Verluste sanken sie nun in tiefe Armut ab. Die Fortführung ihrer Landwirtschaft schien unter diesen Umständen fast aussichtslos. Da die Nordsee Sand, Schlick und Muscheln auf die Halligen ge-

Sturmfluten zeigen die überwältigende Macht der Natur und wurden in früheren Jahrhunderten als Strafgerichte Gottes gedeutet. Bei sehr schweren Sturmfluten liegt der Wasserstand mehr als drei Meter über dem Mittleren Tidehochwasser.

Der Flutpfahl im Hafen der Insel Föhr zeigt die Höhe des Wasserstandes der größten Sturmfluten an. Solche Pfähle sollen nicht zuletzt die Erinnerung an die stets mögliche Gefahr erneuter Sturmfluten wachhalten. Für uns sind sie zugleich Zeichen des ansteigenden Wasserpegels der Nordsee, der auch die Höhe der Sturmfluten beeinflußt.

schwemmt und sich dadurch eine feste Decke über der Grasfläche gebildet hatte, wurde die Viehzucht zusätzlich erschwert. Dazu kam, daß die landwirtschaftliche Nutzfläche durch den weiteren Abbruch des Landes erneut dezimiert worden war. Das war ein Prozeß, der sich von Sturmflut zu Sturmflut fortsetzte und schließlich dazu führte, daß zum Beispiel die Hallig Hooge im Verlauf eines Jahrhunderts ein Drittel ihrer Landfläche verlor. 1794 betrug die Landfläche 860 Hektar mit 14 Warften, 1825 waren es 730 Hektar mit zehn Warften und 1900 schließlich nur noch 582 Hektar.

Angesichts dieser katastrophalen Lage auf den Halligen nach der Flut von 1825 und in Anbetracht der enormen Kosten, die eine Wiederinstandsetzung verursachen würde, erwog die Regierung in Kopenhagen, ob es nicht sinnvoller sei, die Halligen unbewohnt zu lassen und sie nur noch als „salze Gräsung“ zu nutzen. Die lokalen Beamten befürworteten in ihren Gutachten den Erhalt der Halligen als Wohnorte. Auch wichtige Repräsentanten der Stadt Husum setzten sich energisch für eine weitere Besiedlung der Halligen ein; sie befürchteten wohl vor allem, daß den Husumer Kaufleuten und Bierbrauern in der für Husum ohnehin wirtschaftlich angespannten Lage ein Absatzgebiet verlorengehen könnte. Schließlich war es für alle öffentlichen Bemühungen um den Erhalt der Halligen als bewohnbares Gebiet von Bedeutung, daß sich gerade zu jener Zeit ein neu aufkommendes Interesse an der friesischen Geschichte und Kultur entwickelte, als deren Kernregion die Insel- und Halligwelt galt. Die Aufgabe der Halligen wäre als unwiederbringbarer Kulturverlust empfunden worden.

Nach großen Sturmfluten haben die für den Deichbau zuständigen Behörden sich nicht allein um die Wiederherstellung der zerstörten Deiche bemüht, sondern oft zugleich auch eine Erhöhung der Deiche in Angriff genommen. Es ist vor allem der besseren Deichbautechnik und den Deicherhöhungen zuzuschreiben, daß die große Flut vom 16. zum 17. Februar 1962, in der 350 Hamburger starben, in Nordfriesland nicht solch verheerende Auswirkungen hatte. Nordstrand und Pellworm überstanden die Flut wegen der vorher fast abgeschlossenen Deichverstärkungen relativ gut. Besonders bewährten sich die neuen Deiche des Hauke-Haien-Koogs und des Friedrich-Wilhelm-Lübke-Koogs. Doch auch diese Flut verursachte an mehreren Eiderstedter Deichen schwere Schäden; im Uelvesbüller Koog brach der Deich, in der Nähe Husums wurde der Dockkoog überschwemmt. Am schlimmsten waren wieder die Halligen betroffen, auf denen die meisten Häuser schwere Schäden aufwiesen. Die Halligbewohner waren den Fluten immer stärker ausgesetzt als die hinter Deichen lebenden Küstenbewohner des Festlandes und der Inseln.

Im Vergleich zu den Flutkatastrophen früherer Jahrhunderte konnten Wirkung und Folgen der Sturmflut von 1962 begrenzt werden durch ein bestens organisiertes Katastrophenmanagement, das auf die Hilfe vieler tausender Männer der Bundeswehr, des Grenzschutzes, der Feuerwehren, des Technischen Hilfswerks, der Polizei und des Roten Kreuzes bauen konnte. Dadurch war es möglich, vom Wasser bedrohte Menschen rechtzeitig zu evakuieren und zu retten sowie bereits beschädigte Deiche noch in der Sturmflutnacht auszubessern.

Die Menschen auf den Inseln, Halligen und in den Marschen Nordfrieslands können sich heute dank moderner Schutzmaßnahmen sicherer fühlen als zu früheren Zeiten. Dennoch werden Sturmfluten auch künftig eine Bedrohung für das Land bleiben. Es wird deshalb immer großer finanzieller Mittel bedürfen, um diese in Jahrhunderten gewachsene Kulturlandschaft vor den Gefahren des Meeres zu schützen. Dabei wird man heute mehr denn je zu einer Balance zwischen notwendigem Küstenschutz und wünschenswertem Naturschutz finden müssen.

Sturmfluten haben seit Jahrhunderten wesentlich zur Veränderung der nordfriesischen Küstenlandschaften beigetragen. Der Abbruch am Roten Kliff bei Wenningstedt nach der Sturmflut 1962 zeigt die für die Insel Sylt bedrohlichen Folgen.

Zerstörte Brücke in Wittdün auf Amrum nach der Sturmflut 1962. Die öffentliche Hand mußte nach dieser Sturmflut viele Millionen Mark zur Behebung der Schäden aufbringen.

Die Westhälfte dieses Hauses auf der Langenesser Neu-Peterswarft wurde bei der Orkanflut 1962 weggerissen. Die Bewohner, ein Ehepaar mit einem Kleinkind, flüchteten auf einen hohen Heuhaufen im Windlee der Ostmauer. Am Morgen nach der Schreckensnacht wateten sie durch das bis zur Brust reichende eisige Wasser zur nächstgelegenen Warft und konnten sich retten.

Früher Deichbau

Hans Joachim Kühn

In seiner „Nordfresischen Chronick“ von 1666 beschreibt der Chronist Anton Heimreich nach älteren Schriftquellen die frühe Besiedlung der nordfriesischen Westküste folgendermaßen: Zuerst hätten sich die Bewohner nur auf den von Natur aus höchsten Plätzen aufgehalten, dort Häuser aus Soden und Brettern gebaut und sich von Schiffahrt, Fischfang und Viehzucht ernährt. Erst als die Zahl der Menschen angewachsen sei, habe man auf neu entstandenem Anwachs Warften gebaut und auch die tiefer liegende, vernäßte Marsch in Besitz genommen und bedeicht. Müßte man die Ergebnisse der archäologischen Siedlungsforschung in zwei Sätzen zusammenfassen, zeigten sich verblüffende Übereinstimmungen.

In Nordfriesland wurde die frühe Landnahme des 8. Jahrhunderts anfangs begünstigt durch die dämpfende Wirkung eiszeitlicher Ablagerungen, die den Meereseinfluß abschwächten und in der Marsch das Siedeln zu ebener Erde erlaubten. Im Gegensatz zu den südlich anschließenden Nordseemarschen mußten die Küstenbewohner hier erst im 11. Jahrhundert die Flachsiedlungen verlassen, Haus und Hof auf Warften errichten und die Wirtschaftsflächen durch Deiche sichern. Ausgrabungen haben gezeigt, daß die frühen Deiche flachgeböschte Überlaufdeiche waren, deren Kronenhöhe stets unter der Siedelhöhe der Warften lag. Der frühe Deichbau machte somit keineswegs die Warften überflüssig, Deiche schützten anfangs nur die Wirtschaftsflächen vor dem größten Teil der Sturmfluten.

Wenn nach der um 1200 verfaßten Landesbeschreibung des dänischen Geschichtsschreibers Saxo Grammaticus der Eindruck entsteht, die nordfriesische Küstenzone sei bereits im hohen Mittelalter umfassend bedeicht gewesen, so erlauben die Ergebnisse der archäologischen Küstenforschung eine solche Aussage nicht. Es läßt sich nicht belegen, daß in Nordfriesland im Mittelalter bereits eine durchgehende küstenparallele Deichlinie bestand. Weiterhin gibt es keine Anzeichen dafür, daß die großen Gezeitenrinnen je überdeicht gewesen sind. Wo die Menschen versucht haben, sich einem expandierenden Wattstrom entgegenzustellen, endete das mit der vollständigen Zerstörung des Landes. Am Beispiel der Norderhever und am Untergang des Rungholt-Gebietes läßt sich dies eindrucksvoll demonstrieren. Nach den siedlungsarchäologischen Befunden lassen sich im Mittelalter nur Teilbedeichungen nachweisen, deren Verlauf von der jeweiligen naturräumlichen Beschaffenheit des besiedelten Gebietes und von der Dichte der zugehörigen Siedlungen bzw. der Zahl der beteiligten Interessenten abhängig war.

Für den frühen Deichbau waren sicherlich keine speziellen wasserbautechnischen Kenntnisse erforderlich. Das bestätigt schon 1740 der Pastor und Historiograph Petrus Petrejus (1695–1745), wenn er schreibt, daß „Kinder, die in ihrer Einfalt ein Bächlein artig zu hemmen wissen“, uns solches spielend lehren können. Siel- und Schleusenbau setzten dagegen schon gewisse Erfahrungen voraus, denn mit der Bedeichung wurde die natürliche Landesentwässerung unterbrochen und mußte durch künstliche Bauwerke ersetzt werden. Daß die Ableitung des Binnenwassers und des eingedrungenen Nordseewassers Probleme bereitete, läßt die Nachricht Saxos erahnen, daß man im Winter mit dem Boot über die Äcker fahren konnte.

Wenn trotz steigenden Meereseinflusses seit dem späten 12. Jahrhundert auch vermoorte und vernäßte Marschflächen kultiviert, besiedelt und bewirtschaftet wurden, kann das kaum durch die frühmittelalterlichen Siedler allein geleistet worden sein. Schon die Anlage von Marschhufendörfern zeigt, daß die Landeskultivierung nach festem Plan vorangetrieben wurde. Da zugleich Landesentwässerung und Sturmflutschutz ein hohes technisches Können voraussetzten, ist zu vermuten, daß sich im hohen Mittelalter Bevölkerungsgruppen angesiedelt haben, die es gewohnt waren, sich in der Nordseemarsch zu behaupten.

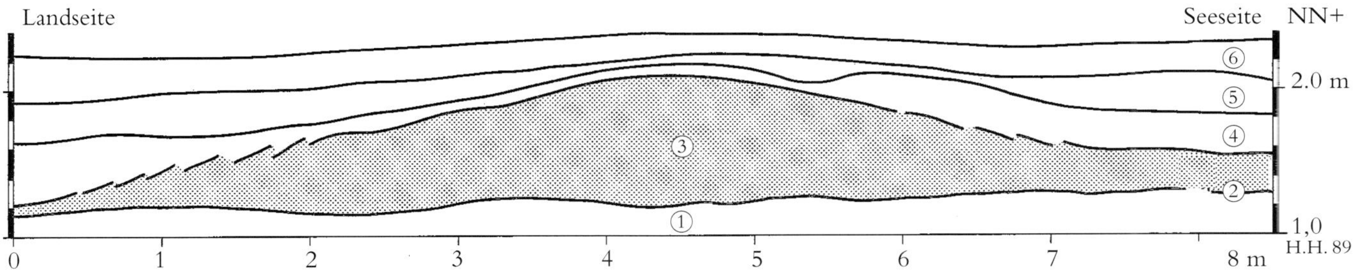

Profil des in der Marsch unter Sturmflutsedimenten (4–6) liegenden frühen Nösse-Deichs (3). Die Grundlage bildet toniger Klei (1) mit humoser Oberfläche (2). Mit derartigen Überlaufdeichen begann vor etwa 900 Jahren im nordfriesischen Marschengebiet der Küstenschutz.

Obwohl in keinem Teil des dänischen, deutschen oder niederländischen Küstengebietes der frühe Deichbau archäologisch so gut untersucht ist wie in Nordfriesland, lassen sich die hier gewonnenen Ergebnisse nicht verallgemeinern. Zu groß sind die Unterschiede selbst in dicht beieinanderliegenden Landschaften. Nach den auf Sylt, in der Wiedingharde, auf Hallig Hooge, den Marscheninseln Pellworm und Nordstrand, bei Husum sowie auf Eiderstedt dokumentierten Profilen früher Deiche ergibt sich somit ein buntes Bild.

Frühe Deiche sind in den Marschgebieten der Insel Sylt mehrfach entdeckt und auch zum Teil durch Schnittgrabungen untersucht worden. Es lassen sich Abschnittsdeiche, vor den besiedelten Geestkuppen bogenförmig verlaufende Deiche und Deiche, die ursprünglich größere Marschflächen umspannt haben, unterscheiden. Zu letzteren zählt ein flachgeböschter Deich, von dem ein Teilstück auf der „Nösse" genannten Ostspitze der Insel erhalten geblieben ist. Sein Profil zeigt anschaulich, wie wir uns die Deiche im hohen Mittelalter vorzustellen haben. Es ist ein aus tonigem Klei aufgeschütteter, flachgeböschter Deich mit einer Breite von etwa acht Metern und einer erhaltenen Höhe von 0,9 Metern. Er liegt vollständig unter mittelalterlichen und frühneuzeitlichen Sturmflutsedimenten begraben, die die Landoberfläche seit dem Deichbau um 1,1 Meter erhöht haben. Soweit bekannt, sind in der Sylter Marsch damals keine Warften aufgeschüttet worden. Die Insulaner bewirtschafteten die Marschflächen von den Geestkuppen aus. So sind Deiche in erster Linie zum Schutz der Wirtschaftsflächen errichtet und daher nicht in dem Maße den sich verändernden Umweltbedingungen angepaßt worden, wie wir es aus besiedelter Marsch kennen. Jahrhundertelang blieb die Sylter Südermarsch ganz ohne wirksamen Deichschutz. Erst seit dem Bau des Nössedeiches (1937) und der etwa gleichzeitigen Bedeichung des Rantumbeckens sind die Inselmarschen durch einen dauerhaften Deich geschützt.

In der Sylt gegenüberliegenden Festlandsmarsch, der Wiedingharde, ist man beim frühen Deichbau ganz andere Wege gegangen. Hier gab es keine eiszeitlichen Ablagerungen, auf die man sich hätte zurückziehen können. Trotzdem ist eine dichte Besiedlung nachweisbar: in der späten römischen Kaiserzeit, der Völkerwanderungszeit und im frühen Mittelalter (Wikingerzeit) noch ohne Deichschutz zu ebener Erde, seit dem hohen Mittelalter dann auf Warften und im Schutze von Teilbedeichungen. Insbesondere fallen die in Abhängigkeit von der Struktur des Untergrundes entstandenen unterschiedlichen Siedelmuster auf – im Westen verlaufen Warftreihen auf stabilem Untergrund in Nord-Süd-Richtung, im Osten liegen Kleinköge mit Deichwarften oder erweiterten Deichsiedlungen in vermoorter Marsch.

Von den etwa 20 urkundlich bezeugten Kleinkögen lassen sich noch heute einige nach erhaltenen Deichresten und rekonstruierbaren Deichtrassen lokalisieren. Sie waren etwa zwölf bis maximal 200 Hektar groß und stets unbesiedelt. Die Höfe standen auf dem Deich oder auf Deichwarften. Erst um 1465, nach der Bedeichung des Wiedingharder Alten Kooges, verloren die Kleinkoogdeiche an Bedeutung, und die Marschenbewohner konzentrierten sich mehr auf den Erhalt und den Ausbau des umfassenden Seedeiches. Daß wabenartig aneinandergereihte Kleinköge schließlich durch einen umfas-

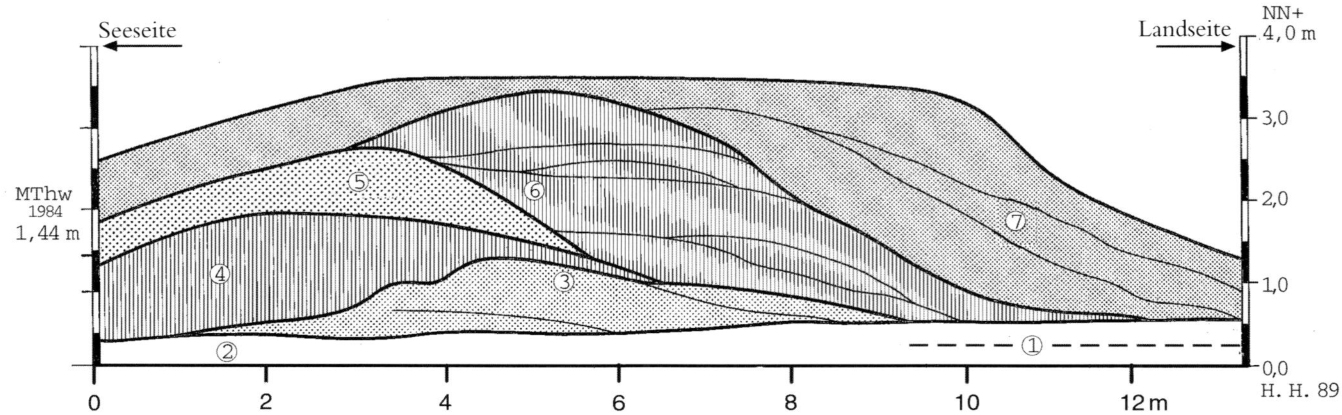

Im Schardeich des Großen Koogs von Pellworm sind Profile mittelalterlicher (3–5) und neuzeitlicher Deiche (6–7) erhalten. Darunter liegen die abgetorfte Marschoberfläche (1) und jüngere Sturmflutsedimente (2). Deiche, die infolge steigenden Meereseinflusses mehrfach erhöht und erweitert worden sind, gelten als wichtige Quellen der Deichbaugeschichte.

senden Deich zu einem großen Koog zusammengefaßt worden sind, entspricht zwar der landläufigen Vorstellung von der Entwicklung des Deichschutzes, läßt sich aber archäologisch bislang nur in der Wiedingharde belegen.

Zwar bezeugen Schriftquellen die Existenz von Kleinkögen auch in der Marsch der Insel Föhr, der archäologische Nachweis steht aber noch aus. Im Gegensatz zu Sylt hat es hier frühmittelalterliche Flachsiedlungen und seit dem hohen Mittelalter auch besiedelte Warften gegeben. 1492 ist die Inselmarsch einer Sage nach erstmals umfassend bedeicht worden; dieses nicht hinreichend abgesicherte Datum scheint jedoch zu früh angesetzt zu sein.

Auf der Suche nach Spuren des frühen Deichbaus stößt man in dem Gebiet, in dem heute die Halligen liegen, auf Deiche unterschiedlicher Zweckbestimmung und verschiedenen Alters. Man muß hier nach mittelalterlichen Korn- und Salzkögen sowie nach neuzeitlichen Umwallungen, die zum Schutz des gemähten Grases aufgeworfen wurden, unterscheiden. Archäologisch untersucht ist nur der Deich des Koogs bei der Ockenswarft auf Hallig Hooge. Nach dem Ergebnis einer Schnittgrabung handelte es sich dabei um einen flachgeböschten, sechs Meter breiten und 1,2 Meter hohen Deich, der einst einen nur 4,5 Hektar großen Kleinkoog umfaßte. Seine Basis liegt bis zu 1,6 Meter unter der heutigen Halligoberfläche, steht also auf der mittelalterlichen Landoberfläche. Wie der Sylter Nösse-Deich ist er aufgeschüttet worden, ehe Sedimente der hoch- und spätmittelalterlichen Sturmfluten die Marschoberfläche des frühen Mittelalters überlagerten.

Es gibt keine Anzeichen dafür, daß Kleinkoogdeiche im heutigen Halliggebiet je durch einen Seedeich ersetzt worden sind. Die im Raum Hooge, Nordmarsch-Langeneß, Gröde und Habel im Watt und unter dem Halligland erhaltenen Spuren des hoch- und spätmittelalterlichen Salztorfabbaus zeigen, daß es sich nicht lohnte bzw. technisch nicht möglich war, nach der systematischen und großflächigen Zerstörung der Oberfläche das nun weitgehend unter dem Mittleren Tidehochwasser liegende Land zu bedeichen.

Wie nicht anders zu erwarten, stellt sich die frühe Bedeichungsgeschichte der Marscheninseln ganz anders dar. Betrachtet man die Insel Pellworm, die wie Nordstrand bis 1634 Teil der hufeisenförmigen Insel Alt-Nordstrand war, hat es den Anschein, als sei die Anordnung der Köge, wie wir sie heute kennen, im großen und ganzen von Anfang an vorhanden gewesen. Bestätigt wird diese Vermutung durch die Ergebnisse mehrerer Schnittgrabungen durch den Deich des Großen Koogs, den sogenannten Schardeich. Dieser bis in das 17. Jahrhundert hinein mehrfach erweiterte und erhöhte Deich birgt in seinem Kern einen 8,5 Meter breiten und 0,9 Meter hohen Deich, der bereits im hohen Mittelalter aufgeschüttet worden sein dürfte.

Im Gegensatz zu Pellworm sind die mittelalterlichen Deiche auf der Nachbarinsel Nordstrand nach der Flutkatastrophe des Jahres 1634 nicht repariert und erhöht

Im Grabungsschnitt durch den Pellwormer Schardeich setzen sich die einzelnen Bauphasen durch ihr verschiedenfarbiges Material deutlich voneinander ab.

worden. Hier haben überwiegend niederländische Partizipanten durch den Bau neuer Köge einen Teil des überfluteten Siedel- und Wirtschaftslandes zurückgewonnen. Nur unter einem kurzen Teilstück des Seedeiches des Alten Koogs sind ältere Deichreste erhalten geblieben, die aber nur bis in das späte Mittelalter zurückreichen.

Auf Eiderstedt sollen, glaubt man den aus dem 17. Jahrhundert überlieferten Bedeichungsdaten, bereits im späten 10. Jahrhundert Deiche gebaut worden sein. Nach kritischer Betrachtung der Schriftquellen sowie nach archäologischen Untersuchungen alter Deiche bestätigte sich diese frühe Datierung nicht. Bei einer Schnittgrabung im Deich des Johanniskoogs, des angeblich ältesten Koogs Eiderstedts, kam im Kern des mehrfach erhöhten Deiches ein Deich von sechs Meter Breite und etwa 1,2 Meter Höhe zum Vorschein, der den übrigen hochmittelalterlichen Deichen Nordfrieslands zur Seite zu stellen ist.

Wenn auch jeder Deich seine eigene Geschichte hat, die abhängig ist von der Beschaffenheit des Untergrundes, der Intensität des Meereseinflusses, dem Bedarf an weitgehend sturmflutsicherer Wirtschafts- und Siedelfläche sowie den technischen Möglichkeiten der Deichbauer, lassen sie doch Gemeinsamkeiten erkennen. Problematisch ist aber die Datierung, denn Deiche enthalten in der Regel kein mit den Methoden der Archäologie datierbares Fundgut. Nach Auswertung aller bislang dokumentierten Deichprofile ist eine grobe zeitliche Zuordnung unter Berücksichtigung landschafts- und besiedlungsgeschichtlicher Informationen über die Höhe der Deichkrone über Normal-Null (NN) möglich. Demnach reichten die Kronen der Deiche des 11./12. Jahrhunderts bis etwa 1,6 Meter über Normal-Null, für das 13./14. Jahrhundert (bis 1362) sind Höhen um zwei Meter, im 14. Jahrhundert (nach 1362) um 2,8 Meter und im 15. Jahrhundert um 3,4 Meter über Normal-Null wahrscheinlich. Im 16./17. Jahrhundert lagen die Kronenhöhen bei etwa vier Meter über Normal-Null – kein Wunder also, daß die große Flut des Jahres 1634, die örtlich bis zu fünf Meter aufgelaufen ist, katastrophale Schäden anrichten konnte. Nach dieser Sturmflut sind die Deiche in Nordfriesland auf etwa 4,8 Meter über Normal-Null erhöht worden. Trotz Verbesserung des Deichschutzes waren auch weiterhin diejenigen gut beraten, die auf den Warften wohnen blieben.

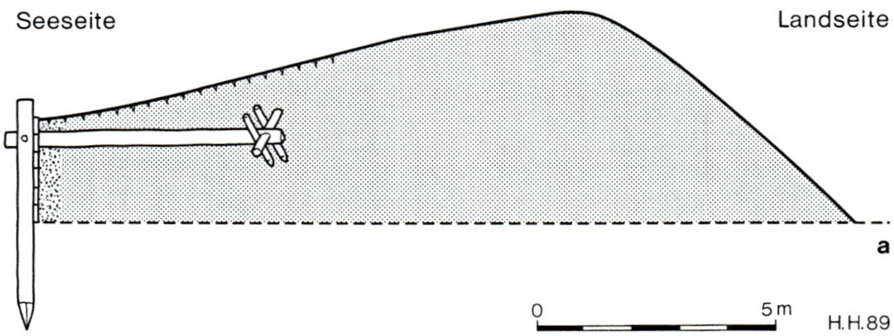

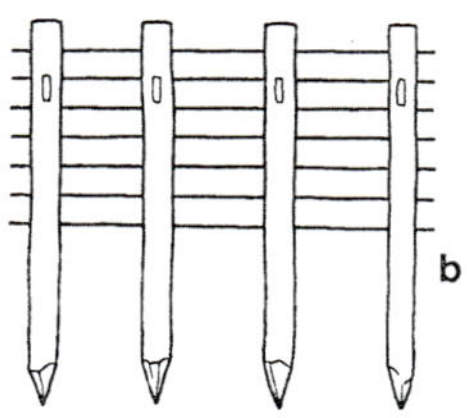

Nach Grabungsfunden konnte das Profil eines Stackdeichs des 17. Jahrhunderts rekonstruiert werden (oben), darunter das von der Seeseite her gesehene hölzerne Bollwerk eines Stackdeichs. Das Foto rechts zeigt den Blick von der Seeseite auf das Bollwerk eines Stackdeichs des Adolfskoogs auf Eiderstedt aus dem frühen 17. Jahrhundert.

Wann der Wechsel vom Überlaufdeich zum Winterdeich vollzogen worden ist, läßt sich nach den bekannten Profilen nicht mehr rekonstruieren. Nach Katastrophen wird es sprunghafte Entwicklungen gegeben haben, ansonsten ist, wie die ermittelten Kronenhöhen zeigen, von einer eher sukzessiven Anpassung auszugehen. Alle entscheidenden deichbautechnischen Neuerungen sind erst in nachmittelalterlicher Zeit von außen gekommen und auf niederländischen Einfluß zurückzuführen. So sind mit Soden belegte und zum Schutz der Rasendecke mit Stroh oder Schilf bedeckte Deiche erst seit dem 16. Jahrhundert nachweisbar. Zur gleichen Zeit kamen erstmals aus Reisig geflochtene Bündel bei der Befestigung von Deichfüßen und der Stopfung von Deichlücken zum Einsatz. Nach einer Schriftquelle des 17. Jahrhunderts sind leichte Spaten und Schubkarren erst seit 1610 verwendet worden. Diese neuen Geräte ermöglichten neue Organisationsformen und machten den Deichbau zum Ziel unternehmerischer Interessen. Der Bodentransport ermöglichte die Beschäftigung vieler Lohnarbeiter. Mit Hilfe von Schubkarren und Laufbohlen ließ sich selbst instabiler Boden überwinden, auf dem die von Pferden gezogenen Sturzkarren nicht fahren konnten. Veränderungen am Deichprofil wurden vorgenommen, so etwa die Abflachung der Innenböschung, um Schäden durch überströmendes Wasser zu vermeiden.

Zu den neuen Errungenschaften zählt auch der Stackdeich, der zur Seeseite hin mit einer steilen Bohlenwand befestigte Deich ohne begrüntes Vorland. Deiche dieses Typs sind mehrfach für die durch mittelalterliche Sturmflutkatastrophen ausgelösten Deichschäden und Landverluste verantwortlich gemacht worden – zu Unrecht, wie neuere Untersuchungen gezeigt haben, denn weder nach Schriftquellen noch nach archäologischen Befunden lassen sich in Nordfriesland mittelalterliche Stackdeiche nachweisen. Sie sind hier erst seit dem 16. Jahrhundert belegt, zum einen als Notbehelf, um Deiche, die ihr Vorland durch Erosion verloren hatten, zu halten, zum anderen als kostspielige, aber wirksame Sicherung des Fußes von Neubauten, die streckenweise über Watt, über vermoorten Untergrund oder durch große Wattströme geführt werden mußten.

In Nordfriesland sind erst drei Stackdeiche maßgetreu aufgenommen worden. Am besten dokumentiert ist der Stackdeich des 1579 bedeichten Adolfskoogs auf Eiderstedt. Im Westen querte der Koogdeich eine teilweise verlandete Gezeitenrinne, die sogenannte Norder-Eider, und mußte somit streckenweise aufwendig gesichert werden. Im späten 16. Jahrhundert hatte man noch versucht, den Deichfuß innen und außen mit Reisigbündeln zu befestigen, Anfang des 17. Jahrhunderts erfolgte dann der Ausbau zum Stackdeich. Vier Meter lange Eichenpfosten, im Abstand von etwa einem Meter gesetzt, stützen eine zum Teil zweilagig gebaute Bohlenwand. Nach Aushöhlung und mehrfachen Reparaturen ist in der zweiten Hälfte des 17. Jahrhunderts diesem Stackdeich ein zweites Bollwerk vorgesetzt worden.

Von einer Bereisung der Westküste zurückgekehrt, schrieb der aus Tetenbüll

Jahrhundertelang wurden Schubkarren für den Deichbau eingesetzt, wie es hier der Kunstmaler Alexander Eckener in einer Heliogravüre zeigt. Als erster in Nordfriesland soll sie der aus den Niederlanden stammende Generaldeichgraf Johann Claussen Rollwagen (1563/64–1623/24) verwendet haben.

stammende Philosoph und Mathematiker Professor Johann Nicolaus Tetens (1736–1807) im Jahre 1788, daß er an mehreren Küstenabschnitten noch Deiche, die nach der „alten friesischen Art gebaut" waren, nämlich „schmal, steil, mit einfachen und schwachen Bollwerken versehen", vorgefunden habe – und das, obwohl es bereits Beispiele für zweckmäßige Profile gab. Dringend mahnte er Reformen an. Manche Hindernisse galt es noch zu überwinden, vom uneinheitlichen Deichrecht über den mangelnden Erfahrungsaustausch bis hin zu den Nachwirkungen der fatalen Einstellung, daß Flutkatastrophen gottgewollt und somit nicht zu verhindern seien. Die von Tetens vorgelegte Bestandsaufnahme und seine Verbesserungsvorschläge blieben auf Dauer nicht ohne Wirkung, wenn auch erst im Jahre 1803 mit dem „Allgemeinen Deich-Reglement" die Grundlagen für einen zweckmäßigen Küstenschutz gelegt worden sind.

Johann Nicolaus Tetens aus Tetenbüll gehörte zu den größten Philosophen seiner Zeit, stand aber im Schatten des Genies Kant. Er wandte sich auch praktischen Fragen zu.

Nicht weniger als 171 Köge bestehen in der Marsch zwischen Hoyer im Norden und der Eider im Süden; im Kreis Nordfriesland sind es 163. Alle Deichlinien zusammengerechnet, ergibt sich ein rund 850 Kilometer langer Erdwall – das entspricht etwa den Straßenkilometern zwischen Husum und München.

1 Nössekoog 1937
2 Föhrer Marschkoog nach 1523
3 Norddorfer Marsch 1917/1934
4 Kleiner Koog 1637
5 Johann-Heimreichs-Koog 1637
6 Kleiner Norderkoog 1657
7 Großer Norderkoog 1687
8 Bupheverkoog 1939
9 Mittelster Koog 1637
10 Großer Koog 1637
11 Ütermarkerkoog 1673
12 Alter Koog 1637
13 Westerkoog 1663
14 Hunnenkoog 1672
15 Süderkoog 1673
16 Ostersielskoog 1798
17 Margrethenkg. 1982
18 Neuer Friedrichenkoog 1861
19 Alter Friedrichenkoog 1692
20 Ruttebüller Koog 1715
21 Hoyerkoog 1556
22 Mögeltondernkoog 1556
23 Tonderner Kg. 1556
24 Ubergkoog 1556
25 Rickelsbüller Koog 1982
26 Dreieckskoog 1925
27 Friedrich-Wilhelm-Lübke-Koog 1954
28 Wiedingharder Neuer Koog 1925
29 Wiedingharder Alter Koog 1465
30 Brunottenkoog 1618
31 Gotteskoog 1566
32 Karrharder Alter Koog 1556
33 Emmelsbüller Kleiner Koog 1554
34 Marienkoog 1798
35 Neuer Christian-Albrechts-Koog 1706
36 Alter Christian-Albrechts-Koog 1682
37 Risummooringer Kornkoog 1580
38 Klixbüller Kg. 1466
39 Großer Kohldammer Koog 1466
40 Schnatebüller Koog 1466
41 Hundebüller Koog 1714
42 Galmsbüllkoog 1939
43 Dagebüller Koog 1704
44 Kleiseerkoog 1727
45 Maasbüller Herrenkoog 1641
46 Kleiner Kohldammer Koog 1554
47 Osewoldter Kg. 1936
48 Juliane-Marien-Koog 1778
49 Fahretofter Norderkoog 1690
50 Fahretofter Süderkoog 1688
51 Bottschlotter Koog 1641
52 Langenhorner Neuer Koog 1551
52a Störtewerker Koog 1551
53 Enger Koog 1466
54 Bargumer Kg. 1466
55 Hauke-Haien-Koog 1959
56 Blumenkoog 1652
57 Waygaarder Koog 1577
58 Langenhorner Alter Koog um 1466
59 Ockholmer Kg. 1515
60 Sönke-Nissen-Koog 1925
61 Louisen-Reußen-Koog 1799
62 Sterdebüller Neuer Koog um 1520
63 Reußenkoog 1789
64 Sophien-Magdalenen-Koog 1741
65 Frau-Metten-Koog 1721
66 Bordelumer Koog um 1520
67 Bredstedter Koog um 1520
68 Breklumer Koog um 1520
69 Cecilienkoog 1905
70 Desmercièreskoog 1767
71 Wallsbüller Saatkoog um 1529
72 Hattstedter Neuer Koog 1500
73 Hattstedtermarsch um 1460
74 Beltringharder Koog 1987
75 Alter Koog 1654
76 Osterkoog 1657
77 Elisabeth-Sophien-Koog 1771
78 Trendermarschkoog 1663
79 Neukoog 1691
80 Morsumkoog 1866
81 Pohnshalligkg. 1924
82 Porrenkoog vor 1495
83 Dockkoog 1848
84 Finkhaushalligkoog 1935/1967
85 Südermarsch 1468
86 Schwabstedter Westerkoog vor 1464
87 Simonsberger Koog 1861
88 Neuer Koog 1721
89 Kleiner Peterskoog 1636
90 Darrigbüllkoog/Leglichheitskoog 1554
91 Margarethenkoog 1511
92 Uelvesbüller Koog 1935
93 Adolfskoog 1579
94 Obbenskoog 1565
95 Dammkoog 1489
96 Norderheverkoog 1937
97 Jordtflether Koog 1907/1970
98 Haimoorkoog um 1400
99 Riesbüllkoog um 1400
100 Dingsbüllkoog um 1400
101 Sankt Peterskg. 1515
102 Westerhever 12. Jh.
103 Westerhever Osterkoog vor 1463
104 Neuaugustenkoog 1699
105 Altaugustenkg. 1611
106 Osterhever 12. Jh.
107 Schockenbüller Koog um 1400
108 Reinsbüllkoog um 1400
109 Wasserkoog 1617
110 Sieversflether Koog 1610
111 Altneukoog 1559
112 Norderfriedrichskoog 1696
113 Oster-Offenbüllkoog 1468
114 Barneckermoorkoog 1463
115 Büttelkoog um 1400
116 Wallsbüller Koog um 1400
117 Badenkoog um 1400
118 Drandersumkoog um 1400
119 Westerbüllkoog um 1400
120 Johann-Adolfs-Koog 1624
121 Herrnhallig 1570
122 Schwabstedter Osterkoog nach 1570
123 Süderheverkg. 1862
124 Heverkoog 1437
125 Mimhusenkoog nach 1362
126 Tümlauer Kg. 1934
127 Holmkoog vor 1460
128 Poppenbüller Sankt Johanniskoog 12. Jh.
129 Iversbüller Koog nach 1362
130 Tetenbüller Marschkoog um 1400
131 Tetenbüller Trockenkoog 1475
132 Adenbüller Kg. 1529
133 Wester-Offenbüllkoog 1470
134 Harbleker Kg. 1612
135 Tetenskoog nach 1766
136 Schwenkenkoog 1631
137 Freesenkoog 1611
138 Mildterkoog ca. 1550
139 Schlickkoog 1525
140 Gehrlandkoog vor 1507
141 Tadjebüller Koog vor 1507
142 Nordfelder Koog vor 1507
143 Osterfelder Koog um 1463
144 Oldenkoog 1494
145 Oldenfelder Koog um 1468
146 Utholm um 1200
147 Otteresinger Koog vor 1648
148 Kleiner Tatinger Koog vor 1648
149 Grudenkoog um 1400
150 Marnekoog vor 1437
151 Tatinger Alter Koog 14./15. Jh.
152 Gardinger Kirchkoog 12. Jh.
153 Tetenbüller Kirchenkoog 14. Jh.
154 Tetenbüller Osterkoog 14. Jh.
155 Junkernkoog 15. Jh.
156 Südfelder Koog vor 1462
157 Mittelkoog 14./15. Jh.
158 Jappenkoog 14./15. Jh.
159 Tatinger Buerkoog 14./15. Jh.
160 Wattkoog um 1400
161 Dreilandenkg. 1612
162 Gardinger und Welter Kornkoog 1550
163 Alter Westerkoog 1550
164 Eiderstedt 12. Jh.
165 Süderfriedrichskoog 1613
166 Deljekoog 1525
167 Ehster Koog 1614
168 Wilhelminenkoog 1821
169 Grothusenkoog 1693
170 Mühlenkoog 13./14. Jh.
171 Katinger Watt 1973

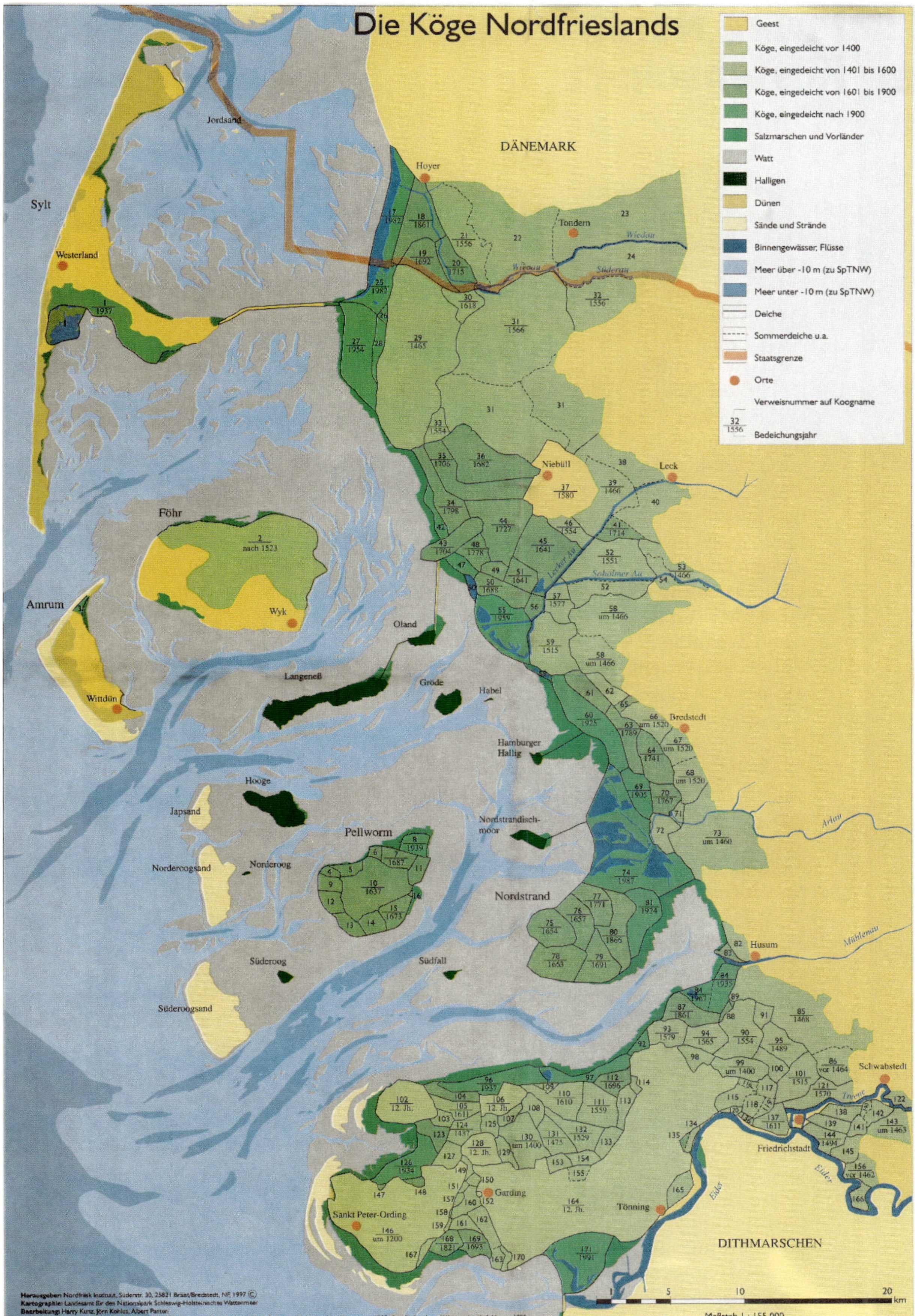
Die Köge Nordfrieslands
Geest
Köge, eingedeicht vor 1400
Köge, eingedeicht von 1401 bis 1600
Köge, eingedeicht von 1601 bis 1900
Köge, eingedeicht nach 1900
Salzmarschen und Vorländer
Watt
Halligen
Dünen
Sände und Strände
Binnengewässer, Flüsse
Meer über -10 m (zu SpTNW)
Meer unter -10 m (zu SpTNW)
Deiche
Sommerdeiche u.a.
Staatsgrenze
Orte
Verweisnummer auf Koogname
Bedeichungsjahr
DÄNEMARK
DITHMARSCHEN
Sylt
Westerland
Jordsand
Föhr
Wyk
Amrum
Wittdün
Hoyer
Tondern
Niebüll
Leck
Bredstedt
Husum
Schwabstedt
Friedrichstadt
Tönning
Garding
Sankt Peter-Ording
Oland
Langeneß
Gröde
Habel
Hamburger Hallig
Hooge
Japsand
Norderoogsand
Norderoog
Pellworm
Nordstrandischmoor
Nordstrand
Süderoog
Südfall
Süderoogsand
Wiedau
Süderau
Lecker Au
Soholmer Au
Arlau
Mühlenau
Treene
Eider
Maßstab 1 : 155 000
km
Herausgeber: Nordfriisk Instituut, Süderstr. 30, 25821 Bräist/Bredstedt, NF, 1997 ©
Kartographie: Landesamt für den Nationalpark Schleswig-Holsteinisches Wattenmeer
Bearbeitung: Harry Kunz, Jörn Kohlus, Albert Panten
Quellen: Nordfriisk Instituut, Bräist/Bredstedt, NF 1997, Landesamt für den Nationalpark Schleswig-Holsteinisches Wattenmeer 1997, Amt für Land- und Wasserwirtschaft Husum 1995

Ohne ihn wäre Nordfriesland kleiner: Küstenschutz

Jürgen Newig

„[Das Gebiet] ist reich an Ackerboden, besitzt eine starke Viehzucht. Als Flachland dehnt es sich unmittelbar am Ozean aus, so daß es bisweilen von seinen Fluten überspült wird. Damit diese nicht einbrechen, ist das ganze Gestade mit einem Damm eingefaßt ... Ihre Häuser bauen sie auf künstlichen Erderhöhungen ... [Das Land war zunächst] zu sumpfig und feucht, in langer Arbeit haben sie es trockengelegt." So beschrieb um 1200 der Chronist Saxo Grammaticus den Zustand Nordfrieslands und erwähnte damit zugleich zwei Küstenschutzmaßnahmen: den Deichbau und den Bau von Warften. Heutzutage ist ein Warftbau im allgemeinen nicht mehr nötig, denn die Landesschutzdeiche sind so hoch, daß die Häuser der Marsch auf der ebenen Erde erbaut werden können. Geschichtlich gesehen waren die Warften die frühesten und für die Menschen wichtigsten Schutzwerke. Zunächst galt es bei steigendem Meeresspiegel die Siedlung zu schützen und erst in zweiter Linie die Flur. Der Deichbau begann nach dem gegenwärtigen Kenntnisstand um 1000 nach Christi Geburt.

Küstenschutz an der Innenküste Nordfrieslands

Man erweiterte die Ackerfläche in alle Richtungen, so daß die Warften schließlich von kilometerlangen Ringdeichen umgeben waren. Diese blieben aber immer noch als Sommerdeiche ausgelegt, und so stand die gesamte Koogfläche in den Wintermonaten nach einer Sturmflut oft tage- oder wochenlang unter Wasser – mit Ausnahme der Warften, die durch Holzstege oder durch Bootsverkehr miteinander verbunden waren. So trifft die Beschreibung des Saxo Grammaticus durchaus zu: „Im Winter liegt das Land unter beständiger Flut verdeckt; die Felder sehen aus wie ein stehendes Gewässer."

Die Deichhöhen wuchsen in jedem Jahrhundert um mehrere Dezimeter. Nach der Sturmflut von 1634 erreichten sie schon eine Höhe von etwa 4,8 Meter über dem Meeresspiegel. Inzwischen waren Erdtrage, Schubkarre und bereits im 15. Jahrhundert der kippbare Sturzkarren als Transportmittel hinzugekommen, denn nun reichte es nicht mehr, das Erdreich nur den deichparallelen Gräben zu entnehmen. Umfangreiche Transporte waren zum Heranschaffen der großen Massen schweren Kleis nötig geworden. Im Deichvorland wurden im Schutz eines kleinen, nur temporär für diesen Zweck errichteten Deiches Quadrate abgesteckt, die zur Bodenentnahme dienten. Dazwischen blieben Stege stehen, auf denen man Dielenbretter für die Schubkarren auslegte; sie waren entsprechend breiter, wenn man mit Sturzkarren arbeitete, die von Pferden gezogen wurden.

Dennoch blieb auch später noch der Spaten das Symbol für den Deichbau, und in Nordfriesland galt für lange Zeit das 1557 aufgeschriebene „Spadelandesrecht". Der Deichbau war von vornherein eine Aufgabe der Gemeinschaft, und dies spiegelte sich auch im Deichrecht wider. Man ist heute der Auffassung, daß zunächst eine genossenschaftliche Organisationsform auf der Grundlage der Kirchspiele den Deichbau trug. Damit verbunden war auch eine gewohnheitsrechtliche Struktur, die teilweise bis in die jüngste Vergangenheit hinein erhalten blieb. Später kam es zu gesetzlichen Festlegungen, zuerst im „Sachsenspiegel". Im „Rastedter Sachsenspiegel" aus dem Jahre 1336 findet sich die erste künstlerische Darstellung eines Deichbaus. Bei aller Unterschiedlichkeit der Bestimmungen läßt sich doch immer wieder ein Grundsatz erkennen: die gemeinschaftliche Verpflichtung aller Marschbewohner zum Deichschutz. Wer nicht deichen wollte, mußte weichen; er durfte nicht siedeln oder an der Nutzung des eingedeichten Landes teilhaben. Insgesamt wurde das genossenschaftliche Deichwesen im Laufe der Geschichte durch das herrschaftliche und schließlich durch das staatliche abgelöst. Immer wieder gab es aber auch private Initiativen zum Deichbau, zuletzt bei einem der fruchtbarsten Köge, dem 1924/25 erbauten Sönke-Nissen-Koog. Einen vorläufigen Schlußpunkt erreichte die Entwicklung zum staatlichen Deichbau (Landesschutzdeiche) in Schleswig-Holstein nach dem Zweiten Weltkrieg. Ab 1. Januar 1971 ging das Eigentum der Wasser- und Bodenverbände an den Deichen unentgeltlich auf das Land über. Der Deichbau wird heute gemeinsam von den Küstenländern und vom Bund finanziert.

Bis in unser Jahrhundert hinein bestanden die Deiche aus massivem Klei. Heute arbeitet man mit einem Sandkern, der zwischen zwei Dämmen, die ein Bagger aus Kleimaterial aufgebaut hat, mit Hilfe von großen Rohren eingespült wird. Später wird mit einer Planierraupe der Klei über den Sandkern geschoben und das endgültige Deichprofil hergestellt. Die Basisbreite eines solchen Deiches kann mehr als 75 Meter betragen. Der Eindeichung ging die Neulandgewinnung voraus. Der Mensch beschleunigt sie durch wasserberuhigende Maßnahmen, vor allem durch das Anlegen von Lahnungen seewärts des Deichvorlandes. Lahnungen werden meistens aus Buschwerk hergestellt, das zwischen Holzpfähle gebunden wird.

Grundsätzlich stehen die meisten Deiche in einer gewissen historischen Folge. Diese prägt sich im Grundriß entweder eher konzentrisch oder eher linear aus. Ein Beispiel für das erste Grundmuster bietet die Wiederbedeichung von Nordstrand nach der großen „Mandränke" von 1634. Ähnlich sind auch manche Koogfolgen in Eiderstedt ausgebildet, wo sich um Kernköge des 12. Jahrhunderts wie Oster- und Westerhever sowie Poppenbüll schon früh weitere Folgeköge gelegt haben. Überhaupt ist Eiderstedt recht kontinuierlich gewachsen und hat im Gegensatz zum übrigen Nordfriesland seine Landfläche stetig vergrößern können.

Ein Beispiel für das zweite Grundmuster stellt die Landgewinnung vor der Bredstedter Geest dar. Hier können mindestens drei Koogreihen unterschieden werden, die sich vom 16. bis zum 20. Jahrhundert entwickelt haben. Neuestes Glied in der Kette ist der 1987 geschlossene Deich des Beltringharder Koogs nördlich von Nordstrand. Dabei ist zu bedenken, daß durch den Anstieg des Meeresspiegels die jeweils neuere Koogreihe höher liegt als die alte. Das bedeutet, daß die Entwässerung stark erschwert wird („Wasserhypothek"), da das Gefälle in entgegengesetzter Richtung verläuft.

Es wird oft übersehen, daß zum System des Küstenschutzes auch die Entwässerung gehört. Die Binnendeichsgräben dienten zur Abführung des Niederschlagswassers. An irgendeiner Stelle trafen die Gräben auf einen Wasserlauf, zumeist einen ehemaligen Priel, der durch den Deich hindurch zur Nordsee hin entwässerte. Die technische Anlage dazu heißt Siel, wobei dieser Begriff sowohl für den Hauptentwässerungsgraben als auch für das Durchlaßbauwerk geläufig ist. Jedes Siel hat mindestens ein Tor, das sich bis in unsere Zeit hinein von selbst öffnet, wenn bei Ebbe der Wasserdruck in den Gräben größer als der Außendruck des Meeres ist. In seiner einfachsten Form war es ein aufgeschnittener und dann ausgehöhlter Baumstamm. Die Bearbeitung

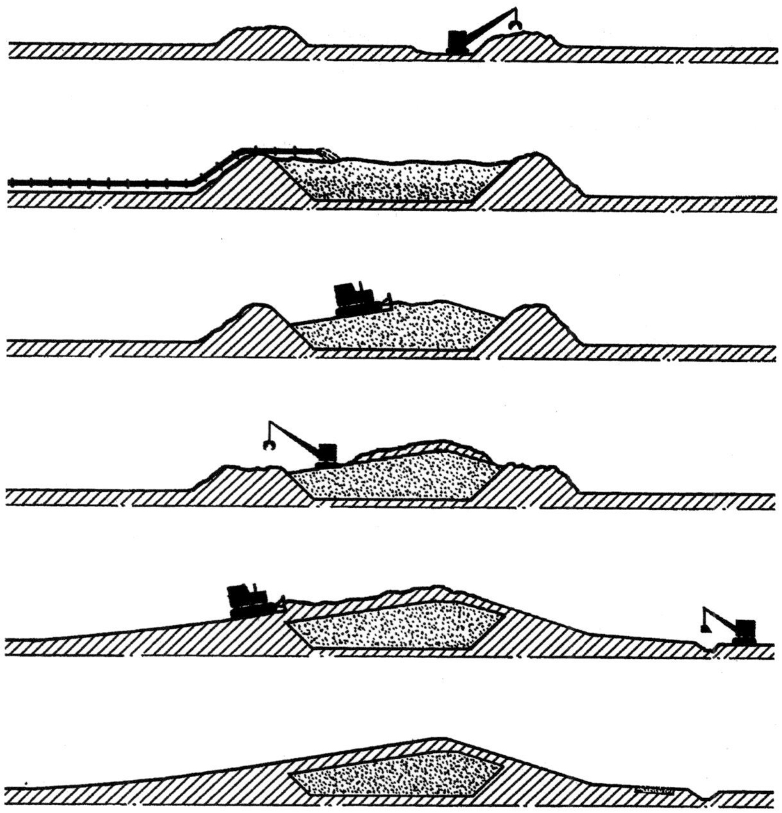

Schematische Darstellung der Arbeitsgänge beim Bau eines modernen Deiches mit Sandkern: 1. Aufsetzen der Spüldämme aus Klei, 2. Einspülen des Sandes für den Kern, 3. Profilieren des Sandkerns, 4. Aufbringen der Kleidecke auf den Sandkern, 5. Profilieren der Kleidecke, 6. fertiger Deich mit Sandkern.

Vordeichung in der Nordstrander Bucht: Der Saugbagger im Vordergrund preßt das Wasser-Sand-Gemisch in eine flexible Leitung, die in das Deichbett des neu anzulegenden Hauptdeichs im Hintergrund führt. So erhält der neue Deich seinen Sandkern.

Der Deichschluß für den Landesschutzdeich des Beltringharder Koogs erfolgte am 1. Juni 1987. In einem einzigen Arbeitsgang mußte mit Hilfe großer Steinblöcke in allerkürzester Zeit die Lücke geschlossen werden. Ein Deichschluß war durch die Jahrhunderte immer ein besonderes Ereignis in Nordfriesland.

Mit modernsten Maschinen, vor allem mit Baggern und für die Feinarbeit auch Planierraupen, wird der eingespülte Sand verteilt. Er bildet den Kern des Deiches.

Mit kräftigem Strahl sprudelt das Wasser-Sand-Gemisch aus dem Eisenrohr heraus in das zuvor durch Spüldämme abgegrenzte Deichbett.

Brandung am Deich von Dagebüll. Die Abbruchkante des Vorlandes und der Deichfuß sind bei Sturmflut in besonderem Maße der Brandungserosion ausgesetzt.

Auf dieser Heliogravüre des Künstlers Alexander Eckener aus der Abbildungsserie zum „Schimmelreiter" (1939) erkennt man eine Lücke im Deich, in die ein hölzernes Bauwerk eingesetzt wird. Es handelt sich um die Anlage eines gezimmerten kastenförmigen Siels, eines in den Deich eingelassenen Entwässerungsbauwerks, das durch seine Tore bei Ebbe das Wasser aus den Gräben des Koogs in die Nordsee entläßt. Während der Bauphase schützt der im Vordergrund angelegte niedrige Bau- oder Kajedeich die Baustelle vor dem Eindringen des gewöhnlichen täglichen Hochwassers, eine Funktion, die später die Sieltore übernehmen.

Windmühlen – hier eine Abbildung aus der 1652 erschienenen Landesbeschreibung von Caspar Danckwerth und Johannes Mejer – wurden an der Küste auch zur Entwässerung eingesetzt. So konnte auch das Wasser der landwärts gelegenen tieferen Köge in die höher gelegenen Graben- und Sielzüge transportiert werden.

erfolgte ähnlich wie bei den einbaumartigen primitiven Wasserfahrzeugen der frühen Marschbewohner. Beide Hälften des Stammes wurden beim Deichbau an der Deichsohle wieder zusammengefügt und ergaben so eine Entwässerungsröhre. An ihrem meerwärtigen Ende war eine Klapptür angebracht. Bereits vor der großen „Mandränke" von 1362 lassen sich auch schon gezimmerte kastenförmige Siele nachweisen. Am stärksten waren die Siele gefordert, wenn nach einer Sturmflut der gesamte Koog überschwemmt und nach Ablaufen des überschüssigen Wassers bis zur Deichkrone mit Wasser angefüllt war. Eine Entwässerung innerhalb kurzer Zeit war nötig, um die Deiche nicht völlig durchweichen zu lassen und um die Salzdurchtränkung in Grenzen zu halten.

Was wir eben am einfachen Beispiel gesehen haben, funktioniert auch heute noch prinzipiell in gleicher Weise, nur ungleich aufwendiger. Deiche, Köge und Sielzüge bilden ein Gesamtsystem, in dem keines dieser Elemente fehlen oder unterdimensioniert sein darf. Sonst passiert, was ein alter Spruch an der Küste sagt: „Ertrinken wir nicht im Salzwasser, dann ertrinken wir im Süßwasser."

Abdämmungen und Speicherköge

Dämme führen – anders als Deiche – durch ein gleichartiges Medium. Es kann Land sein (gewöhnlicher Bahndamm), aber auch Wasser (Hindenburgdamm) oder Moor (Erfder Damm). Aus diesem Grunde haben Dämme auch einen symmetrischen Querschnitt. Werden sie durch das Watt geführt, so bewirken sie eine Wasserberuhigung und eine besonders starke Aufschlickung, wie man sie zum Beispiel am Nordstrander Damm beobachten kann. Letzterer hat durch eine nachträgliche Maßnahme eine Deichfunktion erhalten. Als durch den neuen Deich von Nordstrand nach Norden zum Festland der Beltringharder Koog entstand, wurde der Nordstrander Damm zum Süddeich dieses riesigen neuen Koogs.

Von der Abdämmung einer Wattgegend ist die Abdämmung gezeitenführender Flüsse zu unterscheiden. Zwischen 1967 und 1973 wurde am äußersten Ende der Trichtermündung ein Damm durch die Eider geführt, der zusammen mit einem Siel- und Schleusenbauwerk den Namen „Eidersperrwerk" erhalten hat. Naturschützer waren gegen die Abdämmung, weil eine Erhöhung der Deiche bis Nordfeld auch nicht teurer geworden wäre. Dort, etwa 30 Kilometer landeinwärts, befand sich seit den dreißiger Jahren des 20. Jahrhunderts bereits ein altes Sperrwerk, das allerdings durch seinen kleinen Entwässerungsquerschnitt zu einer unvorhergesehenen Versandung der Eider geführt hatte. Zumindest die Freihaltung der Fahrrinne hätte nach Meinung der Naturschützer auch durch Ausbaggerung erreicht werden können. Rückblickend kann festgehalten werden, daß das Eidersperrwerk seine drei Funktionen erfüllt hat, das Hinterland vor den Sturmfluten zu schützen, im Falle von Sturmfluten als Speicherbecken zu dienen und das Süßwasser so lange zu halten, bis der Sturm wieder vorbei und eine Entwässerung in die Nordsee möglich ist, sowie eine Verkehrsverbindung zwischen Dithmarschen und dem westlichen Eiderstedt zu schaffen.

Der Preis für das Sperrwerk war in mehrfacher Hinsicht hoch. Statt der veranschlagten Baukosten von rund 150 Millionen sind es bis heute mit allen Folgekosten fast 250 Millionen Mark geworden. Es war nicht nur der Pfusch am Bau, der erst 1984 durch Röntgenaufnahmen sichtbar wurde und bis heute aufwendige Nachbesserungen erforderlich macht. Ebenso trugen Unvollkommenheiten in der Berechnung zum Schaden bei. Im Frühjahr 1979 ergaben Peilungen und Tauchuntersuchungen, daß sich unmittelbar vor dem Eidersperrwerk durch Auskolkung drei größere Löcher gebildet hatten. Die Pfahlgründungen lagen teilweise frei; die Standsicherheit des Bauwerks war bedroht. Mit Millionenaufwand mußten die Löcher plombiert werden. Ursache war die zu schwache Auslegung der Fußsicherung.

Zum Preis des Sperrwerks gehört auch, daß der Hafen von Tönning nicht den gewünschten Aufschwung genommen hat. Im Winter friert der Hafen aufgrund des verminderten Salzgehalts im Eidermündungsbereich besonders schnell zu. Manche Schiffe steuern wegen der um das Sperrwerk herrschenden Strömung die Eider gar nicht mehr an. Andere lassen ihre Boote gleich im Schutz des Sperrwerks liegen und kommen nicht mehr nach Tönning.

Das zwischen 1967 und 1973 erbaute Eidersperrwerk riegelt mit seinen gewaltigen fünf Toren von je 50 Meter Breite den Purrenstrom als tiefe Rinne des Eiderstroms nach Bedarf vollständig von der Nordsee ab. Das Hinterland mit den Flußdeichen wird so vor dem Angriff des Meeres geschützt. Während der Sturmphase wirkt der Eidertrichter als Sammelbecken für das Süßwasser, das vorübergehend nicht in die Nordsee entlassen werden kann.

Zur Speicherung von Süßwasser während Sturmflutzeiten, wenn eine Entwässerung nicht möglich ist, entstand in der jüngeren Vergangenheit eine Reihe weiterer Speicherköge. Am bekanntesten wurde der 1957 bis 1959 gewonnene Hauke-Haien-Koog südlich von Dagebüll. Der jüngste und mit 3442 Hektar größte ist der 1987 eingedeichte Beltringharder Koog nördlich von Nordstrand, der sich auch dadurch auszeichnet, daß im zentralen Teil keinerlei landwirtschaftliche Nutzflächen, sondern ausschließlich Flächen für den Naturschutz ausgewiesen wurden. Ein fast 1000 Hektar großes Salzwasserbiotop wurde durch zwei Siele dem Gezeitenrhythmus angeschlossen; außerdem gibt es Süßwasserbiotope, die sich weitgehend natürlich entwickeln können.

Schutz der Außenküste

An der Außenküste Nordfrieslands gibt es zwei regional unterschiedliche Situationen: Zum einen herrscht Küstenrückgang zum Beispiel auf der Insel Sylt, zum anderen gibt es eine mehr oder weniger stabile Küstenlinie, gelegentlich sogar leichte Landgewinne, wie dies vor Amrum und St. Peter-Ording der Fall ist. Da Amrum eine Geestkerninsel ist und zudem hohe Dünen aufweist, benötigt es an seiner Westseite keinerlei Küstenschutzwerke.

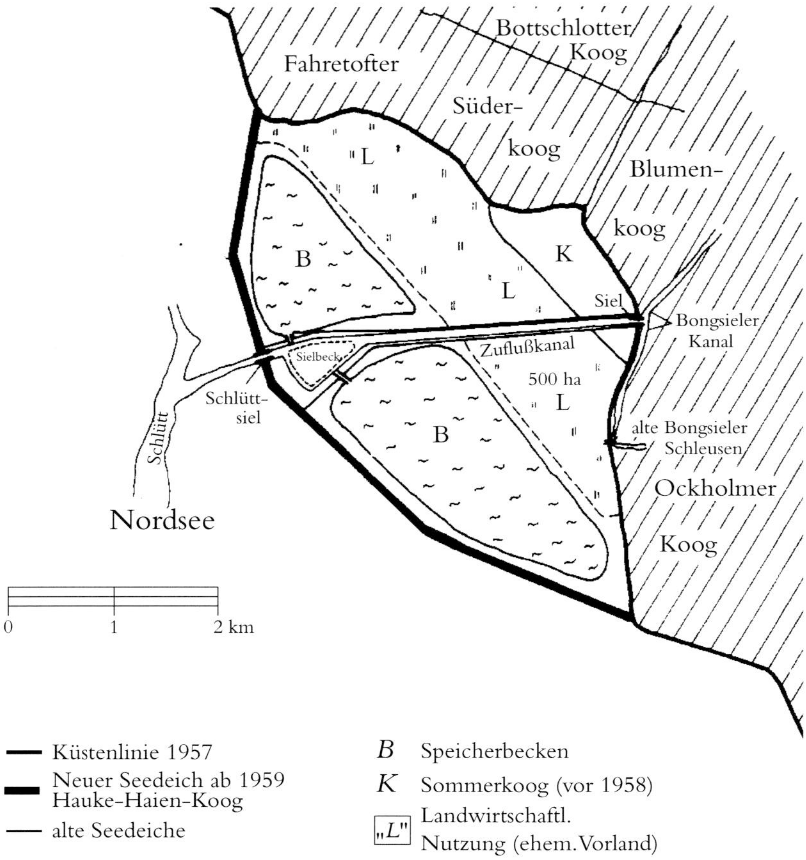

Der 1959 gewonnene Hauke-Haien-Koog ist ein sogenannter Speicherkoog. Der Deich wurde nicht an der Grenze des deichreifen Vorlandes angelegt, sondern in weitem Bogen durch das Watt geführt. Im Osten, auf dem ehemaligen, relativ hoch aufgewachsenen Deichvorland, wird auf 500 Hektar Fläche Landwirtschaft betrieben. Im Westen hat man auf Wattboden zwei Wasserspeicherbecken von insgesamt rund 700 Hektar Fläche geschaffen, die bei Sturmflut das meerwärts strömende Süßwasser aus dem Zuflußkanal für eine begrenzte Zeit auffangen können.

St. Peter-Ordings riesige Sandbänke reichen als Sturmflutschutz für kleinere Fluten aus. Da aber der Dünengürtel nicht überall gut ausgebildet ist und das Land sehr niedrig liegt, hat man sicherheitshalber die gesamte Küste bedeicht. Die Westküste der Eiderstedter Halbinsel ist somit das einzige Gebiet der Außenküste Nordfrieslands, das Deiche als Schutzwerke aufweist. Weniger spektakulär, aber für Fachleute besorgniserregend ist der Rückgang des Wattsockels im Bereich der Sände zwischen Amrum und St. Peter-Ording, der teilweise bis zu 15 Meter pro Jahr beträgt. Zum Vergleich: Vor Sylt beträgt der natürliche jährliche Abtrag im Mittel rund einen Meter. Vor Westerland ist er glücklicherweise geringer, rund einen halben Meter, an den Inselenden hingegen größer (rund 2,5 Meter). Der Küstenrückgang hat Ursachen, die im einzelnen noch nicht erforscht sind. Er hängt auch mit Faktoren wie der Gestalt der gesamten Nordseeküste und der Ausprägung der Gezeitenwelle zusammen. Tatsache ist, daß der Rückgang schon seit Jahrhunderten in dieser Form anhält. Wir dürfen annehmen, daß er schon bald nach dem Eindringen der Nordsee in das Gebiet vor rund 7000 Jahren begann und sich bis heute fortgesetzt hat.

Man versuchte seit der preußischen Zeit, durch Buhnenbau den Abtrag zu verringern. Die ersten drei Buhnen wurden 1867 vor dem Roten Kliff ausgeführt und waren einfache Pfahlbuhnen mit seitlicher Steinschüttung auf der Unterlage von Stroh-, Busch- oder Reisigbündeln (Faschinen). Später wurden mehrreihige Pfahlbuhnen mit Steinschüttungen üblich. Zu bedenken ist, daß die Oberkante der Steinpackungen etwas höher lag als die der Holzpfähle. Wenn man heute oft nur noch die Pfähle sieht, so liegt das daran, daß die Steinpackungen aufgrund der Tieferlegung des Strandes unter den Sand gerutscht sind. Die freien Pfahlhöhen geben also ein Maß des vertikalen Küstenverlustes an. Leider wurden für die Steinpackungen zahlreiche Sylter Grabhügel ihrer Steinkränze und Decksteine beraubt. Seit 1984 experimentierte man auch mit Betonklötzen.

Seit den dreißiger Jahren des 20. Jahrhunderts wurden die Buhnen aus Stahl in Form von gerammten Spundwänden erbaut, nach dem Krieg auch aus langen Betonpfählen. Ende der fünfziger Jahre erkannte man, daß Buhnen vor Mittel-Sylt keinerlei nachweisbaren Nutzen gebracht hatten. In der Endphase um 1960 versuchte man, die Basis der Buhnen zu verbreitern, indem man auf Holzflechtwerk Basaltsteine schüttete und diese mit Asphalt vergoß (Flach- oder Flunderbuhnen). Aber auch diese Maßnahme erwies sich als wirkungslos.

Hand in Hand mit dem Buhnenbau ging die Errichtung von küstenparallelen Deckwerken bzw. Strandmauern zur Sicherung bebauter Küstenstrecken. Schon vor 1700 gab es auf Helgoland ein erstes hölzernes Bollwerk zum Schutz der Treppe zum Oberland. Die Insel Föhr machte den Anfang mit einer Strandmauer vor Wyk (1904), es folgte Westerland mit einer Mauer vor dem Hotel Miramar (1907), und 1914 wurde auch Wittdün auf Amrum von einer Mauer geschützt. Alle diese Anlagen wurden später verlängert und ausgebaut. Sie konnten ihre Aufgabe, Gebäude und Promenaden für das Flanieren der Gäste zu sichern, durchaus erfüllen, nicht aber den Sandverlust vor der Küste aufhalten. Der Strand wurde daher immer schmaler. Das gleiche gilt für die Dünen als Mittel des Küstenschutzes. Es ist sinnvoll, den Aufbau der Walldüne am Strand nach Angriffen des Meeres immer wieder durch windfangende Maßnahmen (Faschinenverbau, Strandhafer usw.) zu fördern, damit das Wasser bei Sturmflut nicht in die Dünentäler läuft oder Siedlungen gefährdet. Dünen aber können nicht das Meer an einer Rückgangsküste aufhalten.

Daher war es fast ein Geschenk des Himmels, daß in den sechziger Jahren, als die Strände vor den Mauern schon fast verschwunden waren, das Verfahren der Sandvorspülung bzw. Strandaufspülung immer kostengünstiger angeboten wurde. Auf Föhr, besonders bei Wyk, wurden von 1963 bis 1990 rund 3,5 Millionen Kubikmeter Sand aufgespült. Deutlich größere Dimensionen nahm das moderne Verfahren auf Sylt an. 1972 wurde die erste Sandvorspülung vor Westerland durchgeführt. Seitdem sorgt man mit jährlich mehr als einer Million Kubikmeter Sand vor Sylt für einen weitgehenden Ersatz des natürlichen Verlustes, so daß heute noch Häuser an der Kliffkante stehen, die bereits damals abbruchgefährdet waren. Ein „Hopperbagger" genanntes Spezialschiff entnimmt einige Kilometer westlich der Insel den Sand dem Boden der Nordsee. Das Schiff fährt bis auf etwa einen Kilometer Entfernung vor das Ufer zu einer Übergabeboje. Von dort aus wird der Sand durch eine Leitung unter hohem Druck an den Strand gepreßt. Dieser „weiche Küstenschutz" hat sich sehr bewährt, und es erscheint fast absurd, daß immer wieder Lösungen mit festen Baustoffen, vor allem Beton, diskutiert werden, die unkalkulierbare Risiken und Folgeschäden mit sich bringen können. Dabei hat es sich gezeigt, daß Betonbauten, wie sie in Form der Tetrapoden in den sechziger Jahren probiert wurden, nur sehr begrenzt Nutzen brachten. Sandvorspülungen sind im Augenblick die einzige Möglichkeit, die Sandbilanz an einer Rückgangsküste zu verbessern. Ein Allheilmittel für sehr lange Zeiträume stellen auch sie nicht dar, weil durch die Sandentnahme das unter Wasser gelegene Ufer zunehmend steiler wird, und so wird die Natur eines Tages auch hier ihr Recht einfordern.

Seit 1961 sollten sechs Tonnen schwere Tetrapoden vor der Strandmauer in Westerland die gefährdetste Stelle der Insel vor der Brandenburger Straße schützen. Inzwischen liegen diese Kolosse dank ständiger Sandvorspülungen zum größten Teil unter Sand begraben.

Rungholt – Sage und Wirklichkeit

Albert Panten / Hans Joachim Kühn

Alles Menschenwerk ist eitel und hält nur für einen Augenblick. Wohl gerade an der Küste eines Meeres wird diese simple Wahrheit offensichtlich. Nordfriesland ist das beste Beispiel für den irdischen Wandel. Was vor kurzem noch ein Hochmoor war, wird ebenes Ackerland, wo fruchtbarer Marschboden war, kräuselt sich wenig später die graue Welle der Nordsee. Der Wechsel ist das einzig Feststehende. Eindrucksvoll zeigt dies die Geschichte der legendenumwobenen Marschsiedlung Rungholt.

Rungholt aus literarisch-historischer Sicht

Als sich durch günstige klimatische Umstände auf der Insel Strand die Möglichkeit bot, die dem Meeressaum zunächst liegenden Moorstrecken zu kultivieren, begann seit dem 12. Jahrhundert die Besiedlung des Gebiets östlich von Pellworm. Gegen 1300 gab es bereits eine Kirche im Siedlungszentrum und Kapellen im Umland. Neben Mooräckern und Torfstichen prägten noch immer einsame Moorstrecken die Landschaft.

War es nicht natürlich, den Hauptort der Edomsharde, des Verwaltungsbezirks, der seinen Namen nach einem überdämmten Wasserlauf erhalten hatte, nach dem kümmerlichen Gesträuch zu nennen, das auf dem Moor in der Nähe wuchs? So entstand das später nur noch sagenhafte Rungholt. Gleichzeitig bildeten sich weitere Siedlungen, und bei der Verzeichnung der königlichen Abgaben im Jahre 1231 ließ sich leicht erkennen, daß die Edomsharde der reichste Bezirk der ganzen Insel Strand war. Von diesem großen Reichtum sollte nichts übrigbleiben. Wer heute über die Watten streicht, findet neben grauem Schlick allenfalls noch unauffällige Spuren, die auf die einstige Anwesenheit von Menschen schließen lassen.

Der Export landwirtschaftlicher Produkte, gewonnen im Schutze kostspieliger Deiche und Entwässerungsgräben, reichte bis Flandern. Man schloß Handelsverträge mit auswärtigen Fürsten und kümmerte sich nur wenig um die eigene Obrigkeit, die zuerst der dänische König innehatte und dann der Herzog zu Schleswig anstrebte; solange die Steuern niedrig blieben, war man in den friesischen Utlanden ruhig und liebte seinen Herrn. Zu Mißhelligkeiten kam es im 14. Jahrhundert, als nach überstandener Schwäche des dänischen Reiches ein neuer König die vorenthaltenen Steuern mit Waffengewalt einsammelte und darüber hinaus noch ein bißchen mehr mitnahm. Als es mit Dänemark wieder aufwärts ging, begann für die Utlande der Abstieg. Zudem schmolz der Handelsüberschuß dahin, während die Instandhaltung der Deiche immer mehr kostete. Zum großen Unglück raffte die schwarze Pest im Jahre 1350 viele Arbeitskräfte hinweg, und als im Januar 1362 ein schrecklicher Sturm das Meer über Deiche, Häuser und Menschen trieb, war die Herrlichkeit auf Erden dahin. An die 30 Kirchspiele waren in Nordfriesland dem Untergang preisgegeben, und nur wenige erholten sich wieder von diesem großen Schlag. Die Küstenlinie wurde landeinwärts verlegt, und von der Edomsharde blieb nur ein kleiner Rest übrig. Erst viele Jahre später zog man neue Deiche, vor denen als geringe Reste kümmerliche Nachfolgesiedlungen einst stolzer Gemeinden lagen. Aber auch diese vergingen bis gegen 1500 spurlos.

Als um 1580 die Geschichtsschreibung auf Nordstrand mit Chroniken und Annalen ihren Anfang nahm, waren jene vernichteten Gemeinden fast aus der Erinnerung der Menschen entschwunden. So wie ihre Spuren vom Schlick und vom Sand bedeckt waren, hatte sich auch über das Gedächtnis Dunkelheit gelegt, und der Name „Rungholt“ stand für das in Vorzeiten untergegangene Land überhaupt. Als man im Jahre 1555 den Plan faßte, nach der Anbindung Pellworms an Nordstrand den im inneren Winkel entstandenen Anwachs zu bedeichen, schlug das Werk fehl. 22 Jahre später versuchte man es erneut, und der Chronist und Pastor zu Odenbüll, Johannes Petreus, notierte damals, daß das Unternehmen zum Bau eines Deiches zwischen Illgroff und Claus-Meinsdorfs-Hallig wiederum vergeblich gewesen sei. Zuvor war bereits von gottseligen Leuten prophezeit worden, daß alle Bemühungen umsonst sein würden, sollte etwas von dem zu gewinnenden Land einst zu Rungholt gehört haben. Hier hören wir zuerst den berühmten Namen aus einheimischem Munde und erfahren, daß Rungholt mit einem Fluch beladen sei. Erst 1624 wurde das Gebiet unter dem Namen Hensebek-Koog gewonnen. Ein Blick auf eine damalige Karte zeigt, was als „Land zu Rungholt" angesehen wurde. Es ist noch heute als Teil Pellworms vorhanden, nämlich als Ütermarkerkoog. Mit diesem Erdenfleck verband man also im 16. Jahrhundert den Namen „Rungholt". Aber lag hier tatsächlich der gesuchte Ort?

Es mußte jedenfalls eine Verknüpfung mit einem untergegangenen Ort geben. Und eine solche läßt sich tatsächlich auffinden. Kurz vor der großen Flut des Jahres 1532 geschah in der Nähe eine gotteslästerliche Tat. Von ihr berichtet der damalige Pellwormer Pastor Johannes Mejer, dessen Sohn Samuel die Geschichte 1587 veröffentlichte. Sie erzählt davon, daß ein reicher Trunkenbold hier im Lande an der Seekante in seinem Übermut einen Prediger habe holen lassen, damit er einem Kranken die Sakramente reiche. Ehe der Prediger kam, ließ er jedoch eine Sau ins Bett legen. Als der Geistliche die Täuschung erkannte, ging er erbost davon und überließ es Gott dem Herrn, den Frevel zu strafen. Doch traf das Strafgericht nicht allein den Trunkenbold: Ein ganzes Stück Land, so die Überlieferung, sei in den Meeresfluten versunken, die Schuldigen wie Unschuldigen Tod und Verderben brachten. Es sei aber anzunehmen, daß wegen der Fülle des Brotes und aller Dinge Überfluß viele Verächter des Wortes Gottes auf dem Ländchen gewesen seien. Noch heute könne man die Reste und Wahrzeichen der Kirche und der Hofstätten sehen, wo die Übermütigen gewohnt haben.

So dachte sich 1636 der Husumer Kartograph Johannes Mejer das Gebiet zwischen Pellworm und Nordstrand, wie es im Jahre 1300 ausgesehen haben sollte. Seine Phantasie fasziniert noch heute. Grundlage seiner Rekonstruktionsversuche waren lediglich alte Kirchenlisten, die gewisse topographische Ordnungsstrukturen aufwiesen. Durch die unbegründete Zurückverlegung von Flurnamen seiner Zeit komponierte Mejer so mehrere berühmt-berüchtigte „historische" Karten.

Auch wenn kein Name mitgeteilt wird, läßt sich erschließen, daß es sich um Frederkenrip gehandelt haben muß. Einer Handschrift von 1551 zufolge lag der Ort zwischen Illgroff und Pellworm, und während kirchliche Abgabenlisten ihn 1523 noch erwähnen, taucht der Name danach nicht mehr auf. Nun zählt aber Frederkenrip aufgrund der Verlustlisten für die Flut von 1362 zu den sieben Kirchspielen, die den ältesten Fassungen gemäß zum Rungholter Koog gehörten: Halligenesse, Rungholt, Niedam, Akenbüll, Gundermorflet, Uthermorfleth und Fedderingmankapell oder -rip. Offensichtlich hatte sich ein Teil im Laufe der Zeit wieder erholt, denn 1444 wird der aus „Vedderingherip" stammende Hunensson erwähnt, der in eine Gerichtssache verwickelt war, die in der benach-

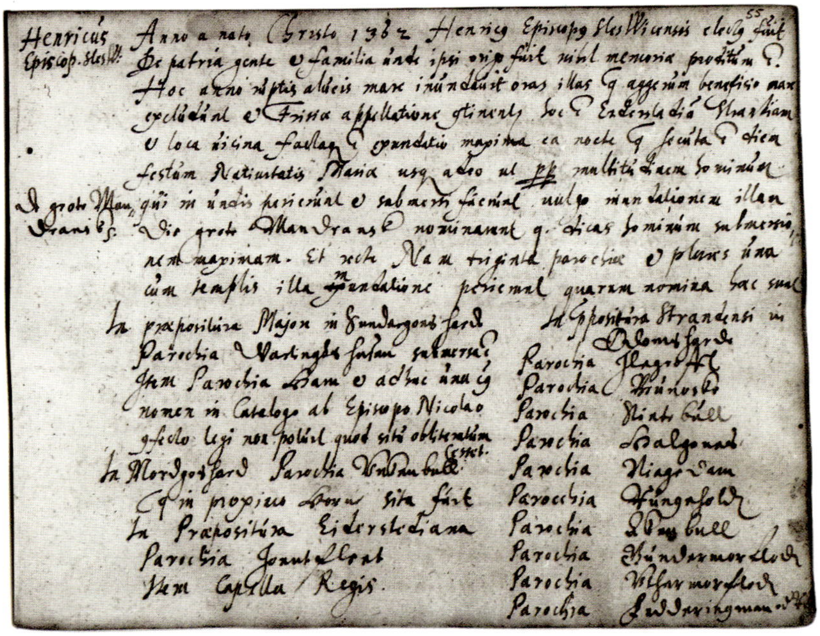
Anno a nato Christo 1362

Um 1610 schrieb der Kirchenkommissar Broder Boysen die ursprünglich um 1560 nach alter, damals schon zum Teil vermoderter Vorlage entstandene Liste der 1362 überfluteten Kirchspiele Nordfrieslands ab. Der Ausschnitt enthält auch den Namen „Rungeholdt“. Die Angaben gehen auf Anmerkungen der Bischöfe zu Schleswig um 1400 zurück, deren Originale bereits im 17. Jahrhundert fast unleserlich waren und wohl deshalb nicht aufgehoben worden sind.

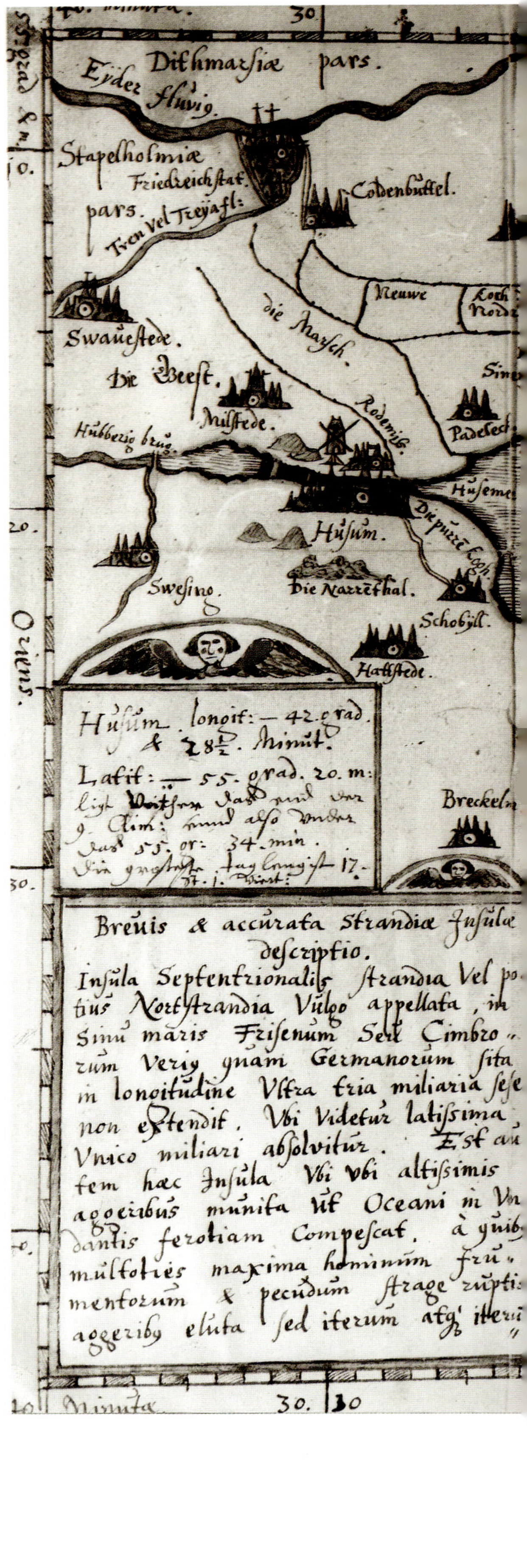

1633 kopierte Johannes Mejer die Karte Alt-Nordstrands, die der Odenbüller Pastor Johannes Petersen 1597 gezeichnet hatte. Sie enthält die früheren Benennungen der Halligen zwischen Pellworm und Nordstrand, ist gesüdet und stellt zum erstenmal die annähernd richtige Form der Insel Strand dar.

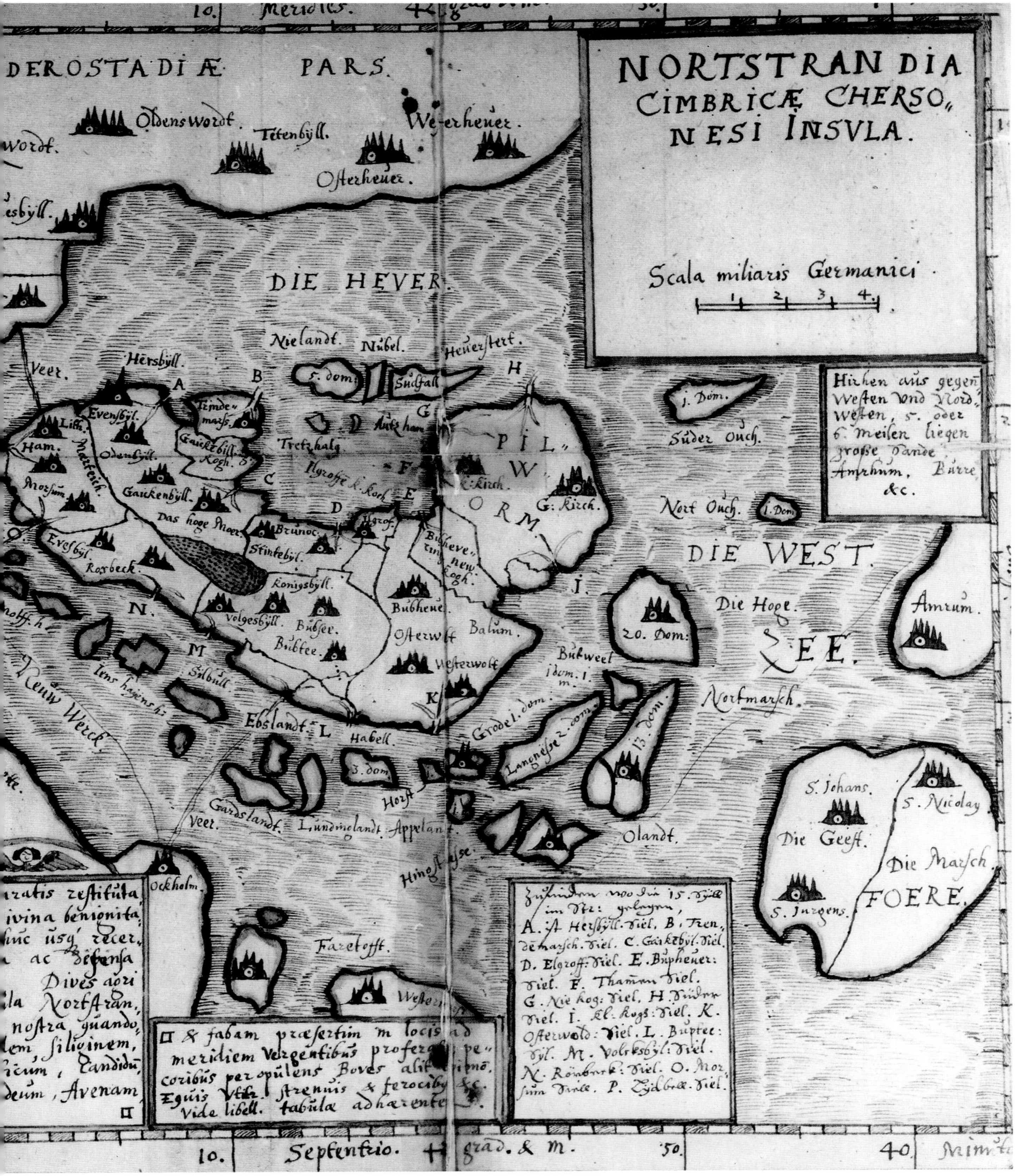
NORTSTRANDIA CIMBRICÆ CHERSONESI INSULA.
Scala miliaris Germanici
1 2 3 4
DIE HEVER.
DIE WEST.
Die Hoge
ZEE.
PARS.
Odenswordt.
Tetenbÿll.
Osterheuer.
Nielandt.
Nübel.
Heuerstert.
Südfall
Hersbÿll.
Evensbÿl.
Odenbÿll.
Gaickenbÿll.
Das hoge Moer.
Brunoc.
Stintebÿl.
Konigsbÿll.
Volgesbÿll.
Bubser.
Bubhene.
Osterwolt
Balum.
Westerwolt
Rorbeck.
Evesbÿl.
Ebslandt.
Habell.
Grode 1. dom.
Langnesse 2. dom.
13. dom.
20. Dom.
Büder Ouch.
Nort Ouch.
Amrum.
Nortmarsch.
S. Johans.
S. Nicolay
Die Geest.
Die Marsch.
FOERE.
S. Jurgens.
Olandt.
Gardslandt.
Lundinelandt.
Appelant.
Horst
Hingstasse
Ockholm.
Faretofft.
Westerhever
Renw Werck.
Veer.
Hirhen aus gegen Westen vnd Nordwesten, 5. oder 6. meilen liegen grosse Sande Amrhum, Bürre &c.
A. A Hersbÿll. Viel. B. Trendemarsch. Viel. C. Gaikebÿl. Viel. D. Elgroff. Viel. E. Buphener: Viel. F. Thaman Viel. G. Nie kog: Viel. H. Dührer Viel. I. Kl. kogs: Viel. K. Osterwold: Viel. L. Buptee: Viel. M. Volesbÿl: Viel. N. Rörbeck: Viel. O. Morsum Viel. P. Tÿdbeck. Viel.
Dives agri
Avenam
Vide libell. tabulæ adhærente.
10. Septentrio. grad. & m. 50. 40.

barten Beltringharde zur Sprache kam. Es gibt Anzeichen dafür, daß auf den halligähnlichen Resten des Kirchspiels kurz nach 1500 wieder eine Kirche gebaut worden ist. Sie stand nicht lange, und die rächende Flut von 1532 tat ihr grausames Werk.

Rungholt verging aber schon viel früher, wenn auch geringe Reste unter gleichem Namen noch um 1500 existierten; darauf lassen mehrere beiläufige Notizen in alten Aufzeichnungen schließen. Zuletzt hatte der Nordstrander Staller Laurens Leve noch seine Hand im Spiel. Er ließ aus Geldgier die Deiche vor den Resten der Edomsharde verkommen und vom ausgeworfenen Moorland Salz brennen. Zur selben Zeit, um 1480, versanken die Siedlungen Grote und Lütke Winkel (nördlich von Uelvesbüll gelegen), Flersbüll, Eggebüll und Deddebüll in den Fluten.

Gegen 1580 waren alle diese Ereignisse aber so gut wie vergessen, und die Sage verdeckte zunehmend den historischen Kern. Vieles wurde durcheinandergeworfen und zu Neuem komponiert. Weder Zeit noch Ort stimmten in den Einzelheiten, als der Pastor Knut Lorenzen im 16. Jahrhundert in seiner Chronik aufschrieb, im Jahre 1200 sei Rungholt vergangen, doch seien vier Jungfrauen zur Kirchmesse im Strand gewesen, die alleine überlebt hätten. Diese magere Meldung wurde dann 1594 anläßlich der Hochzeit der Tochter des Backe Boisen mit Herrn Levinus Fridericus vom Trauprediger Laurens Adsen zum Ruhme der Vorfahren der Braut mit dem Geschehen von 1532 verknüpft und durch weitere, viel ältere, aber in Ostfriesland geschehene Vorkommnisse erweitert. Seit dem 30. Juni dieses Jahres fand die neugeschaffene Rungholtsage Eingang in die Strander Annalen und, weil Adsen Pastor in Witzwort war, fortan auch in die Eiderstedter Chroniken. So gelangte sie schließlich in die Nordfriesische Chronik, die Magister Anton Heimreich 1666 drucken ließ, und faszinierte seitdem die Menschen.

Wo lag nun tatsächlich das alte Rungholt? Die Schriftsteller des 17. Jahrhunderts lassen uns im unklaren, doch wird in Berichten kurz nach der großen Flut von 1634 die Gegend um Südfall angegeben. Aber welches Südfall ist gemeint? Die heutige Hallig hieß zuerst Nieland und übernahm gerade zu dieser Zeit den neuen Namen von einer viel weiter südwestlich gelegenen und im Verschwinden begriffenen Hallig. Dann müßten die seit 1921 bei der heutigen Hallig Südfall gefundenen Siedlungsreste zu einem anderen Ort gehört haben.

Fest steht aber nach Aufzeichnungen vom Anfang des 15. Jahrhunderts, daß die Kirche zu Rungholt eine Hauptkirche mit Priesterkollegium war. Möglicherweise befand sich in der Nähe des Ortes der 1355 erwähnte Hafen der Edomsharde. Ein zusätzlicher Hinweis findet sich in einem hamburgischen Testament von 1345, das einen Thedo Bonisson in „Rungheholte" erwähnt. Die Adresse läßt darauf schließen, daß der Ort nicht nur einen Hafen besaß, sondern daß dort auch Gerichtsversammlungen stattfanden. Den Hafen darf man sich aber nicht als moderne Kaianlage vorstellen, sondern nur als Reedehafen; größere Schiffe warfen am Ausgang eines Priels Anker und wurden von kleinen Zubringerbooten versorgt. Noch im 17. Jahrhundert ist auf einer Seekarte ein solcher Platz zwischen Südfall und Pellworm vermerkt. Was die Siedlungsgröße betrifft, so gestatten Steuerlisten von 1436 und 1456 Analogschlüsse. Danach gab es in einem großen Kirchspiel an die 90 Höfe verschiedenster Größe. Nimmt man also den nach Rungholt benannten Koog als Einheit, so kommt man auf die erkleckliche Anzahl von vielleicht 500 Höfen und einer Einwohnerschaft von etwa 3000 Menschen. Mehr hatte auch Husum um 1438 noch nicht.

Küstenlandschaften an der Nordsee sind und bleiben immer in Bewegung, und es bleibt den Bewohnern nur die Hoffnung auf ein gnädiges Schicksal; zwar kann die gegenwärtige Technik etwas mehr Sicherheit verschaffen, doch niemand weiß, wie sich Wetter und Wind in den nächsten Jahrhunderten entwickeln werden.

Nach der großen „Mandränke“ des Jahres 1362 ist über einem Teil des Rungholt-Gebietes Halligland aufgewachsen. Noch heute liegen Siedel- und Flurreste des Mittelalters unter der Hallig Südfall begraben.

Töpfe wie diese fand der Landwirt Andreas Busch in den 1920er Jahren im „Rungholt-Watt“ bei Südfall. Sie erlauben einen Einblick in die mittelalterliche Lebenswelt Nordfrieslands. Die Legende vom sagenhaft reichen Rungholt, wie sie etwa Detlev von Liliencron in seinem berühmten Gedicht „Trutz blanke Hans“ nährte, stützen sie indes keineswegs.

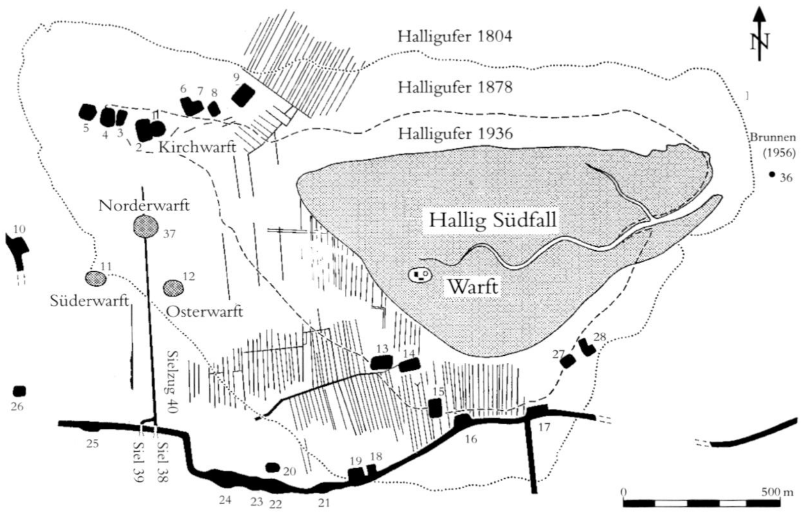

Andreas Busch hat von 1921 bis 1956 Kulturspuren im Watt um Hallig Südfall kartiert. Ein großer Teil dieser Warft-, Deich- und Grabenreste ist mittlerweile durch das Meer abgetragen worden.

Rungholt aus archäologischer Sicht

Sucht man auf den nordfriesischen Halligen nach Resten des mittelalterlichen Kulturlandes, so sucht man vergeblich. Wie archäologische und geologische Untersuchungen gezeigt haben, verdanken die Halligen ihre Existenz einem Sedimentationsvorgang: Über den Landoberflächen, die Sturmflutkatastrophen des späten Mittelalters und der frühen Neuzeit zerstört hatten, wuchs Schicht für Schicht neues Land auf, bis es nur noch bei höher auflaufendem Wasser überflutet wurde und von Warften aus bewirtschaftet werden konnte. So entstand auch im Raum der heutigen Hallig Südfall nach der großen „Mandränke“ des Jahres 1362 Halligland. Die Sedimente begruben mittelalterliche Siedlungs- und Wirtschaftsflächen unter sich und konservierten jahrhundertelang einen Teil des Gebietes, in dem sich am Heverstrom der legendäre, 1362 in der Sturmflut versunkene Hafenort Rungholt befunden haben soll.

Seit wann dieser Prozeß rückläufig ist, wann es also zur Umkehr der morphologischen Prozesse kam, wissen wir nicht genau. Es ist ein kompliziertes Gefüge verschiedener Faktoren, das den Landschaftswandel verursacht hat: der Anstieg des Meeresspiegels, die steigende Frequenz und Vehemenz der Sturmfluten, die Abtragung der als Energiedämpfer wirkenden eiszeitlichen Ablagerungen, die Erweiterung des Flutraumes und die dadurch forcierte Ausräumung der Gezeitenrinnen – Faktoren, die den Abbruch der ungeschützten Halligufer begünstigten.

Die einzelnen Etappen dieses Verlustes lassen sich für Südfall nachzeichnen. So hat die Hallig seit der ersten exakten Vermessung im Jahre 1802 bis zur Befestigung des Halligufers 1936 etwa zwei Drittel ihrer Fläche verloren. Das erodierte Halligland gab Stück für Stück die Reste einer mittelalterlichen Kulturlandschaft frei, denen lange Zeit keine besondere Beachtung geschenkt worden ist. Das sollte sich erst seit dem 16. Mai 1921 ändern, dem Tag, an dem der Nordstrander Landwirt Andreas Busch (1883–1972) zum erstenmal die Kulturspuren besichtigt und in der Folgezeit intensiv erforscht hat. Seinem Engagement ist es zu verdanken, daß sich heute ein großer Ausschnitt des mittelalterlichen Siedlungsraums einigermaßen rekonstruieren läßt. Dabei sind wir überwiegend auf das angewiesen, was Busch dokumentiert hat, denn nach der Befestigung des Halligufers und der Erosion oder Überlagerung der im Watt liegenden Siedelreste wird es derart vorzügliche Untersuchungsbedingungen wie in den zwanziger Jahren voraussichtlich nicht wieder geben.

Soweit im Watt beobachtet, lassen sich für das späte Mittelalter mehrere Ansiedlungen lokalisieren: die Warften und erweiterten Deichsiedlungen südlich von Südfall, die Warftgruppe mit mindestens neun Warften nordwestlich von Südfall, die seit 1950 bekannten Siedelreste nördlich der Hallig sowie mehrere Siedlungsspuren am Südufer des Fuhle Schlot, die erst 1977 entdeckt wurden. Weitere Reste der ehemaligen Kulturlandschaft, die das von Busch gezeichnete Kartenbild verdichten könnten, liegen noch unter der heutigen Hallig.

Die friesische Landnahme, deren älteste Spuren auf Pellworm und im Watt bei Hallig Hooge gefunden wurden, zielte anfangs nicht auf die im Gebiet der heutigen Hallig Südfall liegende Marsch. Hier haben Siedler frühestens im späten 12.

Südlich der Hallig Südfall wurden Deichreste mit Warften (links auf einer um 1930 entstandenen Luftaufnahme) und mittelalterliche Sielreste (Mitte) gefunden. Andreas Busch (rechts) hat die im Watt liegenden Kulturspuren über Jahrzehnte untersucht, beschrieben und plausibel gedeutet.

Jahrhundert Fuß gefaßt. Für diese späte Landeserschließung sind vor allem naturräumliche Verhältnisse verantwortlich. Tiefliegende, vermoorte und im Mittelalter noch zu Setzungen neigende Marsch ist im Gebiet der heutigen Marscheninseln und Halligen erst seit dem hohen Mittelalter Stück für Stück in Besitz genommen worden. Nach erhaltenen Grabenresten ist das Rungholt-Gebiet großflächig meliorisiert, d. h. für die landwirtschaftliche Nutzung hergerichtet worden. Spuren von Salztorfabbau gibt es nicht. Entscheidenden Anreiz für die Ansiedlung dürfte hier die Möglichkeit gegeben haben, über einen Wattstrom, einen Vorgänger der Norderhever, Zugang zur offenen Nordsee zu gewinnen. Niemand konnte damals wissen, daß dieses Tief bereits eineinhalb Jahrhunderte später in das Siedelgebiet einbrechen würde.

Wie überall in den Nordseemarschen war Siedeln nur auf Warften und Wirtschaften nur im Schutze von Deichen möglich. Erschwerend kam die hier besonders ungünstige Konsistenz des Untergrunds hinzu. Der zu Warften und Deichen aufgehäufte Boden hat durch sein Eigengewicht nicht nur sich selbst, sondern auch den Untergrund verdichtet und somit Formationen geschaffen, die den erodierenden Kräften des Meeres etwas länger Widerstand geleistet haben als das Umland. Damit ist erklärt, warum nach der Erosion des Halligbodens Warft- und Deichreste im Watt um Hallig Südfall noch mehrere Jahre lang sichtbar waren. 1921 sollen die Sockel der Warften noch etwa 80 Zentimeter aus der Wattoberfläche herausgeragt haben, durch Wasser- und Eisbewegung sind sie anschließend aber innerhalb weniger Jahre gekappt worden.

Was ist in den zwanziger Jahren im einzelnen beobachtet worden? Vorübergehend von der Nordsee herauspräpariert, waren Warftsockel und Grabensysteme sichtbar, Relikte einer einst besiedelten und bewirtschafteten Marsch, die durch Deiche eingefaßt war. Reste dieser Deiche waren insbesondere südlich der heutigen Hallig zum Vorschein gekommen, wo sich ihr Verlauf anhand von verdichtetem Boden und der Reihung von Bodenentnahmegruben verfolgen ließ. Eine nach Süden führende Deichtrasse macht deutlich, daß sich bedeichtes Land noch weiter in diese Richtung erstreckt hat, ohne daß sich die ursprüngliche Ausdehnung rekonstruieren läßt.

Westlich dieses Deiches entwässerten zwei Siele. Spuren erweiterter Deichsiedlungen deuten darauf hin, daß hier ein Sielhafen gelegen haben könnte. Betrachtet man die Anordnung der mittelalterlichen Warftsockel, fällt die nordwestlich von Südfall liegende Warftgruppe auf, die eine Art Siedlungszentrum erkennen läßt. Busch hatte gute Gründe, in einer dieser Warften eine Kirchwarft zu sehen. Eingebettet liegen die Siedlungsreste in eine von Grabensystemen unterschiedlicher Zweckbestimmung durchzogene Landschaft. Nachweisbar sind Spuren von Melioration, Drainage und Entwässerung.

Was läßt sich aus heutiger Sicht zur zeitlichen Gliederung der Befunde und Funde sagen? In den vergangenen Jahrzehnten hat die Erforschung der mittelalterlichen Keramik große Fortschritte gemacht, so daß Keramikfunde nach Form, Dekor und Machart auf ein Jahr-

Das Wattenmeer Nordfrieslands. Etwa alle zwölf Stunden kommen bei Ebbe die ausgedehnten Wattflächen zum Vorschein, und manchmal findet man Spuren, die auf deren frühere Besiedlung und Bewirtschaftung hindeuten. Das Watt wird auch „Friedhof der Marschen“ genannt.

hundert genau datierbar sind. Demnach ist ausschließlich Fundgut des 13. und 14. Jahrhunderts geborgen worden, wobei der Schwerpunkt in der ersten Hälfte des 14. Jahrhunderts liegt. Nur nahe des Fuhle Schlot sind darüber hinaus Funde aus nachmittelalterlicher Zeit zutage gekommen. Hier könnten nach der großen „Mandränke“ von 1362 Landreste des Rungholt-Gebietes besiedelt gewesen sein, wie es durch die urkundliche Nennung von Fedderingsmans Capell (1532) bezeugt ist.

Leider ist der größte Teil des keramischen Fundgutes ohne genaue Angabe des Fundortes und der am selben Ort gefundenen Objekte dem Wattboden entnommen worden. Für die Datierung von Befunden und über die kleinräumige Gliederung des Siedelraumes sagen sie daher nichts aus. Auch ist durch selektives Sammeln ein völlig schiefes Bild entstanden. Nach den Altfunden scheint in den Haushalten der Marschensiedlungen überwiegend Importgeschirr in Gebrauch gewesen zu sein. Tatsächlich konnte dieser Ein-

druck nur dadurch entstehen, daß früher bevorzugt komplette Gefäße oder größere Gefäßfragmente sowie glasierte Keramikreste geborgen wurden. Deshalb überwiegen die bruchfesteren Steinzeuge und die Gefäße der Glasierten Roten Irdenware, während die schmucklose einheimische Ware, die sogenannte Harte Grauware, liegengeblieben ist. Wo bei neueren Untersuchungen das gesamte Fundgut geborgen worden ist, reduziert sich der Importanteil auf etwa 20 Prozent und unterscheidet sich somit nicht wesentlich von anderen mittelalterlichen Marschensiedlungen.

Nicht anders sieht es aus, wenn man das übrige Importgut betrachtet. Handmühlsteine aus rheinischer Basaltlava sind in allen Siedlungsresten gefunden worden. Sie gehörten zu dem üblichen Inventar jedes größeren Haushalts. Als Belege für Wohlstand sind aber die als Kochtöpfe verwendeten Bronzegrapen zu werten. Sie sind sowohl westlich als auch nördlich von Südfall zum Vorschein gekommen und stammen aus dem Niederrheingebiet. Schwerter mit doppelkonischem Knauf, die auf den gehobenen Rang der damaligen Träger schließen lassen, sind ebenso wie einige wenige Trachtbestandteile aus Bronze auch westlich und nördlich der heutigen Hallig gefunden worden.

Was bleibt? Wenn man nur das betrachtet, was tatsächlich gefunden worden ist, ist der sagenhafte Reichtum dieser Region nicht nachweisbar. Der Lebensstandard einiger Marschenbewohner ist allenfalls überdurchschnittlich zu nennen, rangiert aber noch hinter dem einiger Bewohner des spätmittelalterlichen Handelsplatzes Alt-List auf Sylt, der ebenfalls während der großen „Mandränke“ des Jahres 1362 zugrunde gegangen ist. Sicherlich hat die von Andreas Busch entdeckte Warftgruppe mit Kirchwarft einen Ortsnamen getragen, doch ob dieser Name „Rungheholt(e)“ gelautet hat, muß aus siedlungsarchäologischer Sicht offenbleiben.

Christianisierung und Religiosität in Nordfriesland

Albert Panten

Es war in den Jahren um 700, als der Missionar Willibrord unter fränkischem Schutz versuchte, von den bereits unterworfenen Friesen zu den freien, weiter im Norden von Utrecht wohnenden Angehörigen dieses Volkes zu gelangen, allein deren Fürst Radbod verwehrte ihm den Zutritt. So faßte er den Plan, nach Dänemark zu gehen. In Ripen traf er auf König Ongendus, dessen Entgegenkommen sich darauf beschränkte, daß der Verkünder des christlichen Glaubens etliche dänische Jungen zur christlichen Erziehung mit nach Utrecht nehmen durfte. Unverrichteter Dinge also verließ man Ripen und nahm den Kurs in Richtung Heimat. Ein Sturm zwang das Schiff zur Landung auf Helgoland, damals Fosetisland genannt. In einer heiligen Quelle taufte Willibrord einige Heiden und ließ von den dort weidenden, für heilig gehaltenen Tieren etliche schlachten. Die Einwohner meldeten dies Vorkommnis Radbod, aber durch das günstige Ergebnis eines Losorakels entging der Missionar dem Tode und kam unversehrt in Utrecht an.

Erst in der Zeit Karls des Großen lebte die Friesenmission wieder auf. Der von den Angelsachsen ausgebildete Friese Liudger begann 786, die Bewohner der Küste zu christianisieren. Er scheute nicht die Zerstörung vorchristlicher Heiligtümer und wandte sich auch Helgoland zu. Wieder fanden an der heiligen Quelle Taufhandlungen statt, wurde die ganze Bevölkerung (zwangs)getauft, ein Häuptlingssohn namens Landrich zum Priester geweiht, wohl zum Dienste an den statt der alten Heiligtümer erbauten Kapellen. Doch bereits wenige Jahre später fanden diese Erfolge der Mission ihr Ende in den durch unversöhnliche Machtpolitik des Frankenkönigs erregten Aufständen. Die Geschichte verliert Helgoland aus den Augen und entdeckt es erst um 1050 wieder neu.

Das ist dann schon die Zeit, in der das Christentum den endgültigen Versuch wagt, in Nordfriesland heimisch zu werden, wenn auch viele nur dem Namen nach Christen wurden und, wie noch 1127 für Holstein berichtet wird, weiterhin an Quellen und Bäumen ihren ererbten Glauben bekannten. Seitdem der dänische König Knut II. die Eroberung Englands 1016 vollendet hatte, wurde die dänische Kirche unter englischem Einfluß durchgebildet. Als bereits 1042 die Lösung Englands von Dänemark vollzogen war, geriet auch das Kirchenwesen Nordfrieslands in Bewegung. Da das Erzbistum Hamburg-Bremen die Vormacht in den nordischen Ländern anstrebte, war es kein Wunder, wenn Helgoland wieder in den Blickpunkt geriet. Hier hatte der Bischof von Fünen, Eilbert, Fuß gefaßt und die damals Farria genannte Insel zu einer Einsiedelei genutzt. Adam von Bremen, der nach 1072 eine Kirchengeschichte Hamburg-Bremens verfaßte, gibt eine Schilderung des Landes, die sich bei genauer Interpretation viel späterer Überlieferungen als zutreffend erweist. Erst durch die einsiedelnden Mönche gelangte die Insel wieder in den Ruf der Heiligkeit und damit zu ihrem jetzigen Namen.

Nordfriesland geriet unter den Einfluß des Bischofs zu Schleswig, dem gegen 1100 ein Kollegium von Geistlichen am Dom zugesellt war, die das sogenannte Domkapitel bildeten. Zu diesen Funktionsträgern gehörten auch die Pröpste von Wiedau, Strand und Föhr nebst Eiderstedt. Aus Streitigkeiten des Strander Propstes mit seinen östlichen Nachbarn im Jahre 1198 geht hervor, daß das Christentum dort Ende des 11. Jahrhunderts Fuß gefaßt hatte. Damit harmoniert das überlieferte Gründungsdatum der Pellwormer Großen Kirche, die 1095 von Privatpersonen gestiftet wurde. In Eiderstedt stiftete Tade Eschels 1103 das erste, noch aus Holz gebaute Gotteshaus bei Wittendün, heute zu St. Peter-Ording gehörig. Auch die Gardinger Kirche war eine Privatstiftung, zuerst aus Holz auf dem Kleve errichtet, dann aber schon 1117 auf dem jetzigen Platze durch einen steinernen Bau ersetzt.

Mit der Christianisierung und dem Kirchenbau setzte sich, durch die Priesterhierarchie gefördert, eine staatliche Organisation durch, die dem erstarkenden Königtum in Dänemark zugute kam. Es hatten sich Strukturen herausgebildet, die sich in Zukunft lange Zeit bewähren sollten. So lassen sich jene Ländereien auf Sylt im Kirchspiel Keitum, die 1141 vom dänischen König einem Kloster in Odense gestiftet wurden, bis in die neueste Zeit verfolgen. Nicht näher bekannte Verfehlungen der vorherigen Besitzer hatten dazu geführt, daß die sogenannten Mönkebohlsländereien an den König gefallen waren, und dieser hatte sie der Geistlichkeit übergeben. Vielleicht spielte auch auf Sylt das Fehlverhalten einer Familie dabei eine Rolle, wie es zum Beispiel für Garding berichtet wird. Hier wohnten die Boyemanns, die zu den Stiftern der Kirche gehörten. Als sich im Jahre 1113 anläßlich eines Gottesdienstes der Priester erfrechte, mit der Messe vor Ankunft der Boyemanns zu beginnen, erschlugen diese ihn nach dem Eintreffen vor dem Altar. Sie verloren das Patronatsrecht und wahrscheinlich auch Ländereien an den König. Ähnliches mag sich an mehreren Orten Nordfrieslands ereignet haben.

Im 13. Jahrhundert hatte das Christentum schon so weit an Boden gewonnen, daß es sich lohnte, in Friesland für die Teilnahme an einem Kreuzzug des Deutschen Ordens in den baltischen Staaten zu werben. In derselben Zeit wurde der Bischof von Ratzeburg bevollmächtigt, für die Sicherheit von Schiffbrüchigen an Nord- und Ostsee zu sorgen. Das Anwachsen des Handelsschiffsverkehrs hatte dazu geführt, daß immer mehr Schiffe auch an der nordfriesischen Küste strandeten.

Die reichgegliederte Landschaft der nordfriesischen Harden und Inseln, zwischen denen es nur beschränkten Austausch gab, brachte mancherlei Schwierigkeiten mit sich. So konnte man sich nicht an das Heiratsverbot in gewissen Verwandtschaftsgraden halten, sondern erlaubte es gegen eine Bußzahlung, die nach den Einkommensverhältnissen gestaffelt war: Diejenigen, die zu Pferde in den Krieg ziehen konnten, zahlten doppelt soviel wie die, welche zu Fuß kämpften. Auch war es nicht möglich, den Kontakt zu Mitbewohnern zu vermeiden, die wegen geistlichen Verbrechens exkommuniziert worden waren, denn für die Arbeit an den Deichen wurde ohne Rücksicht auf päpstliche Anordnungen jeder gebraucht. Solche Eigenheiten wurden schon 1198 ruchbar, und die Kammer in Rom störte sich an ihnen.

Im 14. Jahrhundert kam es oft zu Vergehen auf den Kirchhöfen und in den Kirchen selbst. 1328 erhielt der Schleswiger Bischof die Erlaubnis, innerhalb von drei Jahren Kirchen und Kirchhöfe reinigen und wieder weihen zu lassen. Nur wenige Jahre später sollte dieses erneut geschehen, weil im Stift Schleswig, besonders in Friesland, Kirchen- und Kirchhöfe vor allem durch Bluttaten entweiht worden waren. Es wird betont, daß der Bischof dies nicht selbst durchführen könne, da er dort zahlreiche Todfeindschaften habe und wegen der Überschwemmungen der Gewässer und Wege

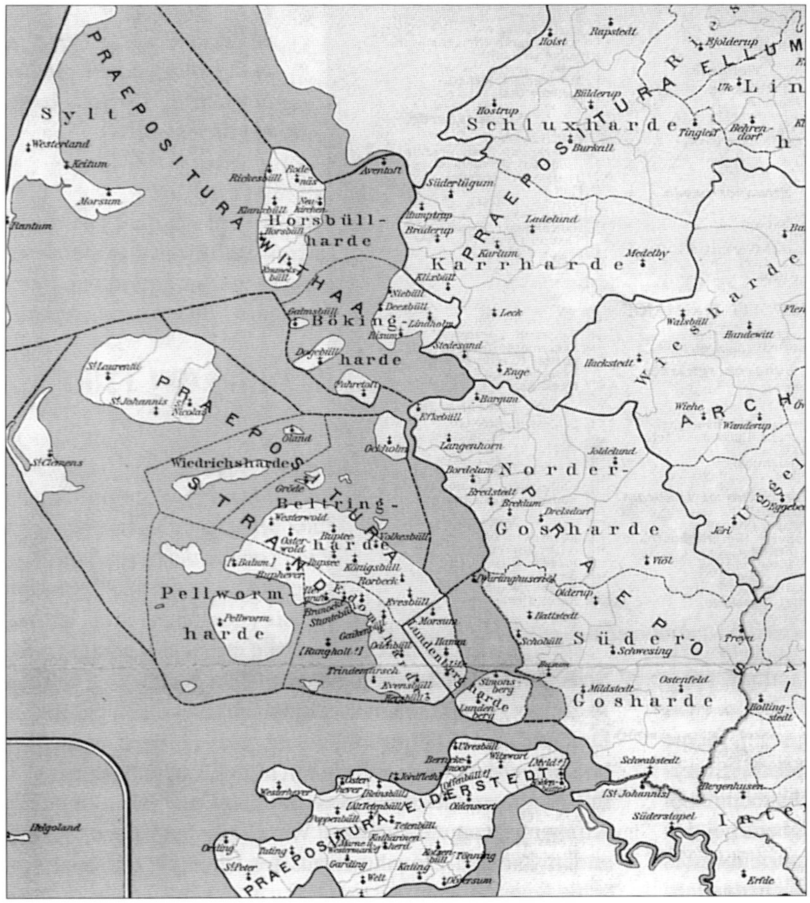

Die mittelalterlichen Schriftquellen vermitteln nur begrenzten Aufschluß über die kirchliche Einteilung Nordfrieslands. Was sich dennoch für die Zeit um 1437 erschließen ließ, gibt eine 1904 von Reimer Hansen und Willers Jessen erstellte Karte wieder. Nach der Reformation blieb die alte Organisation nur zum Teil erhalten.

Die Kirche von Tating soll der Sage nach von Tade Eschels im Jahre 1103 gestiftet worden sein, doch läßt der Wortlaut der Überlieferung nur den Schluß zu, daß er den ersten Bau bei Wittendün (heute St. Peter-Ording) errichten ließ und die Kirche dann im Laufe des 13. Jahrhunderts verlegt wurde. Die Kirche war dem heiligen Magnus geweiht, der in der Geschichte der Friesen in den Niederlanden und Ostfriesland um 1240 eine wichtige, aber sagenhafte Rolle gespielt hat.

Furcht um seinen Körper leide. Doch bereits 1341 mußten erneut entsprechende Maßnahmen durchgeführt werden. Auch der Kriegszug von König und Herzog gegen die Friesen der Bökingharde im Jahre 1344 wegen Steuerverweigerung wurde zusätzlich mit Mißständen in geistlichen Angelegenheiten begründet.

Das Zusammenspiel zwischen politischer Herrschaft und Ausstattung der Kirchen wird besonders deutlich durch Vorgänge auf Föhr. Die Westerharde mit Amrum war von dänischen Kapern besetzt, die von dort aus um 1360 Hamburger Schiffe überfielen, woraus sich im Laufe der nächsten 80 Jahre eine dauerhafte Verbindung mit dem dänischen Reich entwickelte. Auf Föhr treffen wir in dieser Zeit zahlreiche Adelige aus dem Umkreis des Königs an. Von diesen gingen dann Ende des Jahrhunderts viele Stiftungen aus, zumeist Dotierungen von Nebenaltären. So ist bekannt, daß Bischof Johannes von Schleswig 1378 in der Kirche St. Johannis auf Föhr sechs Altäre weihte. Die Ländereien eines adligen Hofes auf Amrum wurden dem Nebenaltar der heiligen Anna übertragen. Bis zu einem Drittel aller Dorfländereien kamen so in geistlichen Besitz. Den Bewohnern war dies vielerorts ein Dorn im Auge, und so scheint es kein Wunder zu sein, daß nach den Katastrophen der Pest von 1350 und der Sturmflut von 1362 der Widerstand wuchs und Ideen des englischen vorreformatorischen Reformtheologen John Wyclif (1320 od. 1326–1384) wirksam wurden. Einige seiner Devisen fanden begeisterte Anhänger: Abschaffung der besonderen Position des Papstes und der Heiligenbilder, Gebot der Priesterarmut, Verbot der Mönchsorden – all das waren Forderungen, die auf fruchtbaren Boden fielen, so daß zu Beginn des 15. Jahrhunderts päpstliche Beauftragte in Richtung Norden reisten, um solche eingedrungenen Ideen zu bekämpfen. Vorgänge auf Sylt aus jenen Tagen haben in der Chronik des Hans von Kiel Niederschlag gefunden. Er schildert, wie die

Die Große Kirche zu Pellworm war die Hauptkirche der Insel Strand. Anfang des 17. Jahrhunderts war der Turm so baufällig geworden, daß er im Jahre 1611 zum Teil einstürzte. Seitdem steht nur noch die Ruine, die das Foto vom Beginn des 20. Jahrhunderts zeigt. Die Abbildung der Kirche auf der Karte von Johan Wittemake (oben) zeigt noch die vollständige Gestalt, obwohl sie erst 1640 entstand.

Kirchen neu besetzt wurden und die Heiligenverehrung erneut zur Pflicht erklärt wurde, worauf sich ein alter Mann aus Protest mit dem Messer die Kehle durchschnitt. Die Kirchen erhielten neue Namen, kurzum, die päpstliche Macht wurde wiederhergestellt. Entsprechend wurden nach den Verlusten durch Kriege und Überschwemmungen im gesamten Stift alle geistlichen Besitztümer neu aufgenommen. Dies betraf nicht nur den Bischof und das Domkapitel, sondern ebenso die Einkommen der Priester und Kirchen selbst. Jede Fixierung der Abgaben festigt auch die Handhabe gegen die Zahlungspflichtigen. Wegen der Erhöhung der Deichlasten und der Abgaben an die Landesherrschaft war man jedoch in Nordfriesland sehr empfindlich, wenn es um Extraausgaben ging. Dies zeigte sich zum Beispiel kurz nach 1500, als die Wahlgelder des Bischofs von Schleswig auf die Gemeinden abgewälzt werden sollten. Die Bewohner Eiderstedts und der Strander Propstei verpflichteten sich, etwaigen Widersetzlichkeiten gegen dies Verlangen Beistand zu leisten.

Auf der anderen Seite hatten die Reichen durch die Stiftung von Altären, Bildern und Glocken die Möglichkeit, ihren Reichtum zu zeigen. Die mächtigen Großgrundbesitzer ließen weiterhin gewaltige Kirchen errichten, so zum Beispiel 1488 der Staller Boye Tetens in Kotzenbüll, wobei er sich als Vertreter des Landesherrn in Eiderstedt königlicher Anwesenheit sicher sein konnte. Der seit 1400 aufstrebende Ort Husum erhielt 1432 eine Kirche, in der um 1500 fast zwei Dutzend Nebenaltäre zu bedienen waren. Fast jedes Anwesen in der späteren Stadt hatte eine gewisse Summe an die Geistlichkeit zu zahlen.

Die Einführung der Zehntabgabe war in Nordfriesland auf große Schwierigkeiten gestoßen. Im Gegensatz zu den Gebieten auf der festländischen Geest wurde in den Dreilanden Eiderstedts das Einkommen des Priesters dem alten Herkommen nach frei vereinbart, und der Anteil des Bischofs floß als Landgeld in die Kasse der Landesherren, so daß der Begriff des Zehnten in Nordfriesland vermieden wurde. Zu sehr wäre wohl der Eindruck einer Abhängigkeit entstanden, während der Begriff des Landgelds mehr den Charakter einer freiwilligen Gabe besaß. Die Macht der Geistlichkeit war in mancher Hinsicht beschnitten, zumal das Recht zur Besetzung der Pfarrstellen zumeist bei den Kirchengemeinden lag. Es hing von den Pfarrkindern ab, welche Ausgaben sie der Kirche gönnten. Manche waren mit weniger zufrieden oder mußten es sein. So waren die Kirchen von Volgsbüll bis 1601, die zu Westerwold bis 1609, die zu Osterwold bis 1625 und das Gotteshaus zu Galmsbüll sogar noch 1749 Holzkonstruktionen. Ob sie allerdings nordischen Stabkirchen ähnelten, bleibt eine ungelöste Frage. Die Verwaltung in der Gemeinde regelten die Kirchengeschworenen, die mit ihrem Vermögen für die ordentliche Durchführung des Haushalts hafteten. Da sie nur selten des Schreibens kundig waren, pflegte ein Priester die Buchführung, jeder noch so kleine Posten wurde vermerkt. Das bezeugen die wenigen erhaltenen Rechnungs- und Kapitalienbücher des Mittelalters. Der angehäufte Reichtum forderte geradezu nach Vermehrung, und daher lag es auf der

Vor etwa einem halben Jahrtausend entstand der alte Altaraufsatz in der Kirche St. Martin zu Morsum auf der Insel Sylt. In der Mitte hält der gekrönte Gottvater den geschundenen Christus. Der heilige Martin, Namenspatron der Kirche, reicht einem Bettler ein Almosen (links), der heilige Severin, nach dem die Nachbarkirche in Keitum benannt ist, liest in einem Buch (rechts). In den Seitenteilen links und rechts sind die zwölf Apostel wiedergegeben.

Die weit nach Nordfriesland hineinschauende Kirche von Bordelum war Schauplatz der erregten Auseinandersetzung mit der Bordelumer Rotte, deren Ideen 1738/39 an den Grundfesten von Staat und Kirche rüttelten. Das jetzige Gebäude ersetzte 1629 die alte reetgedeckte Kirche, die einem Feuer zum Opfer gefallen war.

Hermann Tast war der erste lutherische Prediger an der Husumer Marienkirche, die in katholischer Zeit von zahlreichen Klerikern und Vikaren bedient worden war. Eingeführt hat den lutherischen Glauben allerdings Theodoricus Pistorius (Diedrich Becker), der seit 1525 Prediger an der dem Hospital angeschlossenen St.-Jürgens-Kirche in Husum war. Diesem gelang es 1527, Tast als Vertreter der neuen Lehre zu gewinnen.

Hand, Geld zu verleihen. Um das Zinsnahmeverbot zu umgehen, erfand man zahlreiche Tricks, wie zum Beispiel die Verrentung oder Verpfändung.

Schließlich war es möglich, alles zu Geld zu machen. „Sobald das Geld im Kasten klingt, die Seele in den Himmel springt", hieß die Devise der Ablaßprediger. Wer schlau war, konnte hieraus Nutzen ziehen. Dazu eine kleine Episode aus der Wiedingharde: In Klanxbüll war die Mutter eines weitgereisten Seemanns gestorben, und der Sohn wollte nun sicher sein, daß ihre Seele in den Himmel käme. Deshalb zählte er dem Priester auf dem Rand des Altars blanke Goldstücke hin, bis derselbe „genug" sagte. Dann sollte der erwünschte Effekt eingetreten und die Seele gerettet sein. Auf des Priesters „genug" hielt der Seemann jedoch inne und sammelte die Goldstücke wieder ein, denn „ist die Seele erst im Himmel, so kann sie nicht mehr heraus" – sprach's und verschwand mit dem Gelde.

Die Zeit reifte zu einer Neuordnung des Kirchenwesens. 1517 begann der Wandel – gegen den erbitterten Widerstand der römischen Kirche – in Wittenberg durch das Wirken Martin Luthers. Nordfriesische Studenten, die ihn dort an der Universität kennengelernt hatten, verbreiteten die neue Lehre in der Heimat. In Husum erhielt 1525 der Prediger Diedrich Becker (gest. 1529) an der St.-Jürgens-Kirche den Auftrag zur Verkündigung der lutherischen Ideen, denen sich der an der Marienkirche im Dienst stehende Priester Hermann Tast (1490–1551) anschloß. Er war es dann, der der Reformation in Husum und im angrenzenden Nordfriesland zum Durchbruch verhalf, da die weltliche Herrschaft ihn unterstützte. Im Lande zeigte sich hier und da Widerstand gegen die Reformation, doch konnten sich die Gegner der neuen Lehre nirgends durchsetzen und mußten auf Helgoland und Föhr ihre Widersetzlichkeit sogar mit dem Leben bezahlen.

Nach der offiziellen Einführung der lutherischen Konfession wurden die Verhältnisse geregelt. Propsteien wurden zum Teil neu zugeschnitten, das Vermögen der Kirche suchte man zu verzeichnen. Die Masse der eigentlichen Kirchenländereien, die schon früher verpachtet waren, wurde dem weltlichen Regiment unterstellt, nur eine geringe Abgabe blieb geistlichen Institutionen. Mehrere Familien machten frühere Stiftungen wieder rückgängig oder wandelten sie für profane Zwecke um. Klöster in Husum und

Tondern wurden von der Landesherrschaft in Beschlag genommen. Gegen 1540 setzten die oft schon seit 1517 ausgesetzten Zahlungen der Kirchenschuldner wieder ein. Auf diesem Gebiet zeigte sich die neue Kirche ganz mit altem Gesicht. Im übrigen folgte man der neuen Glaubensrichtung sehr orthodox und stand denjenigen von Staats wegen sehr mißtrauisch gegenüber, die eine andere Meinung hatten. Als in Langenhorn ein Prediger berufen wurde, der im Verdacht stand, mit den Wiedertäufern zu sympathisieren, griff der Amtmann von Flensburg mit Waffengewalt ein, auch wenn die Mehrheit der Bevölkerung zu ihrem Kirchherrn hielt.

Da der herzogliche Hof in Gottorf zeitweise mit calvinistischen Grundsätzen liebäugelte, war es nur natürlich, vertriebene Niederländer aufzunehmen, die sich vorzugsweise in Eiderstedt niederließen. Später kamen hier geflüchtete Davidjoriten und Mennoniten hinzu, die als Gegengabe eine inspirierende Wirtschaftsentwicklung einleiteten. Der resultierende Neid entfachte eine Gegenkampagne seitens der lutherischen Geistlichkeit. Die Gründung von Friedrichstadt 1621 sollte gerade mit Hilfe von Glaubensflüchtlingen dem Herzog ein wirtschaftliches Kleinod verschaffen – eine Hoffnung, die sich rasch zerschlug.

Religion als Herrschafts- und Machtmittel wurde dann in den Ereignissen des Dreißigjährigen Krieges jedermann handgreiflich vor Augen geführt. Unbeeindruckt von diesem Unglück, beharrten die Geistlichen auf einer gedanklichen und menschlichen Starrheit, die dem immer mehr des Lesens und Schreibens kundigen einfachen Volk Unbehagen bereitete. Vor allem aber jene, die sich das nötige geistige Potential verschafft hatten, begannen nach Alternativen Ausschau zu halten. Zu diesen Suchenden gehörte Anna Ovena Hoyers (1584–1655), deren kritische Schriften den Widerwillen der Geistlichkeit hervorriefen. Sie mußte schließlich nach Schweden auswandern. Aus Eiderstedt stammte Matthias Knutzen (1646–nach 1674), der sich als Religionskritiker betätigte. Der in Oldenswort geborene Knutzen vertrat radikale Ansichten: Weder Bibel noch Kirche und weltliche Obrigkeit seien Maßstab der Lebensführung, sondern das von der Natur gegebene Gewissen allein. Die hieraus entwickelten Grundsätze blieben bis in die Aufklärungszeit hinein lebendig.

Links: Christian Jensen (1839–1900) aus Fahretoft gründete 1876 in Breklum eine Missionsanstalt, die besonders in Afrika und Ostasien wirkte.
Oben: Schon vorher wurde Ingwer Ludwig Nommensen (1834–1918) von Nordstrand zum Apostel der Batak in Indonesien.

Für die meisten Bewohner Nordfrieslands war die Kirche mit ihren festen jahreszeitlich gebundenen Regeln ein Lebensrahmen, der mit Hilfe althergebrachter Rituale Ordnung und Stetigkeit mit Pragmatismus verband. Wer sich als Gemeindepfarrer in diese Kette einfügte, konnte auf ein gutes Wirken rechnen. Weltabgewandtheit, Obrigkeitshörigkeit und Pharisäertum waren aber nicht selten und untergruben das Vertrauen in eine Kirche, die sich nur noch als Machtinstrument begriff. Hieran knüpften 1738/1739 die Mitglieder der sogenannten Bordelumer Rotte an, die ein ihnen gemäßes Christentum suchten, jedoch mit allen Mitteln weltlicher und geistlicher Autorität verfolgt wurden. Am Ausgang des 18. Jahrhunderts war auch der „einfache" Nordfriese in der Lage, sich über diese Mechanismen ein eigenes Urteil zu bilden. Die Christianisierung hatte den Weg für die Individualisierung, zur Findung eigener Persönlichkeit, gebahnt.

Nordfriesland auf alten Karten

Albert Panten

Die verkleinerte Darstellung von Teilen der Erdoberfläche in idealisierter, vereinfachter Form auf verschiedenen Materialien wie Stein, Ton, Holz und Papyrus läßt sich weit in die Vor- und Frühgeschichte der Menschheit zurückverfolgen. Die Bestimmung des geographischen Standorts hat von jeher großes Interesse gefunden, doch es sollte lange Zeit dauern, bis Landkarten geschaffen wurden, die einen praktischen Nutzen besaßen und über die Intention des Schmuckes hinausgingen. Die Entdeckung von Geographie als Wissenschaft ist uns von den Griechen übermittelt worden, die selber schon wieder auf verschiedenen Grundlagen fußten. Die von ihnen überlieferten kartographischen Entwürfe geben für das nördliche Europa aber nur ein mythisch verzerrtes Bild, das schwer mit der Realität in Einklang zu bringen ist. Erst in den Arbeiten des ägyptischen Kartographen Claudius Ptolemäus (ca. 100 bis ca. 180 n. Chr.) zeigt die Cimbrische Halbinsel mehr Struktur. Hierbei fallen die sogenannten Sächsischen Inseln ins Auge, deren überlieferte Koordinaten recht gut mit der Lage der Inseln Amrum, Föhr und Sylt zusammenfallen. In den nächsten 1000 Jahren differenziert sich das Bild kaum, erst mit den Karten des arabischen Geographen Abu al-Idrisi (1100 bis 1166) tauchen neue Einzelheiten auf, die mit der Verzeichnung einer Siedlung namens *al-Sila* im nordfriesischen Gebiet das spätere Rätselraten über Lage und Identifikation in Gang setzen; gewiß aber wird sich hinter der Bezeichnung ein Hafenort verbergen.

Um 1300 erblickt man auf den sogenannten Portolankarten, die im Mittelmeergebiet entstanden und in Seefahrerkreisen zirkulierten, eine detaillierte Struktur der schleswig-holsteinischen Westküste, ohne daß allerdings ein klares Bild entsteht. Zwar findet sich in Form eines dreieckigen Meerbusens nördlich der Elbe die Bezeichnung *aquavlie frixia*, doch die Wiederholung des Namens *frixia* weiter im Landesinneren verrät, daß die Peripherie Europas vom Mittelmeer aus gesehen nur mangelhaft bekannt war. Interessant ist die Tatsache, daß die von Ptolemäus gezeichneten drei Sachseninseln in der abgewandelten Form *insule sce* gegenüber von Ripen *(ripis)* erscheinen. Doch diese Schreibweise entwickelt sich dann im Laufe der nächsten Jahrhunderte zu *insule sante*, meint also Helgoland, das 1427 auf der berühmten Karte von Claudius Clavus als *Hælieland* zu finden ist, doch auch hier sieht man noch immer drei Inseln, ganz nach dem Entwurf des Ptolemäus.

Endlich taucht auf einer von Claudius Clavus verbesserten Ptolemäuskarte des Nordens von etwa 1467 zwischen Dithmarschen *(thicumersorn)* und Ripen *(rupis)* die Bezeichnung *olsatie litus* (Holsteins Küste) auf, in einer anderen Ausgabe von 1482 findet sich die genauere Benennung *frigie litus* (friesische Küste). Daraus wird zwanglos im 16. Jahrhundert die Bezeichnung *Strantvriesen*, die auf der 1543 entstandenen Karte „van Oostlant" des Niederländers Cornelis Anthonisz für das Marschgebiet zwischen Tondern und Eiderstedt steht. Die Inselkette ab Föhr zieht sich weit nach Norden an Jütlands Küste hin, so wie sie bereits unbenannt auf der 1526 von Jan van Hoirne zu Amsterdam herausgebrachten Karte zu finden ist. Ein sehr groß abgebildetes Helgoland erscheint mit der Bezeichnung *Heylichlant*. Eiderstedt ist auf Anthonisz' Karte bereits in der annähernd richtigen Form abgebildet („t'lant te eider"), zeigt den Ort Tönning, aber Heverstrom und Eider sind vertauscht.

Der erste, der Nordfrieslands Topographie in Kartenform brachte, war Marcus Jordanus im Jahre 1559. Hierbei baute er auf Umrisse der „Caerte van Oostlant" auf und füllte die Flächen mit Ortsnamen. Der Komplex *Strantvriesen* wird zur Insel Strand, Vorgänger von Pellworm und Nordstrand. Hart nördlich erscheint Grode (Gröde). Auch das Festland wird nun mit Ortsnamen versehen, desgleichen Eiderstedt. Jordanus führt Risingmor an und verzeichnet Nibvl (Niebüll) und Detzbil

Ausschnitt aus der Jütland-Karte des Marcus Jordanus von 1595. Noch sind die Umrisse der Inseln und Halligen mehr ideeller Natur, doch nähern sich die Ortsnamen bereits der heutigen Form an.

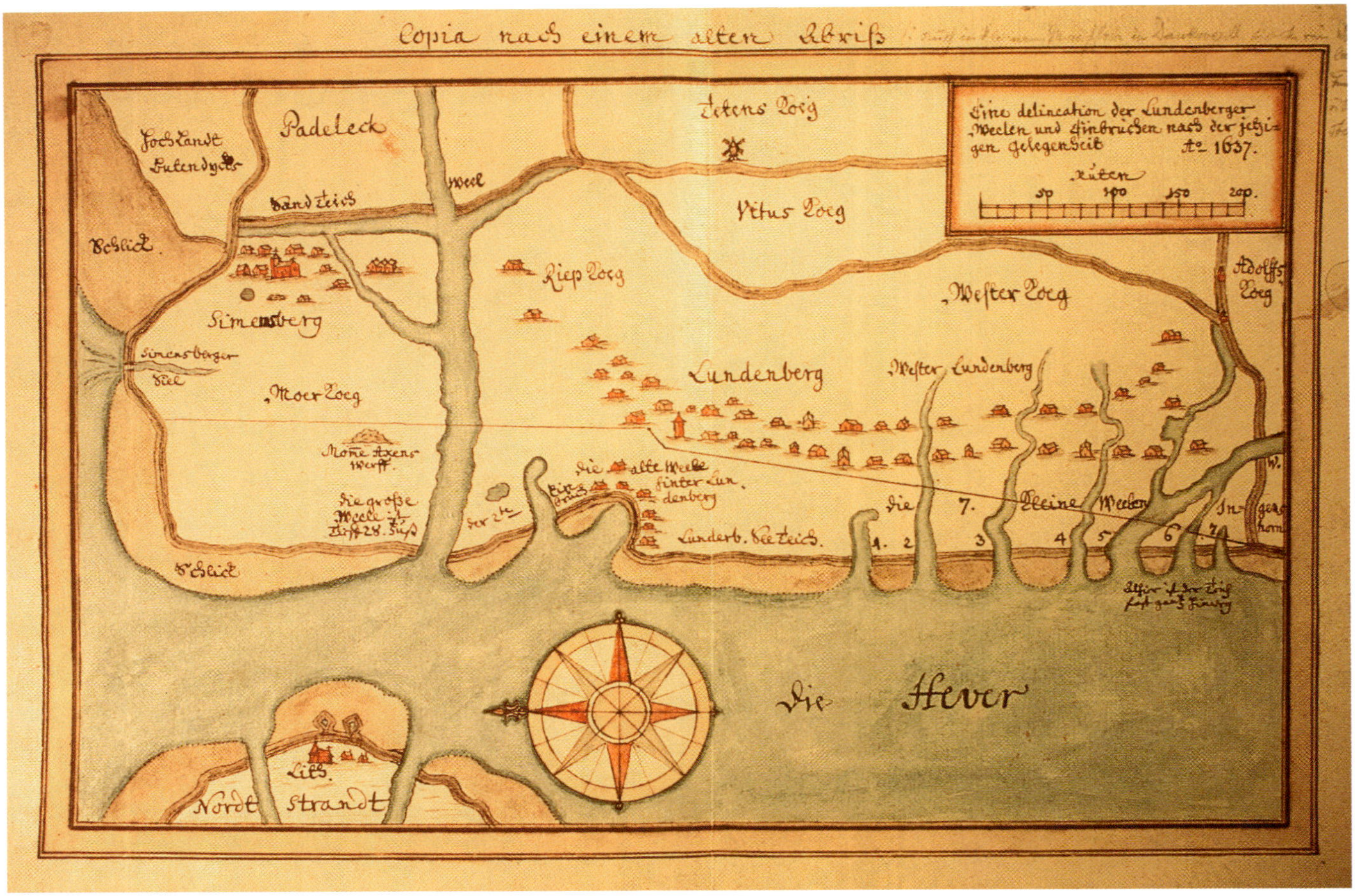

Die 1723 entstandene Kopie einer Karte Johannes Mejers aus dem Jahre 1637 läßt die Deichschäden der Lundenbergharde nach der großen Sturmflut von 1634 erkennen. Zu den Folgeschäden gehörte der Verlust des größten Teils der alten Lundenbergharde südwestlich von Husum.

(Deezbüll). Zum erstenmal wird das Hinterland nicht vergessen, wir erkennen die Kirchen von Huntorp (Humptrup), Lvem (Süderlügum), Bradorp (Braderup), Trels[t]orp (Drelsdorf), Svesing, Ostenfelt und Svavested. Leider ist der nördliche Teil Nordfrieslands nicht berücksichtigt, auch fehlen die auf den Vorgängerkarten bereits eingetragenen Inseln. Diese finden wir auf den Karten der Zeit um 1590 schon in annähernd richtigen Positionen wieder, ebenso die Insel Strand in der richtigeren, gegenüber Jordanus um 90° gedrehten Lage.

Der Übergang von der traditionellen falschen Anordnung der Inseln Föhr, Amrum und Sylt zur wirklichkeitsnäheren zeigt sich zuerst auf einer Karte des Niederländers Christian Sgrooten von 1565, auf der Sylt in annähernd richtiger Form, aber unter dem Namen Föhr erscheint. Im Winkel zwischen der Insel und dem Festland finden sich unbenannt die Halligen Galmsbüll, Dagebüll und Fahretoft, während als weiteres neues Element die Horsbüll- oder Wiedingharde als Insel erkennbar wird.

Eine fast wirklichkeitsgetreue Verteilung zeigen dann 1585 veröffentlichte Küstenkarten des Niederländers Lucas Waghenaer, allerdings ist die Wiedingharde trotz der inzwischen gewonnenen Verbindung mit dem Festland immer noch als Insel gezeichnet; das änderte sich erst in der Ausgabe von 1592, wohl unter dem Einfluß einer ebenfalls 1585 gedruckten und von Marcus Jordanus entworfenen Karte von ganz Dänemark, die trotz ihrer stellenweisen Reichhaltigkeit verrät, daß die Örtlichkeiten kaum kartographisch exakt in Augenschein genommen wurden. Auch seine 1595 erschienene Karte von Jütland und Fünen zeigt, daß bei der Skizzierung der Wiedingharde die südlich anschließenden Halligen zum Teil mit ihr verschmolzen wurden, wobei aus dem Kirchspiel Fahretoft eine Ortschaft Aneluff bzw. Anetusse wurde, die noch auf wesentlich später entstandenen Karten in der Wiedingharde ihr Unwesen treiben

Die berühmte Nordfriesland-Karte Johannes Mejers von 1651 wurde erstmals in Caspar Danckwerths Landesbeschreibung der Herzogtümer Schleswig und Holstein veröffentlicht. Diese Kombination von Beschreibung, Topographie und Kartenwerk blieb viele Jahre für das Bild der Westküste maßgeblich. Die Karten erlebten bis ins 20. Jahrhundert unveränderte Nachdrucke und stellen heute gesuchte Sammlerstücke dar.

sollte. Korrekturen deuten sich ab 1631 an, als durch Werbeschriften in den Niederlanden verschiedene Landgewinnungsmaßnahmen in Nordfriesland publik gemacht wurden, zum Beispiel bei Nordstrand, Bottschlott und in der Sorge-Niederung. Hier sind eine Karte von Pontanus (1631) und Anders Bures revidierte Ausgabe von 1635 zu nennen.

Damit sind wir in der Zeit Johannes Mejers (1606–1674) angekommen, jenes Husumer Kartographen, der die geographische Vermessung der Herzogtümer und des Reiches Dänemark einen großen Schritt voranbringen sollte. Besonders die Karten in der zusammen mit Caspar Danckwerth herausgebrachten Landesbeschreibung haben seinen Ruhm begründet. Lassen sich vom heutigen Standpunkt auch leichte meßtechnische Unzulänglichkeiten nachweisen, so bleibt seine Leistung für die Karten seiner Zeit unbestritten. Daß er darüber hinaus aus historischem Interesse in barocker Manier versuchte, die Vergangenheit in Karten darzustellen, kann ihm angesichts des Selbstverständnisses damaliger Historiographen nicht zum Vorwurf gemacht werden; dieser gilt allerdings jenen, die Mejers historisierenden Karten unkritisch geglaubt haben, ohne vorher notwendige Archivstudien betrieben zu haben, so vor allem seiner Phantasiekarte von angeblich 1240, die nach Mejers 1654 verfaßter Darstellung bis 1300 gültig sein sollte. Detailstudien zeigen leicht, auf welche Weise Mejer aus beliebig vorzufindenden Flurnamen mit leichter Verfremdung neue Ortschaften konstruierte und so leere Flächen füllte. Alte Kirchenverzeichnisse wurden von ihm unter der nicht unbedingt falschen Annahme einer gewissen topographischen Abfolge in Kartenform komponiert; so entstanden Abrisse von Rungholt und der alten Lundenbergharde wie auch Eiderstedts und Nordstrands vor der friesischen Landnahme. Doch abgesehen hiervon stellen Mejers Karten aus der Zeit um 1650 einen großen Schatz an Informationen dar, den zu heben Verpflichtung bleibt.

Viele Detailkarten waren aber auch schon aus anderer Feder entstanden; so verfertigte Johan Berens 1633 einen genauen Abriß des alten Strandes, und Johan Wittemake zeichnete 1640 eine grandiose Karte von *Frisia minor*, dem Gebiet zwischen Eider und Röm. Weitere Landvermesser kümmerten sich um Abrisse anläßlich von Koogsgewinnungen und Grenzstreitigkeiten.

Eine übergreifende moderne Kartierung Nordfrieslands sah dann das 18. Jahrhundert, doch blieben die resultierenden Konzeptkarten der dänischen Gesellschaft der Wissenschaften lange ungedruckt, während Bearbeitungen im 19. Jahrhundert erschienen. Die Verkoppelungszeit im 19. Jahrhundert brachte vornehmlich für die Geestgebiete eine Flut von handgezeichneten Flurkarten, die jedoch erst spätere Forscher nutzen konnten, seitdem die staatlichen Archive nicht mehr als „geheim“ galten. Seit der preußischen Zeit sorgten die Katasterämter für eine immer genauer werdende Dokumentation der Landschaft, und heute steht dem Interessierten eine Vielzahl von Karten zur Verfügung. Zahlreiche Nachdrucke älterer Karten und Atlanten erleichtern die Forschung; darüber hinaus beherbergt manches Archiv noch ungehobene Schätze.

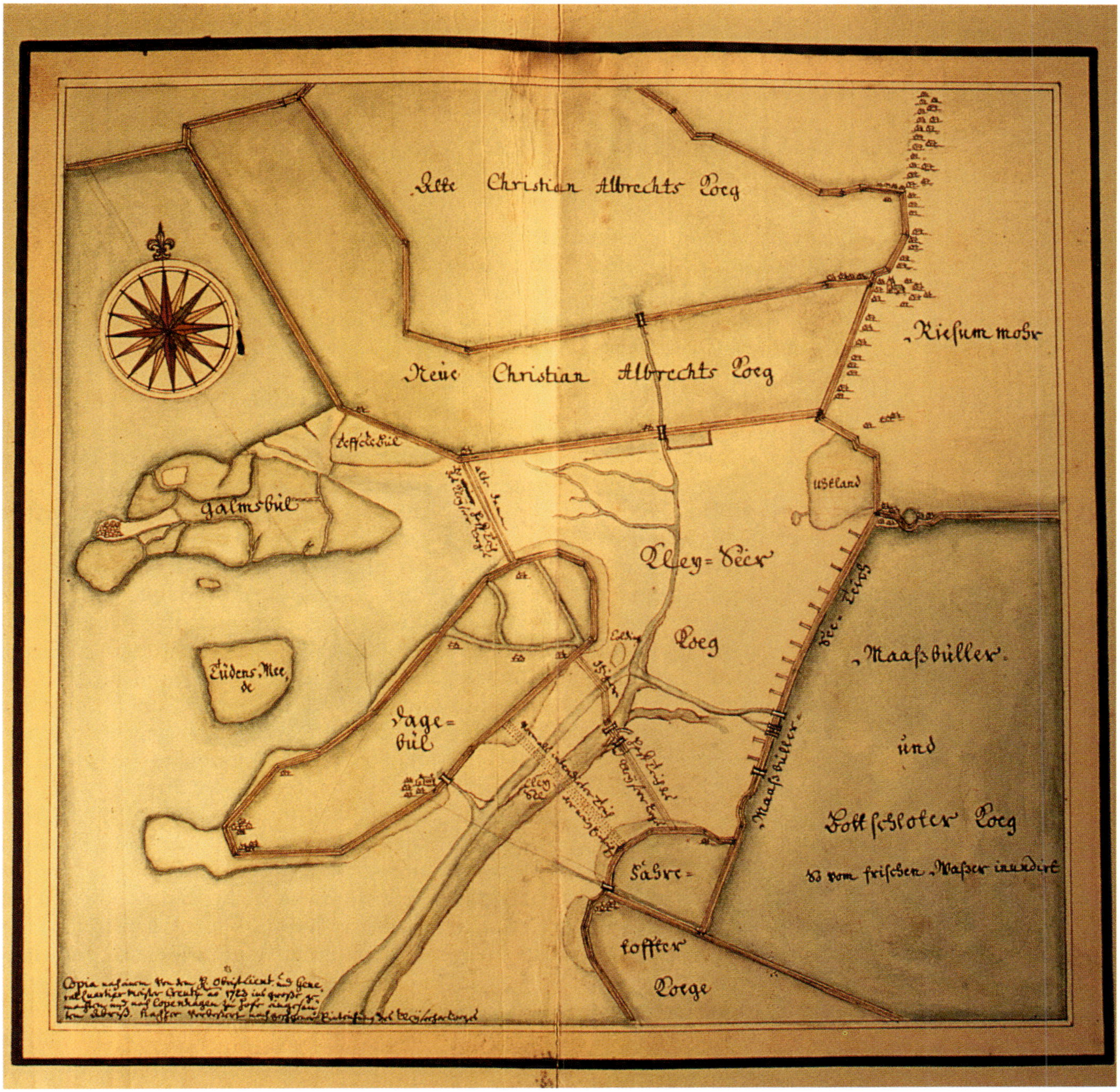

Abriß anläßlich der Gewinnung des Kleiseerkoogs östlich von Dagebüll aus den Jahren von 1723 bis 1727. In den nordfriesischen Deichverbandsarchiven waren Karten dieser Art in mannigfacher Form vorhanden. Die erste genaue feldweise Vermessung wurde 1693 in der Wiedingharde vorgenommen, die dazugehörigen Karten wurden erst im 20. Jahrhundert wiederentdeckt.

Von der Hausmarke zum Zeichen regionaler Identität: Wappen Nordfrieslands

Albert Panten

Zur Kennzeichnung persönlichen Besitzes schuf sich der Mensch Merkzeichen, die in geeignetes Material eingearbeitet wurden. Keine Schwierigkeiten bietet Holz; die Beschaffenheit des Stoffes zwingt zu einer linearen Zeichengebung. Pferde erhielten Brandmarken, Rinder zum Teil auch Ohrmarken, Gänse Fußmarken. Es lag auf der Hand, solche Zeichen zu vererben. Mit der Seßhaftigkeit entstanden so Hausmarken, die im Laufe der Generationen weiter verändert wurden, um zwischen einzelnen Familienzweigen unterscheiden zu können.

In Nordfriesland tauchten die ersten Hausmarken auf, als schriftliche Verträge abgefaßt wurden. Nur Geistliche und wenige Laien waren zu dieser Zeit des Schreibens mächtig, die meisten Vertragsbeteiligten dagegen noch Analphabeten. Letztere besiegelten die Urkunde mit einer Hausmarke, die in eine Siegelstampfe eingegraben war. Nach dem Vorbild städtischer und kirchlicher Siegel kamen Randschriften hinzu, die den Eigentümernamen angaben. Die frühesten erhaltenen Hausmarken stammen aus dem 14. Jahrhundert.

So sind es auch institutionelle Besiegelungen, die zuerst belegt sind. Vornehmlich die einzelnen Harden Nordfrieslands benutzten eine solche gleichsam notarielle Bestätigung. Besonders Urkunden des 14. Jahrhunderts geben charakteristische Beispiele.

Utholm, die Beltringharde und die Lundenbergharde hatten Darstellungen ihrer Hauptkirchen, Pellworm sowie die beiden Harden Föhrs die Schutzheiligen im Siegel. Die Goesharden wählten als Motiv eine Pflugschar mit etlichen Attributen, die Bökingharde repräsentierte ein Schiff. Die Edomsharde nutzte die Abbilder zweier Heiliger, Laurentius und Petrus. Die Horsbüllharde weist ein Pferd als Siegelbild aus, man erkennt leicht eine Deutung des Hardennamens; einen ähnlichen Bezug zeigt das Siegel der Landschaft Sylt, den Hering (dän. *Sild*). Diese gegenständlichen Darstellungen der Verwaltungseinheiten blieben bis in das 19. Jahrhundert in den Grundzügen erhalten und mündeten direkt in das heutige Besiegelungswesen.

Siegel von Privatleuten finden sich anfänglich unter Urkunden, die seitens der Städte abgefaßt wurden, so zum Beispiel 1378 bei einem Friedensvertrag zwischen Bremer Kaufleuten und Handelsschiffern vom alten Strand, die auf Helgoland in Konflikt geraten waren. Die Blütezeit der Hausmarke war allerdings das 16. Jahrhundert, als auf den Hardesgerichten bereits ausgebildete Schreiber saßen und Gerichtszeugnisse von Privatpersonen besiegelt wurden. Im Übergang zum nächsten Jahrhundert finden sich immer mehr eigenhändige Unterschriften, daneben werden weiterhin Siegel benutzt. Die Motive allerdings verändern sich von der strengen linearen Form zur immer mehr symbolisch sprechenden, um endlich in Monogrammen Anschluß an das Schreibvermögen ihrer Besitzer zu finden. Von der älteren Form waren hingegen schon früh besonders jene Familien abgewichen, die in der Landschaft großes politisches Gewicht besaßen, also die Schicht der Großgrundbesitzer. Hier dienten die im 15. Jahrhundert geadelten Geschlechter als Vorbild, die selbst wiederum Vorbilder im holsteinischen und dänischen Adel gefunden hatten. Gab es hierunter Förderer, so war es üblich, ein Wappen, wenn auch in abgewandelter Form, zu übernehmen.

Ein Beispiel ist das Siegel der Familie Andersen von Klixbüllhof, die den laufenden Wolf des holsteinischen Adelsgeschlechts derer von der Wisch erhielt. Die Nordstrander Stallerfamilie Leve führte zwei gekreuzte Schwerter, während die Familie Knutzen, deren Vorfahren sich auf den 1472 wegen seiner Teilnahme am Aufruhr gegen König Christian I. hingerichteten Edlef Knutzen zurückführen lassen, einen Löwen im Wappen aufweist.

1

2

3

4

5

6

7

8

9

Mittelalterliche Siegelabdrücke unter alten Urkunden:

1. Edomsharde (1358; Teil der Insel Strand)
2. Wiriksharde (16. Jahrhundert; von diesem Gebiet sind nur noch die Halligen übrig)
3. Horsbüllharde (1359; dieses Gebiet wurde erst im 16. Jahrhundert an das Festland angedeicht)
4. Kotzenbüll (Eiderstedt, 1453)
5. Eiderstedt (1414)
6. Tating bzw. Utholm (1367; der westliche Teil des heutigen Eiderstedt)
7. Westerland-Föhr und Amrum (nach Originalstampfe)
8. Bökingharde (1377; dieses Gebiet um Niebüll wurde im 15. Jahrhundert landfest)
9. Sylt (16. Jahrhundert)

Wie hier an der Kirche zu Bordelum finden sich auf Grabplatten des 16./17. Jahrhunderts oft Hausmarken. Auf den Kirchhöfen Nordfrieslands gibt es noch zahlreiche solcher Denkmäler, doch ist der weitaus größere Teil bereits im 19. Jahrhundert zerstört worden.

Da die nordfriesischen Harden ein relativ ungebundenes Eigenleben führten, gab es für die Gesamtheit aller Nordfriesen kein gemeinsames Wappen. Nur Teilgebiete wie zum Beispiel die Dreilande Eiderstedts und die Fünfharden Nordstrands erhielten 1613 bzw. 1578 ein solches. Der Begriff Nordfriesland als im nationalen Sinne von Friesen bewohnte Region entstand erst in den Jahren beginnender Auseinandersetzung zwischen Deutsch und Dänisch im Gesamtstaat. Romantische Wunschvorstellungen verlangten nach einem Wappen ganz Nordfrieslands. Eine gelehrte Abhandlung hatte allerdings schon früher versucht, diese Lücke zu schließen. Heinrich Rantzaus Landesbeschreibung von 1597 zeigt für Nordfriesland einen Adler mit bekröntem Jungfrauenkopf, der allerdings aus Ostfriesland entlehnt ist und das Wappen des Hauses Cirksena darstellt. 1828 bemerkte der Erforscher mittelalterlicher Geschichte Nordfrieslands, Andreas Ludwig Jacob Michelsen, daß die Benutzung dieses Wappens nicht berechtigt sei.

Der Bredstedter Pastor Godber Nissen vertrat in seinen historischen Notizen, die er seit 1816 sammelte und 1831 neu ordnete, die Auffassung, daß das Wappen der Friesen ein nach rechts aufsteigender blauer Löwe mit roter Zunge im silbernen Felde sei. Seine Quelle ist zwar unbekannt, doch kann es sich nur um ein persönliches Wappen handeln. 1833 erschien in einer landeskundlichen Zeitschrift die Anfrage, wer nähere Auskunft darüber geben könne, ob bei den Nordfriesen ein altes Wappen im fortgeerbten Gebrauche stünde, das in dem einen Felde einen doppelten Adler, in dem anderen eine Krone (nicht eine Urne, wie man es bisher unrichtig aufgefaßt hatte) zeigt. Eine Antwort erfolgte nicht. Aus allen unklaren, ja falschen Mutmaßungen ist nur der Schluß zu ziehen, daß das Nordfriesland-Wappen mit dem bekannten Wahlspruch „Liewer düd as Slaw" erst anläßlich des ersten Friesenfestes in Bredstedt 1844 erschaffen worden ist.

Die Änderung des Adlermotives zu einem halben Adler geht wohl auf eine Bemerkung in Heimreichs Chronik von 1666 zurück, nach der jeder Friese einen halben Adler in seinem Wappen führen dürfe; das bezieht sich aber auf das südliche Friesland. Tatsächlich ist das Adlermotiv unter den nordfriesischen Wappenmotiven äußerst selten.

So wurde die Form geschaffen, wie sie das noch heute erhaltene Fahnentuch von 1844 zeigt. Es liegt der Verdacht nahe, daß es in Bredstedt entworfen wurde, und zwar durch Pastor Godber Nissen, der seine Schöpfung auch als persönliches Siegelmotiv übernahm, wobei als einzige Änderung gegenüber der Vorlage in der Mitte ein „N" angebracht wurde, um den Besitzer anzudeuten. Ein solcher Siegelabdruck befindet sich in seinen historischen Sammlungen, allerdings ohne Kommentar. Nissen stand nicht allein: Sein Kollege Pastor Jensen in Boren entwarf bis spätestens 1847 ein Wappen der Landschaft Angeln, die es als Verwaltungsbezirk nie gab. Das Wappenmotiv muß deshalb ebenfalls als ideelle Schöpfung angesehen werden.

Eine scharfe Unterteilung wurde 1847 in der „Festgabe für die Mitglieder der XI. Versammlung deutscher Land- und Forstwirte" durchgeführt. Dort wird das

Das erstmals 1847 gedruckte Wappen Nordfrieslands (links) steuerte 1970 zum Wappen des neuen Kreises gleichen Namens (rechts) die Farben bei, während der übrige Aufbau dem alten Wappen Eiderstedts (eigentlich der Dreilande Eiderstedt, Everschop und Utholm) folgte, das hier in der Form von 1847 zu sehen ist (Mitte). Die Motive in den Segeln entsprechen den Alt-Kreisen Südtondern (Hering, aus dem Sylter Wappen stammend), Husum (der Pflug aus den Siegeln der beiden Goesharden) und Eiderstedt (Ochsenkopf für den Handel mit Mastvieh im 19. Jahrhundert).

Wappen für Nordfriesland folgendermaßen beschrieben:

„Halbquer und längs=getheiltes Schild; 1. im goldnen Feld eine purpurne Kaiserkrone; 2. in rothem Feld einen eisenfarbnen Kessel oder Grapen; 3. in blauem Feld ein halber schwarzer Doppeladler mit goldnem Schnabel und Klauen und rothen Beinen."

Für Eiderstedt hingegen soll ein anderes Wappen gelten: „In blauem Feld drei segelnde Schiffe. 2. und 3. nach rechtsgewandt auf grünlichem Wasser mit rothen Flaggen. 1. trägt auf dem Rumpf in goldnem Feld einen halben blauen Leopardenlöwen für Utholm; 2. in weiß und blau längs getheiltem Feld einen Fisch für Everschop; 3. in rothem Feld einen Ochsenkopf für Eiderstedt."

Im 19. Jahrhundert verwilderte die Gestaltung des Nordfriesland-Wappens, so daß seit 1912 eine Neufestsetzung der Farben diskutiert wurde. Der Nordfriesische Verein legte 1930 die neue, bis heute gültige Gestaltung vor. Nach der Bildung der preußischen Kreise Tondern, Husum und Eiderstedt erhielt nur der letztere das überlieferte Wappen der Dreilande, während Husum und Tondern zwar zum größten Teil Nordfriesland (im engeren Sinne) ausmachten, doch das Wappen nicht übernahmen. Auch nach der Gründung des Großkreises Nordfriesland im Jahre 1970 wurde als gemeinsames Kreiswappen eine abgewandelte Form des alten eiderstedtischen Wappens gewählt, die allerdings in den nordfriesischen Farben Gold-Rot-Blau gehalten ist.

Walfang und Seefahrt – die „Goldene Zeit"

Georg Quedens

Als die Friesen seit dem 7./8. Jahrhundert in die fast unbewohnte Wildnis der Geestinseln, Marschen und Moore vor der jütisch-schleswigschen Geest einwanderten und im heutigen Nordfriesland seßhaft wurden, brachten sie als besondere Fähigkeit die Kunst der Seefahrt bereits mit. Als dann wenig später die Wikinger zu ihren Raub- und Handelszügen an den nordeuropäischen Küsten auftauchten und auf den Inseln Sylt, Föhr und Amrum Stützpunkte und Siedlungen bewohnten, hatten sich zwei Völker ähnlichen Sinnes gefunden.

Die Wikinger verschwanden – die friesische Handelsseefahrt blieb. Es gibt aber nur ganz wenige Zeugnisse von dieser mittelalterlichen Seefahrt: Im 14. Jahrhundert empfiehlt der Venezianer Marinus Sanuta der Stadt Venedig, sich friesischer Seefahrer zu bedienen, „die am Meere wohnen und die Schiffahrt vorzüglich verstehen". Und auch die von Föhr und Amrum zu leistenden hohen jährlichen Abgaben an den Landesherrn zu Beginn des 16. Jahrhunderts, die doppelt und dreifach so hoch sind wie jene des fruchtbaren Eiderstedt und der von Landwirtschaft dominierten Insel Strand, weisen auf hohe Einkünfte aus der Handelsseefahrt hin.

„Grönlandfahrten" auf Walfang und Robbenschlag

Besser bezeugt ist die Teilnahme der Insel- und Halligfriesen am Walfang. Ende des 16. Jahrhunderts entdeckten Niederländer und Engländer den Reichtum an Walen und Robben im Eismeer, und insbesondere die Niederländer rüsteten Schiffe aus, um diesen Reichtum auszubeuten. Sie nutzten dazu die Kenntnisse der Basken, die bereits bei Neufundland Walfang betrieben. 1633 verbot der französische König jedoch den Basken den Dienst auf niederländischen Schiffen, um deren Walfang zu ruinieren. Die Niederländer suchten neue Mannschaften und fanden diese auf ost- und nordfriesischen Inseln und Halligen. Bald begab sich ein großer Teil der männlichen Bevölkerung vom noch nicht konfirmierten zwölfjährigen Knaben bis hinauf zum noch rüstigen Greis auf „Grönlandfahrt", wie man die Eismeerfahrten nannte. Denn Spitzbergen, das Hauptfanggebiet, wurde zunächst für die Ostküste von Grönland gehalten. Ab 1644 rüstete nach Erteilung eines entsprechenden Privilegs durch den dänischen König Christian IV. auch Hamburg Walfangschiffe aus.

Dann folgten Altona (1685) und andere Städte an Elbe und Weser sowie an Nord- und Ostsee. Der Walfang beschäftigte viele Hände, weil Walfangschiffe wegen der Arbeit im Eismeer über die eigentliche Schiffsmannschaft hinaus bis zu 40 Hilfskräfte benötigten. Kommandeure waren bestrebt, die eigenen Landsleute in Arbeit und Brot zu bringen, und vor allem die Heuerlisten in den Musterungsprotokollen Hamburger und Altonaer Reeder lesen sich wie Listen aller männlichen Einwohner ganzer Inseldörfer.

Insbesondere wurde der Walfang dominiert von Mannschaften und Kommandeuren der Insel Föhr. Zeitweilig stellte diese Insel im 18. Jahrhundert bis zu einem Drittel aller Schiffsführer in Amsterdam, Hamburg und Altona. Einige Jahre suchte auch die Seefahrernation England den Rat Föhrer Kommandeure. Der bekannteste Grönland-Kommandeur

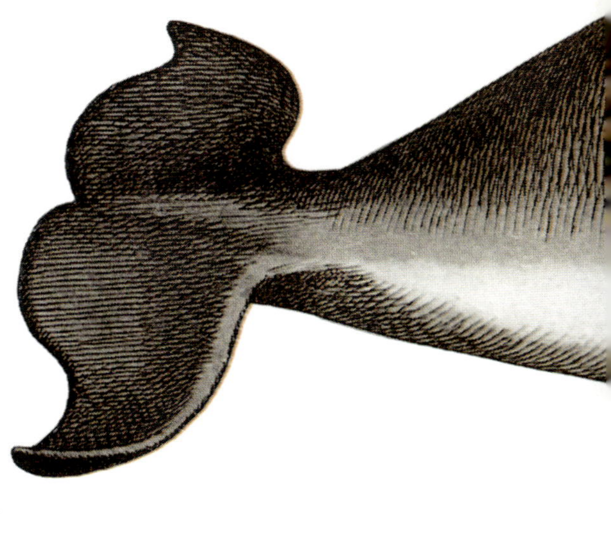

in der klassischen Walfangzeit war der 1632 in Oldsum geborene Matthias Petersen, auch „Glücklicher Matthias“ genannt. In Diensten Hamburger und Amsterdamer Reeder erbeutete er Ende des 17., Anfang des 18. Jahrhunderts 373 Wale. Zum Vergleich: Der bekannteste Sylter Kommandeur Lorens Petersen de Hahn, geboren 1668 im Dünendorf Rantum, brachte es in seinem 40jährigen Berufsleben auf 169 Wale. Aber durchschnittlich kamen Kommandeure über 60 bis 80 Wale nicht hinaus. Zusammen mit anderen höheren Mannschaftsmitgliedern wie Steuermann und Harpunier waren die Kommandeure prozentual am Fangerfolg beteiligt und brachten in der Anfangszeit des Walfangs, als es im Eismeer noch von diesen Tieren wimmelte, viel Geld mit in die Heimat, wenn sie im Spätsommer wieder zurückkehrten.

„Grönlands eisiges Meer war uns, was Spanien Peru“, formulierte ein Föhrer Pastor. Und wegen des finanziellen Erfolgs in höheren Rängen bemühten sich die Seefahrer im Winter, wenn sie zu Hause waren, um entsprechenden Unterricht in allen Fächern der Seefahrtskunde. Auch hier machte ein Pastor den Anfang: Richard Petersen (Richardus Petri), von 1620 bis 1678 Pastor an der St.-Laurentii-Kirche von Westerland-Föhr. Er erteilte kostenlos Unterricht mit der Verpflichtung, das erworbene Wissen an andere Seefahrer weiterzugeben.

Die hohen Einkünfte in der Anfangszeit des Walfangs begründeten den Begriff des „Goldenen Zeitalters“ auf den nordfriesischen Inseln und Halligen. Aber neben dem Wohlstand in den Häusern glücklicher und langjähriger Kommandeure gab es auch Trauer und wirtschaftliche Not in anderen Häusern. Die Gefahren bei der Jagd auf den Wal mit Schaluppe und Harpune, die Mangelkrankheit Skorbut und die Bedrohung der Segelschiffe durch Stürme und Eisgang forderten jahrhundertelang viele Todesopfer unter den Walfängern.

Selbst die Fahrten mit Küstenfrachtern nach den Niederlanden und Hamburg waren nicht ohne Gefahren. Beispielsweise kenterte im März des Jahres 1744 der Morsumer Schiffer Theide Bohn anderthalb Meilen vor Sylt mit 88 ausfahrenden Seeleuten. Nur acht von ihnen konnten sich an Land retten. Die übrigen ertranken. Im Herbst des gleichen Jahres verunglückte der Föhrer Schiffer Pay Mellefs mit 120 heimkehrenden Seefahrern nahe dem Amrumer Kniepsand; die Fahrt endete für alle tödlich. Es wimmelte auf Inseln und Halligen von Witwen und Waisen. Die Knaben fuhren schon spätestens ab dem zwölften Lebensjahr zur See, um Familien zu versorgen, wenn der Va-

Der etwa 24 Meter lange Grönlandwal ließ sich wegen seiner Trägheit am leichtesten erbeuten. Bis heute hat sich diese Art von der damaligen Jagd nicht erholt – sie fehlt noch immer in weiten Bereichen des Eismeeres.

Rund um die St.-Laurentii-Kirche auf Westerland-Föhr finden sich auf schlichtem Rasengrün die Grabsteine von Schiffsführern. Ein markanter Stein ist jener des Walfang-Kommandeurs Matthias Petersen (1632–1706), der in Diensten niederländischer und Hamburger Reeder 373 Wale erbeutete.

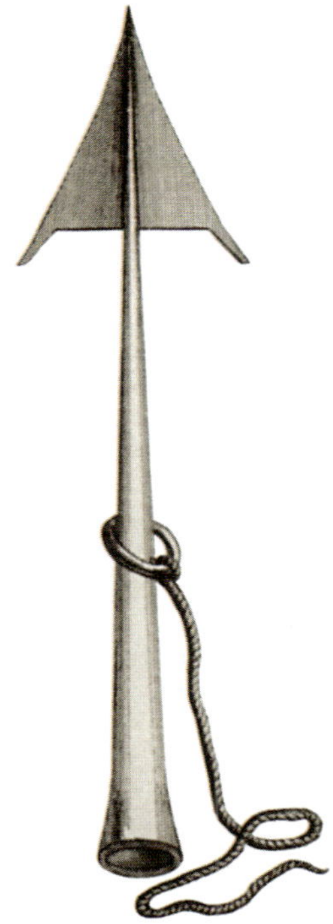

Den Walfang im Eismeer zeigt dieses von der Insel Föhr stammende Gemälde aus dem Jahre 1776. Die Schiffe haben an den Eiskanten festgemacht, während die Schaluppen im Gewirr der Eisschollen Jagd auf Wale machen. Der Harpunier war der wichtigste Mann an Bord. Seine Kraft und Geschicklichkeit waren die Voraussetzung dafür, die Harpune (rechts) ins Ziel zu bringen und den Wal zu erbeuten.

ter oder die älteren Brüder ums Leben gekommen waren.

Etwa um 1770 herum machte sich der Raubbau am Bestand der Wale zunehmend bemerkbar, und nicht selten kehrten die Schiffe ohne Beute zurück. Um die Reisen in das Eismeer rentabel zu halten, wurden nun zunehmend Robben geschlagen, aus deren Speckschicht man ebenfalls Tran auskochen konnte und deren Felle sich verwerten ließen. Die arktischen Robbenarten kannten den Menschen zunächst nicht als Feind, blieben ruhig liegen und ließen sich nebst ihren Jungen totschlagen. So waren auch die riesigen Rudel der Robben bald dezimiert.

Nach den napoleonischen Kriegswirren blühten Walfang und Robbenschlag ab den zwanziger Jahren des 19. Jahrhunderts noch einmal in bescheidenem Umfang auf. In Kiel und Flensburg, in Glückstadt, Elsfleth und Brake gab es Reeder, die Schiffe zur „Grönlandfahrt“ auf Walfang und Robbenschlag ausrüsteten. Und es gab auf den nordfriesischen Inseln noch einmal Kommandeure. Der letzte von der Insel Sylt war Peter Eschels, der das Schiff „Wettrenner“ von Altona im Jahre 1836 in das Eismeer führte, dort aber im Eis steckenblieb und mitsamt seiner Besatzung unter unsagbaren Mühen nach Spitzbergen gelangte. Hier wurde ein russisches Schiff gefunden, dessen Besatzung an einer Seuche gestorben war. Es gelang, dieses Schiff flottzumachen und damit die Heimat zu erreichen.

Der letzte Föhrer Kommandeur, Simon Nahmen Paulsen, führte von 1846 bis 1856 den Flensburger Grönlandfahrer „Apollo“, und die letzten Amrumer Kommandeure waren um 1860 die Brüder Marten und Knudt Martens auf Schiffen von Elsfleth.

Weltweite Seefahrt

Die Eismeerfahrten auf Walfang und Robbenschlag beschränkten sich auf die Zeit zwischen Februar und August, so daß die Walfänger im Winter zu Hause waren. Im Eismeer und auf Spitzbergen, Jan Mayen und Grönland kamen die Inselfriesen nur mit der Natur in Berührung „und wurden nicht zu neuen Moden und Sitten verführt“, wie der Sylter Chronist Christian Peter Hansen notierte. Das änderte sich aber durch den Übergang von der „Grönlandfahrt“ zur weltweiten Seefahrt, „als aus den rohen Speckschneidern weltgewandte Kapitäne und Navigateure wurden“.

Die Kap-Hoorn-Region forderte mit ihren Stürmen zahlreiche Todesopfer unter den Seefahrern. Das Bild zeigt die Hamburger Bark „Pindos“, geführt von Kapitän Willem Peters von der Insel Amrum, in Havarie. Drei Mann verloren auf dieser Reise im Jahre 1907 ihr Leben.

Theide Peter Clementz (1736–1815) stammte aus Keitum auf Sylt und führte Kopenhagener Handelsschiffe. Später war er – wie viele Kapitäne jener Zeit – Ratsmann auf seiner Heimatinsel.

Es trifft aber nicht zu – wie in der älteren Literatur berichtet –, daß die „Grönlandfahrten“ der Einstieg für die inselfriesische Seefahrt waren. Vielmehr wurde Handelsseefahrt schon vorher betrieben, und nicht zufällig suchten niederländische Reeder ebenso wie die Hamburger auf Inseln und Halligen Mannschaften für ihre Schiffe.

Die seit dem Mittelalter von den Inselfriesen betriebene Handelsseefahrt beschränkte sich jedoch zunächst auf den Bereich der Nord- und Ostsee, nach Westen bis Irland und nach Norden bis Bergen und Trondheim. Hier waren die Schiffer mit Galioten, Kuffschiffen, später Schmackschiffen und anderen Schiffstypen unterwegs, die eine Besatzung von etwa fünf bis acht Mann hatten. In der Regel waren die Schiffsführer auch Eigentümer oder wenigstens Teilhaber der Schiffe und trieben Handel auf eigene Rechnung. Zu den frühesten Nachrichten dieser Handelsseefahrt gehört ein „Freiheitsbrief“ des Königs Carl II. von Großbritannien, der im Jahre 1661 zwölf inselfriesischen Schiffen gestattete, nordische (norwegische) Waren in sein Land zu transportieren und dort mit ihnen Handel zu treiben. Weitere Nachrichten lassen dann erkennen, daß sich dieser Seeverkehr stark entwickelt hat, denn 1675 wendet sich der Statthalter Gyldenloewe aus Christiania (Oslo) an den dänischen König und meldet, daß die „Husum-Schiffer“ nun mit 70 bis 100 Schiffen die Gewässer besegeln und hiesige Schiffer große Konkurrenz erleiden.

Um Auflagen und Einschränkungen aus dem Wege zu segeln, siedelten sich in der Folgezeit zahlreiche Schiffer in Trondheim an und wurden „Schifferbürger“. Vom Ende des 17. bis Anfang des 19. Jahrhunderts stammten mindestens elf der dort ansässigen Schiffer von den Halligen und von Föhr, 16 von Amrum und ebenso viele von Sylt. Etliche dieser Schiffer blieben in Trondheim, heirateten Bürgertöchter und gründeten Familien, so daß es dort heute Tausende von Nachkommen inselfriesischer Seefahrer gibt.

Im Gefolge der weltweiten Entdekkungsreisen und Gründung von Kolonien durch die europäischen Seemächte entfalteten sich dann die Segel von „Kauffahrtei-Schiffen“ auf allen Ozeanen der Welt. Und auch hier stellten die Inseln und Halligen Mannschaften vom Schiffsjungen bis hinauf zum Kapitän. Sylt zählte um 1770 rund 2800 Einwohner, von denen 700 zur See fuhren. Ähnlich war das Verhältnis auf Föhr mit 6000 Bewohnern und

Die „Palmyra" des Hamburger Reeders Ferdinand Laeisz wurde in den Jahren um 1900 vom Amrumer Kapitän Carl Jessen und vom Föhrer Kapitän Eduard Paulsen auf Salpeterfahrten zur Westküste Südamerikas geführt.

1500 Seefahrern sowie auf Amrum mit 600 Seelen, davon 150 Seefahrer – jeweils ein Viertel der Bevölkerung und somit fast alle männlichen Erwerbspersonen fuhren zur See.

Schwerpunkte dieser nun weltumspannenden Seefahrt waren neben Städten in den Niederlanden Kopenhagen und das damals noch zum Gesamtstaat Dänemark gehörende Altona, aber auch andere Hafenstädte in den Herzogtümern. Sogar im russischen St. Petersburg und in Archangelsk standen inselfriesische Kapitäne in Diensten dortiger Reeder. Für Altona beispielsweise verzeichnen die dortigen Musterungsprotokolle des „Wasserschouts" in der Zeit von 1776 bis 1850 nicht weniger als 244 inselfriesische Kapitäne, die meisten von Sylt und Föhr.

Im Laufe des 19. Jahrhunderts entwickelte sich Hamburg zum größten deutschen Hafen. Schon im Jahre 1865 wurden hier über 500 Segelschiffe registriert. Früher hatte Hamburg wohl als Hafenstadt für Walfänger eine große Rolle gespielt, aber dann gab es nach dem Ende der Grönlandfahrten eine Unterbrechung, ehe nach dem Ende der napoleonischen Kriegswirren und dem Neubeginn der Handelsseefahrt sich inselfriesische Seefahrer in die dortigen Musterungsprotokolle einschreiben durften. Zwischen 1824 und 1914 lassen sich knapp 200 Kapitäne von den nordfriesischen Inseln und Halligen nachweisen. Hamburg war dann auch faktisch die „Endstation" der inselfriesischen Seefahrt. Zuletzt noch hatten Kapitäne von Sylt, Föhr, Amrum und den Halligen Hamburger Tiefwassersegler zu den Salpeterhäfen an der Westküste von Südamerika geführt und dabei das berüchtigte Kap Hoorn umrundet. Aber zunehmend machten Dampfschiffe den „Windjammern" Konkurrenz, und als mit dem Ersten Weltkrieg die Segelschiffe bis auf wenige Nachzügler von den Weltmeeren verschwanden, war für die Inselfriesen die bisher bedeutendste Epoche ihres Daseins, die über 500 Jahre dauernde Seefahrt, zu Ende. Nur relativ wenige – prozentual kaum mehr als aus anderen Teilen des Deutschen Reiches – traten in den Dienst der Dampfschiffahrt.

Abenteuer auf Leben und Tod

Es liegt in der Natur der Seefahrt, daß diese mit Dramatik, Bewährungen und Entbehrungen sowie Abenteuern verbunden war. Besonders bekannt wurde das Schicksal des jungen Amrumers Harck

Jan Paul Ketels (1810–1874) wurde in Borgsum auf Föhr geboren und führte in der Zeit von 1837 bis um 1860 Handelsschiffe der Hamburger Reederei Daniel Ross über alle Meere der Welt.

Mit dem Sextanten wurden die Winkel zwischen zwei entfernten Objekten sowie die Gestirnshöhen über dem Horizont gemessen, um den Standort auf See zu bestimmen.

Olufs, der im Jahre 1724 als 16jähriger Knabe auf einem Schiff, das seinem Vater Oluf Jensen gehörte, von Seeräubern des Osmanischen Großreiches gefangen und als Sklave auf dem Markt zu Algier verkauft wurde. Beim Bey zu Constantine diente er sich aber als Schatzmeister und Reiteroffizier hoch und erhielt nach zwölf Jahren die Freiheit. Mit gutem Lohn kehrte er in die Heimat zurück. Auch andere inselfriesische Seefahrer gerieten in türkische Gefangenschaft und Sklaverei, wurden von Verwandten, die alle Habe zusammenlegten, wieder freigekauft oder sahen erst nach vielen Jahren ihre Heimat wieder.

Im Januar 1857 strandete die Hamburger Brigg „Posa“, geführt von Kapitän Meinert Boysen aus Kampen auf Sylt, in der Molukkensee auf einem unter der Wasseroberfläche verborgenen Felsen. Die Besatzung konnte sich in das Boot retten, irrte aber fast zwei Wochen auf dem Meer umher, ehe Land in Sicht kam. Dort aber wurde sie von Eingeborenen überfallen und bis auf drei Männer ermordet. Später konnten die Überlebenden, darunter ein Matrose von Sylt, durch niederländische Kolonialbeamte befreit werden.

Dramatisch verlief auch die Strandung der Hamburger Viermastbark „Thekla“ im Jahre 1911 an der Küste von Feuerland. Sieben Seeleute, darunter ein Föhrer, fanden dabei den Tod, während sich die anderen auf Flößen an Land retten konnten. Hier trafen sie aber auf eine völlig unbewohnte Gegend und fristeten ihr Leben durch die Jagd auf Seelöwen, ehe sie nach zwei Monaten gerettet wurden. Einer der Überlebenden war der 3. Offizier des Seglers, Wilhelm Nommensen aus Boldixum auf Föhr.

Abenteuerlich verlief auch die Reise des Vollschiffes „Susanna“, geführt vom Föhrer Kapitän Christian Simon Jürgens. Zwischen dem 24. August und dem 23. November 1905 kämpften Schiff und Besatzung 99 Tage, ehe die Kap-Hoorn-Region bei unentwegt stürmischem Wetter umrundet werden konnte.

Navigationsschulen auf Sylt und Föhr

Der Walfang hatte den breiten Wohlstand gefördert, vor allem in der Anfangszeit, als die Wale noch häufig waren und die Ausbeute entsprechend groß ausfiel. Bei der Handelsseefahrt beschränkte sich der gute Verdienst jedoch auf den Kapitän und die Offiziersränge. Kein Wunder, daß sich die Inselfriesen durch Erlangung entsprechender Fähigkeiten bemühten, schnellstmöglich in diese Ränge aufzusteigen. Da auch die Handelsseefahrt in der Anfangszeit vorwiegend im Sommerhalbjahr betrieben wurde, war in den Wintermonaten Zeit, die privaten Navigationsschulen zu besuchen, die auf Sylt und Föhr eingerichtet wurden. In der Nachfolge des Pastors Richardus Petri an St. Laurentii in Süderende waren es ehemalige Kapitäne und Steuerleute, welche die „See bedankt“ hatten und nun gegen entsprechendes Entgelt Navigationsunterricht erteilten und auch gedruckte Lehrbücher verfaßten. Bekannt wurden vor allem Ocke Tückis (1688–1765) und Arfst Hansen (1716–1803) in Oevenum sowie Hinrich Brarens (1751–1826) aus Oldsum auf Föhr, der 1799 als Lotseninspektor nach Tönning berufen wurde, dort aber weiter als Lehrer und Examinator wirkte und insgesamt etwa 3500 Seefahrer in Schule und Examen hatte. Zwei seiner Töchter heirateten Söhne des in Hamburg lebenden Kaufmannes Sloman und begründeten später die intensive Beziehung der Reederei Sloman zu Föhr bzw. Föhrer Kapitänen.

Auf Sylt wirkte zunächst Gerson Kruppius (1672–1753), Sohn des dortigen Pastors, der nach dem Willen seines Vaters auch Theologie studieren sollte, aber zur See entfloh und später Kommandeur eines Hamburger Walfangschiffes wurde. Im Ruhestand betrieb er in Keitum eine Navigationsschule. In Westerland füllte sich die Stube des ehemaligen Kapitäns Carsten Hansen (1723–1799) mit „wißbegierigen Schülern und Berufsgenossen“, und ab 1838 richtete Hans Peter Köster in Tinnum eine Navigationsschule ein, nachdem er schon vorher seine Kenntnisse weitergegeben hatte. Sein

Sohn Peter Petersen Köster führte die Schule fort, nachdem er vorher zur See gefahren war. Aber infolge des Anschlusses an Preußen nach dem Krieg von 1864 wurden diese privaten Navigationsschulen aufgelöst und die Seefahrer an die staatlichen Schulen in Flensburg, Apenrade oder Altona verwiesen – ein empfindlicher Rückschlag für eine schnelle, erfolgreiche Seemannslaufbahn.

Die Heimatinseln im Zeichen der Seefahrt

Walfang und Handelsseefahrt spielten sich weit außerhalb der Inselheimat ab, wirkten aber natürlich in das Inselleben hinein. Die hohe Todesrate unter den Seefahrern wurde schon erwähnt. Beispielsweise kamen in der zweiten Hälfte des 18. Jahrhunderts im Kirchspiel St. Nicolai auf Föhr rund 30 Prozent der Seefahrer ums Leben. „In der Ostsee über Bord geschlagen", „In der Biskaya aus dem Mast gestürzt", „Beim Schiffbruch auf Skagen samt Bruder erstarrt", „In Batavia an Gelbfieber gestorben", „Bei Ameland gestrandet und ertrunken" – solche und ähnliche Nachrichten füllen zu Hunderten die Sterberegister aller Kirchengemeinden auf Inseln und Halligen.

Die Menge der Witwen, aber auch der Umstand, daß die Männer fast immer abwesend waren, bedingten ein ausgeprägtes Frauenregiment. Frauen regierten in Haus und Hof, erzogen die Kinder und trieben Landwirtschaft. Groß war dann die Not, wenn der Vater und Ehemann auf See verunglückte und sich Frau und Kinder durch Kleinlandwirtschaft und Tagelohn ernähren mußten. Versicherungen für die Seefahrer durch die Berufsgenossenschaft wurden erst Ende des 19. Jahrhunderts eingeführt – als die Seefahrerzeit der Inselfriesen bereits zu Ende ging.

Das ursprüngliche Friesenhaus war früher ein langgestrecktes, niedriges Gebäude, das erst im 18. Jahrhundert aus Feuerschutzgründen einen Giebel erhielt. Nun brachten wohlhabende Kommandeure und Kapitäne aus niederländischen und anderen Hafenstädten Möbel, Uhren und andere Dinge, vor allem aber Fliesen mit, um Fluren und Stuben – mindestens aber den „Pesel", die Wohnstube – zu schmücken. Der Königspesel des Kapitäns Tade Hans Bandix auf Hallig Hooge ist heute das schönste Zeugnis dieser Wohnkultur aus der Seefahrerzeit. Tade Hans Bandix steuerte in den 1770er Jahren mit Amsterdamer Schiffen Ostseehäfen an, deren drei auf einem Fliesentableau abgebildet sind.

Schmackschiffe und andere Küstenfrachter brachten die Walfänger und Seefahrer zu ihren Ausgangshäfen, dienten aber auch der Frachtfahrt auf Nord- und Ostsee. Auf Hallig Hooge und Amrum sind Fliesentableaus dieser Schiffe zu sehen.

Besondere „Denkmäler" der Seefahrt sind auch die kunstvoll gestalteten Grabsteine auf den Friedhöfen von Föhr und Amrum. Die meisten dieser Steine sind den Schiffern der Küstenfahrt, den Kommandeuren des Walfangs und den Kapitänen der weltweiten Handelsseefahrt ge-

Reihen kunstvoll gestalteter Grabsteine stehen auf dem St.-Nicolai-Friedhof zu Boldixum auf Föhr. Plastisch herausgemeißelte Handels- und Walfangschiffe weisen auf Kapitäne und Kommandeure hin – hier der Grabstein von Paye Volckerts (1703–1745).

Abgetakelt für den „Hafen der Ewigkeit“ ziert das niederländische Handelsschiff, von Ostende aus geführt vom Amrumer Kapitän Sönk Girres (1744–1827), den Giebel eines Grabsteins auf dem Amrumer Friedhof.

Der Grabstein des Kapitäns und Reeders Oluf Jensen (1672–1750) auf dem Amrumer Friedhof zeigt ein Handelsschiff in wildbewegter See und erzählt, daß sein Sohn Harck Olufs von türkischen Seeräubern gefangen wurde, aber nach zwölfjähriger Sklavenzeit wieder nach Hause zurückkehrte.

setzt, deren Schiffe in vollendeter Darstellung die Grabsteingiebel zieren – einige unter vollen Segeln, andere abgetakelt für den letzten Ruhehafen der Ewigkeit, umrahmt von barocken Schnörkeln und Allegorien.

Über die Lebensdaten der Seefahrer und ihrer Familien hinaus sind oft weitere, besondere Ereignisse in kunstvoller Schrift eingemeißelt. Und nicht wenige tragen Sprüche wie:

„Ich schiffte auf dem Meer,
nach Grönland hin und her.
Die Fahrt ist abgetan,
ich bin in Kanaan,
wo Wellen, Eis und Wind,
nicht mehr zu fürchten sind."
(Föhr)

Merkwürdigerweise fehlen solche Grabsteine bis auf vereinzelte Beispiele auf Sylt, obwohl die Seefahrer dieser Inseln mit den gleichen Kulturkreisen in Berührung kamen wie jene von Föhr und Amrum.

Bemerkenswert ist auch das Hochdeutsch auf fast allen Steinen in einer Zeit, als noch alle friesisch sprachen, Amrum und Westerland–Föhr Enklaven des dänischen Königreichs waren und Osterland–Föhr immerhin unter der Oberhoheit des dänischen Königshauses stand. Aber seit dem Mittelalter war zunächst Niederdeutsch, seit Ende des 17. Jahrhunderts Hochdeutsch auf den Inseln die Amts- und die Kirchensprache.

Die großen, älteren Liegeplatten sind wohl von professionellen Steinmetzen geschaffen, die Stelen mit den Schiffen jedoch ganz überwiegend von einheimischen Künstlern, die sich aus anderen handwerklichen Berufen heraus zu Steinmetzen heranbildeten. Auf Föhr wirkten vor allem Jens Payen (1711–1787), Arfst Hanckens (1735–1826) und Hay Japken (1765–1841), auf Amrum Jan Peters (1768–1855). Einige besonders schöne Steine schuf auch der von der Hallig Nordstrandischmoor stammende Tai Hinrichs (1718–1759).

Früher hatten fast alle Häuser auf Inseln und Halligen irgendeine Beziehung zur See, wenn nicht mit Fliesenstuben oder Gegenständen aus fernen Ländern, dann mit Gemälden von Segelschiffen, den sogenannten Kapitänsbildern. Vieles davon ist inzwischen in Museen ausgestellt, anderes an Antiquitätenhändler verkauft und so der Inselwelt verlorengegangen. Auch manche Seefahrerstube ist modernen Neubauten gewichen. Die Segelschiffe auf den Grabsteinen gehören zu den letzten Zeugen der Erinnerung an die bisher bedeutendste Epoche der inselfriesischen Geschichte.

Skap üüb strun – Schiff auf Strand!

Georg Quedens

Während die Inselfriesen den Walfang im nördlichen Eismeer und die Handelsfahrt über alle Meere und Ozeane der Welt betrieben, spielte sich ein weiteres Kapitel der Seefahrt im unmittelbaren Küstenbereich der Insulaner ab: die Schiffsstrandungen.

Solange Segelschiffe die Seefahrt dominierten – bis um 1900 –, gab es kaum einen Sturm ohne Strandungsfall, sei es auf Sylt und Amrum, Eiderstedt oder Helgoland. Auch auf den Seesänden vor den Halligen, vor allem auf Süderoogsand, wurden zahlreiche Strandungen verzeichnet. Stürme forderten aber auch noch unter den Dampf- und Motorschiffen ihren Tribut. Bis in die jüngste Gegenwart hin kommt es zu Unglücksfällen, so im Oktober 1998, als der Holzfrachter „Pallas" bei Amrum strandete und monatelang Schlagzeilen verursachte.

Wie kein anderes Thema des Insellebens sind Strandungsfälle in Archiven, in privaten und behördlichen Aufzeichnungen, dokumentiert worden, standen doch oft hohe Werte auf dem Spiel, die hinsichtlich des Bergelohnes, der Versicherung und des landesherrschaftlichen Anteils entsprechende Regularien erforderlich machten. Denn bis zum Jahre 1803 war auch die Staatskasse an den aus Schiffsstrandungen entstehenden Auktionserlösen beteiligt. Die seit dem Ausgang des Mittelalters bestehende Regel lautete: ein Drittel vom Wert des Geborgenen für den Landesherrn, ein weiteres Drittel für die Berger und nur ein letztes Drittel für die Eigentümer von Schiff und Ladung, also für Reeder, Kaufleute oder Kapitäne. Doch war die Gesetzgebung auf den Inseln in der Westsee – wie die Nordsee hier früher genannt wurde – nicht einheitlich. Wo das schon seit dem späten Mittelalter geltende dänische Strandrecht bestand, beispielsweise in der Enklave Listland, waren die Insulaner zur Hilfeleistung verpflichtet und mußten die Eigentumsrechte der Schiffseigner respektieren, sofern es sich nicht um Strandgut handelte, dessen Besitzer unbekannt war. Nur die Berger hatten Anspruch auf entsprechende Vergütung. Im übrigen aber galt im Bereich der Westseeinseln, auch in der dänischen Enklave Westerland–Föhr-Amrum, die Schleswig-Holsteinische Strandordnung mit dem genannten Anspruch der Staatskasse. Erst in der neuen Verordnung von 1803 für die Herzogtümer Schleswig und Holstein gab der dänische König Christian VII. kund und zu wissen, „daß WIR den bisher in UNSERE Kasse geflossenen Anteil nachlassen ..." Ebenso wurde in der neuen Verordnung auch stärkeres Gewicht „auf Veranstaltungen zur Rettung der Schiffsleute" gelegt.

Schon im 14. Jahrhundert waren Strandvögte eingesetzt worden, die in ihrem jeweiligen Bezirk allein berechtigt waren, Schiffsbergungen zu leiten und angetriebenes Strandgut zu bergen. Der damit erzielte Auktionserlös wurde entsprechend den genannten Regeln verteilt. Erst im Jahre 1991 löste man die Strandvogteien an der deutschen Nordseeküste mangels Ertrag auf, nachdem schon Ende des 19. Jahrhunderts die Bergung von gestrandeten Schiffen an professionelle und technisch gut ausgerüstete Bergungsgesellschaften, deren Agenten und Schlepper an der Küste lauerten, übergegangen war. Vorher waren bei einer Bergungsaktion viele Insulaner mit ihren Fuhrwerken beteiligt, gab es doch in früheren Jahrhunderten keine andere Erwerbsquelle, mit der in kurzer Zeit so viel Geld zu verdienen war. Auf Amrum wurde in der Zeit von 1820 bis 1901 auch die St.-Clemens-Gemeinde mit fünf Prozent an den Bergelöhnen beteiligt, um das Schul- und Armenwesen und die Unterhaltung des Kirchengebäudes zu finanzieren. Der Küster Paul Feddersen führte seit 1808 als Strandhauptmann die Oberaufsicht über die Strandvögte.

Die legale Bergung von Schiffs- und Strandgütern war die eine Seite der Strandungsfälle – die andere war die der verbotenen Strandräuberei. Ungeachtet der ansonsten hohen Maßstäbe sittlicher Lebensführung galt den Küsten- und Insel-

Ruderrettungsboote, über Ablaufbahnen oder Kippwagen zu Wasser gebracht, waren lange Zeit das wichtigste Rettungsmittel. Erst nach 1900 wurden Motorrettungsboote, einsatzbereit in Häfen liegend, in den Dienst gestellt.

bewohnern die Strandräuberei nicht als unehrenhaft, sondern als legitimes Fund- und Bergungsrecht. Staatliche Verordnungen und die Zuständigkeit der Strandvögte wurden bis in die Gegenwart hinein von der Bevölkerung mißachtet, obwohl auf Strandraub strenge Strafen standen. Beispielsweise mußten sich 1699 fast 20 Personen aus dem Sylter Dünendorf Rantum vor Gericht verantworten, weil sie ein Faß Wein „vom Strande paredieret" hatten. Schon vorher, 1682, war fast die gesamte Einwohnerschaft Rantums in Untersuchungshaft genommen worden. Und vermutlich war die Ermordung des Strandvogtes Niß Bohn im Tumult seiner Hochzeitsfeier 1692 eine Rachetat von Strandräubern.

Als im Jahre 1816 die britische Brigg „Emoulus" bei Amrum gestrandet und die Ladung von Amrumer Bergern an Land gebracht worden war, stellte sich bei einem Vergleich zwischen den geborgenen und den zur Auktion gelangten Gütern heraus, daß etliches fehlte. Nach einer „Criminal-Untersuchung" wurden 27 Männer der Insel als Strandräuber ermittelt und zu Gefängnisstrafen verurteilt.

Noch schlimmer erging es vier Amrumern, die 1833 einige auf See treibende Teerfässer eines gestrandeten Bremer Schiffes geborgen und heimlich an Land gebracht hatten. Sie wurden zu einem bis anderthalb Jahren Zuchthaus verurteilt, obwohl sich der Birkvogt von Westerland-Föhr-Amrum für die Delinquenten verwandte und auf die Not der Familie hinwies, die so für geraume Zeit ihres Ernährers beraubt würden. Ein weiterer Fall ist aus dem Jahr 1824 überliefert, als es nach der Strandung der englischen Brigg „Elisabeth" an der Küste Eiderstedts zu Plünderungen und Gewalttaten kam.

Strandräuberei war natürlich auch Ausdruck einer heute unvorstellbaren Armut von Familien, deren Ernährer auf See verunglückt war und eine Seemannswitwe mit unversorgter Kinderschar hinterlassen hatte. Auch in den Notjahren der beiden Weltkriege blühte der „Strandgang" wieder auf. Aus versenkten Schiffen trieben immer wieder wertvolle Güter an, und besonders dankbar wurde an der gesamten nordfriesischen Küste der „Apfelsinen-Segen" Anfang des Jahres 1948 begrüßt, als nach der Havarie eines Frachters alle Strände von diesen Südfrüchten bedeckt waren. Viele Insulaner und Küstenbewohner waren auf den Beinen, um die lange entbehrten Südfrüchte eimerweise heimzutragen.

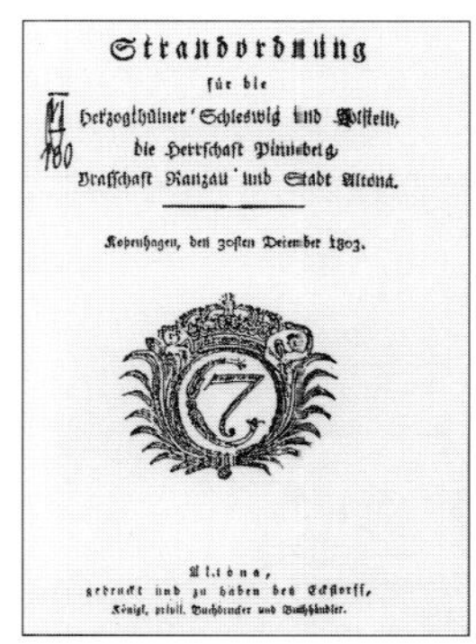

Strandordnung
für die
Herzogthümer Schleswig und Holstein,
die Herrschaft Pinneberg,
Grafschaft Ranzau und Stadt Altona.

Kopenhagen, den 30sten December 1803.

Altona,
gedruckt und zu haben bey Eckstorff,
Königl. privil. Buchdrucker und Buchhändler.

Mit der „Strandordnung" des Jahres 1803 verzichtete die Staatskasse vollständig auf das bisherige Drittel, das ihr zuvor vom Auktionserlös aus Strandungs- und Bergungsfällen zugestanden hatte.

Seit dem Mittelalter und noch bis zum Jahre 1991 gab es in den Insel- und Küstengemeinden Strandvögte, die nach Sturmfluten ihren jeweiligen Bezirk kontrollierten, um Strandgut einzusammeln. Die Fundstücke wurden auf Strandauktionen verkauft, wobei der Erlös nach Abzug des Bergelohns für den Strandvogt in die Staatskasse floß.

Zahlreiche Segelschiffe gerieten in früheren Jahrhunderten in die Brandung der Inselstrände und gingen oft samt Ladung und Besatzung zugrunde – für Maler dramatische Motive, entsprechend den heutigen Katastrophenbildern im Fernsehen.

Noch brennt der Holzfrachter „Pallas", gestrandet am 29. Oktober 1998 bei Amrum. Ein Bergungsteam wird an Bord gesetzt, um Trossenverbindungen zu Schleppern herzustellen. Doch das Abschleppmanöver mißlingt, und die „Pallas" bleibt als Wrack liegen.

Seenotrettungskreuzer „Eiswette" der Station Amrum im Einsatz. Weitere Stationen im Bereich der nordfriesischen Küste sind List, Nordstrand und Helgoland. Neben Hilfe bei Schiffsunfällen gehören auch Krankentransporte und Versorgungsfahrten zu Inseln und Halligen zum Aufgabenbereich.

Die Dramatik der Strandungsfälle, die Verluste an Menschen und Gütern sind ein Kapitel für sich. Nachweislich sind im Bereich der nordfriesischen Inseln, insbesondere vor Sylt und Amrum, seit dem 17. Jahrhundert über 400 Schiffe gestrandet. „Wie viele Todesschreie hat der Sturm verweht und wie viel wertvolles Gut ist in die Tiefe gesunken?" fragte der Sylter Lehrer Christian Peter Hansen 1856 in seiner „Chronik der friesischen Uthlande".

Kaum eine andere Küste der Welt hat so viele Strandungen aufzuweisen wie die von Nordfriesland. Eine Ursache dafür ist ihre Lage im Bereich wichtiger Schiffsrouten, etwa von Hamburg und Bremen nach Übersee. Ein weiterer Faktor waren und sind die Untiefen und Sandbänke weit vor den Inseln. Erst um die Wende vom 19. zum 20. Jahrhundert erfolgte eine zusammenhängende Sicherung der Küste durch Leuchtfeuer. Den Inselfriesen wird übrigens nachgesagt, daß sie früher mit falschen Feuerzeichen Schiffe auf den Strand gelockt haben, bewiesen sind solche Behauptungen jedoch nicht. Immerhin nimmt ein Strandgesetz aus dem Jahr 1706 darauf Bezug und bedroht falsche Zeichengebung mit der Todesstrafe.

Relativ spät entstanden an der Küste Rettungseinrichtungen für Schiffbrüchige – zu einem Zeitpunkt, als vergleichbare Institutionen in England und Dänemark schon auf eine lange Tradition zurückblicken konnten. Aus zunächst einzelnen Unternehmungen von Hafenstädten entstand 1865 die Deutsche Gesellschaft zur Rettung Schiffbrüchiger (DGzRS), die unverzüglich auf Sylt und Amrum, später auch in St. Peter-Ording Rettungsboote oder Raketenapparate für die Rettung per Hosenboje stationierte. In den Jahrbüchern der Gesellschaft sind die oft dramatischen Rettungseinsätze dokumentiert, bei denen in einigen Fällen Rettungsmänner ihr Leben verloren. Am 31. Oktober 1890 etwa kenterte das Amrumer Ruderrettungsboot, das zu einem Strandungsfall vor Wenningstedt auf Sylt gerufen worden war, in einer Grundsee nahe Hörnum. Zwei Rettungsmänner ertranken. Am 23. Februar 1967 kam der Helgoländer Seenotrettungskreuzer „Adolph Bermpohl" einem sinkenden niederländischen Kutter zur Hilfe. Es gelang zunächst bei schwerem Orkan, die Kutterbesatzung zu übernehmen, wenig später jedoch kenterte der Rettungskreuzer in einer Grundsee; alle vier Rettungsmänner und die drei kurz zuvor geretteten Niederländer kamen dabei ums Leben. Spurlos verschwand im November 1947 das Ordinger Motorrettungsboot mit drei Mann Besatzung. Es war vermutlich auf eine der noch im Meer treibenden Minen gelaufen und völlig zerfetzt worden.

Nach dem Zweiten Weltkrieg hat die Deutsche Gesellschaft zur Rettung Schiffbrüchiger ihre Stationen im Bereich der nordfriesischen Inseln erweitert und die Standorte Helgoland, Nordstrand, Amrum und List mit modernen Seenotrettungskreuzern versehen. Auf weiteren Stationen liegen kleinere Strandrettungsboote. Einige hundert Schiffbrüchige verdanken dem Einsatz mutiger Rettungsmänner seit Bestehen der Gesellschaft ihr Leben.

In seinem Gedicht „Nis Randers" hat der Schriftsteller Otto Ernst (1862–1926) die Rettung aus Seenot thematisiert und darin zugleich ein heroisches Bild der Friesen gemalt: „Nun springt er ins Boot und mit ihm noch sechs / hohes, hartes Friesengewächs". Ganze Schülergenerationen in Deutschland lernten früher dieses Poem auswendig, in dem einem friesischen Rettungsmann ein literarisches Denkmal gesetzt wurde.

„Große" und „kleine" Leute – zur Sozialgeschichte der nordfriesischen Marschen

Sönnich Volquardsen

Seit der im 19. Jahrhundert einsetzenden Romantisierung des nordfriesischen Volkes hat sich hartnäckig die Vorstellung erhalten, bei den „stolzen Friesen" habe schon immer eine klassenlose Gesellschaft bestanden. „Keine Herren über uns, keine Knechte unter uns!" soll ein nordfriesischer Wahlspruch gelautet haben, und noch um 1920 reimte Dr. August Geerkens aus Eiderstedt mit Blick auf die Kolonisation der friesischen Utlande: „Dann zog um das Land man den ersten Deich, und die ihn bauten, macht' er alle gleich ..." Genau das Gegenteil aber ist der Fall.

Die Sozialgeschichte Nordfrieslands ist bisher unzureichend erforscht. Manche bisher verbreitete Klischees sind nicht haltbar, Differenzierungen angebracht. Hier seien beispielhaft vor allem für die Marsch Nordfrieslands einige Sachverhalte angesprochen und Fragen aufgeworfen.

Als die friesischen Siedler vor etwa einem Jahrtausend mit ihren Langschiffen von der südlichen Nordseeküste aufbrachen und die herrenlosen Marschflächen zwischen Eider und Wiedau in Besitz nahmen und kultivierten, gab es schon Mächtige und Untergebene. Die Errichtung von Warften, der Bau eines planmäßigen Grabennetzes zur Entwässerung des versumpften Marschlandes und nicht zuletzt die Eindeichung eines Kooges – alle diese Tätigkeiten erforderten eine ganz erhebliche Konzentration von Arbeitskräften, die unter einem einheitlichen Willen wohl nicht immer freiwillig zum Einsatz kamen. Das Entgelt bestand zunächst nur in der Aussicht, sein Auskommen zu finden und einen Wohnplatz auf der neuen Warft zu erhalten. Dicht gedrängt hauste dort eine Arbeits- und Interessengemeinschaft, doch bereits hier dominierten einzelne Mitglieder, vermutlich diejenigen, die Vieh besaßen. Viehbesitz war die erste Währungseinheit Nordfrieslands, und in dem Maße, wie einzelne Mitglieder der Warftgemeinschaft diesen Besitz vergrößerten, wuchs auch ihr Einfluß. Sinnfälligen Ausdruck fand dieses agrarische System bei der Eindeichung des neuen Kooges: Das Land wurde zu Höfen in Einzellage aufgeteilt; die besitzlosen Arbeiter dagegen errichteten ihre Hütten auf den Mitteldeichen und häufig auch auf dem Seedeich. Der neue Hofbesitzer strebte also nach Abstand von denjenigen, die für ihn die Arbeit erledigten und im Grunde die Quelle seines Wohlstands waren.

Derart große soziale Unterschiede bestanden jedoch nur in den fruchtbaren Marschkögen des nordfriesischen Festlandes. Auf der Geest und den nordfriesischen Inseln und Halligen lebte man enger zusammen: Hier aßen Bauer und Gesinde stets an einem Tisch und wohl oftmals auch aus einer Schüssel. Bauer und Gesinde verrichteten gemeinsam alle Arbeiten, und auch die Auswahl der Ehepartner unterlag nicht so sehr wie in der Marsch den Zwängen einer hohen Mitgift.

Umfangreiche Familienchroniken von Marschhofbesitzern gibt es zur Genüge. Wie aber sah dort früher das Leben eines Landarbeiters aus? Noch um 1946 erzählte der 70jährige Hofbesitzersohn Dr. August Geerkens aus Eiderstedt: „Wer in alten Zeiten beim Bauern gedient hatte, war anderen Leuten in manchem voraus, denn er hatte viel gelernt, und außerdem war er dabei noch groß und stark geworden. Zunächst hatte er Ordnung und Appell gelernt. Die wurden derart mit Prügel und Schimpfen in ihn hineingeknüppelt, bis sie festsaßen und nicht wieder verlorengingen. Solch ein alter Eiderstedter Bauernknecht, jetzt ein rechtschaffen alter und steifer Tagelöhner, der riß noch immer die Knochen ein wenig zusammen, wenn ein Bauer das Wort an ihn richtete. Das war kein Sich-Wegwerfen! Und es war erst recht nicht so – wie wir es später oft erlebt haben –, daß er dem Bauern sein Vorrecht nicht gönnte. Wer früher als Dienstjunge oder Kleinmagd zum Bauern kam, dem wurde nichts geschenkt. Sie wurden nicht nur zurechtgestoßen, sondern lernten auch zu arbeiten. Es gab Höfe, wo zunächst jeden Morgen die Dienstjungen verprügelt wurden."

Dr. Geerkens propagiert in seinem Vortrag auch den Vorteil der „Sommerschule", die es arm geborenen Arbeiterkindern ermöglichte, während des Sommers „in Dienst" zu gehen und nur ganz sporadisch die Schule zu besuchen: „Die frühere ‚Sommerschule' war eine gute Einrichtung. Die Arbeiterkinder kamen mit elf, zwölf Jahren zwei bis drei Sommer zum Bauern, gingen dann bloß am Mittwoch und Sonnabendvormittag zur Schule, wurden dafür aber erst mit 16 Jahren aus der Schule entlassen und mußten diese während des ganzen letzten Schuljahres besuchen. Sie waren zu diesem Zeitpunkt älter und verständiger geworden und lernten doch noch etwas, und Arbeiten hatten sie auch gelernt und dabei gut zu essen gehabt – besser als zu Hause."

Es gibt aber auch Berichte, die eine andere Sicht der Dinge vermitteln: Der Sohn eines ehemals vom regelmäßigen Schulbesuch befreiten Dienstjungen äußerte sich eher kritisch: „Kein Wunder, daß der Lehrer solche Kinder in seiner Schulklasse lieber gehen als kommen sah. Die Gefahr, daß ein Dienstjunge, dessen Kleidung immer nach dem Stall roch, einmal übermütig wurde, war nicht groß."

Ein 1897 geborener Landarbeiter berichtete: „Wir waren zu Hause zehn Kinder, daher war die Not wohl ein wenig zu groß, und so wurde ich mit zwölf Jahren ‚dispensiert' und kam zum Bauern. Mein Dienstherr hatte nun aber ungewöhnlich viel Glück, denn unser Schulmeister war nicht verheiratet und bei meinem Bauern auf Kost. Er ‚übersah' daher regelmäßig, daß ich oftmals fünf bis sechs Wochen lang überhaupt nicht die Schule besuchte."

So sorgten offenbar viele Hofbesitzer in stillschweigender Übereinkunft mit dem dörflichen Pastor und dem finanziell abhängigen Lehrer für ausreichenden Nachschub an unausgebildeten Arbeitskräften, die später als preiswerte Tagelöhner zur Verfügung stehen würden, weil andere berufliche Möglichkeiten im Agrarland Nordfriesland fehlten.

Peninne Kroll, Witwe eines Tagelöhners aus der Wiedingharde, 1915 von einem Kunsterzieher porträtiert, der hier kriegsgefangene Russen zu beaufsichtigen hatte. Peninnes Kinder waren schon frühzeitig wegen besserer Verdienstmöglichkeiten nach Amerika ausgewandert.

Und nicht nur das: Bei genauerer Betrachtung der oftmals schon von Frost und Regen unleserlich gemachten Namenslisten für die im Ersten Weltkrieg gefallenen Soldaten drängt sich der Eindruck auf, daß hier die „kleinen Leute" überproportional zahlreich vertreten sind. Ein Beispiel: Die imposante Granitsäule, die die agrarisch geprägte „dankbare Heimatgemeinde" Tetenbüll (Eiderstedt) ihren „gefallenen Söhnen" um 1920 errichtete, verzeichnet 59 Namen, davon 53 „kleine Leute" und sechs Angehörige der besitzenden Klasse. Haben die Hofbesitzer, deren Anteil an der Bevölkerung immerhin fast ein Drittel ausmachte, sich damals noch von gefährlichen Einsätzen freikaufen können?

„Wie tolpatschig war man doch nur", berichtete ein „alter Krieger": „Da meldete ich mich in Frankreich freiwillig zu einem Spähtrupp, wofür man uns das Eiserne Kreuz versprach. Alles verlief jedoch glimpflich, und unsere Mutter konnte dann stolz in den ‚Gardinger Nachrichten' lesen, daß ich, ‚Sohn des

In stolzer und selbstbewußter Pose porträtierte Carl Ludwig Jessen den Lindholmer Müller Peter Volquardsen auf diesem Ölgemälde aus dem Jahre 1879. Die Haltung des Müllers entspricht seiner gehobenen sozialen Stellung im dörflichen Leben.

Landarbeiters Jacob Cornils aus Tetenbüll, wegen Tapferkeit vor dem Feinde mit dem Eisernen Kreuz ausgezeichnet wurde'. Das verschaffte ihr erheblichen Respekt bei den großen Bauernfrauen, aber ich hätte ebensogut tot sein können." Es bedurfte also anscheinend der Hölle von Verdun, ehe ein arm geborener Tagelöhnersohn den reichen Nachbarn Respekt abnötigen konnte.

Schon 1795 hatte der Rektor der Gardinger Lateinschule, Friedrich Carl Volckmar, über die desolate Situation der Landarbeiter in Eiderstedt berichtet: „Man hat hier keine Erntefeste. Die Hausleute' [Hofbesitzer] bedingen es sich schon häufig aus, daß die Arbeitsleute [Drescher] von ihrer Tenne nach Hause gehen, und wenn auch das nicht, so nehmen doch diese keinen Anteil an den Freuden der frohen Ernte der Begüterten. Wie muß es den Arbeitern zu Muthe seyn, die immer nur ihr sauer verdientes Theil erhalten, indeß dem Hofbesitzer das seinige so reichlich zugemessen wird. – Überhaupt hat der Mensch hier wenig Gefühl für Freuden, die daraus entstehen, daß er andere vergnügt sieht. Er ist in sich verschlossen und will nur auf seine eigene Art für sich allein sich freuen."

Heiratete ein junger Landarbeiter, kam die Sorge ums tägliche Brot für seine Familie hinzu, denn Ersparnisse konnten vom kleinen Lohn kaum zurückgelegt werden. Wenn später die Kinder nicht für ihre alten, arbeitsunfähigen Eltern sorgten, blieben als Endstation nur die gemeindeeigenen Armenhäuser, von denen es in Eiderstedt im 19. Jahrhundert überdurchschnittlich viele gab. Deren Insassen rangierten in der streng geordneten Sitzverteilung beim sonntäglichen Gottesdienst auf der hintersten Bank, während die „großen Bauern" mit ihren Familien die vordersten Plätze einnahmen. Ehen zwischen Bauern- und Arbeiterkindern waren verpönt, weil hier der sonst übliche Kapitalzufluß zum Hof entfallen mußte. Sichtbaren Ausdruck fand dieser Kastengeist vieler Hofbesitzer auf den Kirchhöfen: Wohlhabende Bauern errichteten für ihre Toten regelrechte Grabkammern. Aber auch diese Monumente verfielen mit der Zeit. Selten findet man heute auf Kirchhöfen ein Grabmal, das älter als 150 Jahre ist.

Bezeichnend für die Not, die in Tagelöhnerfamilien herrschte, wenn Winter und Frost jede Verdienstmöglichkeit zunichte machten, ist folgende Eintragung vom 22. März 1883 im Anschreibebuch eines Hofbesitzers: „Magd Mathilde Wolfs Vater durch Tochter holen lassen 15 Mark.“ Die Eltern und jüngeren Geschwister benötigten den Lohn der älteren Tochter bzw. Schwester zum Überleben. Den entwürdigenden Gang zum Armenkollegium des Kirchspiels, dem die größeren Bauern und der Pastor angehörten, scheute ein Arbeiter, solange es eben ging. War dieser Gang aber zuletzt unvermeidlich geworden, traten ihn durchweg die Ehefrauen an.

Was geschah nun, wenn ein Tagelöhner, der die Familie mit seiner Hände Arbeit ernährte, jung starb? Die Tochter eines solchen Tagelöhners hat sich 1989 im hohen Alter an die damaligen Probleme erinnert: Nach dem Tod ihres Vaters habe die Mutter sieben Kinder versorgen müssen, die älteste Tochter kam „in Stellung“, ein jüngerer Bruder als Dienstjunge zum Bauern. „Sicher, dann war ein Esser weniger.“ Für die Mutter ergab sich die Gelegenheit zur Wiederverheiratung, aber die vielen Kinder waren dem neuen Ehepartner zunächst im Weg. Er hätte sie am liebsten ins dörfliche Armenhaus abgeschoben, doch der Gemeindevorsteher sperrte sich dagegen.

Wie weit die Kontrolle ging, die ein Hofbesitzer über seine Arbeiter ausübte, zeigt ein Vorfall vom Ende des 17. Jahrhunderts. In einem Gerichtsverfahren beschuldigte der Hofbesitzer Sibbern Carstens auf Groß Bombüll (Klanxbüll) seinen früheren Knecht Heine Lützen der Unbotmäßigkeit. Dieser habe sogar mit einer Frau, die ebenfalls auf Bombüll diente, ein Liebesverhältnis angefangen „und mit ehr sölke ergerlike Dinge bedrewen“, daß man sich habe trennen müssen. – Wenn nun aber die Untergebenen schon „sölke ergerlike Dinge“ miteinander betrieben, so geschah dies zumeist in gegenseitigem Einverständnis. Ein dunkles Kapitel sind dagegen die meistens als Kavaliersdelikt abgetanen sexuellen Übergriffe mächtiger Hofbesitzer auf ihre abhängigen Mägde.

In der Selbstverwaltungshierarchie Nordfrieslands besaßen die mit der Deichunterhaltung und Entwässerung verknüpften Ämter der Deichgrafen und Deichvögte herausragenden Stellenwert. Die Inhaber dieser Ämter waren für Arbeiter und Tagelöhner außerhalb der Erntezeiten wichtige Arbeitgeber, deren Wohlwollen es zu bewahren galt.

Bei der harten Arbeit mußten oft auch die Ehefrauen mit Hand anlegen, wie zum

Im Gegensatz zum wohlhabenden Müller auf der gegenüberliegenden Seite schaut der Armenhäusler scheu und mißtrauisch in eine ihm nicht immer wohlgesonnene Umwelt. Entscheidend ist auch folgender Umstand: Der Müller hat den Künstler für seine Auftragsarbeit bezahlt, der arme Mann dagegen wird von Carl Ludwig Jessen, der dieses Ölgemälde – hier ein Ausschnitt – 1884 schuf, für das Modellsitzen mit einigen Groschen entlohnt worden sein.

Die repräsentative Diele eines Haubargs in Eiderstedt demonstriert mit jedem Detail ihres Interieurs den Reichtum des Besitzers.

Beispiel Amalie, die zweite Frau des Deicharbeiters Peter Dethlefsen in Benninghusum (Horsbüll). Aus der Ehe gingen 17 Kinder hervor. Wie schon früher ihren Vater, begleitete Amalie um 1900 auch ihren Mann bei jedem Wetter und war als tüchtige Arbeiterin am Außendeich bekannt. Weil andere Erwerbsmöglichkeiten fehlten, wurde der Akkordlohn für diese Arbeiten oft derart gesenkt, daß die Mithilfe der Ehefrau erforderlich war, um überhaupt einen bescheidenen Tagelohn zu erlangen. Eine kolossale Energie, verbunden mit eiserner Gesundheit, war die Voraussetzung für solche Leistungen, zumal die Frau zu Hause mit ihrer Kinderschar und einem kleinen Milchviehbestand wahrlich genug Beschäftigung hatte.

Besonders auf den nordfriesischen Inseln und Halligen zwang der Bevölkerungsüberschuß die nachwachsende Generation schon früh, neue Erwerbsmöglichkeiten außerhalb des Landes zu suchen. Viele fanden sie in der Seefahrt, im 17. und 18. Jahrhundert insbesondere im Walfang. Den glücklich heimgekehrten Seeleuten bot sich nun auf den Inseln und Halligen kaum die Möglichkeit, ihren Verdienst lohnend zu investieren. So wurden wohlhabende Seefahrer oftmals zu kleinen Privatbankiers, bei denen sich Bewohner des Festlandes die notwendigen Darlehen verschafften. Das hatte in Krisenzeiten ungewohnte Abhängigkeit zur Folge: Ein Pellwormer Hofbesitzer hatte sich während des dänischen Staatsbankrotts 1813 über das Eis auf die Hallig Hooge bemüht, um dort bei einem Kapitän ein Darlehen zu erbitten. Nach abschlägigem Bescheid und mühevoller Rückkehr ließ er seine Ehefrau wissen, daß er lieber Konkurs gehen wolle, als noch einmal einen solchen Gang anzutreten.

Wenn nun auf Inseln und Halligen die Seefahrt fast alle männlichen Arbeitskräfte in Anspruch nahm, so mußte die dortige Landwirtschaft von Frauen und alten Männern erledigt werden. Für Saisonarbeiten stand außerdem ein fast unerschöpflicher Strom von Wanderarbeitern aus Jütland zur Verfügung, die besonders in der Kornernte und beim Dreschen eingesetzt wurden. Sprachprobleme scheint es nicht gegeben zu haben, und so mancher Jütländer ist damals durch Einheirat in Nordfriesland seßhaft geworden. Nach Eiderstedt kamen jeden Herbst große Schnitter- und Drescherkolonnen aus der Probstei. In Nordfriesland wurden diese Arbeiter „Micken“ ge-

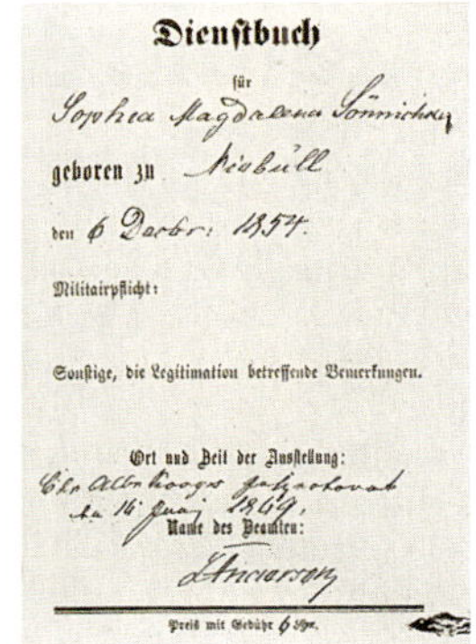
Dienstbuch
für
geboren zu
den
Militairpflicht:
Sonstige, die Legitimation betreffende Bemerkungen.
Ort und Zeit der Ausstellung:
Name des Beamten:
Preis mit Gebühr

Oben: Das Gesindebuch der 1854 in Niebüll geborenen Sophia Magdalena Sönnichsen wurde 1869 im Christian-Albrechts-Koog ausgestellt.

Links: Das Innere einer Schnitterhütte beim Nahnshof im Christian-Albrechts-Koog zeigt dieses Ölgemälde Carl Ludwig Jessens von 1866. Während des Herbstes zogen Schnitterkolonnen von der Geest in die Marsch und ernteten im Akkord das Korn. Ihre einfache Unterbringung stand in krassem Gegensatz zur repräsentativen Wohnkultur wohlhabender Bauern.

nannt, weil sie „mick“ anstatt „mir“ sagten. Ihr Treffpunkt in Eiderstedt war an Sonntagen die Warmhörner Gastwirtschaft, die heute noch als „Mickenkrog“ bezeichnet wird.

Armut drohte vor allem im Alter, und oft waren es verwitwete Frauen, die von der Not am härtesten betroffen waren. Wie es der Witwe eines Schullehrers aus der Wiedingharde erging, der 22 Jahre lang im Amt gewesen war, zeigt 1870 die Todeseintragung beim Ableben der Frau, die ihren Ehemann um zwölf Jahre überlebt und sich mit Strickarbeiten durchgeschlagen hatte: „… die Witwe Herlich Sörensen, 70 Jahre 11 Monate alt, aus Altersschwäche. Sie starb in Armut. Ihre Hoffnung auf eine Pension oder Unterstützung als Schullehrerwitwe aus öffentlichem Fonds war auf dem besten Wege sich zu verwirklichen, als der Tod sie zu einem besseren Leben hinwegführte.“

Diese wenigen Beispiele werfen grelle Schlaglichter auf das Verhältnis zwischen „großen“ und „kleinen“ Leuten im alten Nordfriesland. Hier hat sich inzwischen vieles grundlegend geändert: Verbesserte Verdienst- und Ausbildungsmöglichkeiten haben die „ärmeren Classen“ dem mächtigen Einfluß der hiesigen bäuerlichen und kaufmännischen Hierarchie entzogen. Natürlich war dies mit einer starken Abwanderung aus dem strukturschwachen Nordfriesland zu den neuen Arbeitsplätzen verbunden. Vergleicht man aber die heutigen Lebensumstände von Nachkommen ehemals „kleiner“ Leute aus Nordfriesland mit denen ihrer Eltern oder Großeltern, so kann der Unterschied schon nachdenklich stimmen.

Seefahrer, Goldsucher und Bauern – 400 Jahre Nordfriesen in Übersee

Paul-Heinz Pauseback

Für die nordfriesische Auswanderung nach Übersee spielte die auf Seefahrt ausgerichtete Lebensweise eines großen Teils der Bevölkerung auf den Inseln, Halligen und an der Küste eine wesentliche Rolle. So waren Seeleute die ersten Nordfriesen, welche die Küsten der Neuen Welt betraten. Ein Leutnant unter dem Kommando des berühmten englischen Kapitäns Sir Francis Drake mit dem anglisierten Namen Tomas Tuckson, der als „Friese aus Tondern" bezeichnet wurde, war wahrscheinlich einer der ersten dieser Seefahrer. 1585 fiel er bei einem Überfall der Engländer auf die spanische Festung St. Yago in Florida.

Im 17. und 18. Jahrhundert verdienten viele nordfriesische Seeleute ihre Heuer auf Walfängern oder anderen Schiffen niederländischer Reeder. Bereits 1624 überquerte das erste Schiff mit niederländischen Siedlern den Atlantik, weitere folgten in den nächsten Jahren. Die an der Mündung des Hudson River entstehende Siedlung nannten sie Neu-Amsterdam – das spätere New York. Ebenfalls zu Beginn des 17. Jahrhunderts setzten sich die Niederländer in Ostindien fest, wo sie die Festung Batavia, das heutige Jakarta, zum Zentrum ihres Handels vor allem mit gewinnbringenden Gewürzen ausbauten.

Amsterdam stieg zur Metropole des damaligen Welthandels auf. Die aufblühende Stadt benötigte stets Arbeitskräfte, die Handelskompanien suchten Matrosen und Soldaten für ihre Flotten und Unternehmungen in Übersee. Im Strom der Arbeitssuchenden, welche die große Stadt von weit her anzog, befanden sich auch Nordfriesen, wie zum Beispiel Jan Jacob Steen aus Koldenbüttel in Eiderstedt. Er hatte sich für den Dienst in Niederländisch-Ostindien anwerben lassen, wo er vor 1633 starb. Die heimkehrenden nordfriesischen Seefahrer hatten, wenn sie die Wintermonate bei ihren Familien in der Heimat verbrachten, eine Menge Geschichten zu erzählen, mochten sie diese selbst erlebt haben oder nur vom Hörensagen kennen: von Ostindienseglern mit wertvollen Gewürzen und seltenen Waren, die mit Gold und Silber aufgewogen wurden, von schnellem Reichtum und von neuen Siedlungen in Nordamerika sowie später am südafrikanischen Kap. In der Phantasie der Daheimgebliebenen begannen die fernen Gebiete jenseits der Meere langsam Gestalt anzunehmen und näher zu rücken. Der erste Schritt war damit getan: Man konnte über die eigene Lage nachdenken und sie mit den neuen Möglichkeiten vergleichen. Am Ende stand möglicherweise der Entschluß, selber auszuwandern.

Das 17. Jahrhundert war für Schleswig-Holstein eine unruhige Zeit, gekennzeichnet von Kriegen und wirtschaftlichem Niedergang, Hunger und Seuchen. Zusätzlich suchte 1634, zur Zeit des Dreißigjährigen Krieges (1618–1648), eine verheerende Sturmflut die nordfriesische Küste heim. In den folgenden Jahren höchster Not, getroffen vom „Strafgericht Gottes", wie die Naturkatastrophe vielfach empfunden wurde, begannen einige Nordfriesen in den jungen Ansiedlungen der Niederlande in Nordamerika einen Ausweg aus ihrer bedrängten Lage zu sehen.

1636 traf Jan Jansen van Breedstede (von Bredstedt) mit seiner Frau Engeltje, den Töchtern Tryntie, Dorothea und Elsje sowie dem Sohn Jan in Neu-Niederland ein und ließ sich auf Manhattan nieder. 1639 segelte eine Gruppe nordfriesischer Siedler auf dem Schiff „Brand van Trogen" („Brand von Troja") nach Neu-Amsterdam. Im selben Jahr schlossen sich Jan Fransse van Hoesen (von Husum) und seine Frau Volkje Juriaens van Nordstrand einem anderen Siedlungsunternehmen an. Sie gingen mit dem Amsterdamer Juwelier van Rensselaer nach Neu-Niederland. Die 20jährige Annetie Jacobs aus Tönning heiratete 1642 in Amsterdam den Niederländer Lambert van Valkenburg, 1644 lebten sie in Neu-Amsterdam und zogen später den Hudson aufwärts

Schnellere und größere Schiffe mit eisernen Rümpfen sollten den Reisenden ein Gefühl der Sicherheit vermitteln. Die Beförderung der Auswanderermassen wurde in den 1880er Jahren zur eingespielten Routine und zu einem profitablen Geschäft der Reedereien, die mit solchen Annoncen für die Vorzüge ihrer Schiffe warben. Der Tagelohn eines Landarbeiters betrug 1884 in Schleswig-Holstein durchschnittlich zwei Mark.

nach Beverwyck. Der Husumer Christian Jansz ging 1654 in die zwei Jahre zuvor gegründete niederländische Kolonie am südafrikanischen Kap. Weil er daheim nichts verdienen konnte, zog Volquard Iversen zunächst von Husum nach Amsterdam und dann weiter im Dienst der niederländischen Ostindischen Kompanie nach Ostindien.

Mitte des 17. Jahrhunderts bestand die Bevölkerung Neu-Amsterdams wahrscheinlich bis zu einem Viertel aus Friesen (Ost-, West- und Nordfriesen). 1664 eroberte eine englische Flotte die niederländischen Besitzungen in Nordamerika, aus Neu-Amsterdam wurde New York. In der Folgezeit ging die niederländische und damit auch friesische Einwanderung nach Nordamerika zurück. Allgemein war das 18. Jahrhundert im Zuge des Merkantilismus vom Bestreben der Landesherren geprägt, die einheimische Bevölkerung zum Nutzen des Staates zu halten und zu mehren. In diesem Zusammenhang ist auch das vom dänischen König Friedrich V. 1753 erlassene „General-Patent wider die Emigrationes nach den fremden Colonien in America" zu sehen. Auswanderung sowie die Unterstützung von Auswanderungswilligen wurden unter hohe Strafen gestellt. Dennoch ließ sich der Strom der „Europamüden", wie die Auswanderer oftmals genannt wurden, nicht mehr zum Versiegen bringen.

Das 19. Jahrhundert wurde wie kein anderes von der Übersee-Auswanderung geprägt. Die Auswanderungsverbote waren angesichts zunehmender Überbevölkerung und damit verbundener Arbeitslosigkeit und Armut weiter Teile der Bevölkerung hinfällig geworden. Wie zwei Jahrhunderte zuvor wagten zunächst einzelne den Schritt über den Atlantik. Hatten sie Erfolg, zogen sie Verwandte und Bekannte nach und bereiteten so den Weg für die im Laufe des Jahrhunderts ständig zunehmende Auswanderung. Für Teile Nordfrieslands kamen zur allgemein schlechten wirtschaftlichen Lage im dänischen Gesamtstaat noch die Schäden und finanziellen Belastungen durch die Sturmflut von 1825 hinzu. In einem Bericht über den Umfang und die Ursachen der Übersee-Auswanderung in den 1870er Jahren schrieb der Pellwormer Hardesvogt Franke, daß die Auswanderung von manchen Halligen eine Tradition besitze, die bis zum Anfang des Jahr-

Der Hafen von New Orleans um 1858. In der ersten Hälfte des 19. Jahrhunderts wählten auch viele Auswanderer aus Schleswig-Holstein den Weg über New Orleans, um von dort aus über den Mississippi nach Iowa zu gelangen. Später, besonders nach Fertigstellung der Eisenbahnlinien, bevorzugten die weitaus meisten den New Yorker Hafen.

hunderts zurückreiche; dadurch sei inzwischen ein erheblicher Bevölkerungsrückgang eingetreten.

In drei großen Wellen – von etwa 1850 bis 1855, 1865 bis 1875 und 1880 bis 1890 – verließen Zehntausende Nordfriesen Schleswig-Holstein in Richtung Übersee. Über 90 Prozent fanden in Nordamerika, vor allem in den Vereinigten Staaten, eine neue Heimat. Andere zogen nach Australien, Südafrika oder Südamerika. Zum ersten großen Auswanderungsschub kam es nach der Niederschlagung der schleswig-holsteinischen Erhebung (1848–1850). Die Forderung nach einer Verfassung und die Frage der Stellung der Herzogtümer im dänischen Staat, die in einer Loslösung von Dänemark ihren radikalsten Ausdruck fand, hatten zu der Erhebung geführt. So spielten politische Motive für viele eine große Rolle. In geringerem Ausmaß waren solche Beweggründe auch nach der Eingliederung Schleswig-Holsteins in den preußischen Staat (1867) wirksam. Hier war es besonders die neu eingeführte, allgemeine dreijährige Militärpflicht, die viele junge Männer veranlaßte, ihr Glück in Amerika zu suchen. Die Hauptursache aber war die schlechte wirtschaftliche Situation im Lande, die keine Hoffnung auf eine baldige Besserung aufkommen ließ. In den USA lockten seit dem Goldrausch von 1848 die Goldfelder Kaliforniens. Besonders aber zogen die neuerschlossenen Prärien des Mittleren Westens mit billigem fruchtbaren Land Siedler auch aus Schleswig-Holstein und Nordfriesland an.

Nachdem Ende der 1850er Jahre der erste Ansturm abgeebbt war, brachte der Amerikanische Bürgerkrieg in den Jahren von 1861 bis 1865 einen weiteren Rückgang der Auswandererzahlen, da viele die geplante Abreise erst einmal aufschoben. Das Ende des Krieges und die wirtschaftlich sowie politisch schwierige Lage nach dem deutsch-dänischen Krieg von 1864 bis zur Eingliederung Schleswig-Holsteins in den preußischen Staat ließen die Zahl der Auswanderer erneut ansteigen. Unterbrochen durch den deutsch-französischen Krieg 1870/71 und eine schwere Wirtschaftskrise in den USA (1873), erreichte die Auswanderung aus Nordfriesland ihren Höhepunkt in den Jahren von

Auswanderer!

Seid vorsichtig

beim Einkauf von Büchern, die Euch über die Verhältnisse im Ausland aufklären wollen. Es befindet sich viel wertloses Machwerk darunter.

Überlegt es Euch,

ehe Ihr Euch einem Auswandererverein anschließt. Erkundigt Euch, wer seine Leiter sind, und prüfet, was der Verein Euch als Gegenleistung für Eure Beiträge gewährt.

Seid doppelt auf der Hut,

wenn Ihr zum Beitritt zu einem Siedlungsunternehmen aufgefordert werdet.
Denkt daran, daß Ihr Eure Zukunft, Euer Vermögen, auf das Spiel setzt. Laßt Euch durch marktschreierische Anpreisungen nicht betören.

Seid dringend gewarnt

vor gewissenlosen, unlauteren Werbern, die Euch glänzende Anstellungen in der Fremde verheißen. Sie verlangen eine Gebühr von Euch, ehe sie in Eurem Interesse tätig werden wollen. Haben sie das Geld in Händen, dann kümmern sie sich nicht mehr um Euch.

Wendet Euch in allen Fällen

an die berufenen Beratungsstellen, die Euch kostenlos Rat und Auskunft erteilen.

Berliner Buchdruck-Gesellschaft m. b. H., Berlin S. 42, Brandenburgstr. 72/73. 5.3.

Oben: Ludwig Nissen (1855–1924) wanderte als 16jähriger 1872 in die USA aus und erlebte in New York die Traumkarriere „vom Tellerwäscher zum Millionär“. Sein großes Vermögen vermachte der Diamantenhändler seiner Geburtsstadt Husum. Aus diesen Mitteln wurde das Nordfriesische Museum Nissenhaus erbaut, das auch eine Ausstellung zur schleswig-holsteinischen Übersee-Auswanderung beherbergt.

Oben links: Auf ihrem Weg waren die Auswanderer stets auch in Gefahr, von Betrügern übervorteilt zu werden. Der Verlust des Gepäcks war noch zu verkraften, gingen aber dringend benötigte Ersparnisse verloren, konnte der süße Traum von einer glücklicheren Zukunft einer bitteren Wirklichkeit weichen. Flugblätter warnten vor den Gefahren.

1880 bis 1884 und hielt sich bis zum Anfang der 1890er Jahre auf einem hohen Niveau.

Während der ersten Welle bildeten Bauern und Handwerker das Gros der Auswanderer. Sie schlossen sich häufig zu kleinen Gruppen zusammen und kamen meist nicht mittellos in die Neue Welt. Da häufig ganze Familien das Land verließen, war das zahlenmäßige Verhältnis von Männern und Frauen nahezu ausgeglichen. In der zweiten Hälfte des 19. Jahrhunderts hingegen wanderten mehr junge Männer als Frauen im Alter zwischen 16 und 30 Jahren aus. Meist waren es Dienstknechte und Mägde oder Tagelöhner, außerdem Bauernsöhne, die nicht als Hoferben vorgesehen waren, sowie eine Reihe von Handwerksgesellen und Lehrlingen.

Schon 1882, zu Beginn der letzten und intensivsten Auswanderungswelle, schrieb Georg von Steinmann, Oberpräsident Schleswig-Holsteins, nach Berlin: „Aus hiesiger Provinz besteht seit jeher ein reger Verkehr mit dem überseeischen Ausland. Man findet hier kaum eine ältere Familie, aus welcher nicht wenigstens ein Angehöriger ausgewandert wäre. Hauptsächlich geht auch hier der Zug der Auswanderer nach Amerika. In den nordamerikanischen Staaten Iowa und Minnesota sollen ganze schleswig-holsteinische Kolonien existieren, deren Mitglieder untereinander zusammenhalten.“

Tatsächlich hatten sich durch den Nachzug von Verwandten und Bekannten solche Siedlungsschwerpunkte vor allem im Mittleren Westen der USA, wie zum Beispiel in Iowa mit Davenport und in Clinton County gebildet, aber auch in Kalifornien in der Gegend um Petaluma oder in New York, wo es noch heute den 1884 gegründeten „Föhrer & Amrumer Krankenunterstützungsverein“ gibt.

Die neunziger Jahre des 19. Jahrhunderts brachten für Deutschland wie für Schleswig-Holstein und auch für Nordfriesland das Ende der Übersee-Auswanderung als Massenbewegung. Statt nach New York, Chicago, Davenport in Iowa, Illinois, Nebraska, Kalifornien oder auch Queensland in Australien zogen die Menschen auf der Suche nach Arbeit in die wachsenden Ballungsgebiete und aufblühenden Industriereviere des Deutschen Reiches – eine Bewegung, die für Nordfriesland bis in die Gegenwart anhält. Im 20. Jahrhundert kam es, jeweils ausgelöst durch die schlechte wirtschaftliche Lage in den Jahren nach den beiden Weltkriegen, zu einem kurzzeitigen, teilweise auch heftigen Wiederaufflackern der Übersee-Auswanderung.

Nordfriesland bildete einen Schwerpunkt der Übersee-Auswanderung aus Schleswig-Holstein. Hervorzuheben sind vor allem die Inseln Föhr und Amrum sowie Pellworm und die Halligen. Aber auch auf dem Festland gab es Gegenden mit starker Auswanderung wie zum Beispiel Husum und Umgebung, die Kirchspiele Hattstedt, Schwabstedt, Bordelum und Langenhorn sowie die Gegend um Niebüll und die Kirchspiele Emmelsbüll oder Horsbüll. In Nordfriesland gibt es kein Dorf, das keine Auswanderer verzeichnen kann, und kaum eine eingesessene Familie, aus der nicht Angehörige in Übersee ihr Glück versucht hätten.

„Kleine Republiken" – Selbstverwaltung in Nordfriesland

Manfred Jessen-Klingenberg

„Die Friesen haben durch alle Drangsale der Zeitläufe hindurch ihr echtes Grundeigentum selbstkräftig zu retten verstanden und die auf einzelfreien Volksgemeinden beruhende Verfassung in den Stürmen des Mittelalters bewundernswürdig erhalten, so daß man bei ihnen lebendig erblickt, was bei den anderen deutschen Stämmen entweder unterging oder gar, so weit das Auge der Geschichte reicht, niemals vorhanden war."

Dieses schwärmerisch gefärbte Urteil stammt aus der Feder des sonst eher nüchtern-sachlich formulierenden Rechtshistorikers Andreas Ludwig Jacob Michelsen (1801–1881); es findet sich in der Einleitung zu seinem Werk „Nordfriesland im Mittelalter", das 1828 erschien. Michelsen war, wie andere ältere Liberale dieser Zeit, davon überzeugt, daß die geschichtlich gewachsenen Gemeindeordnungen Schleswig-Holsteins, soweit sie noch bestanden, einen soliden Unterbau für einen modernen Verfassungsstaat, der die politische Mitwirkung und Mitverantwortung der Bürger sichert, bilden könnten. Nordfriesland, so stellte er fest, erfreue sich „eines so ehrenwerten Bauernstandes, daß hier ein freier, edler Geist immer öffentlich sich kundgibt". Es waren besonders „die freien Kommunaleinrichtungen und das rege Volksleben in den nordfriesischen Landschaften", denen Michelsen und seine Freunde ihr aktuelles politisches Interesse entgegenbrachten.

Landschaften waren nach der Definition Nikolaus Falcks (1784–1850), des akademischen Lehrers und Freundes Michelsens, Gebiete mit zumeist eigenen Privatrechten, die „ehemals entweder ganz selbständige Länder oder doch im Besitze besonderer Privilegien waren, namentlich das Recht einer freien inneren Verwaltung ausübten". Von den neun Landschaften, die Schleswig-Holstein im 18. und 19. Jahrhundert aufwies, lagen fünf auf nordfriesischem Gebiet: Sylt, Osterland-Föhr, Nordstrand, Pellworm und Eiderstedt.

Gewiß haben Michelsen und seine Kollegen die friesische Freiheit idealisiert und ihr Ausmaß überschätzt. Dennoch ist es unstreitig, daß das bäuerliche Gemeinwesen von der Art der schleswig-holsteinischen Landschaften in der europäischen Geschichte eine Besonderheit darstellte. In den ländlichen Gebieten Europas war bis in das 19. Jahrhundert hinein die herrschaftlich-obrigkeitliche Ordnung bestimmend; die Bauern waren in verschiedenen Abstufungen abhängig, bis hin zur Leibeigenschaft, die bis zum 1. Januar 1805 auch auf den adligen Gütern Schleswig-Holsteins vorherrschte. Zu den wenigen Ausnahmen – Schweden, Tirol, die Schweiz – gehörte der Nordseeküstensaum von Westfriesland bis hinauf zu den Nordfriesen; hier hatten sich Siedlungs-, Deich- und Rechtsgenossenschaften sowie politische Gemeinden unterschiedlicher Größe und Struktur gebildet, von denen Dithmarschen sogar bis in die staatliche Sphäre emporstieg.

Der stetige Kampf mit dem Meer, wie er in den nordfriesischen Utlanden, den Inseln und Marschen, zu bestehen war, konnte nur in organisierter Gemeinschaft mit Erfolg geführt werden. Überdies waren für die Anlage von Siedlungen, für die Entwässerung, für Deichbau, Deicherhaltung und Landgewinnung besondere Kenntnisse vonnöten, die – jedenfalls in früheren Jahrhunderten – an Ort und Stelle von den Einwohnern zu erwerben und an die nachfolgenden Generationen jeweils weiterzugeben waren. Für die Landesherren, die Könige von Dänemark, die Herzöge von Schleswig und die Grafen von Holstein, waren die schwer zugänglichen Utlande mit ihren selbstbewußten und in der Oberschicht wohlhabenden Bauern nicht immer leicht zu regieren. So begnügten sie sich im allgemeinen damit, die Abgabe, das jährliche Landgeld, zu erheben und, wenn es nötig und möglich war, Gericht zu halten. Allgemein griffen sie schlichtend und ordnend ein, nicht zuletzt beim Deichbau.

Eine Besonderheit Nordfrieslands war die stark ausgeprägte Volksgerichtsbarkeit, die vielfältig gestaltete Mitwirkung der Bauern an der Rechtsprechung etwa in den Thinggerichten. Als Carl Ludwig Jessen 1875 diese Gerichtsszene malte, gab es die alten Volksgerichte längst nicht mehr. Die preußische Gerichtsverfassung von 1867 hatte ganz neue Formen eingeführt.

Erst von der Mitte des 16. Jahrhunderts an, mit dem beginnenden Aufbau und Ausbau staatlicher Behörden, nahmen die Landesherren durch ihre Beamten stärkeren Einfluß auf die Verwaltung in Nordfriesland. Es konnte nicht ausbleiben, daß es dabei zu Konflikten kam zwischen den Vertretern des Staates und den Trägern der einheimischen Selbstverwaltung, die beharrlich ihre hergebrachten Rechte und Privilegien verteidigten. Im großen und ganzen blieb die Balance zwischen den obrigkeitlichen Anordnungen und Forderungen und der heimischen Selbstregierung gewahrt, so daß sich der Dualismus zwischen Herrschaft und Genossenschaft durchaus bewährte. Das gilt für die Regierung der Herzöge von Gottorf (1544–1713) und ebenso für die absolutistisch regierenden dänischen Könige (1713–1864), die die vielgestaltigen Formen genossenschaftlicher Autonomie im allgemeinen nicht störten. Wo sich das Land selbst verwaltete, brauchte der Landesherr keine zusätzlichen Beamten einzusetzen – und zu besolden.

Das ganze Herzogtum Schleswig – und damit auch Nordfriesland – gehörte bis 1864 staatsrechtlich zu Dänemark. Die maßgebliche Verwaltungseinheit im Königreich und in Schleswig war die Harde (ursprünglich wohl ein Heeresbezirk), in der mehrere Dörfer und Kirchspiele zusammengefaßt waren. Eine Harde war zugleich – und gelegentlich in erster Linie – Gerichtsbezirk. Zwölf Ratmänner, aus jedem Hardesviertel drei, bildeten das Gericht; sie waren im Mittelalter und teils auch noch später zugleich zuständig für die verschiedenen Aufgaben in der Selbstverwaltung, etwa für Finanzen, Steuern und für das Deichwesen.

Wenn es nützlich und erforderlich war, handelten mehrere Harden vereint, oder sie schlossen sich auf Dauer zusammen. So vereinigten sich die drei Harden Eiderstedt, Everschop und Utholm schließlich zur Landschaft Eiderstedt, die innerhalb Nordfrieslands den ausgeprägtesten Grad an innerer Autonomie entwickelte. Der höchste Vertreter der Landesherrschaft war hier der Staller. Im Stallerprivileg von 1590 erhielten die Landesvorsteher das Recht, einen im Lande Begüterten für dieses Amt zu präsentieren. Als der Husumer Amtmann 1736 zum Oberstaller ernannt wurde, verlor das Halleramt bald an Ansehen; der landschaftlichen Autonomie tat das kaum Eintrag. Auch auf Nordstrand und Pellworm vertraten Staller den Landesherren.

Die Landschaft Alt-Nordstrand (der Strand) war ein Zusammenschluß von fünf Harden: der Edoms-, Pellworm-, Beltring-, Wiriks- und Lundenbergharde; die beiden zuletzt genannten vereinigte man 1593 mit den anderen drei Harden. Nach der großen Sturmflut von 1634 und der Zerstörung der großen, fruchtbaren und reichen Insel bildeten sich die Landschaften Nordstrand und Pellworm.

Die Insel Föhr wurde 1435 geteilt. Ihre Westerharde wurde mit Amrum und dem Listland auf Sylt dem Königreich Dänemark angeschlossen (dänische Exklaven). Gleichwohl blieben auf Westerland-Föhr die Institutionen der dort gewachsenen Selbstverwaltung erhalten; 1697 hob dann der König die Ratmannsverfassung auf. Fortan besorgten 40 Gangfersmänner unter einem Birkvogt Aufgaben in der Verwaltung und der Steuererhebung.

Die herzogliche Landschaft Osterland-Föhr unterstand einem Landvogt, der hier zusammen mit zwölf Ratsmännern und zwölf Rechensleuten Gericht und Verwaltung versah. Die Dorfangelegenheiten regelten jeweils die Achtmänner zusammen mit dem aus ihrer Mitte gewählten Bauernvogt.

Auch in der Landschaft Sylt, die dem Amtmann von Tondern unterstand, war der Staat durch einen Landvogt vertreten, der indessen durchweg von der Insel stammte, ebenso wie die Strandvögte, die das Gut gestrandeter Schiffe zu sichern hatten. Von allen Sylter Landvögten ist der liberale Reformer Uwe Jens Lornsen (1793–1838) der bekannteste; er wurde 1830 zwar ernannt, hat aber das Amt nicht angetreten. Die Ratmannsverfassung hatte auch auf Sylt die Zeiten hindurch Bestand, jedenfalls in ihrem Kern.

Was war das Gemeinsame der vielgestaltigen Selbstverwaltungseinrichtungen, in denen Lehnsleute, Deichrichter, Deichediger, Pfennigmeister, Gangfersmänner, Achtmänner, Wardiersmänner, Ratmänner, Interessenten, Partizipanten und andere jeweils ihre Aufgaben wahrnahmen? Überall waren die Einwohner und deren Repräsentanten am Deichbau, an der Deichsanierung, der Landgewinnung und Entwässerung beteiligt. Als Rechtsgrundlage galt dabei das auf Alt-Nordstrand entwickelte und kodifizierte „Spadelandesrecht", das dann durch staatliche Gesetze und Verordnungen überwölbt wurde, vor allem durch das Allgemeine Deichreglement des Jahres 1803. In diesem Reglement heißt es, daß „die Verpflichtung der sämtlichen Marschen zur gegenseitigen Beihilfe" begründet sei „in der Natur der Sache und der allgemeinen Billigkeit". Somit war der Grundsatz gemeinsamen und selbstverantwortlichen Handelns sowie der genossenschaftlichen Hilfeleistung ausdrücklich anerkannt. Von der Macht landschaftlicher Selbstverwaltung zeugt im übrigen auch die Tatsache, daß die Eiderstedter Landesversammlung das Recht erhielt, Kandidaten für das Amt des Deichgrafen, der ein landesherrlicher Amtsträger war, zu präsentieren. Dafür wurde der Deichgraf, der gemeinsam mit dem Staller den Bau und die Unterhaltung der Deiche zu leiten hatte, von der Landschaft besoldet, und sie fixierte auch vor jeder Präsentation die Pflichten, die er zu erfüllen hatte.

Unter dem Vorsitz des Stallers oder des Landvogts fungierten die Ratmänner der Harden und Landschaften als Richter in der unteren, in Eiderstedt auch der mittleren Instanz. Auch als Vormünder konnten sie tätig sein und hafteten dann zumeist mit ihrem gesamten Vermögen für ihre Amtsführung. Wichtige Rechtsbestimmungen waren 1426 fixiert worden in der „Siebenhardenbeliebung" (gültig für die fünf Harden von Alt-Nordstrand, für Sylt, Osterland-Föhr sowie die Wieding- und die Bökingharde) und in der „Krone der rechten Wahrheit" (gültig für Eiderstedt, Everschop und Utholm). Im übrigen bildeten die Ratmänner das größtenteils mündlich überlieferte Recht bis zur Mitte des 16. Jahrhunderts, teils auch noch viel länger, durch „Beliebungen" und „Weistümer" fort. 1572 erhielten jedoch Eiderstedt und der Strand eigene Landrechte mit umfassenden, klaren Rechtsbestimmungen, die bis zur Einführung des Bürgerlichen Gesetzbu-

Hoyerswort, das Herrenhaus des einzigen Gutes in der Landschaft Eiderstedt, wurde 1591 bis 1594 von dem berühmten Staller Caspar Hoyer (1540–1594) im Stil der Renaissance erbaut. Seit 1771 gehört es der Familie Hamkens, deren Vertreter in der Reihe der Ratsmänner und Pfennigmeister einen bedeutenden Platz einnahmen.

Die ehemalige Landvogtei in Tinnum, einst Amtssitz des Sylter Landvogts, geht auf die Mitte des 17. Jahrhunderts zurück. Die historische Rekonstruktion (rechts) zeigt den Gebäudekomplex nach Umgestaltungen und Erweiterungen in den Jahren 1793 und 1844. Das Anwesen brannte 1892 ab; oben der Giebel des bald darauf errichteten heutigen Gebäudes.

ches im Jahre 1900 Gültigkeit behielten. Die Einführung dieser Rechtsbücher beruhte nicht, wie man lange Zeit gemeint hat, auf fürstlicher Willkür; die Landschaften hatten vielmehr darum gebeten, und sie haben sich die neu gewonnene Rechtssicherheit erhebliche Summen kosten lassen.

Ein wichtiges Gebiet der Selbstverwaltung bildeten die Finanzen: Vermögensverwaltung, Kreditaufnahme und -vergabe, Steuern und Abgaben für kommunale Zwecke. Freilich waren die Kompetenzen zwischen den staatlichen Hebungsbeamten und denen der Landschaften und Gemeinden jeweils sehr unterschiedlich abgegrenzt. Am weitesten war die Finanzautonomie in der Landschaft Eiderstedt ausgebildet. Hier waren es zwei Pfennigmeister, die das landschaftliche Vermögen und die Kapitalien verwalteten sowie die Abgaben von den Lehnsleuten der Kirchspiele einzogen. Sogar staatliche Steuern erhoben die Pfennigmeister, um sie dann an die landesherrliche Kasse weiterzuleiten.

In allen Landschaften gab es Gremien, die die Gesamtheit der Einwohner vertraten und in ihrem Namen handelten. Ebenso unterschiedlich wie die Zusammensetzung waren jeweils die Zuständigkeiten. In Eiderstedt waren es die Lehnsleute als Vertreter der 18 Kirchspiele sowie jeweils ein Deputierter der Städte Tönning und Garding, die unter dem Vorsitz eines der beiden Pfennigmeister in der Landesversammlung berieten und beschlossen. Nach dem zutreffenden Urteil des Gardinger Rektors Friedrich Carl Volckmar (1766–1814) war die Landesversammlung „das vornehmste Prärogativ unserer Landschaft, dessen sich außer Eiderstedt und Osterland-Föhr keine andere Gegend in den dänischen Staaten auf diese Art zu erfreuen hat".

Gewiß stellte die breit gefächerte Selbstverwaltung Nordfrieslands in ihren vielfältigen Variationen bis weit in das 19. Jahrhundert hinein etwas Besonderes dar. Der aus Ostholstein stammende Volckmar sah 1795 sogar die großen politisch-gesellschaftlichen Ideale, die damals die Welt zu bewegen begannen, in Eiderstedt nahezu verwirklicht: „Selbst unsere Landesverfassung nähert sich der republikanischen in einem sehr hohen Grade, und man lebt hier in einer Art von Freiheit und Gleichheit, die man im größten Teil von Holstein und Schleswig kaum dem Namen nach kennt." Diesem aus der Begeisterung des Verfassers für die Ideale der Französischen Revolution herzuleitenden Urteil kann man heute nur mit Einschränkungen zustimmen. In der Tat

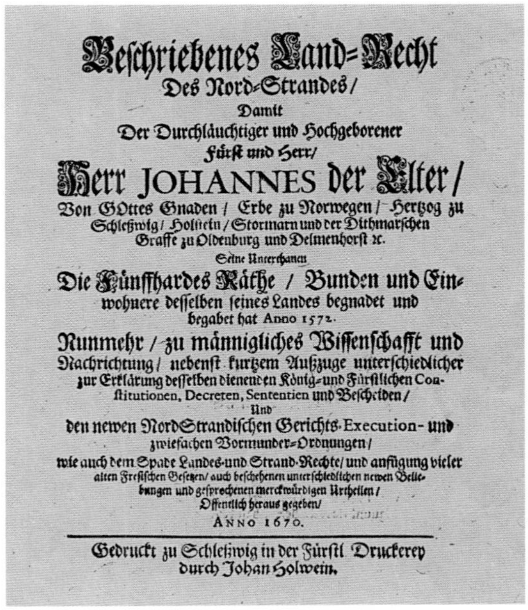
Beschriebenes Land-Recht
Des Nord-Strandes/
Damit
Der Durchläuchtiger und Hochgeborener
Fürst und Herr/
Herr JOHANNES der Elter/
Von GOttes Gnaden / Erbe zu Norwegen / Hertzog zu
Schleßwig / Holstein / Stormarn und der Dithmarschen
Graffe zu Oldenburg und Delmenhorst 2c.
Seine Unterthanen
Die Fünffhardes Räthe / Bunden und Einwohnere desselben seines Landes begnadet und
begabet hat Anno 1572.
Nunmehr / zu männigliches Wissenschafft und
Nachrichtung / nebenst kurtzem Außzuge unterschiedlicher
zur Erklärung desselben dienenden König- und Fürstlichen Constitutionen, Decreten, Sententien und Bescheiden /
Und
den newen NordStrandischen Gerichts-Execution- und
zwiefachen Vormunder-Ordnungen /
wie auch dem Spade Landes- und Strand-Rechte / und anfügung vieler
alten Fresischen Gesetzen / auch beschehenen unterschiedlichen newen Bellebungen und gesprochenen merckwürdigen Urthellen /
Offentlich heraus gegeben /
ANNO 1670.

Gedruckt zu Schleßwig in der Fürstl. Druckerey
durch Johan Holwein.

Das 1572 von Herzog Johann dem Älteren (1544–1580) erlassene Nordstrander Landrecht war in mittelniederdeutscher Sprache verfaßt. Anton Heimreich (1626–1686), Historiker und Pastor auf Nordstrandischmoor, fertigte eine hochdeutsche Übersetzung an, die er – zusammen mit anderen Rechtsdokumenten – 1670 im Druck veröffentlichte. Die Ausgabe blieb bis 1900 Grundlage der Rechtsprechung in den friesischen Utlanden.

bildeten die friesischen Landschaften kleine Republiken mit jeweils eigenen Strukturen und Kompetenzen. Sie waren indessen durchaus keine Demokratien. Denn nur eine sehr dünne Schicht der großen Grundbesitzer hatte das Recht mitzubestimmen und mitzuwirken. In Eiderstedt waren es gut drei Prozent der Bevölkerung, die an der Selbstverwaltung aktiv teilnahmen. In den anderen Landschaften und Harden sah es grundsätzlich nicht anders aus. Freilich hatten die Träger der Selbstverwaltung entsprechend der Größe ihres Besitzes auch Steuern und Abgaben zu zahlen, Lasten aller Art auf sich zu nehmen und Leistungen zu erbringen. Es war also eine relative Gleichheit, die hier herrschte, aber auch das war in vordemokratischen Zeiten durchaus singulär und beachtlich.

Nachdem die Herzogtümer Schleswig und Holstein 1867 eine preußische Provinz geworden waren, hat der Staat die überlieferten Formen der Selbstverwaltung schrittweise aufgehoben und durch moderne Kreis- und Gemeindeordnungen ersetzt. Gericht und Verwaltung wurden getrennt, die Lebenslänglichkeit der Ämter abgeschafft. Bei der Neuordnung wurden zugleich – wenn auch noch nicht konsequent – liberale und demokratische Maßstäbe zugrunde gelegt. Die vielen in Nordfriesland bestehenden Genossenschaften in den Kögen, im Deich- und Wasserwesen wurden kaum angetastet, und sie haben sich in zeitgemäßer Gestaltung bis heute erhalten.

Was ist von der so viel gerühmten, buntscheckigen Selbstverwaltung der Nordfriesen sonst noch geblieben? Die Institutionen und Ämter, die ihre Wurzeln im Mittelalter hatten, sind weitgehend verschwunden und haben einer gleichförmigen Verwaltung und Rechtspflege Platz gemacht. Erhalten bis auf den heutigen Tag hat sich, wenn nicht alles täuscht, der beharrliche Wille vieler Nordfriesen, bei der Gestaltung und Nutzung ihres Landes und des Wattenmeeres verantwortlich und maßgeblich mitzubestimmen. Das Problem, die rechte Balance zu finden zwischen staatlicher Autorität und landschaftlicher Autonomie, ist, wie zum Beispiel die Auseinandersetzungen um den Nationalpark Wattenmeer gezeigt haben, ein uraltes und immer noch aktuelles Thema der nordfriesischen Geschichte und Gegenwart.

Regionales Bewußtsein 1817–1864: Ansatz zu einer friesischen Bewegung

Johannes Jensen

Am Anfang des 19. Jahrhunderts entwickelte sich aus mehreren Ansätzen ein regionales Selbstbewußtsein in Nordfriesland. In den Jahren 1842 bis 1845 gab es sogar einen Entwurf für eine nationale friesische Bewegung mit den typischen Zügen einer sich auf eine eigenständige Sprache gründenden regionalen Identität. Der weit herumgekommene Reiseschriftsteller Johann Georg Kohl (1808–1878) konnte seine Beobachtungen in ihren europäischen Zusammenhang stellen, als er 1846 schrieb: „Man verfährt in den friesischen Marschen ganz so wie in den kroatischen, illyrischen und slavonischen Grenzgebirgen, wie in Wales, wie in den schottischen Hochlanden, wie in dem irischen Westen und anderen Ländern."

Die Anstöße dazu kamen teils aus der Landschaft Nordfriesland selbst, teils von den Universitäten in Kiel und Kopenhagen. Schon im Frühjahr 1818 machte der Kieler Rechtsprofessor Nikolaus Falck (1784–1850) den Versuch, eine „gelehrte Gesellschaft zur Aufklärung der friesischen Geschichte" zu gründen. Es sollte die erste Geschichtsgesellschaft in Schleswig-Holstein werden, und Nordfriesland wurde gewählt wegen der dort noch bestehenden freien Kommunalverfassungen, Vorbilder für die von den Kieler „älteren Liberalen" angestrebten liberalen Verfassungen von der Ebene der Gemeinden bis zu der des Staates hinauf. Falcks Schüler, der Jurastudent Uwe Jens Lornsen (1793–1838), berichtete seinem Vater in Keitum auf Sylt darüber und forderte ihn auf, doch auch für „diese unsere eigentliche vaterländische Geschichte", die für ihn also die regionale friesische Geschichte war, tätig zu werden. Ein solches regionales Selbstbewußtsein konnte nur bestärkt werden, als der Historiker Andreas Ludwig Jacob Michelsen (1801–1881) am Ende seiner wissenschaftlichen Untersuchung „Nordfriesland im Mittelalter" 1828 schrieb, die nordfriesischen Gemeinden seien „zu keiner Zeit dem Herzogtum Schleswig eigentlich und förmlich eingemeindet worden".

Auch die gleichzeitig von vielen Seiten angeregte Entdeckung des Nordfriesischen als einer eigenständigen, aber in ihrer Existenz bedrohten Sprache wirkte in diese Richtung (vgl. den Beitrag „Friesisch und die Mehrsprachigkeit im Sprachenland Nordfriesland"). Schon 1818 hatte der Breklumer Pastor Nikolaus Outzen (1752–1826) das Nordfriesische gegen seine Verächter und Feinde verteidigt. Man dürfe es „nicht etwa, wie einige aus gar zu hoher Einbildung von ihrer eigenen (Sprache) oder bloßer Unkunde anderer, für ein seltsames Mißgewächs oder Unkraut ansehen, das ausgejätet oder ausgerottet werden müßte", sondern man müsse es vielmehr „hoch und wert schätzen und zu erhalten suchen".

Auch in Kopenhagen waren die Sprachforscher und Historiker auf die friesische Sprache in Westschleswig aufmerksam geworden. Schon 1827 war deshalb Pastor Lorenz Friedrich Mechlenburg (1799–1875) auf Amrum von der *Kongelig Nordisk Oldskriftselskab*, einer wissenschaftlichen Gesellschaft zur Herausgabe der alten nordischen Schriften in Kopenhagen, zur Mitarbeit für Nordfriesland aufgefordert worden. Als geborener Amrumer beobachtete er mit Sorge den langsamen Rückgang des Nordfriesischen und machte der Gesellschaft im März 1843 den Vorschlag, ein Wörterbuch der nordfriesischen Sprache mit ihren Mundarten anzufertigen. Im Juni desselben Jahres besuchte ihn der damals in Kopenhagen lebende englische Privatgelehrte und Philologe Richard Cleasby (1797–1847). Er kam gerade von dem Westfriesen Justus (genannt Joost) Hiddes Halbertsma (1789–1869) und berichtete ihm von dessen fortgeschrittenen Vorarbeiten für ein westfriesisches Wörterbuch. Cleasbys Bericht machte Mechlenburg zwar Mut, doch war er sich darüber im klaren, daß die gewaltige Arbeit an einem solchen Wörterbuch nicht unmittelbar zur Erhaltung der Sprache beitragen würde. Und so konnte ihn der Sylter Lehrer und Küster Christian Peter Hansen (1803–1879) bei einem Besuch noch in demselben Sommer überreden, doch lieber sofort etwas zu tun, nämlich eine nordfriesisch geschriebene Zeitschrift für ganz Nordfriesland herauszugeben. In ihr sollten die Beiträge aus den einzelnen Gebieten nach den Regeln, die Hansens Vater Jap Peter Hansen (1767–1855) dafür vorgeschlagen hatte, in der eigenen Mundart geschrieben werden, „um bei den Nordfriesen selbst Interesse für die Erhaltung ihrer Sprache zu wecken". Eigentlich hätte Mechlenburg schon im Frühjahr 1844 seine Aufforderung zur Mitarbeit an einer solchen Zeitschrift veröffentlichen können, aber er zögerte noch.

Währenddessen hatte der Norderhackstedter Pastor Christian Feddersen (1786–1874), der aus dem friesischsprachigen Wester-Schnatebüll stammte, schon seit 1842 das Manuskript seiner Flugschrift „Fünf Worte an die Nordfriesen" fertig in der Schublade liegen. Sie ging über den Plan von Mechlenburg und Hansen weit hinaus und enthielt das Programm für eine auf kulturelle Autonomie zielende friesische Bewegung. Feddersen stand unter dem Einfluß von Johann Gottfried Herders „Ideen zu einer Philosophie der Geschichte der Menschheit", einer der geistesgeschichtlichen Quellen der europäischen Nationalbewegungen dieser Zeit, und folgte zugleich den Vorstellungen des dänischen Theologen und Historikers Nikolaj Frederik Severin Grundtvig (1783–1872) über Volkstum und Sprache als Grundbedingungen des menschlichen und christlichen Heils. Danach, so Feddersens Folgerung, war er mit seiner nordfriesischsprachigen Herkunft weder Deutscher noch Däne, sondern Nordfriese. Wie stark diese Erkenntnis auf ihn gewirkt haben muß, sieht man an der Begeisterung, mit der er sie an seine nordfriesischen Landsleute weiterzugeben versuchte. Er wollte in ihnen mit Hilfe einer nordfriesisch geschriebenen Zeitschrift, die allgemein gelesen würde, und friesischer Volksfeste ein lebendiges Gefühl der Zusammengehörigkeit wecken. Nordfriesland, das er ausdrücklich „Vaterland" nannte, sollte „ein freundlich leuchtender Punckt neben den deutschen und dänischen Landen" werden.

Damit meinte er aber nicht ein politisch unabhängiges Nordfriesland. Ihm schwebte lediglich eine regionale kulturelle Selbständigkeit innerhalb des damals mehrsprachigen dänisch-schleswig-holstein-lauenburgischen Gesamtstaates unter dem gemeinsamen König Christian VIII. vor. Diesen hatte er gerade im Christian-Albrechts-Koog mit einem auf friesisch geschriebenen Lied als „Tääte" (Vater) begrüßen lassen. Trotz seines leidenschaftlichen Engagements sollte Christian Feddersen seine 1842 verfaßte Schrift jedoch erst 1845 veröffentlichen.

Der von der Insel Amrum stammende Knut Jungbohn Clement (1803–1873) gelangte 1842 auf ähnliche Weise wie Feddersen zum Bewußtsein seiner nordfriesischen Identität. Nach historischen Studien in Kiel und Heidelberg war er in Kopenhagen unter dem Einfluß Grundtvigs zu einem begeisterten Anhänger der nordisch-romantischen Geschichtsauffassung geworden. Sich selbst und die Nordfriesen ordnete er als zur „Nordgermanischen Welt" gehörend ein. Seit 1841 als Privatdozent für Geschichte wieder in Kiel, geriet er mitten hinein in den politischen Umbruch, der sich 1842 im deutsch-dänischen Verhältnis vollzog. Er wurde der erste Nordfriese, der zu spüren bekam, daß dies auch Folgen haben mußte für das gerade erst aufkommende Bewußtsein einer regionalen nordfriesischen Identität. Den Kieler Liberalen waren nach der Lektüre seiner Kopenhagener Schriften Zweifel gekommen, ob er sich zur deutschen Herkunft bekenne. Den Vorwurf, „ein danisierter Mensch" zu sein, wies er zurück. Aber die eigentliche Frage, ob er deutsch oder dänisch sei, beantwortete er nicht, sondern bekannte öffentlich, er sei „in Sprache, Abkunft und Gesinnung ein Nordfrese".

Die liberalen schleswig-holsteinischen Landespolitiker wurden nun hellwach. Sie kannten keine friesische Nationalität. Ihr politisches Ziel war ein deutsches Schles-

Nikolaus Falck aus Emmerleff gab 1819 die „Nordfriesische Chronik" von Heimreich neu heraus, um das Interesse für die nordfriesische Geschichte zu stärken.

Uwe Jens Lornsen wurde überregional bekannt durch sein Eintreten für eine Verfassung für Schleswig-Holstein im Herbst 1830.

Andreas Ludwig Jacob Michelsen verstand die alten Kommunalverfassungen in Nordfriesland als „Bruchstücke eines konstitutionellen Staates" und Vorbilder für eine liberale Verfassung.

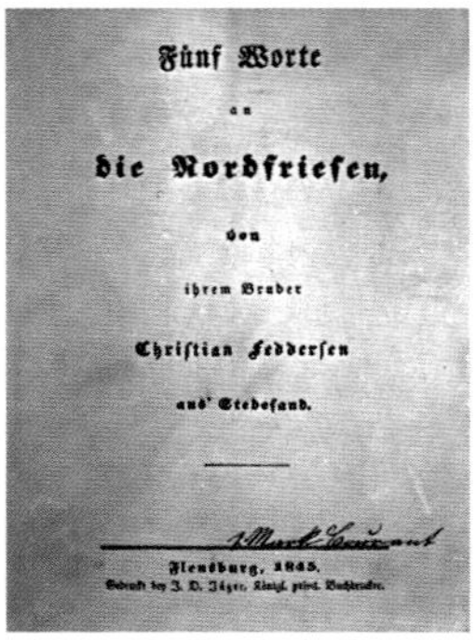

Fünf Worte

an

die Nordfriesen,

von

ihrem Bruder

Christian Feddersen

aus' Stedesand.

Flensburg, 1845.

Gedruckt bey J. D. Jäger, Königl. privil. Buchdrucker.

Pastor Christian Feddersen entwickelte in seiner 1842 verfaßten und 1845 veröffentlichten Schrift „Fünf Worte an die Nordfriesen" einen Plan für eine friesische Bewegung in Nordfriesland.

Pastor Lorenz Friedrich Mechlenburg setzte sich lebenslang für die Rettung der friesischen Sprache ein. Politisch bedauerte er 1864 das Ende der Verbindung mit dem dänischen Gesamtstaat.

In seinem Loyalitätskonflikt zwischen Deutsch, Dänisch und Friesisch erklärte Knut Jungbohn Clement sich 1842 als Nordfriese.

wig-Holstein bis zur Königsau, obgleich die Mehrheit der Bevölkerung im nördlichen Schleswig sich gerade ihrer dänischen Nationalität bewußt wurde und ihre nationalliberalen dänischen Gegenspieler mit der Parole „Dänemark bis zur Eider" den Anschluß des ganzen Herzogtums Schleswig mit seiner deutschen Bevölkerung im südlichen Teil an einen dänischen Nationalstaat anstrebten. Zwischen diesen miteinander unvereinbaren politischen Bewegungen baute sich ein gefährlicher Konflikt auf, und es war den schleswig-holsteinischen Liberalen wichtig, daß die deutsche Position geschlossen vertreten wurde. Sie waren rationalistisch und nationalzentralistisch eingestellt und standen regionalen Besonderheiten grundsätzlich ablehnend gegenüber. Nordfriesische Eigentümlichkeit und Sitte müsse „der höheren Bildung, welche mit der hochdeutschen Sprache und Sitte vom Süden kommt", Platz machen. Auch auf ihre kommunale und bürgerliche Freiheit seien die Nordfriesen „stolzer als sie wohl Ursache haben", schrieb damals einer dieser Liberalen.

Das politisch-propagandistisch sorgfältig vorbereitete „Volksfest der Nordfriesen" am 10. Juni 1844 in Bredstedt sollte hier einen Umschwung bringen und einen verderblichen „Partikularismus" verhindern. Sogar Clement hatte man gewinnen können. Damit folgte er seiner Einsicht, daß Nordfriesland infolge der sprachlichen und wirtschaftlichen Gegebenheiten doch mehr zum deutschen Teil des Herzogtums Schleswig gehörte als zu Dänemark. In seinem Gefühl aber blieb er Friese. Das erste „Volksfest der Nordfriesen" erfüllte seinen beabsichtigten antifriesischen Zweck, selbst wenn einzelne Zeitungen Zweifel an seiner Breiten- und Tiefenwirkung äußerten. „Es war ... nicht Nordfriesland die Losung, sondern Schleswig-Holstein, deutsches Streben, deutsches Wesen", stellte ein Kommentator im „Husumer Wochenblatt" zufrieden fest. Immerhin jedoch hatte man die Unsicherheit über die Parteinahme der Nordfriesen wirklich ernst genommen! Das Interesse an Nordfriesland in der überregionalen Presse von Altona bis Flensburg war so groß gewesen wie wohl später nur noch sehr selten.

Zu spät wurde Christian Feddersen dadurch nun doch zur Herausgabe seiner „Fünf Worte an die Nordfriesen" ermutigt. Mechlenburg hatte sie auf Amrum schnell in die Hand bekommen und war so begeistert, daß er nun in einem Rundschreiben an ausgewählte Persönlichkeiten in ganz Nordfriesland dazu aufforderte, seinen Zeitschriftenplan zu unterstützen. Das Ergebnis war jedoch so enttäuschend, daß er aufgab und sich nur noch der Aufzeichnung von nordfriesischen Wörtern und Sprichwörtern widmete.

Wenn es je eine Chance für eine friesische Bewegung, wie Christian Feddersen sie wollte, gegeben hatte, dann hätte sie spätestens 1843 an die nordfriesische Öffentlichkeit treten müssen. Denn seit dem ersten „Volksfest der Nordfriesen" 1844 war das politische Klima in Nordfriesland entscheidend verändert. Von nun an bestimmte der von außen hineinwirkende deutsch-dänische nationale Gegensatz die öffentliche Auseinandersetzung auch hier und überlagerte für lange Zeit jede eigenständige nordfriesische Bestrebung, ganz anders als in Westfriesland, wo es gerade 1844 zu einem ersten bedeutenden Aufschwung der dortigen friesischen Bewegung kam.

Das nordfriesische Volksfest bei Bredstedt am 10. Juni 1844, Lithographie von Sievert Steenbock. Dieses „Volksfest der Nordfriesen“ war eigentlich antifriesisch, weil es die vorhandenen Ansätze einer friesischen Bewegung in Nordfriesland bewußt schleswig-holsteinisch-deutsch überlagerte – ein bedeutungsvoller Wendepunkt in der Geschichte Nordfrieslands.

Zum blutigsten Ereignis des Krieges 1848 bis 1850 in Nordfriesland kam es Anfang Oktober 1850, als das bei Idstedt geschlagene schleswig-holsteinische Heer vergeblich das von den Dänen besetzte Friedrichstadt zu erobern versuchte. 50 Jahre danach erschien eine Erinnerungspostkarte (Ausschnitt).

Der in Rödemis aufgewachsene Wilhelm Hartwig Beseler (1806–1884) war als einer der Führer der schleswig-holsteinischen Bewegung 1844 am „Volksfest der Nordfriesen" beteiligt. Er stand 1848 an der Spitze der Provisorischen Regierung.

Schwen Hans Jensen (1795–1855) aus Keitum auf Sylt war ein bedeutender liberaler Verwaltungsfachmann und Reformer in wichtigen staatlichen und kommunalen Ämtern. 1848 war er führend beteiligt an der Entstehung des schleswig-holsteinischen Staatsgrundgesetzes.

In der revolutionären Situation des Jahres 1848 brach der deutsch-dänische Konflikt mit der Bildung einer „Provisorischen Regierung" in Kiel zur Abwehr einer Eingliederung Schleswigs in den dänischen Staat offen aus. Auch in Nordfriesland erkannten viele Städte und Orte des Festlands und auf Sylt die neue Regierung in Kiel an. Es gab aber Nuancen: Zwar wehrte man sich gegen einen Anschluß an Dänemark, deutlich geringer aber war das Interesse an einem Anschluß an den Deutschen Bund und an den ersten demokratischen Wahlen. Gänzlich enttäuschend war die mangelnde Bereitschaft zum Widerstand, als die ersten regulären dänischen Soldaten auftauchten. „War es möglich, von den hochherzigen Friesen zu erwarten, daß nur eine kleine Schar den Mut habe, … des Feindes zu warten?", schrieb das „Rendsburger Wochenblatt" über das klägliche Versagen der Eiderstedter „Volksbewaffnung". Von den Inseln Amrum, Föhr und Sylt kamen ähnliche Stimmen. War die politische Propaganda seit 1844 doch nur an der Oberfläche geblieben? Clements Kommentar lautete so: „Nur aus Mangel an Einsicht geschieht es, daß man die Friesen durchaus zu Deutschen machen will und ihnen sogar unverständig zürnt (sie für unpatriotisch hält), wenn sie nicht sein wollen, was sie nicht sind."

Großes öffentliches Aufsehen erregte das kurze, aber folgenlose Auftreten des aus Nordfriesland stammenden europäischen Revolutionärs Harro Harring (1798–1870) mit einer Rede am 23. Juli 1848 in Bredstedt. Die Nordfriesen wollten keine eigene Republik, zu der Harring aufrief. Der erste Krieg um Schleswig von 1848 bis 1850 endete im Grunde unentschieden. Dänemark mußte sich verpflichten, den Gesamtstaat wiederherzustellen und die sprachlichen Verhältnisse in Schleswig nicht zu verändern. Unter diesen Umständen konnten weite Teile der nordfriesischen Bevölkerung die Verbindung mit Dänemark durchaus weiter als natürliche Gegebenheit empfinden. Als die dänische Politik mit der zwangsweisen sprachlichen Danisierung von Schule und Kirche in Mittelschleswig von der eingegangenen Verpflichtung abzuweichen begann, wurde das friesischsprachige Nordfriesland davon zunächst nicht berührt. Widerstand regte sich aber auch hier, als nach 1860 auf Wunsch der Nationalliberalen zunächst in den reichsdänischen Enklaven Amrum und Westerland–Föhr Dänisch statt Deutsch in Kirche und Schule eingeführt werden sollte.

Man empfand dies als einen ersten Angriff auf die friesische Sprache und Identität. Denn um das Deutsche zu erhalten, das man für Handel und Wandel mit dem Süden und für die überlieferte Religion brauche, werde man anfangen, in den Häusern Deutsch statt Friesisch zu sprechen.

Es war der von der Insel Amrum stammende Lehrer und Schriftsteller Christian Johansen (1820–1871), der mit dieser letztlich friesischen Argumentation 1862 die deutsche Öffentlichkeit um Hilfe bat. Gerade er war aber bisher ein loyaler Anhänger des dänischen Gesamtstaates gewesen. Sein Beispiel zeigt, daß dieses Loyalitätsverhältnis, das gesamtstaatlich begründet war, nicht auf den von den dänischen Nationalliberalen angestrebten Nationalstaat übertragen werden konnte. Bot dieser doch in Zukunft nicht mehr das geräumige gesamtstaatliche Dach, unter dem die regionalen Besonderheiten in Nordfriesland respektiert werden konnten.

Das betraf sogar die Grundlagen der geschichtlich überlieferten Selbstverwaltung, denn nach dem Thronwechsel im November 1863 verlangte die Regierung auch von den gewählten Kommunalbeamten einen Treueid auf den neuen König. Dies war vorher nie geschehen und wurde als Gesinnungskontrolle und als ein Angriff auf die innere Freiheit der alten Selbstverwaltung verstanden.

In den letzten Monaten seiner Zugehörigkeit zu Dänemark gab es auch in Nordfriesland die Bewegung der schleswig-holsteinischen Augustenburger, vorwiegend in bürgerlichen und großbäuerlichen Kreisen. Sie strebte ganz offen die vollständige Trennung von Dänemark und den Anschluß an den Deutschen Bund an. Noch bedeutsamer aber war, daß nun auch die breite Schicht der Menschen, die in ihrer Grundhaltung konservativ waren und am liebsten am Althergebrachten festgehalten hätten, zu verstehen begann, daß die Trennung unumgänglich geworden war. „Wir wollen bei Dänemark bleiben“, sagten sie, „aber wir wollen nicht die gehorsamen Diener dieser oder jener Partei in Kopenhagen sein.“ Mit den Nationalliberalen war dort eine ihnen grundlegend fremde politische Kultur an die Macht gekommen. Für sie war daher die Auflösung des dänischen Gesamtstaates das Ende einer langen Epoche gemeinsamer Geschichte und für viele weniger ein Anlaß zur Freude als zu „Wehmut und Resignation“. Was würde die Zukunft bringen?

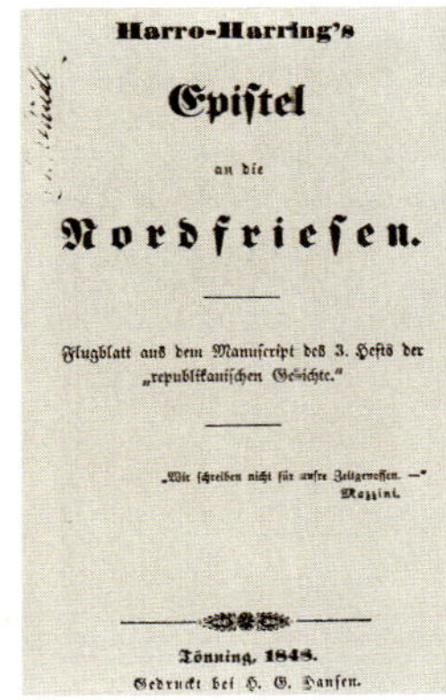
Harro-Harring's

Epistel

an die

Nordfriesen.

Flugblatt aus dem Manuscript des 3. Hefts der „republikanischen Gesichte.“

„Wir schreiben nicht für unsre Zeitgenossen. —“
Mazzini.

Tönning, 1848.
Gedruckt bei H. G. Hansen.

Der aus Nordfriesland stammende Revolutionär Harro Harring erklärte sich nach seinem vergeblichen Auftritt in Bredstedt 1848 in seiner „Epistel an die Nordfriesen“ als „freier Mensch“ und „Europäer“.

Christian Johansen, bis 1862 ein loyaler Anhänger des dänischen Gesamtstaates, erhoffte nach 1864 von der preußischen Regierung mehr Rücksicht auf die regionalen Verhältnisse in Nordfriesland.

Die Friesen zwischen Deutsch und Dänisch – Nordfriesland nach 1864

Thomas Steensen

Das Jahr 1864 hat für Nordfriesland epochale Bedeutung: Die jahrhundertelange Verbindung mit Dänemark endet, die gesamte Region gehört fortan erstmals zu Deutschland. 1867 wird Schleswig-Holstein zur preußischen Provinz. Vieles wird nach straffem zentralistischen Muster reformiert. Preußische Verwaltungsbeamte kommen ins Land. Die Einverleibung in Preußen behagt vielen gar nicht. Sie hatten sich ein eigenständiges Schleswig-Holstein im Anschluß an ein geeintes Deutschland gewünscht. Vor allem in Eiderstedt hieß es manchmal: „De Uhl mutt woller ut't Land herut." Doch die Eule – der preußische Adler – bleibt im Land. Nach der Gründung des Deutschen Reichs 1871 söhnen sich die allermeisten mit den neuen Verhältnissen aus. Deutsches Nationalgefühl erfaßt viele Menschen.

War 1864 wirklich ein Epochenjahr? Immerhin hatten sich manche Entwicklungen schon in dänischer Zeit angekündigt, die Beteiligung des „einfachen" Volkes an der Politik etwa oder die Erschließung Nordfrieslands für den Verkehr mit weitreichenden wirtschaftlichen, sozialen und kulturellen Folgen. Und dennoch kennzeichnet 1864 einen tiefen Einschnitt. Nordfriesland teilt fortan die deutsche Geschichte, auch die Schattenseiten und Abgründe. Die Region gehört nicht mehr zu einem relativ kleinen skandinavischen Staat, sondern zu einer Großmacht in der Mitte Europas. Dreimal müssen Nordfriesen in den Krieg ziehen, 1870/71 gegen Frankreich, im 20. Jahrhundert in zwei schreckliche Weltkriege. Nordfriesland wird ganz und gar eingebunden in die deutschen Entwicklungen und Strukturen auf politischem, geistigem, wirtschaftlichem Gebiet. Dänemark wird schnell ein fremdes Land für die meisten Nordfriesen.

Nie zuvor haben sich die Lebensbedingungen der Menschen so schnell und grundlegend verändert wie in der Zeit nach 1864. Anhand von einigen Jahreszahlen als Orientierungspunkte seien hier die Geschichte der friesischen Bewegung zwischen Deutsch und Dänisch und die politische Entwicklung in einigen Grundzügen geschildert.

1879 und 1902: Erste friesische Vereine

Alle Bemühungen um die friesische Sprache und Kultur wurden im 19. und 20. Jahrhundert immer wieder überschattet vom deutsch-dänischen Gegensatz. Dieser übermächtige Konflikt hatte in den 1840er Jahren der aufkeimenden friesischen Bewegung das Ende bereitet. Einzelne hielten aber an ihrem Einsatz für die eigene friesische Sprache und Kultur fest. Christian Johansen (1820–1871) legte den Grund für die Verschriftlichung seines Amrumer Friesisch. Peter Michael Clemens (1804–1870) übersetzte das ganze Neue Testament in seinen Sylter Dialekt. Christian Peter Hansen (1803–1879) auf Sylt betätigte sich vor allem als Chronist, Heimatschriftsteller und Sammler. Eine geradezu monumentale Leistung der Sprachpflege und Sprachdokumentation vollbrachte Moritz Momme Nissen (1822–1902) aus Stedesand mit seinem sechs Bände und 3280 Seiten umfassenden, leider ungedruckt gebliebenen Nordfriesischen Wörterbuch. Er grenzte die Nordfriesen sowohl von den Deutschen als auch von den Dänen ab.

Inzwischen überwog aber stark die Zuordnung der Nordfriesen zu den Deutschen. Als im Jahre 1879 in Niebüll-Deezbüll der erste Nordfriesische Verein gegründet wurde, hieß es: „Wir wollen im friesischen Gewande tragen ein deutsch ehrlich fromm und freies Herz!" Christian Feddersen, Anreger der friesischen Bewegung in den 1840er Jahren, hatte dagegen Nordfriesland als einen „freundlich leuchtenden Punct neben den deutschen und dänischen Landen" gesehen.

Auch der 1902 gegründete Nordfriesische Verein für Heimatkunde und Heimatliebe, der erste Heimatverein für ganz

Das Haus des Gemeindevorstehers Carsten Bahnsen in Stedesand zeigt dieses zu Beginn des 20. Jahrhunderts entstandene Foto. Über der Eingangstür, zwischen geschwungenen Maueranker n, hängt ein Schild mit dem preußischen Adler. Die bis 1864 bestehenden vielfältigen Verwaltungsformen auf gemeindlicher und landschaftlicher Ebene wurden nach der Einverleibung durch Preußen nach einheitlichem Muster ausgerichtet, so bereits 1867 durch eine neue Landgemeindeordnung. Mancher trauerte dem Althergebrachten nach. Letztlich wurde aber durch diese Reformen der Weg zu einer effizienteren Kommunalverfassung und zur bürgerschaftlichen Mitwirkung eingeschlagen, wenn auch das Wahlrecht noch bis 1919 die besitzende Schicht bevorzugte.

Moritz Momme Nissen setzte sich zeitlebens für die friesische Sprache und Kultur ein.

Christian Peter Hansen erkundete intensiv wie niemand vor ihm die Geschichte und Kultur seiner Heimatinsel Sylt.

August Schulz (1847–1936), Pastor in Mildstedt bei Husum, wurde 1902 Vorsitzender des Nordfriesischen Vereins für Heimatkunde und Heimatliebe; er stammte eigentlich aus Hohenwestedt.

Besuch aus Westfriesland: Der westfriesische Sprachwissenschaftler Pieter Sipma (1872–1961) reiste im Jahre 1908 nach Sylt, um die Inselfriesen in ihren Bemühungen um den Ausbau der eigenen nordfriesischen Sprache zu unterstützen. Auf Sylt hatte vor allem der Landwirt Nann Mungard (1849–1935) aus Keitum die Initiative ergriffen und 1907 zu einem ersten großen Treffen der Inselfriesen aufgerufen. Auf dem Bild von links nach rechts: Nann Mungard, Pieter Sipma, Jens Mungard (oben), der zum wohl bedeutendsten Dichter in nordfriesischer Sprache wurde, Erich Johannsen (unten), Verfasser zahlreicher Bühnenstücke auf Sylter Friesisch, und Paul Dirks, Vorsitzender des ersten, im Jahre 1900 gegründeten friesischen Vereins auf Sylt.

Nordfriesland, hielt an der Hinwendung zum deutschen Vaterland fest. In seinen Augen waren die Nordfriesen ganz selbstverständlich auch Deutsche. Er wollte jedoch die nordfriesischen „Volkseigentümlichkeiten" bewahren und stellte sich gegen den nivellierenden „Strom der Zeit" sowie gegen den zentralisierenden Einfluß der Reichshauptstadt Berlin, „der bis in die entlegensten Gegenden sich erstreckt und nicht immer unsern Beifall hat". Eine stärkere Hinwendung zur Heimat sollte dem deutschen Nationalgefühl ein stärkeres Fundament geben. „Und von der Heimatsliebe zur Vaterlandsliebe ist nur ein Schritt."

1919/20: Deutschland oder Dänemark?

In der Zeit des Kaiserreichs verlief die deutsch-dänische Grenze weit nördlich Nordfrieslands, an der Königsau. Der von Deutschland verlorene Erste Weltkrieg brachte die deutsch-dänische Auseinandersetzung hierher zurück. Denn im Versailler Friedensvertrag von 1919 war eine Volksabstimmung über den Verbleib bei Deutschland oder einen Anschluß an Dänemark vorgesehen. Der Norden Nordfrieslands gehörte zur zweiten Abstimmungszone; die Soholmer Au war einige Wochen lang die Südgrenze des „Staats Plebiszit". Der nationalpolitische Kampf wurde mit großer Härte geführt. Nordfriesland galt den meisten inzwischen als „kerndeutsch", das „stolze, zähe, harte und freie Volk der Friesen" als „Vorposten des Deutschtums", wie es so oder ähnlich immer wieder formuliert wurde. Die wenigen, die anders dachten, wurden in der Leidenschaft aufwühlenden Auseinandersetzung als „Verräter" gebrandmarkt.

Die Abstimmung in der zweiten Zone am 14. März 1920 brachte eine überwältigende Mehrheit von 80 Prozent für Deutschland. In mancher friesischen Marschgemeinde des Festlandes wurde nicht eine einzige Stimme für Dänemark gezählt. Die allermeisten Nordfriesen spürten also eine tiefe Verbindung mit Deutschland, was nicht zuletzt auf die jahrhundertelange Gewöhnung an die in Schule, Kirche und Verwaltung herrschende hochdeutsche Sprache zurückzuführen war. Nur drei Dörfer auf Föhr votierten mehrheitlich für Dänemark. Darin kam aber keine nationaldänische Einstellung zum Ausdruck, sondern eine fortbestehende Anhänglichkeit an vergangene Zeiten, als der Westen Föhrs unmittelbar zum Königreich Dänemark gehört hatte.

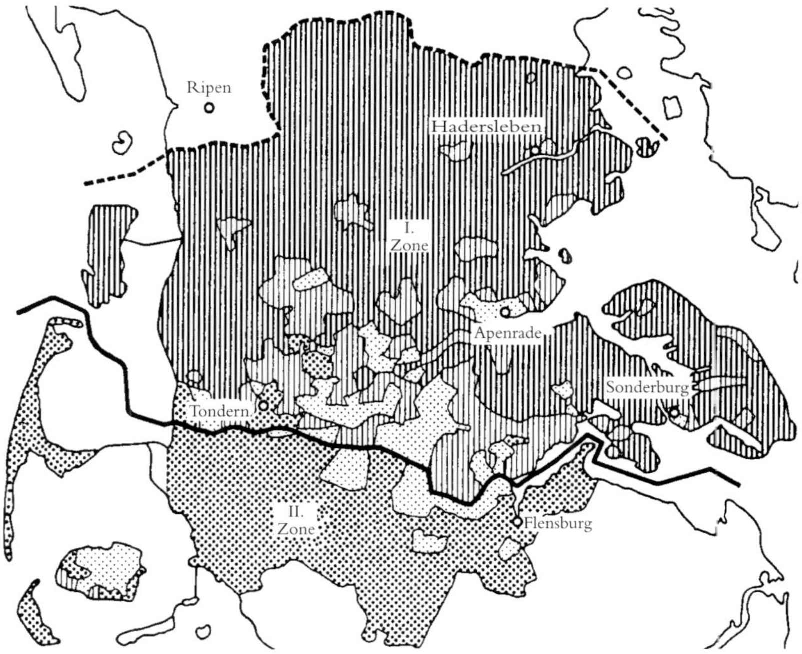

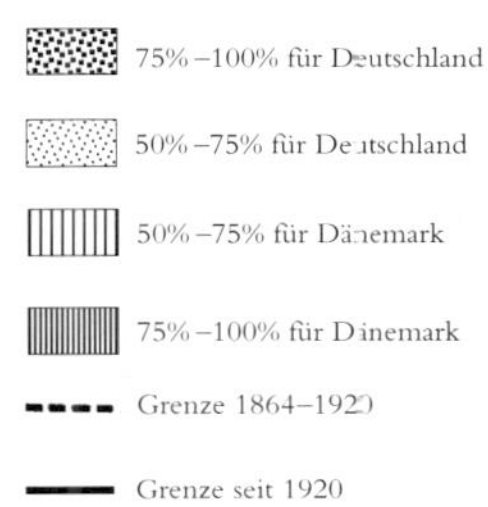

Ergebnisse der Volksabstimmungen 1920

Die alte Kreisstadt Tondern wies eine Dreiviertelmehrheit für Deutschland auf. Da aber in der ersten Abstimmungszone (Nordschleswig) nur das Gesamtergebnis zählte, mußte sie an Dänemark abgetreten werden, was Empörung und Verbitterung weckte. Der Kreis Tondern wurde geteilt, Niebüll Verwaltungssitz des bei Deutschland verbliebenen „Südtondern".

1923 und 1926: Die friesische Frage

In die bewegte Abstimmungszeit fällt die Entstehung der „nationalfriesischen" Richtung in Nordfriesland. Sie setzte einen Kontrapunkt zu der vorherrschenden Meinung, daß die Nordfriesen im Laufe der Jahrhunderte freiwillig deutsche Hochsprache und Kultur angenommen hätten und so letztlich ein „deutscher Stamm" geworden seien. Der aus Eiderstedt stammende Bauer Cornelius Petersen (1882–1935) sah die Friesen aufgrund ihrer eigenen Sprache und Kultur als ein

Postkarte zur Volksabstimmung mit dem Nordfriesen-Wappen und dem friesischen Wahlspruch „Lieber tot als Sklave“. Dieser wurde jetzt gelegentlich unverhüllt mit einer Stoßrichtung gegen Dänemark versehen: „Lieber tot als dänisch und Sklave“.

Eine traditionelle Halligwarft und der friesische Wahlspruch „Weites Herz – klarer Horizont“ schmücken diese Bildpostkarte, die zur Volksabstimmung in der zweiten Zone am 14. März 1920 herausgegeben wurde.

Ein nationales Hochgefühl nach dem deutschen Sieg in der zweiten Abstimmungszone spiegelt dieser Notgeldschein wider, den die Gemeinde Stedesand im Oktober 1920 herausgab. Auf dem Ersatzwertzeichen liegt die dänische Fahne unter allerlei Kriegsmaterial am Boden. Darüber erheben sich die deutsche und die schleswig-holsteinische Fahne sowie das Wappen Schleswig-Holsteins.

Im nationalpolitischen Kampf um Nordfriesland standen sich in den 1920er Jahren – und erneut nach 1945 – vor allem zwei Kontrahenten gegenüber: der Pastor Dr. Rudolf Muuß (links) und der Journalist Johannes Oldsen (Mitte). Cornelius Petersen (oben rechts) legte mit seiner Flugschrift „Die friesische Bewegung“ von 1920 das geistige Fundament für die Nationalen Friesen um Johannes Oldsen.

eigenes Volk, also nicht als Deutsche und auch nicht als Dänen. Im Laufe der Zeit seien die Nordfriesen durch eine deutsche „Herrenschicht“ kolonisiert und sich selbst entfremdet worden, doch gelte es diese „Unterdrückung“ nun abzuschütteln. Dafür biete der Kleinstaat Dänemark bessere Voraussetzungen als der nationale „Koloß“ Deutschland.

Diese Gedanken verfolgte von 1923 an der Friesisch-Schleswigsche Verein, der heute den friesischen Namen *Foriining for nationale Friiske* (Vereinigung für nationale Friesen) trägt. Er arbeitete mit der dänischen Minderheit zusammen, was ihm – unberechtigt – den Ruf eintrug, gar nicht friesischen, sondern vor allem dänischen Interessen zu dienen. Die Nationalen Friesen bemühten sich um Anerkennung der Nordfriesen als nationale Minderheit und erstrebten deshalb die Aufnahme in den Europäischen Nationalitätenkongreß, der seit 1925 jährlich in Genf tagte.

Deutsche Grenzpolitiker befürchteten nun, daß sich eine eigenständige friesische Bewegung entwickeln könne. Daran hatten sie keinerlei Interesse, denn sie wollten die 1920 gezogene deutsch-dänische „Gewaltgrenze“ schnellstmöglich wieder nach Norden verschieben. Ein friesisches Sonderproblem erschien ihnen dabei nur hinderlich. So veranlaßten sie den Nordfriesischen Verein, der sich bei seiner Gründung 1902 als „unpolitisch“ gesehen hatte, die politische Bühne zu betreten. Der Verein beschloß 1926 in dem Dorf Bohmstedt bei Bredstedt:

„1. Wir Nordfriesen sind deutschgesinnt.

2. Wir fühlen uns mit Schleswig-Holstein und der deutschen Kultur seit Jahrhunderten verbunden.

3. Im Rahmen dieser Kultur wollen wir unsere Stammesart wahren.

4. Wir wünschen, daß unsere Sprache im friesischen Sprachgebiet in Schule und Kirche gepflegt wird.

5. Wir lehnen es ab, als nationale Minderheit betrachtet zu werden.“

Diese „Bohmstedter Richtlinien“ wurden in kurzer Zeit von über 13 000 Nordfriesen unterschrieben. Eine überwältigende Mehrheit der Nordfriesen bekannte sich damit zum deutschen Volk. In der hitzigen Grenzkampf-Atmosphäre verzichteten sie aber auch auf Möglichkeiten, die eine Anerkennung als eigenständige Gruppe unter Umständen hätte mit sich bringen können.

Zwei Männer vor allem bestimmten die Auseinandersetzung. Der in Flensburg aufgewachsene Pastor Dr. Rudolf Muuß

Die 1920er Jahre brachten eine Blütezeit der friesischen Sprachpflege in Nordfriesland. Eine zentrale Persönlichkeit war der Lehrer und spätere Schulrat Albrecht Johannsen. Er bemühte sich vor allem um die Einführung des Friesischen in den Schulunterricht und veröffentlichte friesische Texte. Über seine Arbeit berichtete am 26. Februar 1935 die „Hamburger Illustrierte". Bald darauf stellte Albrecht Johannsen aber seine öffentliche Tätigkeit ein und distanzierte sich von der nationalsozialistischen Vereinnahmung der friesischen Bewegung.

SEITE 22 NUMMER 9 Hamburger Illustrierte

Friesisch – Eine Sprache wird gerettet

Wie die Brüder Grimm ihre Sprachforschungen beim Volk selber trieben, so auch der Friesenforscher Johannsen. Auf unserem Bilde sieht man ihn sich mit einem Hütejungen unterhalten, um von ihm besondere Ausdrücke oder eine Geschichte zu hören

Um den im Volke verborgen weiterlebenden Märchenschatz der Vergessenheit zu entreißen, haben vor hundert Jahren die Brüder Grimm keine Mühe gescheut. Sie gingen zu den Alten, die aus ihren Höfen kaum herauskommen, und lauschten deren Erzählungen. Um die Sprache

Bei den Frauen, die weniger als die Männer mit der Umwelt in Berührung kommen, haben sich die Spracheigentümlichkeiten am reinsten erhalten. Aber selbst in Friesland gibt es keine einheitliche Mundart, und darum muß der Forscher von Friesendorf zu Friesendorf wandern, um die Abwandlungen einzelner Wörter festzustellen

Dreimal Nis Albrecht Johannsen. Um sie zu unterscheiden, werden sie in der Familie der Alte, der Junge und der Jüngste genannt. Der alte Johannsen, ein Nordfriese, ist vor kurzem, hoch betagt, gestorben

Der von der Insel Föhr stammende Husumer Studienrat Dr. Lorenz Conrad Peters setzte sich mit aller Kraft für die friesische Sprache ein. Er gab unter anderem 1929 das große Heimatbuch „Nordfriesland" heraus.

(1892–1972) verfaßte die „Bohmstedter Richtlinien“ und wurde 1927 Vorsitzender des Nordfriesischen Vereins, dessen Wirksamkeit er wesentlich verstärkte. In der Zeit des Nationalsozialismus wurde er 1934 zum Rücktritt gezwungen. Nach dem Zweiten Weltkrieg war er der entscheidende Mann bei der Gründung des Schleswig-Holsteinischen Heimatbundes im Jahre 1947. An der Spitze der Nationalen Friesen stand Johannes Oldsen (1894–1958) aus Klockries, Journalist und zeitweise Bauer. Er besaß den Mut, an seiner Überzeugung festzuhalten, auch wenn er damit fast allein stand. Von 1937 an durfte er seine Auffassungen nicht mehr verbreiten und wurde von der Gestapo überwacht. Nach dem 8. Mai 1945, den er als „Befreiung von Angst und Terror“ erlebte, galt er vielen als „ungekrönter König der Nordfriesen“.

1933: „Machtergreifung“ in Nordfriesland

Traditionell gelten die Friesen als besonders freiheitsliebend. Im politischen Wahlverhalten drückte sich dies allerdings keineswegs immer aus. Bei den ersten Wahlen im 19. Jahrhundert war die Beteiligung sehr niedrig. In der Zeit des Kaiserreichs ab 1871 bildete Nordfriesland eine Hochburg der liberalen Parteien, wobei allerdings die nationalliberale Partei im Vordergrund stand, die stärker nationale als demokratische Ziele betonte. In der Weimarer Republik war zunächst die linksliberale Deutsche Demokratische Partei mit etwa 40 Prozent die stärkste Kraft. Doch diese scheinbar so große Zustimmung zur Demokratie verging rasch. In den zwanziger Jahren dominierte in Nordfriesland die weit rechts stehende Deutschnationale Volkspartei. Von 1930 an erzielten die Nationalsozialisten überdurchschnittliche Wahlanteile, in den Kreisen Husum und Südtondern 1932 über 68 Prozent, und im März 1933 stimmten in Südtondern sogar 73,5 Prozent für die NSDAP. Kaum irgendwo sonst im gesamten Deutschen Reich konnte Hitlers Partei größere Anteile verbuchen.

Oben: Auf dem Weg zur Besichtigung des neuen Nordstrander Dammes fuhr Adolf Hitler mit einem Wagenkonvoi am 29. August 1935 durch Husum. Eine begeisterte Menschenmenge begrüßte ihn.

Unten: In der Zeit des Nationalsozialismus berief sich der Kreisausschuß des Kreises Husum auf Gott und führte zugleich das Hakenkreuz im Schilde.

Die Ursachen waren vielschichtig. Zwei wesentliche Stützen der Weimarer Republik spielten in Nordfriesland eine kleine oder gar keine Rolle. Die SPD war stark unterdurchschnittlich vertreten, weil in Nordfriesland eine Industriearbeiterschaft fehlte, und das katholische Zentrum konnte in der fast durchweg evangelischen Region nicht Fuß fassen. Zwei Bevölkerungsschichten dagegen, die in Nordfriesland weiterhin den meisten Menschen Arbeit und Brot gaben, waren in der modernen Massendemokratie in eine Krise geraten: die Bauern und der kleinbürgerliche Mittelstand. Als sie ihre Stellung existentiell bedroht sahen, machten sie dafür das „System“ verantwortlich und wählten schließlich die schärfsten Gegner der Weimarer Republik. Viele nationalsozialistische Vorstellungen gehörten ansatzweise schon lange zum Allgemeingut, so zum Beispiel die besondere Wertschätzung für „Blut und Boden“, „Deutschtum“ und „nationale Ehre“. Mit ihrer Verklärung der Friesen zum „urgermanischen“, heldenhaften Stamm griffen die Nationalsozialisten Klischees über das „hohe, harte Friesengewächs“ auf und fügten Bestandteile ihrer wahnhaften Rassenideologie hinzu. Den einst freiheitlich gemeinten Wahlspruch „Lieber tot als Sklave“ machten sie sich paradoxerweise in ihrer Propaganda zu eigen.

Die „Machtergreifung“ 1933 wurde auch in Nordfriesland vielerorts begeistert gefeiert. Auf einen organisierten Widerstand stieß der Nationalsozialismus kaum.

Auf schneller Fahrt ins Dritte Reich – Halligsegellore mit Hakenkreuzfähnchen. Fast sinnbildlich steht dieses Foto für die großen Wahlerfolge der Nationalsozialisten in Nordfriesland. Kaum irgendwo sonst im Reich erhielt die NSDAP so viele Stimmen; schon 1932 waren es in den Kreisen Husum und Südtondern über 68 Prozent.

Sommerliches Treiben herrscht am Hafen von Wyk auf Föhr Ende der dreißiger Jahre. Doch im Hintergrund ist die Fratze der Judenfeindschaft zu erkennen: „Juden sind hier nicht erwünscht“.

Die Enge und Drangsal des Konzentrationslagers Ladelund kommt in dieser Zeichnung eines Häftlings zum Ausdruck. Im Herbst 1944 bestanden in Ladelund und Schwesing Außenkommandos des Konzentrationslagers Neuengamme.

Um viele Menschen in Lohn zu bringen, schufen die Nationalsozialisten 1935 den Reichsarbeitsdienst (RAD) – oben ein Lager bei der Friedrich-Paulsen-Schule in Niebüll. Bis 1939 wurden in Nordfriesland unter anderem acht neue Köge gewonnen.

Mehrfach wurden politische Gegner verfolgt und verhaftet. Die jüdische Gemeinde in Friedrichstadt, die einzige in Nordfriesland, wurde ausgelöscht.

Im Herbst 1944 bestanden in Schwesing bei Husum und in Ladelund Außenkommandos des Konzentrationslagers Neuengamme. Unter mörderischen Bedingungen mußten die etwa 5000 Häftlinge am Bau der militärisch sinnlosen Verteidigungsanlage „Friesenwall" arbeiten. Mindestens 600 von ihnen starben.

Zu einem Symbol für die Sinnlosigkeit des Krieges wurde Helgoland. Wenige Tage vor Kriegsende legten britische Flugzeuge die nordfriesische Insel in Schutt und Asche. Sie diente daraufhin sieben Jahre lang als Bombenziel. Erst von 1952 an durften die Helgoländer zurückkehren.

Der Zweite Weltkrieg brachte Not und Tod in jeden Ort Nordfrieslands. Etwa 8000 Männer fielen. Als Folge der Kriegsniederlage strömten Zehntausende aus den ehemaligen deutschen Ostgebieten in die von Zerstörungen weitestgehend verschonte Region.

1948 und 1955: erneut zwischen Deutsch und Dänisch

Im Sog der prodänischen Heimatbewegung, die auch in Nordfriesland zeitweise mehr als die Hälfte der einheimischen Bevölkerung umfaßte, gewannen die Nationalen Friesen nach dem Zweiten Weltkrieg großen Zulauf. Ihren früheren Plan, friesische Schulen einzurichten, verwirklichten sie aber nicht. In fast jedem größeren Ort Nordfrieslands entstanden nun dänische Schulen. Sie nahmen indes, obwohl als „Heimatschulen" bezeichnet, auf die friesische Sprache und Kultur kaum Rücksicht, sondern förderten das Dänische. Allein an der dänischen Schule in Risum entstand eine friesische „Oase". Nur hier wurde das Friesische als Pflichtfach und – neben dem Dänischen und Deutschen – als Unterrichtssprache eingesetzt.

In die Zeit des heftig ausgetragenen erneuten Grenzkampfs fällt 1948 die Gründung des Vereins Nordfriesisches Institut. Das nationalpolitische Gegeneinander sollte überwunden, wissenschaftliche Arbeit auf neutraler und objektiver Grundlage betrieben werden. Drei Männer vor allem setzten sich für das Nordfriesische Institut ein: der Husumer Rechtsanwalt Dr. Goslar Carstens (1894–1978), der aus Deezbüll stammende Lehrer und Schulrat Albrecht Johannsen (1888–1967) und der auf Föhr gebürtige Studienrat Dr. Lorenz Conrad Peters (1885–1949). Erst 1965 konnte die Basis verbreitert und wirklich ein Institut gegründet werden; das Nordfriisk Instituut in Bredstedt entstand. Ermöglicht wurde dies durch die Entspannung im deutsch-dänischen Verhältnis, die auch den Streit zwischen den feindlichen Brüdern in Nordfriesland entkrampfte.

Um Vermittlung bemühten sich nicht zuletzt die Westfriesen aus den Niederlanden. Bis in die Mitte des 19. Jahrhunderts reichen die „interfriesischen Verbindungen" zwischen den Friesen in Nord, Ost und West zurück. Im Jahre 1925 war man in Jever zu einem ersten Friesenkongreß zusammengekommen und hatte 1930 einen gemeinsamen Friesenrat gegründet. Hatte auch die Besetzung der neutralen Niederlande durch deutsche Truppen im Zweiten Weltkrieg die Beziehungen belastet, so wurden sie doch schon bald wieder aufgenommen. Auf dem Friesenkongreß 1955 in Aurich verkündete man ein gemeinsames „Friesisches Manifest", und im Jahr darauf nahm der Friesenrat, der seit 1999 Interfriesischer Rat heißt, erneut seine Arbeit auf. In seiner nordfriesischen Sektion arbeiten Delegierte der verschiedenen Vereine für ihre gemeinsamen Ziele.

Die in den 1920er Jahren entstandene Zweiteilung der friesischen Bewegung zeigt sich auch heute noch in der Vereinsstruktur. Der Nordfriesische Verein ist verbunden mit dem Schleswig-Holsteinischen Heimatbund, der in der Zeit des Grenzkampfs 1947 als nationale deutsche Organisation entstand. Die Nationalen Friesen arbeiten mit der dänischen Minderheit zusammen und lassen sich politisch vom Südschleswigschen Wählerverband vertreten.

Goslar Carstens bemühte sich in der Zeit heftigen nationalpolitischen Kampfes nach dem Zweiten Weltkrieg um einen Brückenschlag im deutsch-dänischen Konflikt.

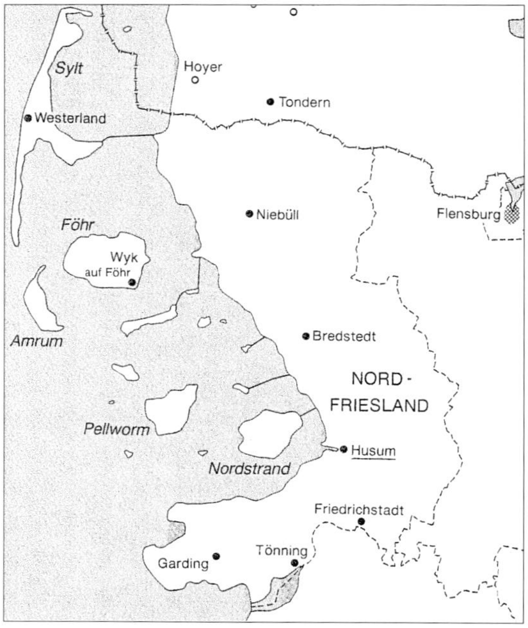

Aus der Dreiheit wurde 1970 eine Einheit. Die Kreise Tondern bzw. seit 1920 Südtondern, Husum und Eiderstedt (Karte links) gingen im Kreis Nordfriesland (Karte rechts) auf. Im Norden gelangte das bis dahin zu Südtondern gehörende Amt Medelby zum späteren Kreis Schleswig-Flensburg. Im Süden kamen Friedrichstadt und die Stapelholmer Gemeinden Drage und Seeth zum Kreis Nordfriesland hinzu.

1970: Kreis Nordfriesland

Ein Epochenjahr der nordfriesischen Geschichte war auch das Jahr 1970: Zum erstenmal wurden fast alle Teilbereiche Nordfrieslands zu einer gemeinsamen Gebietskörperschaft zusammengefaßt. Die einzige Ausnahme bildet die zum nordfriesischen Sprach- und Kulturbereich gehörige Insel Helgoland, die beim Kreis Pinneberg verblieb.

Die Verwaltungsformen in Nordfriesland waren in früheren Jahrhunderten äußerst vielfältig und bunt. Für eine Vereinheitlichung hatte die preußische Landkreisordnung von 1867 gesorgt. Damals entstanden die Kreise Eiderstedt, Husum und Tondern (nach 1920: Südtondern), jeweils mit einem Landrat an der Spitze der Kreisverwaltung. Auch Friedrichstadt mit den Nachbargemeinden Drage und Seeth, die bis dahin zum Kreis Schleswig gehört hatten, gelangten bei der Kreisreform 1970 zu Nordfriesland.

Der Kreis Nordfriesland ist keineswegs allein von Friesen bewohnt. Man schätzt, daß etwa ein Drittel der 162 000 Einwohner sich als Friesen bezeichnen würden. Noch kleiner ist die Zahl derjenigen, die auch Friesisch sprechen; sie liegt unter 10 000. Die Geschichte dieses Gebiets ist aber vor allem von den Friesen geprägt worden, die deshalb auch namengebend wurden. Mit der Gründung des Kreises Nordfriesland wurde so etwas wie eine „politische Gesamtpersönlichkeit" geschaffen, deren Fehlen bereits der Historiker Andreas Ludwig Jacob Michelsen 1828 als einen negativen Hauptzug nordfriesischer Geschichte benannt hatte. Fast alle Verbände und Vereinigungen vollzogen die Neuordnung in ihrer eigenen Organisationsstruktur nach. Eine Ausnahme bildet die evangelisch-lutherische Kirche. Sie ist auch heute noch in drei Kirchenkreise, früher Propsteien genannt, unterteilt, nämlich in die Kirchenkreise Eiderstedt, Husum-Bredstedt und Südtondern. In ihr spiegelt sich also noch die frühere Gliederung.

Nach dem Zweiten Weltkrieg stellte Nordfriesland von den fünfziger bis zum Beginn der achtziger Jahre eine Hochburg der CDU dar. Ihr steht seitdem die SPD fast gleichgewichtig gegenüber. Regionale Besonderheiten im Kreistag, dem Parlament Nordfrieslands, sind der Südschleswigsche Wählerverband (SSW) als Vertretung der dänischen Minderheit und der Nationalen Friesen sowie die 1989 gegründete Wählergemeinschaft Nordfriesland (WGNF).

Enge Verbindungen unterhält die nordfriesische Volksgruppe mit ihren „Verwandten" in Ostfriesland (Bundesland Niedersachsen) und Westfriesland (Niederlande). Seit 1925 kommen sie zu gemeinsamen Friesenkongressen zusammen, und ebenfalls alle drei Jahre trifft man sich auf Helgoland. Hier wehen auf der Felseninsel die Flaggen West-, Ost- und Nordfrieslands (von links).

1990, 1998 und 1999: Absicherung der friesischen Volksgruppe

Die verbesserte Zusammenarbeit der verschiedenen friesischen Vereine ermöglichte auch Fortschritte im politischen Raum. Beim Schleswig-Holsteinischen Landtag besteht seit 1988 ein „Gremium für Fragen der friesischen Bevölkerungsgruppe". Unter dem Vorsitz des Landtagspräsidenten erörtern hier in der Regel zweimal jährlich je ein Mitglied aller Landtagsfraktionen, die Bundestagsabgeordneten Nordfrieslands, der Grenzlandbeauftragte der Ministerpräsidentin, weitere Vertreter der Landesregierung und Delegierte des Friesenrats Anliegen der friesischen Volksgruppe. Auf diesen Begriff konnten sich die verschiedenen friesischen Vereine einigen. Als ein „Markstein" wurde der neue Artikel 5 in der Landesverfassung Schleswig-Holsteins von 1990 bezeichnet; der friesischen Volksgruppe wird darin „Schutz und Förderung" zugesagt. Da der Status der Nordfriesen bis dahin in keiner Weise abgesichert war, kommt dieser Bestimmung grundlegende Bedeutung zu. In jüngster Zeit wurden der friesischen Volksgruppe erstmals auch in europäischen Gesetzeswerken Rechte zugesagt, und zwar im Rahmenübereinkommen des Europarats zum Schutz nationaler Minderheiten (für Deutschland in Kraft seit 1998) und in der Europäischen Charta der Regional- oder Minderheitensprachen (in Kraft seit 1999).

Die Zeit des deutsch-dänischen Grenzkampfs, der die friesischen Bestrebungen immer wieder überlagerte und behinderte, ist lange vorbei. Auch der Kreis Nordfriesland beteiligt sich intensiv an der deutsch-dänischen Zusammenarbeit, insbesondere in dem 1997 gebildeten Regionalrat für Schleswig/Sønderjylland. Diese erfreuliche Entwicklung kann der friesischen Volksgruppe aber auch Probleme bringen. Alles blickt, wenn auch anders als früher, auf Deutsch und Dänisch, und Friesisch steht wieder in der Gefahr, durch den Rost zu fallen.

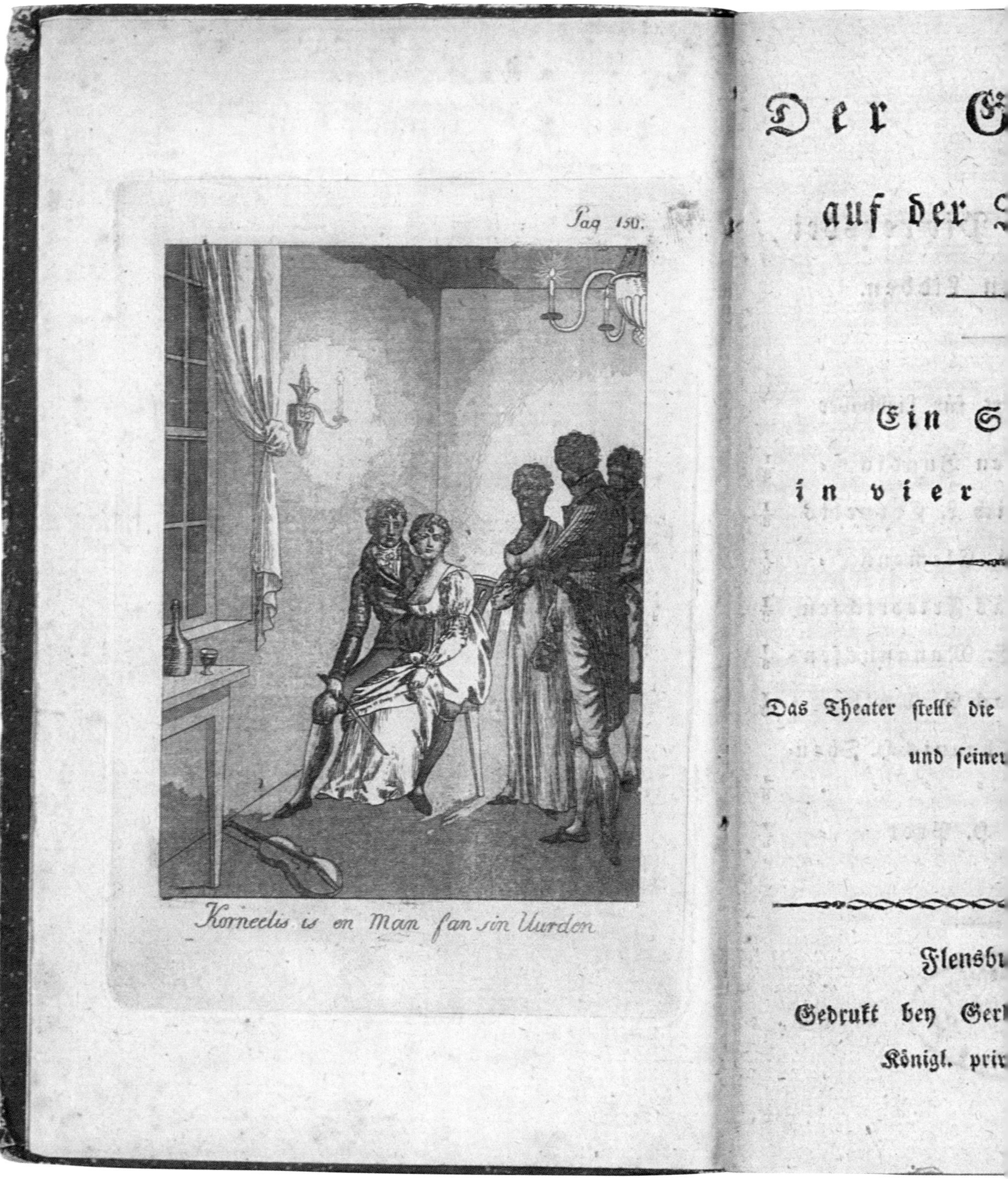
Pag 150.
Korneelis is en Man fan sin Uurden
Der G
auf der
Ein S
in vier
Das Theater stellt die
und seine
Flensb
Gedrukt bey Ger
Königl. pri

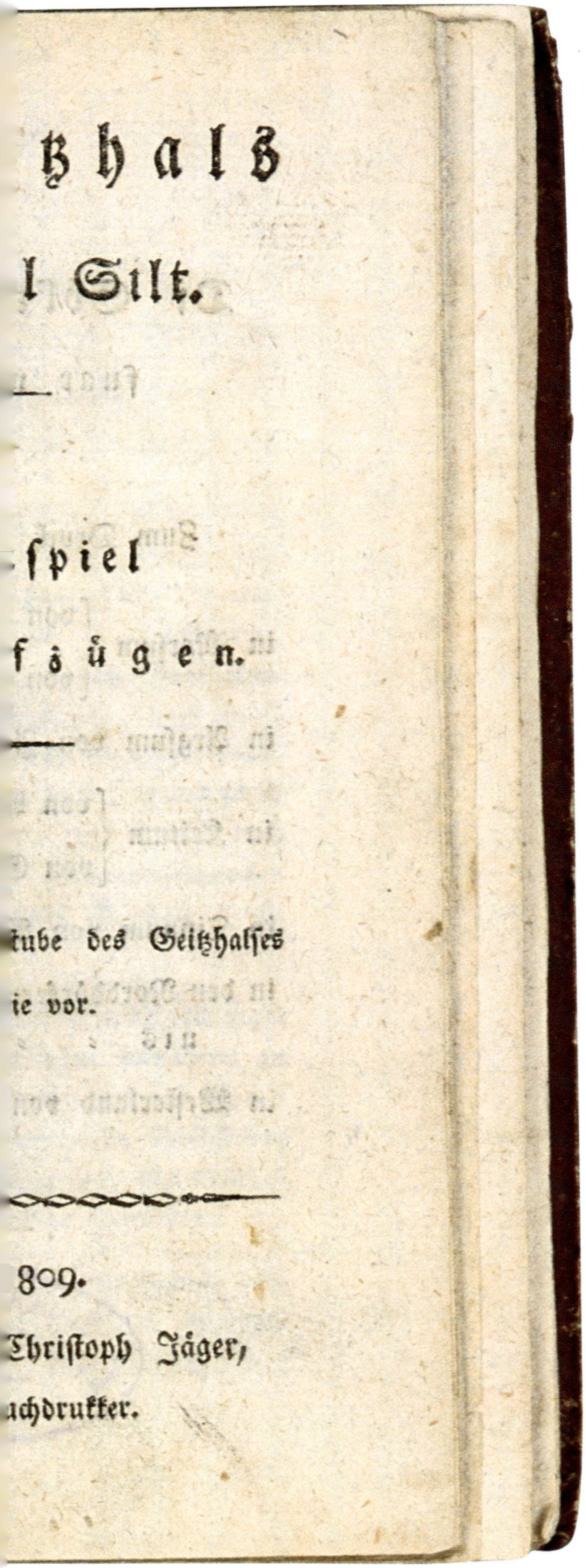

Sprache und Literatur
Spraak, Dechtings en Tialen

Im Jahre 1809 erschien das erste Buch in nordfriesischer Sprache. Die Komödie vom „Geitzhals auf der Insel Silt“ hatte der Keitumer Küster Jap Peter Hansen auf seinen Seefahrten um 1790 geschrieben. Sie bezeichnet nicht nur den Beginn, sondern auch einen Höhepunkt der nordfriesischen Literatur.

Friesisch und die Mehrsprachigkeit im Sprachenland Nordfriesland

Thomas Steensen / Christina Tadsen

„Ich kenne keine Sprache, die Sprachen der kaukasischen Gebirgsvölker vielleicht ausgenommen, welche so viele ganz verschiedene Dialekte hätte. Es liegt etwas Eigenes, Hochtönendes, Kräftiges und Energisches in dieser friesischen Sprache." So charakterisierte der Schriftsteller Johann Georg Kohl das Nordfriesische in seiner 1846 erschienenen, noch heute lesenswerten Reisebeschreibung „Die Marschen und Inseln der Herzogthümer Schleswig und Holstein".

Tatsächlich ist die dialektale Vielfalt ein wesentliches Merkmal des Friesischen. Es nimmt aufgrund dieses Tatbestandes eine einzigartige Stellung in der germanischen Sprachenfamilie ein. Friesisch gliedert sich in drei Zweige: Westfriesisch ist in der Provinz Friesland der Niederlande verbreitet und wird von etwa 400 000 Menschen gesprochen. Ostfriesisch ist im eigentlichen Kernland ausgestorben, hat sich aber außerhalb Ostfrieslands in der oldenburgischen Gemeinde Saterland erhalten und ist für rund 2 000 Menschen die Muttersprache. Nordfriesisch, das hier näher betrachtet werden soll, wird an der Nordwestküste des Bundeslandes Schleswig-Holstein sowie auf der Insel Helgoland gesprochen. Die Unterschiede zwischen dem West- und dem Nordfriesischen sind so erheblich, daß man fast von zwei verschiedenen Sprachen sprechen kann. Eine gegenseitige Verständigung auf friesisch ist nur möglich, wenn man sich näher mit der Sprache des jeweils anderen beschäftigt. In Nordfriesland unterscheidet man, jeweils von Nord nach Süd, folgende Hauptdialekte (die sich teilweise wiederum in verschiedene Unterdialekte aufgliedern):

Inselnordfriesisch:
Syltring (sölring)
Föhring-Amring (fering-öömrang)
Helgoländisch (halunder)

Festlandsnordfriesisch:
Wiedingharder (freesk)
Bökingharder (frasch)
Karrharder (fräisch)
Nordergoesharder (fräisch, freesch)
Mittelgoesharder (freesch)
Halligfriesisch (freesk)

Weitere Dialekte sind heute ausgestorben. Das Eiderstedter Friesisch wurde bereits im Laufe des 17. Jahrhunderts durch das Niederdeutsche verdrängt. Das Friesische der großen Insel Strand, das dem Halligfriesischen glich, ging mit und nach der Sturmflut von 1634 unter. Erst um 1980 starb das um Hattstedt gesprochene Südergoesharder Friesisch aus. Nur noch ganz vereinzelt gesprochen werden in der Gegenwart die Dialekte der Karrharde, der „Mittelgoesharde" und der Halligen. Sie dürften bald verklungen sein.

Hochburgen des Friesischen sind die Gemeinde Risum-Lindholm auf dem Festland, vor allem aber der Westen von Föhr. Hier ist das *Fering*, vom Kleinkind bis zum Greis, nach wie vor für die meisten Menschen *die* Sprache des Alltags, in der man denkt, lacht, trauert, träumt, diskutiert.

Die drei inselnordfriesischen Hauptdialekte weisen teils erhebliche Unterschiede auf, sind aber bei aller Verschiedenheit untereinander enger verwandt als mit dem Festlandsnordfriesischen. Dieses bildet eher ein Kontinuum, weist also in der Regel nur graduelle Abweichungen auf. Daß für einen Gegenstand in den verschiedenen Dialekten völlig unterschiedliche Wörter benutzt werden, kommt nur selten vor. Eine solche Ausnahme bilden die friesischen Entsprechungen für „Tisch", der in der Bökingharde *scheew*, auf Föhr und Amrum *boosel*, auf Sylt *staal*, auf Helgoland *taffel* genannt wird.

Welche Ursachen haben die außergewöhnliche nordfriesische Dialektvielfalt herbeigeführt?

– Die Zweiteilung ins Insel- und Festlandsfriesische besteht schon von Anfang an. Die Friesen kamen nämlich in zwei Schüben aus ihrem ursprünglichen Siedlungsgebiet an der südlichen Nordseeküste hierher. Zunächst wurden ab dem

7. Jahrhundert vor allem die Inseln Sylt, Föhr, Amrum und Helgoland sowie das westliche Eiderstedt besiedelt. Vom 11. Jahrhundert an nahmen die Friesen systematisch auch das Festland in Besitz und machten das sumpfige Land urbar, indem sie die obere Torfschicht abgruben – zeitweise wurde aus ihr Salz gewonnen – und sodann den Marschboden beackerten. Daß das Friesische der Halligen als Festlandsdialekt gilt, ist auf die zum Zeitpunkt der Einwanderung ganz anders geartete Küstengestalt zurückzuführen.

– Es gab kein nordfriesisches Staatswesen, das vereinheitlichend hätte wirken können. Ebenso fehlte ein auf die ganze Region ausstrahlendes politisches, wirtschaftliches und kulturelles Zentrum.

– Die einzelnen nordfriesischen Harden waren größtenteils durch Meeresarme, Flüsse oder sumpfige Niederungen voneinander getrennt und hatten verhältnismäßig wenig Verbindung miteinander. Sie entwickelten sich in vieler, vor allem auch in sprachlicher Hinsicht weitgehend unabhängig. Man identifizierte sich stark mit der eigenen Harde, der eigenen Insel und auch mit dem eigenen Dialekt, den man jeweils für „das eigentliche", „das reinste" Friesisch hielt.

Während das „Altfriesische" in West- und Ostfriesland zwischen dem 13. und 16. Jahrhundert in zahlreichen Texten überliefert ist, datiert das erste, recht isoliert dastehende Sprachdenkmal des Nordfriesischen erst von etwa 1600. Es handelt sich um eine Übersetzung des Kleinen Katechismus Martin Luthers. Die Reformation war in niederdeutscher Sprache nach Nordfriesland gelangt, und mit einer friesischen Bibelübersetzung scheint nicht einmal begonnen worden zu sein. So wurde Niederdeutsch auch die Kirchen- und Schulsprache in Nordfriesland, bis es um 1650 vom Hochdeutschen abgelöst wurde. Erst vom beginnenden 19. Jahrhundert an wird Nordfriesisch häufiger schriftlich verwendet. Heute umfaßt die nordfriesische Literatur einige hundert Bücher und mehrere tausend Beiträge in Zeitschriften und Zeitungen.

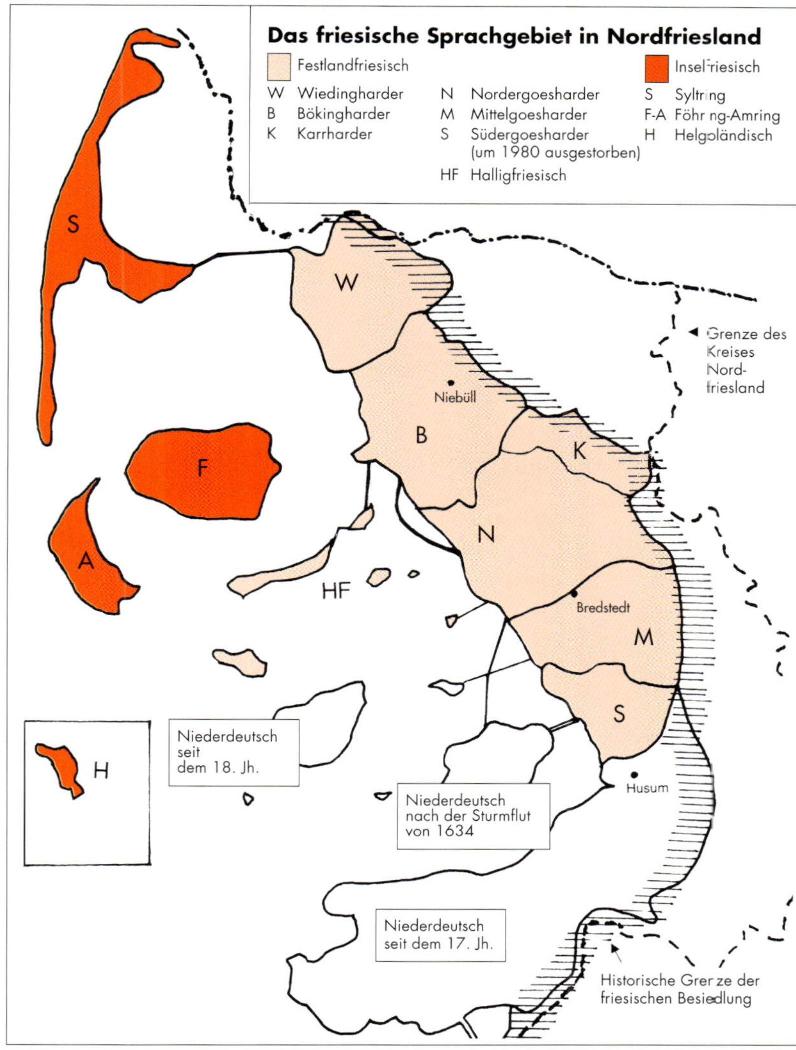

Der gesamte Westteil des Kreises Nordfriesland gehört zum friesischen Siedlungsgebiet. Die Sprachgrenze hat sich dagegen in der Neuzeit immer weiter nach Norden verschoben. Natürlich wird auch im gesamten friesischen Sprachgebiet Hochdeutsch als Standardsprache gesprochen; als Volkssprache ist in den allermeisten Gegenden zudem Niederdeutsch verbreitet.

Immer wieder einmal taucht der Gedanke auf, man solle aus den verschiedenen Dialekten ein „Standardnordfriesisch" entwickeln, um so die Möglichkeiten der Sprachförderung und die Chance des Spracherhalts zu verbessern. Dieser Gedanke übt auf den ersten Blick einen starken Reiz aus. Eine solche Konstruktion würde jedoch nach aller Wahrscheinlichkeit kaum die Rettung bringen. Ein Haupthindernis stellt die starke Identifikation mit dem eigenen Dialekt dar. Die Insulaner bezeichnen ihre Sprache nicht einmal als Friesisch, sondern nach dem jeweiligen Inselnamen. Wohl kaum würde man neben dem zumeist ohnehin bedrohten eigenen Dialekt noch ein anderes Friesisch erlernen. Streit und Querelen dürften überdies unvermeidlich sein. Statt dessen erscheint es sinnvoll, was auch größtenteils praktiziert wird, die

An der Nordseeküste zwischen der dänischen Grenze und den Niederlanden erstrecken sich die friesischen – oder ehemals friesischen – Siedlungs- und Sprachgebiete. Charakteristisch sind die jeweils vorgelagerten Inseln. Unterbrochen wird der friesische Küstenstreifen lediglich durch die Elbmündung und Dithmarschen.

verschiedenen Dialekte schriftsprachlich nach einheitlichen Richtlinien zu normieren. Darüber hinaus sollten insbesondere bei Neuschöpfungen weitgehend einheitliche Wörter verwendet werden. Sprachbewußte Friesen sprechen seit langem auch mit Friesen aus anderen Gebieten ihren jeweiligen Dialekt. Eine „internordfriesische“ Verständigung ist also durchaus möglich.

Friesisch zählt gemeinsam mit dem Nieder- und Hochdeutschen, dem Niederländischen und dem Englischen zur westgermanischen Sprachengruppe. Mit dem Angelsächsischen gehört es zum Nordseegermanischen (Ingwäonisch). In zahlreichen Wörtern zeigen sich noch heute Ähnlichkeiten mit der englischen Sprache. „Schlüssel“ zum Beispiel heißt auf englisch *key*, auf Föhr *kai*, in der Bökingharde *koie*; „Ärmel“ auf englisch *sleeve*, auf Föhr *sliaw* und in der Bökingharde *sliiw*. Die sprachliche Sonderstellung des Nordfriesischen wurde durch einen erheblichen dänisch-jütischen Einfluß verstärkt, der auch den zentralen Wortschatz betraf. Selbst die dänische Verneinung *ikke, ej* wurde als *ai, ei, ek* für „nicht“ in die meisten nordfriesischen Dialekte aufgenommen. „Junge“ ist zum Beispiel im Dänischen *dreng*, auf Föhr und in der Bökingharde jeweils *dring*, „Feuer“ heißt auf dänisch *ild*, auf Föhr *ial*, in der Bökingharde *iilj*. Als Faustregel gilt, wie schon der erste nordfriesische Wörterbuchschreiber Boy Jacobsen 1745 bemerkte, „daß je näher Husum je mehr Plattdeutsch, je näher Tondern je mehr Dänisch mit unterläuft“. Selbstverständlich sind in der Gegenwart alle nordfriesischen Dialekte den über Medien, Schule usw. einströmenden hochdeutschen Einflüssen ausgesetzt.

Die Vielzahl der nordfriesischen Dialekte wird nicht selten als besonders schwierig und der Sprachförderung abträglich bezeichnet. Dies trifft zweifellos zu. Wenn Bücher in fünf oder sechs Dialekten gedruckt werden, die jeweils nur von ein paar hundert bis gut zweitausend Menschen gesprochen werden, dann sind die Probleme unübersehbar. Andererseits hat aber auch die geringe Verbreitung des jeweiligen Dialekts zu einem besonderen Engagement in der ehrenamtlichen Sprachpflege geführt. Viele Nordfriesen haben sich in den vergangenen 200 Jahren für das Schicksal ihrer Sprache geradezu mitverantwortlich und zu eigenem Handeln aufgerufen gefühlt. So hat die sprachliche Vielfalt Eigeninitiative und Eigenverantwortlichkeit gestärkt.

Nordfriesisch ist eine der kleinsten Sprachen in ganz Europa. In der Mitte des 19. Jahrhunderts wurde die Sprecherzahl mit 30 000 angegeben, am Ende des 20. Jahrhunderts sprechen höchstens 10 000 Menschen Nordfriesisch. Die Gründe für den Rückgang gleichen denen bei anderen europäischen Kleinsprachen. Seit der Mitte des 19. Jahrhunderts wurde das abgelegene Nordfriesland durch den Bau von Straßen und Eisenbahnlinien für den Verkehr erschlossen. Der Fremdenverkehr, der 1819 in sehr bescheidenem Umfang begonnen hatte, gewann an Bedeutung. In den florierenden Tourismusorten Westerland, Wittdün und Wyk hatte Friesisch einen schweren

Stand und bald kaum noch Platz. Das industrielle Zeitalter brachte zwar nur wenige Industriebetriebe in die Region, führte aber dennoch zu umwälzenden Veränderungen in schneller Folge. Die traditionellen Erwerbszweige Landwirtschaft, Handwerk und Seefahrt wurden an den Rand gedrängt und revolutioniert. Für diese Bereiche verfügte das Friesische über einen großen Wortschatz mit hoher Spezialisierung. Die jetzt neu aufkommenden Lebensbereiche dagegen waren hochdeutsch bestimmt, etwa die entstehenden größeren Verwaltungen und Behörden oder auch militärische Einrichtungen. Medien und Kommunikation gewannen enorm an Bedeutung, zunächst die Zeitungen, seit den 1920er Jahren das Radio, seit den 1950ern das Fernsehen und schließlich der Computer mit dem Internet. Die ursprüngliche Sprache der Region spielte hierin keine Rolle. Die Mobilität nahm zu. Viele Menschen wanderten ab, zunächst vielfach nach Übersee, dann großenteils in deutsche Großstädte, weil sie in Nordfriesland keine befriedigenden Ausbildungs- oder Arbeitsplätze fanden. Der Fremdenverkehr führte hingegen viele Menschen von außerhalb ins Land. Die deutsche Niederlage im Zweiten Weltkrieg sorgte für einen Zustrom von vielen tausend Flüchtlingen aus den ehemaligen deutschen Ostgebieten, die von der kleinen friesischen Sprachgemeinschaft nur zu einem geringen Teil integriert werden konnten.

Das vom 19. Jahrhundert an stark ausgebaute Schulwesen trug ebenfalls zum Rückgang des Friesischen bei. Sofern die friesische Sprache überhaupt im Unterricht berücksichtigt wurde, blieb sie ein Randphänomen. 1909 war sie auf Sylt erstmals in der Schule eingeführt worden. In den 1920er Jahren, einer Blütezeit der Sprachpflege, wurde eine friesische Wochenstunde verordnet. Doch Bemühungen um Friesisch als Unterrichtssprache scheiterten. Schulbehörden und die meisten Lehrkräfte pochten in der Regel darauf, daß der Unterricht allein in deutscher Sprache stattzufinden habe. So machten viele Kinder bei der Einschulung eine geradezu traumatische Erfahrung: In dem Augenblick, in dem der „Ernst des Lebens" begann, wurde ihre Muttersprache als nutzlos und für die „höhere Bildung" ungeeignet abgestempelt. Die hochdeutsche Einsprachigkeit galt als erstrebenswert, Zwei- und Mehrsprachigkeit wurde dagegen negativ beurteilt.

In den 1970er Jahren setzte ein Umdenken ein. Der Wert der kulturellen Vielfalt in einem Europa der Regionen wurde neu entdeckt. Sprachwissenschaftliche Forschungen widerlegten das weiterhin verbreitete Vorurteil von der Schädlichkeit der Zweisprachigkeit und wiesen nach, daß diese eher die geistige Entwicklung fördert. Dem lange vernachlässigten Friesischen wurde jetzt auch in Schleswig-Holstein mehr Aufmerksamkeit gewidmet. Dies zeigte sich insbesondere im Schulwesen. An fast allen öffentlichen Schulen im friesischen Sprachgebiet wird in der Gegenwart friesischer Unterricht angeboten. Im Schuljahr 1999/2000 nahmen daran auf freiwilliger Grundlage an

Theodor Storm: Häwelmann
„Leuchte, alter Mond, leuchte!" schrie Häwelmann,
aber der Mond war nirgends zu sehen und auch die Sterne nicht;
sie waren schon alle zu Bett gegangen.
Sylt:
„Ljucht, ual Muun, ljucht!" skriilt Häwelman,
man di Muun wiar närigen tö sen en uk di Stiaren ek;
ja wiar al altermaal tö Bēr gingen.
Amrum/Föhr:
„Locht, ual muun, locht!" rep Heewelmaan,
man a muun wiar nochhuaren tu sen an a stäären uk ei;
jo wiar al altumaal tu baad gingen.
Helgoland:
„Lochte, ool Muun, lochte!" rüp Heäwelman,
oawers de Muun wear naarni tu sin'n en uk de Steern ni;
dja wear al allemoal tu Baad gingen.
Wiedingharde:
„Ljocht, uuile moone, ljocht!" biilked Hääwelmuon,
män e moone was näärgen to schüns än uk e steere ai;
jä würn al altomoale to beerd gingen.
Bökingharde:
„Jucht, üülje moune, jucht!" biiljked Hääwelmoon,
ouers e moune wus nargne tu schüns än da stääre uk ai;
ja wjarn ål åltumååle tu beed lim.
Nordergoesharde:
„Jocht, uule moune, jocht!" biilked Hääwelmoon,
års e moune waas närngs to schüns än dä steere ok äi;
jä weern al aal to beede gingen.

Das Bildwörterbuch „Meine ersten tausend Wörter“ gibt es auch in sechs nordfriesischen Dialekten und auf plattdeutsch. „Schmetterling“ zum Beispiel heißt *schrubföögel* (Bökingharde und Nordergoesharde), *skrobfööge*l (Wiedingharde), *flenerk* (Föhr und Amrum), *flenerk* (Sylt), *Kuaalflagger* (Helgoland) oder *Botterlicker* (plattdeutsch).

„Fahrrad“ heißt *fiilj* (Bökingharde), *fiil* (Wiedingharde und Nordergoesharde), *wel* (Föhr und Amrum), *Weel* (Sylt), *Rad* (Helgoland) oder *Fohrrad* (plattdeutsch).

27 Schulen rund 1300 Schülerinnen und Schüler teil. Der Unterricht beschränkt sich jedoch zumeist auf den Grundschulbereich. In Realschulen wird zur Zeit keinerlei Friesischunterricht angeboten, und auch an den Gymnasien ist er eher die Ausnahme als die Regel. Friesisch ist bisher auch nirgendwo Unterrichtssprache, mit der einzigen Ausnahme der dänisch-friesischen Schule in Risum. Seit 1993 hat die friesische Sprache auch in vielen Kindergärten einen – zumeist allerdings bescheidenen – Platz gefunden.

An den Universitäten in Kiel und Flensburg kann Friesisch studiert werden. Die seit 1950 bestehende Nordfriesische Wörterbuchstelle an der Universität Kiel erarbeitete vor allem Lexika für die verschiedenen Dialekte. Seit 1978 besteht dort eine Professur für Friesisch. Am Friesischen Seminar der Universität Flensburg studieren insbesondere angehende Friesischlehrkräfte.

In der Landschaft selbst wirkt das 1965 gegründete *Nordfriisk Instituut* als zentrale wissenschaftliche Einrichtung für die Pflege, Förderung und Erforschung der friesischen Sprache, Geschichte und Kultur. Es wird getragen von dem etwa 850 Mitglieder zählenden Verein Nordfriesisches Institut, der die Arbeit vor allem durch Zuschüsse des Landes Schleswig-Holstein, des Kreises Nordfriesland und der dänischen Minderheit sowie durch Mitgliedsbeiträge, Spenden und Verkaufserlöse finanziert.

In vielfältiger Weise setzen sich die friesischen Vereine für die Pflege der friesischen Sprache ein. Sie bieten zum Beispiel Sprachkurse für Erwachsene an, unterstützen die sprachliche Arbeit in den Kindergärten, fördern friesische Theatergruppen, richten als traditionelles Fest jeweils am 21. Februar das Biikebrennen aus, unterhalten auch eigene Museen und Begegnungsstätten. Größter Heimatverein für ganz Nordfriesland ist der 1902 gegründete Nordfriesische Verein mit 25 örtlichen Vereinigungen und etwa 4700 Mitgliedern; der 1923 gegründeten *Foriining for nationale Friiske* gehören gut 600 Mitglieder an (vgl. den Beitrag „Die Friesen zwischen Deutsch und Dänisch – Nordfriesland nach 1864“).

Die friesische Bewegung setzt sich dafür ein, auch im fast ganz hochdeutsch geprägten öffentlichen Leben der friesischen Sprache einen Platz zu sichern. Die in Nordfriesland verbreiteten Zeitungen des Schleswig-Holsteinischen Zeitungsverlags lassen seit 1993 monatlich Sonderseiten mit friesischen und niederdeutschen Beiträgen erscheinen. Im Hörfunk des Norddeutschen Rundfunks wird seit 1989 einmal wöchentlich auf nordfriesisch gesendet, und zwar in einem regionalen „Fenster“. Der Sendeumfang beträgt jedoch nur drei Minuten. In einigen Kirchen Nordfrieslands werden gelegentlich friesischsprachige Gottesdienste gehalten. In zahlreichen Gemeinden gibt es friesischsprachige Straßenschilder. Seit 1997 besteht die Möglichkeit, die offiziellen Ortstafeln zweisprachig deutsch und friesisch zu gestalten. Sechs Gemeinden haben davon Gebrauch gemacht. Was den Status und die Pflege der friesischen Sprache im öffentlichen Leben angeht, so erhoffen sich die friesischen Vereine und Einrichtungen Fortschritte von der Europäischen Charta der Regional- oder Minderheitensprachen, die für Deutschland im Jahre 1999 in Kraft trat und außerdem für Dänisch, Niederdeutsch, Sorbisch und Romanes gilt.

Im öffentlichen Leben macht sich die friesische Sprache kaum bemerkbar. Aber viele Gemeinden haben Straßen auf friesisch bezeichnet, wie hier die „Letj Jaat“ (Kleine Gasse) in Norddorf auf Amrum.

Das Nordfriisk Instituut in Bredstedt unterhält eine Spezialbibliothek für Nordfriesland. Mehrere hundert Veröffentlichungen zur friesischen Kultur und Geschichte wurden bislang vom Institut herausgegeben, viele davon in friesischer Sprache.

SPRAAKENLAND
NORDFREESLAND

Nordfriesland ist ein Sprachenland. Mit der vom Nordfriisk Instituut initiierten Aktion „Sprachenland Nordfriesland", an der sich alle Sprachgruppen der Region beteiligen, wird für die Erhaltung der Mehrsprachigkeit geworben.

Nordfriesisch ist die originäre Sprache der Region, die es auf der Welt nur hier gibt. Es ist aber keineswegs die einzige. Im Nordteil des Kreises Nordfriesland besteht eine sprachliche Vielfalt, wie sie nirgendwo sonst in Deutschland und kaum irgendwo in Europa anzutreffen ist. Auf engstem Raum finden sich nebeneinander die Volkssprachen Friesisch, Niederdeutsch und Süderjütisch sowie die Hochsprachen Hochdeutsch und Dänisch. Im Kontaktbereich dieser Sprachen gibt es Menschen, die alle fünf Idiome im Laufe ihres Lebens erlernt haben, ohne jemals einen Sprachkurs zu besuchen. Ohnehin war in Nordfriesland lange Zeit die Mehrsprachigkeit der Normalfall. Erst in den letzten Jahrzehnten gewann die Einsprachigkeit immer mehr an Boden – eine Entwicklung, die heute viele Nordfriesen bedauern.

Süderjütisch – ein dänischer Dialekt, der sich aber stark vom Reichsdänischen unterscheidet und zum Beispiel von einem Kopenhagener kaum verstanden wird – war im Ostbereich des heutigen Kreises Nordfriesland vom frühen Mittelalter an die Umgangssprache. Die Bauern auf der eher kargen Geest standen sich viel schlechter als die Landwirte in der fruchtbaren Marsch, und so war auch das Ansehen der Sprache, die manchmal als „Kartoffeldänisch" bezeichnet wurde, recht niedrig. Daher ging vom „Plattdänischen", im Unterschied zum Plattdeutschen, für die friesische Sprache kaum eine Gefahr aus. So gut wie nie wurde Süderjütisch als Schriftsprache benutzt. Auch herrschte im Gebiet südlich der heutigen deutsch-dänischen Grenze weithin die deutsche Kirchen- und Schulsprache. Im beginnenden 19. Jahrhundert setzte ein schneller Sprachwechsel vom Süderjütischen zum Niederdeutschen ein, das ein höheres Sozialprestige und größere Reichweite besaß. Beschleunigt wurde die Entwicklung auch durch den seit den 1830er Jahren auftretenden Gegensatz zwischen Deutsch und Dänisch, die politischen Ereignisse von 1848 bis 1864, die zum Übergang des Gebiets von Dänemark zu Deutschland führten, sowie durch den schnellen Wandel der sozioökonomischen Lebensverhältnisse. In der Gegenwart wird Süderjütisch nur noch im Nordosten des Kreises Nordfriesland von wenigen hundert Menschen gesprochen. Es verfügt über keinerlei offiziellen Status. Süderjütisch ist auch keine „politische" Sprache und keineswegs unbedingt ein Indiz für die Zugehörigkeit zur dänischen Minderheit. Sprache und nationale Gesinnung sind im Grenzland Schleswig nicht immer identisch.

Die meisten Mitglieder der dänischen Minderheit sprechen in ihrem Alltag nicht Dänisch oder Süderjütisch, wie man annehmen könnte, sondern Platt- oder Hochdeutsch. Es handelt sich eben nicht um eine sprachliche, sondern um eine nationale Gesinnungsminderheit. Ihre offizielle Sprache ist jedoch das Hochdänische, das mit großem Aufwand gefördert wird – unter anderem in eigenen Schulen, Kindergärten und Kirchengemeinden. Vor allem seit dem Zweiten Weltkrieg hat Dänisch so in Nordfriesland an Verbreitung gewonnen, und als Sprache des nördlichen Nachbarlandes ist es natürlich auch außerhalb der Minderheit von zunehmender Bedeutung. Doch auch heute noch sprechen südlich der Grenze viel weniger Menschen Dänisch als nördlich der Grenze Deutsch.

Niederdeutsch oder Plattdeutsch ist in Nordfriesland nach wie vor stark verbreitet. Im späten Mittelalter drang es hierher vor und genoß damals als Sprache der Hanse, des Rechts und der Diplomatie hohes Ansehen. Im Jahre 1426 wurde nordfriesisches Recht in mittelniederdeutscher Sprache aufgezeichnet, die bald den Status der Amts- und Kirchensprache einnahm. Mit dem Niedergang der Hanse verstärkte sich der Einfluß des Hochdeutschen, das durch die Reformation besonderen Auftrieb erhalten hatte. In Nordfriesland wurde es seit etwa 1600 zur vorherrschenden Urkunden- und seit 1650 zur Kirchensprache. Obwohl von den „gebildeten Ständen" häufig verachtet, wurde und blieb das Niederdeutsche aber weithin die tägliche Umgangssprache. Das hatte wohl schon im Mittelalter im Eider-Treene-Bereich begonnen. Seit dem 17. Jahrhundert setzte sich das Niederdeutsche gegen das Friesische in Eiderstedt, auf Nordstrand und Pellworm durch und gewann in den Städten, Marktflecken sowie in neugewonnenen Kögen eine starke Stellung. Wo das Niederdeutsche als „Kolonialsprache" das Friesische verdrängte, blieben in der Umgangssprache der Menschen doch friesische Bestandteile zurück.

Hatte das Niederdeutsche in den friesischen und süderjütischen Gebieten stark an Boden gewonnen, so wurde es im 20. Jahrhundert auch als Umgangssprache selbst zunehmend vom Hochdeutschen bedroht. Die neuniederdeutsche Bewegung, die mit dem Dithmarscher Dichter Klaus Groth (1819–1899) begann und sich gegen die Herabsetzung des Plattdeutschen durch die „gebildeten Stände" wandte, hat mittlerweile viel erreicht. Es gibt eine Vielzahl niederdeutscher Veröffentlichungen, Radio und Fernsehen bringen häufig plattdeutsche Sendungen, Zeitungen drucken fast täglich Beiträge „op platt". In vielen Kirchen werden auch niederdeutsche Gottesdienste gehalten. Laientheatergruppen spielen plattdeutsche Stücke, zum Beispiel die „Junge Lüüd ut Löwenstedt". An den Schulen wird die Sprache zunehmend berücksichtigt. Mehrere Universitäten in Norddeutschland bieten niederdeutsche Lehrveranstaltungen an. In Leck besteht seit 1994 das Niederdeutsche Zentrum für den Landesteil Schleswig. Seit 1998 bekräftigt die Landesverfassung von Schleswig-Holstein: „Das Land schützt und fördert die Pflege der niederdeutschen Sprache."

Durch die Jahrhunderte prägte Mehrsprachigkeit die Region Nordfriesland. In der Gegenwart ist das, was von ihr blieb, stark bedroht. Zugleich regen sich aber Kräfte für die Erhaltung der gefährdeten kleinen Sprachen. Sie fühlen sich bestärkt durch neuere Ergebnisse der sprachwissenschaftlichen Forschung: Kinder, die mit zwei oder mehreren Sprachen aufwachsen, haben keine Nachteile dadurch, wie viele so lange glaubten, sondern sie gehen spielend damit um, erfahren eine geistige Bereicherung und lernen später häufig auch weitere Sprachen leichter. Bei einer Konferenz des *Nordfriisk Instituut* im Oktober 1998 waren sich alle Fachleute einig: Die Vielfalt im „Sprachenland Nordfriesland" ist ein Reichtum, den es zu bewahren gilt.

Die nordfriesische Literatur

Ommo Wilts

Unter nordfriesischer Literatur ist Schrifttum in nordfriesischer Sprache zu verstehen. Sie ist damit zu unterscheiden von einer deutschsprachigen, nordfriesische Themen behandelnden Heimatliteratur mit Werken wie „Der Halligpastor“ von Wilhelm Lobsien, für die gleichfalls gelegentlich die Bezeichnung „nordfriesisch“ verwendet wird. Im Gegensatz zum Westfriesischen, das eine dialektübergreifende Literatursprache und Literatur entwickeln konnte – nicht zuletzt dank der Dichterpersönlichkeit eines Gysbert Japicx (1603–1666) –, hat die dialektale Aufspaltung des Nordfriesischen die Herausbildung einer gesamtnordfriesischen Literatur verhindert. Statt dessen sind auf dem Boden der verschiedenen Dialekte unabhängig voneinander jeweils eigene Literaturen entstanden wie die Sylter, die Föhrer oder die Bökingharder Literatur, die untereinander so gut wie keinen unmittelbaren Kontakt haben.

Die extreme Kleinräumigkeit der nordfriesischen Literatur sollte allerdings nicht nur negativ beurteilt werden. Vielmehr dürfte die für das Nordfriesische typische Ausrichtung auf den einzelnen Dialekt nicht unwesentlich zu Umfang und Vielfalt der nordfriesischen Literatur insgesamt beigetragen haben, indem jede Sprachgemeinschaft bemüht ist, eine eigene, von der der Nachbardialekte deutlich abgegrenzte Literatur zu besitzen.

Die nordfriesische Literatur kann in Einzelleistungen durchaus an Literaturen sehr viel größerer Sprachgemeinschaften anschließen. Besondere Impulse gingen zum einen von der starken Heimatbindung der Nordfriesen aus, denen das literarische Schaffen als Kompensation für den erfahrenen Heimatverlust diente. Die Reihe der in der Fremde tätigen oder durch die Erfahrung der Fremde geprägten Schriftsteller reicht von dem auf Ærø lebenden Bende Bendsen bis zu den in Kiel studierenden Nordfriesen der 68er-Generation. Zum andern galt literarisches Schaffen aber auch als Nachweis der Gleichrangigkeit des Nordfriesischen mit anderen Sprachen, wie es der Festlandsfriese Bende Bendsen in seiner 1860 veröffentlichten Grammatik verdeutlichte: „Hätte sie [d. h. die nordfriesische Sprache] ein ausgebreitetes Schrift- und Bücherwesen gehabt und fortgesetzt, so würde sie schon Schritt gehalten haben mit anderen ausgebildeten Sprachen, wie mit der dänischen, deutschen, holländischen und englischen, die nun zumal viel wortreicher sind.“

Wie in anderen Sprachen ohne schriftsprachliche Traditionen liegt die Literatur im Nordfriesischen zumeist in den Händen schreibgewohnter Geistlicher und Lehrer. Die Notwendigkeit, bei der Verschriftlichung eigene orthographische Normen zu entwickeln, hat zu langanhaltenden, zum Teil bis in die Gegenwart reichenden Auseinandersetzungen geführt, die die Entstehung literarischer Traditionen erheblich erschwerten. Besonders negativ hat sich die nach 1945 durchgeführte Orthographiereform ausgewirkt, die auf Grund ihrer Abkehr von gewohnten Schreibkonventionen weite Kreise der friesischsprachigen Bevölkerung dem geschriebenen Nordfriesisch entfremdet hat. So erfolgt die Vermittlung von Literatur vor allem mündlich, und zwar in den Gattungen Lied und Komödie. Die Voraussetzungen für die Veröffentlichung nordfriesischer Werke haben sich in jüngster Zeit durch die Schaffung eines Publikationsfonds allerdings deutlich verbessert. Daß trotz erheblichen Sprachrückgangs noch ein gewisses Potential auszuschöpfen ist, haben zwei in den letzten Jahren durchgeführte Schreibwettbewerbe gezeigt. Während die Literatur in einer rein mündlich geprägten Sprache wie der nordfriesischen bei täglich stattfindender Kommunikation eine relativ marginale Rolle für den Spracherhalt spielt, wächst die Bedeutung, wenn die Möglichkeiten sprachlichen Austausches abnehmen. Bei der auf wenige tausend Sprecher reduzierten nordfriesischen Sprachgemeinschaft ist dies der Fall. So werden jetzt vor allem Lieder und Bühnenstücke zu Kristallisationspunkten sprachlicher Identifikation,

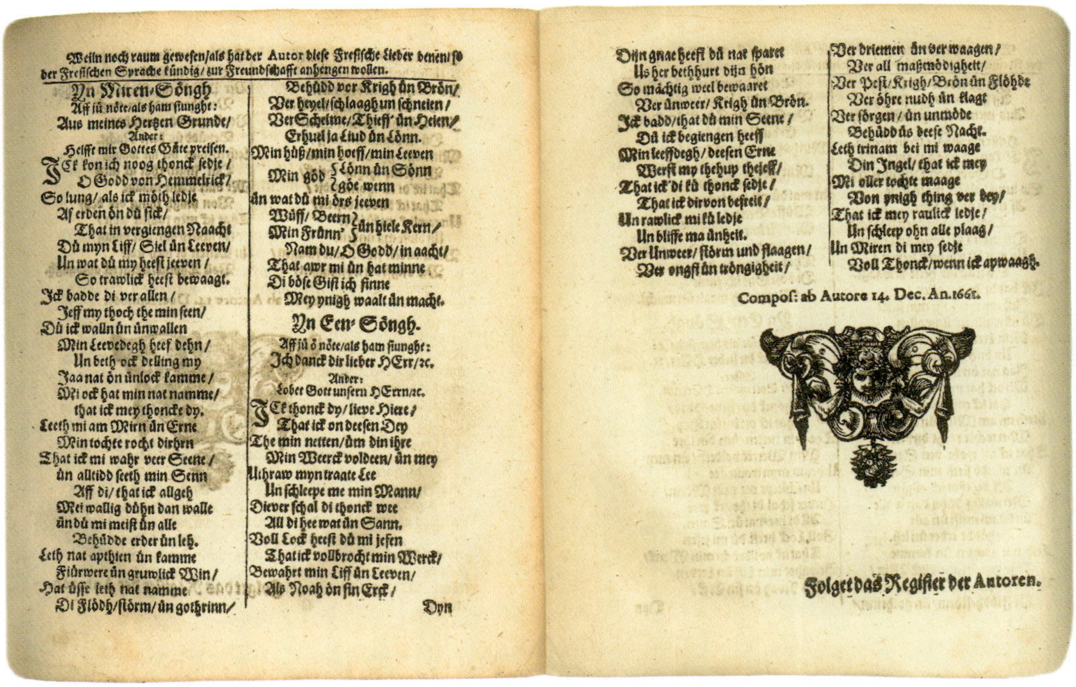
Weiln noch raum gewesen/als hat der Autor diese Fresische Lieder denen/ so der Fresischen Sprache kündig/ zur Freundschafft anhengen wollen.

Yn Miren-Söngh
Aff jü nöte/als ham siunghe:
Aus meines Hertzen Grunde/
Ander:
Helffe mir Gottes Güte preisen.
JCk kon ich noog thonck sedje /
O Godd von Hemmelrick/
So lung/ als ick möth ledje
Af erden ön dü sick/
That in vergiengen Naacht
Dü myn Liff/ Siel ün Leeven/
Un wat dü my heest jeeven /
So trawlick heest bewaagt.
Ick badde di ver allen /
Jeff my thoch the min seen/
Dü ick walln ün ünwallen
Min Leevedegh heef dehn /
Un beth ock delling my
Jaa nat ön ünlock kamme /
Mi ock hat min nat namme/
that ick mey thoncke dy.
Leeth mi am Mirn ün Erne
Min tochte rocht dirhen
That ick mi wahr veer Seene /
ün alltidd seeth min Senn
Aff di/ that ick allgeh
Mei wallig dühn dan walle
ün dü mi meist ün alle
Behüdde erder ün leh.
Leth nat apthien ün kamme
Fiürwere ün gruwlick Win /
Hat üsse leth nat namme
Di Flödh/störm/ ün gothrinn/
Behüdd ver Krigh ün Brön/
Ver heyel/schlaagh un schneien /
Ver Schelme/Thieff ün Heien/
Erhuel ja Liud ün Lönn.
Min hüß/min hoeff/min Leeven
Min göd { Lönn ün Sönn / göe wenn
ün wat dü mi drs jeeven
Wüff/ Beern } ün hiele Kern /
Min Frünn' }
Nam du/ O Godd/ in aacht/
That awr mi ün hat minne
Di böse Gift ich finne
Mey ynigh waalt ün macht.

Yn Een-Söngh.
Aff jü ö nöte/als ham siunghe:
Ich danck dir lieber HErr/ rc.
Ander:
Lobet Gott unsern HErrn/ rc.
JCk thonck dy/ lieve Hiere /
That ick on deesen Dey
The min netten/üm din ihre
Min Weerck voldeen/ ün mey
Uthraw myn traate Lee
Un schleepe me min Mann/
Diever schal di thonck wee
All di hee wat ün Sann.
Voll Lock heest dü mi jesen
That ick vollbrocht min Werck/
Bewahrt min Liff ün Leeven/
Als Noah ön sin Erck /
Dyn
Dijn gnae heest dü nat sparet
Us her bethhurt dijn hön
So mächtig weel bewaaret
Ver ünweer/ Krigh ün Brön.
Ick badd/that dü min Seene /
Dü ick begiengen heeff
Min leeffdegh/ deesen Erne
Werst my thehup thejeff/
That ick di kü thonck sedje /
That ick dirvon befreit/
Un rawlick mi kü ledje
Un bliffe ma ünheit.
Ver Unweer/ störm und flaagen/
Ver ongst ün wöngigheit/
Ver driemen ün ver waagen /
Ver all maßemödighett/
Ver Pest/Krigh/Brön ün Flöhde
Ver öhre nudh ün klage
Ver sörgen / ün unmöde
Behüdd üs deese Nacht.
Leth trinam bei mi waage
Din Jngel/ that ick mey
Mi oller tochte maage
Von ynigh thing ver dey/
That ick mey raulick ledje /
Un schleep ohn alle plaag /
Un Miren di mey sedje
Voll Thonck/wenn ick apwaagh.

Compos: ab Autore 14. Dec. An.1661.

Folget das Register der Autoren.

Anton Heimreich nahm seine auf deutschen Vorlagen beruhenden Gedichte *„Miren söng“* (Morgengesang) und *„Een söng“* (Abendgesang) als Sprachproben seiner Strander Mundart in die zweite Auflage der von ihm verfaßten „Nordfresischen Chronick“ von 1668 auf. Sie sind die frühesten gedruckten Zeugnisse nordfriesischer Literatur.

von denen auch wieder spracherhaltende Impulse ausgehen.

Anfänge bis 1800

Anonyme Volksliteratur ist im Nordfriesischen nur spärlich überliefert. Neben Kinderversen und Sprichwörtern finden sich nur wenige Märchen, wie etwa das mehrfach überlieferte von „*Letj Eelke an Grat Eelke*“ (Klein Elke und Groß Elke), eine Version des Frau-Holle-Märchens. Eigenständige nordfriesische Sagenstoffe ranken sich vor allem um die skandinavischer Mythologie entstammenden sogenannten Unterirdischen, die als *Önereersken* (Sylt) und *Oterbaankin* (Föhr) vor allem auf den nordfriesischen Inseln zu Hause sind und denen auf dem Festland der koboldartige Hausgeist Nis Puk *(Naske Pük)* entspricht. Bis auf die sylterfriesischen Kunstsagen eines Christian Peter Hansen (1858) und die Darstellung durch den Amrumer Christian Johansen (1862) sind sie allerdings kaum auf Nordfriesisch weitergegeben worden.

Ältestes und zugleich besonders wertvolles Zeugnis der nordfriesischen Literatur ist die wohl aus dem 15. Jahrhundert stammende, aber erst im 19. Jahrhundert schriftlich überlieferte Ballade *„A bai, a reder“*, die die Hinrichtung einer zu Unrecht des Umgangs mit einem Ritter beschuldigten Frau durch den eigenen Bruder schildert und die wohl auf dänische Balladendichtung zurückgeht. Sie zeigt die nordfriesische Literatur noch im Traditionszusammenhang einer überregionalen höfischen Dichtung, während sie später zunehmend eine Verengung zur Heimatdichtung erfährt. Als Zeugnis anonymer Volksdichtung ist aus dem 17. Jahrhundert ein derbes Spottlied auf einen Schafdiebstahl überliefert; vom Anfang des 19. Jahrhunderts stammen ein festlandsfriesisches Spottlied über den Teekonsum sowie eine Föhrer Satire über eine mißglückte Hochzeit.

Ältestes schriftliches Zeugnis des Nordfriesischen ist eine Übersetzung des „Kleinen Katechismus“ Martin Luthers in Strander und Osterland-Föhrer Mundart, die wohl aus der Zeit um 1600 stammt. Als frühestes gedrucktes literarisches Zeugnis darf ein Morgen- und Abendgesang gelten, den der Chronist Anton Heimreich (1626–1685) als Sprachprobe in die zweite Auflage seiner „Nordfresischen Chronick“ von 1668 eingefügt hat. Neben verschiedenen geistlichen Dichtungen und Dankadressen an das dänische Königshaus aus dem 18. und 19. Jahrhun-

Der Geitzhals
auf der Insel Silt.

Ein Schauspiel
in vier Aufzügen.

Das Theater stellt die Wohnstube des Geitzhalses und seiner Familie vor.

Flensburg, 1809.
Gedruckt bey Gerhard Christoph Jäger,
Königl. privil. Buchdrucker.

Jap Peter Hansen (links) verfaßte mit der Komödie „Der Geitzhals auf der Insel Silt“ das erste gedruckte Buch der nordfriesischen Literatur. Das Stück wurde erst 1875, 20 Jahre nach dem Tod des Autors, zum ersten Male aufgeführt.

Bende Bendsen (rechts) aus der Bökingharde wirkte als Magnetiseur und Privatlehrer auf Ærø. Sein herausragendes Werk ist die 1860 in Leiden/Niederlande gedruckte, aber bereits 1824 verfaßte Grammatik „Die Nordfriesische Sprache nach der Moringer Mundart“.

dert ist noch ein nordfriesisches Hochzeitsgedicht (1749) aus der Wiedingharde überliefert. Eine Übersetzung der Bergpredigt in Nordergoesharder Friesisch stammt von dem ersten nordfriesischen Wörterbuchautor, dem Kaufmann Boy Jacobsen (1697–1762).

Das 19. Jahrhundert

Der eigentliche Beginn der nordfriesischen Literatur wird durch das Erscheinen des ersten gedruckten Buches markiert: 1809 kam die sylterfriesische Komödie „Der Geitzhals auf der Insel Silt“ heraus, die von der Bekehrung eines geizigen Vaters am traditionellen Sylter Petritag handelt und wohl von dem französischen Dramatiker Molière (1622–1673) und dem dänischen Dichter Holberg (1684–1754) beeinflußt ist. Es ist das einzige nordfriesische Werk, das insgesamt vier Auflagen erlebte (1809, 1833, 1896 und 1927). Der Verfasser, der Seefahrer, Navigationslehrer und Küster Jap Peter Hansen (1767–1855), entwirft zugleich die Grundzüge einer äußerst modern anmutenden Orthographie, die später Ausgangspunkt für die nordfriesische Einheitsrechtschreibung wird. Mit seiner 1833 erschienenen Erzählung *„Di lekkelk Stjüürman“* (Der glückliche Steuermann) begründete er auch das nordfriesische Prosaschrifttum. Zugleich dichtete Hansen eine Anzahl populärer Lieder, von denen das *„Hārefstleed“* (Herbstlied) noch heute gesungen wird.

Sein Sohn, der Chronist Christian Peter Hansen (1803–1879), ist der Verfasser der *„Uald Söldring Tialen“* (Alte friesische Erzählungen), in denen er einen größtenteils auf eigenen Erfindungen beruhenden, eigenständigen nordfriesischen Sagenschatz entwarf. Seine romantisch verklärten Geschichten, darunter die von dem Freiheitshelden Pidder Lüng, die vor allem in ihrer erweiterten deutschen Fassung weite Verbreitung fanden, haben wesentlich zur Festlegung des Friesenbildes, aber auch zur Ausbildung einer eigenen nordfriesischen Identität beigetragen. Von dem Sylter Küster und Kantor Peter Michael Clemens (1804–1870) aus Morsum stammt die einzige nordfriesische Gesamtübersetzung des Neuen Testaments und der Psalmen. Sie ist leider bislang Manuskript geblieben.

Begründer der Amrumer Literatur ist der Lehrer Christian Johansen (1820–1871), der in seiner kleinen, 1858 selbständig erschienenen Erzählung *„Arammud an Dögganhaid“* (Armut und Tugend) die ärmlichen Verhältnisse der Insel schildert. Die Föhrer Literatur wurde durch den Germanisten Otto Bremer (1862–1936) bekanntgemacht. In seiner Anthologie

Von den zahlreichen Komödien des Sylters Erich Johannsen (links) sind nur zwei gedruckt worden. Sein Haus, jetzt *„Dechters Hüs"* (Das Haus des Dichters), steht am Ortseingang von Keitum.

Der Sylter Dichter Jens Mungard (rechts) kam 1940 im Konzentrationslager Sachsenhausen ums Leben. Sein lyrisches Werk wurde 1995 unter dem Titel *„Ströntistel en Dünemruusen"* (Stranddistel und Dünenrosen) herausgegeben.

„Ferreng an ömreng Stacken üb Rimen" (Föhrer und Amrumer Gedichte) veröffentlichte er ältere und neuere Literatur. Wichtigster der hier vertretenen Dichter ist Simon Reinhard Bohn (1834–1879) mit Gedichten wie *„A bööd tu a iadgreewers"* (Der Gang zu den Torfstechern). Von Bremer herausgegeben wurden auch die humorvollen Erzählungen des Nieblumers Arfst J. Arfsten (1812–1899) sowie ein Almanach für Föhr und Amrum. Frühester Helgoländer Dichter ist der Kapitän Frank Heikens (1780–1858), der in seinen Gedichten Helgoländer Alltagsleben schildert. Bekannt wurde zudem Heinrich E. Claasen (1842–1917).

Die nordfriesische Literatur des Festlands wurde von dem aus der Bökingharde stammenden Magnetiseur und Privatlehrer Bende Bendsen (1787–1875) begründet, dem Verfasser der ersten nordfriesischen Grammatik, der neben Gedankenlyrik auch die Ballade *„Siberne"* verfaßte. Von seinem Landsmann Hans Andreas Carstensen (1852–1917) stammt eine äußerst gelungene Übertragung von Schillers „Die Glocke". Das Ziel der Schaffung einer eigenständigen nordfriesischen Literatur verfolgte am entschiedensten der Karrharder Küster und Verfasser eines sechsbändigen gesamtnordfriesischen Wörterbuchs Moritz Momme Nissen (1822–1902) mit seinem 1868 veröffentlichten friesisch-deutschen Gedichtband *„De frêske Sjemstin"* (Der friesische Spiegel), der allerdings wenig Anerkennung fand. Einige gelungene Gedichte stammen von dem früh verstorbenen Johannes Hansen (1854–1877) aus Fehsholm bei Bredstedt.

Das 20. Jahrhundert

Das erste Drittel des 20. Jahrhunderts bezeichnet den Höhepunkt der nordfriesischen Literatur. Sowohl das Entstehen eines neuen Minderheitenbewußtseins als auch die Entwicklung der Heimatliteratur insgesamt haben dazu beigetragen. Allerdings macht die nordfriesische Literatur die spätere Entwicklung der Heimatliteratur zur „Blut-und-Boden"-Literatur nicht mit, möglicherweise bedingt durch den großen sprachlichen Abstand zum Deutschen. Entscheidend für die Erfolge und die Verbreitung der nordfriesischen Literatur dieser Zeit dürfte auch die Bereitschaft der Zeitungsverlage gewesen sein, Beiträge in größerem Umfang abzudrucken, die dann auch von einem aufgeschlossenen nordfriesischen Publikum aufgenommen wurden.

Unter den sylterfriesischen Autoren sind Andreas Hübbe (1865–1941) und der Verfasser der sylterfriesischen Nationalhymne *„Üüs Söl'ring Lön'"* (Unser Sylt),

International bekannt wurde der Lyriker und Kinderbuchautor James Krüss (oben). Er verfaßte auch Gedichte und Kinderbücher in seiner helgoländischen Muttersprache.

Der Husumer Gymnasiallehrer und friesische Dichter Lorenz Conrad Peters (rechts) war eine zentrale Figur der friesischen Bewegung in der ersten Hälfte des 20. Jahrhunderts. Manche seiner Arbeiten sind noch heute beliebt.

Christian P. Christiansen (1855–1922), zu nennen. Ein recht umfangreiches Lesebuch gab der Lehrer Boy Peter Möller (1843–1922) heraus. Besondere Verdienste um die Festigung literarischer Traditionen und um die im Gegensatz zu anderen Dialekten relativ ungebrochene Kontinuität der Schriftsprache erwarb sich der Lehrer und Rektor Hermann Schmidt (1901–1979) mit seiner von 1926 bis 1970 erschienenen Zeitungsbeilage *„Fuar Söl'ring Lir"* (Für Sylter), die den größten Teil der sylterfriesischen Literatur zugänglich macht. Populärster sylterfriesischer Dichter ist der Zimmermann Erich Johannsen (1862–1938), der, angeregt durch das Vorbild süddeutscher Komödien, eine große Zahl von Dramen und Lustspielen schuf, die sich auf der Insel bis heute ungebrochener Beliebtheit erfreuen.

Eine Ausnahmeerscheinung unter den nordfriesischen Schriftstellern ist der Keitumer Dichter Jens Mungard (1885–1940). Seine äußerst schwierigen Lebensumstände und seine zwiespältige Persönlichkeit ließen Mungard unter seinen Landsleuten immer mehr zu einem Außenseiter werden, so daß er schließlich seine Heimatinsel verlassen mußte. Mungard ist sowohl nach Umfang wie nach Qualität seines hauptsächlich lyrischen Werkes die herausragende dichterische Persönlichkeit der nordfriesischen Literatur. Sein bekanntestes Gedicht ist *„Di Hiir es Brir"* (Die Heide ist Braut, d. h. blüht), in dem Naturerscheinung und persönliches Schicksal verbunden werden. Seine Unbotmäßigkeit und seine Weigerung, sich der Gleichschaltung des Dritten Reiches zu unterwerfen, trugen ihm sogenannte Schutzhaft ein und führten schließlich zu Internierung und Tod im KZ Sachsenhausen. Er dürfte wohl der einzige Mundartdichter sein, der sich in seiner Lyrik offen den neuen Machthabern entgegenzustellen wagte, indem er etwa den um sich greifenden Antisemitismus verspottete:

„Wan jir di Peetersilji forrintj
of ön di Bāricht feel di Hail,
wan bi di Banken sticht di Reent:
Da wiar dit alis Juudenrail."

(Wenn hier die Petersilie verregnete
oder Hagel in die Ernte fiel,
wenn bei den Banken die Zinsen stiegen:
Da war das alles Judenwerk.)

Es ist bedauerlich, daß sein Werk, insbesondere seine politische Dichtung als Dokument des Widerstandes, das erst fast 60 Jahre nach seinem Tod einigermaßen vollständig erschien, nicht durch Übersetzung einem größeren Publikum zugänglich ist. Von den sylterfriesischen Schriftstellern nach Mungard sind unter anderem noch der Lyriker Wilhelm Siemens (1897–1984) und der Verfasser zahlreicher Komödien Max Bossen (1888–1958) zu nennen.

Beherrschende Persönlichkeit der föhrerfriesischen Literatur war der Gymnasiallehrer Lorenz Conrad Peters (1885–1949). Er trat sowohl als Komödiendichter hervor – sein bekanntestes Stück ist *„Oome Peetje ütj Amerika"* (Onkel Peter aus Amerika), das die Insel Föhr in der Inflationszeit zum Gegenstand hat – wie auch als Verfasser außerordentlich populärer Lieder und Herausgeber eines Föhring-Amringer Lesebuchs. Seine Nachfolge als Verfasser von Bühnenstücken wie als Liederdichter trat nach dem Krieg der Hauptschullehrer Reinhard Arfsten

Peter Jensen (links) versuchte mit seinen realistischen Erzählungen eine moderne nordfriesische Literatur zu begründen. Sein „Worterbuch der nordfriesischen Sprache der Wiedingharde" ist bis heute das umfangreichste Wörterbuch einer friesischen Mundart.

Katharine Ingwersen (rechts) wurde als Verfasserin von Gedichten und Bühnenstücken bekannt.

(1897–1971) an. Die moderne Föhrer Dichtung wird durch Karen Heide Ebert (geb. 1945), Volkert Faltings (geb. 1951) und Ellin Nickelsen (geb. 1956) vertreten. Begabtester Amrumer Dichter ist wohl Arthur Kruse (1893–1968), von dem leider nur wenige Gedichte überliefert sind. Verfasserin gelungener Komödien, die das alte Amrum zum Gegenstand haben, ist Thea Andresen (geb. 1916). Auf helgoländisch gedichtet hat auch der international bekannte Lyriker und Kinderbuchautor James Krüss (1926–1997). Umfangreiches Erzählmaterial auf helgoländisch liegt vor in der Monatszeitschrift „Der Helgoländer" (seit 1975).

Die Literatur der Wiedingharde wird durch den Lehrer und Rektor Peter Jensen (1861–1939) repräsentiert, der neben einem großen Wiedingharder Wörterbuch eine Reihe realistischer Erzählungen aus seiner Heimat verfaßte. Mit Texten wie etwa *„Jü Taarterefumel"* (Das Zigeunermädchen), die durch den Abdruck in Zeitungen Verbreitung fanden, bemühte er sich, die nordfriesische Literatur an die Moderne heranzuführen. Von Broder Clausen (1900–1962) stammt das Lied *„Ik ben fuon e Wiringhiird"* (Ich stamme aus der Wiedingharde). Eine bescheidene Blüte erlebt das Wiedingharder Friesisch heute wieder durch die Zeitschrift *„En krumpen üt e Wiringhiird"* (Ein bißchen aus der Wiedingharde).

In der Bökingharde veröffentlichte der pensionierte Lehrer Nis Albrecht Johannsen (1855–1935) zahlreiche didaktisch geprägte Erzählungen wie *„Üt bai e wäile"* (Draußen bei der Wehle), die sich großer Beliebtheit erfreuten. Bekanntester Lyriker der Bökingharde ist sein Sohn, der Schulrat Albrecht Johannsen (1888–1967). Unter seinen zahlreichen Gedichten und Liedern ist *„Gölj-rüüdj-ween"* (Gold-rot-blau) als Nationallied der Festlandsfriesen besonders bekannt geworden. Verfasser von Gedichten wie Bühnenstücken sind Emil Hansen (1875–1955) und Katharine Ingwersen (1879–1968). Als Lyriker, Übersetzer sowie als Hauptherausgeber der friesischsprachigen Zeitschrift *„Üüsen äine wäi"* (Unser eigener Weg), die zahlreiche friesische Prosatexte veröffentlichte, tritt Alfred Boysen (geb. 1915) hervor. Von Ingwer Nommensen (geb. 1955) stammen parodierende Stücke wie *„Kining Abel"* (König Abel).

Mit dem Rückgang der Sprecherzahlen geht naturgemäß auch die Produktion literarischer Texte zurück. Auf der anderen Seite besteht ständiger Bedarf an guten Texten sowohl durch die wiederkehrenden nordfriesischen Heimatabende wie durch vermehrten Friesischunterricht. Nordfriesischer Sprachpflege stellt sich hier die wesentliche Aufgabe, nicht nur durch verbesserte Veröffentlichungsmöglichkeiten Anreize zum Schreiben friesischer Texte zu schaffen, sondern auch die wertvolle ältere Literatur in Neuausgaben einem breiteren Leserkreis wieder zugänglich zu machen.

Unter dem Titel *„Skriiw fresk"* wurden die Ergebnisse eines 1989/90 von der Ferring Stiftung und dem Nordfriisk Instituut für alle nordfriesischen Mundarten ausgeschriebenen Literaturwettbewerbs veröffentlicht, der eine überraschend große Beteiligung fand

Nordfriesland im Spiegel seiner Sprichwörter

Ommo Wilts

Zu den in der ersten Hälfte des 19. Jahrhunderts einsetzenden Bemühungen um Tradierung und Erhalt des Friesischen gehört wesentlich auch das Sammeln von Sprichwörtern. Insbesondere Sammlern wie Bende Bendsen (1787–1875) aus der Bökingharde, Christian Peter Hansen (1803–1879) von der Insel Sylt, Lorenz Friedrich Mechlenburg (1799–1875) und Knut Jungbohn Clement (1803–1873) von Amrum sowie Moritz Momme Nissen (1822–1902) aus der Karrharde ist es zu danken, daß nordfriesische Sprichwörter in beträchtlichem Maße erhalten geblieben sind. Von den Sprichwortsammlern des 20. Jahrhunderts sind vor allem der Festlandsfriese Albrecht Johannsen (1888–1967) und der Sylter Hermann Schmidt (1901–1979) zu nennen. Zu Umfang und Vielfalt der nordfriesischen Sprichwörter trägt nicht zuletzt die dialektale Aufspaltung des Nordfriesischen bei, die in den verschiedenen Sprachgebieten zu eigenen, lokalspezifischen Sprichworttraditionen geführt hat. Wohl keine andere Sprachminderheit des deutschsprachigen Raumes verknüpft im übrigen ihre Identität derart mit bestimmtem Spruchgut wie die nordfriesische. So sind die in Sprichwortform gekleideten Sentenzen *Rüm hart, klaar kiming* (Weites Herz, klarer Horizont; Föhr) und *Lewer duar üüs Slaav* (Lieber tot als Sklave; Sylt), das durch Detlev von Liliencrons Ballade „Pidder Lüng" Bestandteil deutschen Lesebuchwissens wurde, zu äußeren Identifikationsmerkmalen des Nordfriesischen schlechthin geworden. Eine bedeutende Rolle spielen Sprichwörter und sprichwörtliche Redensarten vor allem in der friesischen Komödie. Aber auch in der gesprochenen friesischen Sprache sind sie noch relativ häufig, wie einige Beispiele belegen:

Hi mei hal uk ens ütj a feen. (Er mag auch mal gerne auf eine andere Weide, d. h. fremdgehen.) Westerland–Föhr

Diar sproong di Haas üt di Halemtot. (Da sprang der Hase aus dem Grasbüschel, d. h. da kam's heraus.) Sylt

Hi as sü måål as en meelen. (Er ist so wütend wie eine Mühle.) Bökingharde

Hi as so twäärs üüs a wai. (Er ist so querköpfig wie der Weg; abgeleitet von *twäärswai* „Querweg".) Föhr

Sprichwörter gehören in der Regel nicht ausschließlich einer Region an, sondern sind Bestandteil der gesamteuropäischen Sprichworttradition, die wiederum zu wesentlichen Teilen auf antike und biblische Überlieferung zurückgeht. Insofern gibt es nicht den Typus des nordfriesischen Sprichworts schlechthin, sondern lediglich Sprichwörter in nordfriesischer Sprache. So wie das Nordfriesische zu einem nur kleinen Kernbestand rein friesischer Wörter in erheblichem Umfang deutsches bzw. niederdeutsches, skandinavisches und auch niederländisches Wortgut aufgenommen hat, hat es auch Teil an der Sprichwortüberlieferung dieser Sprachen.

Die Übernahme von Sprichwörtern ist deshalb nicht als Mangel an Eigenständigkeit, sondern als Offenheit gegenüber allgemeinen kulturellen Strömungen zu interpretieren. Insofern ist es auch problematisch, eine bestimmte Verbindung zwischen Sprichwort und Volkscharakter herzustellen. Das als Ausdruck friesischer freiheitlicher Gesinnung vielzitierte *Lewer duar üüs Slaav* gehört sicherlich nicht zu dem Bestand typischer friesischer Sprichwörter. Es ist gelehrte Erfindung, entstanden im Zusammenhang mit der Ausbildung der friesischen Freiheitsideologie in der Mitte des 19. Jahrhunderts. Typischer für das Friesische ist da wohl die von der Insel Sylt überlieferte spöttische Charakterisierung nordfriesischer Sparsamkeit: *„Spaarsom", sair di Man, da droonk hi en hiile Borel Branwin lerig bi en Stump fan en Leecht.* („Sparsam", sagte der Mann, da trank er eine Flasche Schnaps bei einem Lichtstumpf aus.) Allerdings sind Sprichwörter über ihren Allgemeincharakter hinaus schon durch ihre dem Konkreten verhaftete Bildlichkeit zugleich auch immer von den sprachlichen, geographischen wie kulturellen Besonderheiten jenes Sprachraums geprägt, in denen sie gebräuchlich sind. So läßt sich unter den nordfriesischen Sprichwörtern immerhin eine kleine Gruppe herausheben, deren sprachliche Form oder Inhalt auf nordfriesische Herkunft deutet. Eine kleine Liste typischer Sprichwörter dieser Art sei hier aufgeführt. Am eindeutigsten sind Sprichwörter als friesisch zu identifizieren, bei denen formale Mittel wie Wortspiele, Reim und Alliteration auf dem Sonderwortschatz des Friesischen beruhen:

Wortspiel:
Jil an Jil es dach lik glēr.
(Aal und Geld sind doch gleich glatt.)
Sylt

Reim:
Tö Pingster spring ali jong Hingster.
(Zu Pfingsten springen alle jungen Pferde.)
Sylt

Di Swin sin Jen es di Mārig sin Bigen.
(Das Ende des Schweins ist der Anfang der Wurst.)
Sylt

Alliteration:
Iar a hünj komt, as a haas tu hool.
(Bevor der Hund kommt, ist der Hase im Loch.)
Föhr/Amrum

Büten blank – benen kraank.
(Außen hui – innen pfui.)
Sylt

Iarst fang, do fluai.
(Erst fangen, dann häuten.)
Föhr/Amrum

Das Friesische verfügt über eine unverwechselbare Namenslandschaft, die auch ins Sprichwort Eingang findet:

Hi as üüs Jins Taten, diar 'r komt, blaft 'r saten.
(Er ist wie J. T., wo er kommt, bleibt er sitzen.)
Föhr/Amrum

Auf einem Notgeldschein aus der Inflationszeit fand ein Sylter Sprichwort seinen Niederschlag: „Kannst du auf einem Bein nicht stehen, dann nimm zwei; Arbeit mit halber Kraft macht dich müde."

Diar kam Jap tö Düür.
(Da kam J. zur Tür herein, d. h. die Wahrheit kam heraus.)
Sylt

Besonderen lokalen Bezug haben Sprichwörter und Redensarten durch die Verwendung von Ortsnamen und in sogenannten Ortsneckereien:

Hi daaget āp üüs Heliglön ön en Töök.
(Er tauchte auf wie Helgoland im Nebel.)
Sylt

Dåt as sü briidj as Bräist.
(Das ist so breit, d. h. zieht sich so lang hin, wie Bredstedt.)
Bökingharde

Eine Sonderform des Sprichworts sind die Wetterregeln. Sie vermitteln durch ihre Ortsgebundenheit in besonderem Maße lokales Kolorit:

Moridai Feest haa di Wiipen trii Aier ön Neest.
(Am Marientag, d. h. am 24. März, haben die Kiebitze drei Eier im Nest.)
Sylt

Tu poosche schal ham en loosch önj e rooge fersteege koone.
(Zu Ostern muß sich eine Lerche im Roggen verstecken können.)
Bökingharde

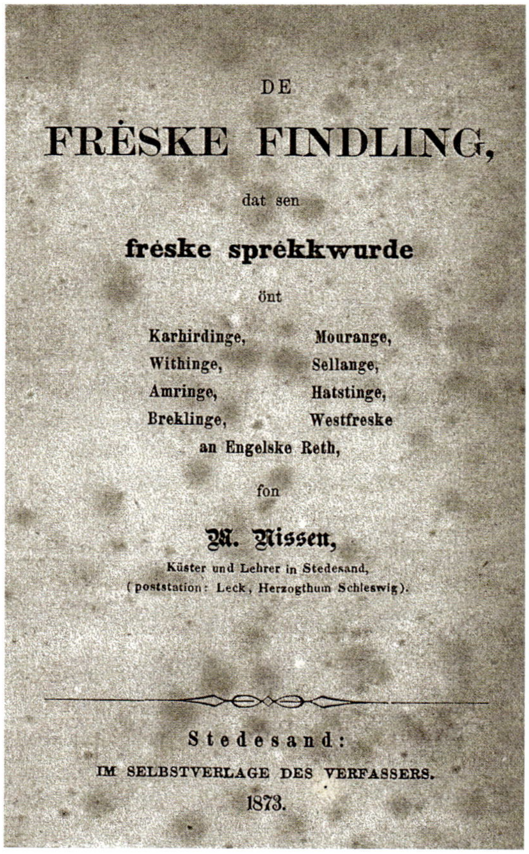
DE

FRÊSKE FINDLING,

dat sen

frêske sprêkkwurde

önt

Karhirdinge, Mourange,
Withinge, Sellange,
Amringe, Hatstinge,
Breklinge, Westfreske
an Engelske Reth,

fon

M. Nissen,

Küster und Lehrer in Stedesand,
(poststation: Leck, Herzogthum Schleswig).

Stedesand:
IM SELBSTVERLAGE DES VERFASSERS.
1873.

Das erste nordfriesische Sprichwörterlexikon war der „Frêske Findling“ des engagierten Sprachpflegers Moritz Momme Nissen. Es enthält Sprichwörter in den Formen der verschiedenen nordfriesischen Mundarten sowie des Westfriesischen und Englischen.

Nuuđuast Riin en ual Wüfens Kiiwin heer oler niin Jen.
(Regen aus Nordost und das Keifen alter Frauen haben nie ein Ende.)
Sylt

Piadersdai kön ham naachtert haa bi dai.
(Petritag, d. h. am 22. Februar, kann man Abendbrot bei Tageslicht einnehmen.)
Föhr/Amrum

Eigentümlichkeiten der Nordseeküste haben auch Eingang in die Bildlichkeit des Sprichworts gefunden:

Diar di Dik liigst es, gair di Flör jest aur.
(Wo der Deich am niedrigsten ist, geht die Flut zuerst herüber.)
Sylt

„Ale baad halept“, saad a miir, do paset jü uun 't hääf.
(„Jede Gabe hilft“, sagte die Ameise, da pißte sie in das Wattenmeer.)
Föhr/Amrum

Eeb an flödj täiwe eefter niimen.
(Ebbe und Flut warten auf niemanden.)
Bökingharde

Ebenso tauchen charakteristische Tiere der Nordseeküste im nordfriesischen Sprichwort auf:

Wan e krååge kaame, sü mönje e bakere wike.
(Wenn die Krähen kommen, müssen die Seeschwalben weichen.)
Bökingharde

Diar eeset me en Söngreewling, fangt wel aaft en Wetling.
(Wer einen Sandspierling als Köder hat, fängt wohl oft einen Schellfisch.)
Sylt

Ja sloue as bruuskrädjere.
(Sie schlagen sich wie Kampfläufer.)
Bökingharde

Im Gegensatz zum romantisch verklärten Bild des Seemannslebens erscheint die Seefahrt im nordfriesischen Sprichwort im negativen Licht:

Jong koptains, ual süpers.
(Junge Kapitäne, alte Säufer.)
Föhr/Amrum

Huum ai bääsie koon, mötj tu siie gunge.
(Wer nicht beten kann, muß zur See gehen.)
Bökingharde

Auch die Eigenarten des Friesenhauses haben in sprichwörtlichen Wendungen ihren Niederschlag gefunden. Der Pesel, die sogenannte gute Stube des Friesenhauses, gab Anlaß zu folgender Redensart:

Aptreepe uun piisel an deelfaal uun busem.
(Aufsteigen in die gute Stube, im Stall landen, d. h. Hochmut kommt vor dem Fall.)
Föhr

Ein anderes Sprichwort rührt daher, daß die Ehefrau im nordfriesischen Wandbett stets an der Wand schlafen mußte:

Dü sleepst bi a woch!
(Du schläfst an der Wand, d. h. du hast überhaupt nichts zu sagen.)
Föhr

Auf den Ständerbau des Friesenhauses bezogen ist der Satz:

En tweegkuulew as en iikenen staner önjt hüs.
(Ein Kuhkalb ist ein eichener Ständer im Haus.)
Bökingharde

Milchbrei und Kohl sind die typischen Speisen im nordfriesischen Sprichwort:

We frasche san åål bait braifåt grut wörden.
(Wir Friesen sind alle mit der Breischüssel groß geworden, d. h. wir kennen keine Rangunterschiede.)
Bökingharde

Diar ön di Kual spütet, mut en salev āpiit.
(Wer in den Kohl spuckt, muß ihn selber aufessen.)
Sylt

Dieses Sylter Sprichwort ist der inhaltliche Kern der Sage von Pidder Lüng, dem Sylter Freiheitshelden, der den hochmütigen dänischen Amtmannssohn mit heißem Kohl verbrühte.

Die herausgehobene Stellung der Frau findet im traditionell geprägten Sprichwort keinen Niederschlag. Vielmehr zeigt sich hier nur die alte Rollenverteilung und die für das Sprichwort typische Negativeinschätzung des weiblichen Geschlechts:

Weer e wüf gödj hüshålt, deer wukse e schainkle bai e büüljke.
(Wo die Hausfrau gut wirtschaftet, wachsen die Schinken an den Balken.)
Bökingharde

En Wüf ken muar ön höör Skorteldok wechdrai üs tiin Hingster tüs tii ken.
(Eine Frau kann mehr in ihrer Schürze forttragen als zehn Pferde nach Hause ziehen können.)
Sylt

Die eingeschränkte Bedeutung der von der Seefahrt heimgekehrten Männer im nordfriesischen Alltagsleben reflektiert das folgende Sprichwort:

En Seeman tö Hingst es en Gruul fuar Got.
(Ein Seemann zu Pferde ist ein Greuel vor Gott.)
Sylt

Ist das deutsche Sprichwort generell eher süddeutsch-städtisch und handwerklich geprägt (Schuster bleib bei deinen Leisten), so ist das charakteristische Merkmal des nordfriesischen Sprichworts eher die bäuerlich-seemännische Ausrichtung in Verbindung mit landschaftlichen und kulturellen Besonderheiten der nordfriesischen Küste. Das nordfriesische Sprichwort kann so, bei aller Einschränkung, durchaus als etwas Eigenes gegenüber den Sprichwörtern der Nachbarsprachen angesehen werden.

Namen in Nordfriesland: Tade Momsen, Emmelsbüll, und Keike Arfsten, Alkersum

Nils Århammar

Nordfriesland bildet, den besonderen geographischen und historischen Gegebenheiten entsprechend, eine außerordentlich interessante und vielfältige Namenlandschaft. Dies gilt sowohl für die Ortsnamen als auch für die traditionellen Personennamen, Vor- und Familiennamen.

Die nordfriesischen Ortsnamen

Aus zwei Gründen fangen wir mit den Ortsnamen an: Zum einen spiegeln diese die Besiedlung Nordfrieslands in zwei zeitlich getrennten Einwanderungswellen wider, zum anderen ist in ihnen das älteste überlieferte Personennamengut enthalten.

Mit der ersten friesischen Siedlungswelle im 7./8. Jahrhundert in Beziehung zu bringen sind die sogenannten *-heim*-Namen, zweigliedrige Ortsnamen, die als zweites Glied „Heim“ (altfriesisch *hêm*) in der Bedeutung „Gehöft“ oder „Siedlung“ enthalten. Diese Endung kommt in Nordfriesland in der abgeschwächten Form *-um* (friesisch *-em*) vor. Nach dem ersten Namensglied – dem Bestimmungswort – unterscheiden wir mit Personennamen und mit Natur- oder Kulturbezeichnungen gebildete *-heim*-Namen. In der ersten Gruppe ist das Bestimmungswort eindeutig ein altgermanischer Männername, in der Regel wohl der Name des Siedlungsgründers. Dieser Typ dominiert auf Föhr von *Boldixum, Wrixum* und *Oevenum* im Osten bis *Utersum, Dunsum* und *Oldsum* im Westen. Ferner findet man im Osten von Sylt *Archsum* und *Morsum* und an der Eidermündung unter anderem *Drandersum* und *Olversum*. Die zweite Art von *-heim*-Namen findet sich in der Mitte und im Westen von Sylt: *Keitum, Tinnum, Rantum* und das untergegangene *Eitum*. Außer *Rantum* („Siedlung am Rand“) entziehen sich diese Namen einer sicheren Deutung. *Keitum* enthält wohl den Männernamen *Kede*.

Ein ebenso hohes Alter wie den *-heim*-Namen muß zumindest einem Teil der *-ing-* und *-stedt*-Namen zuerkannt werden. Auffällig ist auf Föhr inmitten all der *-heim*-Orte *Goting*. Vermutlich bedeutet der Name „Siedlung der Leute des Gaute“; der Namensgeber könnte ein Wikinger gewesen sein. Die alten Hauptorte Eiderstedts tragen *-ing*-Namen: *Tönning, Garding, Tating,* auch *Esing*, teils mit Kulturwörtern, teils mit Personennamen als Stammwort. Dagegen sind *Kating* und *Ording* alte *-um*-Namen (*-um* ist ortsanzeigender Dativ Plural, also „bei den Katen, bei den Wurten“), die nachträglich den hier dominierenden *-ing*-Namen angeglichen wurden.

Die *-stedt*-Namen finden sich hauptsächlich in den Goesharden, teils für größere Kirchdörfer wie *Hattstedt* und *Mildstedt*, teils für kleinere Dörfer wie *Horstedt* und *Vollstedt*. *Bredstedt*, das alte Handelszentrum der Nordergoesharde, ist bereits 1231 im „Erdbuch“, einem Steuerregister des dänischen Königs Waldemar II., als *Brethæstath* („breite Wohnstätte“) überliefert.

Das typische ortsnamenbildende Element der zweiten friesischen Einwanderungswelle im 11. Jahrhundert ist *-büll*. Die Friesen übernahmen es von der auf der Geest bereits ansässigen dänischen Bevölkerung, denn *-büll* geht zurück auf das altdänische Wort *bøli*, eine Kollektivbildung zum altdänischen *bol* („Hufe, Landstelle“). Das Bestimmungswort enthält in den meisten Fällen einen Männernamen. Dieser ist in der Marsch und teilweise auch am Geestrand friesisch, ansonsten dänisch, was auf den Ursprung der jeweiligen Siedlung schließen läßt.

Durch die zahlreichen Ortsgründungen zur Zeit der zweiten friesischen Landnahme waren bzw. sind die *-büll*-Namen gerade in den nordfriesischen Marschgebieten besonders zahlreich vertreten, also in Eiderstedt, auf dem 1634 bei der verheerenden Sturmflut zum großen Teil untergegangenen Alten Strand sowie im Küstenstreifen zwischen Husum und Tondern. So lagen von den in Laurs Historischem Ortsnamenlexikon verzeichneten rund 150 *-büll*-Orten nicht weniger als 96 innerhalb der Grenzen des alten friesischen Sprachgebiets. Rund ein Drittel dieser Orte ist 1634 von der Landkarte verschwunden. In der nächsten Umgebung (also noch im heutigen Großkreis Nordfriesland) befinden sich weitere 15 *-büll*-Orte. Meist handelt es sich um kleinere Siedlungen, doch sind auch Kirchdörfer darunter, wie die heute noch bestehenden Orte *Dagebüll, Deezbüll* und *Emmelsbüll* sowie *Odenbüll* auf Nordstrand, *Uelvesbüll* und *Tetenbüll* in Eiderstedt.

Die offiziellen Formen der Ortsnamen stammen natürlich auch in Nordfriesland überwiegend aus der jeweils herrschenden Amtssprache, und das war hier bis ins 17. Jahrhundert das Mittelniederdeutsche, vereinzelt auch das Dänische, später das Hochdeutsche. Den niederdeutschen Lautstand zeigen zum Beispiel Namen wie *Husum, Bargum, Dörpum* und *Risum*, wobei allerdings die Dativ-Pluralendung *-um* friesisch-dänisch ist, ferner *Bredstedt, Bohmstedt* und *Niebüll*, deren Bestimmungswörter hochdeutsch *Breit-, Baum-* und *Neu-* lauten würden.

Daß friesische Lautungen in die amtlichen Ortsnamenformen Eingang fanden, ist somit die Ausnahme. Beispiele sind *Oevenum* auf Föhr, Hallig *Gröde* (auch *Hallig* ist übrigens friesischen Ursprungs) und *Nebel* auf Amrum, das ebenso wie das identische *Niebüll* „neue Siedlung" bedeutet. Seit 1997 ist es in Nordfriesland gestattet, zweisprachige Ortsschilder aufzustellen. Bisher haben Bredstedt *(Bräist)*, Risum-Lindholm (*Risem-Lonham*), Niebüll *(Naibel)* und einige Inselgemeinden von dieser Möglichkeit Gebrauch gemacht.

Die nordfriesischen Personennamen

Nicht weniger vielfältig als die Ortsnamen sind die nordfriesischen Personennamen. Man unterscheidet zweigliedrige Vollnamen und eingliedrige Kurznamen. Erstere bestehen entweder aus zwei Hauptwörtern, zum Beispiel *Volquard* aus *Volk* und *Wart* mit der ursprünglichen Bedeutung „Hüter des Volkes", oder aus einem Hauptwort – oft ein Tiername – und einem Eigenschaftswort wie zum Beispiel *Bernhard* („bärenhart"). Eine dritte Möglichkeit ist die Kombination von zwei Eigenschaftswörtern, etwa germanisch *rîki* („reich" im älteren Sinne von „mächtig") und *mêri* („berühmt") zum Namen *Rickmer*.

Aus diesen zweigliedrigen Vollnamen entstanden frühzeitig auch Kurzformen, oft mit Konsonantenschärfung bzw. -verdoppelung, zum Beispiel *Ebbe* zu *Everhard* und anderen Namen mit „Eber" als Erstglied oder *Ocke* zu Namen mit *ôd* (Besitz, Stammgut). Eine besondere Art von Kurznamen sind die sogenannten Lallnamen, die im Munde von Kleinkindern entstehen und teilweise von den Erwachsenen übernommen und zu festen Rufnamen werden können, zum Beispiel *Adde, Mamme/Momme, Nahne/Nonne.*

Schließlich gab es auch nicht zusammengesetzte Vollnamen, ursprünglich sogenannte Bei- oder Übernamen. Der bekannteste ist *Karl,* „(freier) Mann", der allerdings in den drei Frieslanden ausgesprochen selten war. Bei den Friesen und Nordgermanen finden auch Verwandtschaftsbezeichnungen als Rufnamen Verwendung. In Nordfriesland bis in die Gegenwart gebräuchlich sind *Broder, Süster, Sön(ke)* und *Fed(d)er.*

Mehrere von alters her gängige eingliedrige Rufnamen stammen aus dem Altdänischen, allen voran der Königs- und Heiligenname *Knut* (ursprünglich ein Beiname = „Knoten"), aber auch *Schwenn* („Jüngling", früher besonders beliebt auf Sylt) und *Boh* („der Seßhafte" zum Verb *bo* „wohnen"). Von vornherein auf die Inseln beschränkt ist der merkwürdige Rufname *Wögen* aus altjütisch *Woghæn*, ursprünglich ein Beiname, der mit dem Wort „Wagen" identisch ist.

Der mittelalterliche dänische Einfluß auf den nordfriesischen Personennamenschatz ist – wenn auch regional unterschiedlich – überhaupt recht stark. Dies betrifft auch die zweigliedrigen Vollnamen und Kurznamen. Ein Vergleich der Steuerlisten von 1436 ergab, daß die

Seit 1997 ist die friesische Sprache auch auf manchen Ortsschildern präsent.

Namen dänischer Herkunft auf Osterland-Föhr 30 Prozent, in der Lundenbergharde westlich von Husum dagegen nur 8,5 Prozent betrugen. Beiden Gebieten gemeinsam sind unter anderem die Namen *Bo, Knut, Gunne, Olof, Ketel* und *Arfast*, während die zwei häufigsten auf Osterland-Föhr, *Erik* und *Eskel*, sowie *Waghen/Woghen* und *Tüke* in der Lundenbergharde fehlen. Die Ergebnisse dieses Vergleichs zwischen Osterland-Föhr und der Lundenbergharde dürfen als repräsentativ für die Unterschiede zwischen den Geestinseln und den Marschgegenden gelten.

Im Laufe des Mittelalters finden die biblisch-christlichen Namen allmählich auch Eingang bei den Nordfriesen. Ihr Anteil bleibt aber zunächst bescheiden, zweifelsohne eine Folge des sprichwörtlichen Beharrens dieses Volksstamms beim Althergebrachten. In den genannten Steuerlisten betragen sie in beiden Gebieten nur etwa 15 Prozent.

Die Mehrzahl der Namen war jedoch noch immer friesischen Ursprungs. Es überwogen – wie bereits in den Ortsnamen – bei weitem die Kurznamen mit Verkleinerungsformen. Am häufigsten sind in der Lundenbergharde *Fedder* und *Fedderke*, gefolgt von *Tete, Harre, Boye, Lewe, Broder, Lüdde, Po* und *Wilt* anzutreffen. Bis auf *Broder* und die vereinzelt vorkommenden Namen *Fedder(ke), Harre* und *Lüdde* fehlen diese auf Osterland-Föhr vollständig. Umgekehrt fehlen die häufigsten Ostföhringer Namen in der Lundenbergharde, allen voran das heute noch bekannte *Frödde (Früdd)*, ferner *Rauwerd/Reuwerd (Rörd), Rickmer, Ricklef, Girie, Olde* und *Falting*. Der typisch friesische Kurzname *Ocke* ist in beiden Gebieten gut vertreten.

In den ländlichen Gebieten Norddeutschlands wurden feste Familiennamen erst spät auf behördliche Anordnung eingeführt, im Herzogtum Schleswig im Jahre 1771, in der dänischen Königsenklave Westerland-Föhr mit Amrum sogar erst 1828. Dabei bediente man sich beinahe ausschließlich des zu dem betreffenden Zeitpunkt jeweils in Frage kommenden Patronymikons, d. h. des Vornamens des Vaters, erweitert um die Endungen *-sen, -s, -ens,* vereinzelt auch *-ing*.

Die bekannteste und verbreitetste Bildungsweise ist die auf *-sen* aus dem älteren *-sön* („Sohn"). Diese Form herrscht auf dem Festland nördlich von Husum und auf den Marscheninseln vor, wo sie einen Ausläufer der schleswig-dänischen *-sen*-Namen bildet. Zwischen Husum und der dänischen Grenze sind *Petersen* und *Hansen* mit Abstand die häufigsten Familiennamen. Von den 25 führenden *-sen*-Namen in Bredstedt und Umgebung können nur die folgenden als typisch nordfriesisch gelten: *Bahnsen, Brodersen, Feddersen, Ketelsen, Ingwersen, Sönksen* und *Volquardsen*, wobei *Ketel* und *Ingwer* dänischen Ursprungs sind. Die meisten mehr oder weniger exklusiv nordfriesischen Männernamen sind in den *-sen*-Namen (zumindest im Raum Bredstedt) weniger häufig vertreten, wie zum Beispiel *Boysen, Ebsen, Godbersen, Gonnsen, Harksen, Hemsen, Jappsen* (zu einer Kurzform von *Jacob), Levsen, Melfsen, Mom(m)sen, Nahnsen, Nommensen, Oldsen, Paysen, Rickertsen, Sibbersen, Tadsen* und *Tedsen*. Dieses Verhältnis spiegelt den allmählichen Rückgang der alten friesischen Vornamen bis Ende des 18. Jahrhunderts wider.

Auf den Geestinseln und in Eiderstedt begegnet uns eine gänzlich andere Bildungsweise der vom väterlichen Namen abgeleiteten Familiennamen. Sie orientiert sich an der bis in die jüngste Vergangenheit – auch auf dem Festland – praktizierten volkstümlichen Gewohnheit, den Genitiv des väterlichen Vornamens zu verwenden. Auf den Inseln Amrum, Föhr und Sylt gibt es davon nur zwei Formen, die starke auf *-s* und die schwache auf *-(e)n*. Die zweisilbigen Rufnamen erhalten die starke Endung *-s*, also zum Beispiel *Eschels, Olufs, Rickmers*. Den einsilbigen Rufnamen wird die schwache Endung *-(e)n* angehängt, also zum Beispiel *Bohn, Braren, Rörden* zu *Boh, Brar* und *Rörd*. Als einsilbig zählen auch zweisilbige Rufnamen mit der Betonung auf der zweiten Silbe, daher *Johannen* und *Martinen* zu *Johann* und (mit Betonung des *-i-) Martin*. In die *-en*-Reihe gehören auch Namen wie *Jensen, Hansen, Lorenzen* und *Matzen*, deren Stammformen auf *-s* enden; äußerlich unterscheiden sie sich somit nicht von den inselfremden *-sen*-Namen.

Als auf Westerland-Föhr und Amrum 1828 feste Familiennamen eingeführt wurden, waren die althergebrachten Rufnamen noch weit mehr im Gebrauch als auf dem Festland. Das spiegeln die sehr ausgefallenen, noch heute zum Teil häufig vorkommenden inselfriesischen Familiennamen wider. Trifft man außerhalb der Inseln auf solche Namen, so ist das ein ziemlich sicheres Indiz dafür, daß deren Träger oder ein Vorfahr von dort stammen. Sichere Föhrer Indikatoren sind *Arfsten, Braren, Faltings, Frudden, Riewerts* und *Rörden*. Der Föhrer Name *Wögens* kam früher auch auf Sylt und Amrum vor. Wer *Jannen* oder *Martinen* heißt, kommt – wenn der Name nicht angeheiratet ist – von Amrum oder ist Amrumer Abstammung. Genauso untrüglich verraten *Bleicken* und *Schwennen* Sylter Herkunft.

In Eiderstedt und den angrenzenden Gebieten nördlich der Eider ist von demselben alten System auszugehen wie auf den drei behandelten Geestinseln, nur wurde hier die schwache Genitivendung *-en* nachträglich um die starke Endung *-s* erweitert. So finden wir hier teils die bekannten *-s*-Namen wie *Alberts, Carstens, Hinrichs, Ketels, Pauls, Peters* und *Sievers*, aber auch einsilbige wie *Hars, Hems, Ibs* und *Ohls*, teils mehr oder weniger typische Eiderstedter Namen auf *-ens* wie *Backens, Boyens, Gerkens, Hamkens, Jebens, Mommens, Payns* und *Tetens*.

Auch auf Helgoland, das früher enge Beziehungen zu Eiderstedt unterhielt, begegnen uns Namen auf *-ens*, so zum Beispiel *Aeuckens, Hamkens, Heikens* und *Payens*. Häufige *-s*-Namen sind *Bartz* (einsilbig!), *Friedrichs, Harlichs, Oelrichs, Reimers, Rickmers, Siemens* und *Wichers*. Letzterer ist wohl wie einzelne andere Namen ostfriesischer Herkunft. Bemerkenswert ist, daß auf Helgoland ein alter Beiname, nämlich „Kruse" (niederdeutsch)/„Krause" (hochdeutsch), also eigentlich „der Kraushaarige", in der friesischen Lautform *Krüß* der häufigste Familienname geworden ist. Wer also *Krüß* heißt, ist Helgoländer – wie der bekannte Kinderbuchautor *James Krüss* – oder zumindest helgoländischer Abstammung.

Untersucht man die Herkunft nordfriesischer Rufnamen anhand alter Steuerlisten, die fast ausschließlich männliche Namen enthalten, oder alter Familiennamen, die vom väterlichen Namen abgeleitet wurden, so kommen Frauennamen zwangsläufig zu kurz. Einige alte, meist typisch nordfriesische Frauennamen aus der Niebüller Gegend sind *Abel, Anke, Elsche, Engel, Gönke, Gotje, Güde, Herrlich* (aus altjütisch *Herløgh), Kye, Levke, Momke, Nomke, Nonne, Poppe, Sieke, Silla, Sissel* (aus dänisch *Sidsel)* und *Söster*. Nur wenige der genannten Namen blieben – wenn auch recht selten geworden – bis in die Gegenwart erhalten oder erlebten in jüngster Zeit eine gewisse Renaissance, wie zum Beispiel *Gönke, Güde, Levke (-a)*. Typische inselfriesische Frauennamen sind auf Föhr-Amrum *Angert, Ehlen, Ganner, Kier, Krassen* (aus *Christine), Marrin, Mattje, Matthei, Poppe/Pöpke, Talke, Tarn, Tatt, Therr, Thur(ke), Vollig* und *Wehn(a)*. Diesen Namen begegnet man heute kaum noch, während zum Beispiel *Elke, Göntje, Gundel, Ing(ke), Keike, Kerrin, Kreske, Marret* und *Sesle (Sitzele)* nach wie vor gebräuchlich sind. Von den Sylter Frauennamen *Dürken (Jürken), Erkel, Gondel, Inken, Jei(ken), Kressen, Merret, Moi(ken)* und *Ose* sind einzelne heute noch anzutreffen. Auf Helgoland sind *Hepken, Peepken, Pohnke, Tulcke, Tütje* und *Wentje* veraltet, während *Güntje(n), Mamcke* und *Perke* (helgoländisch *Peerk)* vereinzelt heute noch vorkommen.

Alles, was im vorigen über die nordfriesischen Personennamen berichtet wurde, bezieht sich auf die amtliche Namengebung und die amtlichen Namensformen. Die mehr oder weniger stark abweichenden friesischen Ausspracheformen – zum Beispiel das Föhringer *Tjidel* für *Ketel* und das festländische *Jarli* für *Herrlich* – sind schon seit langem zugunsten der amtlichen Formen im Schwinden. Auch der lokale Gebrauch von Bei- und Spitznamen nimmt immer mehr ab und wird so zu einem Gradmesser für die fortschreitende Auflösung geschlossener, überschaubarer Gemeinschaften.

Wer über die Friedhöfe Nordfrieslands spaziert, kann auch namenkundliche Studien betreiben. Der Name Feddersen – hier auf einem Grabstein in Bredstedt – gehört zu den gebräuchlichsten friesischen Familiennamen auf dem Festland.

Nordfriesland in der Literatur

Dieter Lohmeier

Wenn man nach der Bedeutung einzelner Landschaften für Literatur und literarisches Leben fragt, kommen bis weit in das 18. Jahrhundert hinein lediglich die wichtigen Städte in Betracht. Nur hier gab es im Umkreis der Höfe, Kirchen, Universitäten, Lateinschulen oder Rathäuser Männer, die mit der Feder umgehen konnten, und nur in diesen Zentren des geistigen Lebens fanden sich Männer und Frauen, die mit einiger Regelmäßigkeit auch zu anderen Büchern als Bibel, Postille und Gesangbuch griffen. Die ländlichen Gegenden oder die Regionen ohne bedeutende Städte indes sind in dieser Hinsicht im Normalfall gänzlich unergiebig, weil hier die Voraussetzungen für eine aktive Teilnahme am literarischen Leben fehlten und allenfalls einzelne Pastoren imstande waren, diese Hindernisse zu überwinden und die auf der Universität geknüpften Verbindungen nicht gänzlich abreißen zu lassen. Aus Nordfriesland wären als Beispiele zu nennen: Johannes Pistorius (1528–1605), Pastor in Tetenbüll, dessen größtenteils lateinische Briefsammlung eine ergiebige Quelle für die schleswig-holsteinische Gelehrten- und Kirchengeschichte der zweiten Hälfte des 16. Jahrhunderts ist, und sein Jugendfreund Albert Meyer (1528–1603), Pastor in Lindholm, der 1559 in niederdeutscher Sprache ein sehr schönes erzählendes Lied auf den Tod König Christians III. verfaßte.

In Schleswig-Holstein bilden nur die ländlichen Regionen an der Westküste – die Elbmarschen, Dithmarschen und Nordfriesland – eine Ausnahme von der Regel, denn hier gab es im 16. und 17. Jahrhundert eine eigenständige Pflege der Sachliteratur in Gestalt handschriftlicher Chroniken.

In Nordfriesland hatte die Chronistik als Form der Geschichtsschreibung ihren Schwerpunkt zunächst im östlichen Teil von Eiderstedt. Dort entstand die älteste der erhaltenen einheimischen Chroniken, für die sich der lateinische Titel „Chronicon Eiderostadense vulgare“ (Die gewöhnliche Eiderstedter Chronik) eingebürgert hat, obwohl sie niederdeutsch geschrieben ist. Sie geht noch auf das 15. Jahrhundert zurück, ist erstmals in einer Handschrift aus der Mitte des 16. Jahrhunderts überliefert und wurde häufig abgeschrieben, bearbeitet und fortgesetzt – unter anderem niederdeutsch von dem Bauern Jon Ovens (1563–1620) und lateinisch von dem Pastor Laurens Adsen (1550/51–1603), die beide in Witzwort lebten –, bis dann seit etwa 1630 der Ratmann Peter Sax (1597–1662) in Koldenbüttel alle ihm erreichbaren Nachrichten über das alte und das gegenwärtige Eiderstedt aus der gedruckten und der handschriftlichen Überlieferung zusammenfaßte und ins Hochdeutsche übertrug. Zu den wenigen Chroniken, die ganz unabhängig vom „Chronicon Eiderostadense vulgare“ zu Papier gebracht wurden, gehörte die – von Sax ebenfalls benutzte – „Korte Vortekinge“ (Kurze Verzeichnung) des Bauern Iven Knutzen (1531/32–1612) in Hattstedt, ein 1588 verfaßter Bericht über die Eindeichungen im Gebiet zwischen der ehemaligen Insel Eiderstedt, der Landschaft Stapelholm und Husum. Alle diese Arbeiten wurden nur handschriftlich überliefert, denn ihr eigentliches Publikum waren die Bauern und Pastoren aus der Nachbarschaft, die sie abschrieben, aus anderen Quellen ergänzten und selbst fortsetzten.

Auf der Insel Alt-Nordstrand hielt der Pastor Johannes Petreus (um 1540–1603) in Odenbüll zunächst seit 1565 von Jahr zu Jahr in niederdeutscher Sprache fest, was sich in seiner Umgebung ereignete, und verarbeitete das meiste davon später zu einer Chronik, die nach der vorangestellten Topographie etwas mißverständlich als „Korte Beschrivinge des Lendlins Nordstrandes“ bezeichnet wird. Ihm folgte Pastor Matthias Boetius (1580/85–1625) in Evensbüll, dessen 1623 erschienenes lateinisches Buch „De cataclysmo Norstrandico“ (Über die Überschwemmung auf Nordstrand) über die Deichbrüche von 1612 und 1615 mit ihrer Vorgeschichte und ihren Folgen berichtet. Kurz vor der großen Sturmflut von 1634 wurde auf der Insel Anton Heimreich (1626–1685) geboren, der später als Pastor auf Nordstrandischmoor eine „Nordfresische Chronick" (Schleswig 1666, erweiterte Ausgabe 1668) schrieb. Dieses Werk war von vornherein für die Veröffentlichung im Druck gedacht und deshalb hochdeutsch geschrieben. Zumindest ihrem Anspruch nach behandelte diese Chronik als erste ganz Nordfriesland. Sie berichtete jedoch über Alt-Nordstrand und Eiderstedt sehr viel ausführlicher als über die übrigen Teile der Landschaft, weil es nur dort eine dichte chronikalische Überlieferung gab, aus der Heimreich schöpfen konnte. Die niederdeutsch geschriebene Chronik des Pastors Detlef Johannis (1556–1632) in Deezbüll hingegen stand anscheinend gänzlich isoliert.

Chroniken waren eine mittelalterliche Form der Geschichtsschreibung. Sie entstanden zunächst in den Klöstern, wurden im späten Mittelalter aber eine Sache der Reichs- und Hansestädte und ihrer patrizischen Führungsschicht. Die Chronistik der frühen Neuzeit in der Region der schleswig-holsteinischen Westküste war ein in ländliche Gebiete verpflanzter Ableger dieser spätmittelalterlichen Chronistik. Daß wir sie nur aus Nordfriesland, Dithmarschen und den Elbmarschen kennen, ist nicht das Ergebnis zufälliger Lücken der Überlieferung, sondern Ausdruck der Tatsache, daß es nur dort – und nicht auf der Geest oder in den Güterdistrikten Ostholsteins – ein Milieu gab, das hinsichtlich seines Wohlstands, Bildungsniveaus und Selbstbewußtseins demjenigen der Reichs- und Hansestädte vergleichbar war. Nur an der Westküste gab es eine bäuerliche Schicht, die dank der Selbstverwaltung, der eigenen Rechtstradition und des selbstverantwortlichen genossenschaftlichen Handelns beim Bau und bei der Unterhaltung der Deiche ein Bewußtsein der Zusammengehörigkeit und der Selbständigkeit hatte entwickeln können. Das war der historische und soziale Boden, in dem die Chroniken wurzelten, und er war so lebenskräftig, daß auch Dorfpastoren es als eine lohnende Aufgabe verstehen konnten, diese bäuerliche Gattung der Literatur zu pflegen, statt Erbauungsbücher und Predigtsammlungen zu verfassen. Der Autor der 1827 von dem Historiker und liberalen Politiker Friedrich Christoph Dahlmann zum Druck gebrachten niederdeutschen „Chronik des Landes Dithmarschen", Johannes Neocorus (1555/60–1630/31) in Büsum, und Anton Heimreich sind die bekanntesten unter den Pastoren, die Chroniken verfaßt haben. Sie hatten die Universität besucht und waren mit der Geschichtsschreibung der römischen An-

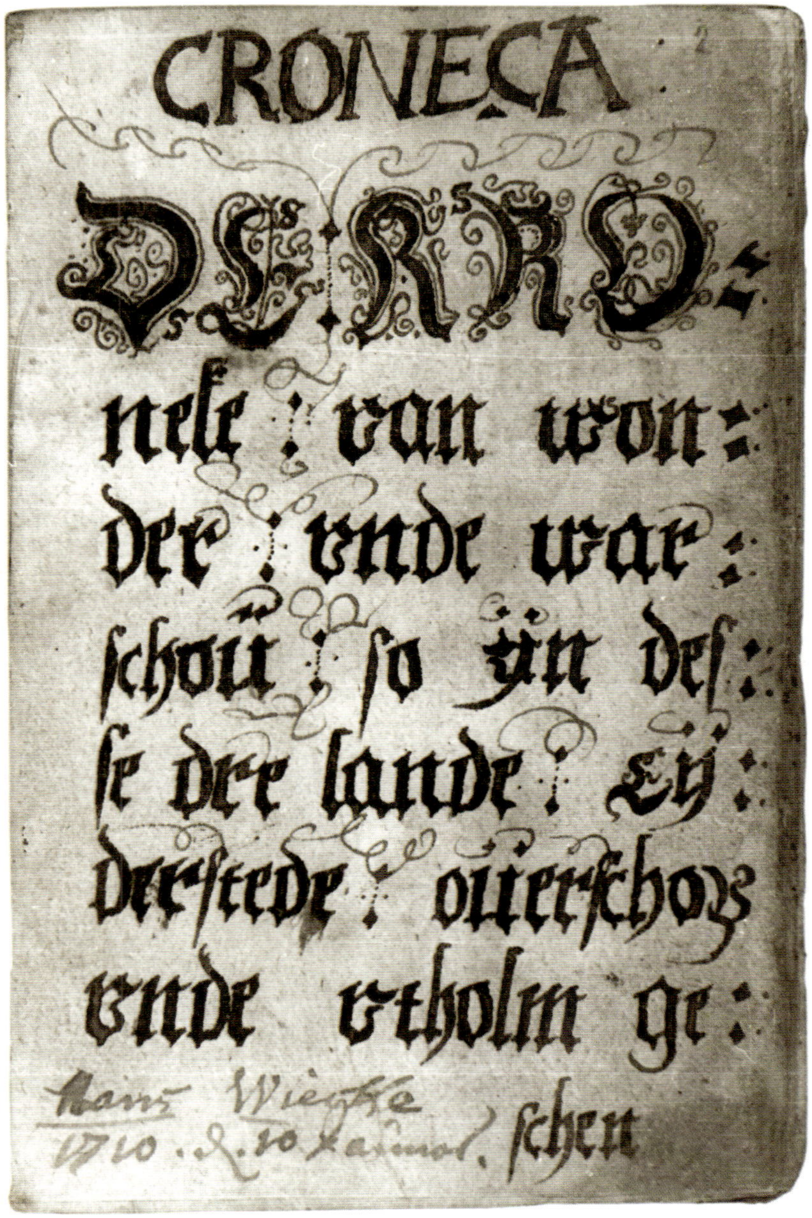

Titelblatt der Chronik des Bauern Jon Thies (gest. 1618) aus Witzwort in der originalen Handschrift, die sich heute in der Königlichen Bibliothek in Kopenhagen befindet. Der Besitzvermerk aus dem Jahre 1710 zeigt, daß das Werk auch noch 100 Jahre nach seiner Niederschrift geschätzt wurde.

Stadtpläne, sagenhafte Gestalten und ein Porträt des Autors von der Hand des Husumer Kupferstechers Matthias Petersen zieren die 1668 erschienene erweiterte Ausgabe der „Nordfresischen Chronick" von Anton Heimreich.

Peter Sax, der Ratmann und Chronist aus Koldenbüttel, schrieb eine kraftvolle, von anderen leicht zu unterscheidende Handschrift mit breiter Feder. Er faßte im 17. Jahrhundert die gedruckte und handschriftliche Überlieferung zur Geschichte Nordfrieslands und insbesondere Eiderstedts zusammen und übertrug sie ins Hochdeutsche.

tike und der Renaissance in Berührung gekommen. Dennoch hinterließ dieser Bildungshintergrund in ihrem Werk – abgesehen von der patriotischen Grundhaltung – keine tieferen Spuren; ihre Darstellungen waren weitgehend nach dem Muster mittelalterlicher Annalen angelegt, d. h. sie reihten die Ereignisse nach der Folge der Jahreszahlen und behandelten sie weitgehend isoliert. Eine Ausnahme bildet nur das Buch des Matthias Boetius, das eine ganz eigenständige, hervorragende Verbindung von Themen der bäuerlichen Chroniken mit Sprache, Form und Stil der klassischen römischen Geschichtsschreibung darstellt. Die Deichbrüche erscheinen hier nicht als Verhängnis oder göttliche Schickung, sondern als Folgen eines Zusammenwirkens der Naturkräfte mit Versäumnissen der Menschen. Als Boetius sein Buch schrieb, war wohl auch nur die lateinische Sprache imstande, ein solches Geflecht von Zusammenhängen und von Faktoren unterschiedlicher Art und unterschiedlichen Gewichts angemessen darzustellen.

Die Tatsache, daß die Chroniken ihr sozial- und kulturgeschichtliches Umfeld im wohlhabenden und selbstbewußten Bauerntum hatten, ist vermutlich zugleich die Erklärung dafür, daß im Gebiet zwischen Nordstrand und Röm keine bedeutenden Chroniken geschrieben worden sind. Aber obgleich auf den kleineren Inseln, auf den Halligen und in den Geestharden die Voraussetzungen für die Chronistik fehlten, waren dort doch die Bedingungen für eine andere Gattung der Sachliteratur vorhanden, die sich im 17. und 18. Jahrhundert großer Beliebtheit erfreute und die nicht mehr nur handschriftlich überliefert wurde, sondern vielfach auch gedruckt auf den Markt kam: die Reisebeschreibungen, die Kenntnisse von fremden Ländern und Kulturen vermittelten. Dies war eine Literatur, für die man kein akademisches Studium brauchte, sondern Welterfahrung und für die es wichtiger war, Holländisch zu können als Latein. Hier hätten die Seefahrer aus Nordfriesland eine gute Chance gehabt, sich literarisch zu betätigen, aber es gibt nur erstaunlich wenige Zeugnisse dafür, daß sie sie tatsächlich genutzt hätten.

Zu den wenigen Ausnahmen gehören die Reiseberichte des in Tondern geborenen Jürgen Andersen (um 1620–1679) und des aus Husum stammenden Buchbinders Volquard Iversen (um 1630–um 1680), die beide als Soldaten im Dienste der Holländisch-Ostindischen Kompanie nach Ostindien gelangten. Andersen wurde nach einem Schiffbruch dann nach China verschlagen, dort als Sklave verkauft und kam erst auf einem langen, beschwerlichen Weg durch Mittelasien und den Vorderen Orient wieder nach Hause, wo er sein Leben als Hardesvogt in Kropp auf der schleswigschen Geest beschloß; Iversen kehrte nach einem mehr als zehnjährigen Dienst teils auf den Molukken, teils im vorderindischen Surat nach Husum zurück, konnte dort aber nicht Fuß fassen und ging deshalb wieder nach Batavia (Djakarta). Ihre Reiseaufzeichnungen gelangten allein dadurch zum Druck, daß der Gottorfer Hofgelehrte Adam Olearius (1599–1671), der Verfasser der berühmten „Muscowitischen und Persischen Reisebeschreibung", an den Erfahrungen Andersens und Iversens Interesse hatte und daher aus ihren Notizen und mündlichen Berichten ein Buch machte, das 1669 in Schleswig gedruckt wurde. Bemerkenswert ist jedoch die Tatsache, daß beide Männer auf ihren Reisen aus eigenem Antrieb Aufzeichnungen gemacht hatten, die ihnen wohl vor allem nach ihrer Rückkehr als Gedächtnisstützen beim Erzählen dienen sollten. Iversen waren sie so wichtig, daß er sich bei der Gefangennahme an der chinesischen Küste um ihre Rettung bemühte und sie auch auf dem strapaziösen Fußmarsch durch die Steppen Mittelasiens bei sich behielt. Die von Olearius benutzten Originale sind nicht erhalten, aber von ihrem tagebuchartigen Charakter kann man sich eine Vorstellung machen, wenn man das Journal heranzieht, in dem Peter Hansen (um 1624–1672) aus Hajstrup bei Tondern seine Erlebnisse im Dienste der Holländisch-Westindischen Kompanie in Brasilien festhielt. Wenn man bedenkt, daß in der frühen Neuzeit vor allem in den Niederlanden eine große Zahl von Reiseberichten aus der Feder von „Ungelehrten" zum Druck gelangte und daß auch viele Reiseberichte von Deutschen im Dienste der Holländisch-Ostindischen Kompanie überliefert sind, kann man vermuten, daß es auch in Nordfriesland noch mehr solcher Aufzeichnungen von Überseereisen gegeben hat – selbst wenn man vielleicht in Rechnung stellen muß, daß manche nordfriesischen Seeleute oder Soldaten dadurch am Schreiben gehindert wurden, daß sie sich dabei nicht ihrer friesischen Muttersprache bedienen konnten, sondern auf das Plattdeutsche, Hochdeutsche oder Niederländische hätten ausweichen müssen. Der einzige bedeutende Erfahrungsbericht, den ein Seefahrer aus Nordfriesland nicht nur zu Papier, sondern auch zum Druck brachte, stammt jedoch erst aus sehr viel späterer Zeit. Es ist die „Lebensbeschreibung eines Alten Seemannes" von Jens Jacob Eschels (1757–1842) aus Nieblum auf Föhr.

Das 19. Jahrhundert ist ein Zeitraum, in dem die Quellen reichlicher fließen. Nordfriesland spielte nun nicht mehr nur in der Sachliteratur eine Rolle, sondern auch in der Belletristik, vor allem in der Erzählkunst. Doch ehe davon die Rede sein soll, seien noch zwei weitere autobiographische Werke erwähnt, die sehr anschaulich die Jugend zweier Männer schildern, die als Söhne kleiner Leute in einem Dorf des nordfriesischen Festlands aufgewachsen sind. Das sind zum einen die „Bilder aus dem Jugendleben eines Nordfriesischen Knaben" (Kellinghusen 1853) von Christian Feddersen (1786–1874), der als Sohn eines Dorfschulmeisters geboren wurde und ein Bruder des Miniaturisten Hans Peter Feddersen d. Ä. und Onkel des Malers Hans Peter Feddersen d. J. war. Zwei Generationen jünger war der als Sohn eines kleinen Bauern in Langenhorn geborene Philosoph und Pädagoge Friedrich Paulsen (1846–1908).

Das Titelkupfer der 1669 in Schleswig veröffentlichten „Orientalischen Reise-Beschreibung" von Jürgen Andersen und Volquard Iversen läßt erkennen, daß man am Gottorfer Hof nur mittelmäßige Kupferstecher zur Verfügung hatte. Der Hofgelehrte Adam Olearius sorgte dafür, daß die Reiseberichte der beiden Seefahrer, die ihr Dienst für die Holländisch-Ostindische Kompanie nach Ostindien geführt hatte, gedruckt wurden.

Theodor Storms Geburtshaus am Husumer Markt in der Jugendzeit des Dichters zeichnete Jan Hamkens nach alten Vorlagen. Bald nachdem Storm 1864 als Landvogt von Husum aus dem Exil in Heiligenstadt in seine Heimat zurückberufen worden war, ließ er sich von dem Husumer Fotografen Rudolph Ström porträtieren.

In seinen Erinnerungen „Aus meinem Leben" (Jena 1909) stellt er seine Kindheit, Jugend und Studienzeit sehr anschaulich dar; man erfährt aus ihnen über das Leben in Nordfriesland sehr viel mehr als aus vielen belletristischen Darstellungen des 20. Jahrhunderts.

Daß Nordfriesland in der zweiten Hälfte des 19. Jahrhunderts zum Thema der erzählenden Literatur wurde, erklärt sich aus dem Siegeszug des literarischen Realismus, der sich – im Unterschied zu Klassik und Romantik – bewußt der zeitgenössischen alltäglichen Wirklichkeit zuwandte: dem Leben in Familie und Beruf, den Beziehungen der Geschlechter und den Konflikten, die durch die Einbindung in die Familie, soziale Schranken und moralische Zwänge bedingt sind. Die Erzählkunst des Realismus legte Wert darauf, die Grenzen von Kunst und Wirklichkeit zu verwischen und beim Leser die Illusion zu erzeugen, er erlebe ein Stück Realität. Den Autoren wurde damit die Verpflichtung auferlegt, die Figuren und ihre Umgebung möglichst treffend und lebendig zu schildern. Sie siedelten ihre Geschichten deshalb stärker als je zuvor in demjenigen Milieu an, das ihnen selbst am vertrautesten war und für dessen charakteristische Details sie ein Gespür besaßen. So wurde Theodor Storm (1817–1888) aus Husum mit seinen Gedichten – namentlich „Die Stadt" (1851) und „Meeresstrand" (1853) – und Erzählungen zum Dichter Nordfrieslands. Die erste Novelle, der er einen „ganz bestimmten Lokalton" gab, war „Auf dem Staatshof" (1858). Sein letztes und größtes Werk, „Der Schimmelreiter" (1888), hat man nicht zu Unrecht als ein Nationalepos Nordfrieslands bezeichnet, denn mit der Darstellung von Deichbau, Sturmflut und Deichbruch behandelt diese Novelle einen Themenkomplex, der für die Landschaft von lebenswichtiger Bedeutung ist und der zu Storms Zeit in der deutschen Literatur – wenn man von einer Szene im 5. Akt von Goethes „Faust II" absieht – noch neu und unverbraucht war.

Was der Realismus in der Literatur zu leisten vermag, kann man an dieser Novelle sehr gut studieren. Dennoch gibt es eine etwas säuerliche Bemerkung von Storms Kollegen Fontane, der es dem Historiker Mommsen hoch anrechnet, daß er, anders als Storm, imstande sei, einen römischen Cäsaren von einem nordfriesischen Deichgrafen zu unterscheiden. Die Hauptfigur Hauke Haien war Storm offenbar größer und heldenhafter geraten, als es für Fontanes Geschmack einem Bauern zukam. Man vergißt als Leser des „Schimmelreiters" in der Tat gar zu gern, daß Storm den Deichbau auf eine Weise darstellt, wie sie zu seiner Zeit nicht mehr existierte und wie sie auch für die Zeit, in der die Novelle spielt, nicht mehr typisch war. Der Deichbau erscheint hier als ein rein kommunales Vorhaben, das ganz und gar aus eigener Kraft umgesetzt wird, ohne Kapital und ohne Lohnarbeit. Nur auf diese Weise ist es Storm nämlich möglich, den Bau als eine ganz persönliche Leistung Hauke Haiens darzustellen, als das Ergebnis seines Kampfes gegen die anderen Landbesitzer wie gegen das Meer. Als leitender Ingenieur, der im Auftrage des Staates oder eines Konsortiums von Geldgebern ein entsprechendes Vorhaben ausführt – wie Storms Freund und Berater Christian Eckermann es 1872/73 bei der Ein-

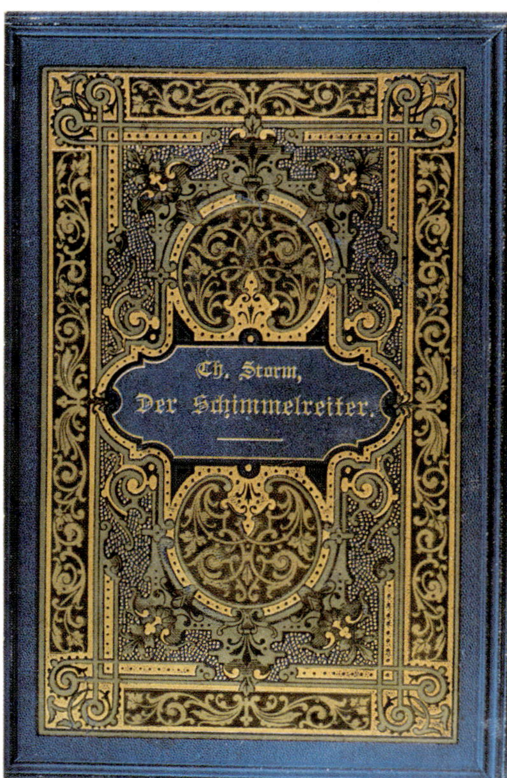

Theodor Storms Alterswerk, „Der Schimmelreiter“, erschien in der ersten Buchausgabe (Berlin 1888) mit einem Einband, den der Autor, der Verleger und seine Zeitgenossen besonders attraktiv fanden: ein durch starke Appretur glatt und leimdicht gemachtes Baumwollgewebe (Kaliko) in kräftiger Farbe mit eingeprägten vergoldeten Ornamenten im Stil des Historismus.

Der Maler und Graphiker Alexander Eckener (1870–1944) schuf nicht nur eine Folge von Radierungen für eine Buchausgabe von Storms „Schimmelreiter“, sondern stellte Hauke Haien auch auf einem Ölgemälde dar – als Deichgraf, nicht als Spukerscheinung. Das Bild befindet sich im Besitz der Theodor-Storm-Gesellschaft in Husum.

deichung des Kaiser-Wilhelm-Koogs in Dithmarschen tat –, hätte Hauke Haien sich nicht so heldenhaft ausnehmen können.

Dahinter steckte ein zentrales Problem der Literatur des Realismus: Sie wollte Wirklichkeit darstellen, aber doch nicht den Alltag der Arbeitswelt von Bürgern und Bauern und war deswegen empfänglich für die tatsächlichen oder auch nur scheinbaren Reize von Landschaften mit großartiger Natur und archaischen Gesellschaftsformen.

So übernahm Nordfriesland am Ende des 19. Jahrhunderts in der deutschen Literatur eine Rolle, die an dessen Anfang das schottische Hochland in den Romanen Walter Scotts gespielt hatte. Deutlicher als im „Schimmelreiter" tritt das damit verbundene Problem der poetischen Übersteigerung der Wirklichkeit in der „Sylter Novelle" zutage, die Storm bei seinem einzigen Aufenthalt in Westerland im August 1887 skizzierte, aber nicht mehr ausführen konnte. Hier entwarf er eine für sein erzählerisches Werk völlig ungewöhnliche Geschichte, die die Liebe nach dem Modell des Geschlechterkampfes starker Naturen darstellen sollte, das am Ende des 19. Jahrhunderts höchst modern war. Dabei sollte die Insellandschaft mit ihren Dünen der Schauplatz nicht nur des leidenschaftlichen Höhepunkts der Liebesgeschichte, sondern auch ihrer Katastrophe sein: Der junge Lars, Kapitän eines Schiffs, das nachts vor Sylt schiffbrüchig geworden ist, wird dort Opfer des herkömmlichen Strandraubs und seiner Grausamkeit: Sein eigener Großvater erschlägt ihn, die Tochter des Landvogts, die wegen des Kindes, das sie von Lars erwartet, und wegen ihrer Weigerung, einen anderen zu heiraten, von ihrem Vater verstoßen worden ist, ist Zeugin des Mordes, wird darüber wahnsinnig und geht später in den Dünen um. Daß Storm gerade diese Novelle auf Sylt spielen lassen wollte, erklärt sich aus der Tatsache, daß in den vorangegangenen Jahrzehnten die Bücher des Keitumer Küsters Christian Peter Hansen (1803–1879) über Natur, Sagenwelt und Volkskunde der Insel die Vorstellung von Sylt als einer eigenen Welt von leicht schauriger Romantik mit einer archaischen Gesellschaft großer Leidenschaften verbreitet hatten. Als Storm sich 1887 nach Munkmarsch einschiffte, brachte er die Hoffnung mit, auf der „Sageninsel" Stoffe für zukünftige Novellen zu finden.

Christian Peter Hansen war auch der Gewährsmann für die Sage von Pidder Lüng, die Detlev von Liliencron (1844–1909) den Stoff für seine bekannteste Ballade geliefert hat. In ihr spielt die Liebe zwar keine Rolle, dennoch erzählt sie von rasenden Leidenschaften. Der Amtmann von Tondern kommt nach Sylt, um Steuern einzuziehen und den Trotz der Fischer zu brechen; er erklärt gleich in der ersten Strophe: „Und kann ich die Abgaben der Fischer nicht fassen, / Sollen sie Nasen und Ohren lassen, / Und ich höhn ihrem Wort: / Lewwer duad üs Slaav." Er führt sich dann im Hause Pidder Lüngs nicht anders auf als der Landvogt Geßler im „Wilhelm Tell", aber die Rache, die der in seinem Stolz als freier Friese gekränkte Familienvater vollzieht, ist von viel brutalerer Direktheit als in Schillers Schauspiel, und Pidder Lüng wird dabei zum überlebensgroßen Berserker:

„Einen einzigen Sprung hat Pidder getan,
Er schleppt an den Napf den Amtmann heran,
Und taucht ihm den Kopf ein,
und läßt ihn nicht frei,
Bis der Ritter erstickt im glühheißen Brei.
Die Fäuste lassend vom furchtbaren Gittern,
Brüllt er, die Türen und Wände zittern,
Das stolzeste Wort:
Lewwer duad üs Slaav!"

Die typische Darstellungsweise der Ballade mit ihren anschaulichen Auftritten, der direkten Rede der Personen und der Zuspitzung historischer Konflikte auf einzelne Protagonisten trägt kräftig dazu bei, die handelnden Figuren ins Überlebensgroße zu steigern; dadurch tritt die realistische Grundsubstanz hinter dem Charakteristischen zurück. Die Handlung ist hier so geführt, daß die Devise „Lewwer duad üs Slaav!“ durch sie – scheinbar – beglaubigt wird. Als Leser oder Hörer vergißt man darüber leicht, daß es in der Ballade wie in der Geschichte gar nicht um Leben und Tod geht, sondern um die Eingliederung der nordfriesischen Inseln und Halligen in ein moderneres Staatswesen, um einen vernünftigen und humanen Prozeß, der zwar mit dem Zwang zur Steuerzahlung verbunden ist, aber auch mit der allmählichen Abschaffung des Strandraubs.

Die Stilisierung ins Überlebensgroße, Dramatische und Archaische prägt auch Liliencrons Ballade „Trutz, Blanke Hans“, die er 1883 als Landvogt auf Pellworm schrieb. In ihr wird die kleine Siedlung Rungholt zur exotischen Weltstadt:

„Rungholt ist reich und wird immer reicher,
Kein Korn mehr faßt selbst der größeste Speicher.
Wie zur Blütezeit im alten Rom,
Staut hier täglich der Menschenstrom.
Die Sänften tragen Syrer und Mohren
Mit Goldblech und Flitter in Nasen und Ohren.
Trutz, Blanke Hans.

Auf allen Märkten, auf allen Gassen
Lärmende Leute, betrunkene Massen.
Sie ziehn am Abend hinaus auf den Deich:
Wir trotzen dir, Blanker Hans, Nordseeteich!
Und wie sie drohend die Fäuste ballen,
Zieht leis aus dem Schlamm der Krake die Krallen.
Trutz, Blanke Hans.“

Hier kündigt sich an, was den Hochmut zuschanden werden läßt: eine Sturmflut, dargestellt als Tatzenschlag eines mythischen Meerungeheuers von „weltvernichtender Wut“.

In den Novellen, die er auf Pellworm und den Halligen spielen ließ, sparte Liliencron nicht mit noch grelleren Effekten. In „Greggert Meinstorff“ sucht der hünenhafte, von allen gefürchtete Statthalter des Königs, der sich durch einen Ehebruch auf der Insel unmöglich gemacht hat, den Tod auf See wie ein Seefahrerkönig in einer Sturmnacht und im Angesicht einer brennenden Hallig; das von ihm geliebte Mädchen gebiert an seinem in der Kirche zur Trauerfeier aufgestellten Sarg und stirbt zusammen mit dem Sohn, dem letzten Meinstorff. „Die Könige von Norderoog und Süderoog“ sind zwei miteinander befreundete Anführer von Strandräuberbanden, die zu Feinden werden, weil Heio Leve Pua Brodersen mit der Frau Bandick Boy Tadema Taddesens die Ehe bricht, woraufhin ihr Mann die Diener Heios im Burgkeller und dessen Frau mit ihrem kleinen Sohn im Wandbett einsperrt und die Burg in Brand setzt. So, in bengalischer Beleuchtung, hielt Nordfriesland in der zweiten Hälfte des 19. Jahrhunderts seinen Einzug in die deutsche Literatur.

Detlev von Liliencron machte Nordfriesland zum Schauplatz einiger seiner Balladen und Novellen. Als das Foto 1887 in Kellinghusen aufgenommen wurde, hatte der Dichter Nordfriesland bereits wieder verlassen.

Seine eigentliche Stunde kam jedoch erst im ersten Drittel des 20. Jahrhunderts, im Zeichen der sogenannten Heimatkunst. Dieses Schlagwort wurde kurz nach der Jahrhundertwende geprägt, um eine literarische Richtung zu bezeichnen, die unter der Devise „Los von Berlin!“ antrat und sich damit offen von der modernen Großstadtliteratur des Naturalismus distanzierte. Was die Heimatkunst *nicht* wollte, läßt sich durch Werke von zwei aus Husum stammenden Schriftstellerinnen exemplifizieren, die in München

Zwei aus Husum stammende Autorinnen, die um die Jahrhundertwende mit Großstadtromanen Erfolg hatten: Franziska Gräfin zu Reventlow (links) siedelte die Handlung einiger Bücher in der Schwabinger Boheme an. Margarete Böhme (rechts) erlebte 1905 einen Skandalerfolg mit ihrem sozialkritischen „Tagebuch einer Verlorenen".

und Berlin Erfolg hatten: die Romane der Franziska Gräfin zu Reventlow (1871–1918), die in der Münchner Boheme angesiedelt sind und die erotische Freiheit auch der Frau fordern, und das „Tagebuch einer Verlorenen" (1905) von Margarete Böhme (1869–1939), das – nicht ohne sozialkritische Nebenabsicht – das Absinken einer Kleinbürgertochter in die Prostitution schildert und noch dazu die Form der Ich-Erzählung wählt, die dem Roman den Anschein des Selbsterlebten gibt.

Die Heimatkunst dagegen wollte das ländliche Leben in seiner scheinbaren Natürlichkeit und Unverbrauchtheit darstellen, weil sie – wie die Autoren des Realismus – daran festhielt, daß die Literatur die Aufgabe habe, ihre Leser zu erheben und mit der Welt zu versöhnen. Die schleswig-holsteinischen Autoren und Autorinnen dieser Richtung, von denen einige Nordfriesland zu ihrem Spezialthema machten, erzählten ihre Geschichten aber ohne den Sinn der bedeutenden Realisten für die von Zeit und sozialer Umwelt geprägte Psychologie der Figuren, sondern steckten die für die Trivialliteratur typischen flachen Charaktere in fremdartige Kostüme. Nordfriesisch waren an diesen Geschichten nur die Trachten, die Wohnräume mit ihren Gerätschaften und – vor allem – die Namen, auch wenn diese, wie bei Liliencrons Strandräubern, zuweilen von zweifelhafter Echtheit waren.

Exemplarische Heimatkunst ist die Erzählung „Ein Stück Erde" aus dem Band „Hinter Deich und Dünen" (1907), den die aus dem Kirchspiel Witzwort/Eiderstedt stammende Ingeborg Andresen (1878–1955) am Beginn ihrer Laufbahn als Schriftstellerin veröffentlichte. Gleich der erste Satz ist Programm: „Unsere Heimat singt ein eigenes, starkes Lied." Erzählt wird von einer jungen Frau, Birgitta Hattesen, die als Näherin mit einem unehelichen Kind in der Stadt lebt und an einem Frühlingstag in ihr Heimatdorf zurückkehrt, um ein Stück ererbtes Gartenland zu verkaufen. Zuvor greift sie noch einmal zu einem Spaten, der gerade dort steht, und stürzt sich in eine Arbeit, „die wohl Schweiß kostete, aber keine Frische; die wohl müde machte, aber nicht erschöpfte; die wohl Kräfte forderte, aber auch wieder gab!" Um ihr Kind in solche Erfahrungen hineinwachsen zu lassen, beschließt sie, auf den Verkauf zu verzichten, in das Dorf zurückzukehren und auch die Ablehnung auszuhalten, die man ihr dort wegen des unehelichen Kindes entgegenbringen wird. So heißt es am Schluß: „Du wirst mir mit reichlichem Maße messen, Heimat – beides: Leid und Freud. Und beides werd ich tragen können." Hier wird diese selbstbewußte Stärke zwar nicht ausdrücklich – wie sonst in

Der Heimatkunst zuzurechnen sind die Romane von Ingeborg Andresen und Wilhelm Lobsien. Als der Fotograf Albert Giesler sie um 1935 porträtierte, sammelten sich Andresen und Lobsien zusammen mit anderen schleswig-holsteinischen Autoren der nicht mehr ganz taufrischen Heimatkunstbewegung im „Eutiner Dichterkreis" und genossen das Wohlwollen der nationalsozialistischen Kulturpolitik.

der Heimatkunst üblich – mit der Landschaft, dem Volkscharakter oder den bäuerlichen gesellschaftlichen Verhältnissen begründet, sondern mit der Berührung mit der Heimaterde, aber das macht keinen wesentlichen Unterschied. Entscheidend ist vielmehr die Tatsache, daß es eben das Land ist, das diese Kraft zu verleihen vermag, und nicht die Stadt.

Ein Altersgenosse Ingeborg Andresens war Wilhelm Lobsien (1872–1947), der aus Nordschleswig stammte, als Volksschullehrer in Kiel lebte und bevorzugt die Halligen zum Schauplatz seiner Erzählungen machte. Sein bekanntestes und erfolgreichstes Werk ist der Roman „Der Halligpastor", dessen Hauptfigur, Pastor Eichstädt, im Beruf scheitert und zugrunde geht, weil er sich der Halligwelt nicht anzupassen versteht, sondern mit dem Kopf durch die Wand will. Sein Kollege Pohnsen von der Nachbarhallig hingegen wird am Ende mit Eichstädts Witwe glücklich, weil er das rechte Verhältnis zur Natur und zu den Menschen hat. Übertriebene Kultivierung des Friesischen wird von Lobsien zwar in der Gestalt des Wanderlehrers und Erweckungspredigers Bonke Bahnsen, von dem es heißt, er sei „wohl der friesischste Friese der ganzen Inseln und Halligen", ironisiert, aber Pastor Pohnsen steht ihm in seiner Haltung gar nicht so fern. Er findet jedoch den rechten Mittelweg zwischen der Behauptung der regionalen Eigenart und der Anpassung an die neue Zeit, indem er in Zusammenarbeit mit der Regierung Halligschutzmaßnahmen betreibt und den Bau eines Verbindungsdammes zum Festland durchsetzt.

Wohin die Großstadtfeindlichkeit der Heimatkunstbewegung im allgemeinen und die Verklärung alles „echt" Nordfriesischen im besonderen führen konnte, zeigt der Roman „Volk an der See. Ein Nordseebuch von Trotz und Treue" (1934) von Ferdinand Zacchi (1884–1966), der von der Insel Föhr stammte. Das Buch erschien im Unterschied zu anderen Veröffentlichungen Zacchis nicht in dem schleswig-holsteinischen Verlag, dessen Leiter er damals war, sondern im Zentralverlag der NSDAP. Das hatte seinen guten Grund, denn der Held des Buches ist ein junger Mann, der durch die Lektüre von Hitlers „Mein Kampf" zum „Sturmführer" anderer junger Inselfriesen wird. Diese setzen dem „Unheil der neuen Zeit", das ihre Heimat bedroht, einen – natürlich symbolisch gemeinten – Deich entgegen. Die Geschichte spielt zwar im 20. Jahrhundert, aber der Deich entsteht ganz ohne Maschinen, nur mit der körperlichen Kraftanstrengung der

In ihrem 1930 veröffentlichten Roman „Dammbau" thematisiert Margarete Boie in differenzierter Form die sozialen und kulturellen Auswirkungen, die der Bau des Hindenburgdamms 1927 für die Insel Sylt hatte. Das Schmuckmotiv auf dem Leineneinband reduziert und abstrahiert holzschnittartig das Thema des Buches.

jungen Friesen. Was schon in der Welt Hauke Haiens nicht mehr der aktuelle Stand der Deichbautechnik war, ist hier reaktionäre Romantik. Das ganze Buch ist nämlich eine literarisch-symbolische Auseinandersetzung mit dem Bau des Hindenburgdamms zur Insel Sylt, den Zacchi zu einer Machenschaft der Weimarer Republik umdeutet, die nichts anderes gebracht habe als die Bedrohung der gesunden bäuerlichen Inselwelt durch Feriengäste, Spekulanten und Juden. Das Buch wirkt wie eine opportunistische Anbiederung bei den neuen Machthabern. Man könnte deshalb geneigt sein, es einfach dem Vergessen anheimzugeben, aber das wäre falsch, denn Zacchis Roman ist von symptomatischem Wert: Er zeigt mit peinlicher Deutlichkeit, wie leicht sich die Themen und Haltungen der Heimatkunst dem Nationalsozialismus anpassen ließen, ganz ohne Druck von oben. Daß es durchaus auch anders ging, zeigt der Roman „Dammbau" von Margarete Boie (1880–1946): Er behandelte dasselbe Thema wie Zacchis „Volk an der See", gestaltet es aber als historisches, gesellschaftliches und psychologisches Problem, setzt es um in das Zusammenspiel eines Ensembles unterschiedlicher Charaktere und – was das Entscheidende ist – vermeidet es, das alte Sylt zu idealisieren und zu heroisieren. Hier sind, alles in allem, die realistischen und die charakteristischen Elemente im Gleichgewicht. Boies Roman demonstriert das einzig sinnvolle und vernünftige, auch für spätere Leser annehmbare Verfahren, Nordfriesland literarisch zu behandeln – auch jenseits der Heimatkunst.

Das beste Beispiel dafür gibt Siegfried Lenz mit seinem Roman „Deutschstunde" (1968). Man hat ihm vorgeworfen, daß er kein umfassendes Bild des Nationalsozialismus und seiner historischen und sozialen Bedingungen gebe, aber das geht am Kern der Sache vorbei. „Deutschstunde" ist kein politischer Zeitroman, sondern die Geschichte zweier unterschiedlicher Charaktere, des Dorfpolizisten Jens Ole Jepsen und des Malers Max Ludwig Nansen, die Jugendfreunde sind, aber unter den Bedingungen des Nationalsozialismus zu Feinden werden, weil Jepsen das Malverbot zu überwachen hat, das die Nazis über Nansen verhängt haben – ein Motiv aus der historischen Realität, das wie die Erfindung eines Romanautors mit Sinn für das Groteske wirkt. Lenz begegnet der Gefahr einer schematisch und dogmatisch wirkenden Figurenkonstellation, indem er beide Figuren in der nordfriesischen Landschaft zu Hause sein und mit gleicher Hartnäckigkeit ihren Weg verfolgen läßt. Während Jepsen sich verpflichtet fühlt, den Befehl auszuführen, weil er seiner Obrigkeit hörig ist, folgt Nansen seinem inneren Drang zu künstlerischem Schaffen.

Der Roman ist präzise in seiner Landschaft und seiner Zeit angesiedelt, aber er hütet sich vor aller Heimattümelei. Er nimmt das Heimatkundliche vielmehr eher humoristisch, etwa in dem Bericht über einen Lichtbildervortrag im Bauernhaus von Jepsens Schwiegervater, der wiederum den Hintergrund für eine Szene bildet, in der sich bei Jepsen zum

Zwei nordfriesische Dickschädel, die sehr unterschiedliche Auffassungen von den „Freuden der Pflicht“ haben: der Dorfpolizist Jens Ole Jepsen (Arno Assmann) und der Maler Max Ludwig Nansen (Wolfgang Büttner) im Fernsehfilm von Peter Beauvais (1970) nach Siegfried Lenz' Roman „Deutschstunde“.

ersten Mal das Zweite Gesicht meldet. Ein solches Motiv hätte in einem streng realistischen Roman keinen Platz, paßt aber in die nordfriesische Landschaft, während es in einem Roman, der an der Ostküste Schleswig-Holsteins spielt, fremd und aufgesetzt wirken würde. In der „Deutschstunde“ dient es dazu, den Polizisten mit einem Charakterzug auszustatten, der verhindert, daß er zum Klischee oder zur Karikatur gerät. Zugleich verbindet es Jepsen mit Nansen, der – wie sein Vorbild Emil Nolde – in der Zeit des Malverbots an Blättern arbeitet, die er „Unsichtbare Bilder“ nennt und in denen sich Visionäres und Spökenkiekerisches auf eine ganz eigene Weise verbinden. Das Motiv des Zweiten Gesichts trägt also wesentlich dazu bei, daß Jepsen und Nansen dem Leser nicht einfach als Gegner erscheinen, sondern als feindliche Brüder; das macht den Kampf zwischen ihnen besonders heftig und für den Leser spannend.

Nordfriesland ist alles in allem kein einfaches Thema für die Literatur, gerade seiner Erfolgsgeschichte wegen. Nur tüchtige Autoren, die das überaus schwierige Gleichgewicht zwischen den realistischen und den charakteristischen Elementen zu halten vermögen, sind ihm gewachsen. Vor Heimatdichtern aber ist zu warnen.

Von Ekke Nekkepenn bis Martje Floris – Märchen und Sagen Nordfrieslands

Gundula Hubrich-Messow

Nordfriesland ist nicht nur ein Land der Sprachen, sondern auch ein Land der Sagen. Daß die Region als eine der vielfältigsten Erzähllandschaften in Norddeutschland angesehen werden kann, hängt auch mit ihrer Lage am Knotenpunkt von vier Sprach- und Erzähltraditionen zusammen – friesisch, niederdeutsch, hochdeutsch und dänisch.

Märchen, die der reinen Phantasie entspringen und im Unterschied zur Sage zumeist nicht an Ort und Zeit gebunden sind, wurden in Nordfriesland seltener aufgezeichnet. Immerhin gibt es aber ungefähr 60 Märchen, die in insgesamt rund 100 verschiedenen Versionen veröffentlicht wurden. Ein Beispiel ist der brüderliche Wettstreit darüber, wer es auf der Wanderschaft wohl zu größerem Wohlstand bringe. Dieses Märchen wurde im alten Kreis Südtondern, in der Umgebung von Husum und auf Eiderstedt insgesamt viermal aufgezeichnet unter den Titeln „Die Katze als Braut" und „Der Frosch als Braut". Während jeweils zwei von drei Brüdern voll strotzenden Selbstbewußtseins ihre Aufgaben nur mäßig lösen, verdient sich der bescheidene dritte die Belohnung durch seine Hilfsbereitschaft. Dafür bringt er kostbare Gegenstände, Schmuck und am Ende auch die schönste Braut mit nach Hause und erbt Haus und Hof.

Nordfriesische Versionen des „Frau-Holle"-Märchens wurden dreimal erzählt, darunter einmal auf Amrumer Friesisch. Die kleine Elke („letj Eelki"), die sich bei der Apfelernte, beim Brotbacken, beim Melken und Schafescheren fleißig bemüht, wird belohnt, ihre faule und raffgierige Schwester, die große Elke („grat Eelki"), bestraft. Frau Holle als mythisches Jenseitswesen nimmt in den einzelnen Varianten sehr unterschiedliche (Männer-) Gestalten an.

Besonders häufig wurde das parabelartige Märchen „Der Ring des Polykrates" aufgezeichnet, siebenmal allein im alten Kreis Südtondern. Hier steht die reiche Frau von Fockebüll im Mittelpunkt, die einmal aus Übermut ihren Ring in eine Kuhle warf und sprach: „So wahr dieser Ring nie wieder auftauchen wird, so gewiß werde ich niemals verarmen!" Bald erschien ein Fischer und verkaufte ihr einen großen Hecht, in dessen Bauch der Ring gefunden wurde. Mit dem Fockebüller Besitz soll es darauf bergab gegangen sein.

Das Märchen von Rumpelstilzchen, in der Erzählforschung allgemein als „Der Name des Unholds" bezeichnet, liegt in drei verschiedenen Sylter Varianten vor. Einmal geht es um einen Zwerg, der gegen andere Zwerge und auch die Menschen Krieg führt. Seine Frau singt ihrem Kind ein Wiegenlied und gibt dabei den Namen von „Vater Finn" preis. In den beiden anderen Fassungen stellt ein Meermann den Mädchen und Frauen der Insel nach und will sie zur Ehe zwingen. Sie können sich nur dadurch retten, daß sie seinen ungewöhnlichen Namen erraten. Der lautet „Ekke Nekkepenn", und den kennt hierzulande vermutlich fast jedes Kind.

Insgesamt gibt es rund 400 Sagen aus allen Gegenden Nordfrieslands. Eine besondere Rolle spielen dabei die Vorspuksagen. Der Niebüller Glasermeister Boy Johannsen (1769–1839) etwa, wegen seiner seherischen Fähigkeiten Boy Spuk genannt, soll im Christian-Albrechts-Koog bei Niebüll vorhergesehen haben, auf welchem Weg ein Leichenzug zum Kirchhof ziehen, über welchen Spruch der Pastor bei der Beerdigung predigen und vor allem, wer als nächster sterben wird. Von einem „Gonger" berichtet zum Beispiel eine Amrumer Sage. Der Sohn eines Amrumer Schiffers hat seinen eigenen Tod vorausgesehen und will nicht mit auf See. Seiner Schwester erscheint er nachts und hinterläßt drei Tropfen Blut auf ihrem Brusttuch, was das Mädchen richtig als Zeichen seines Todes deutet. Einer anderen Erzählung zufolge soll der Ertrunkene in der Dämmerung oder nachts seinen entfernten Verwandten, jedoch nicht seinen Blutsverwandten erschienen sein. Nach seinem Besuch will man das Salzwasser, das von seiner Kleidung und seinen Stiefeln getropft ist, in der Stube gesehen haben. Hier spielt eine andere Sagenkategorie mit hinein, nämlich die der ruhelosen Toten und Wiedergänger, die in Nordfriesland zahlreich vertreten ist. Als „Gonger" werden auch Gestalten bezeichnet, die zu Lebzeiten die Grenze verrückt, sich selbst verflucht oder das Leben genommen haben und deswegen nach dem Tode umgehen müssen. Auf der Insel Amrum soll einer Sage zufolge Harck Olufs (1708–1754) keine Ruhe im Grab gefunden haben, weil er seinen Nachkommen nicht mehr rechtzeitig mitgeteilt hatte, wo seine Schätze verborgen lagen. Erst als die Erben doch noch fündig werden und so zu ihrem Recht kommen, findet der Geist seinen verdienten Frieden. Auch die bekannte Sage vom „Schimmelreiter", die Storm zu seiner Altersnovelle inspirierte, gehört in diese Kategorie.

Hexensagen sind in Nordfriesland gleichermaßen stark vertreten. Besonders von der Insel Föhr wird berichtet, daß sich Frauen in alle möglichen Tiere verwandeln oder das Vieh behexen können, so daß es keine Milch mehr gibt oder sogar stirbt. Auch ihren Mitmenschen sollen bestimmte Frauen Schaden zufügen, wie zum Beispiel in der Sage „Das Wachsbild" erzählt wird: Eine Amrumerin hat einem wächsernen Männchen mit einer Stecknadel ins Herz gestochen, was einem Mann aus Fleisch und Blut so lange starke Schmerzen verursacht, bis die Nadel entfernt ist. Ein Eiderstedter Müller, dem jedes Jahr am Weihnachtsabend seine Mühle abgebrannt ist, stellt schließlich seinen Knecht als Wache auf. Der entfacht ein Feuer und kocht sich einen Kessel Brei. Bald kommt eine Schar Katzen in die Mühle. Als sich ein schneeweißes Tier dem Knecht bedrohlich nähert, wirft er ihm einen Löffel Brei ins Gesicht und hackt der Katze mit seinem Säbel eine Pfote ab. Darauf verschwinden die Katzen – zurück bleibt eine Frauenhand. Am nächsten Morgen weigert sich die Müllerin, ihr Bett zu verlassen. Schließlich entdeckt man die fehlende Hand und verbrennt die Frau als Hexe.

Auch Wassergeister brauchen menschlichen Beistand: Auf Alexander v. Volborths Zeichnung von 1926 bittet der Meermann Ekke Nekkepenn einen Schiffer um Hilfe, als seine Frau im Wochenbett liegt.

Ähnlich beliebt sind Erzählungen von den Unterirdischen, die mit den Menschen häufig in gutem Einvernehmen leben, solange sich beide Seiten an bestimmte Regeln halten. Berichtet wird von wechselseitigem Leihverkehr und von gegenseitiger Hilfe, so zum Beispiel vom Hebammendienst der Menschen bei unterirdischen Geburten. Das kleine Volk kann aber auch gefährlich werden. So wird in der Sage „Der Abendmahlskelch in Viöl" von einem Reiter erzählt, er habe einen Trank der Zwerge nicht getrunken,

Theodor Herrmann illustrierte 1916 die Sage von Rungholt: Bei klarem Wetter ist die versunkene Stadt mit allen Häusern und Türmen deutlich auf dem Meeresgrund zu erkennen, selbst Glockenklang ist zu hören.

sondern hinter sich gegossen und den Becher mitgenommen, worauf er von drei Ungeheuern verfolgt worden sei und sich nur mit knapper Not habe retten können. Seinem Pferd habe das Gebräu den halben Schwanz weggesengt. Als Dank für seine Rettung habe er den Becher der Kirche zu Viöl vermacht, der nun dort als Abendmahlskelch diene.

Hilfreiche Geister sollen, glaubt man den zahlreichen Sagen, in vielen Häusern gelebt und bei der täglichen Arbeit geholfen haben. Die Menschen taten gut daran, ihren Hausgeist, der in Nordfriesland meist Nis Puk oder ähnlich genannt wurde, mit einem ordentlichen Stück Butter auf seiner allabendlichen Grütze zu belohnen. Vergaßen sie dies jedoch, wandte sich das Männchen von ihnen ab und rächte sich an ihnen. Auf Arlewatthof soll Nis Puk, so berichtet die Sage „Die gestohlene Kuh", einmal keine Butter auf seinem Brei gefunden und deswegen einer Kuh im Stall den Hals umgedreht haben. Als er die Butter, die die Magd nur ganz tief hineingesteckt hatte, doch noch entdeckte, bereute er seine heftige Reaktion und ersetzte das tote Tier durch eine gestohlene Kuh vom Nachbarhof.

Von Frevel und Sühne wird zum Beispiel in einer Sylter Sage berichtet. Ein Mann hat mit Kohlbüscheln fremde Schafe angelockt und ist nun zur Strafe für seinen Diebstahl als „Mann im Mond" mit seinem Kohl in der Hand am Himmel zu sehen. „Die Heringe auf Helgoland", so der Titel einer weiteren Sage, sollen der einen Überlieferung zufolge deswegen ausgeblieben sein, weil einige Insulaner mutwillig ein Heiligenbild geschändet haben. Nach anderen Berichten hat ein Übermütiger einen Hering mit Ruten gepeitscht, worauf nicht nur der Fischreichtum verschwunden, sondern auch eine Pestepidemie über die Insel gekommen sein soll. Übermut und Hostienfrevel sollen im Jahre 1362 zum Untergang der legendären Stadt Rungholt geführt haben.

Der Teufel soll seine Finger im Spiel gehabt haben, als „Der rote Haubarg" in Witzwort auf Eiderstedt errichtet wurde: Um die Tochter des reichen Schmieds heiraten zu können, verschreibt ein armer Jüngling seine Seele dem Teufel. Dieser soll dafür während einer Nacht und vor dem ersten Hahnenschrei einen prächtigen Haubarg mit hundert Fenstern an die Stelle der elenden Hütte des Verliebten setzen. Gegen Morgen überkommt den jungen Mann die Angst, und er beichtet seine Tat der künftigen Schwiegermutter. Diese bringt schnell ihren Hahn zum Krähen, bevor das letzte Fenster eingesetzt ist. Der Teufel hat sein Spiel verloren. Das hundertste Fenster soll bis heute nicht einzusetzen sein.

Eine andere Eiderstedter Sage ist zweimal überliefert und handelt von einer Dreschwette: Ein großer, starker Drescher findet keinen Helfer mehr, weil er jedem anderen überlegen ist. Schließlich bietet sich ihm ein eher unscheinbares Männchen als Gehilfe an, besteht aber auf der Benutzung des eigenen, eisernen Dreschflegels. Im Verlauf des nächtlichen Dreschens entsteht nun ein Wettkampf, in dessen Folge der Starke gen Morgen tot zusammenbricht. Es ist nicht zu klären, ob der Geschichte eine wahre Begebenheit zugrunde liegt, es sich also um eine historische oder Ereignissage handelt, oder ob die eher teuflischen Züge des Kleinen auf eine dämonologische oder Erlebnissage hinweisen. In letztere Kategorie gehören alle bisher erwähnten Sagen. „Die beiden Drescher", abgebildet auf den Scheunentoren des Olufhofs in Katharinenheerd, sind jedenfalls immer wieder ein beliebtes Motiv für Fotografen.

An der Mauer der Kirche in Katharinenheerd wird auf einem Epitaph an eine historisch belegte Gestalt erinnert, nämlich an das Mädchen Martje Floris bzw. Flohrs (1689–1747). Während der Belagerung der gottorfischen Festung Tönning im Jahre 1700 waren in seinem Elternhaus Offiziere einquartiert. Auf die Aufforderung der wilden Zechgenossen hin, einen Trinkspruch auszubringen, soll Martje gesagt haben: *„Et gah uns wol op unse olen Dage."* Die lärmende Runde soll daraufhin in nachdenkliches Schweigen versunken sein.

Gemäß der Sage „Wie der Grütztopf in das friesische Wappen kam" sollen Frie-

sinnen, während ihre Männer im Kampf gegen die Dänen kapitulieren wollten, gerade im Lager Brei gekocht haben. Als die Frauen ihre Grütztöpfe ergriffen und den Feind mit heißem Brei bewarfen, machte dies den Männern wieder Mut, und sie verjagten die Dänen. Aus Dankbarkeit soll der Breitopf verewigt worden sein. Derartige Erzählungen werden in der Sagenforschung als ätiologische oder Erklärungssagen bezeichnet.

Mutig war der Sage „Das Osetal" zufolge auch die Frau eines Mörders, der eigentlich von der Insel Sylt verbannt worden war, sich jedoch in den Dünen verborgen hielt. Seine Frau Ose besuchte ihn heimlich und versorgte ihn mit dem Lebensnotwendigen. Als sie nochmals ein Kind zur Welt brachte, kam alles heraus. Das Versteck soll nach dieser Episode Osetal heißen. Mehrfach illustriert wurde die Tat einer anderen beherzten Frau. Vom Deich aus soll sie im Winter, als die Husumer sich draußen auf dem Eis vergnügten, einen herannahenden Sturm und damit einen Wetterumschwung vorhergesehen haben. In ihrer Not zündete die alte Frau ihr Häuschen an, um ein Warnsignal zu geben, und alle retteten sich gerade noch rechtzeitig ans Ufer, bevor das Eis zu brechen begann. Als „Das brave Mütterchen", „Die Alte von Husum" oder „Die getreue Alte" ist sie je nach Herausgeber in die Literatur eingegangen. Zuverlässig war gemäß der historischen Sage „Das Licht der treuen Schwester" ebenfalls ein junges Mädchen auf einer Hallig, das für seinen abwesenden Bruder jede Nacht eine Lampe ans Fenster setzte, damit er den Weg nach Hause finde. Das tat sie Jahr für Jahr und wurde darüber alt und grau, bis das Licht eines Tages nicht mehr in die Dunkelheit hinausleuchtete. Die Nachbarn glaubten, der Bruder sei heimgekehrt, doch die Schwester war gestorben.

In der Sage „Die Glocke in Keitum" sind die beiden Nonnen Ing und Dung verewigt, die der Kirche einen Glockenturm stifteten. Deutlich soll man in den Tönen der Glocke ihre Namen hören.

In einer einzigen Nacht soll einer Sage zufolge der Teufel in Witzwort auf Eiderstedt einen Haubarg in rotem Backstein errichtet haben, was zu dem Namen Roter Haubarg führte. Heute ist das imposante Bauwerk allerdings weiß gestrichen. Zur Namengebung soll auch beigetragen haben, daß ein Vorgängerbau mit roten Ziegeln gedeckt war.

Das Bild auf der Lohtür des Olufhofs in Katharinenheerd auf Eiderstedt stammt aus dem 18. Jahrhundert und wird immer wieder erneuert. Es illustriert den als Sage überlieferten Wettkampf zweier Drescher.

Wegen ihres hellen Klanges, der bis zum Festland nach Hoyer hinüberwehte, war die Glocke ein begehrtes Beutegut, und nur mit List konnte sie von den Keitumern verteidigt werden. Sie täuschten mit einem Pferdehaar einen Riß in der Glocke vor, das Interesse der Neider verblaßte. Allerdings knüpften sich auch furchtbare Prophezeiungen an den Turm: So sollte die Glocke eines Tages herabstürzen und den schönsten Jüngling erschlagen – eine Voraussage, die sich 1739 erfüllt haben soll. Einer anderen Prophezeiung zufolge soll einmal der ganze Turm umfallen und eine Jungfrau begraben. Das sind dämonologische Züge, wie sie bereits bei den Vorspuksagen anklangen. Zum anderen werden der Ursprung der Glocke und ihr Klang gedeutet, so daß es sich auch um eine Erklärungssage handelt.

Einer der berühmtesten Sylter ist der friesische Freiheitskämpfer Pidder Lüng aus Hörnum. Er soll, wohl um 1500, den Sohn des tyrannischen Tonderner Amtmanns Henning Pogwisch in heißem Kohl erstickt haben. Die Gestalt des „langen Peter", der auch als Seeräuber von sich reden machte, wurde indes von Christian Peter Hansen aus Westfriesland nach Nordfriesland verpflanzt, und seine Heldentaten müssen als Erfindung gelten. In diesem Zusammenhang dürfen die 1401 hingerichteten Seeräuber Klaus Störtebeker und Godeke Michels nicht fehlen, die einer Sage zufolge in Bombüll in der Wiedingharde einen Schlupfwinkel und auf Helgoland in der Nähe der Düne eine Burg hatten. Im Schwabstedter Mühlenberg soll einer ihrer Schätze vergraben gewesen sein. Um den Hof Bombüll bei Klanxbüll rankt sich auch die Geschichte von dem Knecht Nis Ipsen, der im Nordischen Krieg (1700–1721) einen schwedischen Soldaten erschlagen haben und in die Niederlande geflüchtet sein soll. Als Nis de Bombell stieg er dort angeblich zum Admiral auf.

Viele Motive der Sagen Nordfrieslands finden sich auch in anderen Teilen Schleswig-Holsteins, des friesischen Nordseeraums und Deutschlands. Zu dem Husumer Mütterchen findet sich beispielsweise eine Parallele in Emden, wo ein alter Mann die Rettung bringt. Sagen von Dämonen oder Menschen mit übernatürlichen Fähigkeiten treten beinahe überall auf. So ist der Klabautermann auf allen Meeren zu Hause.

Die Sagen Nordfrieslands wurden größtenteils zuerst in dem Werk „Sagen, Märchen und Lieder der Herzogtümer Schleswig, Holstein und Lauenburg" gedruckt, das der Kieler Germanist Karl Müllenhoff (1818–1884) 1845 nach dem Vorbild der Brüder Grimm herausgab.

Bedeutende Männer aus Nordfriesland – Theodor Storm (1817–1888), Theodor Mommsen (1817–1903), Christian Peter Hansen (1803–1879), Knut Jungbohn Clement (1803–1873) und Christian Johansen (1820–1871) – hatten mit der systematischen Sammlung von Volkserzählungen begonnen und sie Müllenhoff zur Verfügung gestellt. Erzählungen aus dieser Anthologie wurden und werden immer wieder nachgedruckt, ob es sich nun um Sammlungen aus dem gesamten deutschen Sprachraum oder um regional begrenzte Bände handelt. So kommen in Ludwig Bechsteins (1801–1860) „Deutschem Sagenbuch" von 1853 ebenso nordfriesische Sagen von Müllenhoff vor wie in den „Norddeutschen Sagen von Schleswig-Holstein bis zum Harz" von Ludwig Frahm (1856–1936) aus dem Jahre 1890 oder in Gustav Friedrich Meyers (1878–1945) „Schleswig-Holsteiner Sagen" von 1929. Im 20. Jahrhundert fügte Hans Philippsen (1866–1926) dem Sagenbestand mit seinem Buch „Sagen und Sagenhaftes von der Insel Föhr" aus dem Jahre 1911 Föhringer Erzählungen hinzu, und Rudolf Muuß (1892–1972) nahm in seinen „Nordfriesischen Sagen" von 1932 erstmals ganz Nordfriesland als Sagenlandschaft in den Blick. Eine umfassende Sammlung für die gesamte Region legte sodann Jurjen van der Kooi (geb. 1943) mit dem Buch „Der Ring im Fischbauch" 1998 vor. Die Anthologie „Friesische Sagen" von Hermann Lübbing (1901–1978) von 1928 und die gleichnamige Sammlung von Jurjen van der Kooi aus dem Jahre 1994 hingegen umfassen den gesamten friesischen Raum von Texel bis Sylt.

Die treue Ose – hier in der Darstellung von E. Hartmann aus dem Jahre 1865 – ist eine Sagengestalt von der Insel Sylt. Sie hielt treu zu ihrem Mann, der als Mörder von der Insel verbannt worden war, sich jedoch in den Dünen verbarg.

Die Zahl der bisher gedruckten nordfriesischen Märchen ist im Vergleich zu den Sagen verhältnismäßig klein. „Das volkstümliche Erzählgut des Dorfes Karlum", das Bruno Ketelsen (1903–1945) in den Jahren 1938 und 1939 veröffentlichte, enthält einige Märchen in zumeist plattdänischer Fassung mit paralleler hochdeutscher Übersetzung. Die wichtigste Publikation ist die dreibändige Sammlung „Schleswig-holsteinische Volksmärchen" von Kurt Ranke (1908–1985) aus den Jahren 1955 bis 1962, aus der die Autorin über 30 Märchen in den Band „Sagen und Märchen aus Nordfriesland" (1988) übernommen hat.

Manche Stoffe wurden darüber hinaus verschiedentlich frei nacherzählt oder in Versform gebracht, man denke nur an die Balladen von Detlev von Liliencron (1844–1909) über Pidder Lüng und Rungholt. Vor allem aber wurden sie immer wieder illustriert. Und in Nordfriesland finden sich wie sonst kaum irgendwo eindrucksvolle sichtbare Spuren: Wappen, bemalte Scheunentore, ganze Gebäude wie der Rote Haubarg.

Kultur und Kunst

Bäge, laawe, liire än maale

Fliesen, Bilegger, Alkoven – wichtige Bestandteile alter friesischer Wohnkultur zeigt dieses Bild von Döns und Pesel im Tadsen-Haus auf Ketelswarft, Langeneß. Das gut erhaltene Halligaus von 1741 steht für Besichtigungen offen.

Alte Kirchen in Nordfriesland

Claus Rauterberg

Als um die Mitte des 11. Jahrhunderts mit dem Abschluß der Christianisierung des dänischen Königreiches die ersten Kirchspiele Nordfrieslands, in der Regel an den Hauptorten der Harden, der mittelalterlichen Gerichtsbezirke, entstanden, werden dort Holzkirchen, wohl in nordischer Stabbauweise, errichtet worden sein. Von ihnen haben sich außer einem Rähmholz, das vermutlich aus der Kirche in Humptrup stammt und sich heute im Landesmuseum Schleswig befindet, keine Reste erhalten.

Ein großer Teil der im romanischen Stil vom 12. Jahrhundert an errichteten Steinbauten ist dagegen, wie im gesamten Landesteil Schleswig, noch vorhanden, wenn auch oft verändert oder erweitert. Es sind durchweg einfache Gebäude aus Feldstein, gelegentlich aus Tuffstein, der aus dem Rheinland als Ballast der Schiffe importiert wurde, nach 1200 auch aus Backstein, mit flachen Holzdecken. Sie setzen sich aus dem Saalschiff und dem Chorquadrat zusammen, das bei größeren Bauten mit einer Halbkreisapsis versehen ist. Hohe, in der Regel nachträglich angefügte Steintürme sind die Ausnahme. Zumeist, vor allem in Nordteil des Kreises, sind die Gotteshäuser nur durch ihre Dächer und die Spitzen der abseits stehenden, hölzernen Glockentürme über die Baumkränze der sie umgebenden Friedhöfe hinweg in der Landschaft sichtbar. Auf der Halbinsel Eiderstedt mit ihren 18 alten Kirchen wandert dagegen das Auge von einem Turm oder Dachreiter zum anderen.

Die ersten Gewölbebauten am Übergang zur Gotik entstanden in der Mitte des 13. Jahrhunderts, im Norden unter dem Eindruck der Johanniskirche („Dom") in Meldorf und des Domes in Ribe (zum Beispiel Klanxbüll, Neukirchen, Rodenäs, Nieblum, Braderup). In Eiderstedt kam es im 15. Jahrhundert zu spätgotischen Neu- und Umbauten in den Orten Tetenbüll, Welt und Kotzenbüll. Ihren Höhepunkt fand die Spätgotik in der 1807 abgebrochenen dreischiffigen Marienkirche in Husum. Die Reformation formte in einfacher, die Bausubstanz meist wenig verändernder Weise die mittelalterlichen Kirchen um: Fenster wurden vergrößert, durch festes Gestühl und Emporeneinbauten ausreichend Sitzplätze für die langen Predigtgottesdienste geschaffen.

Die wenigen nachreformatorischen Neubauten des 17. und 18. Jahrhunderts, oft als Ersatz flutzerstörter oder aufgegebener Kirchen oder für neugegründete Orte wie Friedrichstadt geschaffen, sind einfache, rechteckige oder in einem Polygon schließende Predigtsäle, wie man sie zum Beispiel in Emmelsbüll, Niebüll, Dagebüll, Fahretoft, Risum und Ording findet. Dem großen klassizistischen Architekten Christian Friedrich Hansen (1756–1845) verdankt der Kreis die heutige, als antike Tempelcella gestaltete Marienkirche in Husum, erbaut von 1829 bis 1833, und die kleine Kirche in Simonsberg von 1829. Der Historismus der zweiten Hälfte des 19. Jahrhunderts setzt in Nordfriesland mit der 1852 bis 1854 im spätklassizistischen Geist neu errichteten Remonstrantenkirche in Friedrichstadt ein, findet seinen Höhepunkt in der Kirche in Neugalmsbüll und klingt mit der neuromanischen Stadtkirche St. Nikolai in Westerland aus.

Gleichzeitig kommt es zu zahlreichen Umformungen und Ergänzungen, vor allem durch neugotische Türme im Zuge einer Welle von Grundinstandsetzungen am Ausgang des 19. und Anfang des 20. Jahrhunderts. Eine weitere umfassende Instandsetzungsphase der von Wind und Wetter, extremer Versalzung und Bodenfeuchtigkeit besonders betroffenen alten Kirchen der Westküste hat in den letzten vier Jahrzehnten zu einem insgesamt vorzüglichen und gepflegten Zustand der Kirchen geführt, den zu bewahren weiterhin Aufgabe der Gemeinden und der Denkmalpflege sein wird.

Ihren besonderen Reiz und ihre Vielgestaltigkeit verdanken die von der Architektur her meist einfachen Kirchenräume

St. Severin bei Keitum auf Sylt ist eine der bedeutendsten und markantesten Kirchen Nordfrieslands. Gelegen auf der Höhe des ansteigenden Geländes nahe dem Wattenmeer, ist sie von weit her sichtbar. Das um 1200 errichtete romanische Gotteshaus besteht aus Schiff, rechteckigem Chor und Apsis. Nachträglich wurde in spätgotischer Zeit der Westturm mit Satteldach angebaut.

Nordfrieslands der über Jahrhunderte hinweg entstandenen reichen Ausstattung mit Altären, Kanzeln, Taufen, Bildern, Figuren, Epitaphien und Grabmälern, von denen ein erheblicher Teil aus dem Mittelalter stammt, ebenso den verschiedenartigen Emporen- und Gestühlseinbauten und bisweilen prächtigen alten Orgeln.

Die folgenden Beispiele sollen verdeutlichen, wie sich die Baustile der verschiedenen Jahrhunderte, die örtlichen Voraussetzungen und die unterschiedlichen liturgischen Bedürfnisse und Frömmigkeitsformen in nordfriesischen Kirchen widerspiegeln.

Olderup – Feldsteinbau der Frühzeit

Die kleine romanische Kirche in Olderup zeigt anschaulich, wie die frühen Steinbauten des 12. Jahrhunderts im Herzogtum Schleswig und im angrenzenden Jütland beschaffen waren. Baumaterial war der auf den Äckern gesammelte oder durch Zerschlagen größerer Findlinge gewonnene Granit, der mit viel Muschelkalkmörtel ziemlich regellos vermauert wurde. Ein weißer Anstrich überzieht die ungegliederte Mauerfläche. Grundriß und Baukörper sind denkbar einfach: Das rechteckige Schiff und der kurze, gerade geschlossene Chor sind wie zwei Häuser aneinandergestellt. Der Raum der Gemeinde und der im Mittelalter dem Priester vorbehaltene Chor, beide von flachen Balkendecken überspannt, sind streng voneinander geschieden, nur ein zwei Meter breiter Rundbogen verbindet die beiden Teile dieser in der Fachliteratur als Zwei-Zellenbau bezeichneten Anlage.

Kleine, einander gegenüberliegende Rundbogenportale im Norden und Süden gewähren Zutritt, vor das nördliche ist ein 1860 erneuertes Vorhaus gestellt. Zwei Fensterpaare im Schiff und je ein Fenster an jeder Seite des Chores geben dem Raum Licht. Die kleinen Fenster im Norden und Osten zeigen noch die ursprüngliche Rundbogenform; die Südfenster wurden, wie in den meisten roma-

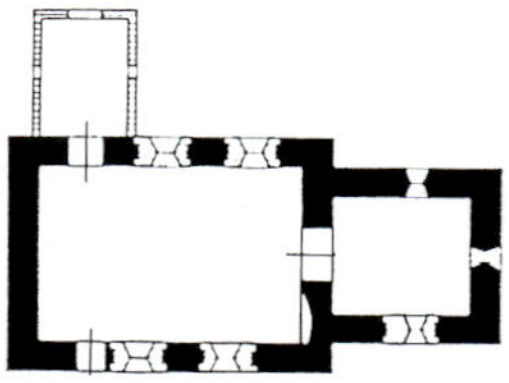

Die Kirche in Olderup ist ein romanischer Feldsteinbau aus dem 12. Jahrhundert. Der Grundriß verdeutlicht, daß das Bauwerk aus drei „Häusern“ zusammengefügt wurde.

Altarraum der Kirche in Olderup. Seit die reiche nachmittelalterliche Ausstattung 1937 bei einem Brand zerstört wurde, zeigt der Raum mit dem einfachen Altarblock die karge Gestalt der Ursprungszeit.

nischen Kirchen des Landes, nach der Reformation vergrößert, um den Predigtgottesdienst und das Lesen der Gesangbücher zu erleichtern. Die dem Wetter ausgesetzte Westwand ist völlig geschlossen. Die Glocken hängen in einem freistehenden, 1764 erneuerten Holzturm.

Der heutige, urtümlich karge Eindruck des Raumes ist allerdings Ergebnis des Wiederaufbaus nach einem Brand von 1937, der die reiche spätgotische und barocke Ausstattung vernichtete. Nur die wuchtige Granittaufe aus der Bauzeit der Kirche mit romanischer Rundbogengliederung hat sich als Rest der Erstausstattung erhalten. Unsere Zeit fügte die eindrucksvolle Bronzeplastik des gekreuzigten Christus von Ursula Wallner-Querner und die mit Symbolen des Glaubens gestalteten farbigen Emporenreliefs, geschnitzt 1986/87 von Ulrich Lindow, hinzu.

Breklum – Meisterwerk spätromanischer Backsteinbaukunst

Nahe der Thingstätte, an der sich die freien Männer des Gerichtsbezirks Nordergoesharde im Mittelalter zur Volksversammlung trafen, soll der dänische König Olav Hunger 1087 eine Kirche gegründet haben. Von diesem wohl aus Holz errichteten Bau sind keine Spuren nachweisbar. Das bestehende stattliche Gotteshaus entstand angeblich in nur zehn Jahren um 1200 in Konkurrenz zur gleichzeitigen Hauptkirche der Südergoesharde in Mildstedt. Mit den Dombauten in Ratzeburg

Die auf einer kleinen Anhöhe gelegene Breklumer Kirche war das wichtigste Gotteshaus in der Nordergoesharde, dem Mittelteil des nordfriesischen Festlands. Der romanische Backsteinbau aus der Zeit um 1200 läßt deutlich die Aufteilung in Schiff mit Westturm, Chor und Apsis erkennen.

und Lübeck ab 1160, wenige Jahre später auch mit Teilen des Schleswiger Doms, löste der Backstein den Feldstein als Material für den Kirchenbau ab. Er war leichter zu verarbeiten und kam der Schmuckfreudigkeit der Spätromanik entgegen.

An ein großes, flachgedecktes Saalschiff schließt sich mit weitem Rundbogen ein schmalerer, rechteckiger Chor mit einer Halbkreisapsis an. Die Kreuzgewölbe des Chores entstanden Anfang des 15. Jahrhunderts. Die spätromanische Außengestalt von Schiff und Chor mit Rundbogenfenstern an der Nord- und Ostseite, profiliertem Sockel und Friesen aus sich kreuzenden Rundbögen, die sich wie ein Schmuckband unter der Dachtraufe entlangziehen, ist nahezu unverändert erhalten. Zur Bedeutung des Bauwerks trägt bei, daß es als einzige Kirche Nordfrieslands von Anfang an einen gemauerten Turm hatte, der so in den Baukörper eingefügt ist, daß zu beiden Seiten der Eingangshalle Kapellen entstanden, wohl für zwei der insgesamt fünf nachgewiesenen Altäre. Der Oberbau des Turms und die weithin sichtbare Spitze mit ornamentaler Schieferdeckung gehen auf eine Erneuerung von 1886 zurück.

Den weiten Innenraum der Kirche bestimmen heute nachreformatorische Einbauten: Emporen und Orgelprospekt des 19. Jahrhunderts, drei aufwendige Barockepitaphien, davon eines für einen Nachfahren Martin Luthers, die prächtige, 1646 von Claus Gabriel geschnitzte Frühbarockkanzel und der hochragende Altaraufbau, den der Flensburger Wilhelm Buchholtz 1741 schuf. Aus dem Mittelalter haben sich die um 1350 aus Gotland importierte Kalksteintaufe, das Triumphkreuz vom Anfang des 15. Jahrhunderts und eine Figur des thronenden Königs Olav erhalten. Das von Hans Peter Feddersen 1883 gemalte Bildnis des Pastors Christian Jensen (1839–1900) weist schließlich auf die Bedeutung Breklums als Geburtsstätte und Zentrum der von Jensen 1876 gegründeten Breklumer Mission hin, die das geistliche Leben der Region prägte.

St. Johannis in Nieblum – Hauptkirche der Insel Föhr

Am Nordrand des schönsten Dorfes der Insel Föhr ragt die mächtige Johannis-Kirche von Nieblum auf. Ihre für eine Landkirche ungewöhnlichen Ausmaße mit einer Länge von 50 Metern gaben dem Volksmund Anlaß, sie als „Friesendom“ zu bezeichnen. Immerhin wirkten

Die St.-Johannis-Kirche in Nieblum auf Föhr erhielt im 13. Jahrhundert ihre heutige Gestalt. Den mächtigen „Friesendom“ umgibt eine einzigartige Fülle kostbarer barocker Grabstelen der Seefahrer und Bauern der Insel.

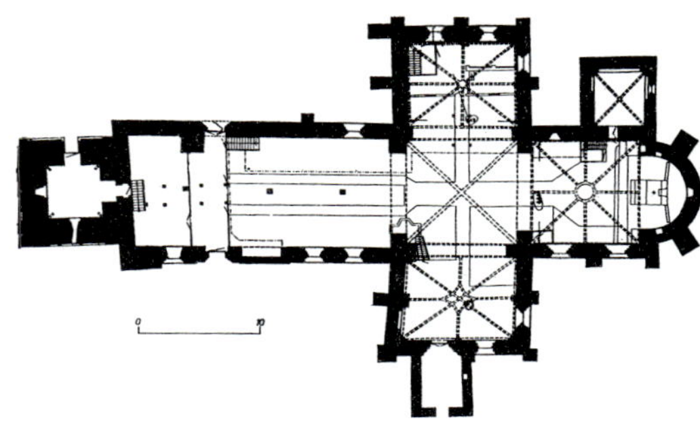

Den Altarraum von St. Johannis in Nieblum dominiert der spätgotische Schnitzaltar. Zur Ausstattung gehören außerdem ein romanischer Taufstein und die überlebensgroße gotische Johannesfigur. Der Grundriß der Kirche zeigt den kreuzförmigen Aufbau mit einem fast schiffsbreiten Chorquadrat.

an ihr im Mittelalter bis zu sieben Priester gleichzeitig. Sie entstand im wesentlichen in zwei Bauvorgängen: Im späten 12. Jahrhundert errichtete man das Langhaus als großen, flachgedeckten Rechteckraum aus Granitquadern und Tuffstein mit Portalen im Norden und Süden. Grabungen bei der umfassenden Renovierung 1973/74 ergaben, daß sich im Osten ein kleines Chorquadrat und eine Halbkreisapsis anschlossen. Die steigende Bedeutung der St.-Johannis-Kirche führte in der Mitte des 13. Jahrhunderts zu einer großzügigen Erweiterung aus Backstein durch den Neubau eines Querschiffes und eines neuen Chores mit Apsis. Die neuen Räume erhielten von vornherein vier- und achtteilige Rippengewölbe, deren raumprägende Wirkung durch die 1974 freigelegte und wiederhergestellte ursprüngliche Bemalung noch verstärkt wird. Vorbild für diese kuppelartigen Gewölbe, die stilistisch am Beginn der frühen Gotik stehen, sind Bauwerke in Westfalen, vermittelt über die großen Kirchen in Meldorf und Ribe. Das ursprünglich niedrigere Langhaus brachte man auf die Höhe der Ostteile, behielt aber die flache Decke bei. Im Westen entstand am Ende des 13. Jahrhunderts der mit spitzbogigen Fenstern und Friesen frühgotisch gestaltete mächtige Turm mit dem für Föhr und Sylt typischen, nach Osten und Westen gerichteten Satteldachabschluß. Das späte Mittelalter fügte ein Vorhaus vor dem

St. Nikolai in Kotzenbüll, Eiderstedt. Vor dem unvollendeten spätgotischen Bau des Stallers Boye Tetens erhebt sich der Turm des Vorgängerbaus aus dem 14. Jahrhundert.

gotisch erneuerten Südportal und eine Sakristei an.

Der Bedeutung des Bauwerks entspricht seine Ausstattung. Der ersten Bauphase entstammt der aus einem gewaltigen Granitfindling meisterhaft gehauene Taufstein mit dem kraftvollen, urtümlichen Löwenrelief. Der um 1480 entstandene Flügelaltar zeigt in originaler Farbfassung Apostel und Heilige, die das zentrale Motiv der Krönung Mariens flankieren, dazu auf der Rückseite Namengebung und Predigt des Patrons Johannes des Täufers. Reste alter Altäre sind als weitere Werke gotischer Schnitzkunst im Raum verteilt; von besonderer Bedeutung ist die überlebensgroße Figur des Namenspatrons der Kirche. Nach der Reformation kamen die in der Ringeringk-Werkstatt in Flensburg 1618 geschnitzte prächtige Kanzel, die Emporen und das große Epitaph Jakobs von 1613, das 1634 aus der überfluteten Kirche Königsbüll auf Alt-Nordstrand nach Föhr gebracht wurde, hinzu.

St. Nikolai in Kotzenbüll – der nicht vollendete Holländerbau eines Stallers

Kotzenbüll, heute eine kleine Ansiedlung an der Bundesstraße von Tönning nach Garding, war von 1461 bis 1500 Sitz der Staller, der Statthalter, die die herzogliche Gewalt über die drei Lande der Halbinsel Eiderstedt ausübten. 1474 übernahm Boye Tetens dieses Amt von seinem Vater Tete Fedderkens. Seine Regierungstätigkeit wollte er mit dem Bau der größten und modernsten Kirche in Eiderstedt krönen. Er ließ die wohl zu Anfang des 14. Jahrhunderts entstandene gotische Backsteinkirche bis auf den Turm abbrechen und auf der wasserumflossenen Kirchwarft von 1488 bis 1495 einen sowohl von der Größe als auch von der

Das Innere der 1495 geweihten St.-Nikolai-Kirche in Kotzenbüll wurde von 1857 bis 1859 umgestaltet. Aus dieser Zeit stammt auch die neugotische Holzdecke.

Architektur her ungewöhnlichen Neubau errichten. Das weite Saalschiff wird durch Querarme von dem langgestreckten, in drei Seiten des Achtecks endenden Chor erweitert und in seiner räumlichen Wirkung gesteigert. An der Nordwestecke des Langhauses deutet der Anfang einer Fensterlaibung darauf hin, daß die Kirche ursprünglich noch länger werden sollte, was den Abbruch des alten Turms erfordert hätte. Also kam nur ein Teil der ehrgeizigen Planung des Boye Tetens zur Ausführung.

Die Vorbilder dieses außergewöhnlichen Bauwerks, des jüngsten erhaltenen mittelalterlichen Kirchenbaus Nordfrieslands, sind wohl in den Niederlanden zu suchen. Niederländisch ist die Verwendung von Sandsteinteilen an Gesimsen, Strebepfeilern und Fensterlaibungen, ist das kleine Backsteinformat in einer Zeit, in der sonst überall der großformatige „Klosterstein" verwendet wurde, sowie der Backsteinverband und die nachweisbare ursprüngliche Überdeckung des Raumes mit einem hölzernen Tonnengewölbe.

Die heutige flache Holzdecke, die Orgelempore mit Orgelprospekt sowie die Einzelformen am Außenbau mit der Neugestaltung der beiden Portale und des Turmhelms sind Ergebnis einer umfassenden Restaurierung durch den Architekten Johann Friedrich Holm, der auch andere Kirchen Eiderstedts, wie Tetenbüll und Oldenswort, in neugotischem Sinne überformte. An dem von Holm umgestalteten Südportal finden sich noch bemerkenswerte Reste des reichen spätgotischen Portals, so Wappenlöwen auf gedrehten Säulen mit den Wappen von Boye Tetens und seiner Frau und vor allem die fast vollständig erhaltenen spätgotischen Türflügel, deren kräftige schwarzrote Farbgebung 1991/92 wiederhergestellt werden konnte. Von den fünf Altären, die im Sommer 1495 geweiht wurden, hat sich der Hochaltar erhalten, der seinen geschnitzten Aufsatz mit der Darstellung der Passion Christi 1506/07 erhielt. Der Chor wird in ursprünglicher Weise vom spätgotischen Chorgitter begrenzt und bildet so einen intimen Gottesdienstraum für die kleine Gemeinde. Aus der Vorgängerkirche stammt die große Taufe aus Namurer Kalkstein. Nach der Reformation kamen die feingeschnitzte Renaissancekanzel, die großen Epitaphien und die für Eiderstedt typischen Abendmahlskniebänke hinzu.

St. Laurentius in Tönning – Komposition vieler Jahrhunderte

Der landschaftsbeherrschende Turm der Tönninger Kirche, mit 62,3 Metern der höchste Kirchturm Nordfrieslands, kündet weithin von der Bedeutung der alten Hauptkirche der Landschaft Eiderstedt. Bereits Ende des 12. Jahrhunderts stand auf der großen Warft am Nordrand des Marktplatzes eine stattliche romanische Kirche mit einem breiten Saalschiff, Chorquadrat, Apsis und einem mächtigen Westturm, wohl dem ältesten Steinturm an der Westküste. Von diesem Bauwerk haben sich die Umfassungsmauern des Langhauses sowie die beiden unteren Geschosse des Turms weitgehend erhalten. Am Außenbau läßt die Nordwand noch die reiche romanische Gestaltung erkennen: Das Backsteinmauerwerk wird in zwei Zonen durch Lisenen (pfeilerartige Mauerstreifen) und Bogenfriese aus dem leicht zu bearbeitenden Tuffstein gegliedert. Innen atmet der Erdgeschoßraum des Turms, ursprünglich Taufkapelle, mit seinem schweren Kreuzgratgewölbe noch den Geist früher Kirchenräume. Nachdem die Südwand des Langhauses wohl schon im Spätmittelalter große Spitzbogenfenster erhalten hatte, wurde 1633 für den lutherischen Abendmahlsgottesdienst der heutige Chor noch in spätestgotischen Formen errichtet. Vom Kirchenschiff, dem Predigtraum, trennt ihn eine 1635 geschaffene Lettnerempore mit der Chororgel und Gittern aus Messingstäben, die einzige in Nordfriesland erhaltene Anlage einer protestantischen Chorabtrennung. Für den neuen Chor entstanden der hochragende, 1634 von dem Dithmarscher Henning Claussen geschnitzte Frühbarockaltar und die wohl aus den Niederlanden stammende Marmortaufe von 1641.

Marktplatz in Tönning mit dem Turm der St.-Laurentius-Kirche. Das Gotteshaus setzt einen weithin sichtbaren Akzent in der flachen Landschaft Eiderstedts.

Im Nordischen Krieg (1700–1721) erlitt die Kirche starke Schäden: Das Chorgewölbe stürzte ein, die Dächer verbrannten, und die alte Turmspitze fiel herab. Beim Wiederaufbau erhielten Schiff und Chor ihr hölzernes, durchgehendes Tonnengewölbe, das der Hamburger Maler Bartel Conrath 1704 als Wolkenhimmel mit biblischen Szenen und Allegorien gestaltete. Es entstand der schönste Barockraum Nordfrieslands, zu dessen Wirkung die Kanzel von 1703 mit üppiger Blattornamentschnitzerei, das Gestühl und der Orgelprospekt sowie die großen Epitaphien, eines davon mit einem Gemälde des bedeutenden Gottorfer Hofmalers Jürgen Ovens, beitragen. Der Wiederaufbau fand seinen krönenden Abschluß in dem 1703 bis 1706 aufgesetzten, dreifach gestuften Barockhelm des Turmes, den der Baumeister Fischer nach dem Vorbild des Turmes der Altonaer Hauptkirche St. Trinitatis schuf.

Im barocken Innenraum von St. Laurentius in Tönning trennt die prächtig geschnitzte Lettnerempore den Abendmahlsraum vom Predigtsaal.

Die Christuskirche in Niebüll – Predigtsaal des Protestantismus

Inmitten des dörflichen alten Ortskerns der Stadt Niebüll liegt das malerische Ensemble aus Kirche, Glockenturm, Reetdachpastorat und neuem reetgedeckten Gemeindehaus. Zum ehemaligen Friedhof öffnen sich, wie auf manchen anderen Friedhöfen Nordfrieslands, kunstvoll gemauerte Tore, die „Stegel“, in barocken Formen.

Die Kirche wurde auf Befehl der Regierung 1729 angeblich in nur fünf Mo-

Die Christuskirche in Niebüll wurde 1729 erbaut. Das große Satteldachhaus erhebt sich inmitten der baumumstandenen Rasenfläche des alten Friedhofs.

Der einfache Saalraum der Christuskirche in Niebüll ist auf den hohen Barockaltar ausgerichtet. Geschlossene Stühle für den Pastor und den Diakon flankieren den Altar.

naten erbaut, nachdem der zu klein gewordene mittelalterliche Bau bis auf die in den Neubau übernommene Nordostecke abgerissen worden war. Der dänische König als Landesherr gab 508 Strandgutbalken für den Dachstuhl. Es entstand ein annähernd rechteckiger Saal. Ein flachbogiges Tonnengewölbe in Holzkonstruktion überspannt den weiten Raum, der in seinem hellen Anstrich nüchtern wirkt, ursprünglich aber weitaus festlicher war, weil das Gewölbe, ebenso wie seit kurzem wieder die Decke der ähnlichen Kirche in Emmelsbüll, einen gemalten Wolkenhimmel von barocker Pracht zeigte. Er wurde 1855 überstrichen. Große korbbogige, klarverglaste Fenster geben reichliches und gleichmäßiges Licht. Außen erscheint der aus roten und gelben, kleinformatigen Backsteinen errichtete Bau wie ein mächtiges Satteldachhaus, im Umriß nur durch einen kleinen Dachreiter an der Westseite und die Aufsätze an den Giebelecken belebt.

Die Gemeinde ist in drei Gestühlsblöcken auf den raumbeherrschenden Altar ausgerichtet, sein barocker Aufsatz mit dem Gemälde des Gekreuzigten wurde gleichzeitig mit dem Kirchenbau 1729 geschaffen. Den Altar flankieren die geschlossenen Stühle für den Pastor und den Diakon.

Mit der 1625 bis 1630 geschaffenen Spätrenaissancekanzel an der Südwand, der romanischen Granittaufe und der spätgotischen Triumphkreuzgruppe sind bedeutende Teile der Ausstattung des Vorgängerbaus erhalten. Eine Empore mit Brüstungsmalereien des 17. Jahrhunderts, die wie eine Bilderbibel Leben und Sterben Jesu darstellt, begrenzt den Raum im Westen, die Eingangshalle darunter ist zusammen mit einem neuangelegten Westportal Ergebnis der letzten großen Renovierung von 1970.

Aus dem Jahr 1824 stammen das reetgedeckte Halligkirchlein und der Glockenstapel auf Oland. Gemeinsam bilden sie den westlichen Teil der Halligbebauung.

Das Kirchlein auf Oland – die gute Stube einer Halliggemeinde

An der Westseite der dichtgedrängten Häusergruppe auf der einzigen Warft der Hallig Oland erheben sich hinter dem Schutzdeich auf dem winzigen Friedhof die reetgedeckte Kirche und der kleine hölzerne Glockenstapel. Wie die anderen Halligkirchen auf Gröde, Langeneß und Hooge hat der 1824 errichtete Backsteinbau mehrere Vorgänger, die den Fluten zum Opfer fielen, deren Ausstattung aber in die Nachfolgebauten übernommen wurde. Die wuchtige romanische Granittaufe weist darauf hin, daß die erste Kirche auf das 12. Jahrhundert zurückgeht. Eine Inschrift über der Tür kündet von einem Kirchbau 1709, der noch auf einer eigenen, um 1800 untergegangenen Kirchwarft stand.

Das bestehende Gebäude ist ein rechteckiges Backsteinhaus mit reetgedecktem Satteldach, holzverschalten Giebeln und korbbogigen, noch barock wirkenden Sprossenfenstern. Die Balkendecke über dem niedrigen, wohnlichen Raum trägt eine ornamentale Bemalung, die Carl Fey-Thalmühlen 1963 schuf. Anstelle eines Altarbildes ist inzwischen, wie zur Bauzeit der Kirche, die Kanzel nach dem Vorbild protestantischer Predigträume des Barock wieder über dem Altar angeordnet. Der Kanzelkorb selbst wurde 1620 von der Flensburger Werkstatt des Heinrich Ringeringk geschnitzt. Ebenso wie er sind über Jahrhunderte hinweg auch die wertvollsten mittelalterlichen Kunstwerke von Kirchbau zu Kirchbau gewandert, so das frühgotische Kruzifix und die eindrucksvolle spätgotische Apostelreihe mit dem thronenden Christus, Reste von zwei Altären des 15. Jahrhunderts. Ein geschnitztes Wangengestühl, der geschlossene Pastorenstuhl und die kleine Orgel

Der niedrige Raum der Kirche auf Hallig Oland strahlt mit seiner wertvollen Ausstattung aus verschiedenen Zeiten und von unterschiedlichen Herkunftsorten Geborgenheit aus.

Nach dem Entwurf des Kieler Architekten Heinrich Moldenschardt wurde St. Gallus in Neugalmsbüll von 1888 bis 1891 erbaut. Die Kombination verschiedener Stilelemente ließ einen historistischen Bau mit eigener Formensprache entstehen.

füllen diese „Wohnstube“ der Gemeinde voll aus. An die Seefahrt der Halligbewohner erinnert das Votivschiff in der Kirchenmitte, Modell eines Kriegsschiffes mit 44 Kanonen an Bord.

St. Gallus in Neugalmsbüll – Gesamtkunstwerk des Historismus

Wer von Niebüll auf die Nordseeinseln Föhr und Amrum reist, sieht kurz vor Dagebüll zur Rechten den spitzen Turm von Neugalmsbüll aufragen. Die Kirche ist Mittelpunkt einer erst 1876 für die seit 1682 eingedeichten Köge errichteten Kirchengemeinde. Ihren Namen hat sie von der Kirche der um 1800 aufgegebenen Hallig Galmsbüll übernommen. Das mehrfach, zuletzt 1749/50 neu gebaute Halligkirchlein wurde 1803 aufgegeben und abgebrochen. Ihr Gotteshaus erhielt die neue Gemeinde zusammen mit dem Friedhof erst 1888 bis 1891 nach dem Entwurf des Kieler Architekten Heinrich Moldenschardt, einem der bedeutendsten Baumeister des Historismus in Schleswig-Holstein. Wie sein Lehrer Gottfried Semper, der Schöpfer des Dresdner Opernhauses, verstand es Moldenschardt, aus Stilelementen der Gotik, der Romanik, der byzantinischen Kunst und der italienischen Frührenaissance eine eigene Formensprache zu entwickeln. So sind Grundriß und Baukörper des einschiffigen, dreieinhalbjochigen und kreuzrippengewölbten Raumes gotisch. Die großen Rundbogenfenster und die sorgfältige farbige Behandlung von Mauerwerk und dekorativer Dachdeckung erinnern an Renaissancebauten; die feierliche Raumwirkung mit der reichen Dekoration in der Wand- und Gewölbefläche in farbiger Sgraffito- und Leimfarbentechnik, gesteigert durch die vollständig erhaltene figürliche und ornamentale Farbverglasung der Bauzeit, erinnert an die geheimnisvolle Pracht byzantinischer Kirchen.

Wohl nach den Vorgaben Moldenschardts fertigte die Flensburger Schnitzschule des Bildhauers und Kunsttischlers Heinrich Sauermann die prächtigen Prinzipalstücke Altar und Kanzel sowie die Westempore mit dem Orgelgehäuse an. Die schöne Barocktaufe von 1750 mit reichgeschnitztem Deckel ist ein Relikt der alten Galmsbüller Kirche, aus der untergegangenen Rickelsbüller Kirche hat eine romanische Granittaufe einen neuen Platz in Neugalmsbüll gefunden. Leider hielt das Mauerwerk des schlanken Turms der Westküstenwitterung nicht stand und mußte 1953 in stark vereinfachender Weise verblendet werden. Von gestalterischem Anspruch und Wohlhabenheit der Gemeinde zeugt nicht nur das Gesamtkunstwerk der Kirche, sondern auch der große, planmäßig angelegte und bepflanzte anschließende Friedhof, einer der schönsten des Landes mit besonders beeindruckenden Grabmälern.

Farbige Putzflächen mit Sgraffito-Ornamenten, leuchtende, kunstvoll gearbeitete Bleiverglasungen und reiche Holzschnitzereien bilden im Inneren der St.-Gallus-Kirche ein in Schleswig-Holstein einzigartiges Ensemble des Historismus.

Nordfriesland – eine vielfältige Bauernhauslandschaft

Gerd Kühnast

Wohl kaum eine deutsche Landschaft außer Nordfriesland kann eine vorgeschichtliche Bauernhausform vorweisen, die, in ihren Grundmustern unverändert, bis zum 19. Jahrhundert immer wieder gebaut worden ist. Dies gilt jedoch nur für das utlandfriesische Wohnstallhaus, das in den vom Geestrand bis ans offene Meer reichenden Utlanden weit verbreitet war. Am Erscheinungsbild der übrigen nordfriesischen Hausformen haben die Einflüsse aus angrenzenden oder auch weiter entfernten Regionen deutliche Spuren hinterlassen und eine der vielfältigsten Hauslandschaften Mitteleuropas auf kleinem Raum hervorgebracht. Die Lage Nordfrieslands auf der Landbrücke zwischen Skandinavien und Mitteleuropa hat die hiesigen Hausformen deutlich geprägt.

Haubarge, Geesthardenhäuser und utlandfriesische Häuser sind trotz tiefgreifender Veränderungen der Landwirtschaft in ihren vielfältigen Formen bis in unsere Zeit kennzeichnend für das Bild der nordfriesischen Landschaft geblieben. Am Rande, auf der südöstlichen Geest um Ostenfeld, tritt als vierte Hausform noch das niederdeutsche Hallenhaus hinzu.

Der Wandel der Wirtschaftsformen in der Landwirtschaft hat immer wieder zu Veränderungen an den Gebäuden und zu neuen Hausformen geführt. Das Aussehen der landwirtschaftlichen Betriebe wird heute durch Stallungen für große Tierbestände und Unterstände für Großgerät bestimmt. Es ist einfacher und preiswerter, neu zu bauen, als die überkommenen Gebäude für neue Nutzungsformen umzubauen, zumal meistens das vorhandene Gebäudevolumen nicht mehr ausreicht. Folglich ist die Weiternutzung alter Gebäude eher die Ausnahme geblieben. Dennoch sind die verbliebenen, vielfach ganz anders genutzten historischen Gebäude immer noch eindrucksvolle Wegmarken in der Marsch und auf der Geest. Sie spiegeln bis heute die Landschaftsentwicklung und die Wirtschaftsgeschichte Nordfrieslands wider und verdienen darum besondere Beachtung.

Schon von der zweiten Hälfte des 19. Jahrhunderts an ging die Zeit der historischen Bauernhäuser schleichend, aber kontinuierlich dem Ende entgegen. Man nutzte sie für ihren ursprünglichen Zweck, solange sie dazu taugten und den modernen Formen der Landwirtschaft angepaßt werden konnten. Viele Wirtschaftsgebäude wurden abgebrochen. In Eiderstedt gingen bereits um die Mitte des 19. Jahrhunderts zahlreiche Haubarge durch Abbruch verloren, weil die Umstellung von der Milchwirtschaft auf die Weidemast große Bergeräume entbehrlich machte. Dieser Prozeß beschleunigte sich mit der rasch zunehmenden Technisierung in den ersten Jahrzehnten nach dem Zweiten Weltkrieg und ist bis heute nicht abgeschlossen. Die landwirtschaftliche Nutzung der alten Gebäude war ohne größere Veränderungen nur in wenigen Fällen möglich. Das führte dazu, daß Wirtschaftsgebäude abgebrochen und neu gebaut oder Höfe in die freie Landschaft ausgesiedelt wurden. Die verschont gebliebenen Bauernhäuser fanden in jüngster Zeit zum Teil neue Eigentümer, denen die historischen Gebäude überwiegend als Wohnhäuser dienen. Sie haben zum Teil vorbildlich zur Erhaltung vieler alter ländlicher Häuser vom Haubarg bis hin zur kleinen Kate beigetragen.

Entwicklungsgeschichte der Bauernhäuser

Das dreischiffige Wohnstallhaus, das schon für die Bronzezeit nachgewiesen wurde, ist in den ursprünglichen nordfriesischen Haustypen deutlich wiederzufinden. Von den Niederlanden bis zur jütischen Westküste belegen etwa 900 allein in den letzten 30 Jahren freigelegte Grundrisse die Weiterentwicklungen dieses Haustyps in der Eisenzeit.

Das Dach des Wohnstallhauses wurde von zwei parallel eingegrabenen Pfosten-

„Winter in Nordfriesland“ nannte Hans Peter Feddersen sein 1904 geschaffenes Bild, das eine Gruppe utlandfriesischer Häuser aus dem 18. Jahrhundert am Ortsrand von Deezbüll zeigt. Daß sie sich harmonisch in die Landschaft einfügen, liegt an den einheitlich verwendeten Materialien: Ziegelsteine, Holz und Reet bestimmten über Jahrhunderte Proportionen und Farben. Das Bild eröffnet uns heute einen Blick in die Vergangenheit, da Ensembles dieser Art kaum noch anzutreffen sind.

reihen getragen, die den Grundriß in einen Mittelraum und zwei angrenzende Abseiten gliedern. Die Traufseiten ruhten entweder auf Außen- oder auf wandständigen Pfosten. Die Wände waren aus Ruten geflochten, mit Lehm verstrichen oder aus Erdsoden aufgesetzt. Die eisenzeitlichen Häuser auf der Warft Tofting bei Tönning sind für die Hausforschung von großer Bedeutung, da sich hier die beschriebenen Befunde nachweisen lassen. Andere Belege für die vorrömische Eisenzeit wurden in den siebziger Jahren bei umfangreichen Grabungen in Archsum auf Sylt gefunden. Dort und in der Gemarkung Kotzenbüll förderten Grabungen Siedlungen aus der Wikingerzeit zutage, deren Hausgrundrisse denen des eisenzeitlichen Wohnstallhauses weitgehend gleichen. Das dreischiffige Wohnstallhaus in Nordfriesland ist somit für den Zeitraum von der vorrömischen Eisenzeit bis zur Wikingerzeit nahezu lückenlos nachzuweisen.

Die Ausgrabungsbefunde vermitteln vor allem Erkenntnisse über den Grundriß eines Hauses. Die Konstruktion der tragenden Gerüste dagegen ist nur durch wenige Einzelbelege und durch Vergleiche nachvollziehbar. Die vorgeschichtliche Hausforschung hat sich lange mit der Frage beschäftigt, ob die frühneuzeitlichen Häuser unmittelbar auf die vorgeschichtlichen bronze- und eisenzeitlichen Häuser zurückzuführen seien. Zweifel können zum einen deshalb aufkommen, weil es für den Zeitraum des Mittelalters nur spärliche Ausgrabungsfunde gibt, zum andern deshalb, weil die Marschen nur sehr dünn besiedelt und die angrenzenden landwärtigen Gebiete in dieser Zeit von unterschiedlichen Bevölkerungsgruppen bewohnt waren. Wahrscheinlich ist das von Pfosten gestützte, weich gedeckte Haus schon im frühen Hausbau in holzarmen Landstrichen als eine so gut durchdachte Konstruktion empfunden worden, daß dieses Bauprinzip bis in die Neuzeit hinein, in technischen Details immer wieder verbessert und in zahlreichen, der jeweiligen Nutzungsform entsprechenden Varianten ausgeführt, durch andere Konstruktionen nicht verdrängt worden ist.

Das utlandfriesische Haus auf den Halligen und auf den Geestinseln Föhr, Amrum und Sylt sowie in den Marschen und bis hin zum Geestrand war mit einem wandnahen Innenständergerüst bis in die zweite Hälfte des 18. Jahrhunderts ein gängiger Haustyp in diesen Regionen. Es repräsentiert die Überlieferung des vorgeschichtlichen Wohnstallhauses bis in unsere Zeit.

Langhaus und Winkelbau

Zwei Langhaustypen, durch eine Diele quergeteilt, herrschen in den Marschen nördlich der Eider vor. Auf Inseln, Halligen und in den Marschen bis auf den Rand der Geest ist das utlandfriesische Haus zu finden, ein Wandständer-/Innenständerbau. Seinen Namen hat es nach dem Verbreitungsgebiet vom Geestrand bis zum offenen Meer, das als Utlande bezeichnet wurde. Eine durchgehende Reihe wandnaher Ständer, die das Dach tragen, zeigt deutlich die Verwandtschaft mit dem vorgeschichtlichen Wohnstallhaus. Die Ständerpaare lassen eine größere Raumhöhe zu als die niedrigen Außenwände. Aufschieblinge (Beisparren) überbrücken den Zwischenraum zwischen Außenmauern und Dachsparren.

Im Wohnteil ist die Schräge durch eine Vertäfelung abgeschlossen, Kattschur genannt. Ursprünglich waren die Wände des Stallteils aus Erdsoden aufgesetzt und verbrettert, mitunter auch nur mit Brettern versehen. Sie wurden später durch Ziegelmauern ersetzt. Die Ständerbauweise war in den nicht sturmflutsicheren Marschen von Vorteil, weil das Hausgerüst stehenblieb, auch wenn die Wände einstürzten. Darum wurden auf den Halligen die Ständer in den Boden eingegraben, genau wie die Pfosten der vorgeschichtlichen Häuser. Reste solcher wandnahen Pfosten wurden bei der Restaurierung des Kapitän-Tadsen-Hauses von 1741 auf der Langenesser Ketelswarft gefunden. Das utlandfriesische Haus wurde meist für die Weidewirtschaft genutzt. Daher fehlt in der Regel die Dreschdiele. Gelegentlich gibt es einen eingetieften kleinen Raum zum Dreschen. Wie das Hallenhaus ist der Stall von der Giebelseite erschlossen. Das Vieh stand mit dem Kopf zur Außenwand und wurde vom mittigen Stallgang her gefüttert. Die Querdiele trennt den Wirtschafts- vom Wohnteil.

Die letzten Häuser dieses Typs wurden vor 1800, zuletzt ohne Ständergerüst, gebaut. Sie behielten aber das alte Grundrißschema mit der Querdiele zwischen Wohn- und Wirtschaftsteil und dem längs erschlossenen Stall bei. Wurden Anbauten an den Wirtschaftsraum nötig, mußten sie im Winkel erfolgen, um den Stallausgang im Giebelende nicht zu versperren. Nach 1800 entsprach der Haustyp offenbar nicht mehr den Anforderungen der Landwirtschaft. Zudem war das wandtragende Geesthardenhaus für den Ackerbau besser geeignet. Die größere Traufhöhe und die Quererschließung des Wirtschaftsteils machten das Einfahren der Ernte in die Lohdiele (Tenne, Dreschdiele) möglich.

Die Größe der Häuser wurde in „Fach“ bemessen. Ein Fach ist der eineinhalb bis zwei Meter große Abstand zwischen zwei Sparren. In einer Untersuchung auf der Grundlage der im Brandkataster von 1850 aufgeführten versicherten Gebäude auf Sylt wurde ermittelt, daß 52,8 Prozent aller Gebäude mit Wohnungen einfache Wohnstallhäuser von sieben bis zwölf Fach Länge, also durchschnittlich 21 Meter lang waren.

Bis zur Mitte des 20. Jahrhunderts wurde als südliche Verbreitungsgrenze des utlandfriesischen Hauses etwa die nördliche Grenze der Nordergoesharde, die Soholmer Au, angenommen. Erst in den letzten Jahren entdeckte die Interessengemeinschaft Baupflege Nordfriesland süd-

Das utlandfriesische Haus Olesen von 1617 stand ursprünglich in Alkersum auf Föhr. Es wurde 1927 in die Nähe des Friesenmuseums nach Wyk umgesetzt. Zu der Zeit stand noch eine der niedrigen Stallwände aus Erdsoden. Vom 17. Jahrhundert an wurden solche Wände meist durch Holz- oder Ziegelkonstruktionen ersetzt.

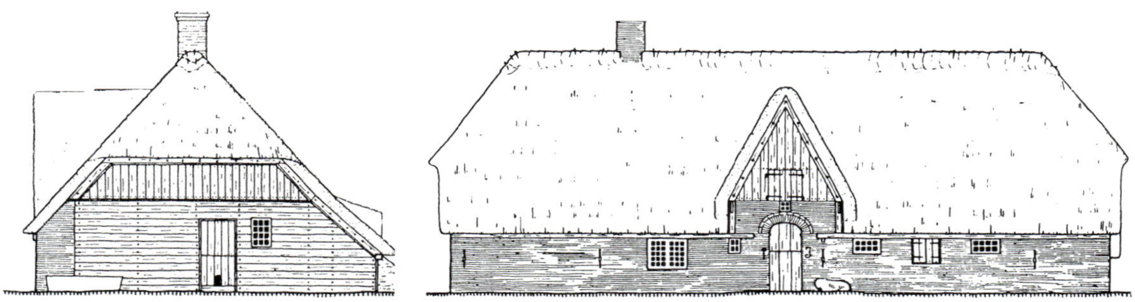

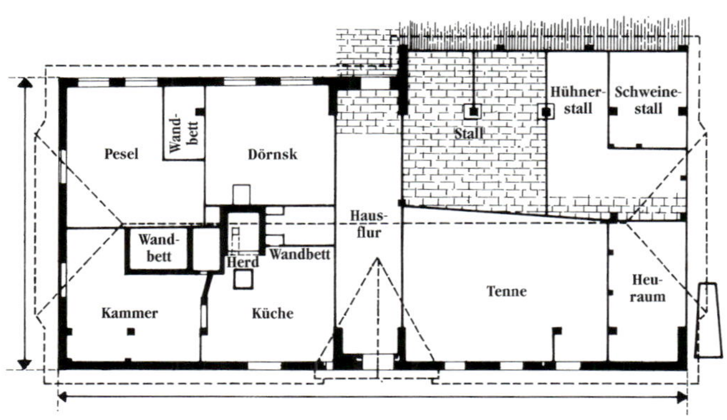

Die Querdiele trennt den Wohn- vom Wirtschaftsteil, der von der Schmalseite her erschlossen ist. Der Grundriß des utlandfriesischen Hauses variiert im Detail je nach der vorherrschenden Wirtschaftsweise. Die meist etwas eingetiefte Dreschdiele weist hier auf Ackerbau hin, der auf der Föhrer Geest betrieben wurde.

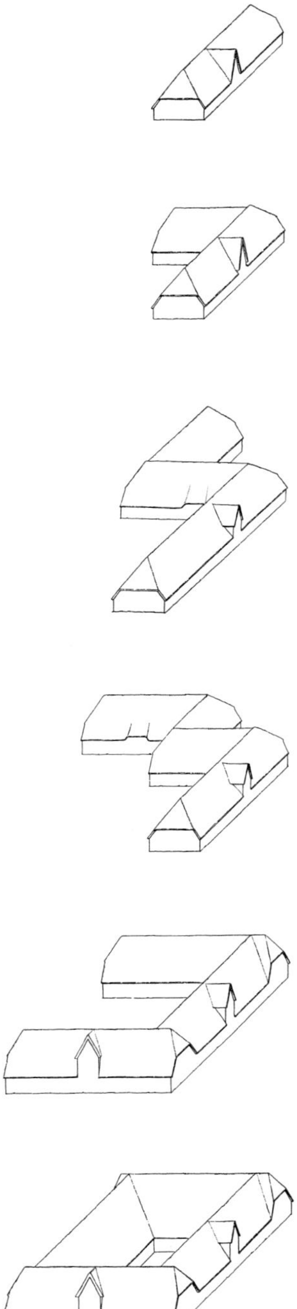

Nordfriesische Langhäuser wurden auf der begrenzten Warft- oder Hoffläche zu Winkelbauten, zu Dreiseit- und Vierseithöfen, wenn Erweiterungen des Wirtschaftsteils nötig waren. Die dabei entstehenden, zum Teil an Ziffern erinnernden Formen wurden zum Beispiel als „in die Sieben“ oder „in die Fünf gebaut“ bezeichnet (zweite bzw. dritte Skizze von oben).

lich jener Grenze, zum Beispiel in Borsbüll, Hattstedt und im Eiderstedter Dorf Poppenbüll, utlandfriesische Häuser, die belegen, daß der Haustyp über die gesamte nordfriesische Marschlandschaft bis an die Eider verbreitet war.

Das Geesthardenhaus

Das Geesthardenhaus zeigt zwar Merkmale der Verwandtschaft zum utlandfriesischen Haus. Seine Dachkonstruktion liegt aber, anders als bei jenem, auf den Außenwänden und ist mit diesen durch die „Murplaat“, eine im Außenmauerwerk, dicht unter der Traufe sichtbare Bohle, und hölzerne, später geschmiedete Maueranker verbunden. Alle Eingänge liegen an der meist der Straße zugewandten Längsseite. Wie beim utlandfriesischen Haus werden Wohn- und Wirtschaftsbereich durch eine Querdiele getrennt. Die Küche mit dem Herd liegt Wand an Wand mit der beheizbaren Wohnstube, der Dörnsch. Pesel und Keller- oder Hochstube sind unbeheizt. Der an die Querdiele grenzende Wirtschaftsbereich ist geteilt in Lohdiele, Stall und Bansen (Scheunenraum).

Anders als es der Name vermuten läßt, wurde das Geesthardenhaus sowohl in der Marsch als auch auf der Geest bis ins 20. Jahrhundert hinein gebaut. Es ließ sich leicht verlängern, wenn der Raum nicht mehr reichte. In der Marsch, zumal auf den begrenzten Warftflächen, entstanden solche Anbauten wie beim utlandfriesischen Haus meist im rechten Winkel. Geschah dies mehrfach, so ergab sich eine dreiseitige Anlage oder gar ein geschlossener Vierkant mit einem für die Hauswirtschaft nutzbaren Innenhof. Solche Vierseithöfe entstanden sowohl aus utlandfriesischen als auch aus Geesthardenhäusern. Sie waren beschränkt auf das nördliche Nordfriesland. Eine Ausnahme ist der Deichgrafenhof auf Lundenberg in der Hattstedtermarsch.

Der Haubarg

Von der niederländischen Provinz Nordholland bis nach Nordfriesland reicht die Verbreitung des Gulfhauses. Es gehört zur Gruppe der Ständerbauten, in denen die Ernte erdlastig im sogenannten Gulf, dem Viereck zwischen den tragenden Ständern, bis unter den First gelagert werden konnte. Das Gulfhaus ist ein typisches Haus der Marschen. Der nordfriesische Haubarg, ein besonderer Typ des Gulfhauses, geht auf das niederländische Vorbild, den *stolp*, zurück. Das Dach dieser Häuser ruht hauptsächlich auf dem Gerüst aus zwei, drei oder mehr Ständerpaaren, dem Vierkant, und die Traufe wird von den Außenmauern getragen.

Wir treffen hier wieder auf eine ausgeklügelte, baustoffsparende Konstruktion, die ein Maximum an Raum mit einem Minimum an Materialaufwand ermöglicht. Diese Prinzipien wurden nicht von ungefähr in den holzarmen Marschgebieten entwickelt. Der wachsende Bedarf an Nahrungsmitteln in den Städten und den Zentren der Wirtschaft in der frühen Neuzeit und die verbesserten Methoden der Bodenbewirtschaftung machten große Gebäude erforderlich.

Die im Deich- und im Wasserbau führenden Niederländer brachten neben dem Kapital ihren technischen Sachverstand und neue Verfahren zur Verwertung der Milch in die Küstenmarschen, darunter die Herstellung von Käse aus Süßmilch. Damit konnte neben der leicht verderblichen Butter ein wesentlich länger lagerfähiges Produkt auf den Markt gebracht werden. Mit den Deichbauern und Investoren aus den Niederlanden gelangte auch das „Baukonzept Haubarg“ im 16./17. Jahrhundert nach Eiderstedt. Eine weitere Vergrößerung erfuhren die Gebäude im ausgehenden 18. und in der ersten Hälfte des 19. Jahrhunderts, als der Getreidebau auch in den Marschen auf Grund weiter verbesserter Vorflutverhältnisse möglich wurde.

Der erste bekannte Haubarg wurde 1605 von niederländischen Einwanderern in Eiderstedt erbaut. Aus dieser Anfangszeit ist aber kaum etwas erhalten. Allenfalls Reste oder zweitverwendete Hölzer weisen auf den Ursprungsbestand hin. Älteste wiederverwendete Hölzer stammen aus der Mitte des 16. Jahrhunderts. Die

Der Hof Peterswarft in Ockholm ist eines der bekanntesten Geesthardenhäuser. Die Warftanlage zwang bei der Gebäudeerweiterung zu Winkelanbauten. Diese Form wird „in die Fünf gebaut“ genannt.

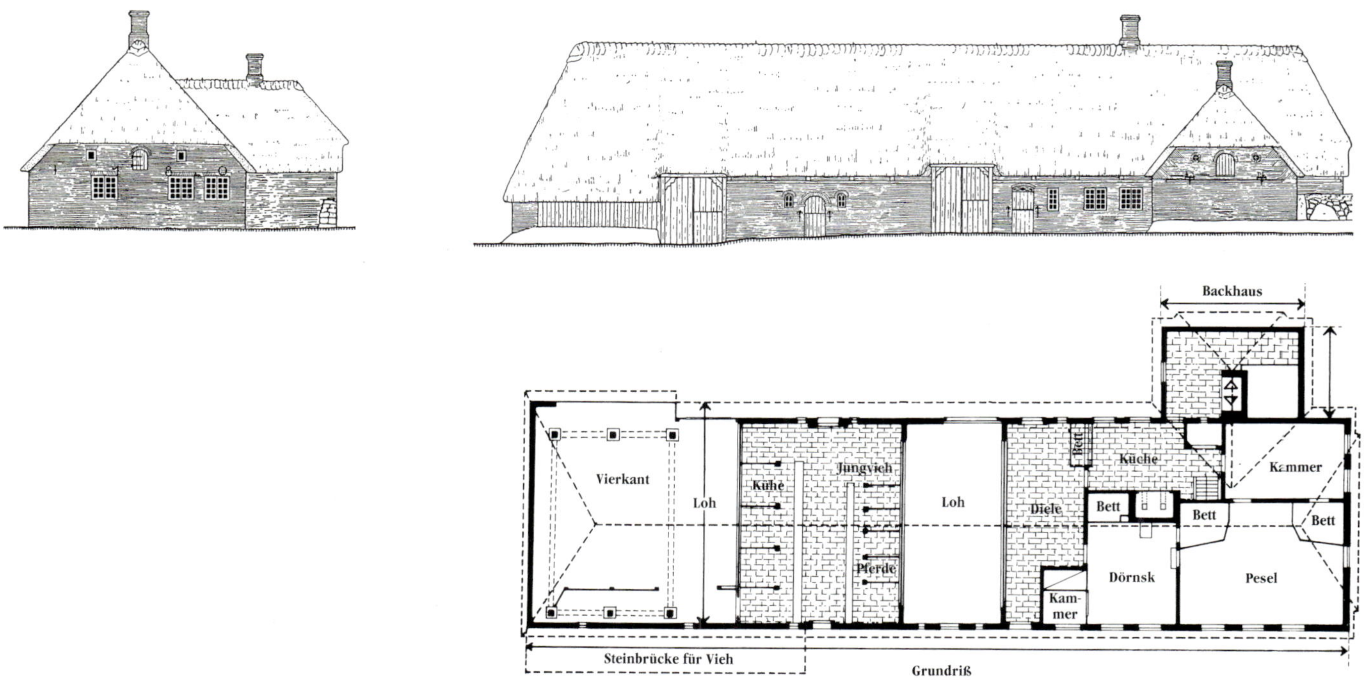

Das Geesthardenhaus ist in allen Bereichen quer erschlossen. Die Querdiele trennt Wohn- und Wirtschaftsteil. Auch die Lohdiele und der Stall sind von der Längsseite zugänglich. Der Haustyp hat ein auf den Wänden ruhendes Dach und nur gelegentlich in der Scheune ein Ständerwerk wie in diesem Beispiel aus Wallsbüll, Gemeinde Struckum.

Drei- und Vierseithöfe sind Sonderformen des utlandfriesischen und des Geesthardenhauses, die auf dem begrenzten Raum der Warften größere Bauvolumen ermöglichten. Der Hof Seebüll in der Gemeinde Neukirchen trägt die Jahreszahl 1867 und ist mit einem Wohnhaus und zwei Wirtschaftsflügeln ein in seiner äußeren Form noch erhaltener Dreiseithof. Genutzt wird er als Gästehaus der benachbarten Nolde-Stiftung.

Wohn- und Wirtschaftsgebäude umschließen einen kleinen Innenhof, in dem Regenwasser zum Trinken von den Dachflächen in einer Zisterne aufgefangen wurde und hauswirtschaftliche Tätigkeiten stattfanden. Die Luftaufnahme läßt einen Blick in den Innenhof des Nahnshofes in der Gemeinde Galmsbüll zu.

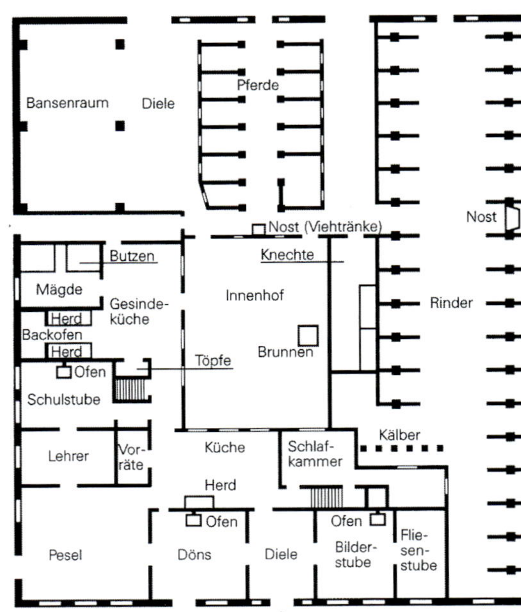

Grundriß des Carolinenhofs, eines um 1710 im Christian-Albrechts-Koog erbauten Vierseithofs, der sich heute im Freilichtmuseum Molfsee befindet.

Bis in die achtziger Jahre wurde der Haubarg Marienhof in Tetenbüll-Warmhörn noch landwirtschaftlich genutzt. Er liegt am Ende einer Reihe von Haubargen, die „Rieke Reech“ (Reiche Reihe) genannt wird.

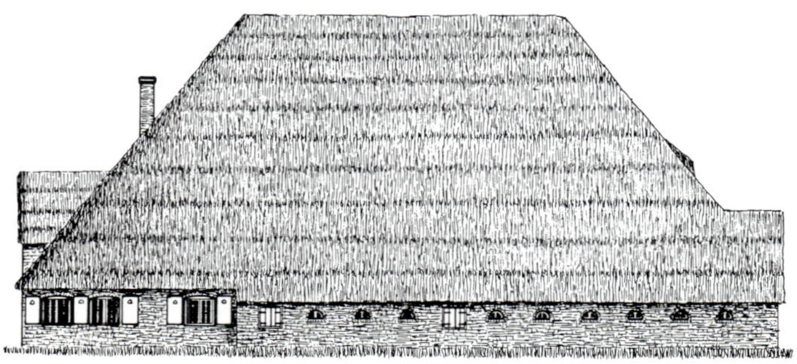

Der Grundriß des Haubargs zeigt die Anordnung der Wohn- und Wirtschaftsräume rund um den Vierkant, in dem die Ernte – Heu oder Getreide – auf dem Erdboden gestapelt wurde. Die Lohdiele (Dreschtenne) und die große Zahl der Pferdeboxen weisen bei diesem Haubarg in Tating auf Ackerbau hin.

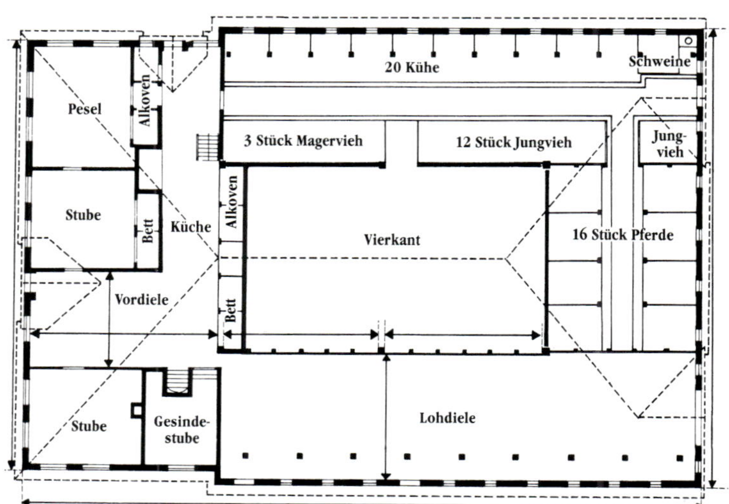

frühen Haubarge enthielten Hausgerüste aus Eichenholz. Später, im 18./19. Jahrhundert, wurde dafür Nadelholz aus dem Ostseeraum importiert, das in größeren Dimensionen zu erschwinglichen Preisen zu beschaffen war.

Der Haubarg hatte seinen Schwerpunkt auf der Halbinsel Eiderstedt. 1795 ermittelte der Chronist Volckmar 414 Haubarge, nach einer Erhebung um 1860 waren es noch rund 370. Aber auch in den benachbarten Gebieten wurden vereinzelt Haubarge errichtet, von denen nur noch zwei überdauert haben: Der Haubarg Honnens im Stapelholmer Dorf Seeth und der Haubarg Arlewatthof am Geestrand nördlich von Husum. Sowohl im nördlichen Dithmarschen als auch bis in die Tonderner Marsch war der Haubarg, wenn auch nur vereinzelt, vertreten. Heute ist die Zahl auf etwa 70 geschrumpft. Davon sind nur noch knapp 40 Gebäude in ihrer äußeren und inneren Struktur erhalten.

Das Haubargsterben der letzten Jahrzehnte, verursacht durch entfallene Nutzung, nicht selten durch Feuer, rief schon früh Denkmalschutz und Freilichtmuseen auf den Plan. So holte das dänische Nationalmuseum im Jahre 1959 den Haubarg Rotelau aus Kating in das Freilichtmuseum Lyngby bei Kopenhagen. Dieser Umstand gab den letzten Anstoß für die kurz darauf erfolgte Gründung des Schleswig-Holsteinischen Freilichtmuseums in Molfsee bei Kiel, in das natürlich ein Eiderstedter Haubarg umgesetzt wurde. Mit einem finanziellen Sonderprogramm konnte die Denkmalpflege im letzten Jahrzehnt eine Reihe von Haubargen denkmalgerecht sanieren und sichern helfen.

Das niederdeutsche Hallenhaus

Zu den verbreitetsten Bauernhausformen im norddeutschen Raum gehört das niederdeutsche Hallenhaus. Es war von den Niederlanden bis nach Ostpreußen, im Süden bis ins Gebiet der Mittelweser und im Norden bis an die Eider gängiger Haustyp. Archäologische Untersuchungen förderten in Niedersachsen Nachweise für das niederdeutsche Hallenhaus aus dem 10./11. Jahrhundert zutage.

Der Ständerbau dieses Haustyps kommt dem dreischiffigen Haus der Eisenzeit noch lange Zeit sehr nahe: Mensch und Tier leben zunächst in einem Raum. Aus den eingegrabenen Pfosten werden auf Feldsteine gestellte Ständer. Die Flechtwände werden später durch Fachwerk ersetzt. Der Eingang, die Grootdör, befindet sich an der Giebelseite. Diele und Flett bilden die Halle mit den niedrigen Seitenteilen (-schiffen), den Kübbungen, in denen das Vieh steht und sich Kammern für Knechte und Mägde befinden. Die Diele ist ein langgestreckter Platz mit einem Fußboden aus gestampftem Lehm. Auf dem Boden darüber wird das Getreide gelagert. Das Flett, der Wohnbereich, liegt der Grootdör gegenüber und erstreckt sich bis an die Außenwände. Der Fußboden ist hier gepflastert, in der Mitte befindet sich zu ebener Erde die Feuerstelle. In den Nischen an den Außenwänden, den Luchten, hat die Hausfrau ihren Arbeitsplatz gegenüber dem Eßplatz. Die Feuerstelle dient im Rauchhaus zum Kochen und zum Räuchern.

Erst nach der Vergrößerung des Hallenhauses um das Kammerfach in der frühen Neuzeit ziehen der Bauer und seine Familie mit den Altenteilern sich hierhin zurück. Die Döns wird mit einem Hinterladerofen vom Flett aus beheizt. Die Feuerstelle bleibt weiter im Flett, aus Brandschutzgründen erhält der Herd jedoch einen Rauchfang, den Schwibbogen, der den Funkenflug ins Dach verhindert. Zuvor zog der Rauch durch die Ernte auf dem Boden und durch das Weichdach ins Freie. Mit dem Bau von Kaminen, die den Rauch durch das Dach hinausleiten, ist die Zeit solcher sogenannten Rauchhäuser vorbei.

In Nordfriesland ist das niederdeutsche Hallenhaus nur in einem kleinen Bereich nördlich der Treene auf der Geest um die Dörfer Schwabstedt, Winnert und Ostenfeld in der Nachbarschaft von Geesthardenhäusern anzutreffen. Hier befindet sich seine nördliche Verbreitungsgrenze. Weiter südlich, auf dem Höhenzug Stapelholm zwischen Treene und Eider ist

Im südöstlichen Nordfriesland findet das niederdeutsche Hallenhaus seine nördliche Verbreitungsgrenze. Die ältesten Hallenhäuser aus dem frühen 16. Jahrhundert stehen im Stapelholmer Dorf Seeth. Hallenhäuser gehen wie das utlandfriesische Haus auf die Urform des eisenzeitlichen Pfostenhauses zurück, sind aber nicht quergeteilt, sondern in Längsrichtung erschlossen. Wirtschafts- und Wohnraum sind durch die Grootdör im Giebel über die Grootdeel zugänglich. Erst ab 1600 werden getrennte Wohnräume als „Kammerfach“ angefügt.

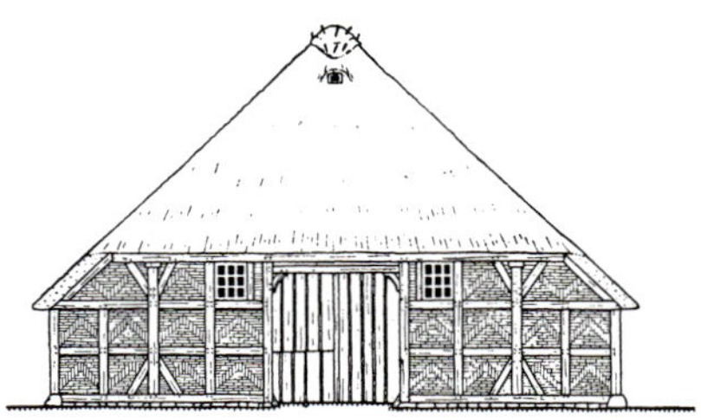

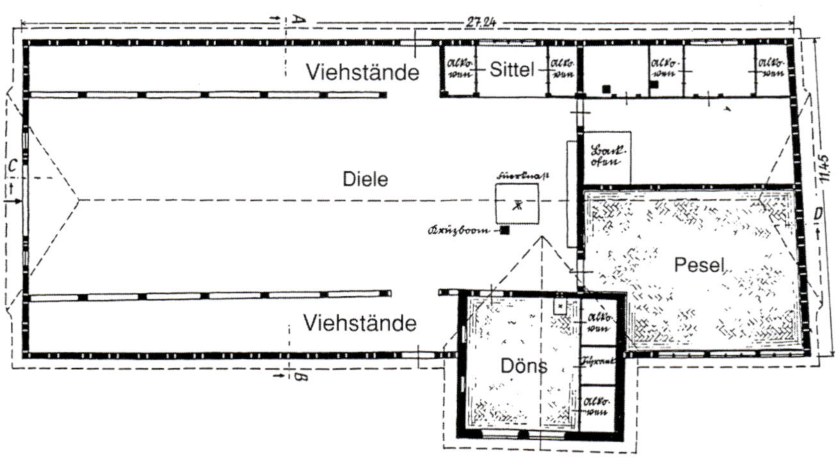

Das Ostenfelder Haus fand 1899 als erstes Freilichtmuseum in Deutschland seinen Platz in Husum. Aus der ehemals offenen Lucht wurde eine vom Flett abgetrennte Wohnstube, die Döns, ein Zeichen für den Wohlstand des Bauern.

Diese Arbeiterkate steht in Tetenbüll auf dem Deich zwischen dem Adenbüller und dem Osterkoog. Sie gehört bis heute zum Staatshof, einem Haubarg aus dem 18. Jahrhundert, und läßt erahnen, wie sehr der Lebensstandard der Landarbeiter von dem der reichen Bauern abwich.

das Hallenhaus die beherrschende Hausform. Hier gibt es auch noch einige in ihrer Struktur unveränderte Gebäude. Zwei bedeutende Vertreter aus Ostenfeld und aus dem nahe gelegenen Rott stehen seit der Jahrhundertwende in Freilichtmuseen in Husum bzw. in Lyngby bei Kopenhagen.

Was wird aus der historischen Hauslandschaft?

Bis heute ist am Erscheinungsbild einiger Dörfer deutlich zu erkennen, daß die Hausformen über Jahrhunderte in Konkurrenz miteinander standen. In Dörfern wie Seeth in Stapelholm finden sich niederdeutsche Hallenhäuser, Geesthardenhäuser und Haubarge nebeneinander. Reine Hauslandschaften konnten bei der oft langwierigen Entwicklung und dem unterschiedlichen individuellen Wohlstand der Bauern gar nicht entstehen. Überdies trafen in Nordfriesland verschiedene Kulturen und Einflüsse zusammen. Auf diese Weise entstand hier eine besonders vielfältige und vielgestaltige Hauslandschaft.

Die letzten 40 Jahre haben zu großen baulichen Veränderungen und vielfach zur Aufgabe der alten Bauernhäuser geführt. Große Grundflächen und große Stapelräume wie in den Gulfhäusern, Hallenhäusern oder in Geesthardenhäusern werden nur zum Teil unter Veränderung der alten Struktur auch heute landwirtschaftlich genutzt: zur Rinder- und Schweinehaltung, als Bergeraum für Rauhfutter oder zur Unterbringung von Maschinen. In vielen Fällen steht in erreichbarer Nähe des historischen Hofgebäudes eine dem gewachsenen Viehbestand angepaßte Halle als Laufstall mit Melkanlage. Der alte Stall wird zum Abkalben, zur Jungviehaufzucht oder zur Mastviehhaltung weiter genutzt. Dabei bleibt das Gebäude mit seiner ursprünglichen Form der Nutzung erhalten.

Eine denkmalgeschützte Haubargscheune in Eiderstedt wurde vor einigen Jahren unter Erhaltung des Innengerüstes zu einem Viehstall mit Spaltenboden und Schwemmentmistung umfunktioniert – eine gangbare Lösung, die aber eine Ausnahme bleibt. Da immer größere Flächen für die Landwirtschaft benötigt werden, verlieren historische Gebäude zunehmend ihren ursprünglichen Nutzwert. Ein neuer Verwendungszweck geht mit Veränderungen im Innern einher, wenn eine Umnutzung rentabel sein soll, etwa beim Einbau von Ferienwohnungen oder Gaststätten.

Neue, realisierbare Ideen sind gefragt, wenn die Geschichte der nordfriesischen Kulturlandschaft auch für spätere Generationen an dem Zusammenspiel von Landschaft und Architektur ablesbar bleiben soll. Das ist ein politischer Auftrag. Mit Idealismus allein ist er nicht zu lösen.

Im Jahre 1906 wurde eines der letzten traditionell erbauten Geesthardenhäuser, das Haus „Op de Sand“ in Sande, errichtet. Danach setzten sich neuere Bauformen durch, in denen es sich leichter wirtschaften ließ.

Giebel über den Eingangstüren wie an dem Haus in Süderende auf Föhr wurden erst im 18. Jahrhundert aus Brandschutzgründen eingeführt. Sie lenken im Brandfall das herabrutschende Reet seitlich ab, so daß der Ausgang länger begehbar bleibt.

Das Müllerhaus im Desmerciereskoog wurde um 1960 in letzter Minute vor dem Abbruch gerettet und fachgerecht saniert. Zur Müllerei gehörten einmal gut 40 Hektar in dem 1767 eingedeichten Koog. Das stattliche Gebäude wurde 1770 erbaut und war von größeren Nebengebäuden umgeben. Das Haus hat als einziges im Koog die Zeit unverändert überdauert.

Nordfriesische Wohnkultur zwischen Küche und Alkoven

Konrad Grunsky

Hinter dem „typischen" Äußeren eines Friesenhauses unter dem tief herabgezogenen Reetdach vermutet der Betrachter mit gewissem Recht ein gediegenes und gemütliches Innenleben. Gegenstände und Elemente, die im heutigen Verständnis als typisch „friesisch" gelten und so auch verkaufsfördernd angepriesen werden, entstanden zu unterschiedlichen Zeitpunkten und waren innerhalb Nordfrieslands je nach Haustyp und Besitzstand der Bewohner keineswegs gleichmäßig verbreitet.

Schon die althergebrachten Hausformen Nordfrieslands reichten vom großbäuerlichen Eiderstedter Haubarg über den stattlichen Drei- und Vierkanthof sowie die bescheideneren Bauernhäuser der Inseln und Halligen bis hin zur ärmlichen Kate mit lediglich zwei Wohnräumen, Stube und Küche. Größe und Art des Hauses sowie Armut oder Reichtum der Bewohner fanden zusätzlich zum herrschenden Zeitgeschmack ihren Spiegel in der unterschiedlichen inneren Ausstattung des nordfriesischen Hauses.

Die Küche war bis zum Ausgang des 19. Jahrhunderts Lebenszentrum und Mittelpunkt des Hauses. Mit ihrer offenen Herd- und Schornsteinanlage, in deren oberer Zone auch Schinken und Würste geräuchert wurden, war die Küche im langen Winterhalbjahr mit dem tagsüber ständig unterhaltenen Herdfeuer der einzige gutgewärmte Raum des Hauses. Der offene Herd war im Regelfall mit einem seitlich integrierten Backofen kombiniert. Im kleinen Insel- und Hallighaus befand sich dieser Backofen zur Platzersparnis nicht neben, sondern unter der Feuerstelle; ein abdeckbares und ausgemauertes Bodenloch ermöglichte dort das Hantieren am Backofen in sitzender Haltung. Ebenfalls meist vom Küchenherd aus erfolgte die rückseitige Befeuerung eines Bilegger-Ofens, der selbst in der angrenzenden Wohnstube stand.

Die Küche diente gleichzeitig als Eßplatz wie als Aufenthalts- und Arbeitsraum für häusliche Verrichtungen. Zu diesen Zwecken gab es darin einen Tisch und eine der Haushaltsgröße angemessene Zahl von einfachen Stühlen, Bänken oder Hockern. Gerätschaften, Töpfe und Geschirr waren meist an Wandborden und Trägergestellen griffbereit untergebracht.

Sofern es in größeren Häusern einen Vorratskeller gab, war dieser von der Küche aus zugänglich. Meist lagen Keller wegen des hohen Grundwasserspiegels nicht ganz im Erdreich. Dann führten neben der üblicherweise mit einer Luke oder Falltür verschlossenen Kellertreppe einige Stufen aufwärts zu der über dem Keller liegenden „Hochstube".

Im Friesenhaus war energiesparendes Wohnen in alter Zeit eine eher bittere Notwendigkeit. Ziegel als teures Baumaterial erlaubten nur dünne Außen- und Innenwände, die zudem gegen aufsteigende Bodenfeuchtigkeit nicht isoliert waren. Um darüber hinaus am ebenfalls teuren Kalk für den Innenverputz zu sparen sowie die besseren Wärmeeigenschaften des im übrigen billigeren Baustoffes Holz zu nutzen, verkleidete man Wände häufig mit Holzpaneelen und verzichtete auf nicht tragende Zwischenwände zugunsten von Holzkonstruktionen mit „Alkoven" genannten Wandbetten und Wandschränken. Diese nützlichen „Einbauschränke" verringerten gleichzeitig den Raumquerschnitt zugunsten einer leichteren Beheizung.

Im nördlichen Teil Nordfrieslands wie auf den Inseln und Halligen waren die Alkovenbetten meist mit Flügeltüren versehen, im südlichen Teil und auf Eiderstedt begnügte man sich meist mit Vorhängen aus Leinen oder Beiderwand. Die uns heute eigentümlich kurz anmutenden Wandbetten boten der früher üblichen, eher sitzenden Schlafhaltung mit großen Kissen im Rücken ausreichenden Raum. Neben den üblichen schweren – und meist vor Feuchtigkeit recht klammen – Federbetten sorgten im Winter mit Holzkohle heizbare Bettpfannen oder am Herdfeuer angewärmte Steine für ein

halbwegs erträgliches Schlafklima. Mit dem Typus des Wandbetts war die beheizbare Wohnstube (plattdeutsch: Döns, friesisch: Dörnsch) gleichzeitig auch Schlafraum. Selbst in größeren Häusern war im Regelfall nur diese Döns als einzige von mehreren Wohnstuben mittels des vom Küchenherd befeuerten Bilegger-Ofens heizbar. Diese traditionellen, aus einzelnen Eisengußplatten zusammengefügten Öfen dienten, verziert mit biblischen Szenen (17./18. Jahrhundert) bzw. mit Ranken und Ornamenten (19. Jahrhundert), gleichzeitig als Raumschmuck. Den Platz auf dem Bilegger nutzte man gerne für eine Messingstulpe zum Warmhalten von Getränken und Speisen oder für ein hölzernes Ofenreck zum Trocknen von Kleidung und Wäsche.

Weiteres Mobiliar war neben den wandfest eingebauten Betten und Schränken sowie den damit verbundenen Wandborden in der Döns nur spärlich vorhanden: Fensterseitig gab es häufig einen Tisch mit ein oder zwei Armlehnstühlen, zwischen zwei Fenstern hing an der Wand der meist einzige Spiegel des Haushalts. Interieurdarstellungen des 19. Jahrhunderts überliefern uns die Benutzung von Wandborden für Schaustücke aus Messing, Fayence oder Porzellan, mit denen man bescheidene Wohlhabenheit zum Ausdruck brachte. Besonders beliebt waren dabei die bunten Fayencen aus Kellinghusen oder Mitbringsel von Seefahrern wie Steingut aus England und Porzellan aus Ostasien.

Im Haushalt vorhandene Truhen und Schränke hatten ihren Platz meist im Pesel (friesisch: Piisel), der größten, aber meistens nicht heizbaren Stube. Der Pesel war ehedem nicht wie die „gute Stube" im

Carl Ludwig Jessen malte 1863 diese nordfriesische Küche bei Niebüll, die keinerlei Nutzungsspuren erkennen läßt. Typisch und allgemein verbreitet waren solche Herdanlagen, Tellerborde, Tische am Fenster und die Kleinpflasterung des Fußbodens, der jedoch auch aus gestampftem Lehm bestehen konnte.

Der Originalzustand traditioneller Kleinpflasterung läßt sich im Friesischen Heimatmuseum Niebüll-Deezbüll besichtigen. Meist kam diese Art der Pflasterung in der Diele, der Küche, im Stall und im Außenbereich zur Anwendung.

Eine friesische Stube auf Föhr zeigt das 1935 entstandene Ölgemälde von Albert Johannsen. Die Stuhluhr ostfriesischen Typs war in Nordfriesland beliebt und verbreitet. Vor dem Bilegger-Ofen hängt ein Mangelbrett an der Wand, im Vordergrund ist ein Messing-„Stöv", der als Fußwärmer benutzt wurde, zu erkennen. Die geöffnete Tür gewährt einen Blick in Küche und Diele.

bäuerlichen oder bürgerlichen Haushalt jüngerer Zeit ein Raum zum Repräsentieren, sondern in erster Linie Aufbewahrungsort für Aussteuerwäsche und Lebensmittelvorräte. Für festliche Anlässe und Familienfeiern wurde der Pesel freigeräumt und mit allen verfügbaren Tischen und Sitzgelegenheiten ausgestattet.

Im Pesel wie auch auf der Hausdiele bestand der Fußboden häufig lediglich aus gestampftem Lehm. Sonst waren Eingangsdielen und Küchenfußböden meist mit Ziegelsteinen oder mit in Mustern verlegten Kieselsteinen gepflastert. Seltener fand sich schon in der Küche der in der Döns und in der Hochstube übliche helle Dielenfußboden, der zur Reinigung mit feinem weißen Sand bestreut und anschließend abgefegt wurde.

Schränke und Truhen aus Eichenholz blieben in der Regel unbemalt; bewegliches Mobiliar aus weichen Hölzern wie Fichte oder Kiefer ebenso wie Wandpaneele und wandfeste Schrank- und Alkoveneinbauten wurden fast immer mit Farbe gestrichen. In größeren Zeitabständen sorgte man mit einem neuen Anstrich für ein freundliches Aussehen der Innenräume; gleichzeitig diente die Farbe auch der Holzkonservierung. Zu Dunkelrot mischte man Öl mit Ochsenblut, für die anderen, im Lauf der Zeit wechselnden Farbmoden benutzte man käufliche Mineral- oder Pflanzenfarbstoffe zum Erzielen dunkelgrüner, lachsfarbener oder blauer Anstriche. War eine Farbe erst einmal angerührt, wurden im Regelfall alle im Innern und am Äußeren des Hauses befindlichen Holzteile, sichtbare Balken und Deckenbretter, das Mobiliar, wandfeste Einbauten, Paneele und Fensterrahmen mit dieser einen Farbe neu gestrichen.

Nur bei wohlhabenden Familien fanden sich besondere Einrichtungsgegenstände, so im 17. Jahrhundert aufwendige Truhen oder Schränke mit Bildschnitzereien, später auch mit intarsierten Schauflächen. Namhafte Holzschnitzer und künstlerisch begabte Tischler sind zumindest für Husum und Flensburg nachgewiesen. Später wurden Schränke und Truhen, manchmal auch Deckenbalken und Alkovenwände gerne mit gemalten Bildern oder gemaltem bzw. geschnitztem Rankenwerk versehen. Insbesondere aus der zweiten Hälfte des 18. Jahrhunderts sind zahlreiche Beispiele von derart talentierter „Laienmalerei" überliefert.

Niederländische Einflüsse machten sich in der nordfriesischen Wohnkultur schon früh bemerkbar. Vor allem weisen erhaltene repräsentative Möbelstücke auf entsprechende Vorbilder oder niederländische Herkunft hin. Walfänger und Seeleute der nordfriesischen Inseln waren in niederländischen Diensten, Niederländer kamen als Fachleute für den Deich- und Sielbau ins Land; sowohl Handelsbeziehungen als auch Familienbindungen gab es zwischen Nord-, Ost- und Westfriesland. Die Hausform des Eiderstedter Haubargs und die wandfest verbundenen Inneneinrichtungen folgten schon früh

Im Winterhalbjahr war der Platz neben dem Bilegger-Ofen der beste Aufenthalt. Das – heute verschollene – Ölgemälde „Die neunzigjährige Spinnerin“ schuf Carl Ludwig Jessen 1866.

Eines der „blauen" Stubenbilder des „Friesenmalers" Carl Ludwig Jessen aus dem Jahr 1892 zeigt das typische Inventar sowie die Hausfrau in Bökingharder Tracht und ein Hündchen. Jessen malte solche Bilder auf Bestellung in verschiedenen Variationen auf der Grundlage von Erstausführungen oder Skizzen. Hier ist neben der Tür ein geschlossener Alkoven zu sehen, davor stehen zwei Stühle. Rechts ist die „Kattschur", die in die Innenräume integrierte Dachschräge, gut zu erkennen.

Auf der Diele eines Niederdeutschen Hallenhauses in Ostenfeld, Ölgemälde von Christian Carl Magnussen (1864). Die Diele mit dem Herdplatz diente als Küche, flankiert vom „Siddel“ mit Alkoven und Sitzplätzen. Die Wohnbereiche waren weder voneinander noch vom Stall räumlich getrennt.

Die Wandbetten (Alkoven) im Museum Kapitän-Tadsen-Haus auf Hallig Langeneß befinden sich an ihrer ursprünglichen Stelle in der Wohnstube. Die offene Form mit Vorhang war ebenso üblich wie die geschlossene mit Türen.

Wiege aus der zweiten Hälfte des 18. Jahrhunderts von der Insel Föhr. Die Bemalung mit sechs Bildfeldern nach einem Sinnspruch ist typisch für die weit verbreitete nordfriesische Laienmalerei dieser Zeit.

niederländischen Vorbildern. Die ländlichen Formen der Möbel und des Innenausbaus spiegelten in Nordfriesland bis in das 19. Jahrhundert – in teils vereinfachter und abgewandelter Gestalt – zahlreiche Elemente der niederländisch-bürgerlichen Stilepochen von der Renaissance bis zum Rokoko wider.

Den größten Einfluß auf die Ausgestaltung nordfriesischer Wohnräume hatten jedoch die von etwa 1700 bis 1850 massenhaft importierten holländischen und westfriesischen Wandfliesen. Jeder Hausbesitzer, der es sich leisten konnte, versah zumindest die Fensterwand einer Wohnstube mit Bildfliesen; mitunter wurden auch sämtliche Stubenwände mit Ausnahme der Alkovenwand damit ausgestattet. Neben ihrer Funktion als Schmuck war die Wandfliese – im Gegensatz zu Anstrichen oder Tapeten – auf Dauer haltbar und gut zu reinigen sowie insbesondere dazu geeignet, die grundsätzliche Feuchtigkeit des Außenmauerwerks vom Innenraum fernzuhalten.

Die nostalgisch berührende „Gemütlichkeit" des Friesenhauses hat ihren Ursprung eher in den funktionalen Gegebenheiten und der sinnfälligen Übernahme niederländischer Vorbilder. Typisch nordfriesisch ist jedoch die Kombination verschiedener Elemente in der Anpassung an die jeweilige traditionelle Hausform. Niedrige Decken im Ständerhaus der Inseln und Halligen mit der in den Räumen sichtbaren Schräge (Kattschur) des Daches, farbige, aber keineswegs immer „friesenblau" gestrichene Alkoven, Wandschränke und -paneele, mit Fliesen ausgeschmückte Wände und relativ kleine, nach außen hin zu öffnende Sprossenfenster sind – wie die vielfache Liebe zu besonderen Schmuckformen im Detail, so beispielsweise an Haustüren – die bestimmenden Elemente alter nordfriesischer Wohnkultur. Nicht immer gelungen, aber doch von dieser Tradition beeinflußt ist so mancherlei, was im heutigen Bau- und Möbelangebot Bezug auf typisch „Nordfriesisches" nimmt.

Oben: In wohlhabenden Familien waren im 17. Jahrhundert importierte niederländische Möbel beliebt. Solche Schränke, hier auf einer Skizze von Carl Ludwig Jessen, überdauerten viele Generationen.

Links: Blick in die Stube eines Halligauses auf Langeneß um 1925.

Niederländische Fliesen in nordfriesischen Häusern

Gerd Kühnast

Die Seefahrt vor allem war es, die den Nordfriesen den Blick auf andere Länder und Kulturkreise öffnete. Dabei spielten die schon länger bestehenden wirtschaftlichen Beziehungen zu den Niederlanden eine wichtige Rolle, wenn die Nordfriesen im 17. und 18. Jahrhundert in großer Zahl auf niederländischen Schiffen anheuerten. Nicht wenige brachten es auf diese Weise zu einem gewissen Wohlstand, der sich in ihrer aus jenen Zeiten überlieferten Wohnkultur widerspiegelt. Besonders die in zahlreichen Häusern auf Inseln, Halligen und auch in weiten Küstenstrichen mit niederländischen Wandfliesen bekleideten Stubenwände, oft in Verbindung mit Holzpaneelen, wecken sogleich die Assoziation „Holland".

Um 1510 war die Kunst der Fayencetechnik aus dem Mittelmeerraum mit italienischen Töpfern nach Antwerpen gelangt. Dort stellten sie neben Gebrauchsgeschirr Bodenfliesen in dieser Technik her. Sie trugen auf Tonplatten eine Schicht weiß brennender Zinnglasur auf und bemalten diese mit mehrfarbigen Motiven. Von der Mitte des 16. Jahrhunderts an wurden die Fayenceplatten nur noch als Wandfliesen benutzt. In den Niederlanden entstanden in der Folgezeit allenthalben solche Fayencemanufakturen.

Bis in die Zeit um 1600 herrschten ornamentale Motive auf den Fliesen vor. Danach traten mehr und mehr figürliche Darstellungen in den Vordergrund. Bis zur Mitte des 17. Jahrhunderts wurde unter dem Einfluß des blau-weißen chinesischen Porzellans der mehrfarbige durch den blauen Dekor auf weißem Grund fast vollständig verdrängt.

Die Ornamentfliesen besaßen meist große Eckmotive, aus denen sich mit den Nachbarfliesen in der Fläche ein eigenes Motiv ergab. Sie waren auf die Flächenwirkung der Ornamente hin angelegt. Solche Eckmotive wurden in wesentlich kleinerer Form noch bis in unsere Zeit auch auf den figürlich bemalten Fliesen verwendet.

In Nordfriesland sind niederländische Fliesen schon im ersten Viertel des 17. Jahrhunderts nachzuweisen, und zwar in dem 1621 von Niederländern erbauten Städtchen Friedrichstadt. Aber auch von der Hallig Hooge gibt es einen Hinweis auf diese frühe Zeit. Die ältesten in Nordfriesland erhaltenen Fliesen sind mit farbigen Darstellungen von Vögeln und Blumen bemalt.

Allgemein lassen sich die Motive der figürlich dekorierten Fliesen in mehrere große Gruppen einteilen: Blumenvasen, Landschaften, Bibelmotive, Blumen, Hirten und Tiere. Daneben gibt es Ornamentfliesen in großer Vielfalt. Eine besondere Rolle spielen Tableaus, aus mehreren Fliesen zusammengesetzte Fliesenbilder mit jeweils einer größeren figürlichen Darstellung, die in Fliesenwände eingepaßt wurden.

In wenigen Fällen gibt es Belege dafür, daß Fliesen von den Seefahrern auf der Heimfahrt aus den Niederlanden mitgenommen wurden. Das trifft wohl am ehesten auf die Kapitänshäuser auf Inseln und Halligen zu. Die Seefahrer ließen sich, meist in den westfriesischen Manufakturen der Küstenstädte Makkum und vor allem Harlingen, Schiffstableaus anfertigen, die nicht selten ihre eigenen Schiffe abbildeten.

Das bekannteste ist das Schiffstableau im Königspesel auf der Hooger Hanswarft. Es zeigt das Bootsschiff „D: Anna Maria", das der Hooger Kapitän Tade Hans Bandix von 1761 bis 1773 befehligte. Links daneben ließ er ein zweites Bootsschiff auf die Fliesen malen, das er von 1756 an geführt hatte: die „Cornelia en Maria", die 1760 mit einer Ladung Holz bei Landskrona an der schwedischen Küste strandete. Die Schiffsszenerie ist von einer Rokoko-Kartusche eingerahmt, die mit der Beschriftung *„Verloren op Sweden"* auf das Schicksal des verunglückten Schiffes hinweist und mit der Jahreszahl 1766 das Herstellungsjahr des Tableaus nennt. In einem von zwei Posaunenengeln gehaltenen Blumenkranz steht: *„Tot hiertoe heeft ons den Heer gehol-*

Das Fliesentableau in einem Amrumer Haus mit der Darstellung einer Walfangszene wurde wahrscheinlich in Harlingen im zweiten Viertel des 18. Jahrhunderts hergestellt. Die umgebenden Fliesen aus dem 19. Jahrhundert weisen darauf hin, daß das Bild einmal an einem anderen Platz eingebaut war.

Der reich ausgestattete „Königspesel" im Haus des Kapitäns Tade Hans Bandix (1724–1808) auf der Hallig Hooge ist ein Beispiel für den starken Einfluß der niederländischen Wohnkultur auf Nordfriesland. Das prächtige Schiffstableau wurde in Harlingen in Auftrag gegeben.

Das Müllerhaus im Desmercièreskoog, um 1770 erbaut, besitzt einen mit Ornamentfliesen des Dekors *rozester* (Sonne, Mond und Sterne) ausgestatteten Pesel. Die Fliesen stammen aus Makkum, das später eingebaute Fliesentableau mit der Mühle über dem Bilegger aus Harlingen.

Die ältesten für Nordfriesland nachgewiesenen Fliesen wurden im 1621 gegründeten Friedrichstadt gefunden. Sie zeigen bunte Vögel, den beliebten Dekor jener Periode (links). Die folgenden vier Landschaften im Achteck mit Viertelrosette befinden sich in der Gaststube eines Hotels in Bredstedt. Der ungewöhnliche Fliesentyp (Mitte) ist nur aus diesem Haus bekannt. Im Achteck sieht man eine blaue Landschaft, der Hintergrund des Bildes ist manganbraun ausgefüllt. Die Fliesen sind im dritten Viertel des 18. Jahrhunderts in Harlingen hergestellt worden. Da die alten Fliesen für den großen Gastraum im 1886 errichteten Neubau nicht reichten, wurden neue Fliesen bei der Manufaktur Tjallingii in Harlingen bestellt, die jedoch nur in einer Farbe bemalt sind (rechts).

pen" (Bis hierher hat uns der Herr geholfen), ein Bibelwort aus dem 1. Buch Samuel. Die Namen Tade Hans Bandix und Stienke Tadens finden sich rechts und links in den Rocaillen. Das Bild schuf der friesische Fliesenmaler Pals Karsten (1723–nach 1775), von dem es allein in nordfriesischen Häusern eine ganze Reihe prächtiger Schiffstableaus gab.

Bereits im 18. Jahrhundert wurden die meisten Fliesen auf dem Schiffsweg nach Hamburg gebracht und von dort durch Fliesenhändler weiterverkauft. Auf diesem Wege ist der größte Teil der niederländischen Fliesen in die Region der schleswig-holsteinischen und jütischen Westküste gelangt.

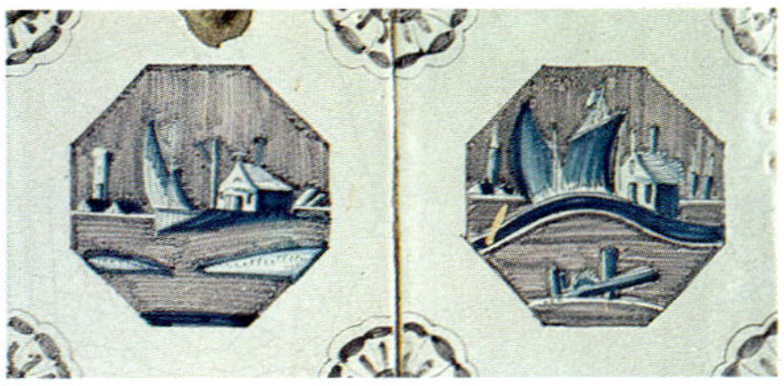

Aufschlußreich ist die unterschiedliche Verwendung der niederländischen Fliesen in ihrem Herkunftsland und in Nordfriesland. Einige Beispiele machen das deutlich.

In den niederländischen Häusern gab es im Wohnbereich in der Regel ebenerdige, offene Kamine. Ursprünglich ruhte der Rauchfang seitlich auf steinernen Sockeln in unterschiedlicher Ausführung. Diese Stützen wurden im Laufe der Zeit durch eine neue Rauchfangkonstruktion entbehrlich. Daran erinnern die auf Fliesen gemalten, mit rankenden Pflanzen, Vögeln und Putten (Kupidos) verzierten barocken Säulen, sogenannte Pilaren. Sie wurden in den Fliesenwänden dort angebracht, wo sich zuvor die steinernen Sokkel befunden hatten. In Nordfriesland wurden die Pilaren, die in der Regel mit 13 übereinanderstehenden Fliesen an den Rauchfang heranreichten, oft links und rechts neben den eisernen Kastenofen, den Bilegger, gesetzt. Diese Anordnung ähnelte zwar noch der niederländischen Verwendung, war jedoch ihres ursprünglichen Sinnes entblößt. In vielen Fällen war der Bezug dieser Fliesen zum Kamin in Nordfriesland nicht bekannt, so daß man sie zum Beispiel links und rechts neben die Türlaibung setzte.

Das in Nordfriesland unter dem Namen „Sonne, Mond und Sterne" bekannte, in ganzen Wandflächen verwendete Dekor *rozester* (Rosenstern) wurde in den Niederlanden fast nur in Vichreranordnung und in Verbindung mit diagonal geteilten blauweißen Fliesen („Waisen"/ *wezen*) zu „Friesensternen" zusammengefügt und zur Unterbrechung weißer Fliesenflächen verwendet. Ganz ungewöhnlich ist die Verwendung der „Waisen" in einem nordfriesischen Haus am Geestrand der Gemeinde Bordelum, wo die zu Rhomben zusammengefügten Fliesen alle vier Wände der Döns zieren. In Friedrichstadt gibt es eine Verwendung in Schrägstreifen. In den Niederlanden dagegen wurden sie immer nur als Borte oder für den Friesenstern benutzt.

Das beliebte und häufig verwendete Motiv *kleine bloem* – Streublume – in den Farben Blau oder Manganbraun fand in den Niederlanden fast immer im Wechsel mit weißen Fliesen Verwendung. In Friedrichstadt gibt es wiederum eine Anordnung in Schrägstreifen, in Nordfriesland wurden diese Fliesen nur ganzflächig angebracht.

Weißgeflieste Wände sind in Nordfriesland ganz selten. Ein solches Beispiel gab es bis 1970 in einem Haubarg in Kotzenbüll. Die weißen Fliesen wurden in einer ganzen Reihe verschiedener Farbnuancen hergestellt, die man gemischt verwendete, um der Eintönigkeit einer solchen Fläche entgegenzuwirken. In den Jahren 1860 bis 1870 waren nach den Unterlagen der Manufaktur Tichelaar knapp 40 Prozent aller hergestellten Fliesen weiß. Es ist bislang ungeklärt, wo die in großer Zahl nach Norddeutschland verkauften weißen Fliesen geblieben sind.

Mehr als die Hälfte der in Makkum gebrannten Fliesen wurde nach Hamburg und von dort auch nach Nordfriesland verkauft.

Nach dem Ersten Weltkrieg ging die Zeit der niederländischen Fliesen in Nordfriesland zu Ende. Selbst in den Niederlanden gerieten sie mehr und mehr zum Andenkenartikel. Historische Fliesen wurden zu begehrten Sammlerstücken.

Ein großer Teil der mit Fliesen ausgestatteten Räume ist bedauerlicherweise in den letzten Jahrzehnten Modernisierungen, Abbrüchen und Umbauten zum Opfer gefallen. Mit ihnen ging ein bedeutendes Stück nordfriesischer Kulturgeschichte verloren.

Geradezu einen Kahlschlag gab es auf den nordfriesischen Halligen, als zu Beginn der sechziger Jahre ein staatliches Halligsanierungsprogramm den Halligleuten zeitgemäßes Wohnen, verbunden mit der Errichtung von Schutzräumen gegen die Gefährdung durch Sturmfluten, ermöglichen sollte. Da die Verwirklichung des Programms in den meisten Fällen nur mit dem Neubau von Hallighäusern realisierbar schien, wurde ein Großteil der historischen Gebäude niedergerissen. Nur hier und da blieben die alten Gebäude erhalten und mit ihnen geflieste Räume, die fast ausschließlich aus dem 18. und 19. Jahrhundert stammen.

Aber auch auf dem Festland wurden die meisten der noch erhaltenen Fliesenräume bei Modernisierungen und Umbauten zerstört. Dazu trug auch der Antiquitätenhandel bei, der in den siebziger Jahren verlockend hohe Preise für Wandfliesen zahlte. Der Versuchung widerstanden viele Eigentümer historischer Gebäude nicht. Um so höher ist es zu schätzen, wenn doch vielfach der Wille, die ererbte Wohnkultur zu erhalten, Schlimmeres verhinderte. So zeugen trotz der großen Verluste eine Reihe schöner Fliesenräume in alten Häusern auf Inseln und Halligen wie auf dem Festland von den lange währenden engen Beziehungen zu den Niederlanden.

Die Fayencemode, die im 18. Jahrhundert einen Höhepunkt in ganz Europa erlebte, veranlaßte die Herrscher in vielen kleinen und großen Staaten dazu, die Einrichtung von Fayencemanufakturen zu befördern. Bekannt sind in Schleswig-Holstein die Manufakturen in Schleswig, Eckernförde, Stockelsdorf, Altona und Kellinghusen.

Nur die Manufakturen in Kellinghusen stellten Fliesen in nennenswerten Stückzahlen her. Auf der nordfriesischen Geest gab es einige Häuser mit Wandfliesen aus Kellinghusen. Machart und Dekor lehnten sich an die niederländischen Vorbilder an. Aber die Motive wurden nicht mit einer Schablone auf die Zinnglasur übertragen, sondern freihändig ohne Vorzeichnung aufgemalt. Sie sind daher sehr viel abwechslungsreicher in der Darstellung. Diese Fliesen wurden in den letzten drei Jahrzehnten leider ausnahmslos ausgebaut und verkauft.

Die Makkumer Fliese *kleine blom in't achtkant* – Kleine Blume im Achteck – ist einzig im 1790 erbauten Süderhof im Sophien-Magdalenen-Koog nachgewiesen worden (links). Zwei einfache Bibelfliesen mit geschwämmelten Bäumen und einem Ochsenkopf als Eckmotiv in Blau, sogenannte *basterde stories*, stammen aus dem Haus des Kapitäns Paul Ingwersen, der für die Niederländisch Ostindische Kompanie gefahren war und sich einen Alterssitz in Westlangenhorn erbauen ließ. Nach seinem Tod wurde das Haus 1805 in den 1789 eingedeichten Reußenkoog umgesetzt und schließlich 1969 abgebrochen. Die Fliesen wurden verkauft (Mitte). Das rechte Fliesenpaar stellte eine Manufaktur im holsteinischen Kellinghusen im 19. Jahrhundert her. Auf der nordfriesischen Geest gab es einige Häuser, in denen diese frei bemalten Fliesen eingebaut waren.

Heimatschutzarchitektur in Nordfriesland

Hans-Günther Andresen

Nordfriesland ist mit seinen Inseln und Halligen nicht nur eine bevorzugte Landschaft der Maler, sondern auch ein nordelbisches Pionierland der Baupflege – zumal im nördlichen Teil, der einst zum Kreis Tondern gehörte. Bildhaft steht dafür das als Wahrzeichen berühmte „Friesenhaus", das sich heute gewissermaßen als „immobiler" Wertbegriff für gediegen-„rustikales" Wohnen auf dem Lande verselbständigt hat – auch am Stadtrand und weit entfernt von Friesland. Zum Ende des 19. Jahrhunderts faszinierte es neben Dünen und Deichen die Maler als stimmungsvolles, farbkräftiges Motiv. Das Friesenhaus mit seinen ungeteilten Reetdächern über niedrigen weißen oder roten Wänden erschien ihnen wie eine beinahe naturhafte Fortsetzung von Grundzügen der Landschaft – die künstlerische Wiederentdeckung des Einfachen. Nach den Malern leisteten bald die Fotografen – wie Theodor Möller oder Gustav Wieding – mit ihren Aufnahmen altüberlieferter Bau-, Wohn- und Lebenskultur entscheidende Vorarbeiten für die spätere Praxis von Heimatschutz und Baupflege. Nach 1900 schließlich erhoben auch „Reform"-Architekten und Baupfleger das Friesenhaus zum Leitbild für eine neue landschaftsgerechte Baukultur von zeitlos würdiger Einfachheit, in der sich Poesie und Sachlichkeit, Geschichte und Zeitlosigkeit vorbildhaft zu vereinen schienen.

Doch schon unmittelbar vor 1900, zum Ende einer Epoche, die in den aufblühenden nordfriesischen Seebädern viele häßliche Anzeichen baulichen Wildwuchses, wie Teerpappdach- und Drempelhäuser, hervorgebracht hatte, entstand hier fast gleichzeitig auch ein Musterbeispiel neuer Architektur: das Nordsee-Sanatorium („Kurhof") am Strand von Wyk auf Föhr, erbaut 1898 bis 1906 von dem jungen Münchner Jugendstilkünstler August Endell (1871–1925). Zwar wurde nichts „Friesisches" zitiert, dafür fügten sich aber die Neubauten mit ihren leuchtenden Farben gut in das überlieferte Kolorit heimischer Architektur ein: helles Ziegelrot der sonst fast schmucklosen Wände, Kupfergrün der volumenhaltigen Dächer, Weiß der Fenster und Türen. So stand Endells Sanatorium wie ein gebauter Protest gegen die Schablonen ortlos-gründerzeitlicher „Stil"-Architektur nicht fremd, nur eigenwillig in föhringischer Landschaft – sehr weit entfernt etwa von jenem steifen, standardisierten Hotelkasten, der 1894 in Kampen als Kurhaus erbaut worden war.

Ungleich besser fügte sich da das von Ludwig Voigt 1903 für den Leipziger Verleger und Schriftsteller Ferdinand Avenarius (1856–1923) erbaute Haus „Uhlenkamp" in die Kampener Dünen- und Heidelandschaft. Der Bauherr, Gründer des „Dürerbundes" und Herausgeber der Zeitschrift „Kunstwart", war dem Friesischen näher als damals die Sylter selbst und seit langem mit der Insel vertraut. Er ermutigte den Architekten, an diesem gleichsam programmatischen Privatbau wieder einen erkennbar friesischen Ton anzuschlagen. Damit entstand ein „Urmuster" der Prominenten- und Künstlerhäuser, die in den zwanziger und dreißiger Jahren des 20. Jahrhunderts mehr oder minder baupflegegerecht „neufriesisch" auf der Insel errichtet wurden, viele nach Entwürfen des Hamburger Landhausarchitekten Walter Baedeker. 1903 erging der reichsweite Aufruf zur Gründung eines deutschen Bundes für Heimatschutz, der ideengeschichtlich ein geistiges Kind der allgemeinen Kultur- und Lebensreformbewegung um 1900 war. 1908 wurde der Schleswig-Holsteinische Landesverein für Heimatschutz aus der Taufe gehoben, und am 17. November desselben Jahres gründete sich der Verein „Baupflege Kreis Tondern e. V." auf Initiative des Königlichen Landrats Friedrich Rogge (1867–1932), der den im Norden bald berühmten Baupflegeverein energisch führte.

Genauer besehen reichen die Ursprünge der „Tonderner Baupflege", die das Baubild in diesem Marschen- und

Küstenkreis entscheidend bestimmen sollte, bis 1905 zurück. Denn im Wettbewerb für das neue Kreishaus in Tondern, damals die vornehmste Bauaufgabe und wie berufen, vorbildlich ins flache Land auszustrahlen, wurde hierzulande erstmals ausdrücklich die freie „Anlehnung an die heimische Bauweise" zur Auflage erhoben. Wettbewerbssieger waren die im aktuellen Backsteinbau ausgewiesenen Berliner Architekten August Dinklage (geb. 1849), Ernst Paulus (geb. 1868) und Olaf Lilloe (geb. 1872). Der volldurchfensterte Erker führt die Alt-Tonderaner Tradition der behaglichen Utlucht wieder ein. Neu war der Mut zu flächenhaften, ungeteilten Backsteinwänden, in denen die weißgesproßten Fenster nach heimischer Tradition bündig liegen. Damit war der neue Ton einer heimatverbundenen und zugleich zeitgerechten Architektur auch an der Westküste angeschlagen, der „regionale Dialekt", der nun für Amts-, Schul- und Funktionsbauten, für Pastorate, Gasthäuser, Geschäftsbauten und Bauernhöfe, endlich auch für die Wohnhäuser in der Stadt wie auf dem Dorfe gelten sollte.

Der junge Hamburger Architekt Heinrich Bomhoff (1878–1949), aus Westerland gebürtig, formte aus diesem Vorbild unmittelbar darauf eine Art Idealentwurf neuer friesischer Bäderarchitektur: die „Weinstube Max Nissen" in Westerland, die in eklatantem Kontrast zur eher kulissenhaften Umgebung der älteren Bäderarchitektur stand. Bomhoff, der zu einem der bevorzugten Architekten in Nordfriesland wurde, hatte schon 1907/08 die neue Kirche in Westerland gebaut. An ihr rühmte man die „große Geschlossenheit in der Formung der Baumasse", die alle gewohnte neugotische Kleinteiligkeit und die Schemata des Kirchenbaus des 19. Jahrhunderts abstreifte.

Bomhoff war es auch, der 1907/08 einen der großen Vorzeigebauten früher Heimatschutzarchitektur an der Westküste errichten konnte: das Warmbadehaus in Westerland. Dem jungen Architekten gelang ein Bau, der ganz ungezwungen und auf neue Weise einen friesischen Charakter bekundete, ohne der Heimattümelei zu verfallen.

So waren zu der Zeit, in der sich die Baupflege organisierte, auch im Nordfriesischen schon einige Präge- und Beispielbauten entstanden. In diese Reihe gehört auch das kleine „Friesenmuseum" in

Haus „Uhlenkamp" in Kampen auf Sylt, erbaut 1903 von Ludwig Voigt für Ferdinand Avenarius, wurde 1968 abgebrochen. Die zweigeschossige Hofseite war mit einer für friesische Häuser untypischen Galerie versehen, während sich die eingeschossige Eingangsseite weit überzeugender als „typisch friesisches" Reetdachhaus hinter landesüblicher Einfriedung präsentierte. Die Hofseite läßt den Raumbedarf und den Komfortanspruch dieses großbürgerlichen Sommerhauses erkennen.

Friedrich Rogge war Königlicher Landrat in Tondern (1904–1914), Gründer und Vorsitzender des Vereins „Baupflege Kreis Tondern“ und nach dem Ersten Weltkrieg Vorsteher der Schleswig-Holsteinischen Elektrizitätsversorgungs AG (Schleswag).

Oben rechts: Die „Altfriesische Weinstube Max Nissen“ in Westerland wurde 1907/08 von Heinrich Bomhoff erbaut. Sie steht in deutlichem Kontrast zu der im Hintergrund emporragenden, kulissenhaft wirkenden Bäderarchitektur.

Das ehemalige Tonderner Kreishaus liegt dem einstigen Schloß gegenüber, das heute ein Museum beherbergt. Malerische Anspielungen auf das alte Schloß, die der Bauherr nahelegte, sind noch erkennbar, ganz neu hingegen war 1905/07 der Mut zu flächenhaften ungeteilten Backsteinwänden, in denen die weißgesproßten Fenster bündig liegen.

Das Warmbadehaus in Westerland/Sylt, erbaut 1907/08 von Heinrich Bomhoff, wurde 1981 abgebrochen. Neu war hier neben den frischen Baufarben der Mut zu mächtigen ungeteilten Dächern. Der hochbreite Giebel ließ wie absichtslos die Erinnerung an das „typisch friesische“ Giebelhaus wiederaufleben, gesteigert und aktualisiert.

Das Pastorat auf der Kirchwarft der Hallig Hooge wurde 1907/08 als staatlich geförderter „Musterbau" neuer heimischer Architektur erbaut.

Wyk, das Bomhoff 1907/08 für den Gründer Dr. Carl Haeberlin (1870–1954) baute – ein fast intimer Bau, der sich zwanglos in die föhringische Haustradition einfügt. Mit seinem weich modellierten Reetdachkörper erscheint es als eine Art gebaute Fortsetzung von Formen der Landschaft, ganz wie es den Idealforderungen des Heimatschutzes entsprach. In die Zeit fällt auch der im Kreis Husum vorbildhaft wirkende Neubau des Pastorats auf Hallig Hooge, warfthoch neben der kleinen Kirche gelegen, betont schlicht unter hochgreifendem Reetdach, aber leuchtend in den hiesigen Baufarben mit grüner Giebelverschalung über roter Wand. Nicht von ungefähr wurde ein Bericht über diesen staatlich geförderten Bau von 1907/08 im amtlichen „Zentralblatt der Bauverwaltung" 1909 publiziert, denn das öffentliche Interesse, eine „Verunstaltung" der besonders empfindlichen Bau- und Landschaftssituation auf der Hallig zu verhindern, war zu diesem Zeitpunkt schon spürbar gewachsen.

Ein beherrschendes Thema im Tonderner Baupflegeverein war die Rettung des landschaftsprägenden Reetdachs. Groß war die Sorge, es könnte gegen die Übermacht der „brutalen, unsere Landschaft verderbenden Blech- und Pappbauten" am Ende völlig unterliegen, wie etwa Carl Voß (1850–1934), der Kieler Vertrauensarchitekt der Baupflege, 1909 in einem Vortrag klagte. Wirkliche Abhilfe war nur möglich, wenn es gelang, die Brandkassen davon zu überzeugen, daß Reetdächer kein untragbares Brandrisiko bedeuten müssen. Man propagierte das feuersichere imprägnierte „Gernentzdach", benannt nach seinem Erfinder. Nach einer überzeugenden Brandprobe, die 1910 in Tondern nach dem Vorbild einer ähnlichen Worpsweder Veranstaltung abgehalten wurde, fanden sich 1910 zahlreiche Bauherren bereit, ihre Häuser weich zu dekken und auf Teerpappe, Schiefer, Zinkblech oder Zementsteine zu verzichten. Sogar Dorfschulen, wie in Goting und Nebel, wurden nun wieder mit Reetdächern gebaut.

Im Kreis Husum oder in Eiderstedt waren beispielhafte Heimatschutzbauten zu dieser Zeit dünner gesät als im Kreis Tondern. So galt der Husumer „Staatsbahnhof" von 1910 als sichtbarer Architekturfortschritt, der als Tor zu den Marschen und Inseln eine besonders weittragende Fernwirkung für die architektonische Reform habe. Das jüngere Reform-Gegenstück dazu sollte 1927 der neue Westerländer Bahnhof werden, rechtzeitig

Friesenhaus-Giebel in Morsum auf Sylt – aus den „Vorlagenblättern" der Tonderner Baupflege.

Der „Gläserkrug" (Petershof) bei Leck, hier die Südansicht mit seitlicher Durchfahrt, wurde 1909 erbaut. Das Wohn- und Gasthaus wurde mit Ziegeln, der lange Stalltrakt mit Reet eingedeckt. Die Stirngiebel am Stalltrakt zieren ausgeweißte paarige Rundbogenblenden nach dem Vorbild des berühmten altfriesischen „Hauses Hansen" aus Klockries, das heute im Schleswig-Holsteinischen Freilichtmuseum in Molfsee steht.

zur Eröffnung des Hindenburgdamms fertiggestellt. Unter den öffentlichen Bauten sollte dem Husumer Bahnhof freilich schon 1913 die vorzügliche Mittelschule in der Kleinstadt Bredstedt den baukünstlerischen Rang ablaufen. Den Entwurf lieferte der bekannte Neumünsteraner Privatarchitekt Hans Roß (1873–1922).

1910 baute Heinrich Bomhoff in Husum das behaglich-noble Haus „Gehlsen" in der Adolf-Menge-Straße, ein Landhaus in der Stadt. Idealtypische Heimatschutzarchitektur – helle Traufgesimse, weißgesproßte Fenster in roter Wand und Erker unter hohem Steildach – ließ die benachbarten Bürgervillen mit einem Male recht alt aussehen. Ein Landhaus als Künstlerheim ließ sich 1913/14 der bedeutende Maler und Radierer Ingwer Paulsen (1883–1943) vom Kieler Heimatschutzarchitekten Ernst Prinz in der Einsamkeit von Halebüll bei Schobüll bauen. Weniger friesisch gab sich 1913 der neue Kirchspielkrug „Möllgard" in Breklum, der mit seinen anspruchsvollen Volutengiebeln eher auf die Traditionen des nordelbischen Backsteinbarock verwies. Vorbildlich für die Baupflege wirkten auch der „Gläserkrug" (1909) in Leck und der Gasthof „Friesenheim" (1910) in Holm. Gerade der „Gläserkrug" unter Ziegel- und Reetdächern war so etwas wie ein Modellentwurf für neufriesische ländliche Anwesen, so für den Hof „Düttgebüll" (1911) nach dem Entwurf des jungen, bald erfolgreichen Architekten Georg Rieve (1888–1966) aus Tating in Eiderstedt.

Es waren vielfach Architekten der Kieler Bauberatungsstelle des Landesvereins für Heimatschutz, die in diesen Jahren beispielhafte Pläne für neue landschaftsgerechte Bauernhöfe im Kreis Husum wie in Eiderstedt entwarfen, so etwa Stadtbaudirektor Köhle, Ernst Prinz (1878–1974), Hans Schnittger (1873–1934) und Heinrich Stav (1882–1960). In die baugestalterische Obhut dieser Kieler Heimatschutzarchitekten war auch die Wiederherstellung von Schwabstedt gegeben, nachdem ein Großbrand dort 1910 eine ganze Straße mit 16 Häusern zerstört hatte. Alle Bauherren einigten sich auf leuchtendrote Ziegeldächer, so daß der landschaftlich begünstigte Ort am Ufer der Treene seine historische altdörfliche Identität wiedergewann – in neuer Qualität. Ein ähnlicher Fall sollte 1925 in Norddorf auf Amrum eintreten, als nach einem Brand ein ganzer Ortsteil wiederaufzubauen war. Der Sylter Architekt Karl Christiansen gab den pfannengedeckten Neubauten, meist Fremdenpensionen, einen unaufdringlich friesischen Charakter.

Kontinuität bestimmt das Baugeschehen in der Region. Auch der neue deutsch-dänische Grenzverlauf an der Wiedau nach der Abstimmung von 1920 brachte hier kaum eine Zäsur. Mitte der zwanziger Jahre machten sich auf deutscher Seite die Einflüsse des aktuellen Klinkerexpressionismus stärker bemerkbar. Davon zeugen die vielen neuen Schulbauten, die der preußische Staat gezielt in den Grenzkreisen errichten ließ, um der erfolgreichen dänischen Kulturarbeit mit vorbildhafter Architektur besser Paroli bieten zu können. In rascher Folge entstanden Volksschulen und Turnhallen unter anderem in Aventoft, Westre, Ladelund oder Süderlügum. Die meist von Regierungsbaurat Wilhelm Oelker aus Flensburg entworfenen Gebäude wurden sämtlich mit Tonpfannen gedeckt. Turnhallen, wie in Leck, Aventoft oder Lindholm, wurden im Sinne der ganzheitlichen Pädagogik dieser Zeit zugleich als Fest- und Bühnensäle ausgestattet – die Schule als ländliches „Volkshaus". Eine Art Volkshaus war auch die neue, 1922/23 von Lauritz Thaysen (1880–1974) erbaute Heimvolkshochschule in Leck. Sie ver-

körperte in etwas sachlicherer Form die Kontinuität zur „alten" Heimvolkshochschule in Tingleff, die 1908 von Dinklage und Paulus als eine Art Prototyp für diese „landschaftsgebundene" Bauaufgabe errichtet worden war. In solcher Kontinuität stehen auch die charaktergleichen „Heim"-Bauten, die der Hamburger Architekt Franz Wienke 1925/26 für das Jugendferienheim „Puan Klent" in den Sylter Dünen baute.

Eine umfangreiche Gestaltungsaufgabe und gute Bewährungsprobe für die Vitalität neuer heimischer Backstein-Baukultur bot sich in Niebüll, das nach 1920 unversehens zum Kreissitz von Südtondern aufstieg. Bruchlos und im Gleichklang mit den traditionellen Baufarben gelang der Wechsel vom Maßstab eines Dorfes zu dem einer Kleinstadt. Das begann 1922 mit der solid-behaglichen Landwirtschaftsschule des einheimischen Architekten Friedrich Ströh und setzte sich fort in den vielen vorzüglichen Wohnhäusern, gleich ob unter Krüppelwalm- oder steileren Satteldächern. Den architektonischen Höhepunkt setzte der ausgreifende rote Ziegelbau-Komplex der Friedrich-Paulsen-Schule, den Regierungsbaurat Hubert Lütcke 1923/25 als Aufbau- und Realschule schuf und der später als Gymnasium diente. Einen kommunalen Kontrapunkt bildete das 1927/28 von Ströh erbaute Rathaus, das heute als Richard-Haizmann-Museum der bildenden Kunst Obdach gibt.

Hilfreich bei alledem war der neugegründete Verein „Baupflege Kreis Südtondern", der dank Kreisbaumeister Karstens einen positiven Einfluß auf die Bautätigkeit südlich der Wiedau ausübte. In einer Art Vorlagenmappe stellte er um 1930/31 „Bemerkenswerte Bauten aus den letzten Jahren sowie Typenentwürfe und Teilzeichnungen" zusammen. Dazu zählten unter anderem das in neubarocker Tradition stehende Wohnhaus Matthießen in der Nähe des Niebüller Bahnhofs, das breitstämmige Walmdachhaus der Tonderner Sparkasse in Niebüll und das hartgedeckte Wohn- und Wirtschaftsgebäude Dethlefsen in Neukirchen. Als Beispiele vorbildlicher Architektur wurden zumal öffentliche Bauten ins Bild gerückt, etwa das langgestreckte neue Kreiskrankenhaus in Niebüll von Guido Widmann (1881–1972), der 1930 auch den Anbau an Sparkasse und Rathaus in Bredstedt fügte, oder der expressionistisch aktivierte Ziegelbau des Reichsfinanzamts in Leck nach einem Entwurf von Regierungsbaurat Wilhelm Penners, der auch den Klinker-Ziegelbau des Katasteramts in Niebüll entwarf.

In Husum konnte man zu gleicher Zeit mit Genugtuung auf zwei öffentliche Bauten von gleich herausragender Qualität verweisen, die Wilhelm Penners (1880–1957) vom preußischen Hochbauamt Flensburg entwarf. Beide haben bis heute nichts von ihrer städtebaulichen Exponiertheit eingebüßt. So steht der

Oben: Die 1923 bis 1925 erbaute Friedrich-Paulsen-Schule in Niebüll stand noch in der jüngeren Tradition barock-festlicher „Schulschlösser", aktualisierte sie nur mit verhalten expressionistischen Formen. Klassisches und Expressionistisches verbinden sich in zeittypischer Weise in den loggienartigen Bogenportalen.

Unten: Für die kleine Stadt Bredstedt, deren Silhouette ohne Kirchturm blieb, war die neubarocke und verhalten festliche Mittelschule mit ihrem sehr hohen Walmdach, erbaut 1913 von Hans Roß, so etwas wie eine „Stadtkrone".

Das Husumer Finanzamt erbaute der Flensburger Regierungsbaurat Wilhelm Penners 1926 bis 1928 im Stil des Klinker-Expressionismus.

1926 bis 1928 errichtete Winkelbau des Finanzamts mit seinem südlichen Staffelgiebel, dessen Windlöcher an hansestädtische Gotik erinnern, in einem spannungsvollen Gegenüber zum eigenwilligen, von Jugendstil und Expressionismus geprägten Dreibogengiebel des 1933 bis 1937 entstandenen Nissenhauses von Georg Rieve. Der hochstämmige Rotziegelbau des Zollamts von 1928/29 mit seinem fernwirksam westwärts zum Deich gewendeten Großgiebel gewinnt im Verhältnis zur niedrigen Bebauung der altstädtischen Umgebung geradezu monumentales Gewicht.

Ein bedeutender Beitrag zur nordelbischen Heimatschutzarchitektur waren die Neubauten des Sönke-Nissen-Koogs – ein großes Werk, das seinerzeit von der preußischen Regierung „als einzig dastehend" gewürdigt wurde und das seine noch heute faszinierende Wirkung der baugestalterischen Fürsorge des Landesvereins für Heimatschutz verdankt. 1925, als an die Besiedlung des Koogs gedacht werden konnte, bat die Siedlergenossenschaft auf Veranlassung des Husumer Landrats den Landesverein für Heimatschutz in Kiel, die bauliche Gestaltung gesamtplanerisch zu betreuen.

Der Entwurfsauftrag erging an den Kieler Architekten Heinrich Stav, im landwirtschaftlichen Bauen längst ausgewiesen und im Technischen fast ein „Moderner". Hier sah er sich gezwungen, in einem wesentlichen Punkt die bekannten baugestalterischen Prinzipien des Heimatschutzes zu verleugnen und einer naturgegebenen Schwierigkeit noch einen bauästhetischen Gewinn abzutrotzen. Denn der neue Koogboden erschien noch nicht fest genug für massiv gebaute Scheunen unter entsprechenden Ziegeldächern. So blieb, auch aus Kostengründen, nichts anderes übrig, als Wände und Dächer der großen Wirtschaftsgebäude im Blechtafelbau zu errichten. Nur die meist seitlich gestellten Wohnhäuser traute man sich massiv zu bauen, bis auf die Dächer, die gleichfalls mit Blechpfannen belegt wurden. Jahrelang hatte der Heimatschutz gegen Teerpappdächer und Blechdachscheunen aus guten Gründen Stellung bezogen, hier nun konnte er sich den schieren Notwendigkeiten nicht verschließen. Aus der Hypothek erwuchs eine gestalterische Herausforderung, die der Architekt überzeugend bestand – er fand hier im Sönke-Nissen-Koog eine ebenso ästhetische wie zweckmäßige Lösung.

Authentische Heimatschutzarchitektur klang mit dem Ende der Weimarer Republik aus, abgesehen von jenen Dörfern und Ortsteilen, in denen entsprechende baupflegerische Ortssatzungen weiter das Reetdach verfügten. Was nach 1933 baulich entstand, geschah nun mehr und mehr, wenn auch nicht überall, unter den ideologisierten Vorzeichen von „Volkstum" oder „Stammesart". Die Architektur verlor so zunehmend die aktive Fühlung mit den zeitgemäßen Bauentwicklungen, der einstige Heimatschutz wich eher verallgemeinerten Formeln des „Nordmärkischen" oder des „Bodenständigen". Schon zu dieser Zeit begann der „Friesengiebel" zu einer landschaftsübergreifenden Metapher oder niederdeutschen Formel für Bodenständigkeit und Gemüthaftigkeit zu werden.

In der Wiederaufbauzeit nach dem Krieg, zumal in den sechziger und siebziger Jahren, war der alte Baupflegegedanke fast verschollen. Erst 1980, ungefähr zeitgleich mit dem 70. Jahrestag der Gründung der Tonderner Baupflege, lebte er wieder auf, in neuem Geist und unter dem Druck neuer Gefährdungen des landschaftscharakteristischen Baubestands. Die längst zu einer Institution gewordene „IGB", die Interessengemeinschaft Baupflege Nordfriesland, hat gewissermaßen das Erbe der alten Heimatschutzarbeit angetreten.

Die hellen Höfe unter grüngestrichenen Blechtafeldächern im Sönke-Nissen-Koog wurden seit 1926 nach Entwürfen des Kieler Architekten Heinrich Stav für den Schleswig-Holsteinischen Landesverein für Heimatschutz erbaut, der damals die baupflegerische Betreuung des großen Projekts übernommen hatte.

Biikebrennen, Boßeln und Rummelpott – Sitten und Brauchtum

Jakob Tholund

In abgelegenen Gebieten erhalten sich erfahrungsgemäß tradierte Sitten und tradiertes Brauchtum besonders lange. Das gilt etwa für bestimmte Alpentäler ebenso wie für die schwer zugängliche, gleichsam amphibische Landschaft Nordfrieslands. Allgemein kann man sagen: je peripherer die Lage einer Region, desto originärer ihre Lebensformen. Ralf Dahrendorf nennt die Umgangsformen der Menschen miteinander „Ligaturen". Diese Ligaturen bestimmen weitgehend die Atmosphäre in einer Gesellschaft. Sie sind so etwas wie die inneren Grundlagen von Sitten und Brauchtum. Die Menschen Nordfrieslands waren meist Bauern und – auf den Inseln – Seefahrer. Ihre Sitten und ihr Brauchtum sind von diesen Lebensformen geprägt.

Welche Ligaturen bestimmend sind, mag beispielhaft an der Insel Föhr verdeutlicht werden: Die friesische Sprache kennt keine Anrede mit „Sie". Früher wurden Erwachsene in der dritten Person angesprochen, heute durchgehend mit „Du". Darin spiegelt sich das Bild einer weitgehend egalitären Gesellschaft, wie sie insbesondere auf den Inseln und im Geestbereich zu finden war. So versammelte sich die gesamte Hausgemeinschaft zum Essen um *einen* Tisch, auch die Knechte und Mägde. Nur eine Personengruppe, der eine besondere Verehrung galt, die alten Frauen, wurde länger durch die Anrede in der dritten Person Singular herausgehoben und dadurch ausgezeichnet. Es war nicht üblich, jemandem bei der Begrüßung und beim Abschied die Hand zu geben, d. h. zeremonielle Verhaltensweisen spielten eine geringe Rolle, weil Hierarchien wenig ausdifferenziert waren und die Menschen sich ohnehin in der Regel persönlich kannten. So war es auch nicht gebräuchlich, zum Grüßen die Kopfbedeckung abzunehmen. Das tat man nur vor einem Toten und – in der Kirche – vor Gott. Solche Verhaltensweisen mögen dazu beigetragen haben, daß man die Nordfriesen allgemein als ein zurückhaltend-stolzes Volk empfindet.

Während die Sitten den täglichen Umgang der Menschen untereinander regeln, strukturiert das Brauchtum den Kreislauf des Jahres und das menschliche Leben. Gleichzeitig bietet es eine Überhöhung des Alltags und ist dadurch Element einer Sinngebung des Daseins. Für Nordfriesland ist wichtig, daß die Menschen in ihrem Selbstverständnis nicht regional, sondern lokal geprägt sind. So ist es nicht verwunderlich, daß es beim Brauchtum – ebenso wie bei der friesischen Sprache – erhebliche Unterschiede gibt.

Das Biikebrennen gilt heute allgemein als „Nationalbrauch" der Nordfriesen. Dazu muß man anmerken, daß die Biikefeuer zunächst nur auf den Inseln brannten. Erst im 20. Jahrhundert wurde dieser Brauch dann auch auf dem Festland wiederbelebt. Ein wirkliches Volksfest war das Biiken eigentlich nur auf Sylt. Nicht zufällig trägt das wichtigste Theaterstück in friesischer Sprache von Jap Peter Hansen den Titel „Di Söl'ring Pid'ersdei" (Der Sylter Petritag). Auf Föhr war dagegen das Biikebrennen über Generationen hinweg lediglich eine Angelegenheit der Schuljugend.

Das friesische Wort „Biike" ist verwandt mit dem deutschen Begriff „Bake". Biiken sind also Feuerzeichen. Man führt den Ursprung des Festes meist auf einen heidnischen Opferbrauch zurück. Sicher hat man das Biiken in die Reihe der Frühlingsfeuer einzuordnen. Als eine Legende ist die Auffassung einzustufen, daß die Biikefeuer als Abschiedsgrüße an die Seefahrer zu betrachten seien, die um diese Jahreszeit die Nordfriesischen Inseln verließen, um auf Walfang ins nördliche Eismeer zu gehen.

Entzündet werden die Biikefeuer am 21. Februar, dem Tag vor Petri Stuhlfeier, deshalb auch die friesische Bezeichnung „Piadersdai". Auf Föhr wird im Westen der Insel in der Biike auch eine Puppe verbrannt, die den Winter symbolisieren soll und „Piader" genannt wird.

Am 21. Februar brennen überall in Nordfriesland Biikefeuer. Der Brauch, ursprünglich wohl einmal ein Frühlingsfeuer, bestärkt heute die Nordfriesen im Gefühl einer eigenen Identität.

Im Süden Nordfrieslands, vor allem auf der Halbinsel Eiderstedt, findet sich die nördliche Hochburg einer besonderen regionalen Sportart, des Boßelns. Man kennt diesen Sport auch in Ostfriesland – dort spricht man von Klootschießen –, in den friesischen Niederlanden und in Irland. Höhepunkte sind jeweils internationale Treffen, bei denen dann auch Meisterschaften ausgetragen werden. Die kleinen Kleikugeln, mit denen sich die Friesen angeblich gegen die Angriffe der Römer wehrten, sind möglicherweise die Vorläufer des gegenwärtigen Sportgeräts. Das Wort „Kloot" entspricht einer niederdeutschen Bezeichnung für „Erdklumpen".

Nach Nordfriesland ist das Boßeln durch Einwanderer aus den Niederlanden gebracht worden. Seine literarische Würdigung findet die Sportart in Theodor Storms Altersnovelle „Der Schimmelreiter". Hier entscheidet Hauke Haien mit einem gewaltigen Wurf den Wettkampf für seine Mannschaft. Beim Boßeln kommt es darauf an, eine etwa handgroße Kugel möglichst weit zu schleudern. Dabei werden unterschiedliche Wurftechniken angewandt. Am beliebtesten ist der Drehwurf, der insgesamt der Technik beim Diskuswerfen ähnelt. Die Kugeln sind etwa 300 bis 800 Gramm schwer und entweder aus Holz, Eisen oder aus Holz mit einer Bleifüllung gearbeitet. Gute Werfer können eine solche Kugel etwa 100 Meter weit schleudern. Der Boßelsport wird von den Eiderstedtern als Teil ihres kulturellen Lebens empfunden.

Ein noch heute auch in Nordfriesland sehr verbreiteter Brauch ist das Ringreiten. Meist gibt es in den Ortschaften eigene Vereine, die das Ringreiterfest organisieren. Unter reger Anteilnahme der Bevölkerung und auch der anwesenden Touristen wird um die Krone des Reiterkönigs gestritten. Man muß mit einer kleineren oder größeren Lanze einen Ring treffen, der zwischen zwei Pfählen an einem Seil hängt. Der Ringreiterkönig reitet am Ende des Festes mit allen Teilnehmern durch das Dorf, begleitet von einer Musikkapelle. Früher beteiligten sich am Ringreiten nur Männer. Heute sind oft auch Frauen dabei.

Eine für das Brauchtum besonders wichtige Zeit ist der Jahreswechsel. Auf Föhr etwa kennt man in den Tagen vor Weihnachten – zur Wintersonnenwende – das „Tamsen". Weil man in früheren Zeiten annahm, daß zu dieser Zeit das „Weltrad" stillsteht, durfte nichts Drehbares außerhalb des Hauses sein. So mußte

Die weite Marsch ist das ideale Wettkampffeld fürs Boßeln. Mit viel Schwung schleudert der Werfer die kleine Kugel (links).
Sie gehören zu jedem zünftigen Wettkampf: Zuschauer, Anfeuerung – und eine Fahne (rechts).

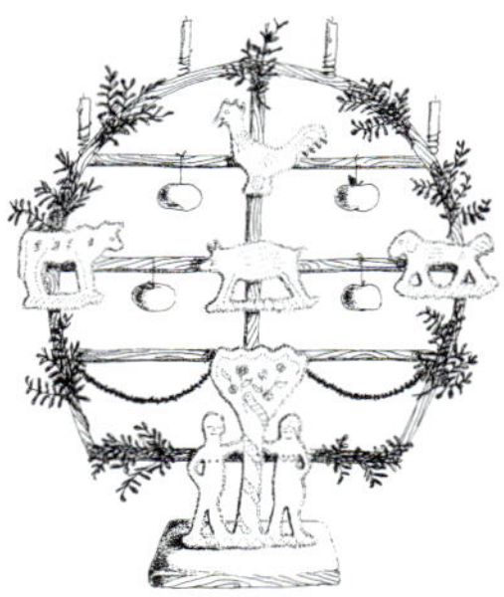

Das geschmückte Holzgestell des Föhringer „Julböög" (Weihnachtsbogen) ist mehr als nur der Ersatz für einen Tannenbaum. Er hat sich in den letzten Jahren auch auf dem Festland ausgebreitet.

alles, was Räder hatte, von den Bauern unter Dach gebracht werden. Aber auch drehbare Gartenpforten brachte man nach drinnen. Am Tamsabend suchte nun die Dorfjugend nach Wagen, Karren und Pforten, die man draußen gelassen hatte, nahm sie mit und versteckte ihre Beute möglichst geschickt, damit die Eigentümer sie nicht so schnell wiederfinden konnten. Auswüchse dieses Treibens mit erheblichen Sachbeschädigungen waren nicht selten.

Eine Besonderheit auf der Insel Föhr ist der *Julböög*, der „Weihnachtsbogen", der statt einer Tanne zu Weihnachten ins Wohnzimmer gestellt wird. Es handelt sich dabei um ein Holzgestell, knapp einen Meter hoch. Dieses Gestell mit einem Mittelpfosten und Querleisten, die außen von einem gebogenen dünnen Holzband eingefaßt werden, erinnert in seiner Form an einen Baum. Die Holzteile werden mit Buchsbaum umwunden und mit kleinen Ketten aus Rosinen, mit roten Äpfeln sowie mit Figurengebäck geschmückt. Heute erlebt der Föhrer *Julböög* eine wahre Renaissance und ist auf dem besten Weg, ein Exportartikel zu werden.

Auch das Neujahrsfest wird in Nordfriesland mit zahlreichen Bräuchen begangen. Auf dem Festland ziehen die Kinder mit dem „Rummelpott" herum, singen ihr Lied dabei und wünschen ein gutes neues Jahr. Dieser Brauch gehört zu den Heischegängen, die in vielen ländlichen Gegenden bekannt sind. Auf Amrum und Föhr wandern am Altjahrsabend verkleidete Gestalten durch das Dorf, auf Amrum *Hulken* genannt. Dabei soll es sich ursprünglich um Begleiterinnen einer germanischen Gottheit gehandelt haben. Auf Föhr nennt man den Brauch *amtaaklin* (verkleiden). Oft tragen die Gruppen zu bekannten Melodien selbstverfaßte Verse vor. Sie gehen von Haus zu Haus und werden mit alkoholischen Getränken bewirtet.

Die Familienfeste wurden und werden in Nordfriesland meist aufwendig gefeiert. Deshalb fühlte sich früher die Obrigkeit nicht selten veranlaßt, mit Verordnungen gegen die übermäßigen Gelage vorzugehen. In Eiderstedt wurden etwa in einer Polizeiordnung zum Landrecht von 1591 die Teilnehmerzahl beim „Kindelbier" und die Dauer des Festes genau festgelegt. Zur Begründung wurde angeführt, man wolle auf diese Weise die Kosten der Feier begrenzen.

Besonders vielfältig ist das Brauchtum im Zusammenhang mit Verlobung und Hochzeit. Grundsätzlich fanden sich junge Paare in Nordfriesland aus freiem Willen, nicht durch Werbung der Eltern. Auf dem Festland ritten geschmückte Hochzeitsbitter singend durch das Dorf. Die Hochzeitsgäste fuhren im Wagen vor oder kamen hoch zu Roß. Oft wurde das Fest in großen Zelten gefeiert. Von Sylt wird berichtet, daß es auf Hochzeiten häufig zu wilden Prügeleien kam und daß manche Frau – sicherheitshalber – schon ein Totenhemd für ihren Mann mitnahm.

Ein besonderer Brauch auf der Insel Föhr ist das *Ütjschiten* (Ausschießen). Hatte ein junger Mann ein Mädchen schon oft nach dem Tanz nach Hause gebracht und hielt er sich dann nach zehn Uhr im Hause des Mädchens auf, ohne daß es vorher eine Tanzveranstaltung gegeben hatte, umstellte die Dorfjugend das Haus, und es wurden einige Schüsse mit einem Jagdgewehr in die Luft geschossen. Daraufhin

nem Speck belegt. Früher wurde das Gericht auf dem häuslichen Herd, später beim Dorfbäcker im Ofen gebacken. Besonders gut schmeckt die glänzende braune Kruste. Man aß „pot" am liebsten mit etwas Sirup. Als friesisches „Nationalgericht" auf dem Festland kann Weinsuppe mit Schinken gelten. Die Suppe wird mit Wein, Graupen, Rosinen und Pflaumen zubereitet, dazu ißt man Weißbrot mit Butter und gekochtem Schinken. Während man heute kaum noch „pot" auf dem Speisezettel findet, ist die Weinsuppe nach wie vor ein beliebtes Gericht bei Festlichkeiten.

Links: Das Ringreiten ist in Nordfriesland noch immer ein weit verbreiteter Brauch. Der Reiter zielt mit seiner langen Lanze auf einen kleinen Ring. Ist er erfolgreich, kann er vielleicht am Abend der Veranstaltung den Reiterzug durch das Dorf als König anführen.

Oben: Am 31. Dezember ziehen auf Föhr und Amrum vermummte Gestalten von Haus zu Haus. Auf Amrum nennt man sie *Hulken*. Ursprünglich sollen sie zum Gefolge der germanischen Göttin Freya gehört haben.

flüchtete der junge Mann, wurde von der Dorfjugend gejagt und gestellt. Er mußte ein Heiratsversprechen abgeben – dann wurde im Dorfkrug gefeiert –, oder er wurde, wenn er das Mädchen nicht heiraten wollte, in eine Mistkarre geworfen und vor dem Dorf in einen Graben gekippt. So betätigte sich die Dorfjugend gleichsam als Sittenpolizei.

Die Nachricht vom Tode eines Menschen wurde früher den Nachbarn und Verwandten persönlich „angesagt". Das taten sehr oft junge Mädchen oder auch Kinder. Der Leichnam wurde von Verwandten und Nachbarn gewaschen, in den Sarg gelegt und dann im Hause aufgebahrt. In der Stube hängte man dann Spiegel und Fenster zu und hielt die Uhr an. Am Vorabend der Bestattung, dem „Läuteabend", wurden auf dem Festland die Nachbarn mit Reisgrütze und Warmbier bewirtet. Blumenschmuck für den Sarg war in früherer Zeit unbekannt. Dazu stellt der bekannte Heimatdichter Nis Albrecht Johannsen (1855–1935) fest: „Man war es gewohnt, dem Tode in seiner ganzen Herbheit und Bitterkeit ins Auge zu sehen." Auf Föhr stand oft schon der Sarg für den nächsten Hausbewohner, der sterben würde, im Flur oder auf dem Dachboden bereit. Nach der Beerdigung gab es das „Ehrbier", den Leichenschmaus. Dabei wurde auf dem Festland oft Weinsuppe mit Schinken gereicht.

Das Angebot an typischen Gerichten ist in Nordfriesland nicht besonders groß. Auf den Inseln zählt dazu „pot" oder „poon" („Topf" oder „Pfanne"). Es handelt sich dabei um eine Mehlspeise, die mit vielen Eiern zubereitet wird. Der Teig wird in einen eisernen Topf gefüllt und reichlich mit Scheiben aus durchwachse-

Friesisches „Nationalgetränk" ist der Teepunsch, der mit Tee, gelbem oder weißem „Köm" (Branntwein) und etwas Zucker zubereitet wird. Daneben trinkt man gern einen „steifen Grog" aus heißem Wasser, Zucker und einem ordentlichen Schuß Rum. Weithin bekannt geworden ist auch der „Pharisäer". Auf der Insel Nordstrand soll ein gestrenger Pastor im 19. Jahrhundert wenig Gefallen an den Gelagen seiner Gemeinde gefunden haben. Bei einer Kindstaufe hat man daher ein süßes Kaffee-Rum-Getränk mit einer Sahnehaube „versiegelt", um den Alkoholgeruch zu vermeiden. Der Pastor bekam Kaffee ohne Alkohol. Als er sich über den stetig steigenden Frohsinn der Taufgesellschaft wunderte und schließlich den „Betrug" merkte, soll er gerufen haben: „Oh, ihr Pharisäer!"

Sitten und Brauchtum haben einen festen Platz in einer Gesellschaft, deren Lebensform durch Überlieferungen geprägt wird. Es war vorgegeben, wie man lebte und wie man die Feste des privaten und des öffentlichen Lebens gestaltete. Dabei spielten die vorhandenen Institutionen Kirche, Schule und Staat eine entscheidende Rolle. Das 20. Jahrhundert war durch eine zunehmende Individualisierung der Lebensverhältnisse gekennzeichnet. Jeder bestimmt für sich, wie Familienfeiern ablaufen sollen, zugleich verlieren gemeinschaftliche Feste an Bedeutung. Allerdings wird bereits jetzt vielen Menschen bewußt, daß damit auch eine Verarmung des privaten und gesellschaftlichen Lebens einhergeht.

Von „alten“ und „neuen“ Trachten in Nordfriesland

Konrad Grunsky

Die ältesten Überlieferungen von Trachten als einer besonderen Kleidung nordfriesischer Teilgebiete stammen von Heinrich Rantzau aus dem ausgehenden 16. Jahrhundert. Seine landeskundlichen Schriften, erst 150 Jahre später durch Ernst J. de Westphalen veröffentlicht, enthalten Abbildungen nach zeitgenössischen Zeichnungen, die um 1590 entstanden sind. Die dort gezeigten nordfriesischen Trachten sind in den Grundformen noch sehr auf die modischen Formen des ausgehenden Mittelalters bezogen und wirken heute einigermaßen befremdlich. Dennoch tauchen in diesen frühen Darstellungen bereits Kennzeichen auf, die als Grundelemente durch die Zeiten erhalten geblieben sind, wie zum Beispiel der helle und nur gerade über das Knie reichende Faltenrock der Sylter Frauentracht.

Um allen Mißverständnissen vorzubeugen: Es gab und es gibt keine einheitliche nordfriesische Tracht, sondern nur eine Reihe eigenständiger und regional eng begrenzter Formen, deren bekannteste die bis heute lebendig erhaltene Festtagstracht der Frauen von Föhr ist.

Im alten ländlichen Sozialgefüge hatte die Frauen- wie auch die Männertracht ihre Bedeutung als sichtbares Zeichen der Herkunft und Zugehörigkeit; die Frauentracht zeigte darüber hinaus den Familienstand mit unterschiedlichen Kleidungsformen für Unverheiratete, Verheiratete oder Witwen. Als Sonderform gab es die Arbeitskleidung, dann aber auch besondere Trachten für Sonntage, Festtage und Trauerzeiten sowie Konfirmations- und Hochzeitstrachten. In der Verwendung unterschiedlicher Stoffe oder in Besatz und Schmuck spiegelten Trachten überdies den materiellen Besitzstand ihrer Träger.

Die Tracht als Kleidung im Alltag und bei Festen war somit ein äußeres Zeichen für regionale, familiäre, soziale und kirchlich geprägte Lebensabschnitte und Lebensumstände. Dieses differenzierte System örtlicher Kleidungsgewohnheiten war keineswegs zeitlos und statisch fest gefügt; auch die Trachten unterlagen einer sehr allmählichen oder auch verspäteten Anpassung an die zunächst höfischen und später bürgerlichen Modeströmungen; dennoch behielten sie unverwechselbare Elemente der überlieferten und lokal geprägten Grundform bei.

Dabei gingen auch in Nordfriesland, wie in den meisten anderen mitteleuropäischen Trachtenregionen, die speziellen Männertrachten schon verhältnismäßig früh in der allgemeinen Entwicklung der Modeströmungen unter, während die Frauentrachten durchweg länger vorherrschende Kleidung im ländlichen Umfeld blieben.

Mit dem allmählichen Verschwinden der Trachten aus dem dörflichen Alltagsbild setzten bereits im 19. Jahrhundert Bestrebungen ein, nicht nur das noch Vorgefundene zu dokumentieren, sondern auch Trachten als volkstümliches „Gut“ zu erhalten oder gegebenenfalls wieder zu erneuern. Künstler und Fotografen zogen über das Land, um die meist nur noch von älteren Frauen getragene Tracht in Bildern festzuhalten. Heimatforscher, zumeist Lehrer, wiesen in Schriften auf das bedauerliche Verschwinden der Trachten und die Notwendigkeit ihrer Erhaltung hin. Heimatvereine setzten sich für die Bewahrung oder aber eine Wiederbelebung der Trachten ein. So kam häufig die in der Familie aufbewahrte Tracht der Großmutter entweder ins Museum oder in der Enkel- und Urenkelgeneration wieder zu neuen Ehren.

In den letzten Jahrzehnten entwickelten sich vielerorts Trachten- und Tanzgruppen, deren „neue“ Trachten jedoch häufig lediglich nachgeschneiderte und vereinfachte Modelle der alten Formen darstellen. Dies gilt insbesondere für die Kleidungsstücke der männlichen Gruppenmitglieder, für die meistens brauchbare örtliche Anhaltspunkte fehlen.

Nordfrieslands regional verschiedenartige Trachten haben sowohl in den oben beschriebenen historischen wie auch den gegenwärtigen Entwicklungen örtlich

Die Festtagstracht der jungen Frauen auf den Inseln Föhr und Amrum ist als einzige der nordfriesischen Trachten ungebrochen bis heute lebendig geblieben. Bemerkenswert sind die Knöpfe und der Brustschmuck aus Silberfiligran. Dieses Ölbild von Christian Carl Magnussen entstand 1864 bei dem ersten von zahlreichen längeren Aufenthalten auf Föhr. Der Maler war von den noch durchgängig getragenen Frauentrachten fasziniert und hat uns mit seinen Bildern und Skizzen vieles aus dieser Zeit überliefert.

In seiner Beschreibung der kimbrischen Halbinsel von 1597 ließ Heinrich Rantzau auch Trachten des Landes abbilden. Die Kleidung der vornehmen Eiderstedter richtete sich an der gerade aktuellen spanisch-niederländischen Hofmode aus. Diese „Tracht“ verschwand schon kurze Zeit später. Anläßlich eines Heimatfestes wurde sie 1927 nach den alten Bildvorlagen wieder belebt. Der Eiderstedter Heimatbund sorgt seither für die Pflege dieser Tradition.

Die Tracht der Jungfrauen von der Insel Sylt im Jahr 1597. In der Hand hält die Frau den Grütztopf, der bis heute ein Wahrzeichen der Insel darstellt.

Ein Bauer (1597) von der Insel Sylt. Ungewöhnlich für diese Zeit ist die lange Hose, die bei dem ständigen Seewind aber guten Schutz bot.

Eine Frau von der Insel Föhr (1597). Die verhältnismäßig schlichte Form dieser Tracht hat sich bis in das 19. Jahrhundert stark gewandelt.

In Kleidung und Haltung ein stolzer Anblick: Mädchen von Ockholm (1597). Trachten dieser Region sind aus späterer Zeit nicht überliefert.

Spezifisches aufzuweisen. Hier seien nur die wesentlichen Merkmale einer „alten“ und „neuen“ nordfriesischen Trachtenlandschaft aufgezählt.

Auf der Insel Föhr konnte sich eine Mischform unterschiedlicher weiblicher Festtagstrachten mit ungebrochener Tradition bis in die Gegenwart erhalten. Andere, so die Trauertracht und die Alltagskleidung sowie weitere Einzelformen der festlichen Trachten waren dort bis in das ausgehende 19. Jahrhundert noch vereinzelt lebendig. Dokumentiert sind für Föhr in bildlichen Überlieferungen des 19. Jahrhunderts die verschiedenartigen Festtrachten: die Brauttracht, die Kirchgangstracht am Sonntag nach der Hochzeit, die Abendmahlstracht und die Tracht zum gewöhnlichen Sonntagsgottesdienst. Die gemeinsame Grundform besteht aus dem *pei* als langem, ursprünglich ärmellosem Kleid, dem *nedderkragen* (Brustlatz), der besonderen Form der Ärmel (inselfriesisch: *sliawen*), der Schürze (*skortelduk*) oder Rockschürze (*skort*), dem Halstuch und einer besonderen Haartracht mit der Haube (*hüüw*) oder ersatzweise einem Kopftuch.

Die festtäglichen Frauentrachten auf Föhr in Vergangenheit und Gegenwart bilden mit ihrem Silberschmuck einen besonderen Blickfang. Die Ausstattung mit Knöpfen, Brustschmuck und Broschen in kunsthandwerklicher Silberfiligranarbeit zeigten in alter Zeit den materiellen Wohlstand der Trägerin an. Auch hier hat die neuere Entwicklung der Tracht im 20. Jahrhundert eine Standardversion erzeugt, die als Maßstab auch für Neuanfertigungen gilt. Getragen wird die Festtagstracht der Insel Föhr heute noch von den Konfirmandinnen, bei Hochzeiten und sonstigen festlichen Anlässen. Trachtengruppen halten die Überlieferung unter fachkundiger Anleitung lebendig.

Die Sylter Tracht ist nach den überlieferten Bilddarstellungen seit Mitte des 20. Jahrhunderts wiederbelebt worden. Während die meisten nordfriesischen Frauentrachten dunklere und gedeckte Farben bevorzugen, benutzt die Sylter Frauentracht den weißen, verhältnismäßig kurzen Rock und farbenprächtig dagegengesetzte rote Akzente. Die ursprünglichen Formen unterschiedlicher Festtrachten sind auf Sylt ebenso mannigfaltig gewesen wie auf Föhr; sie waren jedoch schon zu früheren Zeitpunkten ausgestorben. Die wiederbelebte heutige Form verkörpert eine Mischform mit den wesentlichen Elementen dieser alten Festtagstrachten.

Während die alten Darstellungen von weiblichen Festtrachten der Insel Amrum mehr farbliche Gemeinsamkeiten mit den Sylter Formen aufweisen, hatten die der Halligen in ihren Grundformen eher Ähnlichkeit mit den Trachten der Insel Föhr. Der filigrane Silberschmuck war allerdings bei der Festtracht der Halligen durchweg bescheidener. Bei der älteren Generation von Halligfrauen hat sich eine überlieferte Alltagskleidung bis in die Mitte des 20. Jahrhunderts erhalten.

Das nordfriesische Festland muß für diesen Überblick einer Trachtenlandschaft, wie es auch sonst den historischen Gegebenheiten entspricht, in seinem nördlichen, mittleren und südlichen Teil

Die Trachtenbilder von Jacob Rieter und Johannes Senn erschienen 1805/06 in ihrem Werk mit 66 Trachtendarstellungen Dänemarks. Von links nach rechts: Braut auf Föhr; Kommunionstracht einer Frau auf Föhr; Kommunionstracht einer Frau auf Sylt; Braut auf Sylt; Trauertracht auf Sylt; Kommunionstracht eines Mädchens auf Sylt.

Festtagstrachten aus der 1861 erschienenen Mappe von F. C. Lund mit Trachten aus Dänemark und Schleswig-Holstein: oben die Amrumer, rechts die Ostenfelder Tracht, die auch im Werk Theodor Storms ihren Niederschlag gefunden hat. Die Frauen aus dem zehn Kilometer entfernten Ostenfeld kamen an Markttagen in ihrer farbenfrohen Tracht nach Husum.

Aus dem Jahr 1768 datiert der Kupferstich mit Sylter Trachten in Anlehnung an die Skizzen des Heinrich von Rantzau von 1597. Von links: eine Braut beim Kirchgang; eine Brautjungfer; eine Frau in „gewöhnlicher Tracht“.

Föhrer Tracht um 1843 auf einer Lithographie von Johann Friedrich Fritz. Wie das Blatt mit den Helgoländer Trachten war auch diese attraktive Darstellung als Souvenir für den aufblühenden Tourismus des Nordseebades gedacht.

Helgoländer Trachten um 1850 auf einer Lithographie von Gustav Führmann. Helgoland mit seiner friesischen Bevölkerung gehörte damals zu England. Die Jacken der Frauen lassen gegenüber älteren Darstellungen bereits modische Zeitströmungen erkennen

Zwei Mitglieder der Tanz- und Trachtengruppe Bredstedt zeigen ihre „neue“ Tracht, die sich an überlieferten Formen orientiert, zugleich aber den heutigen Erfordernissen des Schneiderns und des Gebrauchs beim Volkstanz entspricht.

getrennt betrachtet werden. Die alten nördlichen Harden, die Wieding-, Böking- und Karrharde, weisen bei den überlieferten Frauentrachten gemeinsame Elemente, aber in Einzelheiten durchaus auch Unterschiede auf. Im Gegensatz zu den Inseln und Halligen setzten sich auf dem Festland modische Zeiterscheinungen schneller durch und überlagerten in der zweiten Hälfte des 19. Jahrhunderts vielfach die traditionellen Einzelformen der Trachten. In Zusammenhang damit stand auch die allmähliche Aufgabe der häuslichen Textilherstellung an Spinnrad und Webstuhl zugunsten käuflich erworbener und damit modischer Stoffe. Besonders deutlich wird der Wandel von der Tracht zur Mode hinsichtlich der Ablösung der schwarzen Kappe aus Taft (*suart kap*) durch die modischen Hauben des 19. Jahrhunderts.

Weiter südlich wird die Überlieferung althergebrachter Trachten spärlicher. Aus der Nordergoesharde gibt es einige hinreichende Belege aus der Umgebung von Bredstedt; die Südergoesharde mit Husum als Mittelpunkt hatte sich wohl schon sehr früh an der allgemeinen herrschenden Mode orientiert. Lediglich für eine Nordstrander Tracht kann die alte Darstellung aus dem 16. Jahrhundert als Einzelbeleg gelten.

Eine Ausnahme bildet die Dorfschaft Ostenfeld, die eine ganz eigenständige Tracht aufweist. Weder in Ostenfeld selbst noch in den anderen Orten des Kirchspiels hatte eine friesische Besiedlung stattgefunden. Hier entwickelte sich nicht nur das niederdeutsche Fachhallenhaus, sondern auch die eigenständige Tracht als Grundform bäuerlichen Lebens. Mit den überkommenen Häusern und Trachten war Ostenfeld im letzten Drittel des 19. Jahrhunderts ein beliebtes Ziel von Forschern und Künstlern. Mittlerweile wurde die zwischenzeitlich schon ausgestorbene Tracht wiederbelebt; sie wird durch eine kontinuierlich bestehende Trachtengruppe schon seit einigen Jahrzehnten gepflegt.

Im südlichen Bereich Nordfrieslands spielt die Halbinsel Eiderstedt eine besondere Rolle. Im strengen Sinn einer eigenständigen Kleidungsform gab es hier keinerlei überlieferte und dokumentierte Volkstracht. Für eine heimatbezogene Wiederbelebung von Trachten im 20. Jahrhundert bietet die „Eiderstedter Tracht“ jedoch ein treffsicheres Beispiel. Auf Epitaphien der Zeit um 1600 finden sich Eiderstedterinnen aus großbäuerlichen Familien in einer Kleidung abgebildet, die sich an der damals in den Niederlanden herrschenden spanischen Hofmode orientiert. Diese auf einen engen Zeitraum begrenzten historischen Darstellungen wurden anläßlich eines großen Eiderstedter Heimatfestes im Jahr 1927 zahlreich nachgeschneidert und zur „Eiderstedter Tracht“ erklärt. Seither ist diese nun zur „Tracht“ erhobene Mode auf der Halbinsel ein unverzichtbarer Bestandteil eines Eiderstedter Selbstbewußtseins geworden.

Die Palette der nordfriesischen Trachtenlandschaft ist in ihren historischen wie auch heutigen Formen ebenso bunt wie die sprachliche Vielfalt der Region. Dabei ist eine neuere oder gar kürzlich erst entwickelte Trachtenpflege, die auf alte und überlieferte Elemente zurückgreift, Ausdruck einer regionalen Identität. Diese Identifikation mit den „alten“ Trachten kann das Selbstbewußtsein Nordfrieslands stärken – ebenso wie auch die Pflege der nordfriesischen Sprachenvielfalt.

Konsequent und legitim wie andernorts ist dann letztlich auch der Gebrauch von „neuen“ Trachten als nach außen gerichtetem Markenzeichen, wenn es um die Belange des Fremdenverkehrs geht. Hierzu ermutigt die Erkenntnis, daß die Abbildungen aus den zurückliegenden Jahrhunderten dokumentieren, wie sehr schon die „alten“ Trachten stetigem Wandel ausgesetzt waren.

Trachten auf Sylt (links) und auf Föhr (rechts). Die Sylter Tracht wurde nach den alten Darstellungen im 20. Jahrhundert wiederbelebt. Auf Föhr blieb die Festtagstracht durchgängig bewahrt, wie hier bei der Konfirmation.

Die Nordstrander Tanz- und Trachtengruppe (links) posiert am Inseldeich in phantasievoller, aber vom einzigen Vorbild – aus dem Jahr 1597 – ziemlich weit entfernter Tracht. Die Wiedingharder Trachtengruppe (rechts) pflegt in starkem Maß die Überlieferung der festländischen Frauentrachten und der Männerkleidung des 19 Jahrhunderts.

Die Tanz- und Trachtengruppe des Ostermooringer Friesenvereins in Risum-Lindholm (links) vor dem Haus Andersen im Ortsteil Klockries. In diesem liebevoll restaurierten Anwesen finden häufig Trachtentanzveranstaltungen statt. Die Eiderstedter Tanz- und Trachtengruppe des Heimatbundes (rechts) zeigt die drei Formen der 1927 wiederbelebten Tracht vor einem Eiderstedter Haubarg.

Kunstmaler Nordfrieslands

Ulrich Schulte-Wülwer

Die abgeschiedene geographische Lage Nordfrieslands ist ebenso oft beschrieben worden wie der Freiheitsdrang und die tiefe Verwurzelung der seefahrenden Bevölkerung in Tradition und Brauchtum. Dieser geschlossene Lebenskreis hat eine reiche und eigenständige Volkskunst hervorgebracht, deren Zeugnisse vor allem in den Museen von Flensburg, Husum und Schleswig zu bewundern sind.

Die tiefgreifenden sozialen und wirtschaftlichen Wandlungen im Gefolge der Französischen Revolution entzogen der Volkskunst den Boden und ebneten bürgerlichen Kunstauffassungen den Weg. Der Prozeß der Individuation brachte auch in Nordfriesland Künstler hervor, die den Kontakt zur Außenwelt suchten und die zugleich die Eigenart ihrer Umgebung erkannten.

Durch den Geist der Aufklärung und der Romantik drangen neue Gedanken auch nach Nordfriesland vor, von denen zwei Männer beeinflußt wurden, die wegen ihres Berufs als Lehrer Außenseiter waren: Christian Peter Hansen (1803–1879) auf Sylt und Oluf Braren (1787–1839) auf Föhr. Sie gewannen Distanz zu ihrer Umwelt und waren so in der Lage, das Besondere darin zu erkennen. Beide waren bewandert in den Naturwissenschaften, sammelten Muscheln und Steine, erforschten die frühgeschichtlichen Denkmäler und schrieben auf, was ihnen der Überlieferung wert schien. Hansens Künstlertum war bescheiden, doch er war der erste, der sich bemühte, die Eigenart und Vielgestaltigkeit der Insel auch in Bildern und Zeichnungen zu erfassen. Oluf Braren, der von Johann Heinrich Wilhelm Tischbein, dem Freund Goethes, in die Kunst eingeführt worden war, schuf Bilder aus dem nordfriesischen Volksleben, die in ihrer Naivität und Wahrhaftigkeit zu den großartigsten Leistungen der Laienmalerei überhaupt gezählt werden. Hier zeigt sich eine besondere Art von Genialität, die als Schärfe der Beobachtung, Klarheit und Bestimmtheit der Form, Festigkeit des Bildaufbaus und Reinheit der Farben bezeichnet wurde. Brarens Hauptwerk, die „Haustrauung auf Föhr“, ist ein Beleg dafür, daß ein Hochbegabter, dem in einer abgeschiedenen Welt nur wenige Anregungen zufließen, aus eigener Kraft zu Leistungen von hohem Rang befähigt sein kann. Es ist nicht ohne Tragik, daß Oluf Braren, der diese Welt so gut verstand und innig liebte, einer der ersten war, die sie verloren, indem er gegen die sittlichen Normen verstieß. Er brach die Ehe und hatte Kinder mit einer ehemaligen Schülerin. In Brarens innerer Zerrissenheit spiegelt sich die Seelenlage der frühen Romantiker.

Der Geist eines neuen Zeitalters äußerte sich in den Städten durch das erwachende Selbstbewußtsein des Bürgertums, das in dem Wunsch nach bildlicher Darstellung der eigenen Person seinen Ausdruck fand. Ließen sich zuvor nur Fürsten und Adelige porträtieren, so bestellten nun auch Kaufleute und Kapitäne, Gelehrte und Künstler ihr Bildnis. Auf dem Lande war man etwas bescheidener und begnügte sich zumeist mit einem Schattenriß oder einer Miniatur. Paul Ipsen (1746 – um 1810) von Hallig Oland und Hans Peter Feddersen d. Ä. (1788–1860) aus Wester-Schnatebüll waren vielbeschäftigte Miniaturporträtisten, obwohl sie wie Braren und Hansen über keine ordentliche künstlerische Ausbildung verfügten. Feddersen war Landwirt, der im Winter umherzog, um Miniaturbildnisse seiner Landsleute in Nordfriesland und im übrigen Herzogtum Schleswig anzufertigen. Im Auftragsbuch verzeichnet er die erstaunliche Zahl von 6000 Namen.

In der bürgerlichen Welt des Biedermeiers, die zu Beginn des 19. Jahrhunderts in den Kleinstädten des Festlands Einzug hielt, wurde den Kunstinteressierten die Notwendigkeit einer künstlerischen Ausbildung bewußt. Die Kunde vom hohen Niveau der Kunstakademie in Kopenhagen und der Blüte des „Goldenen Zeitalters“ der dänischen Malerei erreichte auch Nordfriesland. Der erste Nordfriese, der hier studierte, war Harro Harring (1798–1870), den es 1817 in die dänische Hauptstadt zog. Zweifel an der eigenen

Begabung und sein jugendlicher Freiheitsdrang ließen ihn nach wenigen Jahren einen anderen Weg einschlagen.

Die Schulung an der Kopenhagener Akademie kam vor allem Christian Carl Magnussen (1821–1896) aus Bredstedt und Carl Ludwig Jessen (1833–1917) aus Deezbüll zugute. Ihre Verbindung zu Dänemark wurde jedoch wie so manch andere durch die politische Entwicklung in Schleswig-Holstein zerrissen. Magnussen trat im Krieg von 1848 als Anführer einer Freischar auf; Jessen verließ nach dem Krieg von 1864 die dänische Hauptstadt, er war der erste schleswig-holsteinische Künstler, der mit einem preußischen Stipendium nach Paris und Rom reiste. Magnussen und Jessen träumten zu Beginn der 1870er Jahre in Hamburg von einer großen Künstlerkarriere, kehrten aber 1875 resigniert nach Schleswig-Holstein zurück. Vor allem für Jessen sollte sich dieser Schritt als Segen erweisen, denn er malte oder rekonstruierte von nun an die Lebensverhältnisse seiner Heimat, die völlig im Umbruch war. Überall glichen sich die ländlichen Lebensformen den städtischen Verhältnissen an. Immer weniger Frauen trugen sonn- und feiertags ihre Tracht, und immer mehr alte friesische Bauernhäuser mußten einer faden Modernisierung weichen. Der Bildhauer Harro Magnussen (1861–1908), ein Sohn des Malers Christian Carl Magnussen, richtete im Jahre 1907 ein Mahnwort an die Föhringer: „Ihr müßt und sollt Friesen bleiben! Hütet Eure eigene Sprache … Gebt Acht darauf, daß Eure Frauen und Mädchen nicht leichthin ihre alte schöne kleidsame Tracht ablegen … Achtet Euren alten Hausrat … Habt Acht auf Eure alten Häuser!“

Jessen legte sich eine reiche Sammlung alter Möbel und alten Hausrats zu und begann gegen den fortschreitenden Kulturverlust anzumalen. Sein Spezialgebiet wurde die Darstellung von Innenräumen, in denen bei einheitlich heller Beleuchtung alle Ausstattungsstücke wie in einem Museum zur Geltung kommen. Je stärker sich der Prozeß des allgemeinen Ausverkaufs der tradierten Kulturwerte und Kulturgüter beschleunigte, desto mehr wurden seine Bilder zu Beschwörungen eines Idealzustands. Auch Magnussen malte mit Vorliebe auf Föhr, wo er ein Haus besaß.

Oluf Braren, Die Haus-Copulation auf der Insel Föhr, 1819 (Ausschnitt), Privatbesitz. Bereits elf Jahre vor der bekannteren sogenannten „späteren Haustrauung“, die 1980 im Altonaer Museum verbrannte, schuf Braren dieses Gemälde in Aquarell- und Temperatechnik. Im Zentrum beider Bilder steht eine ähnliche Figurenkonstellation.

Während Jessen sich auf die alltäglichen Lebenswelten konzentrierte, richtete Magnussen sein Augenmerk auf die sonntäglichen Gottesdienste und das festliche Geschehen in den Kirchen. Beide legten größten Wert auf die Wiedergabe der Volkstracht. Im Gegensatz zu Jessens gleichmäßiger Verteilung des Lichts bevorzugt Magnussen durch die Verteilung heller und dunkler Partien eine Lichtregie, in der die Frauenfiguren seiner Bilder effektvoll aus dem Halbdunkel hervorgehoben sind. Hier wird der Einfluß der französischen Schulung spürbar, die Magnussen um 1850 in Paris erhalten hatte. Er zeigt schlichte, ernste Menschen, die

Carl Ludwig Jessen, Die letzte Tröstung, 1880, Museumsberg Flensburg. Jessen – oben ein Porträt des Künstlers – wählte häufig Bildmotive, die den Kreislauf des Lebens zeigen, eingebunden in Religion und Brauchtum.

von schwerer Landarbeit geprägt sind, aber eine wahrhaft hoheitsvolle Erscheinung bewahrt haben. Niemand hat dies treffender formuliert als der schwäbische Philosoph Friedrich Theodor Vischer, der 1866 die Insel Föhr besuchte: „Bei der Einsegnung eines neuen Schulhauses in Boldixum sah ich die Jugend des Dorfes, eigentlich nur die weibliche neben den älteren Männern, denn die Burschen sind meist ‚in See'. Schlanker, hoher Wuchs, längliches Rund der Köpfe, an Bäuerinnen ungewohnt feine Züge und geschonte, weiße Gesichtshaut, alles durch die Tracht: das kleidsame, um den Kopf gedrehte Tuch, die reichen Silberknöpfe und Gürtelschnallen auf der schwarzen Jacke, eigentümlich gehoben. Die Anrede stieß nirgends auf blöde Schüchternheit noch auf geriebene Ungeniertheit: ein gemessener, sicherer Abstand, eine Freiheit ohne Frechheit, eine natürliche Würde ohne Trägheit und Steifheit erinnerte mich hier im fernen Norden wundersam an die klassische Haltung des Landvolkes im römischen Gebirge."

Seit den 1880er Jahren kamen vereinzelt auch auswärtige Maler nach Nordfriesland. Der Niedersachse Ludwig Bokelmann (1844–1894) schaute sich zunächst auf dem Festland um. In der Umgebung von Ockholm sammelte er Studien für sein Gemälde „Nordfriesisches Begräbnis". Zehn Jahre später hat auch Jessen ein ganz ähnliches Bild gemalt, das von Bokelmanns überlegenem Werk inspiriert zu sein scheint. 1891 und 1892 besuchte Bokelmann auf Empfehlung seines Düsseldorfer Studienfreundes Hans Peter Feddersen die „Trachteninsel" Föhr. In Boldixum standen ihm Frauen und Mädchen für sein Gemälde „Vor Beginn des Gottesdienstes" Modell.

Mit dem aus Hessen stammenden Maler Otto Heinrich Engel (1866–1949) und dem Schleswig-Holsteiner Ludwig Dettmann (1865–1944) kamen 1901 die ersten Freilichtmaler nach Föhr, auch sie folgten einer Empfehlung von Hans Peter Feddersen und erlagen sofort der Faszination der Trachten tragenden Frauen und Mädchen. Für seinen Freund Otto Heinrich Engel wurde die Verbundenheit mit der Insel auf Anhieb so fest, daß er bis zum Ausbruch des Ersten Weltkriegs Sommer für Sommer zurückkehrte. Föhr wurde „seine" Insel, er gilt noch heute als der Maler der Insel schlechthin. Aus zahlreichen Briefen spricht seine Liebe zur Inselnatur und zu den Menschen, mit denen ihn lebenslange Freundschaft verband. Auch Engel malte auf Föhr in gemäßigt impressionistischen Farbklängen Bilder, die den Kreislauf des Lebens von der Kindheit über den Brautstand bis hin zur Trauerfeier beschreiben. Bevorzugte Motive waren ihm sitzende oder schreitende Mädchen unter schattigen Bäumen, vor weiten Blicken in die Ebenen oder vor den roten Hauswänden der reetgedeckten Friesenhäuser.

Im Blickpunkt der Maler stand von Oluf Braren bis Otto Heinrich Engel der Mensch, eingebunden in die Ordnungsprinzipien von Religion und Brauchtum. Für die Landschaft Nordfrieslands hatten sie kein Auge, selbst für die jüngeren wie Engel war sie nur im Zusammenhang mit den Menschen bildwürdig. Gegen die Landschaft Nordfrieslands bestand lange Zeit eine tiefe Abneigung. Hinter Hamburg war für viele die Welt zu Ende, die schleswig-holsteinische Westküste galt als öde und trostlos. In dem 1847 erschienenen repräsentativen Reisewerk „Das malerische und romantische Deutschland" ist noch von den nebelverdüsterten Sanddünen der Nordsee, von Sümpfen und Mooren die Rede, in denen die grünen Wiesenteppiche der Marschen spärliche Oasen bilden.

Diese Einstellung begann sich erst zu ändern, als die aus Frankreich kommende Freilichtmalerei in den siebziger Jahren des 19. Jahrhunderts auch in Deutschland ihren Siegeszug begann. Studenten aller deutschen Kunstakademien schwärmten in den Semesterferien in die entlegensten Regionen des neuen Kaiserreiches aus, um ungestört Naturstudien zu treiben. Mit dieser Motivation besuchte der Nordfriese Hans Peter Feddersen (1848–1941) mit seinem Freund, dem Holsteiner Hinrich Wrage (1843–1912), 1872 die Insel Sylt. Ihnen ist in den kommenden Jahrzehnten eine nicht abreißende Schar von Landschaftsmalern aus allen Gegenden Deutschlands gefolgt, so daß Sylt für die Landschaftsmalerei jenen Stellenwert bekam, den Föhr für die Maler des Volkslebens bereits hatte. In seiner Vielseitigkeit bot Sylt allen Landschaftsmalern etwas: dramatische Wellen und Wolkenbildungen vor dem Kliff bei Kampen, Stille und Weite im Wattenmeer bei Keitum und das einzigartige Dünengebirge des Listlandes.

Christian Carl Magnussen, Wöchnerin in der Kirche von Nieblum, Föhr, 1868, Museumsberg Flensburg.
Dargestellt ist der Kirchgang einer Wöchnerin, die nach altem Brauch von Frauen begleitet und beim Eintritt in die Kirche vom Pastor oder Küster begrüßt wurde.

Künstlerisch gesehen ist Feddersen die stärkste Begabung, die Nordfriesland hervorgebracht hat. Begonnen hatte auch er mit Darstellungen aus dem nordfriesischen Volksleben. Als er sich Mitte der achtziger Jahre anschickte, sich für den Rest seines Lebens im heimischen Kleiseerkoog niederzulassen, machte dies den in Deezbüll nur wenige Kilometer entfernt wohnenden Carl Ludwig Jessen so nervös, daß er den um einige Jahre jüngeren Feddersen eindringlich bat, von Motiven aus dem Volksleben abzusehen, dies sei „sein Eigentum – in jeder Beziehung". Feddersen, der durch Erbschaft und Heirat als Künstler finanziell abgesichert war, verhielt sich generös und wandte sich ganz der Landschaftsmalerei zu. In einer Ecke seines Gartens baute er sich ein Atelier und widmete sich bis in das hohe Alter ausschließlich der getreuen Schilderung der nordfriesischen Marschlandschaft. Feddersen vermag den koloristi-

Otto H. Engel, Drei Friesinnen unter der Linde, 1906, Museumsberg Flensburg.
Als Engel 1901 das erste Mal nach Föhr kam, gebot es der Anstand, daß zunächst der Pastor gefragt wurde, ob junge Frauen bereit seien, sich in inseltypischer Tracht malen zu lassen. Nachdem mit den Eltern gesprochen und ein Stundenlohn für das Modellstehen vereinbart worden war, konnte das Malen beginnen.

schen Reiz der Bauernhäuser mit ihrem leuchtend grünen Moosbewuchs auf den Reetdächern ebenso wiederzugeben wie die Weite der Marsch. Häufig sind es die Kühe, die nicht nur farbliche Akzente, sondern auch räumliche Fixpunkte darstellen. Der Malerfreund Leopold von Kalckreuth, der ihn auf seinen Wanderungen durch die Marsch begleitete, erzählte: „Hans Peter ging hinter den Kühen her, die nicht stillhalten wollten, und ich hinter Hans Peter. Mit einer Tabakspfeife zwischen den Zähnen machten wir Muh-Muh und suchten die wiederkäuenden Modelle in die wünschenswerte Unbeweglichkeit hineinzuhypnotisieren."

Der Maler der Halligen war Jacob Alberts (1860–1941), der in Westerhever geboren war, aber in Berlin lebte. Mit Bildern wie „Beichte auf Hallig Oland" oder „Predigt auf Hallig Gröde" hatte auch er in der Tradition der Volkslebenmaler begonnen, war dann aber um 1900 zur Freilichtmalerei übergegangen. In Deutschland war er einer der ersten, die ihre Bilder in der Natur bis zum letzten Pinselstrich vollendeten. Seine Halligbilder sind von großer Schlichtheit und unbedingter Treue gegenüber der Natur. Gerne malte er die blühende Hallig voll Sonne und Licht, wobei die rosa Strandnelken und die lila Statizien die farblichen Akzente setzen. Sein Freund, der renommierte Berliner Theaterkritiker Alfred Kerr, schuf virtuose Sprachgemälde, die den Bildern Alberts' ebenbürtig waren: „Wie oft sah ich das Watt in Seligkeitsfarben, heiterstill; mit Stelzvögeln; opalisierenden Gerinnseln; mit allerhand Formen, erhöhten und vertieften; o Sommerglück. Jacob Alberts hat die Halligen gemalt, Trümmer des Wattenmeeres, im Frühling und im Herbst und im Sommer. Es blüht auf ihnen zeitweis etwas Leuchtendes, Nelkenhaftes, das sie ganz überdeckt …"

Das Erbe von Alberts als Halligmaler traten die Spätimpressionisten Willy Graba (1894–1973) aus Wesselburen und Albert Johannsen (1890–1975) aus Husum an. Neben diesen gibt es eine Reihe weiterer Maler, deren Bedeutung sich auf das Regionale beschränkt. Zu nennen sind hier etwa Jan Hamkens (1863–1918), ein Bauernsohn aus Oldenswort, der das Phlegma in Person war und den hohen Erwartungen nicht gerecht wurde, oder Richard von Hagn (1850–1933) aus Husum, der sich vorsichtig an Hans Peter Feddersen orientierte. Auch Alexander Eckener (1870–1944) und Ingwer Paulsen (1883– 1943) haben ihren Beitrag zur malerischen Darstellung der nordfriesischen Landschaft geleistet, doch ihre eigentliche Stärke lag auf dem Gebiet der Radierung.

Die meisten Künstler zog es seit jeher auf die Inseln. Auf dem Festland gab es vor allem zwei Punkte, die von Malern gerne aufgesucht wurden, das kleine Dorf Ostenfeld bei Husum und die Gastwirtschaft von Lauritz Thamsen in Bongsiel bei Ockholm. Ostenfeld galt lange als etwas Besonderes, das sich von der Umgebung abhob. Die Ostenfelder schienen

von fremder Abkunft zu sein, sie hatten eine eigene Tracht, sie heirateten fast nur untereinander, ihre plattdeutsche Sprache hatte einen sehr weichen Klang, und auch ihre Häuser hatten eine eigene Form. Um 1900 war dies alles verschwunden, aber wieder waren es die Maler, die rechtzeitig ein Gespür für diese versinkende Welt entwickelt hatten: Aus Husum kam Hans Nicolai Sunde (1823–1864), dem Theodor Storm in seiner Erzählung „Eine Malerarbeit" ein literarisches Denkmal setzte, aus Hamburg kamen die Freunde Christian Carl Magnussen und William Bottomley (1816–1900); auch Richard von Hagn und Carl Ludwig Jessen haben in Ostenfeld gemalt, nicht vergessen werden darf die Malerin Friederike Westphal (1822–1902) aus Schleswig.

Hatte Ostenfeld wegen seiner besonderen Motive bis in die achtziger Jahre des 19. Jahrhunderts besondere Aufmerksamkeit erregt, so wurde Bongsiel in der Folgezeit Ausgangspunkt für künstlerische Exkursionen. Die Künstler trafen sich im Lokal des Gastwirts und Schleusenwärters Lauritz Thamsen (1848–1929). Dieser war eine imponierende Erscheinung und pflegte abends beim Punsch schaurige Schnurren zu erzählen. Eine dieser Lügengeschichten, „Dat swarte Perd", hat Alexander Eckener illustriert. In dem Lokal, das noch heute mit Bildern reich ausgestattet ist, verkehrten um die Jahrhundertwende viele Künstler, neben Eckener Reinhold Rudolf Junghanns (1884–1967), Andreas Dirks (1866-1922), Willi Graba, Albert Johannsen und sogar der menschenscheue und anderen Künstlern gegenüber sonst so reservierte Emil Nolde. Die Fischer und die Bauern, die hier ein und aus gingen, saßen den Malern gelegentlich Modell, und wer von ihnen auf die Halligen wollte, fand hier stets eine Mitfahrgelegenheit. Wilhelm Lobsien gibt von diesem Milieu auf den ersten Seiten seines Romans „Der Halligpastor" eine anschauliche Darstellung.

Hans Peter Feddersen, Spätland bei Maasbüll, 1883, Museumsberg Flensburg.
Hans Peter Feddersen ist der Entdecker der Landschaft Nordfrieslands. Er war der erste, der mit Palette, Farbkasten und einem Klappstuhl die Wiesen und Felder durchstreifte und im Wettlauf mit den ständig sich ändernden Wetter- und Lichtverhältnissen kleinformatige Landschaftsstudien malte.

Jacob Alberts, Blühende Hallig, um 1895, Museumsberg Flensburg. Hallig Hooge war die Lieblingsinsel des Malers, hier verbrachte er in einem alten Reetdachhaus viele Sommer. Alberts malte seine Landschaftsbilder in freier Natur. Damit er die noch unfertigen Gemälde nicht jedesmal mit nach Hause nehmen mußte, packte er die Bilder und das Malgerät an Ort und Stelle in wasserdichte Kisten.

Die große Künstlerpersönlichkeit Nordfrieslands im späten 19. und frühen 20. Jahrhundert ist und bleibt Hans Peter Feddersen, dem eine mehr als 70 Jahre andauernde Schaffenszeit vergönnt war. Der Naturalist Feddersen ging bei seinen Bildern stets von einem konkreten Naturerlebnis aus, bei Wind und Wetter malte er gegen den raschen Wechsel der Naturerscheinungen an. In seinen frühen Sylt-Landschaften liegt der Horizont hoch, sein Augenmerk galt ausschließlich der Dünenlandschaft. Später hebt er den Blick, und nun wird der Himmel über dem tiefliegenden Horizont das eigentliche Thema. Feddersen erfaßte jetzt die Weite der Landschaft, indem er in die atmosphärische Beschaffenheit der Wolken eindrang, die von Sturmwind zerrissen, von Regen verhangen oder von hellem Sonnenschein durchflutet sind. In den zwanziger Jahren nähert er sich der expressionistischen Darstellungsweise Emil Noldes (1867–1956). Was Feddersen als Naturphänomen mit einem poetischen Bildtitel als „Ballade“ umschrieb, das wird bei Nolde zum Drama.

Nolde war 1927 mit dem Bau des Hauses „Seebüll“ in Nordfriesland ansässig geworden. In seiner ekstatischen Erlebnisfähigkeit war er in der Lage, hinter die sichtbaren Erscheinungen der Natur zu schauen. Er deutete den ständigen Wechsel der Himmelserscheinungen als ein Drama der Natur, hier vollzog sich jeden Tag der Kampf des sterbenden und des kommenden Tages. Die Wolken waren stets veränderlich und doch unvergänglich, Nolde hielt sie für Drohungen und für Tröstungen des Göttlichen. Die Wolkengebilde waren nach seinen eigenen Worten „der Schrecken der schwachen Gemüter und dem Starken jedesmal ein Erlebnis in Dramatik und Naturgröße“. Um seine inneren Visionen darzustellen, konnte Nolde zu völlig freien Bilderfindungen gelangen, was den der strengen Naturanschauung verhafteten Feddersen völlig irritierte: „Nolde hat eine außerordentliche Fähigkeit, unter souveräner Verachtung jeglicher Naturwahrscheinlichkeit Palettenfarben derartig nebeneinander zu stellen, daß sie eine harmonische starke Wirkung hervorbringen …“

Das Übersinnliche in der Natur erfuhr Nolde mit besonderer Intensität 1919 auf der Hallig Hooge, vor allem in der Stille der Nächte, wenn nur das Rauschen des Meeres hörbar war. Für großstadtmüde Künstler aus der Generation der Expres-

sionisten bot sich die Welt der Halligen als ideales Rückzugsgebiet an. Der sächsische Maler Walter Jacob (1893–1964), einer der glühendsten Verehrer Noldes, dem die Großstadt Berlin wie der Inbegriff von Tod und Sünde vorkam, fand hier Einsamkeit und Stille. Ähnlich erging es auch dem jungen, aus Kiel stammenden Expressionisten Friedrich Karl Gotsch (1900–1984), der auf der Halbinsel Eiderstedt das damals noch einsame Dorf St. Peter entdeckte. Die Großstadt, das Atelier, Beziehungen zu Menschen, alles fiel von ihm ab. Seine Bilder dieser Zeit sind schlicht, derb und groß angelegt. Sommer für Sommer kehrte er hierher zurück, bis er 1950 ganz in St. Peter ansässig wurde.

Die Expressionisten waren die letzte Künstlergeneration, die sich intensiv mit der Landschaft Nordfrieslands auseinandergesetzt hat. Nach dem Zweiten Weltkrieg wurde die Kunst international und abstrakt, die Auseinandersetzung mit regionalen Phänomenen galt als „provinziell". 1985 erhob sich noch einmal eine Stimme, bezeichnenderweise im Ausland und in einem anderen Medium, dem der Literatur. Der namhafte italienische Schriftsteller Giorgio Manganelli ließ in einem Essay die Landschaftsbilder Emil Noldes vor Augen treten: „Die Landschaft verändert sich im Nu … Da begreifen Sie, daß der wahre Protagonist, der absolute Herr der Bilder dieses Landes der Himmel ist. Überquert von zahllosen Winden, die aus allen Teilen des Landes und der Meere kommen, ist der Himmel ein instabiler Aufenthaltsort von Licht, Schatten, Gespenstern, Bildern, Farben …"

Emil Nolde, Landschaft (Nordfriesland), 1920, Nolde-Stiftung, Seebüll. Kein anderer Künstler hat den Himmel über der Marsch so eindrucksvoll gemalt wie Nolde. Diese Landschaft sei, so schrieb er, allem Berauschenden fern, zugleich aber reich „an herber Größe und auch an stürmisch wildem Leben".

Museen in Nordfriesland

Klaus Lengsfeld

Das breitgefächerte Museumsangebot im Kreis Nordfriesland wird jährlich von mehr als einer halben Million Besucher wahrgenommen. Der reichhaltige Schatz wertvoller historischer Überlieferungen informiert anschaulich über die außergewöhnlichen ökologischen und kulturellen Gegebenheiten des Küstenlandes. Nach thematischen Hauptgruppen unterteilt, wird in dieser Übersicht zunächst der allgemeine Zugang zu den nordfriesischen Museen und Sammlungen erleichtert. Sodann werden die einzelnen Häuser innerhalb der jeweiligen Region vorgestellt.

Naturkunde

Die vielgestaltigen naturkundlichen Sammlungen der Museen und Ausstellungen Nordfrieslands stellen die Ziele und die Bedeutung des Nationalparks Schleswig-Holsteinisches Wattenmeer vor den breitgefächerten Hintergrund zahlreicher Ausstellungsstücke zur Geschichte und Kultur der Küste. Wichtige Fragen zur Bedeutung und Schutzbedürftigkeit des Wattenmeeres sowie die kontroverse Diskussion über die gegenwärtige Nutzung des Naturraumes Wattenmeerküste durch Fischerei, Wirtschaft und Tourismus werden so allgemeinverständlich in ihrem historischen Zusammenhang dargestellt. Eine besondere Rolle kommt dem 1999 in Tönning eröffneten Multimar Wattforum zu, das die Ergebnisse dauerhafter Umweltbeobachtung publikumswirksam sichtbar macht und den Besuchern die Möglichkeit bietet, das komplexe Ökosystem Wattenmeer spielerisch und erforschend kennenzulernen.

Während das Naturzentrum Bredstedt und das Naturkundemuseum Niebüll die Vielfalt der heimischen Tier- und Pflanzenwelt mit all ihren Besonderheiten in engagierter, praktischer Naturschutzarbeit darbieten, werden die Natur- und Landschaftskunde, die Entstehung des Wattenmeeres, der Marschen, Heiden und Dünen sowie der Küstenschutz als thematische Schwerpunkte in Ausstellungsabteilungen in Keitum, Wyk und Husum (Nordfriesisches Museum Ludwig-Nissen-Haus) in einen abwechslungsreichen kulturgeschichtlichen Zusammenhang gestellt. Die rekonstruierten Vogelkojen in Kampen auf Sylt wie auf Nordstrand veranschaulichen, wie sinnreich und erfolgreich Wildenten für den menschlichen Verzehr von 1730 bis in die dreißiger Jahre des 20. Jahrhunderts gefangen wurden. Im Freigelände des Westküstenparks St. Peter begegnen die Besucher fast ausgestorbenen Haustierrassen, zum Teil als Rückzüchtungen, in ihrem urtümlichen Erscheinungsbild. Die Entwicklung der Haus- und Nutztiere, wie sie, geprägt von sich wandelnden Ansprüchen und Zuchtzielen der Menschen, im Haustierpark sichtbar wird, verweist auf vielfältige Verflechtungen von Wirtschaft, Wissenschaft und Kultur.

Vor- und frühgeschichtliche Sammlungen

Die reichhaltigen vor- und frühgeschichtlichen Schausammlungen in den Museen dokumentieren vorwiegend die örtlichen Funde. Sie erzählen insgesamt sehr anschaulich vom Alltag der prähistorischen Menschen in den jeweiligen Landschaften und vom Verlauf der Besiedlungsgeschichte im Küstenland und auf den Inseln.

Naturgemäß waren diese Zeugnisse vor allem in den früh besiedelten, weil hoch gelegenen Geestgebieten der Inseln und des Festlandes zu finden. Auf Amrum werden sie in der Mühle in Nebel gezeigt, auf Föhr im Häberlin-Museum Wyk. Die bedeutende Sammlung des Sylter Chronisten Christian Peter Hansen (1803–1879) ist in Keitum bewahrt. Hinzu kommt auf Sylt als Besonderheit die jungsteinzeitliche Grabanlage „Denghoog" bei Wenningstedt, die heute begehbar ist und so ein einmaliges Erlebnis der Vorgeschichte ermöglicht. Auch die Heimatmuseen in Niebüll, Schwabstedt und St. Peter präsentieren solche Funde. Im Nordfriesischen Museum Husum ist der

In ein buntes Blumenmeer getaucht, wie der Künstler es liebte – das Gebäude der „Stiftung Seebüll Ada und Emil Nolde“ in der Gemeinde Neukirchen. Das Museum zieht jährlich Zehntausende in den sonst eher stillen Norden des nordfriesischen Festlands.

frühen Besiedlung der gesamten Region eine eigene Abteilung gewidmet.

Die zum Teil außergewöhnlichen Exponate zur Geschichte Nordfrieslands und zu herausragenden Persönlichkeiten, zur Volkskunde und Kulturgeschichte bilden zusammen ein facettenreiches Bild der nordfriesischen Küste und werden in fast allen Heimatmuseen dargeboten.

Baudenkmäler, Landwirtschaft und Handwerk

Die historischen Baudenkmäler und Stadtensembles auf den Inseln, auf Eiderstedt, in Friedrichstadt und Husum bilden wie die Freilicht- und Mühlenmuseen in Keitum/Sylt, Nebel/Amrum, Wyk/Föhr, auf den Halligen Langeneß und Hooge sowie in Fahretoft, Deezbüll/Niebüll und Risum-Lindholm eindrucksvolle Belege vergangener Baukultur und der zugehörigen Lebens- und Wirtschaftsformen.

Landwirtschaftliche Gebäude, Maschinen und Geräte zeugen von den Lebensgrundlagen der Nordfriesen. Insbesondere die Marschen Eiderstedts sind noch heute landschaftlich geprägt von den eigentümlichen Haubargen, einem Hoftyp nach niederländischen Vorbildern, wie er fast nur auf dieser Halbinsel vorkommt. Im Roten Haubarg bei Witzwort sind die kennzeichnenden Gegenstände bäuerlichen Lebens zusammengetragen. Das Freilichtmuseum Ostenfelder Bauernhaus in Husum zeigt seit 1899 ebenso wie das Haus Olesen am Haeberlin-Museum Wyk/Föhr und das Friesische Heimatmuseum in Niebüll den bäuerlichen Alltag vom 17. bis ins 18. Jahrhundert. Die heimatgeschichtliche Sammlung der Gemeinde Bohmstedt schließt zeitlich daran an. Die Versorgung der Landbevölkerung mit „Kolonialwaren“ und Gegenständen des täglichen Bedarfs wird im Kaufmannsladen des Hauses Peters in Tetenbüll gezeigt.

Aber auch die handwerkliche Arbeit der Schuhmacher, Tischler, Schmiede, Schlosser, Böttcher und Töpfer wird in den verschiedenen Werkstätten im Husumer Stadtmuseum (Ludwig-Nissen-Haus) sowie im Eiderstedter Heimatmuseum in St. Peter sichtbar, während sich das Schiffahrtsmuseum Nordfriesland in Husum dem handwerklichen und industriellen Schiffbau, dem Walfang und der Fischerei widmet.

Herausragend sind die zahlreichen Zeugnisse aus Seefahrt und Wattenmeer-Fischerei. Fast alle Museen der Inseln und Halligen belegen so die Bedeutung der Meeresnutzung für die wirtschaftliche und soziale Entwicklung seit dem 17. Jahrhundert.

Kulturgeschichte

Auch Kunsthandwerk, das heißt künstlerisch anspruchsvoll gestaltetes, kostbares Gebrauchsgut, sowie die vielfältigen Erzeugnisse der Volkskunst mit all den reich geschmückten Stuben und Möbeln, dem Schmuck, den Trachten, der Keramik und den mit Kerbschnitt oder Farbe verzierten Alltagsgeräten werden in fast allen Häusern ortsnah ausgestellt.

Die wenigen, allerdings bedeutenden Kunstmuseen und -sammlungen, wie die Noldestiftung in Seebüll, das Richard-Haizmann-Museum in Niebüll und das Ludwig-Nissen-Haus in Husum, präsentieren Schwerpunkte weltweit wichtiger künstlerischer Entwicklungen und weisen auf den eigenständigen Beitrag der Region zur Kunstgeschichte hin.

Die bürgerlich-städtischen Lebensverhältnisse des 19. Jahrhunderts finden wir im Wohnhaus des Dichters Theodor Storm in Husum anschaulich dokumentiert. Doch auch die rekonstruierte Diele des Husumer Kaufmannshauses Frodsen und die prächtige Schwan-Apotheke aus der Husumer Großstraße im Stadtmuseum des Ludwig-Nissen-Hauses zeugen vom Selbstverständnis, von der Kultur und der Wirtschaftskraft der Handelsherren in der Hafenstadt. Dargestellt wird dort auch die Auswanderung aus Schleswig-Holstein nach Übersee, die Zehntausende Menschen aus Stadt und Land aus sozialen, wirtschaftlichen und auch politischen Gründen in die Fremde führte. Familienschicksale sind nachgezeichnet, die unübersehbaren Gegenwartsbezug besitzen.

Die Präsenz Herzog Adolfs von Schleswig-Holstein-Gottorf (1526–1586) in Husum wird im bedeutendsten Profanbau an der Westküste, dem Husumer Schloß, sichtbar. Der Einfluß der Herzoginwitwen Augusta und Marie Elisabeth auf die kulturelle und soziale Entwicklung in Nordfriesland ist vom 17. Jahrhundert her noch heute spürbar.

Die Museen und Sammlungen im Überblick

Betrachtet man die einzelnen Museen und Sammlungen auf den Inseln und Halligen, so stellt man fest, daß sie neben naturkundlichen und besiedlungsgeschichtlichen Dokumenten insbesondere Zeugnisse aus ihrer wirtschaftlichen Blütezeit im 17. und 18. Jahrhundert zeigen. Die kleinen Inselhäuser sind noch heute angefüllt mit prachtvollen kunstgewerblichen Gegenständen wie Mobiliar, Schmuck, Beilege-Öfen, Fliesen und Schiffsbildern.

Das von der Söl'ring Foriining getragene *Sylter Heimatmuseum* in Keitum würdigt als besonderen Schwerpunkt die Lebensleistung des Kämpfers für eine liberale Verfassung Uwe Jens Lornsen (1793–1838) und zeigt Exponate zu allen wichtigen Themenbereichen der Insel. Eine eigene Abteilung enthält Werke des Kunstmalers Magnus Weidemann (1880–1967). Das benachbarte *Altfriesische Haus* wurde 1909 zu einem Dokument der Sylter Wohnkultur des 18. Jahrhunderts.

Auf Föhr ist es das *Carl-Haeberlin-Friesenmuseum* in Wyk, in dem neben Naturkunde und Geologie, Vorgeschichte, Seefahrt und Walfang auch die Wirtschafts-, Sozial- und Auswanderergeschichte thematisiert wird. Herausragende Exponate führen dem Besucher die Inselkultur vor Augen. Im Freigelände stehen das Haus Olesen von 1617, eines der ältesten auf Föhr, und eine kleine Bockwindmühle, von der Hallig Langeneß. Wohnen und Wirtschaften auf der Insel Föhr veranschaulicht auch das Privatmuseum *Leben auf dem Lande* in Oevenum.

Das um 1740 errichtete Altfriesische Haus, am Keitum-Kliff gelegen, bietet einen Einblick in die Lebensverhältnisse des alten Sylt. Wie für utlandfriesische Häuser typisch, wird das Haus durch einen Gang hinter der Eingangstür unter dem Giebel quergeteilt.

Die *Windmühle* in Nebel auf Amrum, bis 1963 in Betrieb, ist ein Baudenkmal, das vielseitige Sammlungen zu Flora und Fauna, zur Mühlengeschichte, Heimatkunde und Seefahrt beherbergt. Die reiche Seefahrerkultur auf den Halligen tritt uns im *Königspesel* auf Hooge ebenso wie auf Langeneß im *Kapitän-Tadsen-Museum* und in der *Friesenstube* auf der Honkenswarft entgegen. Als im Originalzustand erhaltene Friesenhäuser des 18. Jahrhunderts atmen sie die Kultur und die Wohlhabenheit der Walfängerzeit.

Die von Sturmfluten zerstörten Wirtschaftsflächen und Wohnstätten der Friesen sind noch heute vielfach im Watt erkennbar. Immer wieder gelangen aus Schlick und Sand Spuren der alten Kultur ans Licht: Tonscherben, unbeschädigte Kochgeschirre aus Keramik und Metall sowie Backsteine von zerstörten Häusern, hölzerne Eimer und Sodenbrunnen, menschliche Skelette, silberne Schuhschnallen und Knöpfe, eben alles, was bei einem überraschenden Wassereinbruch ins Haus nicht gerettet werden konnte. Die bei Wattwanderungen von Einheimischen und Gästen gesammelten Funde sind im *Heimatmuseum Hans von Holdts* auf Hooge, im *Inselmuseum Pellworm* sowie in den Sammlungen des dortigen *Halligbriefträgers Heinrich Liermann* und des *Wattenläufers Helmut Bahnsen* in Westerschütting ausgestellt.

Der verdienstvolle, aus Schwaben stammende Heimatforscher Carl Haeberlin gründete das nach ihm benannte Museum in Wyk auf Föhr. Das Rotsteingebäude mit Reetdach wurde 1908 nach Plänen des Architekten Heinrich Bomhoff im Stil der Heimatschutzarchitektur errichtet.

Auf der Halbinsel Eiderstedt geben die Museen und Sammlungen sowie die zahlreichen, wertvoll ausgestatteten Kirchen und Haubarge einen umfassenden Einblick in die wirtschaftliche, soziale und kulturelle Vergangenheit der Landschaft. Unter dem Reetdach eines ehemaligen Bauernhauses aus dem 18. Jahrhundert werden im *Eiderstedter Heimatmuseum St. Peter-Ording* Wohnkultur und Lebensweise der Vergangenheit in der Region

Im Öömrang Hüs (Amrumer Haus) in Nebel ist die großenteils erhaltene Einrichtung eines aus dem Jahre 1736 stammenden Kapitänshauses zu bewundern. Der Inselverein Öömrang Ferian, der das Haus 1993 erwarb, zeigt hier wechselnde Ausstellungen und unterhält ein Archiv für Amrum.

Blick in die „Friesenstube" auf der Langenesser Honkenswarft (links): Zu sehen sind wesentliche Bestandteile friesischer Wohnkultur wie Bilegger und Fliesen. Das reetgedeckte Eiderstedter Heimatmuseum (rechts) erlaubt Aufschlüsse über Kultur und Vergangenheit der traditionsreichen Halbinsel.

dargestellt. Mobiliar aus drei Jahrhunderten, Keramik, Silber, aber auch einfache Gerätschaften zeigen den häuslichen Bereich. Modelle von der Landschaft, den verschiedenen Haustypen und Schleusen erklären die naturgegebenen und kulturellen Besonderheiten der Halbinsel Eiderstedt. Die landwirtschaftliche Abteilung des Museums präsentiert im ehemals herzoglichen *Roten Haubarg* bei Witzwort, einem für die Landschaft Eiderstedt typischen Großbauernhaus des 17. Jahrhunderts, mit landwirtschaftlichen Großgeräten und vielfältigen Werkzeugen den bäuerlichen Arbeitsalltag in der Frühzeit der Mechanisierung. In dem um 1820 eingerichteten Kaufmannsladen des denkmalgeschützten *Hauses Peters* in Tetenbüll wird die ländliche Versorgung für Küche und Herd nachvollziehbar. Die ortsgeschichtliche *Sammlung der Gemeinde Oldenswort* gedenkt unter anderem des großen Soziologen Ferdinand Tönnies (1855–1936). In einem eingeschossigen Giebelhaus des 16. Jahrhunderts wurde in seinem Geburtsort Garding eine *Gedenkstätte für den Nobelpreisträger Theodor Mommsen* (1817–1903) eingerichtet. Die Geschichte der frühen Besiedlung Eiderstedts sowie die historische Entwicklung Tönnings zeigt eine Ausstellung im historischen *Kanal-Packhaus* von 1784.

Unter den Museen des Festlands ragt besonders das *Nolde-Museum* Neukirchen hervor. Das vom Maler Emil Nolde (1867–1956) selbst entworfene Wohn- und Atelierhaus zeigt in jährlich wechselnden Ausstellungen jeweils einen Querschnitt des künstlerischen Werkes. Der Künstler selbst legte die künftige Be-

Auch das Heimatmuseum in Deezbüll wird von einem Verein getragen, nämlich dem Frasche Feriin for Naibel-Deesbel än trinambai (Friesischer Verein für Niebüll-Deezbüll und Umgebung). Bei Führungen durch das um 1700 errichtete Haus werden die Lebensverhältnisse der Vergangenheit eindrucksvoll erläutert.

stimmung des Hauses fest: „In unserem kleinen Gewese in ländlicher einfacher Natur [soll] der suchende geistige Wanderer aus allen Landen eine bescheidene, besondere Stätte finden, wo ihm etwas Glück und künstlerisch geistige Erholung gegeben wird“ (aus dem Testament von Ada und Emil Nolde, 1946).

In dem unter Denkmalschutz stehenden ehemaligen Niebüller Rathaus von 1928 wurde das *Richard-Haizmann-Museum* für moderne Kunst eingerichtet. In den zwanziger Jahren war der Bildhauer und Maler Richard Haizmann (1895–1963) als Tierplastiker bekannt geworden. 1934 zog der von den Nationalsozialisten als „entartet“ denunzierte Künstler nach Niebüll in die innere Emigration. Sein Werk bildet den Grundstock der ständigen Ausstellung. Anspruchsvolle Sonderausstellungen von moderner Kunst runden das Programm ab.

Das *Naturkundemuseum Niebüll* zeigt in großzügigen Ausstellungsräumen die einheimische Flora und Fauna. Groß- und Kleindioramen vermitteln einen wirklichkeitsnahen Eindruck von der nordfriesischen Natur. Mehr als 500 Präparate heimischer Tiere, insbesondere etwa 200 Vogelarten und etwa 1000 Insekten kann der Besucher aus der Nähe kennenlernen. Im Sommer hat ein Bienenvolk seinen Stock in einem der Räume, so daß der interessierte Besucher einen guten Einblick in die „Kinderstube“ und den Aufbau eines Bienenstocks erhält. Das Museum bietet außerdem Vorträge, Seminare und Wanderungen an.

Bevor es zum Museum wurde, diente das fast 300 Jahre alte friesische Langhaus bis 1929 als Wohn- und Wirtschaftsgebäude eines Bauernhofs. Heute zeigt das *Friesische Heimat- und Freilichtmuseum* in Niebüll-Deezbüll bäuerliches Familienleben in der Zeit vor der Industrialisierung. Während das reetgedeckte Haus äußerlich eher idyllisch anmutet, offenbart sich im Innern die Härte des damaligen Lebens. Die Lebensumstände verdeutlicht die zum Wohnen, Essen, abendlichen Hausfleiß und zugleich zum Schlafen eingerichtete Stube des Hauses. Ein offener Herd bildet die zentrale Feuerstelle; Knechtekammer und Stall sind unverändert erhalten.

Ein besonders anschauliches Erlebnis bietet auch der *Dorfgeschichtliche Wanderweg* in Fahretoft bei Dagebüll. Wandernd kann das Dorf, das bis Ende des 17. Jahrhunderts eine Hallig war, selbständig erkundet werden, einige Stationen sind jedoch nur mit Führung zugänglich.

Die Alte Münze, hier auf einer historischen Postkarte, entstand bald nach der 1621 erfolgten Gründung Friedrichstadts. Heute spiegelt sich dort in Ausstellungen die Geschichte des auch „Klein-Amsterdam" genannten Ortes.

Der jüngeren politischen Geschichte mit den Greueln der NS-Zeit sind zwei Einrichtungen gewidmet. Die *KZ-Gedenkstätte Ladelund* liegt in der Nähe der Grenze zu Dänemark. In dieser Außenstelle des Konzentrationslagers Neuengamme bei Hamburg kamen im November/Dezember 1944 mehr als 300 der etwa 2000 Internierten ums Leben. Eine Dokumentation der Ereignisse bietet die Gedenkstätte, zum ehemaligen Lagergelände führt ein Wanderweg. Die *KZ-Gedenkstätte Schwesing* erinnert an die Opfer des Lagers Schwesing bei Husum, einer weiteren Außenstelle des Konzentrationslagers Neuengamme. 2500 Menschen aus 14 Ländern waren hier von September bis Dezember 1944 interniert, mehr als 300 von ihnen starben infolge von Zwangsarbeit, Unterernährung und Mißhandlung. Neben dem eindrucksvollen Mahnmal konnte im Sommer 1994 ein zusätzliches Grundstück erworben werden. Auf diesem Areal sind die Fundamente der ehemaligen Toilettenbaracken erhalten. Geplant ist die Erweiterung der Gedenkstätte unter anderem durch einen Informationsbereich.

Im ehemaligen Landwirtschaftsschulgebäude von Bredstedt befindet sich seit 1982 das *Naturzentrum Nordfriesland*. Es gilt als ein Modell für ökologisch ausgerichtete Informationszentren, die insbesondere die zahlreichen Touristen an der Nordseeküste ansprechen und über die Besonderheiten von Fauna und Flora unterrichten. Großdioramen und Schausammlungen zeigen die wichtigsten Landschaftsformen Nordfrieslands: Geest, Wald, Heide, Moor, Binnengewässer, Wattenmeer und die Halligen. Geführte Wanderungen, Radtouren und Vorträge ergänzen das Angebot.

Die *Heimatgeschichtliche Sammlung Bohmstedt* zeigt Geräte aus der Landwirtschaft, der Torfgewinnung und dem Handwerk, während die *Heimatgeschichtliche Sammlung des Kirchspiels Schwabstedt* im „Haus des Kurgastes" Ausgrabungsfunde von der Vorgeschichte bis zum Mittelalter, Dokumente, Modelle, bäuerliches und handwerkliches Gerät präsentiert.

Die *Alte Münze* in Friedrichstadt, nach der Stadtgründung durch den Gottorfer Herzog Friedrich III. 1621 als Haus des Statthalters Adolf von Wael errichtet, zählt zu den bedeutendsten Baudenkmälern der Stadt. Wie die gesamte Stadtanlage verweist die reiche Gestaltung auch dieses Hauses in nordholländischer Tradition auf die niederländische Besiedlung Friedrichstadts. Die Ausstellung thematisiert unter anderem neben dem kleinstädtischen Alltagsleben auch den Geist der Toleranz, der die Ansiedlung niederländischer Glaubensflüchtlinge unterschiedlicher Konfessionen im 17. Jahrhundert ermöglichte. Dies dokumentieren besonders überzeugend die Sammlungen der jüdischen Gemeinde, die in der ehemaligen Synagoge gezeigt werden sollen, und der Remonstranten-Kirche. Ebenfalls aus der Gründungszeit der Stadt stammt das um 1630 erbaute *Fünfgiebelhaus* am Fürstenburgwall, in dessen Räumen Sonderausstellungen stattfinden.

Die Kreisstadt Husum bietet in fünf Häusern ein ebenso attraktives wie umfassendes Museumsangebot. Das *Ostenfelder Bauernhaus* in Husum, ein aus dem etwa 15 Kilometer östlich von Husum gelegenen Ort Ostenfeld stammendes und 1899 nach Husum verbrachtes niederdeutsches Fachhallenhaus, ist das älteste deutsche Freilichtmuseum. Im Kern stammt das Gebäude aus der Zeit vor 1600. Es ist ausgestattet mit einem urtümlichen, schornsteinlosen Herd nebst zugehörigem Hausrat und sämtlichen bäuerlichen Gerätschaften. Die 1789 angebaute Döns (Wohnstube) mit ihrer geschnitzten Alkovenwand und der repräsentative Pesel (Festraum) mit dem bedeutenden, figurenreichen Abendmahlschrank von 1642 zeugen von Wohlstand und Kultur der Bauernfamilien im alten Kirchspiel Ostenfeld.

Das direkt am Husumer Binnenhafen gelegene *Schiffahrtsmuseum Nordfriesland* ist der Wirtschafts- und Sozialgeschichte der nordfriesischen Seefahrer und ihrer Familien, dem Schiffbau (auch den heute noch in Husum arbeitenden Fischerei- und Werftbetrieben), dem historischen Walfang sowie weiteren Bereichen der Schifffahrt gewidmet. An besonderen Exponaten sind das Heckschiff einer Eiderschnigge – benannt nach einer Schnecke, weil der behäbige, breite Transportsegler nur langsam vorankam –, das in Zucker konservierte Wrack eines niederländischen Lastenseglers aus der Zeit um 1600 sowie zahlreiche Modelle von Walfangschiffen, Kuttern und Inselfähren zu erwähnen. Im Hof des Gebäudes befinden sich Originalbauteile von Schiffen und andere größere Gegenstände aus dem schiffbaulichen und maritimen Bereich.

In einem aus der Rokokozeit stammenden Alt-Husumer Bürgerhaus in der Wasserreihe lebte von 1866 bis 1880 der Schriftsteller und Jurist Theodor Storm. Im Erdgeschoß des *Theodor-Storm-Hauses* befinden sich unter anderem die Landvogtei sowie das Arbeitszimmer Storms.

Das frühere Wohnhaus des Dichters in der Husumer Wasserreihe wurde 1972 von der Theodor-Storm-Gesellschaft als Museum eingerichtet. Storm lebte in diesem Haus, in dem zum Beispiel die weltberühmte Novelle „Pole Poppenspäler" entstand, von 1866 bis 1880.

Im Obergeschoß gelangt man in die „Geschirrstube" mit altem Tafelgeschirr. Dazu kommen Bilder und Gegenstände aus dem persönlichen Besitz Storms und seines Bekanntenkreises. Das Wohnzimmer befindet sich annähernd im Zustand wie zu Storms Lebenszeit. Das „Hademarschen-Zimmer" ist als Erinnerungsstätte an die letzte Lebensperiode des Dichters eingerichtet.

Das *Schloß vor Husum* wurde 1577 bis 1582 von Herzog Adolf von Schleswig-Holstein-Gottorf als Nebenresidenz errichtet. Ab 1610 weiter ausgebaut, diente es bis 1684 als Witwenresidenz. Nach dem Tod der Herzogin Marie Elisabeth verfiel die Bausubstanz, ab 1750 wurde das im niederländischen Renaissancestil errichtete Schloß verkleinert und barockisiert. Die letzten umfassenden Sanierungen begannen 1973. In den museal genutzten Räumen befinden sich zahlreiche Gemälde und Einrichtungsgegenstände, wie etwa die aus dem 17. Jahrhundert stammenden Schmuckkamine aus Alabaster und Sandstein und die rekonstruierte Schloßkapelle. Das Schloß bietet kunst- und kulturgeschichtliche Ausstellungen sowie Konzert- und Theaterveranstaltungen.

Das von 1577 bis 1582 errichtete Schloß vor Husum strahlte bis 1972 als Verwaltungssitz des Amtes, seit 1867 des Kreises Husum weit in die Umgebung aus. Heute zieht es als ein museales Zentrum und als Sitz des Kreisarchivs Nordfriesland Kulturinteressierte an.

Im Innern des Schlosses vor Husum sind die großen Kamine besondere Schmuckstücke, gefertigt unter der Leitung des Steinhauermeisters Henni Heidtrider (um 1580–um 1650). Der Todeskampfkamin war 1919 in das Deutsche Museum nach Berlin gebracht worden. Seit 1992 schmückt aber eine Nachbildung den Rittersaal des Husumer Schlosses.

Das *Nordfriesische Museum/Ludwig-Nissen-Haus Husum* ist das zentrale Museum für den Kreis Nordfriesland und die Stadt Husum. Der in den USA zu Vermögen gekommene Auswanderer Ludwig Nissen (1855–1924) hatte seiner Vaterstadt ein Museum, eine Bibliothek sowie seine bedeutende Kunstsammlung geschenkt. Sein „Volkshaus" wurde als Bildungsstätte 1937 eröffnet und 1986 wesentlich erweitert. Naturkräfte prägen die Geschichte und das Landschaftsbild Nordfrieslands. Das Museum stellt die natürlichen Besonderheiten der Küste und die Kultur ihrer Bewohner umfassend und zusammenhängend dar. Den durch das Meer hervorgerufenen Landschaftswandel belegen Funde von untergegangenen Wohnstätten aus dem Wattenmeer. Großmodelle von Deichen, Ebbe und Flut, historische Landkarten, Graphiken, Großfotos sowie deichbauliche Geräte und Maschinen veranschaulichen die fortdauernden Bemühungen um den Schutz der Küsten und Deiche. Die kunst- und kulturgeschichtlichen Sammlungen des Hauses umfassen neben Bildern schleswig-holsteinischer Künstler des 19. und 20. Jahrhunderts auch über die Region hinausweisende Kunstwerke, unter anderem von Christian Rohlfs, Paula Modersohn-Becker oder Egon Schiele. Hinzu kommt eine Sammlung amerikanischer Kunst aus dem Hause des Stifters in New York. Der Übersee-Auswanderung aus Schleswig-Holstein ist eine eigene Ausstellung gewidmet. Die volkskundlichen Sammlungen und das Stadtmuseum, eingerichtet als gesonderte Abteilung des Nissen-Hauses zur Geschichte und Kultur der Stadt

Das Nissenhaus in Husum fällt durch seinen eigenwilligen Giebel mit drei Bögen ins Auge (links). Ein Schwerpunkt des Museums liegt im Bereich des Küstenschutzes. Ein großes Modell mit originalen Bestandteilen zeigt zum Beispiel einen historischen Stackdeich (rechts).

Husum mit Apotheke und verschiedenen Werkstätten, zeigen Möbel, Hausgerät, Trachten, Handwerk und Gewerbeobjekte.

Spezielle Einrichtungen wie das *Pole-Poppenspäler-Museum* mit dem internationalen, im Herbst stattfindenden Figurentheater-Festival, das *Nicolaus-Bruhns-Museum* oder das im Aufbau befindliche *Guttempler-Museum* in Mildstedt runden das Husumer Museumsangebot ab.

In dieser Übersicht zeigt sich, wie zahlreich und vielfältig die Museen in Nordfriesland sich den Besuchern darbieten. Mehr als ein Viertel aller Museen Schleswig-Holsteins befinden sich an der friesischen Küste, beinahe alle Facetten der historischen Lebensbedingungen dieser Region sind in den Museen und Sammlungen bewahrt. Sie bieten eine lebendige und solide Grundlage zum Verständnis der Gegenwart und enthalten zahllose Anregungen zur Gestaltung unserer Zukunft. Wer Nordfriesland kennenlernen, Land und Leute verstehen will, findet in den Regionalmuseen auf Föhr, Sylt und in Husum wie auch in den weitgestreuten Heimatmuseen ein breitgefächertes Angebot.

Schulwesen und Bildung in Nordfriesland

Thomas Steensen

Bildung für alle – das ist erst ein Resultat der Entwicklung, die mit dem neuen Geist der Aufklärung einsetzte und in der modernen Demokratie wenigstens weitgehend zum Ziel führte. Bildung war nach sozialen Schichten, Geschlechtern und Regionen gestaffelt. Ein Hofbesitzer in Eiderstedt erlangte sie leichter als ein Tagelöhner auf der Geest. Frauen war bis ins 20. Jahrhundert hinein der Zugang zur höheren Bildung weitgehend versperrt; wozu brauchte man eine solche zum Kochen, Waschen und Kinderhüten? Und ein Bürger in Husum hatte einen besseren und schnelleren Zugang zu Büchern und zu höheren Schulen als ein Halligbewohner auf Langeneß.

Vom Schulwesen im mittelalterlichen Nordfriesland wissen wir nur wenig. Es war sicherlich eng mit der christlichen Kirche verflochten. Auch nach der Reformation wird in der Kirchenordnung von 1542 betont, die Schulen sollten zu Gottesfurcht erziehen und die Fertigkeiten lehren, die zum Verständnis der Heiligen Schrift notwendig seien. Für Städte und Flecken wurde die Einrichtung von Lateinschulen angeordnet. Nach einer Übersicht von 1777 bestanden solche Schulen in Friedrichstadt, Garding, Tönning, Husum, Bredstedt und Tondern. Sie hatten jedoch zumeist nur wenige Schüler, die in Garding nur drei, die in Bredstedt acht, und auch die Unterrichtsqualität wurde nicht hoch eingeschätzt. „Nicht mehr als mittelmäßiger Unterricht", hieß es über Bredstedt, „Lectiones (nur) die nötigsten und gewöhnlichsten" über Garding. Nur eine dieser Lateinschulen, die 1527 gegründete Gelehrtenschule in Husum, bot „alle Wissenschaften" an. Sie ist das älteste Gymnasium Nordfrieslands und wurde 1914 nach Hermann Tast, dem Reformator der Region, benannt. Auf dem Lande entstanden Kapellanschulen mit Kirchenhelfern (Küstern) als Lehrern. Nicht selten beschränkte man sich auf den Katechismus-Unterricht, der mit dem sonntäglichen Gottesdienst verbunden war. In den Schulen wurde ein „Schulschilling" erhoben, den viele nur mit Mühe aufbringen konnten.

Eine besondere Art der Bildungsarbeit wurde auf den Nordfriesischen Inseln, insbesondere auf Föhr, betrieben. Um auf den Walfangschiffen nicht nur als einfacher Matrose zu arbeiten, sondern zum Steuermann oder Kommandeur aufzusteigen, waren Kenntnisse der Navigation erforderlich. Als einer der ersten unterrichtete Richardus Petri (1597–1678), seit 1620 Pastor in Süderende auf Föhr, den Winter über die jungen Seefahrer in Mathematik, Astronomie und Steuermannskunde. Geld verlangte er nicht, aber seine Schüler mußten sich bereit erklären, das Gelernte ebenfalls unentgeltlich weiterzugeben.

Von regulärem, umfassendem Schulunterricht konnte in der frühen Neuzeit zumindest im ländlichen Nordfriesland nicht die Rede sein. Im Kirchspiel Breklum kamen im Sommer, so heißt es in einem Bericht von 1737, kaum Kinder in die Schule, weil sie für die Feld- und Hausarbeit gebraucht wurden. In vier Dörfern des Kirchspiels wurde ohnehin nur im Winter Schule gehalten, und die älteren Schüler erschienen lediglich nach der Saatzeit von Martini an bis zum erneuten Beginn der Feldarbeit um Petri, „daß wenn man die Feyertage abrechnet, sie kaum 8 Wochen im gantzen Jahre informiret werden" und so „in der übrigen Jahres-Zeit alles wieder ausschwitzen". Im Sommer sollten die Kinder eigentlich eine „Hirtenschule" besuchen, aber auch das geschah nur sehr unregelmäßig.

Neben den Kirchspielsschulen entstanden in abgelegeneren Orten Dorf- und Nebenschulen, weil die Kinder wegen der schlechten Verkehrsverhältnisse im Winter das Kirchdorf nur schwer erreichen konnten. Vielerorts taten sich auch Eltern zusammen, stellten einen Raum und beschäftigten einen Lehrer, den sie abwechselnd beköstigten (Wandeltisch). Private „Winkelschulen", die in der Regel wenig zu bieten hatten, wurden immer wieder verboten, hielten sich aber

An die 100 Schüler je Klassenraum waren noch zu Beginn des 20. Jahrhunderts keine Seltenheit. Die Schüler wurden zumeist abwechselnd nach Altersgruppen unterrichtet. Das Foto entstand 1904 in Goldebek.

dennoch lange. Manche Eltern sorgten jedoch für Unterricht auf hohem Niveau. Der Bauer Harke Feddersen (1741–1816) in Wester-Schnatebüll unterwies seine Söhne neben der Schule täglich mehrere Stunden in den verschiedensten Wissensgebieten. Bedeutende Kirchenmänner und Kunstmaler gingen aus dieser Familie hervor. Wie rege das geistige Leben in abgelegensten Dörfern sein konnte, zeigte sich auch im Wirken des einfachen Landmanns Hans Momsen (1735–1811) in Fahretoft, der als Autodidakt zum Beispiel schwierige mathematische Probleme löste und technische Instrumente zu bauen wußte. Eher den Geisteswissenschaften zugetan war der Bauer Lorenz Jensen (1740–1807) in dem Geestdorf Kollund, dessen Bibliothek mehrere hundert Bände zählte. Er errichtete eine Stiftung, um unter anderem arme Studierende und angehende Lehrer zu unterstützen, damit diese „Kinder zu tüchtigen Weltbürgern" heranbilden. Besonders viele gebildete Bauern – manche von ihnen hatten sogar studiert – gab es im wohlhabenden Eiderstedt. Ihr Reichtum ließ ihnen Mußestunden für geistige Interessen. Peter Sax (1597–1662), Bauer in Koldenbüttel, wurde zum ersten Chronisten für ganz Nordfriesland.

Um die Ausbildung der Lehrer war es schlecht bestellt. Manchmal wurde sogar beklagt, daß sie selbst kaum lesen könnten. Um über die Runden zu kommen, betrieben sie häufig nebenher ein Handwerk oder bewirtschafteten etwas Land. Vielfach wurde der Knecht auf einem Bauernhof höher geachtet und besser bezahlt als der Lehrer. Da es auch an Lehrmitteln fehlte, waren oft stures Vorlesen, Nachplappern und Auswendiglernen die einzigen Unterrichtsmethoden. Jens Booysen, ein aufgeklärter, welterfahrener Kapitän von der Insel Sylt, kritisierte 1801: „Die unglückliche Gewohnheit, welche aus strafwürdiger Gemächlichkeit der Erzieher herkommt, den Kindern mit dem Auswendiglernen von allerlei Dingen, welche weder die Kinder noch die Erzieher selbst verstehen, die Zeit zubringen zu lassen, und das Lernen zu unausstehlicher Arbeit macht, anstatt es zu einem angenehmen Zeitvertreib zu machen, ist leider nur zu sehr an unseren öffentlichen Schulen eingeführt."

Die Gründung des Lehrerseminars in Tondern 1787 durch Propst Balthasar Pe-

Der schlichte Landmann Hans Momsen hatte durchaus genialische Züge: Er widmete sich im 18. Jahrhundert der Lösung mathematischer Probleme und der Konstruktion technischer Instrumente. Der Kreis Nordfriesland benannte seinen 1986 erstmals vergebenen Kulturpreis nach ihm.

Schon 1867, noch im Jahr der Einverleibung Schleswig-Holsteins durch Preußen, erhielt das Husumer Gymnasium einen repräsentativen Neubau. Damit setzte Preußen ein unübersehbares Zeichen in der Bildungspolitik, denn die traditionsreiche Husumer Gelehrtenschule war nach der gescheiterten Schleswig-Holsteinischen Erhebung aus politischen Gründen aufgehoben worden. Zu dieser Zeit wirkte an der Schule auch der aus Ostfriesland stammende Philosoph Rudolf Eucken (1846–1926), der 1908 den Nobelpreis für Literatur erhielt. Das Gebäude dient seit 1996 als Hotel für hohe Ansprüche.

tersen stellte die Ausbildung der Lehrer auf eine neue Grundlage und verbesserte vor allem nach einer Reform von 1829 allmählich auch die Unterrichtsmethoden. Das Seminar war bis zur Volksabstimmung 1920 von großer Bedeutung für die Ausbildung nordfriesischer Lehrer. Es wurde noch fünf Jahre in Niebüll weitergeführt, dann übernahmen pädagogische Hochschulen die Lehrerbildung. Insgesamt wurden am Tonderner Seminar über 3200 Lehrer ausgebildet, die großen Einfluß auf die pädagogische und kulturelle Entwicklung im nördlichen Schleswig-Holstein ausübten. Der Vorbereitung auf das Lehrerseminar diente in Lindholm und später in Risum bis 1904 eine private „Präparandenanstalt". Sie wurde gegründet von dem bedeutenden Schulmann Ernst Kaper (1815–1888), der 51 Jahre lang Lehrer an der Schule in Lindholm war und in den 1850er Jahren mit der Ausbildung von Seminaranwärtern begann; er rief erste Lehrervereine ins Leben und gehörte 1871 zu den Gründern des Allgemeinen Deutschen Lehrervereins.

Im Zeichen der Aufklärung entstanden in mehreren Orten Nordfrieslands Lesegesellschaften. Solche Vereinigungen, die Bücher und Journale gemeinschaftlich anschafften und unter ihren Mitgliedern zirkulieren ließen, wurden 1795 für Husum, Friedrichstadt, Tönning, Garding und Witzwort genannt. Zeitungen für das Gebiet des heutigen Kreises Nordfriesland wurden 1799 in Friedrichstadt sowie 1813 in Husum und Tondern gegründet. Zum Ende des 18. Jahrhunderts konnten vermutlich kaum mehr als 20 Prozent der Einwohner lesen und schreiben. Noch 1847 hieß es über das Amt Bredstedt, daß die ältere Generation zwar durchgängig lesen könne, aber keineswegs alle seien in der Lage zu schreiben.

Die Mißstände im Schulwesen zogen vielfach die Kritik der Aufklärer auf sich. Eine durchgreifende Verbesserung brachte die „Allgemeine Schulordnung für die Herzogtümer Schleswig und Holstein“ von 1814, die vor allem mit dem Namen des Generalsuperintendenten Jacob Georg Christian Adler verbunden ist. Drei Schularten wurden unterschieden: Landschulen, Bürgerschulen in Städten und Flecken sowie die weiterführenden Gelehrtenschulen. Die bisherigen kleinen Lateinschulen gingen in den Bürgerschulen auf. Der „Schulschilling“ wurde abgeschafft, die Befreiung vom Unterricht erschwert.

Die Einkünfte und auch die soziale Stellung der Lehrer verbesserten sich. Bald gehörten sie zu den dörflichen Respektspersonen. So arbeiteten Lehrer in den vielen neu entstehenden Vereinen mit und beeinflußten das kulturelle Leben Nordfrieslands im 19. und 20. Jahrhundert maßgeblich. Die florierende Heimatbewegung etwa wäre ohne sie kaum denkbar. Nur drei herausragende Beispiele seien genannt. Christian Peter Hansen (1803–1879) in Keitum auf Sylt erforschte wie keiner vor ihm Geschichte, Natur und Sprache seiner Heimatinsel, verfaßte darüber viele Bücher und regte zahlreiche Schüler ebenfalls zu kultureller Betätigung an. Albrecht Johannsen (1888–1967) aus Deezbüll wurde zum wohl bedeutendsten friesischsprachigen Dichter des Festlandes und zu einer zentralen Gestalt in der friesischen Bewegung; bei vielen Schülern weckte er Begeisterung für die friesische Sprache. Sönke Brodersen (1828–1898) in West-Langenhorn wurde von einem seiner Schüler, dem Pädagogik- und Philosophie-Professor Friedrich Paulsen (1846–1908), als Inbegriff und Vorbild des „wirklichen Volksschullehrers“ verehrt. Er setzte nicht mehr nur auf mechanisches Auswendiglernen, sondern regte zum selbständigen Denken an. Von den dörflichen Verhältnissen ausgehend, erschloß er den Schülern größere Zusammenhänge. Dieses Prinzip – „vom Nahen zum Fernen“ – beeinflußte Paulsen stark. Er selbst wurde zu einem Reformer des deutschen Schulwesens, seine Werke wurden in viele Sprachen übersetzt. Der chinesische Revolutionsführer Mao Tse-tung schrieb, er sei von Ideen Friedrich Paulsens beeinflußt worden.

Wie es in einer Dorfschule Nordfrieslands in den 1860er Jahren aussah, beschrieb der spätere Lehrer Nis Albrecht Johannsen (1855–1935) aus Klockries bei Niebüll in seinen Lebenserinnerungen: „Die äußere Schuleinrichtung war äußerst primitiver Art; der enge Schulraum vermochte die 110 Kinder der verschiedenen Altersstufen kaum zu fassen. Viele mußten an den Fensterbänken stehend ihre Arbeit machen. Es kam wohl selten vor, daß wir alle vollzählig beisammen waren, denn der Schulzwang wurde seitens der Behörde sehr schwach gehandhabt.“ Meistens handelte es sich in den Dörfern um ein- oder zweiklassige Schulen. Der Lehrer wandte sich abwechselnd den verschiedenen Altersstufen zu. Das heute gefürchtete „Sitzenbleiben“ gab es also so gut wie nicht. Noch um 1860 saßen aber in vielen Schulklassen 100 und mehr Kinder.

Wesentliche Fortschritte stellten sich nach der Regierungsübernahme durch Preußen ab 1867 ein. Die Schulpflicht wurde jetzt immer mehr durchgesetzt. Auch für weiterführende Schulen wurden neue Gebäude errichtet, so zwischen 1911 und 1913 Mittelschulen in Bredstedt, Tönning und Westerland. Neben dem allgemeinbildenden entstand zu-

Friedrich Paulsen (oben), Professor an der Universität Berlin, zählte um 1900 zu den bekanntesten und einflußreichsten Gelehrten in Deutschland. Er war geprägt von seiner Herkunft aus einem nordfriesischen Dorf und kritisierte jede „Bildung“, „welche damit anfängt, daß man sich schämt, mit den Händen zu arbeiten“. Sönke Brodersen (unten), Lehrer in West-Langenhorn, beeinflußte Paulsen stark. Der Pädagogik-Professor schrieb 1905, „daß ein rechtschaffenes Dorf, ein rechtschaffenes Bauernhaus und eine rechtschaffene Dorfschule in ihrer Einheit die vollkommenste Bildungsstätte darstellen, die es auf Gottes Erdboden für die Kinder- und Knabenjahre geben kann“.

Die Schule auf Hallig Gröde besuchten im Sommer 1932 zwei Kinder, nämlich die Geschwister Bernhard und Henriette Rickertsen. Gerade wegen der kleinen Schülerzahl wurde auf den abgelegenen Halligen nicht selten sehr guter Unterricht erteilt. Kapitän Boye Richard Petersen, 1869 auf Langeneß geboren und Führer des größten Segelschiffes der Welt, der „Preußen“, lobte in seinen Lebenserinnerungen den Unterricht auf Gröde, denn der Lehrer, damals der Pastor, konnte sich „dem einzelnen Schüler bei der kleinen Anzahl eingehend widmen“.

nächst auf freiwilliger Grundlage ein berufliches Schulwesen, das anfangs vor allem von Handwerkervereinen und Innungen getragen wurde. Die erste – und heute wieder einzige – Landwirtschaftsschule in Nordfriesland wurde 1893 in Bredstedt gegründet; sie gehört seit 1999 zur Kreisberufsschule in Husum. Auch die Anfänge des Büchereiwesens und der Erwachsenenbildung liegen in dieser Zeit. In Husum entstand 1892 eine Volksbibliothek mit 200 Bänden; daraus entwickelte sich die heutige Zentralbücherei Westküste mit 42 000 Büchern und anderen Medien. In sieben weiteren Orten Nordfrieslands bestehen heute hauptamtlich geleitete Büchereien, 17 andere werden ehrenamtlich geführt, und zwei Fahrbüchereien laufen seit Ende der 1960er Jahre auch kleinste Gemeinden an.

Das Schulwesen war durch die Jahrhunderte aufs engste mit der Kirche verbunden. Erst in preußischer Zeit und vollständig mit der Abdankung des Kaisers 1918 endete die kirchliche Schulaufsicht. Schulinspektoren, später Schulräte genannt, beaufsichtigten anstelle der Pastoren, Pröpste und Generalsuperintendenten nun die Schulen.

Vor allem seit 1970 wurde das Schulwesen stark zentralisiert. Zahlreiche Dörfer verloren ihre Schulen und damit auch einen kulturellen Mittelpunkt. Große „Dörfergemeinschaftsschulen“ wurden geschaffen. Im Jahre 1951 gab es 205 öffentliche Schulen im Kreis Nordfriesland, 1998 nur noch 89. Ebenfalls seit Ende der 1960er Jahre besuchten immer mehr Schüler weiterführende Schulen. Im Heimatbuch „Nordfriesland“ wurde im Jahre 1929 die damalige Volksschule noch als „Schule des Volkes“ bezeichnet, die „mehr als 90 Prozent unserer Bevölkerung die allgemeine Bildung vermittelt“. Die heutige Hauptschule umfaßt nur noch eine Minderheit, nämlich 2935 Schüler, die 17 Realschulen dagegen zählen 4218, die sechs Gymnasien und zwei Fachgymnasien 3823 Schüler, während sieben Förderschulen und zwei Schulen für geistig Behinderte von 613 Schülern besucht werden. Die Fachgymnasien gehören zu den großen Beruflichen Schulen des Kreises Nordfriesland in Husum und Niebüll mit zusammen über 6000 Schülern. Im Husumer Theodor-Schäfer-Berufsbildungswerk, 1948 als Umschulungswerk für Kriegsversehrte gegründet, werden fast

500 behinderte junge Menschen aus nah und fern auf das Berufsleben vorbereitet.

Fast 400 Jahre lang hatte es, von kleinen Lateinschulen und anderen Ausnahmen abgesehen, in Nordfriesland nur eine höhere Lehranstalt – in Husum – gegeben. Seit den 1920er Jahren änderte sich dies. Die neue Friedrich-Paulsen-Schule in Niebüll erhielt 1928 die Anerkennung als Oberrealschule. Hier wurde großer Wert auf neue Sprachen und Naturwissenschaften gelegt. Vor allem Mädchen konnten von 1929 an am städtischen Lyzeum in Husum ihr Abitur machen; es war 1866 als Privatschule gegründet worden und wurde 1932 nicht nach einer Frau, sondern nach Theodor Storm benannt. Weitere Oberschulen folgten erst nach dem Zweiten Weltkrieg. Das Nordsee-Gymnasium in St. Peter-Ording ging aus der 1945 von geflüchteten Berlinern gegründeten Berliner Oberschule St. Peter hervor. Das Gymnasium Insel Föhr entstand aus der 1946 eingerichteten privaten Carl-Hunnius-Schule; zuvor hatte zwischen 1908 und 1942 das Nordseepädagogium im Sanatorium am Wyker Südstrand vor allem erholungsbedürftigen Kindern, aber auch manchen Föhrern höhere Bildungsmöglichkeiten geboten. Zunächst von Niebüll aus versorgt wurde das Gymnasium in Westerland auf Sylt, das 1959 die volle Selbständigkeit erlangte. Von den 1970er Jahren an entstanden in Husum und Niebüll Fachgymnasien für Sozialwirtschaft, Wirtschaft und Technik.

Das Schulwesen Nordfrieslands hat sich den Bedingungen in anderen Teilen Schleswig-Holsteins und Deutschlands weitgehend angeglichen. Einige Besonderheiten sind geblieben. So werden der friesischen Sprache an vielen Schulen einige Stunden gewidmet. Eine Besonderheit stellen auch die 16 Schulen der dänischen Minderheit mit 1061 Schülern (1998) dar. Die wohl weltweit kleinsten Schulen gibt es auf den Halligen Gröde, Nordstrandischmoor und Oland, wo in der Regel nur ein, zwei oder drei Kinder unterrichtet werden.

Der Erwachsenenbildung dienen im Kreis Nordfriesland 13 Volkshochschulen und 36 Ortskulturringe, die von Hatha-Yoga über EDV-Textverarbeitung bis hin zu Kursen in vielen Sprachen ein breites Interessenspektrum abdecken. Acht Sektionen der 1918 gegründeten Universitätsgesellschaft bieten Vorträge von Hochschuldozenten an. Die 1923 unter nationalpolitischen Vorzeichen gegründete Heimvolkshochschule Leck, seit neuestem als Nordsee-Akademie firmierend, kann zu ihren Veranstaltungen jährlich rund 10 000 Menschen begrüßen. In Verbindung mit der Jugend- und Naturschutzbewegung wurde 1919 in Klappholttal auf Sylt das Freideutsche Jugendlager gegründet; seit 1976 wird die Volkshochschule Akademie am Meer genannt.

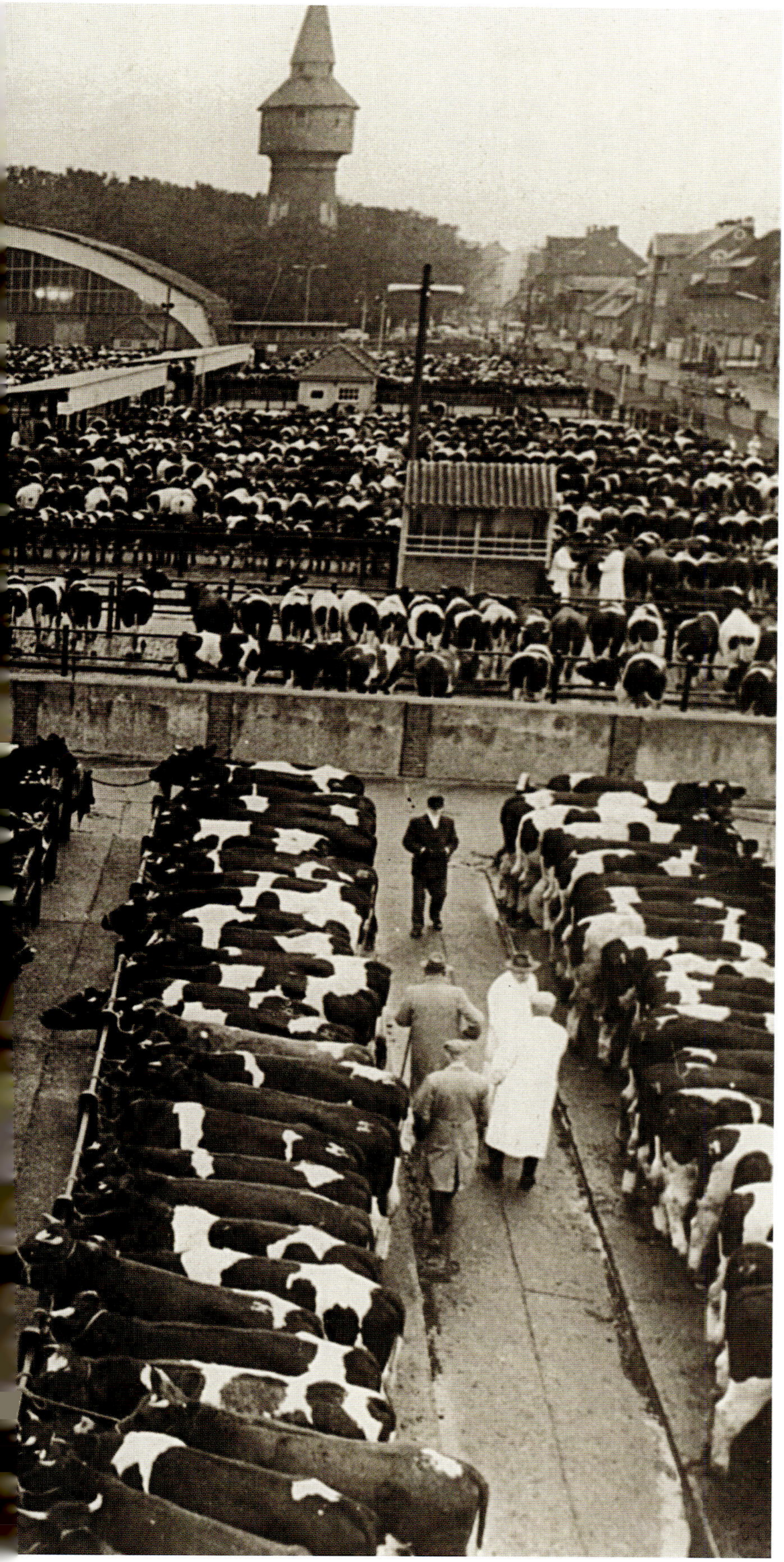

Wirtschaft
Werk an luan

Der Husumer Viehmarkt, hier ein Foto aus den 1960er Jahren, gehörte zu seiner besten Zeit zu den größten in Deutschland. Der weite Platz nördlich des Schloßparks sowie die vielen Gastwirtschaften und Stallungen auf der Husumer Neustadt waren im Herbst und Frühjahr Handelsplatz und zugleich eine wichtige Nachrichtenbörse für die Menschen aus Stadt und Land. Das Wohl und Wehe vieler Betriebe hing vom Ablauf der Husumer Märkte ab.

Landwirtschaft und Fischerei

Harry Kunz / Brar Roeloffs

Die Landflächen des Kreises Nordfriesland, rund 205 000 Hektar, sind überwiegend aus eiszeitlichen Ablagerungen (Geest) vor etwa 200 000 Jahren sowie aus Schwemmland des Meeres (Marsch) und durch Moorbildungen entstanden. Die Marschen wurden vor allem in den letzten 500 Jahren eingedeicht, hauptsächlich im 15. bis 17. Jahrhundert. Nach 1950 wurden nur rund 8000 Hektar durch den Bau neuer Seedeiche gewonnen. Die landwirtschaftlichen Nutzflächen in Nordfriesland umfassen heute mit rund 162 000 Hektar etwa ein Siebtel der Nutzfläche Schleswig-Holsteins. Hiervon werden zwei Drittel als Grünland bewirtschaftet. Von den 24 230 schleswig-holsteinischen landwirtschaftlichen Betrieben mit mehr als einem Hektar Wirtschaftsfläche (1997) entfielen 3516 auf den Kreis Nordfriesland; sie hielten 257 000 Rinder, davon 71 000 Milchkühe, sowie 87 000 Schafe und 176 000 Schweine. Nur in jedem siebten Betrieb in Nordfriesland werden noch Schweine gehalten. Der Bereich Landwirtschaft trägt mit 5,2 Prozent zur Bruttowertschöpfung des Kreises bei; im gesamten Land ist ihr Anteil mit 2,9 Prozent nur etwa halb so hoch.

Die Anfänge einer Landbewirtschaftung in Nordfriesland reichen weit zurück. Vor etwa 6000 Jahren begannen die hier seßhaften Menschen – nach einer vorhergehenden Jäger-, Fischer- und Sammlerperiode – auf höher gelegenen Geeststandorten mit noch sehr primitivem Ackerbau und mit Viehhaltung. Mit zunehmender Besiedlung wurden weitere Flächen kultiviert und die Bewirtschaftung intensiviert. Nach der Völkerwanderungszeit begannen die Friesen auch Marschgebiete zu besiedeln. Sie erschlossen etwa ab dem 11. Jahrhundert durch planmäßige Bedeichungen und die Anlage von Sielen und Entwässerungsgräben größere Landflächen, die vorher weitgehend unbewohnbar waren. Die hohe Fruchtbarkeit dieser Gebiete führte zu einem ersten spürbaren Wohlstand in Nordfriesland, den die zahlreichen Kirchengebäude aus dieser Zeit bezeugen. Die Überschußproduktion mündete in einen regen Handel mit den Städten Hamburg, Bremen und Lübeck, mit den Bewohnern der südlichen Nordseeküste und auch mit Dänemark. Ausfuhrprodukte der Friesen waren Vieh, Butter, Käse, Häute, Wolle und Wollwaren. Ob auch die Salz- und Torfgewinnung zu einer merklichen Vermehrung des Wohlstands beigetragen hat, wie in etlichen heimatkundlichen Beiträgen beschrieben, erscheint zweifelhaft.

Eine rapide Klimaverschlechterung, Viehseuchen, die Pest und die katastrophale Sturmflut von 1362 dezimierten im 14. Jahrhundert Mensch und Vieh und führten zu einem deutlichen Rückschlag in der Landbewirtschaftung. Der friedlichen und stetigen Entwicklung im 15. Jahrhundert folgten ab 1625 die verheerenden Auswirkungen des Dreißigjährigen Krieges. Getreu dem Grundsatz, daß sich die Truppe aus dem Land ernähren müsse, verlangten die Feldherren unter Androhung von Brandschatzung nicht nur erhebliche Geldzahlungen, sondern auch die Lieferung von Naturalien und hinterließen so eine in unvorstellbare Not geratene Bevölkerung.

Erst mit dem Ende des Nordischen Krieges (1700–1721) konnte sich die Region wirtschaftlich erholen. Als die Wirtschaftsweise der großen Landgüter insbesondere in Ostholstein sowie freiwillig vorgenommene Verkoppelungen vor allem in Angeln unübersehbar aufzeigten, wie auf größeren zusammenhängenden Flächen, die sich in Privateigentum befanden, die Ernteerträge erheblich gesteigert werden konnten, war es auch auf der Geest Nordfrieslands an der Zeit, die Bauern aus der Feldgemeinschaft einer noch mittelalterlich geprägten Agrarverfassung zu befreien. Die Verkoppelungsverordnungen von 1766 und 1770 konnten zwar nur mühsam durchgesetzt werden, doch führten eingefriedetes – verkoppeltes – Privateigentum sowie planvolles Düngen und eine Vergrößerung des Viehbestands

in wenigen Jahrzehnten zu Ertragssteigerungen von mehreren hundert Prozent. Zudem sorgte das sogenannte Anerbenrecht – im Gegensatz zur Realteilung in der Marsch – für den Erhalt der Höfe in einer wirtschaftlich erforderlichen Größe, da nur ein Erbe das Land erhielt.

Die Köge und die meisten älteren Marschgebiete Nordfrieslands bedurften keiner Verkoppelung, weil dort die Weideflächen Privateigentum waren. Abgesehen von Marschflächen am Rande der Bredstedter Geest, auf Föhr, Sylt und Amrum sowie auf den Halligen gibt es keinen Hinweis darauf, daß die Marsch in früherer Zeit von einer Feldgemeinschaft bewirtschaftet worden ist.

Anfang des 19. Jahrhunderts führten die Auswirkungen der Napoleonischen Kriege zu gravierenden politischen und wirtschaftlichen Problemen. Die dänische Regierung mußte 1813 ihre Zahlungsunfähigkeit, den Staatsbankrott, erklären. Sie belegte, um dem neuen Reichsbanktaler eine solide materielle Grundlage zu geben, den gesamten Grundbesitz mit einer Zwangshypothek (Bankhaft) in Höhe von 6 Prozent des Taxwertes. Hierfür mußte der Eigentümer 6,5 Prozent Zinsen jährlich an den Staat abführen, es sei denn, er konnte die Hypothek durch einmalige Zahlung ablösen. Die Abgabe war um so drückender, als die Beseitigung der Sturmflutschäden vom Februar und November 1825 zu ungewöhnlich hohen Deichlasten führte. Hinzu kamen außerordentlich niedrige Getreidepreise und Mißernten. Diese prekären wirtschaftlichen Verhältnisse kosteten allein in der Wiedingharde von 1827 bis 1829 mehr als 70 Bauern ihren Hof. Auf Pellworm wurden um 1830 innerhalb von fünf Jahren von 149 Bauernstellen 72 zwangsversteigert. Es fanden sich jedoch nur wenige Bieter, so daß die Landschaft Pellworm (später der Landesherr) das meiste Land übernehmen mußte. Am Ende gehörten dem Landesherrn rund 900 Hektar oder rund ein Drittel der gesamten Insel. Erst in den folgenden Jahrzehnten

Ein moderner Mähdrescher ermöglicht – wie hier auf der Insel Nordstrand – den Ein-Mann-Betrieb bei der Getreideernte. Bis zu 16 Tonnen Getreidekörner können pro Stunde ausgedroschen werden. Bei diesem Modell wird das Korn in einem Tank gespeichert, das Stroh bleibt als gepreßter Ballen auf dem Feld liegen und wird später von einem Ladewagen abgeholt.

Mechanische Mähmaschinen wurden bereits Mitte des 19. Jahrhunderts gebaut. Diese Entwicklung setzte menschliche Arbeitskraft frei, Pferde als Antriebskraft waren jedoch, wie hier im Kornkoog in der Bökingharde, noch unkündbar.

Diese Dreischar wurde auf Wunsch auch so eingerichtet, daß man zweischarig damit pflügen konnte. Der Pflug- und Wagenfabrikant Bäthmann aus Hornburg warb im Norddeutschen Bauern-Kalender 1889 für sein neues Produkt.

gelangten die Ländereien wieder in Bauernhand.

Nach 1830 stiegen die Preise für Agrarerzeugnisse aufgrund eines Bevölkerungszuwachses und zunehmender Nachfrage aus den Industriegebieten wieder deutlich an. In der Marsch, vor allem in Eiderstedt, gingen viele Bauern vom Ackerbau zur Viehzucht über und widmeten sich insbesondere der Ochsenmast und dem Ochsenhandel. Bis zu 50 000 Rinder jährlich lieferten Schiffe aus Tönning vor allem nach Großbritannien. Für die Weidemast wurden aber kaum noch Arbeitskräfte benötigt, und viele Dörfer verloren Einwohner in großer Zahl. Wo dagegen Heide- und Moorland in landwirtschaftliche Nutzfläche umgewandelt werden konnte, wie etwa auf der Geest, nahm die Bevölkerung deutlich zu. Später ersetzten technische Erfindungen und Maschinen wie die von Pferden gezogene Mähmaschine und die Dampfdreschmaschine auch hier zunehmend menschliche Arbeitskraft. Die Agrarwissenschaften revolutionierten die Landwirtschaft zusätzlich durch die neuen Düngemittel Guano, Salpeter und Thomasmehl.

Seit den siebziger Jahren des 19. Jahrhunderts veränderten bodenverbessernde Maßnahmen wie die Düngung mit stark kalkhaltiger Erde, das Mergeln, und die Entwässerung mit Rohren oder Gräben das Landschaftsbild spürbar. Große Naturflächen wurden in Kultur genommen; der Anteil an Heide- und Moorgebieten sank bis 1927 auf der schleswigschen Geest auf gerade noch fünf Prozent der gesamten Wirtschaftsfläche. In den Marschen hatte die Weidemast weiterhin große Konjunktur. Die Erfindung der Zentrifuge führte ab 1884 zu einer beinahe schlagartigen Errichtung von Meiereigenossenschaften, deren Anteile die Milchbauern hielten. Um die Jahrhundertwende besaß fast jedes größere Dorf seinen eigenen Betrieb.

Die gute landwirtschaftliche Konjunktur fand ein Ende durch den Ersten Weltkrieg. Geldkapital, das viele Bauern angespart hatten, ging durch die Inflation 1923 verloren. Die nach einer kurzen Scheinblüte einsetzende Weltwirtschaftskrise hatte auch für die Landwirtschaft verheerende Auswirkungen. So fielen die Rinderpreise 1929 bis 1931 ins Bodenlose. Hohe Zinsen und mangelnde Zurückhaltung bei Investitionen ließen die Verschuldung der Bauern rapide ansteigen. Es kam zu großen Demonstrationen der Landwirte. Die „Landvolkbewegung“ trat gar zum offenen Kampf gegen das politische System der Weimarer Republik an.

Die erste von Motorkraft getriebene Dreschmaschine auf Föhr wurde 1904 von drei Landwirten aus Süderende auf Kredit gekauft. Neben dem eigenen Getreide drosch man auch für andere Landwirte gegen Lohn. Die Dampflokomobile, die die Dreschmaschine antrieb, hatte sechs PS und stand bis 1938 in Dienst.

Die Nationalsozialisten, die den Bauern zum „Lebensquell der nordischen Rasse" erklärt hatten, griffen die ersten, noch vor 1933 eingeleiteten Maßnahmen zur Behebung der Agrarkrise auf und entwickelten sie weiter. Ein Zahlungsmoratorium regelte die mißliche Finanzlage, das Reichserbhofgesetz verhinderte die Teilung der Höfe. Festpreise für landwirtschaftliche Produkte und Abnahmegarantien sorgten für stabile Verhältnisse.

Abgesehen von der Eindeichung und Besiedlung mehrerer Köge kam es insbesondere wegen fehlender Investitionen bis 1949 kaum zu einer strukturellen Verbesserung in der Landwirtschaft. Wie seit Jahrhunderten mußten die meisten Bauern in Nordfriesland von beengten Hoflagen aus ihre über die Gemarkungen verstreut liegenden Flächen bewirtschaften. Die völlig unzureichende Entwässerung der Niederungsflächen führte nicht selten zu anhaltenden Überschwemmungen. Infolge des Hochwassers ging die Ernte ganz oder teilweise verloren, Rinder und Schafe erkrankten unheilbar an Lungenwurm und Leberegel. Zudem erschwerten und verteuerten unbefestigte Wege die Landbewirtschaftung. In keiner anderen Region in Schleswig-Holstein waren die natürlichen und wirtschaftlichen Standortbedingungen für den überwiegenden Teil der Landwirtschaft so schlecht und die strukturellen Probleme so groß wie in Nordfriesland. Das galt genauso im Vergleich zu Nordschleswig.

Die Jahrzehnte nach dem Zweiten Weltkrieg brachten umwälzende Veränderungen. Mit der Technisierung der Landwirtschaft zunächst durch Schlepper, dann durch weitere selbstfahrende Maschinen wie Mähdrescher und Feldhäcksler, aber auch durch Melkmaschinen und den Bau von Boxenlaufställen, ging die Zeit der harten körperlichen Arbeit ebenso zu Ende wie die Verwendung tierischer Zugkräfte. Dabei half vor allem das „Programm Nord", die schwerwiegenden strukturellen Probleme Nordfrieslands zu lösen. Eine der ersten Maßnahmen war 1954 die Eindeichung des 1400 Hektar großen Friedrich-Wilhelm-Lübke-Koogs, die letztmalig ausschließlich der Landgewinnung diente. In dem neuen Koog konnte sofort eine rationelle Landwirtschaft aufgebaut werden, während in vielen Teilen des Landes erst die Flurbereinigung und der Ausbau des Wegenetzes eine rationalisierte, volltechnisierte Anbauweise ermöglichten. Vor allem die Regulierung der Wasserwirtschaft mit dem Bau von Vorflutern und Staubecken, wie

Der Eiderstedter Wilhelm Hamkens (1896–1955) war einer der Führer der Landvolkbewegung, die sich gegen das System der Weimarer Republik richtete. Mit seinen meist auf Plattdeutsch gehaltenen Reden konnte er viele Menschen für Protestdemonstrationen mobilisieren.

Das saftige Weideland in der Marsch hinterm Deich gehört den Schwarzbunten. Eine optimale Kombination aus Züchtung, Fütterung und Haltung der Tiere hat zu deutlichen Ertragssteigerungen geführt.

Der Deich mit seinem Vorland ist das traditionelle Revier der Schafe. Auf dem Deich leisten die „Tiere mit dem scharfen Zahn und dem goldenen Huf" wertvollen Küstenschutz, aus den Salzwiesen werden sie jedoch zum Schutz einer einmaligen Tier- und Pflanzenwelt zunehmend verbannt.

dies zum Beispiel 1959 mit der Gewinnung des Hauke-Haien-Kooges vorbildlich gelungen ist, trug entscheidend zur Verbesserung der landwirtschaftlichen Verhältnisse bei. Ein großer Teil der Grünlandmarsch wurde mit Erfolg in Ackerland umgewandelt, das heute Höchsterträge an Getreide und Raps erzielt.

Auf den Halligen löste man die Allmendewirtschaft auf, um das Weideland besser zu nutzen. Auf der nahezu baum- und strauchlosen Geest, wo seit Jahrhunderten starker Sandflug die Landwirtschaft erschwert hatte, wurden kilometerlange Schutzhecken angelegt. Dort schränkte man den Kartoffel-, Rüben- und Getreidebau ein, dehnte dafür die Futterbauflächen aus und begann um 1958 erstmals Mais zur Gewinnung von Silofutter anzubauen. Schließlich schufen auch die Aussiedlung ganzer Gehöfte aus beengten Dorflagen in die Feldmark, wo eine Aufstockung der Produktionskapazitäten eher möglich war, die Althofsanierung innerhalb der Ortschaften sowie die Landzusammenlegung im Rahmen von Flurbereinigungen deutlich verbesserte Ertragsbedingungen.

Die Gründung der Europäischen Gemeinschaft und die damit verbundenen Preis- und Abnahmegarantien ermöglichten seit den sechziger Jahren eine weitgehend risikolose Mehrproduktion. Allerdings gerieten die Betriebe aufgrund der mehrfachen Getreidepreissenkungen seit 1967 sowie der Einführung von Milchquoten unter erheblichen Kostendruck. Betriebsvergrößerung und -vereinfachung sowie Spezialisierung lautete nun die Devise: 40 bis 50 Kühe (heute bis 100) im modernen Boxenlaufstall mit Melkstand brauchte eine bäuerliche Familie, um ein ausreichendes Einkommen zu erzielen. Eine große Zahl aktiver, gutausgebildeter Landwirte beschritt diesen Weg, zwar mit dem Risiko der Kreditaufnahme, aber auch der Chance angemessener Gewinne. Deutlich zeigt sich die agrarstrukturelle Entwicklung in Nordfriesland an der Abnahme landwirtschaftlicher Betriebe von über einem Hektar Größe. Ihre Anzahl verringerte sich seit 1949 von 10 359 auf 3516 im Jahr 1997. Von drei Betrieben gaben zwei auf. Der Anteil der Betriebe mit mehr als 30 Hektar erhöhte sich hingegen im gleichen Zeitraum von 12,3 auf 50,4 Prozent. Damit hebt Nordfriesland sich deutlich ab vom Landesdurchschnitt (17,8/46,5 Prozent). Auch die Rindvieh- und Schweinebestände haben sich hier weitaus besser entwickelt als in anderen Teilen Schleswig-Holsteins. Gezielte agrar- und infrastrukturelle Maßnahmen schufen die Voraussetzungen dafür, daß die Landwirtschaft in Nordfriesland ihren Rückstand gegenüber anderen Kreisen Schleswig-Holsteins beseitigen konnte. Der Kreis präsentiert sich heute als eine der leistungsfähigsten Regionen des Landes. Die verbesserte soziale Sicherung der Landwirte trug dazu bei, daß der Strukturwandel weitgehend ohne Härten verlief.

Mit dem technischen und agrarpolitisch geförderten Fortschritt ging der biologische einher. Verfeinerte Anbautechniken, ertragreichere Sorten und entsprechend höhere Düngung, besserer Pflanzenschutz und geringere Verluste bei der Ernte und Lagerung führten zu Spitzenerträgen auf den Feldern. Heute ernten die Bauern im Mittel mehr als 80 Doppelzentner Weizen je Hektar. Die enorme Steigerung zeigt der Vergleich mit den Ergebnissen vor 40 Jahren (40 Doppelzentner/Hektar) und vor 60 Jahren (25 Doppelzentner/Hektar). Zudem hat eine optimale Kombination aus Züchtung, Fütterung und Haltung der Tiere zu deutlich besseren Ergebnissen geführt. Der steigende Lebensstandard in der Bevölkerung veränderte zunehmend auch die Verzehrgewohnheiten und kam dieser Entwicklung durch eine Nachfrageverlagerung entgegen. So stieg der Bedarf an hochwertigen tierischen Erzeugnissen wie Fleisch und Eiern stark an, während kohlehydratreiche pflanzliche Produkte wie Getreide und Kartoffeln entsprechend weniger nachgefragt wurden. Damit verlagerte sich in vielen Betrieben der Produktionsschwerpunkt vom Acker in den Stall, wo seit den neunziger Jahren zunehmend die elektronische Datenverarbeitung nicht nur Verwaltungsaufgaben, sondern auch sämtliche Abläufe von der Fütterung bis zur Reinigung regelt.

Kritik an der rationalisierten Produktionsweise und Rentabilitätsprobleme veranlaßten viele Landwirte, auf der Suche nach Marktnischen ihre Produkte direkt an den Verbraucher zu verkaufen oder „Ferien auf dem Bauernhof“ anzubieten. Allein in Eiderstedt bieten zur Zeit 130 Betriebe Ferienwohnungen an.

Hecktor zur Feldmark. Nordfriesland gehört zu den landwirtschaftlich leistungsfähigsten Regionen in Schleswig-Holstein.

In dem Bestreben, fehlende quantitative Wachstumsmöglichkeiten durch eine „ethisch-ökologische" Qualitätssteigerung zu kompensieren, entstanden in den achtziger Jahren die ersten Formen alternativen Landbaus. Durch artgerechte, schadstofffreie und umweltschonende Verfahren erzeugte Produkte sollen möglichst auf direktem Wege vom Hof zum Verbraucher gelangen.

Bei der Erzeugung von Windenergie wurde für Nordfriesland erstmals ein echter Standortvorteil offenbar. Einzelne Landwirte begannen mit der zunächst wirtschaftlich noch riskant erscheinenden Aufstellung einer eigenen Windkraftanlage zur Stromgewinnung. Doch bei hohem Eigenbedarf und einer Anlage mit einer Leistung von mehr als 50 Kilowatt erwiesen sich diese ersten modernen Windmühlen schnell als rentabel. Anfang der neunziger Jahre gab es bereits über 170 Anlagen in Nordfriesland, bis heute hat sich ihre Zahl nahezu verdreifacht. Die „Windmüller" erzeugten 1997 bereits 191 Megawatt Strom und erzielten einen Umsatz von 80 Millionen Mark. Die Wirtschaftlichkeit einer einzelnen Anlage, von denen sich ca. 60 Prozent in privater Hand befinden, liegt heute bei rund 600 Kilowatt mit steigender Tendenz. Da die Zahl der aufstellbaren „Windspargel" limitiert sein wird – es gibt bereits große Bedenken wegen der zunehmenden Verschandelung des charakteristischen Landschaftsbilds und der ungewissen Folgen für den Tourismus sowie das Brut-, Rast- und Zugverhalten der Vögel –, neigen die Betreiber zu großen, bis zu 1,5 Megawatt leistenden Anlagen, um sich bei etwas geringerer Wirtschaftlichkeit eine größere Strommenge für die Zukunft zu sichern.

Die landwirtschaftliche Überproduktion war der hauptsächliche Grund, die EG-Marktordnungen 1992 mit dem Ziel zu reformieren, die Getreidepreise in Richtung Weltmarktniveau zu senken. Als flankierende Maßnahmen gab es Ausgleichszahlungen für den Anbau von Getreide, Raps- und Hülsenfrüchten sowie Prämien für eine Extensivierung des Ackerbaus, eine Verringerung des Rinder- oder Schafbestands, für die langfristige Stillegung von Ackerflächen, die Anlage von Biotopen sowie für Aufforstungsmaßnahmen. Weitergehende Reformvorschläge der EU-Kommission wie die Agenda 2000 liegen seit geraumer Zeit auf dem Tisch. Inwieweit sie Auswirkungen auf die weitere Entwicklung der Landwirtschaft in Nordfriesland haben werden, ist heute noch nicht zu übersehen.

Fischerei

Angesichts der dominierenden Landwirtschaft konnte die Fischerei in Nordfriesland zu keiner Zeit eine herausragende Bedeutung erlangen – trotz der günstigen Lage an der fischreichen Nordsee. Neben Heringen, Seezungen, Hummer, Krabben, Stör sowie verschiedenen Brack- und Süßwasserfischen wurden auch Hochseefische wie Kabeljau und Steinbutt gefangen.

Um 1400 wechselten große Heringsschwärme von der Ostsee in die Nordsee, und Helgoland wurde zur Station der Heringsfischer, die aus allen Küstengebieten dorthin zum Fang ausliefen. Als sich aber die Fischbestände zu Beginn des 17. Jahrhunderts stark verringerten und wiederholt auch Verluste an Fangschiffen und Mannschaften zu beklagen waren, wurde der organisierte Fischfang zunächst aufgegeben.

Zwar bot die Küstenfischerei auch weiterhin eine zusätzliche Nahrungsquelle, doch eignete sich die Ausbeute bestenfalls zur Bereicherung des heimischen Speisezettels, denn der bescheidene Fang an Schollen, Hornfischen und Krabben lohnte nicht den Verkauf. Eine beliebte Methode war das Anlegen eines „Fischgartens". Im Frühjahr wurde ein an kräftigen Pfählen befestigtes, enges Flechtwerk aus Weidenruten trichterförmig im Watt ausgelegt. Den bei Flut dicht an die Küste heranschwimmenden Fischen war dadurch bei Ebbe der Rückweg versperrt, und der Fischgärtner brauchte seine Ernte nur noch einzusammeln. Auf diese Weise fing man vor allem Rochen, Hornfische, Makrelen, Butt und Schollen.

Traditionell war das Krabbenfischen mit der Gliep, einem Netz, das an einem Stiel durch manchmal hüfthohes Wasser geschoben wurde, Frauensache. Auf den Halligen hat diese Fangmethode heute noch vereinzelt Bedeutung für den häuslichen Speiseplan.

Während auf dem Festland im 17. und 18. Jahrhundert die Landwirtschaft einer großen Mehrheit der Bevölkerung ihr Auskommen sicherte, herrschten auf den Inseln und Halligen immer wieder wirtschaftliche Not und große Armut. So bot der gerade aufblühende Walfang eine willkommene Gelegenheit der Einkommenssteigerung. Mit der Kontinentalsperre 1806/07 endete das „Goldene Zeitalter" für die Insulaner. Auf Amrum und Sylt, wo aufgrund ungünstiger Bodenverhältnisse Landwirtschaft nicht in dem Umfang wie auf Föhr betrieben werden konnte, suchte man zusätzliche Erwerbsmöglichkeiten im Herings- und Austernfang sowie in der Küstenfischerei. Einige Bedeutung erhielt der Rochenfang im Bereich der Inseln und Halligen.

Gegen Ende des 19. Jahrhunderts entdeckte die Berufsfischerei den Garnelen- bzw. Krabbenfang. Die Gründe dafür waren der Einsatz des Schleppnetzes seit 1865, die beginnende Motorisierung der Krabbenkutter ab 1906 und der Bau der Eisenbahn 1887 zum schnellen Abtransport der leichtverderblichen Ware. Nach einer durchgreifenden Rationalisierung der Flotte laufen heute rund 50 Kutter aus ihren Heimathäfen Hörnum und List auf Sylt, Wittdün auf Amrum, Wyk auf Föhr, Hooge, Pellworm, Nordstrand, Husum und Tönning zum Fang von Speisekrabben aus. In den 1950er Jahren handelte es sich bei den Schiffen noch um Holzbauten von 10 bis 13 Meter Länge, während die modernen Kutter Ausmaße bis zu 20 Metern erreichen. Motoren um die 300 PS, Echolot, Radar und Selbststeueranlagen gehören genauso zur Standardausrüstung wie motorisierte Schüttelsiebe und ölgefeuerte Kessel zur direkten Verarbeitung des Fangs an Bord. In ertragsschwachen Jahren, wie beispielsweise 1984, als die Fangplätze wie leergefegt

Fischgärten gehören zu den ältesten Methoden der Fischerei im Watt. In einer Konstruktion aus Fangzäunen und Stellnetzen verfingen sich bei ablaufendem Wasser Fische wie Butte, Schollen, Aale, Hornhechte, Rochen und Makrelen und brauchten nur noch eingesammelt zu werden.

In der Blidselbucht südlich von List auf Sylt befindet sich seit 1986 Deutschlands einziger Austernkulturbetrieb (oben). Auf speziellen Eisentischen wachsen in 40 Zentimeter Höhe über dem Wattboden die Setzlinge in drei Jahren zu einer Marktreife von 70 bis 90 Gramm heran.

Ständig müssen die Austernbehälter von Schlick, Seetieren und Algen befreit werden (unten).

schienen, wurden die Verluste durch enorme Preissteigerungen wettgemacht. Außerdem hatte man gelernt, solche Situationen durch eine schnelle Umstellung zum Beispiel auf Seezungenfang zu umschiffen.

Größere Bedeutung für die nordfriesische Fischerei hat die Muschel- und Austernzüchtung. Ihre Genießbarkeit haben vermutlich schon die Jäger und Sammler der Steinzeit gekannt. Durch eine Anordnung des dänischen Königs Friedrich II. wurden 1587 Austernvorkommen erstmals bestätigt, denn er verbot damals den unbefugten Fang dieser schmackhaften Muschelart. Infolge übermäßiger Fischerei, wegen zu kalter Winter und Wegfraß durch ihre natürlichen Feinde ist die Gemeine Auster an der deutschen Nordseeküste ausgestorben. Bei der heutigen Auster handelt es sich um eine importierte Art, die seit 1986 südlich von List/Sylt in Deutschlands einzigem Austernkulturbetrieb gezüchtet wird.

Erste Miesmuschelkulturen wurden im 18. Jahrhundert angelegt mit dem Vorteil, daß ihre Erträge weniger durch natürliche Schwankungen beeinflußbar und die Ertragsleistungen besser waren. Die Muschelfischer ernten ihr „schwarzes Gold" von verschieden tiefliegenden Muschelbänken, die je nach Typ unterschiedliche Qualitäten von Miesmuscheln liefern. Nach dem Abfischen werden die Plätze mit Saatmuscheln belegt, die nach rund drei Jahren wieder ihre Fangreife erlangen. Waren die Kulturflächen seit 1969 kontinuierlich auf 2750 Hektar angewachsen, so wurden sie Ende der 1990er Jahre aus Gründen des Naturschutzes auf 2000 Hektar reduziert. Die Erträge belaufen sich im langjährigen Mittel auf etwa 20 000 Tonnen. Zum Fang genügen heute ganze neun Muschelkutter, die mit ihren 40 Metern Länge und bis zu 1000 PS starken Motoren vor allem das Lister und Hörnumer Tief sowie die Norderaue befischen. Anschließend werden die Muscheln an Land weiterverarbeitet. In der zur Zeit modernsten Anlage der Welt beschäftigt in Emmelsbüll-Horsbüll ein niederländisches Unternehmen rund 80 Mitarbeiter und liefert seine tiefgekühlte Ware in 20 Länder. Eine weitere Muschelverarbeitungsanlage mit 110 Beschäftigten befindet sich in Dagebüll.

Als Fortsetzung des traditionellen Fischfangs kann die in bescheidenem Ausmaß betriebene Nebenerwerbsfischerei gelten. Ihr Ziel war und ist die Selbstversorgung, die manchmal auch über die familiären Grenzen hinaus bis zu einer Belieferung bestimmter Kunden in der Region gehen kann. Einen wirtschaftlichen Akzent setzt dabei der Aalfang. Insgesamt aber hat die küstennahe Fischerei in Nordfriesland zu keiner Zeit große ökonomische Bedeutung erlangen können.

Von einer Schar kreischender, auf Beifang lauernder Möwen begleitet, kehrt der Krabbenkutter von seiner Fangfahrt zurück.

Während die Netze erneut zur Schleppfahrt ausgesetzt sind, wird der Fang schon weiterverarbeitet. Die aussortierten Speisekrabben müssen gleich an Bord gekocht werden. Sterben sie vorher ab, sind sie unbrauchbar.

Ein Fischer versorgt seinen Hamen, den Kasten am Ende der Reuse, der die mit dem Ebbstrom im Watt gefangenen Fische beherbergt.

Handel, Handwerk und Gewerbe

Fiete Pingel

Handelsbeziehungen standen am Anfang der nordfriesischen Geschichte. Von ihren Siedlungsgebieten in den heutigen Niederlanden und dem heutigen Niedersachsen aus befuhren im Mittelalter friesische Kaufleute die Routen nach Skandinavien und über die schleswigsche Landenge in die Ostsee. Auf diesen Wegen kamen mit großer Wahrscheinlichkeit die ersten Friesen nach Nordfriesland.

Sie siedelten sich in den Utlanden an, dem Gebiet der heutigen Küstenmarsch und des heutigen Wattenmeeres. Dort entstanden an Stellen, die für die damaligen kleinen Schiffe gut erreichbar waren, Ankerplätze, in deren Umkreis Handel getrieben wurde. Beim heutigen List auf Sylt, zwischen den Inseln Amrum und Föhr und im Westen von Eiderstedt sind für das 16. Jahrhundert Häfen verzeichnet, die vermutlich auf eine jahrhundertelange Tradition zurückblicken konnten. Von frühesten Zeiten an hatte die Insel Helgoland für die Friesen und ihren Handel eine zentrale Funktion. Die große Bedeutung dieses Handels zeigt sich unter anderem darin, daß die Nordsee zeitweise *Mare Frisicum* genannt wurde.

Eine besonders wichtige Ware war das aus dem Torf der Utlande gewonnene Salz. Seine Unentbehrlichkeit vor allem für die Konservierung von Nahrungsmitteln verlieh ihm einen hohen Wert. Bis ins 18. Jahrhundert wurde im nordfriesischen Raum Salzsiederei betrieben.

Auch bei dem sagenumwobenen Rungholt handelte es sich um einen Handels- und Hafenplatz. Nach seiner weitgehenden Zerstörung 1362 schlug die Stunde zweier kleiner Siedlungen, die vom Ende des 14. Jahrhunderts an zu einem neuen Zentralort zusammenwuchsen: Husum. Durch die Flutkatastrophe gewann es einen freien Zugang zur Nordsee. Zugleich liegt Husum an der Südwestecke der schleswigschen Geest und bildete den südlichen Endpunkt des westschleswigschen Ochsen- und Heerweges. Von hier verlief nördlich der Eiderniederung eine Querverbindung zum östlichen, dem eigentlichen Ochsenweg.

Die Lage zwischen der fruchtbaren Marsch mit ihren agrarischen Überschüssen und der flutsicheren Geest bildete generell das ökonomische Lebenselixier der nordfriesischen Handelsplätze. Sämtlich am Geestrand gelegen, entwickelten sich Leck, Bredstedt und Husum im 15. und 16. Jahrhundert als zentrale Märkte der Karrharde bzw. der Norder- und der Südergoesharde. In Eiderstedt erhielten Tönning und Garding Marktrechte. Die beiden letztgenannten Orte liegen auf einem unter Meereseinfluß abgelagerten Strandwall, der in der Landschaft etwa dieselbe Rolle spielt wie der Geestrand im nördlichen Gebiet.

Wie hoffnungsvoll sich die wirtschaftlichen Perspektiven in jener Zeit zunächst entwickelten, zeigt ein Ereignis der frühen Husumer Geschichte: Im Jahre 1472 beteiligten sich einige seiner Bürger an einem Aufstand gegen den dänischen König (und Herzog von Schleswig) Christian I., ihren Landesherrn. Dieser schlug den Aufruhr schnell nieder, wobei er unter anderem von einem Hamburger Truppenkontingent unterstützt wurde. Die Hamburger nun verlangten, daß der junge Flecken Husum niedergebrannt und damit als Handelskonkurrent ausgeschaltet werden sollte. Nur gegen Zahlung hoher Bußgelder entging man dem Feuer. Die Husumer Wirtschaftskraft hatte also immerhin ausgereicht, die Hansestadt herauszufordern.

In der Folge blieben die Husumer wie auch die Bewohner der anderen Marktorte folgsame Untertanen. Könige und Herzöge bemühten sich um die Förderung der Wirtschaft. Relativ lange Friedensperioden im 16. und im frühen 17. Jahrhundert boten dafür eine gute Grundlage. Die landwirtschaftliche Produktion steigerte sich infolge der Eindeichungen, mit denen ständig neues fruchtbares Marschland hinzugewonnen wurde. Die Seefahrt war vor allem in Husum, zeitweise Heimathafen von mehr als 40 großen Handelsschiffen, und im an der gut

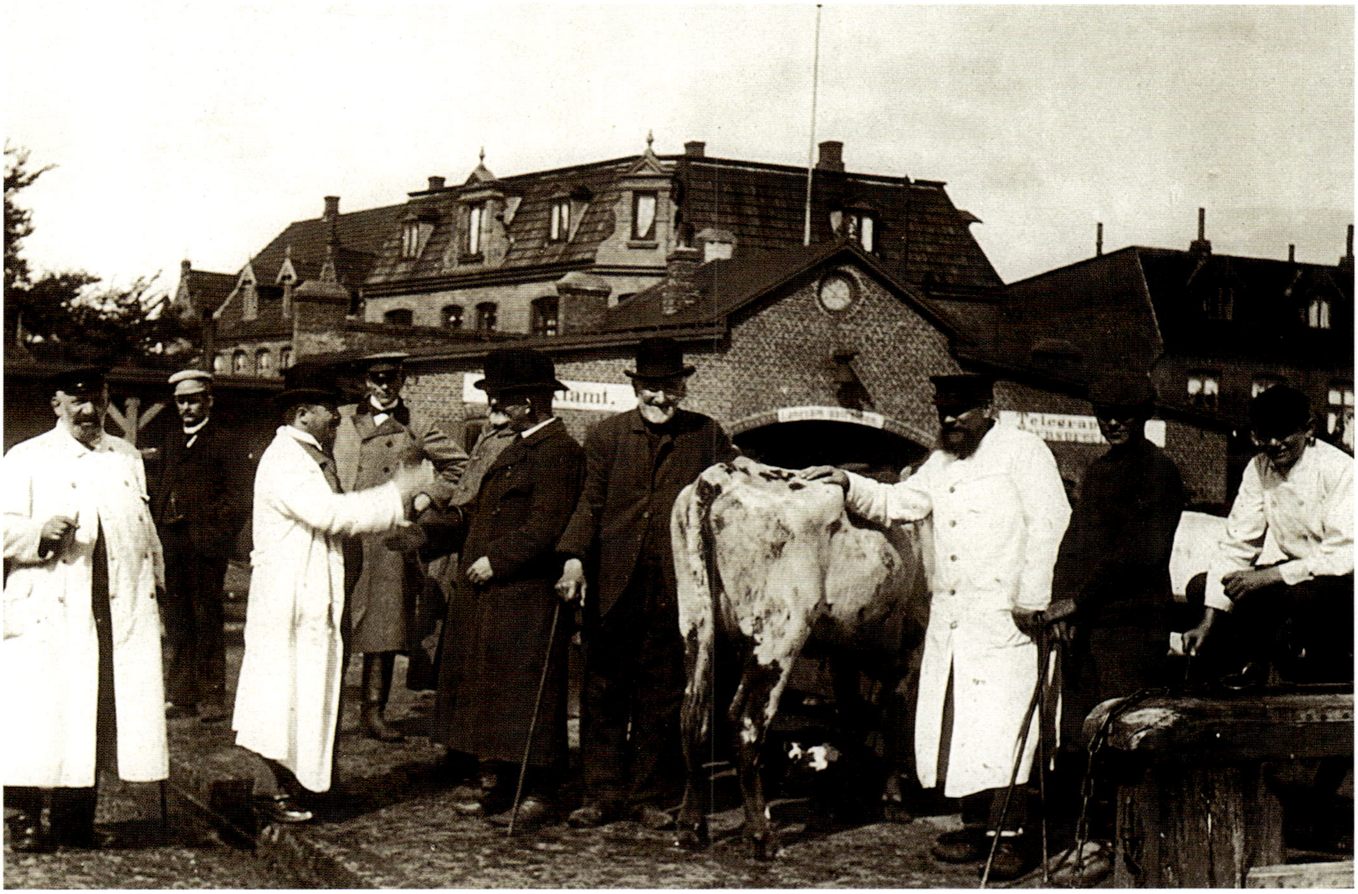

Auf dem Husumer Viehmarkt um 1900. Der gewinnträchtige Handel mit den Produkten der fruchtbaren Marsch gehörte über Jahrhunderte zu den wesentlichen Elementen der Wirtschaft in Nordfriesland.

schiffbaren Eider gelegenen Tönning angesiedelt.

Die Gründung Friedrichstadts am Zusammenfluß von Eider und Treene durch Herzog Friedrich III. 1621 basierte in hohem Maße auf der – letztlich vergeblichen – Hoffnung, mit Gewinn am europäischen Warenverkehr und am Welthandel teilnehmen zu können. Wichtiger Partner waren die Niederlande. Nicht nur von den Friedrichstädter Remonstranten, auch von vielen anderen Siedlern, Experten und Investoren, die von der südlichen Nordseeküste stammten, gingen wesentliche Impulse für den nordfriesischen Raum aus. Eine der wichtigsten von Tönning aus verschifften Handelswaren war der Käse, ein Produkt der unter niederländischem Einfluß modernisierten eiderstedtischen Landwirtschaft.

Es reiften allerdings nicht alle Blütenträume. Die Kriegsläufte des 17. Jahrhunderts und die verheerende Flutkatastrophe von 1634 beeinträchtigten auch die Handelstätigkeit. Letztlich entscheidend für die Entwicklung war die ungünstige Verkehrslage der Häfen. Je größer die Schiffe gebaut wurden, um so mehr verlor Nordfriesland für den Seehandel an Bedeutung. Husums Bürgermeister Emanuel Gurlitt brachte Ende des 19. Jahrhunderts das Problem in einer Gedichtzeile über den Hafen seiner Stadt auf den Punkt: „De harr all längstens Weltverkehr, wenn he en beten natter weer." („Der hätte längst schon Weltverkehr, wenn er ein bißchen nasser wär'.")

Eine Ausnahme blieb zeitweise Tönning. Während des Krieges zwischen dem von Napoleon beherrschten kontinentalen Europa und Großbritannien wurde von 1803 bis 1807 die Elbe und damit die Zufahrt zum Hamburger Hafen blokkiert. In dieser Zeit blühte der Tönninger Seehandel auf, der auch großenteils an den Bestimmungen der 1806 verhängten napoleonischen Kontinentalsperre vorbei abgewickelt wurde. In späteren Jahrzehnten des 19. Jahrhunderts diente Tönning der Ausfuhr des Viehs von den nordfriesi-

Der Bredstedter Kupferschmied Gabriel Sandberg in seiner Werkstatt um 1900. Vor der Industrialisierung wurden sämtliche Waren und Gebrauchsgüter – soweit sie nicht im Eigenbau entstanden – vom Handwerk hergestellt. Inzwischen liegt der Schwerpunkt der handwerklichen Tätigkeit in den meisten Branchen auf Reparatur und Instandhaltung.

schen Weiden in die expandierenden und fleischhungrigen Industriezentren Großbritanniens. Bis zu 50 000 Rinder wurden hier jährlich verschifft.

Für den Viehhandel, der sich von den 1880er Jahren an stärker in die aufblühenden Industriegebiete des jungen deutschen Kaiserreichs an Rhein und Ruhr orientierte, erlangte die 1887 fertiggestellte Marschbahn große Bedeutung. Noch einmal trat Husum mit Hamburg in Konkurrenz: Unter den deutschen Viehmärkten belegte der Husumer zeitweise hinter dem der Hansestadt den dritten Rang. Noch bis 1970 wurde auf dem Gelände, auf dem seit 1972 Nordfrieslands Kreishaus steht, Vieh zu Markte getrieben. Inzwischen hat es sich als rentabler erwiesen, das Fleisch der geschlachteten Tiere zu versenden; die an Markttagen in alter Zeit das Stadtbild prägenden Rinderherden sind Geschichte.

„Das Dorf bildete eine übersehbare Lebensgemeinschaft. Das tragende Grundgerüst machten die selbständigen Bauernhöfe aus. Daran lehnten sich die Handwerke: Alle notwendigen Arbeiten waren vertreten, jeder Handwerker hatte regelmäßig eine Anzahl Bauern als seine Kundschaft, der Müller, der Schmied, der Rademacher usw.; ihre Aufträge waren die Unterlage seiner Lebenshaltung … [Es gab im Dorf zudem] eine Schicht kleiner Besitzer, die auf dem eigenen Landbesitz nicht mehr ausreichende Arbeit für die Familienmitglieder hatten und daher durch übernommene Dienste ihr Einkommen steigerten, sei es durch Fuhrdienste oder durch Krämerei, Tagelohn und Handwerk.“ So beschreibt in seinen – die Verhältnisse gelegentlich idealisierenden – Kindheitserinnerungen der 1846 in Langenhorn geborene bedeutende Pädagoge und Philosoph Friedrich Paulsen die Einbettung der nichtlandwirtschaftlichen Tätigkeiten in den ländlichen Organismus. Dessen Strukturen waren bis ins 20. Jahrhundert hinein für die Mehrheit der Bevölkerung des heutigen Kreises Nordfriesland maßgebend.

Schmiede, Stell- und Rademacher waren seit alters her für die Herstellung von landwirtschaftlichen Gerätschaften und Transportmitteln unentbehrlich. Die nötigen Fachkenntnisse konnten kaum „nebenher“ erworben werden und erforderten Spezialisierung. Schon früh tauchen Schneider und Schuster in den Dörfern auf. Schließlich wurde im Laufe des 19. Jahrhunderts auch die Herstellung von Brot und Fleischprodukten weitgehend aus der häuslichen Arbeit auf den Bauernhöfen ausgegliedert und von gelernten Bäckern und Fleischern übernommen.

In Stadt und Land gleichermaßen vertreten war das Mühlenwesen, ein für die in Nordfriesland vorherrschende Landwirtschaft naturgemäß besonders wichtiges Gewerbe. Das Nutzungsrecht für Wind und Wasser stand nach alter Überlieferung dem Fürsten zu. Ursprünglich waren daher die schleswig-holsteinischen

Mühlenbetriebe bildeten häufig die Keimzelle für ein dörfliches „Wirtschaftszentrum". Zur Ockholmer Mühle – hier um 1930 – gehörten beispielsweise eine Bäckerei und eine Gaststätte. Letztere gibt es noch heute. Die Mühle selbst, das Wahrzeichen Ockholms und zugleich die letzte große Bockwindmühle Nordfrieslands, wurde 1946 abgerissen. Die Notwendigkeit, jeweils das gesamte Mühlenhaus in den Wind zu drehen, war charakteristisch für diesen Mühlentyp. Er war daher besonders sturmanfällig.

Landesherren Besitzer der mit Wasser- und Windkraft betriebenen Mühlen. Aus der Mühlenpacht erwuchs ihnen ein erkleckliches Einkommen. Vom 16. Jahrhundert an entwickelte sich infolge des Nebeneinanders von königlicher, herzoglicher und etwa adliger Obrigkeit der sogenannte Mühlenzwang, demzufolge die Untertanen ausschließlich bei Mühlen ihrer jeweiligen Herren mahlen lassen durften. Diese Bestimmung wurde erst 1853 aufgehoben. Die Mühlenbetriebe gingen nach und nach in Privatbesitz über.

An die Stelle der von staubaren Gewässern abhängigen Wassermühlen waren vom 13. Jahrhundert an auch in Nordfriesland die relativ kleinen Bockwindmühlen getreten. Diese wurden seit dem Anfang des 18. Jahrhunderts von den stattlichen Holländermühlen abgelöst – wiederum eine Neuerung aus den Niederlanden. 114 windgetriebene Mühlen wurden um 1900 im Gebiet des späteren Kreises Nordfriesland gezählt. Seit Ende des 19. Jahrhunderts betrieb man die Mühlen in immer stärkerem Maße mit künstlicher Energie. Dies führte schließlich zur völligen Verdrängung der Windmühlen. So wurde von 1901 an beispielsweise der Friedrichstädter Mühlenbetrieb auf Dampf, später auf elektrischen Antrieb umgestellt. Aus diesem Unternehmen ging 1932 die „Eidermühle AG" hervor. Sie ist heute mit einer Mahlleistung von über 50 000 Tonnen pro Jahr die größte Mühle Nordfrieslands.

Angeregt durch den Besuch der regelmäßigen Wochen- und Jahrmärkte in den Flecken und Städten, breitete sich wohl etwa vom 16. Jahrhundert an der Handel mit nichtlandwirtschaftlichen Produkten auch auf das flache Land aus. Fahrende Händler zogen über die Dörfer. Eine besondere Rolle im Handel insbesondere mit Textilien spielten vom späten 17. Jahrhundert an beispielsweise die Friedrichstädter Juden. Von den 1803 dort gezählten 187 Personen mosaischen Glaubens waren nicht weniger als 38 Handelsleute. Zu dieser Zeit gehörte es aber auch schon vielerorts zu den Selbstverständlichkeiten, daß man nicht nur auf den offenen Märkten, sondern auch in festen Ladengeschäften, die sowohl von Kaufleuten als auch von Handwerkern und Gewerbetreibenden in den Flecken und Städten unterhalten wurden, seine Einkäufe tätigte.

Gastwirte und Müller erhielten Konzessionen zum Handeln, jedes Dorf hatte einen oder mehrere „Höker". Mit ständig erweitertem Angebot waren die kleinen Läden über viele Generationen Mittelpunkte des dörflichen Lebens. Die meisten verschwanden dann allerdings im Zuge des Strukturwandels in den sechziger und siebziger Jahren des 20. Jahrhunderts.

Auch die Handwerker waren überwiegend für den regionalen Bedarf tätig. Die sogenannten Ämter bildeten ihre zünftische Organisation. Schon im 15. Jahrhundert wird aus Husum von den „Vier-Ämtern" berichtet, in denen Bäcker, Schmiede, Schneider und Schuster zusammengefaßt waren. Im 16. und 17. Jahrhundert zeichneten dort unter anderen die Barbiere, die Böttcher, die Glaser, die

Die meisten der früher mehr als 100 nach holländischem Muster gebauten Mühlen im Gebiet des heutigen Kreises Nordfriesland sind verschwunden. Nur wenige blieben erhalten, indem sie – wie etwa hier die „Fortuna“ in Struckum – zum Beispiel für private Wohnzwecke genutzt wurden.

Windmühle und Mähdrescher symbolisieren verschiedene Phasen der Landwirtschaftsgeschichte. Mit dem Aufkommen der modernen Technik verloren die traditionellen Mühlen ihre Wirtschaftlichkeit. Die Mühle in Nebel auf Amrum ist heute ein Museum.

Der große Galerie-Holländer, wie etwa die 1888 errichtete und Anfang der 1980er Jahre renovierte Mühle „Engel“ bei Süderhafen auf Nordstrand, repräsentiert die voll ausgereifte Windmühlentechnik. Ihre Betreiber versuchten anfangs noch, mit den um 1900 aufkommenden motorisierten Mühlen zu konkurrieren.

Die 1894 errichtete Mühle in Borgsum auf Föhr, die nach dem Zweiten Weltkrieg zum Torso geworden war, wurde 1991 auf Privatinitiative eines gebürtigen Föhringers originalgetreu neu errichtet. Heute ist sie wieder eine weithin sichtbare Landmarke.

„De Höker", der mit allem Lebensnotwendigen und manchem mehr bestückte kleine Kramladen, war – mancherorts noch bis in die 1950er und sechziger Jahre hinein – unverzichtbarer Teil des dörflichen Lebens. Die original erhaltene Einrichtung des Hauses Peters in Tetenbüll bildet das Kernstück eines 1991 eingerichteten Museums.

Reepschläger, die Weber, die Kürschner und die Hutmacher die Bestimmungen ihrer Korporationen in sogenannten Beliebungen auf.

Insgesamt aber ist die zünftische Überlieferung in Nordfriesland eher schwach. Die Stellung des hiesigen organisierten Handwerks ist in keiner Weise mit der großen, auch politischen Bedeutung der Zünfte zum Beispiel in Hansestädten wie Lübeck zu vergleichen. Wenngleich in den von den Landesherren bestätigten Beliebungen festgehalten war, daß nur Angehörige des Amtes den jeweiligen Beruf ausüben durften, und immer wieder auf eine Monopolstellung gedrängt wurde, war das Handwerk keineswegs auf die städtischen Siedlungen beschränkt. Der Obrigkeit lag letztlich an der Belebung der Wirtschaft insgesamt, der starre Regelungen wohl eher im Wege standen. Faktisch war das Handwerk auch auf dem von den Ämtern nicht kontrollierten Land fest etabliert. Nur zu gern vergab die landesherrliche Verwaltung – gegen entsprechende Gebühren – Konzessionen für nichtzünftige Meister, die außerhalb von Flecken und Städten ihr Brot suchen wollten.

Somit brachte die nach der Übernahme Schleswig-Holsteins durch Preußen von der neuen Obrigkeit 1867 verkündete Gewerbefreiheit keine wirkliche Neuerung. Mit der Verkündung des Handwerkergesetzes von 1897 und der Schaffung der Handwerkskammern 1900 trug der Staat der Tatsache Rechnung, daß sich die Stellung des Handwerks in der nun von der Industrie bestimmten Wirtschaftsordnung verändert hatte.

Abgesehen von der Nahrungsmittelbranche stellen auch in Nordfriesland die meisten Handwerksbetriebe keine Waren mehr her, sondern sind zur Installation, Wartung und Reparatur von Industrieprodukten übergegangen. Schmiede, die Hufeisen und -nägel selbst produzieren, gibt es nicht mehr. An ihre Stelle sind letztlich die Autowerkstätten getreten. Manche Handwerkszweige, wie etwa die früher bedeutende Weberei, verschwanden fast völlig.

Von den 2069 zu Beginn des Jahres 1999 im Kreis Nordfriesland beheimateten Handwerksbetrieben gehören jedoch immerhin 502 zum Baugewerbe und zählen somit sehr wohl zum produzierenden Teil der Wirtschaft. Eine gewisse nordfriesische Besonderheit bildet das gute Dutzend Reetdachdecker. Nicht zuletzt durch den Bau und die Instandhaltung der „Friesenhäuser" in den Fremdenverkehrsorten erlebt dieses traditionsreiche ländliche Gewerk in den letzten Jahren einen regelrechten Boom.

Wie andere Branchen ist auch der Handel in Nordfriesland heute fest eingebunden in überregionale, internationale, ja globale wirtschaftliche Strukturen. Die Mehrheit der Bevölkerung bezieht ihre Grundversorgung aus den Filialen der allgegenwärtigen Supermarktketten. Von ganz erheblicher Bedeutung sind auch hierzulande Einkaufszentren außerhalb der Stadtkerne. Und selbstverständlich sind neben inländischen Produkten zum Beispiel Obst aus Südafrika, Butter aus Irland und Spielzeug aus Hongkong in den Regalen zu finden.

Die Industrialisierung und die Modernisierung brachten einen erhöhten Kapitalbedarf – moderne Ackergeräte, Maschinen für die gewerbliche Produktion, Löhne und Gehälter mußten bezahlt werden. Vor allem im 19. Jahrhundert entstanden auch in Nordfriesland viele kleine Sparkassen und Kreditvereine. Die Ende des Jahrhunderts gegründeten bäuerlichen Genossenschaften nahmen nach und nach

Drainage und Wasserbaumaßnahmen haben dem einst wichtigen Erwerbszweig der Reeternte zumeist die Grundlage entzogen. Am Ruttebüller See aber fahren auch heute noch die Boote aus.

Reet machte einst in Nordfriesland als Dachmaterial Karriere, weil es ein leicht zugänglicher, billiger Baustoff war. Das Gros des heute verwendeten Reets wird importiert.

Die Reetdachdecker gehören zu den für Nordfriesland typischen Handwerkern. Für Aufträge sorgen nicht zuletzt Zugereiste, die ihr „Friesenhaus" hinterm Deich oder auf der Insel – hier auf Sylt – stilgerecht gedeckt haben möchten.

Die Husumer Schiffswerft ist einer von ganz wenigen Industriebetrieben in Nordfriesland. Bis 1999 liefen hier zahlreiche große Schiffe vom Stapel. Ende des 20. Jahrhunderts wurde zusätzlich die Herstellung von Windenergieanlagen aufgenommen.

viele davon in ihr Banksystem auf. Die zunehmende Professionalisierung und Zentralisierung des Kreditwesens führte im Laufe des 20. Jahrhunderts auf regionaler Ebene zur Errichtung von Kreissparkassen, deren Bedeutung stetig zunahm.

Friedrichstadt, Husum, Tönning und Wyk hatten Werften, solange die Baukapazitäten den benötigten Schiffsgrößen entsprachen. Neben der auf Holzschiffe spezialisierten „Dawartz-Werft“ in Tönning blieb einzig die „Husumer Schiffswerft“. Sie wurde 1947 von den aus Warnemünde stammenden Gebrüdern Kröger übernommen und zu einem modernen Unternehmen geformt. Die Geschäftsverbindungen reichten zuletzt bis nach China. Dennoch mußte die lange erfolgreiche Werft infolge internationalen Konkurrenzdrucks 1999 Konkurs anmelden. Der Betrieb wird mit stark vermindertem Personalbestand weitergeführt.

Einige weitere Unternehmen aus Nordfriesland haben es geschafft, den überregionalen Markt anzusprechen. Drei Beispiele: Von der Mitte des 16. bis zum Anfang des 17. Jahrhunderts lieferte eine Husumer Gießerei Kirchenglocken und Taufbecken an Gemeinden in ganz Schleswig-Holstein und wohl auch darüber hinaus. Zur Produktpalette von Harmen Grapengeter, Lucas Melchior Brant und ihren Nachfolgern gehörten auch Pumpen, Ventile und Wasserrohre. Der Initiative des aus dem dänischen Viborg stammenden Bruno Preisler (1868–1935) verdankte Bredstedt die Entstehung seines bislang größten Unternehmens. Mit zu jener Zeit modernsten Produktionstechniken baute Preisler eine Tabakfabrik auf. International war die Kundschaft, die jeweils direkt per Versand von Bredstedt aus beliefert wurde. Nach dem Ende des Zweiten Weltkriegs konnte die Firma aufgrund der veränderten Marktbedingungen nicht mehr an die Anfangserfolge anknüpfen und mußte ihre Tätigkeit 1960 einstellen. In ihrer Blütezeit hatte Preislers Tabakfabrik rund 200 Menschen beschäftigt. Aus der Hinterlassenschaft einer klei-

nen Zeitungsdruckerei entstand seit 1951 in Leck der Druckbetrieb „Clausen & Bosse“. Mit einer fast 600köpfigen Mitarbeiterschaft ist er eine der größten Druckereien Europas und der einzige Produktionsbetrieb aus Nordfriesland, der sich in der von der Schleswig-Holsteinischen Landesbank erstellten Liste der 100 größten Arbeitgeber des Landes etablieren konnte. Allein bis zu 350 000 Taschenbücher werden hier pro Tag hergestellt.

Von wenigen Ausnahmen abgesehen, führten Versuche, im nordfriesischen Gebiet größere Gewerbe- oder gar Industriebetriebe anzusiedeln, über Ansätze nicht hinaus. Die klassischen Voraussetzungen für die Entwicklung solcher Unternehmen – ausreichend und leicht verfügbare Energiepotentiale und Marktnähe bzw. gute Verkehrsanbindung – fehlen. Das abgelegene Nordfriesland war zudem nur so lange für Zuwanderer attraktiv, wie seine ökonomischen Stärken, vor allem das fruchtbare Marschland, Gewinne versprachen. Ansonsten zogen viele Menschen von hier fort, um in industrialisierten Regionen Arbeit zu suchen, so daß qualifizierte Arbeitskräfte nicht in ausreichender Zahl vorhanden waren. Erst im Zeitalter der Telekommunikation und einer wesentlich erhöhten Mobilität in der Gesellschaft zeichnen sich auch für periphere Gebiete wie Nordfriesland neue wirtschaftliche Möglichkeiten ab.

Mit dem „rauchenden P“ warb über Jahrzehnte die Zigarrenfabrik Preisler in Bredstedt. Das um 1928 aufgenommene Foto zeigt das Wickeln der Zigarren. Links entsteht maschinell die erfolgreiche Marke „Dusendank“, rechts werden andere Sorten von Hand geformt.

Verkehr in Nordfriesland

Walter Asmus

Aufgrund der Eigenart des nordfriesischen Naturraumes sind die Verkehrssysteme zu Lande und zu Wasser in charakteristischer Weise miteinander verknüpft, so daß Verkehrsbauten und -einrichtungen gleichzeitig Sehenswürdigkeiten der Landschaft darstellen: Wer mit dem Auto oder der Bahn von Süden nach Nordfriesland reist, nimmt zuerst die Damm- und Brückenbauten über die Eider wahr. Auch der elf Kilometer lange Hindenburgdamm, die Eisenbahnverbindung zur Insel Sylt, gehört seit Jahrzehnten zu den beliebtesten Postkartenmotiven der Region. Und die Überfahrt mit dem Fährschiff vom Festland zur nordfriesischen Insel- und Halligwelt zählt für den Binnenlandbewohner mit Sicherheit zu den beeindruckenden Urlaubserlebnissen.

Straßenverkehr

Seit historischer Zeit befindet sich Nordfriesland im überregionalen Landverkehr in einer Randlage. Die nord-südlich gerichteten Hauptverkehrslinien der schleswig-holsteinischen Landbrücke verlaufen bis heute auf dem Schleswiger Sander und damit östlich an Nordfriesland vorbei.

Bis in die Zeit um 1840 gab es in Nordfriesland keine ausgebauten Straßen. Das überörtliche Wegenetz bestand nur aus breit ausgefahrenen Naturpisten, die stellenweise lediglich mit etwas Sand oder Steinen ausgebessert waren. Die wichtigsten Straßen verliefen auf der höher gelegenen Geest, weil hier einigermaßen trockene Untergrundverhältnisse vorhanden waren. Die tiefer gelegene, feuchte Marsch war dagegen nur während der trockenen Sommermonate und bei starkem Frost befahrbar. In den übrigen Jahreszeiten bedeckte tiefer Morast die meisten Marschwege. Wo sich die Möglichkeit bot, benutzte man die Binnendeiche als Fahrwege.

In seiner Grundstruktur stammt das Straßennetz Nordfrieslands aus dem ausgehenden Mittelalter, jedoch hat mancher ehemals wichtige Weg seine ursprüngliche Bedeutung im Laufe der Zeit verloren. Mehrere alte Straßen, die von außerhalb nach Nordfriesland führen, sind heute an der Bezeichnung „Freesenweg" noch als ehemalige Regionalstraße zu erkennen. Die wichtigste alte Straße Nordfrieslands war der von West-Jütland nahe dem Geestrand entlangführende Heerweg, auch „Herren-" oder „Königsweg" genannt, der von Norden nach Süden über Tondern, Leck und Drelsdorf nach Arlewatt am Arlau-Übergang führte. Dort teilte er sich in eine Abzweigung nach Husum und einen anderen Zweig, der über Feddersburg, Wittbek und Ostenfeld verlief, um dann die Treene bei Hollingstedt in Richtung Rendsburg zu queren. Diese alte Handelsstraße schloß die auf dem Geestrand liegenden Viehmärkte Leck, Bredstedt und Husum an den überregionalen Verkehr an. Sie diente auch den großen Ochsentriften von Jütland nach Süden an die Elbe, die der Straße den Beinamen „westlicher Ochsenweg" gaben. Heute wird dieser historische Straßenverlauf in einzelnen Abschnitten als Nebenstraße genutzt. Einige der alten Wege sind teilweise noch in Überresten als linienhafte Mulden im Gelände erkennbar. Auch einzelne Gasthäuser sind anhand ihrer Namen, wie zum Beispiel „Jägerkrug" oder „Rosenburg", noch als alte Wegekrüge auszumachen.

Die häufigsten Verkehrsbewegungen waren jedoch die lokalen Binnenverflechtungen zwischen den Städten, Flecken und Kirchdörfern und ihren ländlichen Einzugsbereichen. Diese kleinräumigen Verkehrsbeziehungen wurden vor allem seit dem 19. Jahrhundert zunehmend intensiver und haben den Verkehr stark anwachsen lassen.

Erst zu Beginn der 1840er Jahre wurde mit der Anlage von Kunststraßen oder Chausseen begonnen. Diese waren entweder makadamisiert, d. h. nach Erfindung des Engländers McAdam mit einem Unterbau und darüber einer gewalzten Oberfläche aus zerschlagenen Steinen mit Kies versehen, oder mit Grand bedeckt. Ihre Oberflächen waren von der Mitte nach den Seiten gewölbt, damit das Re-

genwasser abfließen konnte. Gegenüber den alten Landstraßen wiesen die Chausseen eine einheitliche Breite und weniger Kurven auf. Für die Benutzung dieser Straßen wurden Gebühren erhoben, die an regelmäßig errichteten Schlagbäumen zu bezahlen waren. Auf den Chausseen konnten Fuhrwerke und Kutschen ihre Geschwindigkeit auf etwa zehn Stundenkilometer verdoppeln.

Zur ersten Chaussee in Nordfriesland wurde 1844 die Poststraße zwischen Flensburg und Husum ausgebaut. Bis zum Anschluß an Preußen 1867 waren nur wenige Landstraßen zwischen den wichtigsten Städten und Flecken chaussiert, der Ausbau des Straßennetzes setzte sich verstärkt zwischen 1880 und dem Ersten Weltkrieg fort. Zentrale Orte und die Stationen der Eisenbahn waren Zielpunkte des Ausbaus der Lokalstraßen. Vor allem in den Marschgebieten verbesserte sich die Straßensituation entscheidend. Hier wurden manche der auf dem klebrigen Marschboden ausgefahrenen Wege mit Klinkern bepflastert. In diese Zeit fällt auch der Bau der Eiderbrücke bei Friedrichstadt 1916, der ersten festen Flußquerung unterhalb von Rendsburg, die die jahrhundertelang betriebene Prahmfähre ersetzte. Immer mehr Privat- und Linienfuhrwerke, nach 1890 Fahrräder und um 1910 die ersten Automobile belebten die Straßen.

Erst Ende der 1920er Jahre nahm die Motorisierung zu. Autos erforderten einen festeren Untergrund, als ihn die Chausseen boten, und erzwangen so die Pflasterung wichtiger Landstraßen. Größere Straßenbaumaßnahmen erfolgten jetzt auch auf den Inseln. 1935 wurde der Straßendamm zur Insel Nordstrand eröffnet. Der umfassende Neubau des gesamten Straßennetzes aber wurde nach dem Zweiten Weltkrieg notwendig, als ab 1955 die Massenmotorisierung einsetzte, die die Verkehrsgewohnheiten der Bevölkerung in den nächsten Jahrzehnten völlig

1899 malte Hans Peter Feddersen diesen Weg in der Marsch unter dem Titel „Herbstlandschaft, Deezbülleck". Während die Hauptstraßen nach und nach befestigt, teilweise sogar steinbepflastert wurden, blieben die meisten Nebenwege noch bis in die 1950er Jahre als unbefestigte Kleibahnen bestehen. Vor allem in den feuchten Jahreszeiten bildeten sie einen grundlosen Morast und waren für Wagen wie für Fußgänger und Fahrräder häufig unpassierbar.

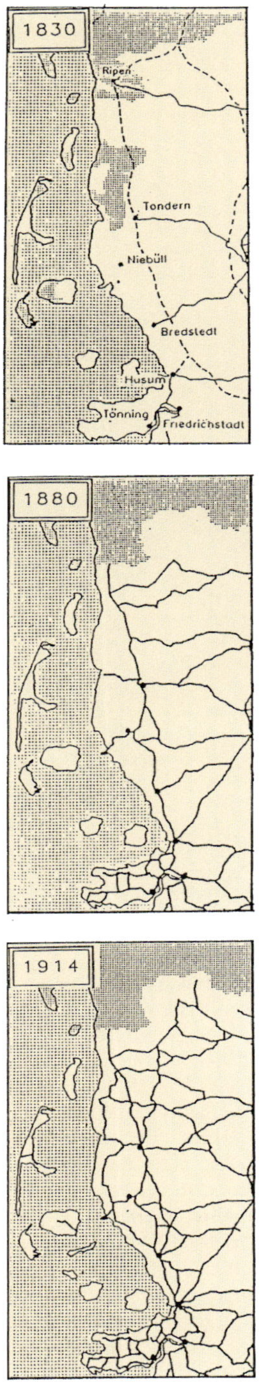

Seit Mitte des 19. Jahrhunderts wurde das Chausseenetz kontinuierlich ausgebaut.

Oben rechts: Ein Pferdeomnibus verband das Nordseebad Ording mit Garding. Autobusse kamen seit Anfang des 20. Jahrhunderts auf.

veränderte. Heute kommt auf weniger als zwei Einwohner in Nordfriesland ein Kraftfahrzeug. Das Auto hat die Lebensgewohnheiten stark beeinflußt. Nachdem aus den Dörfern immer mehr Arbeitsplätze und Einkaufsmöglichkeiten verschwunden sind, ist die Abhängigkeit vom Individualverkehrsmittel erheblich gewachsen, obwohl in Nordfriesland auch ein dichtes Netz von gut miteinander verknüpften Buslinien existiert.

Gegenwärtig verfügt das Kreisgebiet Nordfrieslands über ein ausgebautes Straßennetz von etwa 3700 Kilometer Länge. Seit Mitte der 1960er Jahre ist nicht nur das gesamte Straßennetz einschließlich der Gemeindestraßen und Feldwege vollständig neu ausgebaut und mit festen Oberflächen versehen worden. Es wurde auch eine Reihe neuer Entlastungs- und Umgehungsstraßen angelegt, die dem weiter wachsenden Bedarf aber noch nicht überall angepaßt sind. Dazu gehört auch der seit längerem geforderte Ausbau der über die 1973 erbaute Eiderbrücke bei Tönning verlegten Trasse der B 5 als Verlängerung der Autobahn 23 über Heide hinaus. Für den örtlichen Individualverkehr wie auch den Fremdenverkehr ist das stark im Ausbau befindliche Radwegenetz hervorzuheben.

Eisenbahn

Die Eisenbahn war das eigentliche Symbol für Fortschritt und Modernisierung des Verkehrs im 19. Jahrhundert. Neun Jahre nach Eröffnung der ersten deutschen Bahnstrecke war 1844 in Holstein mit der Ostseebahn zwischen Altona und Kiel die erste Eisenbahn des dänischen Gesamtstaates eingeweiht worden, deren erfolgreicher Betrieb zahlreiche weitere Eisenbahnpläne im Lande hervorrief. Aber erst nach 1852 wurde der weitere Ausbau des Bahnnetzes befürwortet. Da sich Dänemark nach der schleswig-holsteinischen Erhebung von 1848 einer dauerhaften Herrschaft über Holstein nicht mehr sicher war, gestattete der Staat einem englischen Unternehmer, eine West-Ost-Transitbahn im Herzogtum Schleswig, die „Südschleswigsche Eisenbahn“, zu bauen. Sie verband seit 1854 Flensburg mit Tönning, dem einzigen tieferen Hafen an der schleswigschen Nordseeküste, und berührte auch die Hafenstadt Husum. Beide Häfen, vor allem Tönning, hatten für die Verschiffung von Schlachtvieh nach England seit Beginn der 1840er Jahre einige Bedeutung erlangt. Die „Südschleswigsche Eisenbahn“ erhielt von Ohrstedt aus über

Zusammen mit dem modernen Verkehrsmittel Eisenbahn symbolisierte der Bahnhof jahrzehntelang den Fortschritt, den Anschluß an die „weite Welt". Das Foto von 1908 zeigt das heute unter Denkmalschutz stehende Empfangsgebäude des Bahnhofs Bredstedt mit der seitlich angebauten Güterabfertigung, an der ein örtliches Speditionsfuhrwerk Bahnfracht entgegennimmt.

Rendsburg eine Verbindung zum holsteinischen Eisenbahnnetz. Dennoch blieb ihre wirtschaftliche Bedeutung gering.

Es dauerte noch über drei Jahrzehnte, bis Nordfriesland in ganzer Länge durch die Bahn erschlossen wurde und gleichzeitig einen direkten Anschluß an den deutschen Wirtschaftsraum im Süden erhielt. Erst lange nach dem Anschluß Schleswig-Holsteins an Preußen wurde 1885 bis 1887 die Marschbahn von Dithmarschen aus über die Eider bei Friedrichstadt verlängert und über Husum, Bredstedt und Niebüll nach Tondern und von dort weiter bis zur damaligen deutsch-dänischen Grenze südlich von Ribe (Ripen) geführt. Diese Marschbahn bildete für viele Jahrzehnte das Rückgrat der überregionalen Verkehrserschließung Nordfrieslands. Sie sorgte für den Abtransport der Produkte der Fischerei und der aufstrebenden Landwirtschaft, wobei vor allem der immer schon bedeutende Ochsenhandel weiter gefördert wurde. Der Husumer Viehmarkt entwickelte sich zu einem der bedeutendsten in Deutschland. Dem ländlichen Raum Nordfrieslands brachte der Eisenbahnanschluß wesentliche Modernisierungsimpulse.

Im Laufe der Zeit wurde das Eisenbahnnetz Nordfrieslands erheblich erwei-

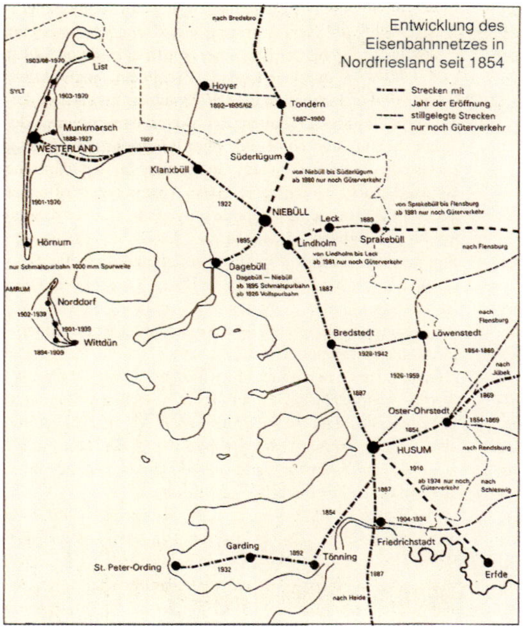

Bis in die Zeit nach dem Zweiten Weltkrieg bildeten die Eisenbahnlinien auch in Nordfriesland das Rückgrat des überörtlichen Verkehrs.

Gegenwärtig bestehende Strecken mit Jahr der Eröffnung:
-·-· mit Personen- und Güterverkehr
- - - nur Güterverkehr
- - - stillgelegte Strecke mit Jahr der Stilllegung

tert. Von der Strecke der Marschbahn zweigten mehrere Neben- und Kleinbahnen ab, zum Beispiel die Linie Niebüll-Dagebüll und Tondern-Hoyerschleuse, die die Fährorte zu den Inseln ans Eisenbahnnetz anschlossen. Auf Sylt und Amrum entstanden Inselbahnlinien, die vor allem dem wachsenden Fremdenverkehr dienten.

Veränderungen im nordfriesischen Eisenbahnnetz brachte nach dem Ersten

Seit 1927 ist eine Zugfahrt über den Hindenburgdamm das erste Erlebnis des Sylt-Urlaubers, auch wenn nicht mehr, wie auf dem Foto aus den dreißiger Jahren, die Flut bis an den Dammfuß spült. In den letzten Jahrzehnten sind auf beiden Seiten des 11,5 Kilometer langen Verbindungsdammes zwischen dem Festland und Sylt Vorländereien entstanden.

Ein Versorgungsdamm mit Lorengleis verbindet die Halligen Langeneß und Oland mit dem Festland. Zunächst führte der Damm nach Fahretoft, seit 1927 auf neuer Trasse nach Dagebüll.

Jahrtausendealte Antriebstechnik auf Schienen des Industriezeitalters: Segelloren wurden bis in die sechziger Jahre auf dem Versorgungsdamm im Wattenmeer zu den Halligen Oland und Langeneß sowie nach Nordstrandischmoor für Waren- und Personentransporte und auch zur Postbeförderung eingesetzt. Heute verkehren dort motorgetriebene Fahrzeuge.

Weltkrieg die neue Grenzziehung zwischen Deutschland und Dänemark mit sich. Der nördliche Teil der Marschbahn lag nun jenseits der Grenze, die traditionelle Verbindung zur Insel Sylt über Hoyerschleuse ebenfalls. Von 1922 bis 1927 wurde von Niebüll aus eine Stichbahnstrecke über Klanxbüll nach Westerland gebaut, die auf dem elf Kilometer langen Hindenburgdamm das Wattenmeer durchquert und den hauptsächlichen Verkehr der Marschbahn auf sich zog. Hier verkehren seitdem die überregionalen Züge, während auf der alten Marschbahnstrecke nach Tondern nur noch gelegentlich Güterverkehr stattfindet.

Andere Strecken wurden ausgebaut, wie zum Beispiel die ursprünglich schmalspurige Kleinbahn Niebüll-Dagebüll, die man 1926 zur Vollspurbahn erweiterte, oder die Strecke Tönning-Garding, die 1932 bis ins Nordseebad St. Peter-Ording verlängert wurde.

Ein Teil der Eisenbahnlinien in Nordfriesland hatte allerdings nur relativ kurze Zeit Bestand. Schon zwischen den Weltkriegen machte sich die wachsende Konkurrenz des Automobils bemerkbar. Autobus und Lastkraftwagen zogen im ländlichen Bereich immer mehr Transporte an sich und führten zu ersten Bahnstillegungen. Strecken, die nur lokale Bedeutung hatten, wurden als erste aufgegeben: Die erst 1928 eingerichtete Bahn von Bredstedt nach Löwenstedt bestand gerade 14 Jahre.

Nach dem Zweiten Weltkrieg wurden im Zeichen des wachsenden Individualverkehrs weitere Strecken stillgelegt. Auch an den noch bestehenden Eisenbahnlinien ist eine Reihe von kleinen Bahnstationen geschlossen worden. Das ausgebaute Netz der Buslinien in Nordfriesland hat der Bahn ebenfalls manchen Kunden im Lokalverkehr abgeworben. Andererseits wurde die Frequenz der Regionalzüge auf den verbliebenen Bahnstrecken in den letzten Jahren verstärkt. So sind die Großstädte Hamburg und Kiel heute von Husum aus im Stundentakt zu erreichen.

In Nordfriesland existiert neben der Eisenbahn noch ein Schienenverkehrsmittel, das es sonst kaum irgendwo gibt: die Motorloren auf dem Schutzdamm zwischen Dagebüll und den Halligen Oland und Langeneß sowie auf dem Damm zwischen dem Beltringharder Koog und Nordstrandischmoor. Den Bewohnern der beiden Halligen wurde gestattet, die von 1925 bis 1927 bzw. 1933/34 aus Küstenschutzgründen erbauten Dämme ebenfalls für Transportfahrten sowie zur Personen- und Postbeförderung zu nutzen. Dies geschah bis 1960 mit der Segellore, seitdem werden motorgetriebene Loren benutzt.

Schiffahrt und Häfen

Bis zum Ende des 18. Jahrhunderts hat die Schiffahrt die größte Bedeutung für den Verkehr Nordfrieslands gehabt. Bereits seit dem Mittelalter wurde Seehandel mit den Nordseeanliegern getrieben. Es bestanden Verkehrsbeziehungen über See zwischen Nordfriesland und der südlichen Nordseeküste, den Niederlanden, England und dem Ostseeraum, wohin vor allem aus Salztorf gewonnenes Salz und Fisch verschifft wurden. Seit dem 14. Jahrhundert dominierte die Ausfuhr von Agrarprodukten. Dabei bildeten Braugerste, ab dem 16. Jahrhundert in zunehmendem Maße Butter und Käse die Hauptausfuhrprodukte. Ein anschauliches Zeugnis von dem regen Schiffsverkehr über die Nordsee legt das bei Sielbauarbeiten vor Uelvesbüll an der Nordküste von Eiderstedt ausgegrabene Wrack eines im Sturm gestrandeten typischen Lastenseglers niederländischer Bauart aus dem frühen 17. Jahrhundert ab, das im Husumer Schiffahrtsmuseum zu besichtigen ist. Diese Fahrzeuge waren einmastig und flachgehend, so daß sie die kleinen Lösch- und Landeplätze auch bei niedrigeren Wasserständen erreichen konnten, ohne auf Grund zu laufen.

Wenn die Schiffsgrößen auch im 17. Jahrhundert zunahmen, bis ins 19. Jahrhundert änderten sich die Grundformen der Lastensegler im Wattenmeer und im Eidergebiet wenig. Die große Zahl vor Nordfriesland gestrandeter Schiffe zeigt, daß das Gebiet für die Schiffahrt zahlreiche Nachteile aufwies, denn die in viele

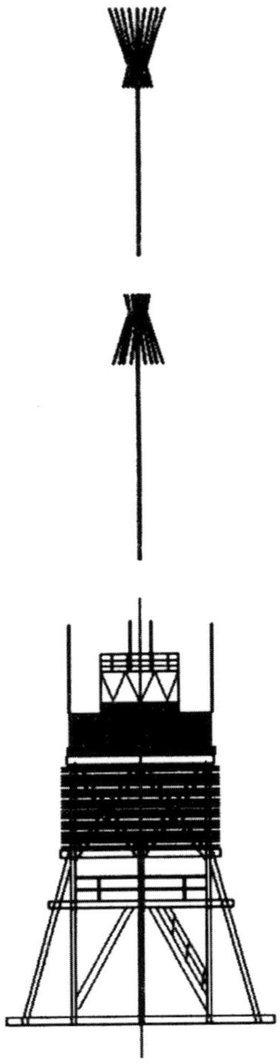

Lange Holzstangen mit Reisigbündeln an der Spitze kennzeichnen als typische feste Seezeichen die Priele und Zufahrten zu den kleinen Hafenplätzen im Wattenmeer: *Pricken* (oben) müssen immer links, *Stangen* (Mitte) rechts passiert werden. Auch hölzerne oder eiserne *Baken* (unten) dienen der Fahrwasserbezeichnung. Sie sind zum Teil mit Feuerträgern ausgerüstet, so daß sie auch bei Schlechtwetter gesehen werden können.

Inseln und Halbinseln gegliederte Wattenküste mit ihren zahlreichen Sandbänken und Untiefen sowie die durch den Gezeitenwechsel und Windeinflüsse stark schwankenden Wasserstände bedeuteten für den Schiffsverkehr von jeher erhebliche Hindernisse. Küstenlinie und Fahrwasserverhältnisse des Wattenmeeres waren außerdem aufgrund von Landverlusten infolge großer Sturmfluten einerseits und Neulandgewinnung andererseits immer wieder starken Veränderungen unterworfen.

Aus diesem Grunde erwies es sich bereits früh als notwendig, die Fahrwasserverhältnisse durch Seezeichen für die Schiffahrt sicherer zu machen. Lange war man darauf angewiesen gewesen, die wenigen markanten Orientierungspunkte an der Küste, wie zum Beispiel den Turm der Alten Kirche auf Pellworm, als Landmarken zu benutzen. 1561 begann Husum auf landesherrlichen Erlaß hin mit der Kennzeichnung der Zufahrtswege zu seinem Hafen und den benachbarten Inseln durch Errichtung von hölzernen Baken und die Auslegung von Tonnen. Ab 1590 wurden auch die Eidermündung und die Zufahrt nach Tönning mit Seezeichen versehen, später der gesamte untere Eiderlauf bis Friedrichstadt. 1814 wurde in der Eidermündung das erste stationäre Feuerschiff der Deutschen Bucht verankert, und seit 1868 ermöglichte ein weiteres Feuerschiff im Wattenmeer vor der Außeneider die sichere Ansteuerung des ebenfalls betonnten Eider-Wasserwegs. Mit den immer größeren Seeschiffen und steigenden Sicherheitsstandards mußten die Reichweiten der Leuchtfeuer zunehmen. Dazu waren hohe Leuchtturmbauten erforderlich, die noch heute als typische Wahrzeichen der nordfriesischen Küste gelten. 1855 wurde der Leuchtturm in Kampen auf Sylt errichtet. Der Amrumer Leuchtturm, 1874 erbaut, ragt stolze 68 Meter empor. Er ist der höchste Leuchtturm an der schleswig-holsteinischen Westküste mit einer Reichweite von etwa 19 Seemeilen (rund 35 Kilometer). Ergänzt wurde die nordfriesische Küstenfeuerlinie in den Jahren 1906/07 durch die hohen Leuchttürme von Westerheversand (Eiderstedt), Pellworm sowie Hörnum auf Sylt.

Über die mittelalterlichen Handelsplätze an der nordfriesischen Küste lassen sich keine genauen Aussagen machen. Nach der großen Flut von 1362 stiegen Tondern und Husum zu blühenden Handelsorten und zentralen Exporthäfen auf. Am Geestrand und im Schnittpunkt wichtiger regionaler Landwege gelegen, befanden sich beide auch in der Nähe der damaligen Küste. Trotz einer in der Region bevorzugten Verkehrslage konnten jedoch beide Hafenplätze auf Dauer keine überregionale Bedeutung erlangen. Ihr Anteil am Fernhandel, namentlich am Transitverkehr mit den Ostseehäfen, war nur gering, und als Städte waren Husum und Tondern zu klein, ihre Einzugsgebiete wirtschaftlich zu wenig entwickelt. Durch die Sturmflut von 1634 ging mit der Zerstörung Alt-Nordstrands ein erheblicher Teil des Husumer Hinterlandes verloren, nachdem der Seehandel der Stadt bereits durch ein Exportverbot für Braugerste nach Ostfriesland empfindlich geschwächt worden war. Husum blieb ein regionaler Hafen, der vor allem Versorgungsfunktionen für die Inseln erfüllte. Tonderns Hafen verschlickte im 17. Jahrhundert infolge der Eindeichung der unteren Wiedau. Dadurch stieg das an der Wiedaumündung neu gegründete Hoyer immer mehr zum Konkurrenzhafen für Tondern auf. Im 19. Jahrhundert endete der Schiffsverkehr Tonderns ganz.

Die vielen kleinen nordfriesischen Häfen an der Küste lagen am Ausfluß von Entwässerungskanälen vor den Deichsielen. Wie die Inselhäfen und die Lösch- und Ladeplätze landeinwärts an den Flüssen waren sie nur von lokaler Bedeutung. Ihre große Zahl erklärt sich daraus, daß die Unbrauchbarkeit der Landwege nur eine geringe Hinterlandgröße zuließ.

Die weit vom Festland entfernt in der Deutschen Bucht gelegene, von Nordfriesen bewohnte Insel Helgoland stellte für die Schiffahrt einen wichtigen Stützpunkt und Schutzhafen dar. Außerdem wurde jahrhundertelang der Kalk der weißen Klippe Helgolands abgebaut und von hier aus verschifft.

Wichtige Seezeichen für die Großschiffahrt und charakteristische Landmarken sind die Leuchttürme. Das Feuer des 68 Meter hohen Amrumer Leuchtturms hat eine Reichweite von 35 Kilometern.

Der Leuchtturm von Kampen auf Sylt, hier von der Uwe-Düne aus betrachtet, war das erste hohe Leuchtfeuer Nordfrieslands. Er entstand 1855, also noch in dänischer Zeit, und wurde bei seinem Bau mit den schmiedeeisernen Initialen des dänischen Königs Friedrich VII. geschmückt.

In den Jahren 1906/07 wurde die Kette der Leuchttürme erweitert. Damals entstand – neben denen vor Westerhever/Eiderstedt und in Hörnum/Sylt – auch das Leuchtfeuer auf Pellworm, ein Wahrzeichen der Insel.

Der Leuchtturm in Hörnum markiert auch die Südspitze der Insel Sylt. Er weist ebenfalls die charakteristischen Farben rot und weiß auf.

Ungleich günstiger für die Herausbildung eines bedeutenden Handelshafens war die Lage an einem Wasserweg, der einen größeren binnenländischen Bereich erschloß. Eine solche wichtige Wasserstraße stellte die Eider dar, die bis zur in der Mitte des Landes gelegenen Stadt Rendsburg schiffbar war. Vom breiten und tiefen Mündungstrichter der Eider führte ein bereits im 8. Jahrhundert benutzter Transitweg zum alten Ostsee-Handelsplatz Haithabu südlich des heutigen Schleswig an der Schlei. Dieser verlief als Schiffahrtsweg über die Untereider und den Nebenfluß Treene bis zur Ortschaft Hollingstedt. Von dort wurde die schmale Schleswiger Landenge bis zur Schlei überquert. In späteren Jahrhunderten diente die vom Land aus unwegsame Eider-Treene-Niederung häufig Seeräuberflotten als Rückzugsgebiet. Vom 16. bis 18. Jahrhundert spielten Holztransporte aus dem östlichen Landesteil, die an der baumarmen Westküste für den Deich- und Sielbau benötigt wurden, auf dem Eiderwasserweg eine wichtige Rolle.

Am Unterlauf dieser Verkehrsader, das agrarisch intensiv genutzte Eiderstedt im Hinterland, entwickelte sich Tönning seit dem späten 16. Jahrhundert zu einem bedeutenden Hafenplatz, der aufgrund seiner strategischen Bedeutung zur herzoglichen Residenz und Festung ausgebaut wurde. Schon 1610 hatte man den Hafen durch ein System von Kanälen, die sogenannten Bootfahrten, mit dem durch Export von Butter und Käse reich gewordenen Hinterland Eiderstedts verbunden – angesichts des Zustands der damaligen Landwege eine verkehrspolitisch weitsichtige Entscheidung.

1784 wurde die Eider durch einen Seeschiffskanal, den Eiderkanal zwischen Rendsburg und der Kieler Förde, mit der Ostsee verbunden. Es handelte sich um die seinerzeit größte und modernste künstliche Wasserstraße der Welt. Von der Lage an dieser internationalen Wasserstraße profitierte Tönning außerordentlich. Der Warenumschlag stieg stark an, es wurde ein großes Packhaus errichtet, und der Schiffbau blühte. Während der britischen Blockade der Elbe in den Jahren 1803 bis 1806 entwickelte sich Tönning sogar kurzzeitig zum Ersatzhafen für Hamburg.

Für dringende Transporte wurden noch bis in die 1920er Jahre Eisboote mit eisernem Kiel und starken Planken eingesetzt, wie hier für die Postbeförderung zwischen Nordstrand und Pellworm 1912. Seit der Einrichtung ganzjährig verkehrender Fährschiffslinien gehören solche Bilder der Vergangenheit an.

Als England 1842 begann, den Fleischbedarf seiner im Zuge der Industrialisierung wachsenden Bevölkerung durch Importe zu decken, bedeutete dies für den Hafen Tönning eine weitere Blütephase, denn die Stadt wurde als wichtigster Nordseehafen des dänischen Gesamtstaats zum Hauptexportplatz für Ochsen. Durch den Bahnanschluß und den Chausseeausbau wurde die Verkehrsanbindung des Hafens ans Binnenland enorm verbessert, der Hafen selbst wurde erweitert. Aber bereits bald nach dem Ende der dänischen Herrschaft 1864 verschlechterte sich Tönnings Konkurrenzsituation: Dänemark legte Esbjerg als neuen Nordseehafen an, 1889 stoppte England die Einfuhr kontinentaler Rinder. Der Viehtransport ging nun nach Süden in den deutschen Binnenraum, wobei vor allem die Eisenbahn als Transportmittel profitierte. Wachsende Kohleimporte aus England ließen den Tönninger Umschlag zwar zunächst noch nicht vollständig einbrechen. Aber seit Eröffnung des neuen Nord-Ostsee-Kanals 1895 war der für die wachsenden Schiffsgrößen bereits seit langem zu flache und windungsreiche Eiderwasserweg verkehrsgeographisch ins Abseits geraten. Vergeblich versuchte man, durch Eisenschiffbau und eine Dampfschiffsreederei neue Impulse zu geben. Seitdem ist auch die verbliebene Küstenschiffahrt immer

Kurz nach der Eröffnung des Eiderkanals im Jahre 1784 entstand das imposante „Packhaus“ am Tönninger Hafen (oben). Auch in Holtenau, dem Endpunkt des Kanals an der Ostsee, sowie in Rendsburg wurden solche großen Speichergebäude errichtet. Das in Tönning dient heute unter anderem für historische Ausstellungen.

Seine einstige Verkehrsbedeutung hat der Tönninger Hafen lange eingebüßt, nicht jedoch seine malerische Kulisse. Heute wird er vor allem von Sportbooten angelaufen. Zentrale Bedeutung kommt jedoch dem Wasser- und Schiffahrtsamt zu, das für das Seezeichenwesen an der ganzen Westküste zuständig ist.

mehr zurückgegangen. Die ehemaligen Ladebrücken an der Eider sind verschwunden. Heute findet im Hafen von Tönning kein Umschlag mehr statt. Seine malerische historische Kulisse dient dem Fremdenverkehr und der Sportschiffahrt sowie noch einigen Dienstfahrzeugen des Wasser- und Schiffahrtsamtes.

Das weiter eideraufwärts am Zusammenfluß mit der Treene gelegene Friedrichstadt, das als Gründung des 17. Jahrhunderts handelspolitische Träume erfüllen sollte und deswegen landesherrliche Förderung erfuhr, entwickelte sich von Anfang an in bescheidenem Rahmen. Aufgrund der zu abseitigen Lage und der Nähe zu Tönning und Husum konnte auch die Industrialisierung des 19. Jahrhunderts in der Stadt kaum Fuß fassen.

Daß Husums Hafen seit gut hundert Jahren der bedeutendste und umschlagsstärkste in Nordfriesland und an der ganzen schleswig-holsteinischen Nordseeküste ist, verdankt er vor allem dem hier konzentrierten regionalen Getreidehandel, dem Schiffbau und einer kleinen Flotte von Krabbenkuttern. Auch mit dem Husumer Hafen hatte man im 19. Jahrhundert große Pläne. Es gab das Vorhaben, von hier aus einen Seekanal zur Ostsee bei Eckernförde zu graben. 1847 hatte man mit den Vorarbeiten begonnen, einen Dockhafen für den sich mächtig entwickelnden Export nach England anzulegen. Die Bauarbeiten wurden jedoch wegen der politischen Ereignisse der schleswig-holsteinischen Erhebung ab 1848 wieder eingestellt.

Viel bedeutender als der regionale Schiffsverkehr Nordfrieslands wurde im 18. Jahrhundert die Seefahrt als Erwerbsgrundlage der nordfriesischen Bevölkerung, vor allem auf den Inseln, wo der landwirtschaftlichen Entwicklung enge Grenzen gesetzt waren. Die Männer heuerten auf den Schiffen der großen Handelsstädte und im Walfang an.

Im 19. Jahrhundert nahm der kleinräumige Warenaustausch stark zu und bescherte allen Hafenplätzen wachsende

„Der hätte längst schon Weltverkehr, wenn er ein bißchen nasser wär'", spottete man im 19. Jahrhundert über Husums Hafen. Da der Binnenhafen bei Ebbe fast ganz trockenfällt, dient er heute nur noch als Liegeplatz für die Freizeitschiffahrt. Hafenverkehr und Werftbetrieb kennzeichnen den weiter seewärts gelegenen, tieferen Außenhafen, der zwar der bedeutendste Umschlagplatz Nordfrieslands, aber eben doch kein Welthafen geworden ist.

Die Fährschiffe der Wyker Dampfschiffs-Reederei (WDR) zwischen Dagebüll, Föhr und Amrum fahren fast bei jedem Wetter und befördern jährlich etwa zwei Millionen Fahrgäste.

Strucklahnungshörn im Westen der Insel Nordstrand dient als Versorgungs- und Fährhafen nach Pellworm sowie als Ausgangspunkt für Ausflugsfahrten im südlichen Wattenmeer Nordfrieslands.

Hörnum an der Südspitze von Sylt ist unter anderem ein wichtiger Schutzhafen für die Küstenfischerei.

Umschlagszahlen und einen stärkeren Schiffsverkehr. Im nordfriesischen Wattenmeer intensivierte sich vor allem durch die verstärkte Nachfrage nach Versorgungsgütern und den ansteigenden Tourismus der Verkehr zu den Inseln, der sich von zunächst gelegentlichen Fahrten zu einem dichten Linienverkehr entwickelte. In der Fährschiffahrt vollzog sich die technische Modernisierung schneller als in der regionalen Handelsschiffahrt, die noch nach der Jahrhundertwende überwiegend mit Seglern bestritten wurde. Ab 1847 wurde das erste Dampfschiff im Fährdienst zwischen Husum und Föhr eingesetzt. Nach dem Eisenbahnanschluß verkehrten Dampfer auch zwischen Hoyerschleuse und Sylt sowie zwischen Dagebüll, Föhr und Amrum. Ab 1886 wurde Amrum, später auch Sylt im Nordseeliniendienst regelmäßig auch von Hamburg über Cuxhaven und Helgoland angelaufen. Heute sind die größeren Inseln mit Ausnahme Sylts, das eine Eisenbahn- und Autozugverbindung besitzt, durch mehrfache tägliche Fährverbindungen vom Festland bzw. den Nachbarinseln erreichbar. Mit der Veränderung der Küstenlinie durch Landgewinnung, Vordeichung und den Bau fester Dämme wurden im Laufe der Zeit immer wieder alte Fährstellen aufgegeben und neue Landeplätze angelegt, die sich zu Fährhäfen mit modernen Verladeeinrichtungen entwickelten. Heute verkehren von Dagebüll, Schlüttsiel und Strucklahnungshörn ganzjährig Autofähren, die während der Sommersaison durch die Ausflugsschiffahrt ergänzt werden. Eine wichtige Funktion stellt für einige nordfriesische Häfen in den letzten Jahren außerdem die Sport- und Freizeitschiffahrt dar.

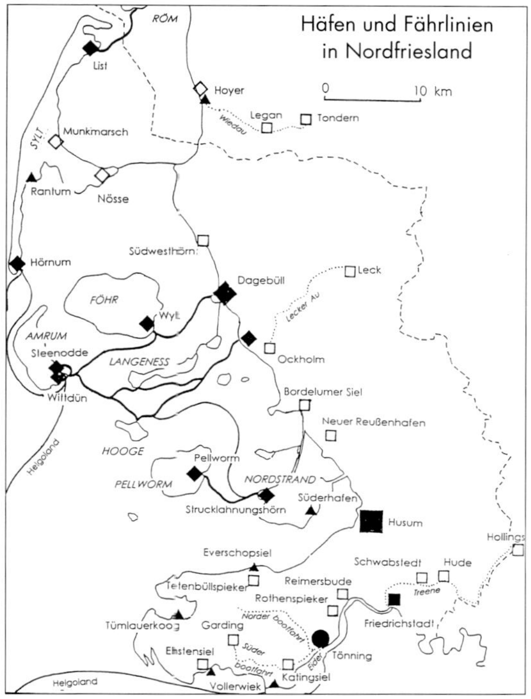

Häfen, Ladeplätze und Fähren spielten in der Verkehrsgeschichte Nordfrieslands zu allen Zeiten eine bedeutende Rolle. Durch die Veränderung der Küstenlinien verlagerten sich immer wieder die Verkehrsströme und führten zur Aufgabe und Neuanlage von Schiffslandeplätzen.

- ■ Hafen gegenwärtig in Funktion
- □ ehemaliger Hafen
- ▪ Handelshafen
- ◆ Fähr- und Versorgungshafen
- ● von der Verwaltung genutzter Hafen
- ▲ Sportboothafen
- — Autofähre
- — sonstige Fähre
- ….. ehemals schiffbarer Wasserweg

Auch der zivile Flugverkehr hat in Nordfriesland Tradition, wenngleich er unter den Verkehrsträgern der Region nur von geringer Bedeutung ist. Westerland wird als einziger Flughafen Nordfrieslands von Linienmaschinen des Regionalluftverkehrs angeflogen. Der Sylter Flughafen besteht seit 1918. Seit 1925/26 wurde auch Wyk auf Föhr, ab 1931 Husum während der Sommersaison in den Touristenverkehr mit kleinen Maschinen einbezogen. Heute starten und landen auf dem Flughafen Sylt jährlich etwa 2500 Linienflüge mit über 80 000 Passagieren. In der Sommersaison wird der Flugplatz Helgoland-Düne vom Seebäderdienst im Bedarfsfall angeflogen. Private Flugplätze bestehen in Nordfriesland außerdem in Wyk auf Föhr, St. Peter-Ording, Bordelum bei Bredstedt und Schwesing.

Tourismus in Nordfriesland

Ulf Hahne

Nordfriesland und die Touristen: Die einen suchen die Weltferne in der Halligeinsamkeit, die anderen die Nähe der Prominenten, Schönen und Reichen im sommerlichen Sylt. Manche vermitteln ihren Kindern Bade- und Strandfreuden, wieder andere pilgern zu Open-air-Konzerten, bewundern Bilder von alten und jungen Künstlern, bestaunen bäuerliche Wohnkultur oder niederländische Stadtbaukunst. Nicht wenige haben längst Freundschaft mit der Landschaft und ihren Menschen geschlossen. Die Vielfalt, die Nordfriesland Touristen zu bieten hat, ist groß, Kern- und Ausgangspunkt des Tourismus jedoch bleibt die Lage am Meer. An der Küste nahm auch der heute wichtigste Wirtschaftszweig der Region seinen Anfang.

Von „Curen" und königlichem Besuch zum heutigen Massenvergnügen

Der Tourismus an der Westküste Schleswig-Holsteins ist vergleichsweise jung. Mit dem Beginn des modernen Tourismus im 18. Jahrhundert kam das „Curen" in vielen Badeorten im Binnenland in Mode. Das Meer dagegen galt lange als unwirtlich und gefährlich, bis Mitte des 18. Jahrhunderts in England die gesundheitsfördernde Wirkung des Meerwassers sogar vom Königshaus selbst demonstriert wurde. Doch es vergingen noch einige Jahrzehnte, bis Ende des 18. Jahrhunderts auch in Deutschland das erste Seebad gegründet wurde. 1793 machte Heiligendamm den Anfang. Das erste Nordseebad folgte 1797 auf Norderney. Auch auf Schleswig-Holstein griff die Forderung der Bürger nach einem Seebad über und führte 1801 zur Seebadgründung in Travemünde.

An der Westküste Schleswig-Holsteins konnte trotz früherer Versuche erst 1819 das erste nordfriesische Seebad in Wyk auf Föhr gegründet werden. Die glanzvollste Zeit Wyks lag den Chroniken zufolge in den vierziger Jahren des 19. Jahrhunderts, als der damalige Landesherr, König Christian VIII. von Dänemark, die Insel zum Sommerziel erkor. Auf Sylt stellten sich 1855 in dem kleinen Inseldorf Westerland die ersten Badegäste ein; schon um die Jahrhundertwende war der Ort zu einem mondänen Seebad aufgestiegen. Auf dem Festland Nordfrieslands nahm der Fremdenverkehr in den armen Dörfern St. Peter und Ording an der Westküste Eiderstedts seinen Anfang, sehr bescheiden ab 1837, als Seebad sodann ab 1877. Auf der Insel Amrum wollte man zunächst nicht „mit fremden Leuten Geld verdienen", doch von 1889 an entstand hier an der Südspitze mit Wittdün ein völlig neuer Badeort. Die Halligen – eine weltweit einmalige Besonderheit – zogen erst spät Fremde in großer Zahl an. Hier kann Urlaub erst seit wenigen Jahrzehnten mit demselben Komfort (Strom, Frischwasser) genossen werden wie auf den Inseln oder dem Festland.

Die Entwicklung des Badewesens in Nordfriesland fällt in die Zeit des Biedermeier. Die zu dieser Zeit geltenden Vorschriften für Badeanwendungen und -sitten rufen heute ebenso wie die Badekarren eher ein Schmunzeln hervor, andere Gepflogenheiten der damaligen Zeit prägen jedoch auch heute noch den Tourismus. Die Aktivitäten heutiger Nordfriesland-Urlauber, obzwar keineswegs mehr streng geregelt, unterscheiden sich tatsächlich kaum von den vor eineinhalb Jahrhunderten üblichen Vergnügungen: Baden, Promenieren, Spazierengehen, Einkaufen – all dies gehörte schon früher zum „Urlaubsprogramm". Und auch das bloße Erholen, das „Sehen und Gesehenwerden" oder das gesellschaftliche Leben bei abendlichen Vergnügungen gehen bereits auf die Zeit des Biedermeier zurück. Alles dies läßt sich auch heute beobachten, wenn auch mitunter in zeitgemäß gewandelter Form.

Quantitativ ist der Tourismus erst seit den fünfziger Jahren des 20. Jahrhunderts zu einem Massenvergnügen geworden. 1819 wurden in Wyk genau 64 Kurgäste registriert, 1895 besuchten Westerland bereits 10 000 Gäste, 100 Jahre später waren es fast 200 000 Übernachtungsgäste, auf

Westerlands Promenade um 1900: Die Wandelbahn ermöglichte das Flanieren, die Strandhallen das strandnahe Dinieren, ohne in die Hauptgebäude der Hotels zurückkehren zu müssen. Die Holzkonstruktionen wurden 1911 durch Sturmfluten und Feuer vernichtet und kurz darauf durch den Bau einer massiven Plattform ersetzt.

Sylt insgesamt eine halbe Million, und ganz Nordfriesland zählte über eine Million übernachtende Besucher.

Reisemotive und Gästestrukturen

Lockt die Gäste heute anderes als vor 100 Jahren nach Nordfriesland? Nein, es sind nach wie vor in der Hauptsache Elemente der Landschaft – die Inseln und Halligen, die Weite der Landschaft, die endlose grüne Marsch, die Nordsee, das Meer und das Watt. Natur und Landschaft heißen die zentralen Besuchsmotive, die für mehr als zwei Drittel der Gäste ausschlaggebend sind und somit in dieser Region eine noch größere Rolle spielen als bei den Schleswig-Holstein-Urlaubern insgesamt. Eine überraschend große Zahl der Gäste, nämlich mehr als die Hälfte, nennt auch Klima und Wetter als Besuchsmotive. Das Gesundheitsbewußtsein der Nordseeurlauber kommt hierin deutlich zum Ausdruck. Gleichwohl ist dies nicht gleichbedeutend mit Kuraufenthalten. Denn quantitativ spielen Sanatorien, Kurkliniken und Kinderheime, die etwa ein Zehntel der Gäste beherbergen, heute eine geringe Rolle. Einen erstaunlich hohen Stellenwert besitzen für Nordfriesland-Urlauber touristische Infrastrukturen wie die Beherbergung und die Gastronomie, die an der Küste wegen des unsteten Wetters wichtige „Flucht-“ und Aufenthaltsorte sein können. Darüber hinaus locken regionale Restaurants wie auch die Spitzengastronomie in Nordfriesland mit zum Teil beachtlicher Qualität.

Erwachsene Paare ohne Kinder bilden mit fast der Hälfte aller Besucher die stärkste Reisegruppe in Nordfriesland. Danach folgen mit 41 Prozent Familienurlauber mit Kindern, deren Anteil deutlich über dem Bevölkerungsanteil liegt. Und noch eine Altersgruppe hat zunehmend Bedeutung für Nordfriesland: Die Senioren über 60 Jahre machen schon jetzt mehr als ein Viertel aller Gäste aus.

Nach wie vor kommen die meisten Gäste im Sommer, vor allem in den Spitzenmonaten Juli und August nach Nordfriesland. Offenbar bleibt allen Versuchen der Saisonverlängerung zum Trotz der

Schon in der ersten Hälfte des 19. Jahrhunderts ließ der dänische König am Sandwall in Wyk auf Föhr eine Baumallee – ursprünglich Ulmen – anpflanzen. So entstand die beschattete Kurpromenade. Sie ist nach wie vor die Flaniermeile auf Föhr.

Fahrschein Cuxhaven – Westerland von 1910. In der Zeit des Kaiserreichs wurde insbesondere die Insel Sylt auch von Schiffen aus weit entfernt liegenden Häfen angelaufen. Die Route verlief zumeist über Helgoland.

Etwa ab der Jahrhundertwende wurden farbige Werbeplakate mit großflächigen Motiven bedruckt. Sie lösten die bis dahin vorherrschende kleinformatige Vedutenmalerei ab. Neben der Landschaft rückte der Feriengast in modischer Kleidung ins Bild, wie dieses Werbeplakat für Sylt aus dem Jahre 1911 zeigt.

In Norddorf auf Amrum ließ Pastor Friedrich von Bodelschwingh 1890 das Seehospiz I als christliche Erholungsstätte bauen. Bis 1907 folgten weitere drei Häuser, die insgesamt bis zu 400 Gästen Quartier boten. Die Seehospize wurden 1990 verkauft und zu Mutter-und-Kind-Kurheimen umgestaltet.

Markanter Bestandteil der Badesitten in der Kaiserzeit war der Badekarren. Der vierrädrige Karren bot den Vorteil großer Standfestigkeit und wurde einige Meter ins etwas tiefere Wasser hineingezogen. Der Innenraum diente zur Aufbewahrung der Kleidungsstücke und eventuell zum Aufenthalt des Dienstpersonals, eine rückwärtige Treppe erleichterte das Ein- und Aussteigen.

Sommer das Hoch im Norden. Auch die Kurkliniken und Heime führen nur an wenigen Orten zu höheren Gästezahlen in den übrigen Monaten des Jahres.

Dieser vorschnelle Blick muß jedoch bei langfristiger Betrachtung ein wenig korrigiert werden: Denn während 1965 das Sommerhalbjahr (April bis September) noch über neun von zehn Übernachtungen auf sich zog, konnte 30 Jahre später der Beitrag des Winterhalbjahres auf immerhin fast ein Viertel der Übernachtungen gesteigert werden. Längst sind der Herbst und das Frühjahr, aber auch Weihnachten und der Jahreswechsel oder das Biikebrennen im Februar beliebte Anlässe, Nordfriesland zu besuchen.

Räumliche Verteilung und Quantität

Am attraktivsten sind für Urlauber die Inseln, Dünenbereiche und Sandstrände. Gerade hier zeigen sich auch die höchsten Übernachtungszahlen: Unangefochtener Spitzenreiter mit 4,6 Millionen Übernachtungen im Jahr 1997 ist Sylt, doch die anderen Reiseziele konnten in den vergangenen Jahren deutlich aufholen. So lag der Anteil Sylts an den Übernachtungen in Nordfriesland in den sechziger Jahren noch über 50 Prozent, heute beträgt er, obwohl sich die Übernachtungszahlen auch auf Sylt in den vergangenen 30 Jahren verdoppelt haben, noch 45 Prozent, da die anderen Urlaubsziele in Nordfriesland ihr touristisches Potential stärker ausbauen konnten. Dies gilt insbesondere für die Nachbarinseln und für St. Peter-Ording. Jüngst holten aber auch Festlandsbereiche wie zum Beispiel die Halbinsel Eiderstedt deutlich auf. Sie können mit günstigeren Preisen, einer landwirtschaftlich geprägten Kulturlandschaft und weniger Tourismus aufwarten, ohne zugleich auf die Anziehungskraft der Nähe zum Meer verzichten zu müssen.

Insgesamt verbringen mehr als eine Million Gäste jährlich ihre Ferien, eine Kur oder ein Wochenende in Nordfriesland. Die Zahl der Übernachtungen übersteigt zehn Millionen. Hinzu kommen Millionen von Ausflugsgästen, die ohne zu übernachten die Strände, das Watt, die Sehenswürdigkeiten und Veranstaltungen besuchen.

Tourismus als Wirtschaftsfaktor

Aus dem Tourismus der wenigen von einst ist ein dominierender Faktor für das Leben und Wirtschaften in Nordfriesland geworden. Der Tourismus ist heute wichtigster Wirtschaftszweig der ansonsten ländlich geprägten und industrieschwachen Region, 20 Prozent der nordfriesischen Einkommen werden allein im Tourismus erzielt. Es profitieren dabei nicht nur Hotellerie und Gastronomie, sondern auch der Einzelhandel, die Reedereien, der Bäcker, der Fahrradverleih und die Privatvermieterin. So bezieht insgesamt etwa ein Drittel der Einwohner Nordfrieslands ein Einkommen aus dem Tourismus.

Diese Einnahmen sind für viele Landwirte, insbesondere auf den Halligen und Inseln, aber auch auf dem Festland, eine wichtige Einkommensstütze geworden. Hier hat der Tourismus ganz entscheidend dazu beigetragen, daß ein Teil der Bevölkerung in den ansonsten wirtschaftsschwachen Teilgebieten geblieben ist und traditionelle Wirtschaftsweisen (Sommerbeweidung, extensive Mast) aufrechterhalten werden konnten. Dies hilft etwa auf Eiderstedt, das traditionelle Kulturlandschaftsbild zu erhalten.

Und schließlich profitieren von den touristischen Einkommen indirekt viele weitere Unternehmen auch in Nordfriesland: Investitionen stärken die Bauwirtschaft – mit dem Reetdachdecker wird hier ein altes Handwerk erhalten –, und die Einkünfte der Nordfriesen führen wieder zu lokaler Nachfrage, so daß der Tourismus indirekt einen weiteren Einkommenskreislauf in Gang setzt.

Die jüngere Entwicklung im Tourismus ist von Unsicherheiten gekennzeichnet. Während in den achtziger Jahren die Übernachtungszahlen in Schleswig-Holstein und Nordfriesland stagnierten, brachten die Jahre 1990 bis 1992 starke Wachstumsimpulse, an denen die Nordseeregion kräftig teilhatte. Seither konnten die Zahlen auf dem erreichten höheren Niveau fast gehalten werden, wobei Rückgänge eher das Binnenland und die Ostsee betreffen und erst gegen Ende der neunziger Jahre auch für Nordfriesland spürbar wurden. Es liegt die Vermutung nahe, daß das kräftige Wachstum zu Beginn der neunziger Jahre mit der deutschen Wiedervereinigung zusammenhängt. Allerdings lag der Anteil der Gäste aus den neuen Bundesländern in allen Jahren nur bei 4,5 Prozent. Dies ist ein Hinweis darauf, daß mehr als allein Reisefreiheit und Wiedervereinigung zu dieser Entwicklung beitrug. So machten sich nach den für die Nordsee so negativen Meldungen des Jahres 1988 vom Seehundsterben und von der Algenpest die in den neunziger Jahren wieder positiven Umweltdaten und eine intensivierte Werbung bemerkbar. Umgekehrt kamen nun von Wettbewerbern wie den Mittelmeerländern Berichte über Umweltbelastungen, verschmutzte Strände und überhöhte Preise.

Es waren also Sonderfaktoren, welche das Wachstum zu Beginn der neunziger Jahre erklären. Um so mehr ist es den Verantwortlichen im Tourismus, den Gastgebern, Dienstleistern und Vermarktern zu verdanken, daß das Niveau nach dem teilweisen Fortfall der Sonderbedingungen nicht wieder auf den früheren Stand zurückfiel, wenngleich inzwischen ein leichter Rückgang zu konstatieren ist. Zudem hat sich der Wettbewerb in der wichtigsten Wachstumsbranche der Welt intensiviert: Neue Wettbewerber in der Nähe (Mecklenburg-Vorpommern, Polen) und preiswerte, leichtbuchbare Angebote organisierter Reisen in die Ferne prägen den aktuellen globalisierten Tourismusmarkt.

Strukturwandel des Tourismus in Nordfriesland

Aber nicht nur auf der Angebotsseite wandelt sich der Tourismus, sondern auch auf der Nachfrageseite. Einer der Trends lautet: Die Aufenthaltsdauer der Gäste wird immer kürzer. Blieben sie – im Durchschnitt – 1965 noch über vierzehn Tage in Nordfriesland, so ist die durchschnittliche Aufenthaltsdauer dreißig Jahre später auf neun Tage gesunken. Auch das klassische Stammpublikum zu halten

Die Insel Amrum besitzt einen der breitesten Strände an der Nordsee. Der Kniepsand bietet der Insel nicht nur Schutz vor den Gewalten der Nordsee, sondern den Gästen auch viel Platz für Strandaktivitäten aller Art.

Auf Pellworm badet man am grünen Strand vor dem Außendeich. Die Insel bietet nach wie vor eine ländlich geprägte Atmosphäre abseits des Massentourismus.

Zu den gesündesten Beschäftigungen eines Nordseeurlaubs gehört die Wattwanderung. Mit der richtigen Bekleidung ist sie bei jedem Wetter und zu jeder Jahreszeit ein Erlebnis.

Ferien auf dem Bauernhof: eine beliebte Urlaubsform besonders für Familien mit kleinen Kindern. Attraktive Ferienbauernhöfe finden sich vor allem auf dem nordfriesischen Festland.

wird immer schwieriger: Nicht nur die wachsende Reiseerfahrung der Gäste führt zu jährlich neuen Entscheidungen, sondern auch der demographisch und sozial bedingte Rückgang der Zahl der Familien. Hier kommt auch zum Tragen, daß nach Nordfriesland fast ausschließlich Deutsche fahren. Für Ausländer ist Nordfriesland nur in ganz geringem Maße attraktiv (weniger als drei Prozent der Gäste).

Die Ansprüche der Urlauber selbst steigen durch all diese Faktoren in vielerlei Bereichen: Natur und Umwelt stehen an vorderster Stelle, aber auch Service, wetterunabhängige Indoor-Angebote, Veranstaltungen und das Preis-Leistungs-Verhältnis werden kritisch betrachtet und verglichen. Auch die Belastungen durch Verkehr und zu viele Touristen werden bei Gästebefragungen immer wieder genannt. Tatsächlich hat die Tourismusintensität – die Zahl der Gäste je Einwohner – in Teilregionen kritische Werte erreicht: So überstieg 1997 die Zahl der Gäste die der Einwohner auf Föhr um das 19fache, auf Sylt um das 23fache und auf Amrum um das 28fache. Zum Vergleich: Für die Auswahl von Dörfern im Rahmen des „sanften" österreichischen Dorfurlaubs kommen nur Orte mit einem ausgeglichenen Verhältnis von Gästen und Einheimischen in Frage. Auch ein ökologischer Indikator zeigt die Dimension des Massentourismus: Die Flächenbelastung ist in einigen Teilräumen erheblich. So liegen bei einem Grenzwert von zehn Betten pro Hektar Gebäude- und Freifläche die Inseln Sylt mit 46, Amrum mit 43, Föhr mit 26, die sonstigen Inseln und Halligen mit 18 sowie St. Peter-Ording mit 50 Betten zum Teil erheblich darüber.

Die Konsequenz, die aus diesen Daten zu ziehen ist, wird deutlich: Der Tourismus ist in Dimensionen vorgestoßen, die eine Gefährdung der Umwelt und einen erheblichen Wandel des Alltagslebens bewirken. „Lenkung der Massen" heißt das Stichwort, und es steht offenbar im Widerspruch zu den Wünschen der Gäste und Tagesbesucher nach Freiheit und Unbesorgtsein im Urlaub. Zugleich sind die Gäste immer spontaner in ihrem Buchungsverhalten, immer aufgeschlossener neuen Zielen gegenüber und immer kritischer.

Wie diesen wachsenden Herausforderungen begegnen? Tourismus ist kein Angebot, für das nur ein einzelner oder wenige verantwortlich sind. Tourismus ist ein „Multi-Produkt", ein Bündel von Leistungen und Angeboten, das von vielen erstellt wird. Der Gast nimmt die touristische Region in seiner Bewertung nur als Gesamtheit wahr, auch wenn jeder Gast nach seinen individuellen Bedürfnissen dabei unterschiedliche Schwerpunkte setzt und letztlich nur einen selbstdefinierten Erlebensausschnitt mit nach Hause nimmt. Es nützt daher wenig, nur Einzelkomponenten zu verbessern, ohne den Blick auf das Gesamte zu richten. Um ein einheitliches Vorgehen abzustimmen, ist die breite Beteiligung aller am touristischen Produkt Mitwirkenden – einschließlich der Kritiker – notwendig. Genau dies geschah in der Vergangenheit bei Expertenvorschlägen zur Verbesserung der Gästewerbung, zur Verkehrslenkung auf Inseln und Halligen oder zum Schutz von wertvollen Naturflächen zu wenig.

Neue Wege werden daher seit 1996 in Nordfriesland – bundesweit innovativ – beschritten: Angeregt durch den Kreis, arbeiten die Bürger selbst in verschiedenen regionalen Zukunftswerkstätten an Vorschlägen für eine umwelt- und sozialverträgliche Tourismusentwicklung in Nordfriesland. Die Vorschläge der 400 mitwirkenden Bürger sind zum „Tourismuskonzept Nordfriesland" gebündelt worden.

Neben Vorschlägen zur Verbesserung von Gastfreundschaft und Dienstleistungsbereitschaft wurden zahlreiche Ideen zum Thema „Umwelt und Tourismus“ entwickelt. Hier werden die größten Chancen gesehen, sich von anderen Wettbewerbern abzuheben – durch die Umsetzung eines Leitbildes, das Nordfriesland als „einzigartige Kombination aus weitläufiger Nordseeküstenlandschaft, dem Wattenmeer mit seinen Inseln und Halligen und einer landwirtschaftlich geprägten Kulturlandschaft“ beschreibt und sich zu einem umwelt- und sozialverträglichen Tourismus bekennt.

Integriert werden sollen somit auch die Anforderungen, die sich aus der Ausweisung des schleswig-holsteinischen Wattenmeeres als Nationalpark ergeben. Dabei hatte die erst 1985 erfolgte Nationalparkgründung inmitten dieser touristisch bereits seit langem intensiv genutzten Region auf den Tourismus anfangs wenig von den positiven Auswirkungen, die von Nationalparkgründungen in touristisch zunächst unbedeutenden Regionen ausgehen. Inzwischen gibt es aber – auch dank der Zukunftswerkstätten – viele Ansatzpunkte zur Integration der ökologischen Forderungen, ohne daß der Tourismus Schaden nimmt: von der salomonischen Formel der „autoarmen“ Inseln und den Befahrensregelungen des Wattenmeeres für Reedereien wie für Freizeitsportler bis hin zu ökonomischen Angeboten, die aus dem Nationalpark Nutzen ziehen und gesunde Produkte aus der Region verkaufen. Die Informationszentren des Nationalparks, die Umweltbildungsangebote mit dem Multimar-Wattforum in Tönning, aber auch Aktionen wie die Prämierung der „nationalparkfreundlichen Hotels“ zeigen die zunehmende Integration von Umwelt und Tourismus.

Ein noch zu hebender Schatz für Nordfrieslands künftigen Tourismus ist das Binnenland, das zwischen der Eider-Treene-Niederung nahe Friedrichstadt und den Kögen des Marschlandes bis zur Wiedingharde an der dänischen Grenze eine Reihe von Reizen bietet: landschaftliche und kulturelle – vom Haubarg bis zum Nolde-Museum –, aber auch neue touristische Angebote wie das „Windmill-Climbing“, das Besteigen einer Windenergieanlage, um die Landschaft aus der Vogelperspektive zu überblicken.

Mit Ideenreichtum, Gastlichkeit und den klassischen Vorzügen von Landschaft, Natur und Kultur wird Nordfriesland auch in Zukunft eine der wichtigsten Urlaubsregionen Europas bleiben.

Inseln, Harden, Städte

Ailuine, hiirde, stääre

Alle Teilgebiete Nordfrieslands wurden in ihrer Entwicklung auch von der Lage an der Nordsee beeinflußt. Das Meer ist ein bestimmendes Element dieser Landschaft.

Dorfschaften, Kirchspiele und Harden – Obrigkeit und Verwaltung in Nordfriesland

Fiete Pingel

Das heutige Nordfriesland bildete in alter Zeit ein Mosaik von rechtlichen Einheiten, die letztlich erst 1867 mit der Bildung der preußischen Landkreise Tondern, Husum und Eiderstedt in einem modernen Staatswesen aufgingen. Wie die unterschiedlichen Gebietskörperschaften auch verfaßt waren, über die Jahrhunderte wuchs der Einfluß der Obrigkeit stetig und nachhaltig.

Im Mittelalter beschränkte sich die Machtausübung der Landesherren neben der Forderung, daß für die fürstlichen Kriege Kämpfer gestellt werden sollten, und einer relativ lockeren Rechtsaufsicht vor allem auf die Erhebung der Steuern. Die wohl bedeutendste ältere administrative Quelle für den nordfriesischen Raum ist das „Erdbuch" des dänischen Königs Waldemar II., in dem dieser 1231 seine Einnahmen aus den verschiedenen Distrikten auch Nordfrieslands auflisten ließ.

Im Jahre 1544 teilten König Christian III. von Dänemark und seine Brüder Herzog Johann und Herzog Adolf Schleswig-Holstein untereinander auf. Noch bei dieser Landesteilung war nicht die Größe des Territoriums, sondern die Höhe der zu erzielenden Steuereinnahmen maßgeblich. Das Gebiet des heutigen Kreises Nordfriesland wurde dabei ebenfalls in drei Gebiete aufgeteilt. Christian III. erhielt die Nordergoesharde, die Teil des königlichen Amtes Flensburg war. Zum Anteil von Herzog Johann gehörten das Amt Tondern, die Insel Sylt, der Ostteil von Föhr und Alt-Nordstrand. Herzog Adolf, der zum Stammvater des Gottorfer Herzogshauses wurde, erhielt unter anderem die Landschaft Stapelholm, das Amt Husum und die Landschaft Eiderstedt. Nachdem Johann 1580 kinderlos gestorben war, kamen die auf dem Gebiet des heutigen Nordfriesland gelegenen Teile seines Besitzes 1581 ebenfalls unter die Herrschaft Adolfs von Gottorf.

Ablesbar war die Steuer- und Wirtschaftskraft in jener ökonomisch von der Landwirtschaft absolut dominierten Epoche an der Besiedlungsdichte, die wiederum von der Ergiebigkeit der Böden abhing. Die ältesten Orte auf der insgesamt dünn besiedelten Geest sind sogenannte Haufendörfer. Von diesen Siedlungskernen aus wurde seit dem frühen Mittelalter das vormals dichtbewaldete Land gerodet und urbar gemacht. Entlang den wichtigen Verkehrswegen dehnen sich die langgestreckten Reihendörfer. Auch in den Geestbereichen der Inseln Sylt, Amrum und Föhr zeigen sich diese Siedlungstypen. Auf der Feldmark der allermeisten Geestorte finden sich verstreute Einzelhöfe, die dort in verschiedenen Phasen der Entwicklung als Aussiedlungen aus dem Ortskern errichtet wurden. Zwischen den Dorfschaften lagen in alter Zeit weite, kaum nutzbare Heide- und Moorflächen, die erst vom 18. Jahrhundert an nach und nach kolonisiert wurden.

In der ungleich fruchtbareren Marsch siedelten die Bewohner zunächst an Stellen, die von der Natur besonders begünstigt waren, an Ufern von Flußläufen und Prielen etwa, die höher aufsedimentiert waren als die Umgebung, und auf natürlichen Geestkuppen, wie etwa dem Risumer Moor in der Bökingharde oder Lundenberg und Herstum in der Hattstedtermarsch. Etwa vom 11. Jahrhundert an, gleichzeitig mit den ersten, noch niedrigen Deichen, errichtete man künstliche Hügel für die Häuser, die Warften. In den älteren Kögen finden sich die Warften in Einzellage. Am augenfälligsten hat sich diese Siedlungsform auf Hooge und Langeneß sowie auf dem Gebiet der ehemaligen großen Halligen Wiedingharde, Dagebüll, Fahretoft und Ockholm erhalten. Die Bebauung der größten Warften besitzt, wie etwa die auf der Hallig Oland, einen regelrechten Dorfcharakter. Eine spätere Form sind auch in der Marsch die Reihensiedlungen, die entlang den jeweils älteren Deichlinien entstanden. In der Eiderstedter Marsch haben sich jeweils um stattliche Kirchwarften herum Dörfer gebildet. Ansonsten sucht man Siedlungskonzentrationen in den alten Utlanden – auch auf den Inseln Nordstrand und Pellworm sowie in der Föhringer Marsch – vergeblich. Typisch ist der weithin sichtbare, vom – damaligen – Wohlstand und von der Eigenständigkeit der Besitzer kündende große Einzelhof auf der Warft.

Die bei weitem wichtigste Siedlungszone in Nordfriesland ist der Geestrand. Die hier gegebene Verbindung einer relativ sicheren und trockenen Wohnlage mit der räumlichen Nähe zum fruchtbaren Marschboden führte dazu, daß in diesem schmalen Streifen auf dem Festland und den Inseln Sylt, Amrum und vor allem Föhr sich ein Reihendorf an das andere fügt. Auch die Städte und Marktorte Nordfrieslands liegen – von Leck über Bredstedt, Husum und Schwabstedt bis nach Tönning und Garding – am Übergang von Geest zu Marsch bzw. auf dem alten Strandwall, der in Eiderstedt die Funktion des Geestrandes erfüllt.

Vom 15. und 16. Jahrhundert an verfügten die Landesherren über den weitgehend gesicherten Besitz ihrer Territorien, nachdem die jahrhundertelangen wechselhaften Kämpfe um die Macht im Herzogtum Schleswig zu einem vorläufigen Ende gekommen waren. Der innere Ausbau der fürstlichen Herrschaftsbereiche trat in den Vordergrund. Auch die Verwaltungsstrukturen wurden neu geordnet, die landesherrlichen Kompetenzen erweitert und klarer festgelegt.

Das eng an die jahreszeitlichen Abläufe gekoppelte Leben der weitaus meisten Untertanen spielte sich in erster Linie im Rahmen der Dorfschaften ab. Den Ton gaben die Hofbesitzer an. Ihre Versammlung hieß in der Regel „Bauerlag" und stand unter der Leitung des aus der Gemeinde heraus gewählten Bauernvogtes.

Landbewirtschaftung, Viehhaltung, Fragen der Entwässerung und andere Probleme wurden gemeinschaftlich nach zunächst mündlich überlieferten, vom 17. Jahrhundert an vielerorts in Dorfbeliebungen festgehaltenen Prinzipien geregelt und gelöst. Eine wesentliche Verwaltungsebene bildete das Kirchspiel, seine Stellung und Ausgestaltung war im Gebiet des heutigen Nordfriesland allerdings uneinheitlich. Kirchspiele bildeten in Eiderstedt die – den Bauernschaften entsprechende – unterste Instanz. In der Norder- und Südergoesharde umfaßte ein Kirchspiel jeweils mehrere Dorfschaften. Auf Föhr handelte es sich um offenbar rein kirchliche Körperschaften, deren Grenzen nicht der Herrschafts- und Verwaltungseinteilung entsprachen. In der Landschaft Nordstrand und wohl auch in der Wieding- und in der Bökingharde traten die Kirchspiele als Hoheitsbezirke die Nachfolge der altüberlieferten Hardesviertel an. Die Kirchspielsversammlungen auf dem Friedhof oder im Kirchspielskrug bildeten das für den einfachen Untertanen vermutlich wichtigste Forum etwa zur Kenntnisnahme und Besprechung der von der Kanzel herab verkündeten landesherrlichen Anordnungen und anderer die Allgemeinheit betreffenden Fragen.

Die für den rechtlichen Verkehr wesentlichste untere Verwaltungseinheit im dänischen Einflußgebiet, zu dem das Land nördlich der Eider seit dem Mittelalter gehörte, war die Harde. Das Wort stammt wahrscheinlich vom altdänischen *hæræth*, einer Zusammensetzung von *hær* (Schar, Menge, Heer) und *rath* (Rat, Macht). Das Gebiet des heutigen Nordfriesland umfaßte ursprünglich 16 Harden. Im Osten

Symbole der auch für die nordfriesische Geschichte prägenden Zentren politischer Macht: links das Wappen Herzog Johann Adolfs von Gottorf, der von 1590 bis 1616 regierte, rechts das auf das Mittelalter zurückgehende dänische Reichswappen.

Die Teilung zwischen herzoglicher und königlicher Verwaltung prägte die Strukturen Nordfrieslands vor allem im 16. und 17. Jahrhundert. Die Karte zeigt den Stand von 1622.

Gelb: Gottorfer Anteile
Rosa: Königliche Anteile
Hellbraun: Reichsdänische Enklaven
Grün: Gemeinsam regierte Anteile

des Gebietes, auf der Geest, waren dies die Karrharde, die Norder- und die Südergoesharde. Im Westen erstreckten sich von Norden nach Süden die 13 utländischen Harden: die Insel Sylt, die Wiedingharde, die Bökingharde, Westerland-Föhr mit Amrum, Osterland-Föhr, die Wiriks-, die Beltring-, die Pellworm-, die Edoms-, die Lundenberg-, die Utholm-, die Garding- und die Tönningharde. Von Beginn an gehörten die drei Geestharden zu übergeordneten Verwaltungseinheiten des Herzogtums Schleswig. Dagegen bildeten die utländischen Harden als Siedlungsinseln inmitten einer zunächst recht unwirtlichen Umwelt über lange Zeit weitgehend eigenständige Gebiete und nahmen eine staatsrechtliche Sonderstellung ein.

Wahrscheinlich in der Folge der „Groten Mandränke" von 1362 besiedelten die Friesen auch den Geestrand und wurden damit zu Untertanen des Herzogs von Schleswig (Herzogsfriesen). Landesherr der Utlande war zu jener Zeit der dänische König, die dortigen Einwohner hießen daher auch Königsfriesen.

Ein wichtiger Schritt auf dem Weg von der weitgehenden mittelalterlichen Selbständigkeit der Utlande hin zu ihrer Einbindung in den Fürstenstaat war die Abfassung der „Siebenhardenbeliebung" und der „Krone der rechten Wahrheit", in denen 1426 überlieferte Rechtssätze für die nördlichen Inseln und Marschgebiete bzw. für Eiderstedt aufgeschrieben wurden. Die Abgesandten der holsteinischen Grafen nahmen an den beschließenden Versammlungen als Zeugen teil, weil sie mit den gebotenen Rechtsgarantien die Friesen als Verbündete für ihre Herren gewinnen wollten.

In immer stärkerem Maße wuchs von der Mitte des 15. Jahrhunderts an der Einfluß der Landesherren auf die Rechtsprechung. An die Stelle der mündlichen Überlieferung und der althergebrachten Bräuche, wie etwa der Blutrache, trat nach und nach das geschriebene Gesetz. In Urkunden- und Urteilsbüchern wie etwa dem 1446 in Tönning angelegten „Roten Buch" wurden Verordnungen und Beschlüsse dokumentiert und damit zur Grundlage der Rechtsfindung gemacht. Studierte Juristen traten auch als kommunale Amtsträger die Nachfolge der aus dem Volksgericht hervorgegangenen Beamten an. Das vor allem vom deutschen Kaiserreich nachhaltig eingesetzte Römische Recht wurde auch hierzulande in fast allen Lebensbereichen zum Vorbild genommen. So wurden Mord und Totschlag vielerorts nach der sogenannten „Karolina" abgeurteilt, der „Peinlichen Halsgerichtsordnung" Kaiser Karls V. aus dem Jahre 1532, die noch 1831 die Grundlage abgab für die Enthauptung einer Mörderin nahe Bredstedt – die letzte öffentliche Hinrichtung in Nordfriesland.

Gleichwohl blieben einzelne Bestimmungen des alten friesischen Rechts vor allem im 1572 aufgezeichneten Nordstrander Landrecht in Kraft. Erst die Einführung des Bürgerlichen Gesetzbuchs im Jahre 1900 brachte für Nordfriesland die juristische Gleichheit auf allen Gebieten. Das BGB ersetzte auch die letzten Teile des bereits 1241 von König Waldemar II. erlassenen „Jydske Lov", das für sechseinhalb Jahrhunderte das Rechtsleben der Geestharden geprägt hatte.

An der Spitze der Harde stand der von der Landesherrschaft eingesetzte Hardesvogt. Er saß dem Gericht vor, dem Hardesthing, und war für die Steuererhebung sowie für sämtliche landesherrlichen Amtsgeschäfte zuständig. Ihm zur Seite stand der in der Regel zwölfköpfige Hardesrat. Die Ratmänner wurden in den

Hardesvierteln bzw. in den Kirchspielen gewählt. Die meisten Harden in den friesischen Utlanden hatten im Zuge der politischen und herrschaftlichen Veränderungen im 15. Jahrhundert den Status von Landschaften erhalten. An der Spitze der Landschaften Eiderstedt und Nordstrand (bis 1634) stand jeweils ein Staller. Auch nach der Katastrophenflut von 1634 nannten die neuen niederländischen Herren, die auf der nun entstehenden Insel Nordstrand als Hauptpartizipanten das Regiment übernahmen, ihren leitenden Beamten Staller. Auf Sylt und auf Osterland-Föhr waren Landvögte im Amt.

Die jeweiligen Oberbeamten wurden durch die landesherrliche Obrigkeit eingesetzt und standen in einem vielfach sehr persönlichen Verhältnis zu ihren Fürsten. Herausragende Persönlichkeiten unter ihnen gingen in die Geschichte ein. Dies gilt zum Beispiel für Laurens Leve, den Staller des Strandes, einen besonderen Günstling der Gattin Christians I., Königin Dorothea, der 1495 nach selbstherrlicher und teilweise tyrannischer Amtsführung abgesetzt wurde. Eine ebenso herausragende Rolle spielte Caspar Hoyer, von 1578 bis 1594 Staller von Eiderstedt, der nicht nur bei Oldenswort das bis heute eindrucksvolle Herrenhaus Hoyerswort errichten ließ, sondern auch diplomatische Missionen für die gottorfischen Herzöge übernahm. Ein weiteres Beispiel ist Johan Wittemake, der durch seine engen Beziehungen zum Königshaus erreichte, daß die Nordergoesharde, deren Vogt er seit 1647 war, 1670 vom Amt Flensburg abgeteilt und zur Landschaft Bredstedt erhoben wurde.

Aus der Gerichts- und Verwaltungshoheit der Harden und Landschaften teilweise oder ganz herausgelöst waren die städtischen Orte. An verkehrsgünstigen Punkten entstanden größere, von Handel und Handwerk geprägte Ansiedlungen. Die Landesherrschaft trug dem – vor allem in der Hoffnung, die Steuereinnahmen zu fördern – Rechnung, indem sie jeweils Markt-, Fleckens- und Stadtrechte verlieh. Ein Flecken nahm eine Mittelstellung zwischen Dorf und Stadt ein. Es durften sich wie in der Stadt bürgerliche

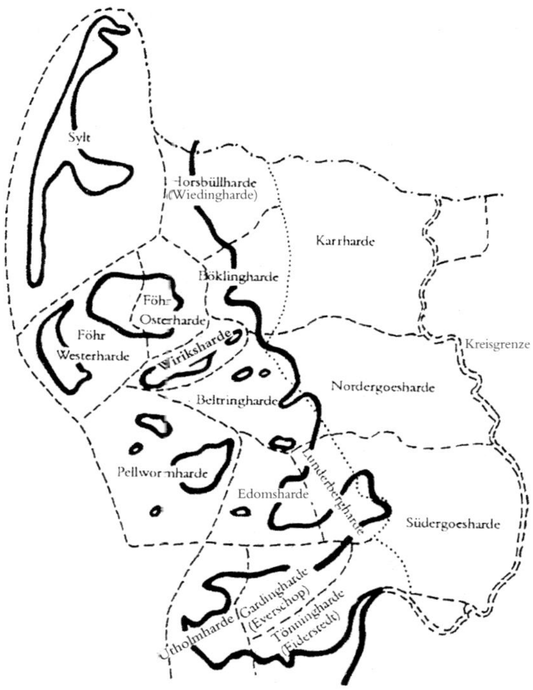

16 Harden – Verwaltungseinheiten im dänischen Machtbereich – umfaßte das Gebiet des heutigen Nordfriesland im Mittelalter, hier die ungefähren Grenzen um 1240. Die gepunktete Linie bezeichnet die Grenze zwischen den drei Geest- und den 13 Utlandsharden.

Kaufleute und Gewerbetreibende betätigen, aber die Gemeindevorsteher verfügten nicht über die volle Gerichtshoheit. Fleckensrechte erhielten Husum 1465 bzw. 1582 und 1706 Wyk auf Föhr, mit Marktrechten wurden Bredstedt 1530, Leck 1548, Tönning 1575 und Garding 1580 ausgestattet.

Die Städte im Gebiet des heutigen Nordfriesland sind jung. Einzig Tondern, das bis 1920 für das nördliche Nordfriesland eine große Bedeutung hatte, erhielt im Mittelalter, nämlich 1243, das lübische Stadtrecht. Die relativ ungünstige Verkehrslage und das Fehlen stadtbildender Kristallisationskerne wie Burgen, Herrensitze und Klöster machte den nordfriesischen Raum zunächst offenbar zu einer ungenügenden Basis für organisches Städtewachstum. Vor der großen Sturmflut von 1362 lag zudem der ökonomische Schwerpunkt in den Utlanden und verlagerte sich erst danach stärker an den Geestrand.

Die Gottorfer Herzöge verliehen Garding und Tönning 1590 die Stadtrechte, Husum folgte 1603. Mit Friedrichstadt wurde 1621 sodann zum ersten und einzigen Mal im Gebiet des heutigen Nordfriesland eine Stadt als Stadt gegründet. Garding und Tönning blieben einbezogen

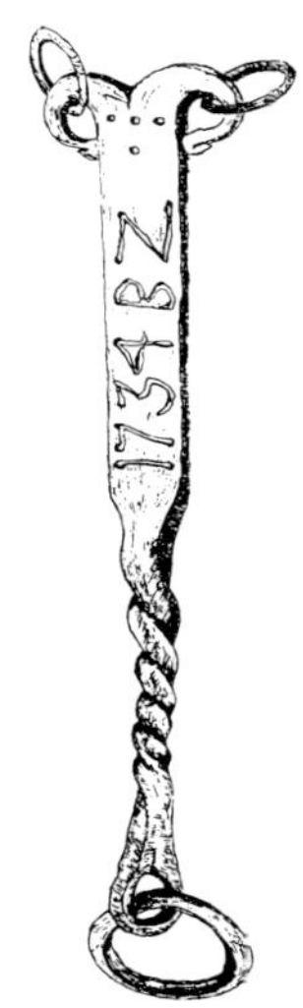

Befestigt am Dingstock – die Abbildung zeigt den Bohmstedter Stock aus dem Jahre 1734 –, wurden allgemeine Bekanntmachungen von Haus zu Haus durch das Dorf getragen.

Herzog Adolf von Gottorf erhielt bei den Landesteilungen 1544 und 1581 große Bereiche des heutigen Nordfriesland zugesprochen. Dieses Glasfenster in der Kirche des Gasthauses zum Ritter St. Jürgen in Husum erinnert an den bedeutenden Landesherren. Herzog Adolfs Politik brachte dem Gebiet des heutigen Nordfriesland wesentliche, vor allem wirtschaftliche Impulse.

in die Verwaltungsstrukturen der Landschaft Eiderstedt, regelten ihre städtischen Angelegenheiten aber selbständig. Die Magistrate von Friedrichstadt und Husum fungierten als Organe der landesherrlichen Obrigkeit und Justiz wie die Oberbeamten in den ländlichen Verwaltungseinheiten.

Gebiete eigenen Rechts waren die oktroyierten Köge. Sie verdankten ihre Entstehung privatwirtschaftlicher Investition: Der Landesherr vergab einen Oktroi (Freibrief) zur Eindeichung eines Vorlandes an finanzkräftige Interessenten, die auf eigene Rechnung den Deichbau ins Werk setzten. Die so gewonnenen Köge waren nicht nur für einen bestimmten Zeitraum steuerfrei, sie hatten auch ihre eigenen Hoheitsrechte. Zeitweise existierten mehr als 20 solcher Kleinstgebiete. Den Anfang machte der 1613 gewonnene Süderfriedrichskoog in Eiderstedt, der größte war mit 1433 Hektar der 1682 bedeichte Alte Christian-Albrechts-Koog westlich von Niebüll. Zu den oktroyierten Kögen gehörten auch die fünf Projekte des Geheimen Konferenzrats Desmercières und seines Erben, des Grafen bzw. Fürsten Reuß, im Vorland westlich von Bredstedt und auf Nordstrand im 18. Jahrhundert. Das entscheidende Wort sprachen auch in den oktroyierten Kögen die Landbesitzer, für die Ausführung der Beschlüsse war in der Regel ein Koogsinspektor zuständig.

Eine Besonderheit bildete das im äußersten Südosten des Kreises gelegene Schwabstedt, wo im Mittelalter zeitweise der Schleswiger Bischof residierte. Es soll 1288 von seinem Herrn sogar Stadtrechte zugesprochen bekommen haben. Später firmierte es als Flecken, dem ein Birkvogt vorstand. Unter einem Birk ist ein Rechtsbezirk zu verstehen, der zwar einem landesherrlichen Territorium angehört, aber ursprünglich einer anderen – etwa einer geistlichen oder adligen – Obrigkeit unterstand.

Zur Zeit des dänischen Königs Waldemar IV. „Atterdag“ im 14. Jahrhundert hatten königliche Gefolgsleute im Westen der Insel Föhr, mit dem Amrum eine Verwaltungseinheit bildete, einen militärischen Stützpunkt angelegt. Das Nordende von Sylt, das Listland, war seit 1292 im Besitz der dänischen Stadt Ripen und diente den Kaperfahrern des Dänenkönigs Waldemar wahrscheinlich ebenfalls als Schlupfwinkel. Diese beiden Gebiete wurden beim Frieden von Vordingborg 1435, dem diplomatischen Schlußstrich unter die mittelalterlichen Kämpfe zwischen der dänischen Krone und den Holsteiner Grafen, dem dänischen Königreich zugeschlagen; die übrigen Gebiete der Utlande gelangten an das Herzogtum Schleswig. Als reichsdänische Enklaven bestanden Westerland-Föhr mit Amrum und Listland fortan neben den utländischen Landschaften.

Im Mittelalter bildeten etwa vom 9. Jahrhundert an die Syssel im Bereich des späteren Herzogtums Schleswig die Herrschaftsebene unterhalb des eigentlichen Fürstenhofs. Der Begriff geht auf das altnordische Wort *sysal* zurück, das etwa Tätigkeits- oder Amtsbereich bedeutet. Über die Funktion dieser Einheiten ist wenig bekannt. Die heute zu Nordfriesland zählende Karrharde gehörte zum Ellum-, die Norder- und die Südergoesharde zum Idstedtsyssel. Die friesischen Utlande lagen außerhalb dieser Einteilung.

Vom 13. und 14. Jahrhundert an gewannen die bei den landesherrlichen Burgen und Schlössern angesiedelten Vogteien für die Verwaltung wachsende Bedeutung. Deren Machtbereiche dehnten sich mit der Festigung der fürstlichen Herrschaft schließlich flächendeckend aus, die königlichen und herzoglichen Ämter entstanden. Sie wurden jeweils von einem Amtmann geleitet. Die Amtmänner rekrutierten sich meist aus dem Adel.

In diese Struktur waren nun auch die Utlande zum großen Teil einbezogen. Die Böking- und die Wiedingharde wurden Teil des Amtes Tondern, dem seit dem 16. Jahrhundert auch die Landvögte von Sylt und Osterland-Föhr nachgeordnet waren. Der Staller von Eiderstedt war dem Amtmann von Gottorf und später dem von Husum verantwortlich. Das Amt Husum, das im wesentlichen die alte Südergoesharde umfaßte, wurde 1638 vom Amt Gottorf abgespalten. Die Landschaft Bredstedt wurde seit 1785 Amt genannt und 1801 mit dem Amt Husum zusammengefaßt, behielt aber weiterhin einen eigenen Landvogt.

Die oberste für die königlichen Anteile Schleswig-Holsteins und ab 1713/21 bzw. 1773 für die gesamten Herzogtümer zuständige Stelle war die Deutsche Kanzlei in Kopenhagen, deren Anfänge in die Zeit König Christians I. im 15. Jahrhundert zurückreichen und die 1806 in Schleswig-Holsteinische Kanzlei umbenannt wurde.

Die Ausübung der landesherrlichen Macht glich über weite Strecken eher einem Dialog zwischen Fürstenhof und Landeskindern als etwa einem absolutistischen Diktat. Zwar wurden die Träger der überkommenen Selbstverwaltung wie Ratmänner, Kirchspiels-Gevollmächtigte und -Lehnsleute vielfach als Steuereinnehmer und Kontrollinstanzen für die Umsetzung obrigkeitlicher Anordnungen eingesetzt. Dafür wurde aber auch gerade in den nordfriesischen Küstengebieten immer wieder großer Wert auf die Beteiligung ortsansässiger und -kundiger Sachverständiger an der landesherrlichen Entscheidungsfindung gelegt, nicht zuletzt bei Deichbau und Küstenschutz. Eine ansehnliche Menge von Hardes-, Magistrats- und Landschaftsbeschlüssen und anderen Eingaben erreichte die fürstlichen Kanzleien und Gerichte und bildete gewissermaßen die kollektive Antwort auf die ebenfalls beträchtliche Anzahl von Gesetzen und Verordnungen, mit der landesväterlicher Einfluß auf letztlich alle Lebensbereiche der Untertanen genommen wurde.

Mit dem Übergang an Preußen 1864/67 änderte sich neben vielem anderen auch die Struktur der Verwaltung grundlegend. In dem straff organisierten Obrigkeitsstaat war wenig Platz für überlieferte Eigentümlichkeiten. Das nordfriesische Gebiet wurde Teil der Provinz Schleswig-Holstein. Die neuen Landkreise Eiderstedt, Husum und Tondern absorbierten sämtliche alten Formen, auch die von Dänemark abgetretenen Enklaven, zuletzt 1889 die oktroyierten Köge. Auf der Grundlage der preußischen Kreis- und Gemeindeordnungen entstand eine Kommunalverfassung, deren Grundzüge bis heute fortwirken.

Infolge der Volksabstimmung von 1920 zur Neufestlegung der deutsch-dänischen Grenze nach dem Ersten Weltkrieg zerfiel der Kreis Tondern in zwei Teile. Der Norden mit der traditionsreichen Kreisstadt Tondern kam zu Dänemark. Der restliche Teil wurde mit Niebüll als Verwaltungssitz zum Kreis Südtondern konstituiert. Vom 1. Oktober 1932 an wurden die Kreise Husum und Eiderstedt von Husum aus gemeinsam verwaltet. Der nach der sogenannten Machtergreifung von den Nationalsozialisten eingesetzte Landrat Otto Hamkens – Eiderstedts NSDAP-Kreisleiter – konnte dann aber bereits am 1. Oktober 1933 seinen Dienst als Landrat des wiedererrichteten Kreises Eiderstedt antreten. Zunächst unter Aufsicht der britischen Besatzungsmacht waren die drei Kreise nach dem Zweiten Weltkrieg Teil des 1946 neugebildeten Landes Schleswig-Holstein, das seit 1949 zur Bundesrepublik Deutschland gehört. Die Verwaltungsgrenzen blieben bis zur schleswig-holsteinischen Gebietsreform von 1970 bestehen. Im April jenes Jahres wurde sodann der erste Kreistag des neugebilde-

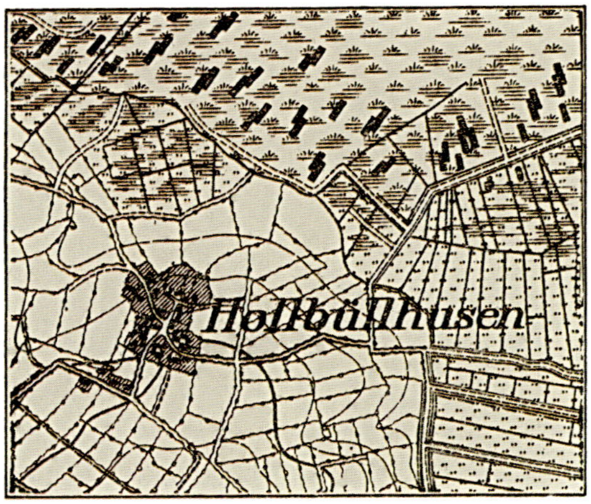

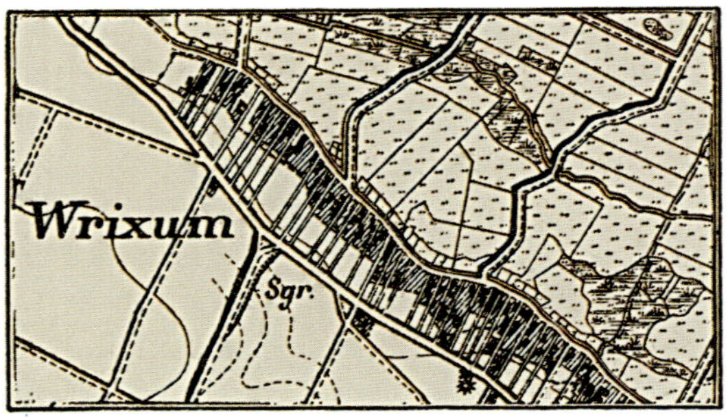

Haufendörfer wie Hollbüllhuus – so die heutige Schreibweise – entstanden als frühe Siedlungskerne, von denen aus die umliegenden Ödländereien nach und nach urbar gemacht wurden. Der Geestrand bildet die wichtigste Siedlungszone im nordfriesischen Raum. Eine für diesen Bereich typische Form ist das Reihendorf wie zum Beispiel Wrixum auf Föhr.

ten Kreises Nordfriesland gewählt. Der Kreis Südtondern hatte an seinen östlichen Nachbarkreis ein Kirchspiel abgegeben. Die Stadt Friedrichstadt und die Stapelholmer Gemeinden Drage und Seeth waren dafür im Süden dazugekommen.

In Nordfriesland leben (alle Bevölkerungszahlen beziehen sich auf den Stand vom 31. Dezember 1997) 162 000 Menschen auf knapp 2050 Quadratkilometern, das entspricht einer Anzahl von durchschnittlich 79 Menschen pro Quadratkilometer. Zum Vergleich: In Schleswig-Holstein leben 175 Menschen auf einem Quadratkilometer, in Deutschland insgesamt sind es 228. Die größte Stadt ist Husum mit 21 540 Einwohnern. Neben ihre alten Nachbarn Friedrichstadt, Garding und Tönning sind in jüngerer Zeit als Städte Bredstedt (Stadtrecht 1900), Westerland (1905), Wyk auf Föhr (1910) und Niebüll (1960) getreten. Vier amtsfreie Gemeinden stehen gewissermaßen jeweils stellvertretend für Besonderheiten der Geschichte Nordfrieslands: Leck als alter Marktort am Geestrand, List im Norden Sylts als frühere reichsdänische Enklave, Bad St. Peter-Ording als Hochburg des Fremdenverkehrs und die Reußenköge, deren Anfänge auf eine Reihe „oktroyierter" Köge zurückgehen.

An die Stelle der alten 16 Harden sind 16 Ämter getreten, die mit der herkömmlichen Verwaltung zwar nichts mehr zu tun haben, in deren Namen sich aber teilweise die überlieferten Bezeichnungen widerspiegeln: Amrum, Bökingharde, Bredstedt-Land, Eiderstedt, Föhr-Land, Friedrichstadt, Hattstedt, Karrharde, Landschaft Sylt, Nordstrand, Pellworm, Stollberg, Süderlügum, Treene, Viöl, Wiedingharde. Den 16 Ämtern gehören 125 Gemeinden an. Die größten Gemeinden sind Sylt-Ost (5660 Einwohner) und Risum-Lindholm (3324). Sie wurden bei der Gebietsreform 1970 im Bemühen um eine Effektivierung der Verwaltung aus alten Dorfschaften neu zusammengefügt. Insbesondere viele Sylter bedauerten, daß ihre traditionsreichen Dörfer Archsum, Keitum, Morsum und Tinnum von der politischen Landkarte verschwanden.

An der Spitze der Kreisverwaltung steht, wie im übrigen Schleswig-Holstein, der Landrat, der 1999 erstmals direkt gewählt wurde. Oberstes Kommunalparlament ist der Kreistag, der in Nordfriesland 45 Mandate umfaßt und für die Wahl des Kreispräsidenten zuständig ist. Oberste Instanz der Ämter sind die aus der Mitte der Amtsausschüsse gewählten Amtsvorsteher. Diesen Ausschüssen gehören die Bürgermeister sowie – je nach Bevölkerungszahl – weitere Vertreter der Amtsgemeinden an. Die Städte und die großen amtsfreien Gemeinden Leck und Bad St. Peter-Ording haben hauptamtliche Bürgermeister, die gemäß der seit 1998 gültigen schleswig-holsteinischen Kommunalverfassung von der Bevölkerung direkt gewählt werden. Die Stadtvertretungen wählen die Bürgervorsteher. Die ehrenamtlichen Bürgermeister der kleineren Gemeinden werden von den Gemeindevertretungen gewählt und sind gleichzeitig „Verwaltungschefs" und oberste Repräsentanten.

Die zahlenmäßig kleinsten Gemeinden Nordfrieslands sind Augustenkoog (37 Einwohner), Grothusenkoog (21) und Norderfriedrichskoog (50) in Eiderstedt,

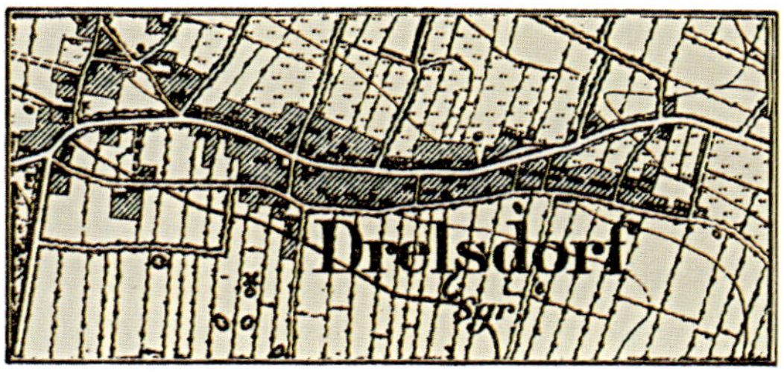

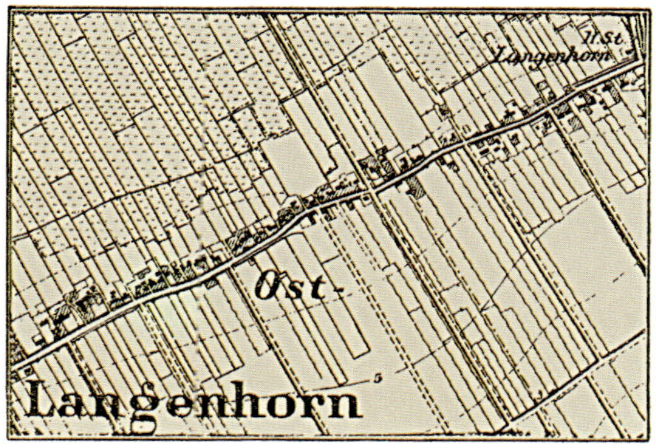

Straßendörfer – wie etwa Drelsdorf – entwickelten sich entlang der Hauptverkehrswege. Das Zeilendorf Langenhorn erstreckt sich über mehrere Kilometer am Geestrand. Nach den Landverlusten in den Utlanden im 14. Jahrhundert zogen friesische Siedler in größerer Zahl auf die sichere Geestkante.

Elisabeth-Sophien-Koog (43) auf Nordstrand, Hallig Gröde (16), Kolkerheide (70) im Amt Bredstedt-Land, Lexgaard (64) im Amt Süderlügum, Süderhöft (21) im Amt Treene und Witsum (54) auf Föhr. Laut Gemeindeordnung gibt es in diesen kleinen Orten keine gewählte Gemeindevertretung. Ihren Platz nimmt die aus sämtlichen wahlberechtigten Bürgerinnen und Bürgern bestehende Gemeindeversammlung ein.

Die Verwaltung sieht sich immer neuen Herausforderungen gegenüber. Mit der Verschiebung des ökonomischen Schwergewichts von der Landwirtschaft hin zum Bereich der Dienstleistung hat sich auch die soziale und politische Struktur des ländlichen Nordfriesland grundlegend gewandelt. Das Geflecht menschlicher und wirtschaftlicher Beziehungen, das in alter Zeit kaum über den Rahmen des Dorfes, des Kirchspiels oder des nächstgelegenen Marktortes hinausreichte, ist in fast allen Bereichen der Verknüpfung mit den überregionalen, nationalen und globalen Netzwerken gewichen. Tiefergreifende Entscheidungen werden außerhalb der Region getroffen. Dereinst kam der Amtmann, der Hardes- oder Landvogt und auch noch der preußische Landrat mit wenigen Schreibkräften als Personal aus, um die Pläne der Obrigkeit umzusetzen. Heute beschäftigt allein der Kreis Nordfriesland rund 1800 Mitarbeiterinnen und Mitarbeiter, er ist damit der größte regionale Dienstleister und Arbeitgeber.

Ein Urphänomen: Sylt

Manfred Wedemeyer

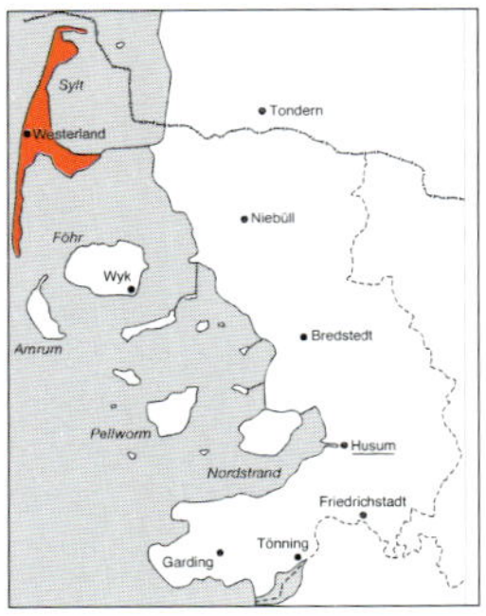

Inseln haben eine besondere Anziehungskraft. Sylt, die „Königin der Nordsee", steht bei Besuchern, Reiseberichterstattern und auch bei Kurgästen seit der Mitte des 19. Jahrhunderts hoch im Kurs. Das Zauberwort Sylt bezeichnet ein Urphänomen, um es mit einem Ausdruck Goethes zu benennen. Bis heute wirkt die Insel anregend auf viele Besucher. Ein eigentümlicher Reiz geht von dem Inselgefühl aus, das den Reisenden ergreift. Es ist eine doppelte Befindlichkeit: Inselglück und Inselkoller. Diese Wirkung ist schwer zu beschreiben. Schriftsteller und Maler haben es oft versucht. Von Thomas Mann (1875–1955), der „tief gelebt hat" an diesem „erschütternden Meer", bis hin zu dem Verleger Peter Suhrkamp (1891–1959), der in seinem Essay „Die nordfriesische Insel" bekannte: „Alle Sinne sind im Augenblick des Betretens der Insel von dieser vollauf in Anspruch genommen und ausgefüllt, und das Gemüt ist entweder verschüchtert oder betäubt oder beseligt." Wessen Inneres „lichte Kobolde beherbergt, der kann sie auf der Insel schwer im Zwinger halten", meinte Peter Suhrkamp.

„Sylt dünkte uns die Insel der Verrückten", notierte der Schriftsteller Ernst von Salomon (1902–1972) in seinem autobiographischen Buch „Der Fragebogen": „Es schien, als bestehe ihre Wirkung darin, die vorhandene Gemütsart zum Extremen zu steigern, die Melancholischen zu manischer Depression, die Sanguinischen zu einem Paroxismus der Ausgelassenheit."

Kurt Lothar Tank (1910–1978), der zuletzt für das „Sonntagsblatt" schrieb, war vom Inselgeist besessen. Inselgeist nannte er jenes nebulöse Gebilde, das die Menschen weit und beweglich macht und sie über die eigenen Grenzen hinausführt. Er sprach vom Zaubereiland und von der Traumlandschaft, in der man aufschreibt, was man sieht, und träumt, was man nicht sieht. Nicht nur der Blutkreislauf, sondern auch die Phantasie werde in diesem Klima angeregt. Man träume hier tiefer, ausdauernder, ja verwegener. Kurt Lothar Tank gestand, wenn er auf Sylt träume, habe er oft Lösungen zu Problemen, die im Wachsein nicht zu lösen waren.

Natürlich spielt für das Inselgefühl die elementare Sylter Landschaft eine bestimmende Rolle. Alfred Kerr (1867–1948), der große Theaterkritiker der zwanziger Jahre, drückte es so aus: „Nirgends wird einem der Hauch des Alls so aufs Butterbrot geschmiert." Der Maler Albert Aereboe (1889–1970), künstlerisch der Neuen Sachlichkeit verpflichtet, beschrieb das Gefühl kosmischer Verbundenheit auf der Insel: „Wenn ich Jahrzehnte auf Sylt gelebt habe, so ist es die unvergleichliche Meernatur gewesen, die mich gebannt hat und mich durch ihr Wesen immer wieder aufs neue inspirierte. Hier ist die Gestaltung der Landschaft auf die einfachste Formel gebracht. Der unendliche Horizont des Meeres und die übergroße Kuppel des Himmels machen das Planetarische der Erde fühlbar und lösen in mir kosmische Verbundenheit aus. Es sind die Kräfte, die mich immer wieder zu produktiver Tätigkeit angeregt haben."

Die Altistin Emmi Leisner (1885–1958) schätzte auf Sylt den Rhythmus des Meeres und den Wind, den „großen Atem". Sie gehörte zu den ersten Künstlern, die sich in Kampen ein Haus bauten, und wurde nicht müde, die Insel mit wachen Sinnen zu erleben. Oft fuhr sie hinaus auf die große Wanderdüne vor List, in eine Welt, die einfach ist und fast unberührt wie am zweiten Schöpfungstag. Wenn der Sand der Wanderdüne weiß aufleuchtet, wenn schräge Sonnenstrahlen ihn gelb färben, wenn er ein schimmernd heller Streifen ist zwischen Luft und Wasser, dann scheint die Welt dort weit entrückt. Dann hat die Landschaft etwas Exterritoriales. Es könnte in der Wüste sein, in Afrika oder Mexiko.

Das Exterritoriale und das Elementare von Sylt beschäftigten auch den Lyriker Bodo Schütt (1902–1980), der in Kampen zu Hause war. Für ihn war Dichtung das Erschließen von Existenz. Sein Leben auf Sylt war die „Existenz auf der Scheide

Westerland um 1900: Unter den Klängen der Kurmusik flanieren die Badegäste auf der Plattform. Die Kurkonzerte im Musikpavillon waren ein gesellschaftliches Ereignis.

zwischen Wohnland, Menschenland und dem Reich der Riesen, der Elemente". Die Handschrift der Elemente studierte er auf Sylt. Dem Elementaren begegnete er hier und zeichnete in seinen hochrangigen Gedichten die wesentlichen Konturen der Insel, ihre Geschichte und ihre gegenwärtige Gestalt. Er liebte das Leben auf Sylt, die Abgeschiedenheit in Kampen, die Landschaft: „Mit Kiefern, Ginster und Gras bin ich verständigt. Mit Möwen und salzigem Wind bedenke ich mich, was vorgeht über der Insel." Er liebte nicht die Invasion der Badegäste während der Hochsaison: „Im Sommer, da tanz nicht, Kind, da kommen die Fremden, und Atem von Babylon schwirrt über die Insel. Im Herbst, da sind wir allein und simulieren mit Gott, was wir gewesen und werden, und reden mit Menschen wie Nachbarn. Da sind wir froh." „Ein guter Vers überdauert Weltreiche", meinte Wilhelm von Humboldt. Dies gilt auch für die Verse von Bodo Schütt.

In den Jahren der Entdeckung der Insel für den Fremdenverkehr erlebte die Sylter Literatur ihre erste Blütezeit. Sommerfrische nannte man diese Zeit damals, in der zweiten Hälfte des 19. Jahrhunderts. Als Westerland 1855 als Seebad begründet wurde, existierte das erste deutsche Seebad Doberan an der mecklenburgischen Ostseeküste bereits seit mehr als einem halben Jahrhundert. Die Anregung zu der Gründung im Jahr 1793 ging auf den Göttinger Physikprofessor und der Aufklärung verpflichteten Publizisten Georg Christoph Lichtenberg (1742–1799) zurück, den Verfasser der erst posthum veröffentlichten ironisch-geistvollen „Aphorismen". Er hatte als stets Kränkelnder im englischen Seebad Margate die Heilkräfte des Meeres und des Meeresküstenklimas schätzen gelernt. In seinem 1793 veröffentlichten Aufsatz „Warum hat Deutschland noch kein öffentliches Seebad?" regte Lichtenberg die Gründung von deutschen Seebädern an.

1851 reiste der Schriftsteller Theodor Mügge (1806–1861) nach Sylt und schrieb den Roman „Der Vogt von Silt", in dem er den Syltern empfahl: „Legt Seebäder an, und eure Möwen und Seeschwalben werden goldene Flügel be-

Auf einer Länge von fast 40 Kilometern erstreckt sich Sylt von Nord nach Süd. Einen Schriftsteller des 19. Jahrhunderts erinnerte die Insel an ein „langgestrecktes Krokodil, das über den Wassern schwebt".

Ein Höhepunkt im Jahreslauf ist die Zeit der Heideblüte. In poetischer Weise wird dies in der friesischen Sprache der Insel ausgedrückt: *Di Hiir es Brir* (Die Heide ist Braut).

Die Uwe-Düne bei Kampen ist mit 52,5 Metern die höchste Erhebung auf Sylt. Benannt wurde sie nach Uwe Jens Lornsen aus Keitum, der sich 1830 für liberale Reformen und eine größere Eigenständigkeit Schleswig-Holsteins einsetzte.

Mehrere Meter im Jahr läßt der Wind im Listland auf Sylt noch immer Dünen wandern. Der Dichter Hermann Claudius (1878–1980) fing in seinem „Sang der Dünen auf Sylt" die früher davon ausgehende Bedrohung ein:
„Sand – Sand – Sand – Sand.
Wir decken das Land
mit dürrender Hand
von List bis Hörnum,
von Hörnum bis List,
bis alles Leben erloschen
ist."

kommen." Mit seinem prophetischen Wort hat er recht behalten. Ein falscher Prophet hingegen war Julius Rodenberg (1831–1914), der mit der „Deutschen Rundschau" die bedeutendste Kulturzeitschrift des Königreichs herausgab. Er kam 1859 erstmals auf die Insel und schrieb das schönste Tagebuch mit dem Titel „Stilleben auf Sylt". Rodenberg hat nicht daran geglaubt, daß der damals stille Ort Westerland sich zu einem mondänen Modebad der wilhelminischen Zeit entwickeln würde.

Ein „langgestrecktes Krokodil, das über den Wassern schwebt"

Ein stets gern beschriebener Ort wurde Sylt, nachdem die Insel in der Mitte des 19. Jahrhunderts von den Schriftstellern und Badegästen entdeckt worden war. In den Büchern wurde es zuerst zaghaft, aber mit künstlerischer Phantasie beschrieben. Heinrich Smidt (1798–1867) nannte die Insel 1861 in seiner Novelle „Das Röschen vom Kliff" ein „langgestrecktes Krokodil, das über den Wassern schwebt". Und bald begann auch die Karriere des Schauplatzes Sylt für seichtere, triviale Texte. Bernhardine Schulze-Schmidt (1846–1920) zum Beispiel feierte mit ihrer Sylter Novelle „Inge von Rantum" Auflagenerfolge. Für die Masse der dann folgenden Sylt-Romane und Erzählungen, die den Ortszusatz gleichsam als Markenzeichen im Titel führen und oft von Frauen verfaßt wurden, war so der kreative Spielraum abgesteckt zwischen Phantasie und Kitsch, sprachlicher Begabung und literarischem Durchschnitt. Die eigentümliche Landschaft, die sylterfriesische Sprache, eigenwillige Menschen mit ungewöhnlicher Geschichte: Aus diesen Elementen bestand das Erfolgsprinzip für die Unterhaltungsliteratur, und der Markt verkraftete immer aufs neue Sylt-Bücher – bis heute.

Natur und Landschaft

Für das öffentliche Image von Sylt spielt die Literatur ihre Rolle. Aber die gerühmte Anziehungskraft liegt in der Natur und Landschaft der Insel begründet. Mit rund 100 Quadratkilometern ist Sylt nach Fehmarn die zweitgrößte schleswig-holsteinische Insel. Ihre 38 Kilometer lange Westküste besteht aus einem breiten, weißen Sandstrand und Dünen, die vom nördlichen Ellenbogen bis zum südlichen Hörnum reichen. Die Dünen sind aus Sand gebildet, der aus dem Meer auf das Land wanderte, erst von der Strömung,

183
184
185

Auf einer Länge von viereinhalb Kilometern erstreckt sich an der Sylter Westküste vor Wenningstedt und Kampen das Rote Kliff, das bis zu einer Höhe von 25 Metern aufragt. Bei Sonnenuntergang leuchtet der Steilhang brandrot auf. Schon auf Seekarten des 16. Jahrhunderts trägt er daher seinen heutigen Namen.

Wulf Manne Decker (1815–1876) begründete zusammen mit acht anderen Westerländern das Seebad Westerland und wurde dessen erster Kurdirektor.

dann vom Wind von West nach Ost getrieben. Manche wandern noch heute. Die Wanderdünen bei List sind etwa drei Kilometer lang und durchschnittlich 600 Meter breit. Sie bewegen sich vier bis sechs Meter im Jahr weiter ostwärts. Damit sie die neue Straße nach List nicht zudecken, hat man die Dünen 1977 stellenweise mit Strandhafer bepflanzt.

Neben der einzigartigen Dünen- und Strandlandschaft ziehen die Besucher noch andere Reize der Insel an: die Urwüchsigkeit der Morsumer Heide, die abwechslungsreiche Ostküste, das erdgeschichtlich aufschlußreiche Morsumkliff und das Rote Kliff, die ländlichen Friesendörfer im Osten der Insel, darunter Keitum, Archsum und Morsum, aber auch das exklusive Kampen und das bunte Angebot der Geschäfte auf den Boulevards in Westerland. Gerade die Verbindung von Gegensätzlichem, von Natur und Zivilisation, von weiter Landschaft und Enge, von Dörflichem und Städtischem erhöht die Attraktion der vielgerühmten Insel und erklärt ihre Bedeutung als Zentrum des Fremdenverkehrs an der Nordsee.

Eine Stadt, elf Inseldörfer

Die Insel Sylt bevölkern gut 30 000 Einwohner, davon 10 000 Zweitwohnungsbesitzer, in zwölf Ortschaften, die zu insgesamt sieben politischen Gemeinden gehören. Westerland, seit 1905 die einzige Stadt auf Sylt, wurde 1436 von damaligen Bewohnern des Kirchdorfs Eidum gegründet. Die vor der Sturmflut geflüchteten Eidumer zogen sich auf höher gelegene Heideflächen zurück und gaben ihrer neuen Siedlung zunächst den Namen Südhedig. Der Name Westerland (friesisch Weesterlön) geht auf ein östliches Flurstück auf Tinnumer Gelände zurück. Der Aufstieg des zunächst eher unscheinbaren Dorfes begann mit der Entdeckung für den Fremdenverkehr im Jahre 1855. Der mondäne Badeort zählt heute annähernd 10 000 Einwohner.

Eine Sonderrolle spielte durch die Jahrhunderte das 1292 gegründete, lange Zeit nur aus wenigen Häusern bestehende List, in dem jetzt 2900 Einwohner registriert sind. Das Listland mit seinem großen Wanderdünengebiet gehörte bis 1864 unmittelbar zum dänischen Königreich. Noch heute bildet der nördlichste Ort Deutschlands eine amtsfreie Gemeinde.

Die anderen Gemeinden auf der Insel gehören zum Amt Landschaft Sylt. Kampen, urkundlich zuerst 1542 erwähnt, entwickelte sich von einem kleinen Seefahrer- und Bauernort zum mondänen Kurbad mit dem Ruf eines Refugiums für Künstler und Schriftsteller, der bis in die Gegenwart fortwirkt. Der Ort am berühmten Roten Kliff mit dem nicht minder berühmten Leuchtturm zählt 640 Einwohner, aber zahlreiche Zweithausbesitzer kommen hinzu. Kaum irgendwo in Nordfriesland ist der Fremdbesitz so groß wie hier.

Wenningstedt, das schon bald nach Westerland vom Fremdenverkehr geprägt wurde, bestand vermutlich bereits, bevor die Friesen seit dem 7./8. Jahrhundert nach Sylt einwanderten, möglicherweise als Hafenort; vielleicht wurde es wie Braderup und List von Dänen gegründet. Zur heute rund 1500 Einwohner umfassenden Gemeinde gehört seit 1927 auch das am Abhang des Weißen Kliffs gelegene Braderup.

Keitum, am Geestufer auf der Ost- und Wattseite gelegen, mit breitgefächertem Wegenetz, hingewürfelten Reetdachhäusern und reichem Baumbewuchs, war noch bis weit ins 19. Jahrhundert der bedeutendste Inselort. Das aufstrebende Westerland lief ihm dann den Rang ab. Am Ortsrand liegt St. Severin, die größte und markanteste Kirche Sylts. Der traditionsreiche Ort gehört heute wie alle Ortschaften im Osten der Insel zur Gemeinde Sylt-Ost mit insgesamt 5700 Einwohnern. Tinnum wurde erstmals 1440 in einer Urkunde genannt. Der Ort war damals so groß wie Keitum und Archsum. Noch heute ist dort ein Gebäude erhalten, das zu den Zeugnissen der Landesgeschichte gehört: die Landvogtei. Archsum, das kleinste der Ostdörfer, bleibt verbunden mit der ehemaligen Burg. Die alte Dorfanlage wurde als ein Troja des Nordens von 1963 bis 1983 ausgegraben und wieder zugeschüttet. Die Siedlung be-

Von List aus, dem nördlichsten Hafen Deutschlands, fahren in der Saison mehrmals täglich Fähren nach Havneby auf der dänischen Insel Röm. Das Dörfchen List, das um 1900 rund 70 Einwohner zählte, wuchs – zunächst vor allem durch den Bau des kaiserlichen Marinehafens ab 1911 und die erneute Aufrüstung in der NS-Zeit – auf mehr als 2800 Menschen an.

Jeder Syltreisende kennt die Friedrichstraße in Westerland. Ihre Häuser repräsentieren eine Vielfalt von Baustilen. Um 1890 errichtete hier der Geschäftsmann Julius Meyer sein Logierhaus, in dem er auch eine Papierhandlung und eine Leihbibliothek unterhielt. Die eindrucksvolle Fassade ist eines der wenigen architektonischen Überbleibsel aus der Zeit des ersten Sylter Tourismusbooms.

Die Westerländer Promenade ist eine der Keimzellen des Sylter Fremdenverkehrs. Bereits um 1880 wurde hier ein erster Konzertpavillon errichtet – von Beginn an ein beliebter Treffpunkt für Flaneure und Sommerfrischler. Die heutige Musikmuschel stammt aus den frühen 1950er Jahren. Von Mai bis Oktober erklingt hier dreimal täglich die „Musik am Meer“.

An einer schmalen Stelle der Insel Sylt liegt Rantum, das Dorf in den Dünen. In seiner Geschichte wurde es immer wieder sowohl vom Meer als auch von den Dünen bedroht. Viele Gebäude mußten aufgegeben werden.

In Archsum und Morsum haben sich viele Zeugnisse der traditionellen Baukunst erhalten, wie zum Beispiel dieser schöne Hauseingang in Morsum zeigt. Die beiden Dörfer im Osten der Insel sind von Bausünden, die der Tourismus mit sich brachte, relativ verschont geblieben.

In Wenningstedt finden sich nur noch wenige Reste der friesischen Überlieferung. Ein altes Kapitänshaus erinnert an die einstige Bedeutung der Seefahrt für die Insel.

Keitum mit seinen zahlreichen reetgedeckten Häusern, in denen früher vor allem Kapitäne mit ihren Familien lebten, gehört gewiß zu den schönsten Dörfern Nordfrieslands. Der ehemalige Hauptort der Insel Sylt wird heute ebenfalls ganz vom Fremdenverkehr bestimmt. In viele „Friesenhäuser" haben Boutiquen und andere mondäne Läden Einzug gehalten.

St. Severin, das auf einer Anhöhe nördlich von Keitum liegende Gotteshaus, ist die größte Kirche auf Sylt, erbaut im 12. Jahrhundert in romanischem Stil. Auch im Ruhe und Würde ausstrahlenden Innern ist die Dreigliederung in Langhaus, Chor und Apsis erkennbar.

stand bereits zur römischen Kaiserzeit, vor ungefähr 2000 Jahren. Morsum, ein Streudorf im Osten der Insel, wurde ebenfalls erstmals 1440 urkundlich erwähnt. Im 15. Jahrhundert war Morsum schon das größte Dorf, gefolgt von Westerland, Keitum, Tinnum, Archsum und Rantum. Mit der Zunahme des Fremdenverkehrs, der Archsum in vollem Umfang erst nach dem Zweiten Weltkrieg erreichte, ging die Zahl der landwirtschaftlichen Betriebe zurück. Von dem Hafenort Munkmarsch aus verkehrten früher die Schiffe nach Hoyer auf dem Festland. Mit dem Bau des Hindenburgdamms im Jahre 1927 endete die große Zeit des Fährhafens.

Rantum, mit rund 500 Einwohnern die kleinste Inselgemeinde, war jahrhundertelang auf der Flucht vor den Dünen und der Nordsee. 1725 stand die vorletzte Kirche in Rantum noch weit von den Dünen entfernt. Bis 1757 war der Sand zu ihr vorgedrungen. Die daraufhin weiter östlich erbaute Kirche wurde 1801 ebenfalls vom Sand verschüttet.

Hörnum blieb lange Zeit unbesiedelt. Erst ab 1901 spielte die Südspitze der Insel als Hafenort für die Salondampfer der Hapag eine Rolle. Kurz vor dem Zweiten Weltkrieg entdeckte die Wehrmacht Hörnum und errichtete dort militärische Bauten. In den fünfziger Jahren begann mit der Siedlung auf der Westseite des Dorfes nahe dem Meer der Zustrom der Neubürger und Badegäste. Die Einwohnerzahl stieg auf rund 1000, fast 500 Zweitwohnungsbesitzer kommen hinzu.

Sylt als Vogelinsel

Sylt ist für Vogelfreunde von hervorragender Bedeutung. Vor allem während der Zugzeiten der Vögel im Frühjahr und Herbst ist die Insel eine der vogelreichsten Landschaften Europas. Es ist ein eindrucksvolles Erlebnis, die Vielzahl der Zugvögel in vorüberziehenden und einfallenden Schwärmen zu beobachten. Zahlreiche durchziehende und einheimische Vogelarten sind in den verschiedenen Lebensräumen der Insel wie Meer, Strand, Watt, Dünen, Heide, Wiesen und Teichen zu entdecken. Vogelbeobachtungen sind vielerorts auf Sylt möglich, aber bestimmte Plätze sind dafür besonders geeignet, zum Beispiel Ellenbogen, Königshafen, Vogelkoje Kampen, Nielön, Rantumbecken, Keitumer Bucht, Eidumer Vogelkoje, Hörnumer Nehrung, Katrevel, Nösse und Hindenburgdamm. Da Sylt und die Festlandsküste den Zugvögeln als Orientierung auf ihren Wegen dienen, ist die Insel ein individuenreiches Beobachtungsgebiet. Bis heute sind rund 320 Vogelarten nachgewiesen, darunter etwa 100 Brutvögel. Die Ergebnisse der Beobachtungen sind zumeist in Fachzeitschriften verstreut. Eine zusammenfassende Übersicht fehlt bisher. Zuletzt hat der

Westerländer Bankkaufmann Meinert Hagendefeldt 1902 eine Gesamtübersicht veröffentlicht. Seither sind einige Arten auf Sylt nicht mehr ansässig, darunter der Weißstorch und die Raubseeschwalbe. Zu den ersten Kleinvögeln, die im Frühjahr auf die Insel kommen, gehören die Feldlerche (Brutvogel und Durchzügler), der Star (Brutvogel und Durchzügler), die Ohrenlerche (Durchzügler nach Norden) und der Berghänfling (Durchzügler). Vor allem stellen sich Limikolen (Watvögel) ein, beispielsweise Sanderling, Steinwälzer, Meerstrandläufer, Säbelschnäbler, Rotschenkel und Austernfischer.

Die Vogelkoje in Kampen, 1767 errichtet, ist die älteste und zugleich besterhaltene der drei Anlagen auf Sylt. Im Unterschied zur Nachbarinsel Föhr werden hier schon lange keine Wildenten mehr gefangen. Die Vögel wurden von der Wasserfläche angezogen und von dort in die Fangarme gelockt, wo der Kojenwärter ihnen den Hals umdrehte. Seit 1935 steht die von der Söl'ring Foriining betreute Koje in Kampen unter Naturschutz.

Das Janusgesicht des Hindenburgdamms

Seit 1927 ist Sylt mit dem Festland durch den elf Kilometer langen Hindenburgdamm verbunden. Als dieser Weg durch das Wattenmeer gebaut wurde, gab es, vor allem im Ostteil der Insel, einen Sturm der Entrüstung gegen das Vorhaben. Man meinte, der Damm werde den Untergang der friesischen Kultur und Sprache bringen. In ihrem 1930 erschienenen Roman „Dammbau" hat die Schriftstellerin Margarete Boie (1880–1946) die Baugeschichte des Hindenburgdamms, besonders aber die kulturellen und sozialen Auswirkungen dieses Bauwerks geschildert. Diesem Eisenbahndamm, am 1. Juni 1927 nach vierjähriger Bauzeit durch den Reichspräsidenten Paul von Hindenburg eingeweiht, begegnete man auf Sylt mit Mißtrauen. Die Autorin hat in ihrem Roman die damalige Stimmung anschaulich wiedergegeben. Es entstand ein Konflikt zwischen zwei Meinungen: Ist das technische Riesenwerk, das die Lebensbedingungen einer ganzen Landschaft verändert, ein Segen oder ein Fluch? Der Gegensatz von Fortschritt und Tradition, der Ansturm des Neuen gegen das überlieferte Friesentum mit seinen eigenen Sitten und eigener friesischer Sprache beschäftigte die Insulaner. Margarete Boie hat dieses Stück Zeitgeschichte mit großer Darstellungskunst wahrheitsgetreu thematisiert. „Dammbau" behandelt sensibel ein bis auf den heutigen Tag aktuelles Problem: den Ansturm der Außenwelt auf die sozioethnographische Überlieferung des Friesentums. Der Konflikt ist noch nicht endgültig aus der Welt geschafft, aber die Fortschrittsgläubigen setzten sich anscheinend durch. Die Sylter nahmen den Damm an und richteten sich auf die neue Zeit ein. Gleichwohl behält der Weg durch das Wattenmeer sein doppelköpfiges Antlitz, sein Janusgesicht, nach dem Gott des Anfangs und des Endes benannt.

Wandlung der Insel durch Fremdenverkehr und Meer

Nach dem Zweiten Weltkrieg ließ das Wirtschaftswunder auf Sylt noch auf sich warten. Erst in den fünfziger Jahren erreichten die Kurgastzahlen die Vorkriegshöhe und wuchsen darüber hinaus. Aber die kurze Saison, die fast nur die Sommermonate umfaßte, obwohl Ärzte das Frühjahr und den Herbst für einen Inselaufenthalt empfahlen, und ein Überangebot an Ferienquartieren erschwerten die Existenz der Sylter Kurorte. Nun boten auch die kleineren Inselgemeinden Ferienwohnungen für Badegäste an, zum Beispiel Morsum im Osten der Insel, wo seit der Gründung des Fremdenverkehrsvereins im Jahr 1955 erfolgreich um Besucher geworben wird. Gleichwohl blieb der Tourismus vorerst auf die wenigen Monate der Hauptsaison beschränkt. In der übrigen Jahreszeit ruhte der Kurbetrieb. Außerhalb des Wirbels der Saison waren in Westerland die Schaufenster der Geschäfte zumeist mit Brettern vernagelt. Erst in den sechziger Jahren wandelte sich das Bild. Viele Gäste folgten fortan der heilklimatischen Empfehlung, daß ein Winterurlaub zwei Sommerurlaube ersetze. Das Freizeitverhalten änderte sich. Statt zu einem langen Sommerurlaub entschlossen sich immer mehr Urlauber zu mehreren Kurzreisen mit dem Auto nach Sylt, auch in den Wintermonaten. Als Folge des wachsenden Wohlstands beherrschte bald das Auto alle Straßen und Plätze der Insel. Die Sylter Inselbahn, die seit 1888 die Verkehrsprobleme zwischen Hörnum und List zu meistern versucht hatte, stellte 1970 aus wirtschaftlichen Gründen ihren Betrieb ein. Der letzte Zug fuhr am 29. Dezember 1970. Die ehemalige Bahntrasse wurde teilweise zu einem Wander- und Radweg ausgebaut.

Der heute die Insel beherrschende Massentourismus kommt in der Entwicklung des Autotransports nach Sylt zum Ausdruck. Seit 1950 können Kraftfahrzeuge mit der Bahn über den Hindenburgdamm befördert werden. Zuerst wurden flache Transportwagen an die Personenzüge angehängt. Jetzt verkehren auf dieser Strecke, die zum Teil zweigleisig ausgebaut ist, in dichten Abständen zweistöckige Autozüge, für die leistungsfähige Verladerampen in Niebüll und Westerland errichtet worden sind. Die Zunahme der Autotransporte in den Jahren von 1960 bis 1970 hängt mit dem Bauboom der Appartements zusammen. Die in den Jahren von 1970 bis 1998 weiter gewachsenen Zahlen spiegeln überdies den neuen Trend der Kurzurlaube wider. Die Zahl der jährlichen Inselgäste entspricht mit etwa 700 000 der Menge der Kraftfahrzeuge, die heute alljährlich von Niebüll nach Westerland transportiert werden.

Die glänzende Entwicklung des Touristikzentrums Sylt ist bedingt durch den zunehmenden Wohlstand in den vergangenen Jahrzehnten, die Ausdehnung der Saison auf das ganze Jahr, die verbesserten Möglichkeiten des Erwerbs von Wohnungseigentum sowie die zunehmende Wertschätzung der urtümlichen Inselnatur, vor allem des Meeresküstenklimas, dessen Wert und Erhaltung angesichts einer gefährdeten Umwelt immer wichtiger werden. Das Landschaftsbild der Insel hat sich mit der vergrößerten Baufläche verschlechtert, besonders durch die Errichtung von Zweitwohnungen seit 1962. Der Großbauplan „Atlantis“ in Westerland ist zwar 1972 von der schleswig-holsteinischen Landesregierung abgelehnt worden, an seine Stelle traten jedoch zahlreiche Appartementhäuser auf der ganzen Insel, die die Zersiedelung beschleunigten. In einer Untersuchung ist festgestellt worden, daß als Appartementbesitzer Angehörige jener gutverdienenden Oberschicht nach Sylt zurückgekehrt sind, die das wilhelminische Badepublikum kennzeichnete und die zwischen den beiden Weltkriegen nur noch schwach vertreten war.

Der wirtschaftliche Nutzen der Sylter Vermieter geht Hand in Hand mit der negativen Auswirkung, daß die Zahl der zeitweilig anwesenden Gäste im Verhältnis zur einheimischen Bevölkerung stark zugenommen hat. Zwei Drittel Einheimische stehen jeweils einem Drittel Zweitwohnungsbesitzer gegenüber, in Kampen sind die Ortsansässigen mit einem Drittel in der Minderzahl.

Abbruch durch die Nordsee?

Die fieberhafte Ausweitung des Fremdenverkehrs auf Sylt hat gleichzeitig hektische Initiativen des Küstenschutzes mit sich gebracht. Je mehr Kurgäste auf die Insel kamen und je umfangreicher der Zweitwohnungsbesitz wurde, desto lauter wurde der Ruf nach der Rettung der Insel vor dem Abbruch durch die Nordsee. Die Sylter Bewohner der früheren Jahrhunderte hatten sich auf die Naturgewalt eingestellt und ihre Häuser in weitem Abstand zum Meer gebaut. Erst als der Fremdenverkehr sich in der zweiten Hälfte des 19. Jahrhunderts entwickelte, wurden Häuser in Küstennähe errichtet. Damals setzte auch der Küstenschutz ein. Die ersten Maßnahmen gegen den Abbruch der Westküste begannen 1867 mit dem Bau von Buhnen, zunächst aus Holz,

Die in Hörnum mit Seebäderschiffen eintreffenden Gäste wurden in einer schaukelnden Kleinbahn durch die malerische Dünenlandschaft nach Westerland befördert. Der erste Zug fuhr am 27. Juni 1901.

Auf der 1867 erbauten Mole in Munkmarsch erwarteten die Badegäste die Ankunft der Schiffe von Hoyerschleuse, hier den Raddampfer „Sylt". Nachdem bei der Grenzziehung von 1920 auch Hoyer an Dänemark gefallen und 1927 der Hindenburgdamm gebaut worden war, verlor der Hafen von Munkmarsch seine frühere Bedeutung.

Auf der Route Hamburg-Hörnum setzte die HAPAG 1905 den ersten deutschen Turbinendampfer „Kaiser" ein. Er konnte 2000 Passagiere aufnehmen und 20 Seemeilen in der Stunde zurücklegen.

Die Erhaltung des nördlichsten Ausläufers von Sylt, des sogenannten Ellenbogens, erfordert erhebliche Schutzmaßnahmen. Das Südende des durch den ständigen Ansturm des Meeres gebildeten Nehrungshakens gehört mit einer Ausdehnung von wenigen hundert Metern zu den allerschmalsten Stellen der Insel.

später aus Stein, Eisen und Stahlbeton. Aber alle diese Bauten konnten die Küste nicht schützen. Deshalb wurden ab 1960 Tetrapoden aufgestellt, sechs Tonnen schwere, vierbeinige Betonkonstruktionen. Die Vierbeiner sind in der französischen Versuchsanstalt Grenoble entwickelt worden, um die Mole von Casablanca zu schützen. Auch sie sind jedoch kein wirksamer Küstenschutz, sondern verfelsen die Küste und vernichten den Sandstrand.

Dagegen sind die Sandvorspülungen, die seit 1972 regelmäßig nach einem Fachplan wiederholt werden, zweckmäßig, denn sie verbessern zeitweise die Sandbilanz. Aber auf die Dauer können auch sie die Küste nicht vor dem Abbruch bewahren. Die Sandvorspülung wirkt nur bis etwa fünf Meter Tiefe und verhindert deshalb nicht die Erosion des tiefer liegenden Inselsockels. 1990 wagte man einen weiteren Rettungsversuch: Neuartige Geotextil-Matten wurden in zehn Schichten bis zu 30 Meter tief unter dem Sand vor dem Kampener Haus Kliffende eingegraben. Die Matten bestehen außen aus Polyester-Filter-Vlies, innen aus zugfestem Polyprophylen-Gewebe. Auf 160 Meter Länge wurden 66 000 Quadratmeter Geotextil-Matten verarbeitet. Die teppichartige, künstliche Polsterdecke soll das Wegspülen des Sandes und somit weitere Kliffabbrüche sowie den Einsturz des Hauses Kliffende verhindern. Daß die Naturkräfte sich von dieser Maßnahme überlisten lassen, ist unwahrscheinlich. Sicherlich ist die Konsequenz richtig, die 1981 in einer Untersuchung ausgesprochen wurde: An die Stelle der Doktrin, daß eine Küstenlinie mit allen technischen Mitteln zu halten sei, muß die Einsicht treten, daß der Mensch mit einem weichen Küstenschutz, also mit Sandvorspülungen, einen geordneten Rückzug organisieren muß. Diese Einsicht lehnen vor allem die Technikgläubigen ab. Ob der jährliche Verlust an der Sylter Westküste durch Sandvorspülungen ausgeglichen werden kann, bleibt abzuwarten. Jedenfalls ist der weiche Küstenschutz gegenüber festen Bauwerken, die von der Zement- und Bauindustrie empfohlen werden, vorzuziehen.

Bedrohlicher als die Nordsee ist die Bautätigkeit, die immer weitere Teile der Insel erfaßt. Ob die Erhaltung von noch unzerstörten Landschaften auf Sylt dadurch zu gewährleisten ist, daß zusätzliche Naturschutzgebiete ausgewiesen werden, ist fraglich, gleichwohl aber dringend zu wünschen.

Tausende von Strandkörben – die ersten wurden um 1880 in Nordfriesland eingeführt – beherbergen jährlich Zehntausende von Touristen. Auch am Strand von Westerland herrscht in der Badesaison reges Treiben.

Der eindrucksvolle Wellenschlag gehört zu den Hauptattraktionen der Insel Sylt. Schon im beginnenden 19. Jahrhundert hatten fortschrittliche Mediziner erkannt, daß Baden in der Brandung die Gesundheit stärken kann.

Surfen ist insbesondere auf Sylt eine beliebte Art, die Brandung zu nutzen. 1983 traf sich hier erstmals die Surf-Weltelite zum „Syltcup", der ein Jahr später in „Worldcup" umgetauft wurde und seither alljährlich stattfindet.

Grüne Insel im Wattenmeer: Föhr

Jakob Tholund

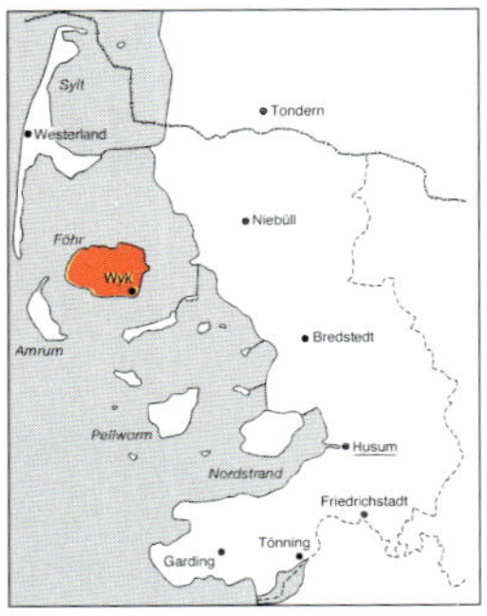

Die Insel Föhr liegt, geschützt hinter Amrum und Sylt, im Nordfriesischen Wattenmeer. Sie ist 82 Quadratkilometer groß und hat einen Umfang von 37 Kilometern. Zwei Landschaftsformen bestimmen den Charakter der Insel: die Geest im Süden und die Marsch im Norden. Die Föhrer Marsch hat eine Größe von etwa 50 Quadratkilometern, umfaßt also etwa drei Fünftel der Inselfläche. Sie wurde durch Meeresablagerungen gebildet, hat einen sehr fruchtbaren Boden und wird landwirtschaftlich genutzt. Einige künstliche Aufschüttungen deuten noch heute darauf hin, daß diese Landschaft in früherer Zeit besiedelt war. Auffallend sind in der Marsch die Vogelkojen. Die ersten wurden im 18. Jahrhundert nach niederländischen Vorbildern angelegt und dienen dem Entenfang, der im 19. Jahrhundert eine nicht unerhebliche wirtschaftliche Rolle gespielt hat: Man fing damals in den sechs Kojen der Insel zwischen 40 000 und 60 000 Enten im Jahr. Heute sind die Vogelkojen als Kulturdenkmäler anzusehen, da der Entenfang seine einstige Bedeutung verloren hat. Zugleich stellen sie wichtige Ruhezonen für die Vögel dar und bestimmen zusammen mit den hohen Türmen der Windgeneratoren das heutige Landschaftsbild der Föhrer Marsch.

Geschützt wird die Föhrer Marsch durch einen Seedeich zwischen Wyk und Utersum. Die ersten Deiche auf der Insel wurden wohl um 1500 errichtet. In früheren Jahrhunderten soll der Föhrer Deich von mangelhafter Qualität gewesen sein. Der letzte große Deichbruch mit einer Überschwemmung der gesamten Inselmarsch datiert aus dem Jahre 1825. Heute hat der Deich ein flaches Profil und durchweg eine Höhe von etwa sieben Metern. Durch die Erhöhung des Deiches vor rund 40 Jahren wurde es möglich, etwa 50 Bauernhöfe aus den Inseldörfern in die Marsch auszusiedeln.

Die Föhrer Geest erhielt ihre Oberflächenformung in den Eiszeiten. Sie ist etwa 30 Quadratkilometer groß und verläuft entlang der gesamten Südküste der Insel. Die höchste Erhebung liegt mit etwa 13 Meter Höhe auf der Feldmark der Gemeinde Oevenum.

Landschaftlich besonders reizvoll ist die steile Kliffküste bei Goting. Dort gab es bei schweren Sturmfluten regelmäßig erhebliche Landabbrüche, so daß die Steilküste aus Schutzgründen durch Sandaufspülungen abgeschrägt worden ist. Der leichte Geestboden ist nicht sehr fruchtbar. Erst durch die Möglichkeiten moderner Düngung haben die Bauern ihre Erträge auf der Geest erheblich steigern können.

Geschichte

Der Geestkern der Insel Föhr wurde schon in vorgeschichtlicher Zeit besiedelt. Er ist auch heute noch reich an Grabhügeln, obwohl viele von ihnen in den vergangenen Jahrhunderten eingeebnet wurden. Zahlreiche archäologische Funde aus der Vorgeschichte Föhrs kann man im Friesenmuseum in Wyk besichtigen. Diese Funde machen deutlich, daß auf der Insel bereits in der mittleren Steinzeit – etwa 4000 v. Chr. – Menschen wohnten. Besonders viele der hier zu findenden Grabhügel entstammen der Bronzezeit (1700 bis 500 v. Chr.).

Ein wichtiger Einschnitt in der Geschichte der Insel Föhr war die Einwanderung der Friesen aus dem Gebiet zwischen der Weser- und Rheinmündung, die im 7./8. Jahrhundert n. Chr. einsetzte. In diese Zeit wurde lange auch der Bau der Lembecksburg in der Nähe der Ortschaft Borgsum datiert. Sie galt als eine Fluchtburg, die Schutz vor den Wikingern bot. Neuere Forschungen legen allerdings den Schluß nahe, daß die Burg, die über einen großen Ringwall aus Erde mit einem Durchmesser von etwa 100 Metern verfügte, schon erheblich älter ist. Sie diente vermutlich ursprünglich als Kultstätte.

Die Entwicklung Föhrs war bis 1864 eingebunden in die Geschichte Schles-

Sehr dramatisch hat der Künstler den Kampf der Menschen gegen die tobende See gestaltet. Im Hintergrund zeichnet sich auf dem Stahlstich von 1863 die Silhouette von Wyk auf Föhr ab.

wig-Holsteins und Dänemarks. Dabei ist die Teilung der Insel in einen Westteil, der wie die Insel Amrum und der Norden Sylts als Enklave unmittelbar zum Königreich Dänemark, und in einen Ostteil, der zum Herzogtum Schleswig gehörte, besonders bemerkenswert. Zu bedenken ist in diesem Zusammenhang, daß der dänische König in Personalunion gleichzeitig Herzog von Schleswig war. An die Zeit der dänischen Herrschaft erinnert heute noch ein Denkmal an der Straße von Wyk nach Nieblum. Es ist Friedrich VI. (1768–1839, König seit 1808) gewidmet und trägt die Inschrift „Stenen bevarer hans navn, hjerterne hans minde" (Der Stein bewahrt seinen Namen, die Herzen bewahren sein Gedenken).

In die kriegerischen Auseinandersetzungen von 1864 zwischen Preußen und Dänemark wurde auch Föhr einbezogen, denn in Wyk lag ein dänischer Flottenverband unter der Führung von Kapitänleutnant Hammer. Nach der Niederlage Dänemarks wurde die Insel Teil Preußens und später des Deutschen Reichs. Daß zumal im Westen der Insel noch eine gewisse Anhänglichkeit an Dänemark lebendig blieb, zeigte sich in der Abstimmung über die Zugehörigkeit nach dem Ersten Weltkrieg im Jahre 1920: In der zweiten Abstimmungszone votierten lediglich drei Gemeinden für einen Anschluß an Dänemark. Diese Gemeinden lagen alle auf Föhr, und zwar im Westteil der Insel.

Ortschaften und Kirchen

Die Insel Föhr hat knapp 9000 Einwohner. Davon leben gut 4500 in der Stadt Wyk im Osten der Insel, die anderen gut 4000 in elf Gemeinden mit 17 Dörfern. Die meisten dieser Dörfer liegen am Geestrand zur Marsch hin, da die Menschen so ihr Hab und Gut vor Überschwemmungen der Marsch schützen konnten. Schon in mittelalterlichen Ur-

Aus dem dunklen Grün der Bäume ragt der Klinkerturm der St.-Laurentii-Kirche zu Süderende in den weiten Inselhimmel. Die Kirche mit dem weithin sichtbaren Turm wurde im 13. Jahrhundert erbaut.

Die aus der Mitte des 13. Jahrhunderts stammende St.-Nikolai-Kirche zu Wyk-Boldixum gehört zu den drei bedeutenden alten Gotteshäusern der Insel. Auf dem Friedhof finden sich zahlreiche alte Grabsteine.

Die Inschriften der Grabsteine auf dem Friedhof von St. Laurentii zu Süderende erzählen vom Leben der Insulaner. Sie gehören zum wertvollsten Kulturgut der Insel Föhr.

kunden werden die Inseldörfer erwähnt, deren Namen fast alle auf „um" enden. Die erste Bildesilbe besteht in vielen Fällen aus einem Männernamen. „Oevenum" etwa bedeutet soviel wie „Heim des Ove".

Die jüngsten Ortsgründungen sind Wyk und Nieblum. Dort haben sich nach den schweren Sturmfluten von 1634 und 1825 viele Halligbewohner angesiedelt. Wyk lag an einer kleinen Bucht – daher auch der Ortsname – und bot zugleich die Möglichkeit zur Anlage eines Hafens. Dieser Hafen, der wiederholt erneuert werden mußte, war die Existenzgrundlage für die Bewohner des Ortes. 1706 erhielt Wyk die Fleckensgerechtigkeit und wurde von Osterland-Föhr getrennt. Bis in die jüngste Vergangenheit blieben Spannungen zwischen den Landgemeinden der Insel und der Stadt Wyk lebendig.

Das Ortsbild der Föhringer Dörfer wird durch die Friesenhäuser geprägt. Die meist kleinen Gebäude aus roten Ziegelsteinen sind mit Reet gedeckt und haben über der Haustür meist einen kleinen Backengiebel. Die weißgestrichenen Fenster mit den kleinen Scheiben wirken überaus harmonisch. Ursprünglich handelte es sich um Ständerbauten. Das älteste Haus der Insel, das „Haus Olesen" von 1617 aus Alkersum, wurde neben dem Friesenmuseum in Wyk originalgetreu wieder aufgebaut und kann besichtigt werden.

Fast von jedem Punkt der Insel kann man eine der drei großen Inselkirchen sehen. Sie wurden im 12./13. Jahrhundert errichtet und sind seit dieser Zeit die dominierenden Bauwerke auf Föhr. Besonders eindrucksvoll ist St. Johannis zu Nieblum, eine der größten Dorfkirchen Schleswig-Holsteins. Bedeutende Kunstdenkmäler sind auf den Föhrer Friedhöfen zu finden. Die feingeformten Grabsteine aus Sandstein sind wertvolle Steinmetzarbeiten und zugleich aufgeschlagene Geschichtsbücher, denn auf vielen wird aus dem Leben von Föhringer Seefahrern berichtet. Besonders erwähnenswert ist die Inschrift auf der Grabstele von Matthias Petersen (1632–1706) auf dem Friedhof St. Laurentii zu Süderende. In lateinischer Sprache wird berichtet, daß der „Glückliche Matthias" als Kommandeur – so nannte man die Kapitäne auf den Walfangschiffen – 373 Wale erlegte.

Wirtschaft

Eigentlich hat die Insel Föhr in historischer Zeit ihre Einwohner kaum jemals ernähren können. Nur in enger Verbindung mit der Außenwelt war eine ausreichende Existenzsicherung möglich. So spielten für die Bewohner Föhrs im Laufe der Geschichte der Handel, die Seefahrt, die Auswanderung und schließlich der Tourismus eine entscheidende Rolle. Nur für eine relativ kurze Zeitspanne konnte sich die Landwirtschaft als ausschlaggebender Wirtschaftsfaktor behaupten.

In frühester Zeit soll der Bernstein ein wichtiges Handelsgut für die Inselbewohner gewesen sein. Bernstein von der Insel Föhr gelangte bis ins Römische Reich, und die populäre Geschichtsschreibung spricht von einem ersten „Goldenen Zeitalter" auf der Insel. Bestimmendes Handelsgut im Mittelalter und auch am Anfang der Neuzeit war das sehr kostbare Salz, das in der damaligen Zeit das einzige Konservierungsmittel darstellte. Man grub salzhaltigen Torf im Wattengebiet ab, trocknete und verbrannte ihn, um anschließend aus Torfasche und Wasser eine salzhaltige Lösung herzustellen, die man in großen Pfannen verdampfte. Das auf diese Weise gewonnene Salz soll nicht von überragender Qualität gewesen sein, aber die geschickten friesischen Händler erzielten für ihre Ware hohe Preise. Die Föhrer Inselkirchen sind Ausdruck eines gewissen Wohlstands in dieser Epoche.

In der Neuzeit spielte dann zunächst die Seefahrt eine dominierende Rolle. Die Entwicklung begann im 16. Jahrhundert mit dem Heringsfang, vor allem vor Helgoland, setzte sich im 17. und 18. Jahrhundert mit dem Walfang und Robbenschlag im nördlichen Eismeer fort und endete schließlich mit der weltweiten Handelsschiffahrt im 19. Jahrhundert.

Mit der Walfangzeit wurde den Inselbewohnern im 18. Jahrhundert erneut ein „Goldenes Zeitalter" beschert. Da man in

Früher besaß nahezu jedes Inseldorf eine Windmühle. Die in Oldsum ist eine der vier Windmühlen auf Föhr, an deren Anblick man sich noch heute erfreuen kann. Der Galerie-Holländer wurde zu Beginn des 20. Jahrhunderts errichtet.

den Wintermonaten auf der Insel die Chance hatte, private Navigationsschulen zu besuchen, konnten Föhringer Seeleute auf den Walfangschiffen oft leitende Funktionen wahrnehmen. Nahezu die gesamte männliche Bevölkerung der Insel, die für den schweren Beruf an Bord geeignet war, verließ Föhr im Frühjahr. Die Jüngsten waren gerade zehn Jahre alt, die Ältesten an die siebzig.

Im 17. und 18. Jahrhundert hatte die Landwirtschaft auf der Insel lediglich eine Nebenrolle gespielt. Um 1800 erfolgte dann gegen den Widerstand der Bevölkerung die Aufteilung des Landes, das bis dahin in der Regel Allgemeinbesitz gewesen war. Im Laufe des 19. Jahrhunderts entwickelte sich die Landwirtschaft zum wichtigsten Erwerbszweig auf der Insel. Die Weiden in der Marsch boten bestes Futter für Milchkühe und für die Fettviehgräsung, auf der Geest wurde meist Getreide angebaut. Eine wichtige Rolle spielte auch stets die Schafzucht, zumal auf dem Deich und auf dem Vorland. Um 1960 wurde die Lage der Landwirtschaft noch einmal durch das sogenannte Programm Nord grundlegend verbessert. Vor allem legte man den Streubesitz zusammen und siedelte etwa 50 landwirtschaftliche Betriebe aus den Dörfern in die Feldmark aus.

Der Aufschwung der Landwirtschaft reichte aber nicht aus, um die gesamte Inselbevölkerung zu ernähren. Deshalb setzte etwa Mitte des 19. Jahrhunderts eine große Auswanderungsbewegung ein, die Ende des Jahrhunderts ihren Höhepunkt erreichte und nach den beiden Kriegen im 20. Jahrhundert eine Fortsetzung erfuhr. Die meisten Auswanderer fanden in den Vereinigten Staaten eine neue Heimat. Viele betrieben ein Delikatessengeschäft in New York oder arbeiteten als Farmer – oft als Hühnerfarmer – im kalifornischen Petaluma. Man nimmt an, daß die Zahl der Nachkommen von Föhringern in den Vereinigten Staaten größer ist als die Zahl der Föhringer auf Föhr.

Mit der Gründung eines Seebades in Wyk auf Föhr im Jahre 1819 begann die Entwicklung des Fremdenverkehrs, die sich im 19. Jahrhundert zunehmend verstärkte und im 20. Jahrhundert schließlich dazu führte, daß der Tourismus für die gesamte Inselbevölkerung der bestimmende Wirtschaftsfaktor wurde. Es dauerte lange, bis sich aus kleinsten Anfängen ein stärkerer Zustrom von Badegästen auf die Insel entwickelte. Die Anziehungskraft von Wyk auf Föhr wurde deutlich gesteigert, als von 1842 bis 1847 der dänische König Christian VIII. hier eine Art Sommerresidenz einrichtete. Einer seiner Besucher während eines Aufenthalts auf Föhr war der weltberühmte Märchendichter Hans Christian Andersen. Am Ende des 19. Jahrhunderts weilten dann Mitglieder der Hohenzollernfamilie zur Kur in Wyk auf Föhr. Kurz vor dem Ersten Weltkrieg stieg die Zahl der Badegäste erstmals über 10 000. Nach dem Zweiten Weltkrieg nahm der Tourismus einen ungeahnten Aufschwung. Nach Wyk entwickelten sich auch Nieblum und Utersum zu touristischen Zentren, und gegenwärtig werden in allen Inseldörfern Kurgäste beherbergt. Die ganze Insel zählt nunmehr etwa zwei Millionen Übernachtungen im Jahr.

Eine wichtige Rolle spielte im Zusammenhang mit dem Tourismus die 1885 gegründete „Wyker Dampfschiffs-Reederei Föhr-Amrum“ (WDR). Nach dem Zweiten Weltkrieg wurde die Flotte stark ausgebaut. Heute verfügt die Reederei neben modernen Autofähren auch über mehrere Schiffe für den Ausflugsverkehr. Für die Inselbevölkerung ist die WDR ein wichtiger Arbeitgeber.

Sprache und Kultur

Die Insel Föhr ist – wie der gesamte Kreis Nordfriesland – eine vielfältige Sprachenlandschaft. Der Westteil der Insel ist seit Generationen eine Hochburg der friesischen Sprache. Die Insulaner nennen ihre Sprache *Fering* (Föhring). Untersuchungen haben ergeben, daß die Zahl der friesischsprechenden Inselbewohner in diesem Jahrhundert konstant geblieben ist. Diese erstaunliche Tatsache ist ein Indiz dafür, daß die Föhringer ihre Sprache als Teil ihrer Identität betrachten. Auch heute

Die reetgedeckten Friesenhäuser in Nieblum schaffen ein unverwechselbares Straßenbild von ganz eigenem Zauber. Der Ort gilt als eines der schönsten Dörfer Nordfrieslands.

Die Vorderfront dieses Hauses in Nieblum vermittelt mit ihren Fenstern, der Haustür und der Giebelluke etwas von der Harmonie der Flächenaufteilung.

Vor allem in Nieblum findet man oft auch weißgetünchte Reetdachhäuser. Besonders eindrucksvoll sind die kleinformatigen Fensterscheiben. Blumenumrankte Eingänge betonen die Schönheit der Häuser.

Dorfstraße in Oevenum zu Beginn des 20. Jahrhunderts. Oevenum war das größte Bauerndorf im Osten der Insel. Bäuerliches Leben bestimmte den Charakter des Ortsbildes.

Prof. Dr. Carl Haeberlins Initiative ist die Gründung des Friesenmuseums in Wyk auf Föhr zu danken. Die Räume des Museums beherbergen neben archäologischen Funden auch zahlreiche Schätze der Föhrer Volkskunst.

wird das Friesische von den Eltern als Muttersprache an ihre Kinder weitergegeben. Etwa 2000 Menschen sprechen gegenwärtig auf Föhr diese eigenständige westgermanische Sprache. Da es in letzter Zeit gelungen ist, den Wert der Mehrsprachigkeit für Kinder allgemein bewußt zu machen, nimmt die Zahl der *Fering*-Sprecher auf der Insel gegenwärtig eher zu als ab.

Das *Fering* ist insgesamt eher eine gesprochene als eine geschriebene Sprache. Es gibt aber auch Publikationen von literarischem Rang in friesischer Sprache. Im 19. Jahrhundert verfaßte etwa der Seemann Simon Reinhard Bohn (1834–1879) Gedichte von großer Anschaulichkeit. Der bekannteste Heimatdichter ist Dr. Lorenz Conrad Peters (1885–1949) aus Oevenum. Sein Theaterstück „Oome Peetje ütj Amerika" (Onkel Peter aus Amerika), geschrieben unmittelbar nach dem Ersten Weltkrieg, wird auch heute noch aufgeführt und erzielt – nicht zuletzt durch die eingestreuten Lieder – noch immer eine beachtliche Wirkung.

Für die Erhaltung der friesischen Sprache wird auf Föhr viel getan. So bemüht man sich, daß auch in den Kindergärten der Landgemeinden *Fering* gesprochen wird. Außerdem gibt es Friesischunterricht in den Grundschulen von Süderende und Midlum sowie in allen drei Schularten des Schulzentrums in Wyk. Für die Zukunft der friesischen Sprache in Nordfriesland wird es entscheidend darauf ankommen, die Sprachhochburg Föhr zu sichern.

Im Ostteil der Insel dominiert seit langem das Niederdeutsche. Das gilt besonders für die Stadt Wyk, aber auch für Nieblum. Ein eigener friesischer Dialekt in Wyk – geprägt von zugewanderten Hallig- und Festlandsfriesen – ist seit etwa 1900 ausgestorben. Stark zurückgegangen ist auch das Dänische. Vor allem Einwanderer aus Jütland, die Ende des 19. Jahrhunderts meist als Landarbeiter auf die Insel kamen, sprachen Süderjütisch, einen dänischen Dialekt.

Die Kirchen- und Schulsprache auf der gesamten Insel war seit dem 17. Jahrhundert durchgängig Hochdeutsch. Kanzelinschriften in den Inselkirchen erinnern allerdings daran, daß früher das Niederdeutsche in Gotteshäusern anzutreffen war. Diese Sprachverhältnisse haben dazu geführt, daß auf Föhr Zweisprachigkeit die Regel, Drei- und sogar Viersprachigkeit nicht gerade selten war.

Neben der friesischen Sprache ist die Frauentracht ein bedeutendes Kulturgut der Insel. Die Föhringer nennen ihre Tracht – wie ihre Sprache – *Fering*. Sie ist in der heutigen Form vor etwa 150 Jahren entstanden und strahlt im Kontrast der dunklen Stoffe mit der weißen Schürze und dem hellen Filigranschmuck eine besondere Würde aus.

Die Wohnkultur in den Friesenhäusern wurde vorwiegend im 18. Jahrhundert durch niederländischen Einfluß geprägt. Die Föhringer Seeleute ließen sich von den Eindrücken inspirieren, die sie von ihren Reisen mitbrachten, und statteten dann die eigenen Häuser auf ihrer Heimatinsel in einem ähnlichen Stil aus. Erwähnenswert sind nicht zuletzt die Fliesenwände. Natürlich waren vor allem die Häuser der Kapitäne bzw. Kommandeure besonders kostbar ausgestattet. Kapitänsstuben von der Insel Föhr gehören heute zu den Prunkstücken verschiedener Museen.

Es war ein besonderer Glücksfall für die Insel, daß um 1900 der schwäbische Arzt Dr. Carl Haeberlin (1870–1954) nach Föhr kam, dem die regionalen Besonderheiten sofort auffielen und der überaus beeindruckt war von den Gegenständen der Volkskunst. Er setzte sich mit Geschick und Tatkraft dafür ein, daß in Wyk ein Heimatmuseum geschaffen wurde, und sorgte dafür, daß viele archäologische Funde und bedeutende Schätze der Volkskunst auf der Insel blieben und nunmehr in den Räumen des Friesenmuseums, das seinen Namen trägt, besichtigt werden können. Dieses Museum ist wahrhaft eine Schatzkammer der Föhrer Vergangenheit. Einen guten Eindruck vom Leben auf dem Lande vermittelt auch das kleine Dorfmuseum in Oevenum, das durch private Initiative in der großen Scheune eines mächtigen alten Bauernhofes entstand.

Ebenfalls in einer renovierten alten Scheune, und zwar in Alkersum, befinden sich die Räumlichkeiten der Ferring-Stiftung. Diese Stiftung wurde 1988 von Dr. Frederik Paulsen (1909–1997) gegründet. Sie beherbergt eine Fachbibliothek zu friesischen Spezialthemen, außerdem ein umfangreiches Archiv, in dem man auch in Kopien wichtige Dokumente zur Geschichte Föhrs aus den Archiven Schleswig-Holsteins, Dänemarks und der Niederlande findet. Die Ferring-Stiftung will die Kultur und Lebensverhältnisse der Inselbewohner fördern. Sie möchte eine Art Zukunftswerkstatt sein, die dazu beiträgt, daß auch in kommenden Zeiten die friesische Sprache und Kultur das Inselgesicht prägen.

Dr. Frederik Paulsen gründete 1988 die Ferring-Stiftung in Alkersum auf Föhr. Sie dient unter anderem der Erhaltung friesischer Sprache und Kultur auf der Insel und verfügt über eine Fachbibliothek und ein umfangreiches Archiv.

Von der Seefahrerinsel zum Seebad: Amrum

Georg Quedens

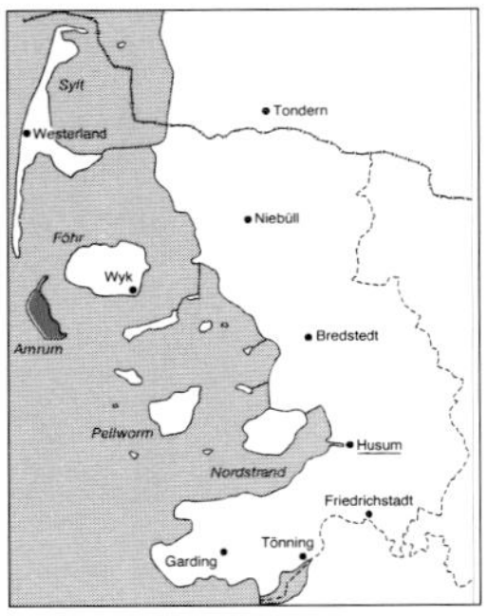

Amrum entstand, wie die Nachbarinseln Sylt und Föhr, während der Saaleeiszeit, als vor etwa 200 000 Jahren der bisher mächtigste aller Gletschervorstöße den sandigen Geestkern als Altmoräne hinterließ. Erst nach Beginn unserer Zeitrechnung lagerten sich im Norden und Süden dieser Altmoräne Dünennehrungen an, die Amrumer Odde und die Südspitze Wittdün. Zugleich wurde etwa die Hälfte der Inselgeest von Dünen überlagert.

Der Inselname erscheint zum erstenmal im „Erdbuch" des dänischen Königs Waldemar II., das um das Jahr 1231 die Besitztümer und Steuerquellen des Königreiches dokumentierte. In jener Zeit war der Inselcharakter, auch jener der Nachbarinseln, schon ausgeprägt. Um 1585 zeigt eine frühe Seekarte der Nordseeküste, gezeichnet vom niederländischen Seefahrer Lucas J. Waghenaer, die Insel in groben Umrissen mit besonderer Hervorhebung der „Ameren Bor", des Vorläufers des heutigen Kniepsandes. In ihren geographischen Beschreibungen berichten Georg Braun und Franz Hogenberg um 1590, „daß die Insel im Norden reich an Weiden ist, viele Fischer hat und einen sandigen Strich zwei Meilen lang hinauswirft ..." Diese für die Seefahrt sehr gefährliche, rund 15 Kilometer lange Sandbank hatte aber nur im Südwesten Anschluß an die Insel. Erst im Laufe des 18. Jahrhunderts wanderte der Kniepsand parallel vor die Inselküste und umschloß nach Norden hin eine Meereseinbuchtung, den Kniephafen, der seit Anfang des 20. Jahrhunderts versandet ist.

Heute liegt der Kniepsand mit einer Ausdehnung von fast elf Quadratkilometern in wechselnd breiter Fläche vor der gesamten Inselküste, wo er noch immer wächst und wandert, bewegt von Wellen und vom Wind. Jetzt, an der Wende zum 21. Jahrhundert, erreichen seine Ausläufer die lange Zeit abbruchgefährdete Amrumer Odde und beziehen diese zunehmend in ihren Schutz ein. Riesige Sandmassen wandern auch auf Wittdün zu, wo ein weit umholender Dünenwall eine ehemalige Strandzone umschlossen hat. Hier entstand ein umfangreicher Strandsee mit eigener Fauna und Flora. Der Kniepsand gilt als größter Badestrand Europas. Aber seine wichtigste Funktion ist die des Küstenschutzes.

Strand- und Dünenwälle schützen die Amrumer Westküste schon seit Jahrtausenden. Deshalb ist hier das ehemalige Litorina-Kliff abgerundet und verwittert. Die Dünen auf dem westlichen Geestkern sind aber nach Ausweis der dortigen Siedlungsspuren und Bodenfunde erst ab dem 14. Jahrhundert entstanden. Wie der Sand in so großer Menge und in relativ kurzer Zeit hierhergelangte, ist ungeklärt. Aber es muß ein dramatisches Naturereignis gewesen sein, als in breiter Front Wanderdünen über den Geestkern wehten, die dortigen Siedlungen und die Landwirtschaft der seit dem 7./8. Jahrhundert seßhaft gewordenen Friesen ruinierten und diese auf die Osthälfte von Amrum vertrieben. Erst Ende des 17. Jahrhunderts verfügte die dänische Regierung Bepflanzungsmaßnahmen, um die Wanderdünen zu befestigen. Seit der ersten Landvermessung im Zusammenhang mit der Aufhebung der Feldgemeinschaft anno 1799 hat sich der innere Dünenrand dann kaum noch verändert.

Eine weitere Amrumer Naturlandschaft ist die Heide, die früher zwischen Dünenrand und landwirtschaftlich genutzter Feldmark die ganze Inselmitte bedeckte. Je nach den Wirtschaftsbedingungen war die Heide mehr oder weniger ausgedehnt, am weitesten in der Seefahrerzeit, als Landwirtschaft nur für die Grundversorgung nach den Regeln der altgermanischen Feldgemeinschaft von den Frauen betrieben wurde. Erst als die Seefahrt zu Beginn des 19. Jahrhunderts in eine Krise geriet und nach Aufhebung der Feldgemeinschaft die bis dahin kollektiven Landnutzungsrechte durch Individualbesitz ersetzt wurden, erfolgte eine Intensivierung der Landwirtschaft.

Nachdem zunächst im Bereich der Vogelkoje Meerum ab 1866 und dann

Amrum aus der Höhe eines Möwenfluges. Kilometerbreit liegt der Kniepsand vor der Küste bei Wittdün-Wriakhörn. Die Hälfte der Insel ist von windbewegten Dünen bedeckt, während die Inselmitte vom Grün des Waldes bestimmt wird.

verstreut auf der Heide seit den 1880er Jahren Kieferngehölze angepflanzt worden waren, folgte ab 1948 zwecks Arbeitsbeschaffung und Brennholzgewinnung eine umfangreiche, staatlich finanzierte Aufforstung der Inselheide. Als die Maßnahme Ende der 1960er Jahre zum Abschluß kam, waren etwa 180 Hektar aufgeforstet. Amrum wurde so die Nordseeinsel mit dem größten Waldbestand. Von der Heide blieben zunächst nur Reste zurück. Seitdem die Landwirtschaft jedoch durch die Zunahme des Fremdenverkehrs an Bedeutung verloren hat, breitet sich die Heide abermals aus.

Generell werden die Natur- und Kulturlandschaften auf Amrum – mit Ausnahme der Feldmark nördlich von Süddorf-Nebel – von der Autostraße zwischen Wittdün und Norddorf getrennt. Auch ein großer Teil der Feldmark auf der östlichen Inselhälfte gehört nicht mehr zur landwirtschaftlich genutzten Fläche, da sich hier lediglich Pferdekoppeln für den Reitsport finden. Auf Amrum gibt es nur noch vier Landwirte. Alle früheren Haupt- und Nebenerwerbshöfe sind umgebaut worden, weil mit Badegästen mehr Geld zu verdienen ist als mit der Landwirtschaft. Ohnehin hat der Ackerbau auch in früheren Jahrhunderten nur eine Nebenrolle gespielt, da der relativ unfruchtbare Geestboden, die geringen Flächen an fruchtbarer Marsch – insgesamt nur etwa 120 Hektar bei Norddorf und Wittdün – sowie der auf alle Insulaner verteilte Grundbesitz einer intensiven Nutzung im Weg standen.

Siedlungsspuren seit der Steinzeit

Spuren vom Wohnen und Wirken des Menschen auf Amrum führen uns zurück bis in die Jungsteinzeit, die uns einige mächtige Grabstätten aus Findlingen und entsprechenden Beigaben hinterlassen hat. Auch die spätere Bronzezeit (1700 bis 1200 v. Chr.) ist durch die zahlreichen Hügelgräber und die darin entdeckten Grabbeigaben sehr gut belegt. Neben drei

Der Kniepsand ist eine Landschaft ewigen Wandels. Noch um 1900 hatte er nur im Südwesten Verbindung mit Amrum und lag im übrigen als schmale Sandbank vor der Küste, den Kniephafen umschließend.

steinzeitlichen Grabkammern sind noch etwa 20 bronzezeitliche Hügelgräber auf Amrum vorhanden. Als dunkle Rundung liegen sie auf der Feldmark zwischen den Dörfern, aber auch noch im Bereich der Dünen, wo etliche ausgegraben wurden, einige aber noch unversehrt sind. Aus der Zeit der Einwanderung der Friesen und der Wikinger seit dem 8. Jahrhundert stammt ein Gräberfeld mit ehemals 88 kleinen Rundhügeln bei Steenodde. Wikingerzeitlichen Ursprungs war auch ein von Pastor Lorenz Friedrich Mechlenburg im Skalnastal entdecktes Gräberfeld, das Ähnlichkeiten mit Anlagen am Limfjord bei Aalborg aufwies. Wohn- und Feuerstätten der Wikinger kamen in der Feldmark südlich von Norddorf zutage, und der Burghügel „Borag" am Wattufer hat vielleicht im 14. Jahrhundert eine Turmburg getragen. Ungeklärt sind aber Entstehungszeit und Zweck des größten Amrumer Bodendenkmals, des „Krümwaales" zwischen Steenodde und Nebel, der für einen Wehrwall viel zu lang und für einen Grenzwall viel zu hoch ist. Ähnliche Wälle sind auch andernorts auf Amrum, so im Dünental „Düüwdääl" westlich von Norddorf, zu finden.

Im Mittelalter gab es auf Amrum die Salzsiederei „Däänsk Braanang" auf der heute noch so genannten Anhöhe westlich von Steenodde. Diese „Brennstelle" gehörte dem dänischen König. Im 15. und 16. Jahrhundert beteiligten sich Amrumer Kutter an der Heringsfischerei um Helgoland, wie Register über steuerliche Abgaben belegen. Aber auch Handelsseefahrt wurde schon im 15. Jahrhundert betrieben.

Wie die Bewohner der Nachbarinseln und Halligen traten die Amrumer aber erst durch ihre Teilnahme am Walfang ab etwa 1640 wirklich aus dem Dunkel der Geschichte heraus. Dabei waren sie weniger nach den Niederlanden als nach Hamburg orientiert, wo sie in der Folgezeit etliche Kommandeure stellten. Schon sehr früh, als der Walfang noch in höchster Blüte stand, trieben die Bewohner Amrums mit eigenen Küstenfrachtern Handelsseefahrt im Bereich der Nordsee und der Ostsee und stellten wenig später Mannschaften in allen Rängen bis hinauf zum Kapitän in der weltweiten Seefahrt.

Auch die Austernfischerei in heimischen Gewässern gab Schifferfamilien Arbeit und Brot, insbesondere weil in der Zeit der Austernfischerei, im Winterhalbjahr, viele Seefahrer zu Hause waren und so zusätzlichen Verdienst fanden. Gefischt wurde im Lohnauftrag. Die Verladung der Austern fand auf Steenodde statt, wo pro Tonne Austern zwei Stück für den Pastor als Gabe für seine Gebete zugunsten der Fischerei beiseite gelegt wurden. Die Austernfischerei wurde bis 1910 betrieben. Dann stellte der Austernpächter einen Dampfer namens „Gelbstern" in den

Vor der Amrumer Odde ist der Kniepsand noch schmal. Hier toben sich bei Sturm Wind und Wellen aus und gestalten das Bild der Dünenküste immer neu.

Jahrhundertelang war die Inselmitte zwischen Dünenrand und Feldmark von Heide bedeckt. Nur wenige Gehölze standen hier und da, ehe Mitte des 20. Jahrhunderts eine umfangreiche Aufforstung begann.

Dunkelgrüne Schwarzkiefern sowie verschiedene Fichtenarten prägen den Inselwald. In der Düsternis des Waldes aber liegen Lichtungen, auf denen im Mai der Ginster blüht.

Der Kniepsand von Amrum gilt als größter Badestrand Europas mit Platz für Sport und Spiel. Wichtiger aber ist seine Rolle für den Küstenschutz an der Westküste der Insel.

Dienst, und dieser Fortschritt beendete für Sylter und Amrumer Fischer ein Gewerbe, dem sie über ein halbes Jahrtausend nachgegangen waren. Beachtliche Einnahmen ergaben sich auch durch Bergelöhne für gestrandete und wieder flottgemachte Schiffe oder geborgene Schiffsladungen.

Im übrigen trug das Leben auf Amrum bis zum Ende des 19. Jahrhunderts weitgehend urtümliche Züge. Neben Schiffsbergungen und der verbotenen, aber hartnäckig betriebenen Strandräuberei spielte die Nutzung der Natur durch Jagd und Fischfang eine große Rolle. Dazu trug auch die Einrichtung einer Vogelkoje im Jahre 1866 bei, deren Anteile nicht – wie auf Sylt, Föhr, Pellworm und Nordstrand – auf wenige Eigner, sondern auf fast alle Inselfamilien verteilt waren.

Amrum wird Seebad

In einer Zeit, die zunächst vom Staatswechsel von Dänemark zu Preußen (1864/67) bzw. zum Deutschen Reich (1871) und dann aus wirtschaftlichen Gründen von der Auswanderung nach Amerika bestimmt war, eröffnete sich den Insulanern eine neue Erwerbsquelle: der Fremdenverkehr. Als im Jahre 1885 der aus Waldhausen bei Hannover stammende Architekt Ludolf Schulze von Wyk aus Amrum entdeckte und einen Antrag an die Gemeindevertretung zwecks Errichtung eines kompletten Badeortes auf der noch unbewohnten Amrumer Südspitze Wittdün stellte, lehnte diese einstimmig ab. Man befürchtete „den Verderb der guten hiesigen Sitten, wie es Beobachtungen in Wyk und Westerland zur Genüge beweisen". Aber wenig später erlagen die Gemeindeväter den Verlockungen des Geldes und verkauften hektarweise Bauland auf Wittdün und an der Satteldüne.

In dieser Situation rief der damalige Inselpastor Wilhelm Tamsen den durch seine sozialen Werke im Deutschen Reich bekannten Pastor Friedrich von Bodelschwingh nach Amrum, „um der weltlichen Badekonkurrenz zu wehren und ein Hospiz für stille Gäste zu erbauen". Und während dann bald auf Wittdün auf Initiative des Amrumer Kapitäns und Strandvogts Volkert Martin Quedens ein erstes Badehotel und an der Satteldüne das feudale Fachwerk-Kurhaus einer Wandsbeker Aktiengesellschaft entstanden, ließ Bodelschwingh bei Norddorf ein erstes Seehospiz errichten, dem bald drei weitere Häuser sowie das große „Ambronenhaus" folgten.

In Wittdün wurde die weitere Entwicklung zunächst von dem aus Kappeln gebürtigen Hotelier Heinrich Andresen bestimmt, der eine Aktiengesellschaft gründete, die großen Hotels „Kurhaus" und „Kaiserhof" sowie andere Gebäude erbaute und weitere Interessenten, darunter allerdings auch Glücksritter und Spekulanten, nach Wittdün zog. Logierhäuser und Villen entstanden, und in sehr kurzer Zeit wuchs um die Wende zum 20. Jahrhundert ein kompletter Badeort aus den Dünen auf. Vier Schiffslinien, die Nordsee-Linie ab Hamburg, der norddeutsche Lloyd ab Bremerhaven, die Wyker Dampfschiffs-Reederei ab Dagebüll und eine eigene Linie ab Husum sorgten für bequeme Verkehrswege. Eine besondere Errungenschaft des Badeortes Wittdün war eine 1893 angelegte Bahn zu den Badeanlagen draußen am Kniep. Aus dieser Bahn entwickelte sich die nach Satteldüne, Nebel und Norddorf führende Inselbahn, die bis 1939 bestand.

Aber die Saison war im Verhältnis zu diesen Investitionen mit damals nur etwa

Die Hauptstraße des Seebades Wittdün um 1900. In wenigen Jahren entwickelte sich hier ein fast kleinstädtisches Bild mit Villen, Hotels und Geschäften einer typischen Bäderarchitektur.

Aus der 1893 angelegten Kniepsandbahn für Wittdüner Badegäste entstand im Jahre 1900 die Amrumer Inselbahn als Linienverbindung bis Nebel und Norddorf. Von 1909 bis 1921 wurde sie elektrisch betrieben.

Nach der Gründung des Seebades Wittdün auf der Amrumer Südspitze wuchsen Logierhäuser, Villen im Jugendstil und große Badehotels aus den Dünen, hier das Hotel „Victoria“.

Im Seezeichenhafen zwischen Wittdün und Steenodde ist vieles vereint, was der Besucher einer Nordseeinsel erwartet: Bojen und Tonnen, Tonnenleger, Krabbenfischer und Seenotrettungskreuzer, Ausflugsschiffe und Yachten – und über allem liegt der Geruch von Tang und Teer.

Nebel ist das Dorf der Friesenhäuser. Neben den Altbauten im historischen Ortskern werden auch Teile der Neubaugebiete auf der Westerheide von diesem Haustyp geprägt, wobei es eher Auswärtige als Einheimische sind, die sich um eine inselgerechte Architektur bemühen.

zehn Wochen zu kurz. 1906 mußte die Aktiengesellschaft Konkurs anmelden, und Wittdün stürzte in eine andauernde Krise, die sich noch verstärkte, als der Erste Weltkrieg den Badebetrieb völlig lahmlegte und nach Kriegsende die wilhelminisch-bürgerliche Badegesellschaft von der Bühne verschwand. Etliche der großen Hotels mußten in der Folgezeit in Kinderheime umgewandelt werden und behielten diese Funktion bis in die sechziger und siebziger Jahre. Unberührt von allen Veränderungen prägen das Bild Wittdüns aber noch immer das maritime Umfeld, das Hin und Her der Schiffe am Fähranleger, der nahe Seezeichenhafen mit Tonnenleger, Rettungsboot, Fischkuttern und Yachten, der Leuchtturm und der Blick über Wattenmeer, Halligen und Nordsee. Wittdün zählt heute 730 Einwohner.

Norddorf (650 Einwohner) entwickelte sich durch den Einfluß der Seehospize zu einem ruhigen Badeort ohne gesellschaftliche Attitüden. Einheimische bauten sich Pensionen und Logierhäuser in überschaubarer und finanzierbarer Größe, die sich überwiegend noch heute in Familienbesitz befinden. Allerdings verzichtete man auf den Friesenstil, so daß das Dorf ein zunehmend modernes Gesicht erhielt. Diese Entwicklung verstärkte sich, als im August 1925 das reetgedeckte „Ambronenhaus“ und neun alte Friesenhäuser einem Großbrand zum Opfer fielen. Einen besonderen Akzent im Dorfzentrum setzte auch der Eisenbahnsekretär Heinrich Hüttmann durch

Die St.-Clemens-Kirche in Nebel erhielt erst im Jahre 1908 einen Turm. Bis dahin stand hier nur der turmlose, reetgedeckte Kirchenbau, errichtet etwa in der Zeit zwischen 1200 und 1240. Rätselhaft blieb, warum andere Inselkirchen auf dominierenden Anhöhen erbaut wurden, während man die Amrumer Kirche in einem Tal versteckte.

sein umfangreiches Hotelanwesen, das sich – bedeutend erweitert – jetzt in der vierten Generation in Familienbesitz befindet.

Nebel, das Kirchdorf in der Inselmitte, hat im Ortskern noch weitgehend seine Ursprünglichkeit bewahrt. Als relativ junges Dorf wurde es erst 1662 in Steuerlisten genannt. Vorher hatte es nur die beiden erstmalig 1463 erwähnten Dörfer Süddorf und Norddorf gegeben. Die um 1200 erbaute Nebeler St.-Clemens-Kirche erhielt erst 1908 einen Turm.

Jungen Datums ist auch der Hafenort Steenodde. Obwohl seit jeher Hafenplatz und Ankerreede, wurde hier erst 1721 ein erstes Haus als Zollstation durch einen Hamburger Kaufmann namens Friedebeck errichtet. Ein zweites Haus erbaute 1852 die Familie Quedens, deren Mitglieder als Sand- und Strandvögte, Austernkommissare und Schiffer wirkten. Immerhin gingen von der Gaststätte „Zum lustigen Seehund" in Steenodde die ersten Impulse für den Fremdenverkehr aus, als sie kurzzeitig im Besitz des erwähnten Architekten Schulze war.

Die heute 1050 Einwohner zählende Gemeinde Nebel mit Süddorf und Steenodde ist erst im Jahre 1938 durch Erteilung der Badekonzession in den Kreis der Nordseebäder getreten. Und erst nach dem Zweiten Weltkrieg hat sich diese Gemeinde in wirtschaftlicher und baulicher Hinsicht ganz dem Fremdenverkehr zugewandt – mit der Begleiterscheinung eines umfangreichen „Ausverkaufs" von Bauplätzen an Auswärtige. Nebel ist in Schleswig-Holstein die Gemeinde mit dem größten „Fremdbesitz". Andererseits haben aber gerade die „Fremden" den Friesenstil bewahrt und auch bei Neubauten wieder populär gemacht. Sie leisteten so einen wesentlichen Beitrag zur Erhaltung des historischen Ortsbilds.

Das Innere der St.-Clemens-Kirche wird geprägt von bescheidener Ausstattung. Zum ältesten Interieur gehören der Taufstein aus Granit und die Apostelgruppe an der Südwand. Ein Sakramentsschrank erinnert noch an die katholische Zeit, während zwei wertvolle Kronleuchter anno 1671 von Amrumer Grönlandkommandeuren gestiftet wurden.

Spurensuche auf Helgoland

Thorsten Schmidt

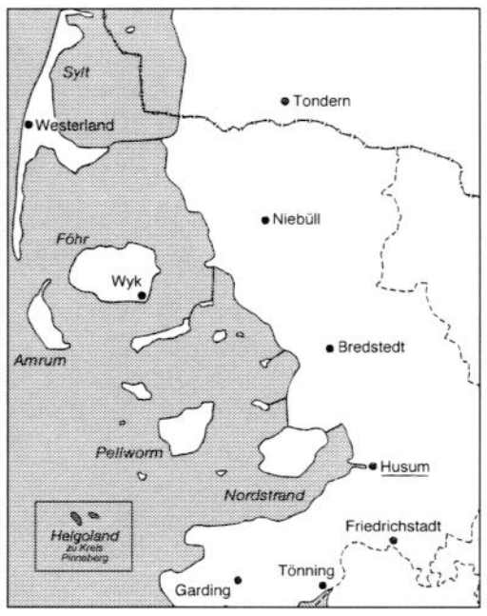

18. April 1945, zwölf Uhr mittags: Fliegeralarm auf Helgoland. Knapp 1000 alliierte Flugzeuge im Anflug auf die Insel. Nach einem hundertminütigen Bombardement steht auf Helgoland kein Stein mehr auf dem anderen. Die Helgoländer Bevölkerung, die während des Angriffs sicher in den Zivilbunkern im Felseninneren hockte, steht fassungslos vor den Trümmern ihrer Häuser. Ein Verbleib auf der Insel ist unmöglich, eine Evakuierung zum Festland unumgänglich. Die Helgoländer Familien werden ihre Heimatinsel für Jahre nicht wiedersehen. Mit diesem Angriff verschwanden auch die meisten Zeugnisse der ereignisreichen Geschichte Helgolands. Die Ortschaft wurde in den fünfziger Jahren neu aufgebaut und präsentiert sich noch heute fast unverändert im Gewand der Nachkriegsarchitektur. Ein Helgoland-Besucher, der – von guter Luft und zollfreiem Einkauf angelockt – womöglich zum ersten Mal eine Tagestour nach Helgoland unternimmt, wird kaum ein Zeugnis des bewegten Schicksals dieser Insel finden.

Begleiten wir diesen Helgoland-Besucher bei seiner Jungfernfahrt als Tagestourist und teilen seine Sehnsucht, nach einer womöglich wellenreichen Überfahrt möglichst schnell wieder festen Boden unter die Füße zu bekommen. Doch die Seefahrt findet eine unverhoffte Fortsetzung. Er muß in ein schaukelndes Börteboot des Anlandungsdienstes umsteigen, eine offene Nußschale, die ihn die letzten Meter bis zur Landungsbrücke schippert. „Welkoam iip Lunn" („Willkommen auf Helgoland") begrüßt eine Inschrift auf Helgoländer Friesisch die ankommenden Gäste, und spätestens jetzt hat unser Helgoland-Besucher das Motto dieser Insel begriffen: Auf Helgoland ist alles anders!

Den anderen Kaufwütigen folgend, landet unser Besucher geradewegs in der Hauptgeschäftsstraße, dem Lung Wai. Viele der Straßennamen entstammen der Helgoländer friesischen Sprache, die heute von kaum mehr als 600 der gut 1600 Inselbewohner gesprochen wird. Wer seine Pension in der *Om Wass, Doger Goat, Bop Stak* oder *Bi de Boak* suchen muß, der frage nicht nach Hausnummern. Die Häuser sind von 1 bis 697 durchnumeriert, aber kein Helgoländer kennt die Hausnummer des anderen. Jedes Haus hat jedoch einen Namen, und wer nach „Haus Störtebeker" oder „Haus Roter Sand" fragt, dem wird geholfen werden.

Zurück in den Lung Wai, den Langen Weg. Die Tagestouristen sind in die Geschäfte geströmt und lassen sich von den Schildern „Gleich kaufen – vor der Abfahrt abholen" verlocken, sofort ihre Pflichteinkäufe zu tätigen.

Mit dem erleichternden Gefühl, das Wesentliche bereits erledigt zu haben, erklettert die Karawane die Treppe zum Oberland und schiebt sich an der Westklippe bis zur Langen Anna vor, um dann, an der Ostklippe zurückeilend, noch einen Fensterplatz beim Mittagessen zu ergattern ...

Doch halt! Unser Helgoland-Besucher möchte ja die spärlichen Zeugnisse der Inselgeschichte aufspüren. Er entzieht sich dem Zug der Lemminge und kehrt zurück zur Landungsbrücke, um seinen historischen Spaziergang am Denkmal des Heinrich Hoffmann von Fallersleben (1798–1874) zu beginnen. Der Breslauer Literaturprofessor weilte mehrfach auf Helgoland – nicht, wie es die Legende sagt, um sich einer politischen Verfolgung zu entziehen, sondern weil er als Allergiker um die Heilkraft des Hochseeklimas wußte.

Bei einem dieser Kuraufenthalte, am 26. August 1841, schrieb Hoffmann von Fallersleben „Das Lied der Deutschen", passend zur Musik von Joseph Haydns Kaiserhymne. Dieses Lied wurde 1922 von Reichspräsident Friedrich Ebert zur Nationalhymne erklärt, war aber zuvor schon regelmäßig bei feierlichen Anlässen erklungen – zum ersten Mal am 10. August 1890 auf Helgoland, als Kaiser Wilhelm II. die Insel von England übernahm.

Zu Zeiten Napoleons hatte England 1807 die zuvor zum dänischen Gesamtstaat gehörige Insel okkupiert, um sie als

Eine Umrundung Helgolands im Boot war schon im 19. Jahrhundert ein beliebtes Unternehmen, wie diese Lithographie von C. Beer und H. Mevius zeigt. Die Westküste der Felseninsel, hier noch ohne jegliche Befestigung, liegt in der Abendsonne. Rechts ist ein „Gatt", ein vom Wasser ausgewaschener Torbogen im Felsen, zu erkennen.

Schmuggelumschlagplatz zur Umgehung der Kontinentalsperre zu nutzen. Für die Helgoländer begann eine Zeit des wirtschaftlichen Aufschwungs. Das segensreiche Wirken der englischen Verwaltung ist bis heute auf Helgoland unvergessen. Der englische Gouverneur Henry Maxse, der 1863 bis 1881 die Insel verwaltete, hinterließ ein aufstrebendes Seebad mit vielen neu errichteten Kurgebäuden, ein Theater und mehrere uneheliche Kinder. Ihm zum Gedenken ist eine Straße auf dem Oberland benannt.

Derweil hatten die Kolonialmächte die Welt wie Kuchenstücke untereinander aufgeteilt. Neues Land war nicht mehr zu erobern, also mußte der Gewinn durch Tausch erzielt werden. England wollte sich von Helgoland trennen und suchte einen guten Preis zu erzielen. Die deutschen Militärstrategen zeigten Interesse an der Insel weit draußen in der Deutschen Bucht. Ein Tauschobjekt war schnell gefunden: Das ostafrikanische Wituland, dessen Gebiet heute zu Tansania und Uganda gehört, war deutsche Kolonie und lag wie eine Insel inmitten britischer Besitztümer. Zudem war England viel daran gelegen, sich das noch unabhängige Königreich Sansibar einzuverleiben, und sicherte sich im Tauschvertrag die deutsche Zustimmung zu einer Unterwerfung. Irritierenderweise trägt dieser Vertrag von 1890 den Namen „Helgoland-Sansibar-Vertrag", weshalb sich hartnäckig in den Schulbüchern hält, Helgoland sei gegen Sansibar eingetauscht worden. Doch kann man tauschen, was einem (noch) nicht gehört? Die Politiker beider Länder rieben sich zunächst zufrieden die Hände – und dann verwundert die Augen, als sie merkten, daß dieser Tausch im eigenen Lande auf große Ablehnung stieß. Die englische Presse argwöhnte, daß

Der Helgoländer Fotograf Franz Schensky (1871–1957) hielt am 15. Oktober 1944 einen Bombenangriff auf Helgoland, dem auch sein eigenes Haus zum Opfer fiel, im Bild fest. In den letzten Monaten des Krieges wurde die Schönheit der Insel, die Schensky so liebevoll dokumentiert hatte, zertrümmert (oben).

Am 20. Dezember 1950 landeten die Heidelberger Studenten Georg von Hatzfeld und René Leudesdorff auf der Insel und demonstrierten mit der Europaflagge für eine Beendigung der Bombardements und die Rückkehr der Helgoländer (unten).

Helgoland mehr als nur ein Prestigeerfolg für das Kaiserreich sei.

Mit unserem Helgoland-Besucher sind wir derweil am Südstrand entlanggeschlendert, an den bunten Hummerbuden vorbei, und befinden uns nun am Hafen.

Kaum war Helgoland deutsch, wurde mit dem Hafenbau begonnen. Molen wurden ins Meer gebaut und die Zwischenräume aufgeschüttet – ein Kriegshafen entstand. Im Ersten Weltkrieg wurde die gesamte Helgoländer Bevölkerung evakuiert, und 3900 Soldaten standen auf der Insel an den Geschützen. Doch in die einzige Seeschlacht in der Nordsee konnte die Festung Helgoland wegen Nebels nicht eingreifen. So fiel auf Helgoland kein Schuß. Dennoch bekam die Insel im Versailler Vertrag einen eigenen Artikel, der ihre Abrüstung regelte. Die Hafenmauern wurden gesprengt – und nach ein paar Jahren wieder aufgebaut –, um nach dem Zweiten Weltkrieg erneut gesprengt und abermals aufgebaut zu werden.

Auf unserem Inselrundgang sind wir an der Südwestspitze des Hafens angekommen. Bei Ebbe sehen wir außerhalb der Hafenmauer die Fundamente des alten Hafens vom Ersten und vom Zweiten Weltkrieg nebeneinander aus dem Wasser ragen. Man hat sie als Wellenbrecher hier liegenlassen.

Auf der Hafenmauer gehen wir nun gen Norden und finden noch viele Überbleibsel der Kriegsgeschehnisse im Felswatt. Zwischen den Tetrapoden, die das Land gegen die Fluten schützen, liegen größere und kleinere Betonklötze, die einst die große Sprengung im Jahre 1947 dorthin geschleudert hat. Am Kringel biegen wir ab zur Paracelsus-Klinik und stehen im Mittelland, dem Sprengtrichter des „Big Bang" vom 18. April 1947. In der Südspitze des Felsens war das Zentrum der militärischen Anlagen im Zweiten Weltkrieg, die gemäß den Bestimmungen des Potsdamer Abkommens zerstört wurden. Die Mär, die Engländer hätten bei dieser Sprengung beabsichtigt, die „Insel im Meer versinken zu lassen", ist jedoch nach in Archiven aufgefundenen Gegenbeweisen als widerlegt zu betrachten.

Vom Mittelland aus kraxeln wir die Stufen des Invasorenpfades hinauf zum Oberland und haben sofort den Leuchtturm im Blick. Dieser wurde 1939 als Flakleitstand erbaut und trotzte als einziges Bauwerk allen Kriegsgeschehnissen. Er diente daher den Heidelberger Studenten René Leudesdorff und Georg von Hatzfeld als Unterschlupf, die sich vor Weihnachten 1950 auf der menschenleeren, noch immer für Übungsbombardements der Engländer und Amerikaner mißbrauchten Insel absetzen ließen, um mit der Europafahne für ein Ende der Bombardierungen und eine Rückkehr der Helgoländer Bevölkerung zu demonstrieren. Der Zeitpunkt der Aktion war günstig. Weltweit berichteten die Zeitungen über das Schicksal dieser fast vergessenen Insel. Jahrelang hatten alle Bemühungen um die Freigabe nicht gefruchtet. Und nun vermochten es zwei junge Studenten, eine Welle der Solidarität zu entfachen, die das Kabinett Englands in die Enge trieb und zur Rückgabe Helgolands zwang.

Wir biegen rechts ab und schlendern am Falm entlang. Hier können wir uns eine Pause gönnen und den herrlichen Ausblick genießen. Vor uns liegt die Seebäderflotte vor Anker. Rechter Hand haben wir einen Überblick über das Hafengelände und können erst jetzt seine Größe ermessen. Etwa die Hälfte der heutigen Fläche Helgolands ist künstlicher Her-

Helgoland, der „rote Felsen", besteht aus Buntsandstein, der von Klüften und Spalten durchsetzt ist. Die Lange Anna ganz im Norden blieb als „Stack" (Einzelfelsen) stehen, als um 1860 ein „Gatt" (Torbogen) einstürzte. Zu ihrer Erhaltung waren immer wieder Rettungsaktionen erforderlich.

Helgoland ist auch eine Insel der Seevögel. Hunderttausende wurden im Laufe der Jahre beringt, um die Zugwege zu erforschen. Ein häufiger Gast ist zum Beispiel der Baßtölpel.

Die Dreizehenmöwe brütet auch in unmittelbarer Nachbarschaft zu den seltenen Trottellummen, ohne ihnen gefährlich zu werden.

Eine farbenprächtige Kette kleiner Holzhütten zieht sich am Binnenhafen entlang. Die „Hummerbuden" dienen allerdings nur noch zum kleinsten Teil der Lagerung von Hummerkörben. Aus manchen sind mittlerweile Souvenirlädchen geworden.

Die Büste des Dichters August Heinrich Hoffmann von Fallersleben erinnert gleich an der Landungsbrücke daran, daß der Poet auf Helgoland das „Lied der Deutschen" schrieb: „Wenn ich so wandelte, einsam auf der Klippe, nichts als Meer und Himmel um mich sah, da ward mir so eigen zumute, ich mußte dichten."

kunft, wurde durch Aufspülungen im Zuge der Festungsbauten vor dem Ersten oder Zweiten Weltkrieg geschaffen. Das trifft auch für die Düne zu, die linker Hand etwa eine Seemeile vor Helgoland liegt. In den dreißiger Jahren wurde die Fläche der Düne fast versechsfacht, um dort eine Landebahn für einen Flughafen bauen zu können. Ursprünglich war die Düne weitaus größer gewesen. Trockenen Fußes konnte man von der Insel aus dorthin gelangen, doch ein Sturm in der Silvesternacht 1720/21 zerstörte die Landverbindung. Seitdem verdient der Anlandungsdienst (Börte) an den Badegästen, denn die Düne bietet herrliche Sandstrände und beste Bademöglichkeiten.

Wir schlendern weiter am Falm entlang und biegen am Fahrstuhl links in den Steanaker. Wieder haben wir den Leuchtturm im Blick und kommen zum Friedhof. Sämtliche Gräber wurden durch die Bombardements zerstört. Die Überreste der alten Grabsteine hat man zur Mahnung der Heutigen entlang der Friedhofsmauer aufgereiht, wo man sie hinter dem Buschwerk noch gut erkennen kann.

Auf den Grabsteinen lesen wir die typischen Helgoländer Familiennamen Krüss, Rickmers, Kuchlenz, Heikens oder Friedrichs. Vielleicht finden wir das Grab von Erich Friedrichs? Um ihn rankt sich eine dramatische Geschichte aus den letzten Kriegstagen. Offenbar hatte er heimlich Funkkontakt nach England aufnehmen können und von dem bevorstehenden Großangriff erfahren. Verzweifelt scharte er sechs Gleichgesinnte um sich, wollte den Festungskommandanten gefangennehmen und zur Kapitulation und Übergabe der Insel an England zwingen. Doch der Plan flog auf, und Friedrichs und seine Freunde wurden am Morgen des 18. April 1945 verhaftet und drei Tage später hingerichtet. Friedrichs hat seinen Mut mit seinem Leben bezahlt. Die Gemeinde Helgoland gedenkt seiner alljährlich mit einer Kranzniederlegung am Volkstrauertag.

Nun machen wir uns auf den Weg zur Langen Anna, verlassen aber den Klippenrandweg und wandern über das Grün. Mit Glück finden wir einen der wenigen Punkte, von wo aus man rundherum das Wasser sehen kann. Nirgendwo am Horizont ist Land in Sicht – ein vollkommenes Inselgefühl.

Der von jeher unbebaute Teil des Oberlandes war einst platt wie eine Flunder. Nun liegt ein zerklüftetes und von Bombentrichtern zerfurchtes Gelände vor uns. Überall blinzeln Mauerreste aus

Zur Mittagszeit gehen weiße Ausflugsschiffe aus vielen Heimathäfen auf der Helgoländer Reede vor Anker. Kleine Börteboote bringen die Fahrgäste in wenigen Minuten zur Landungsbrücke. Für die meisten dauert der Aufenthalt auf der Insel nur einige Stunden.

dem Grün, Reste von Geschützfundamenten und Unterständen. Hier stand im Zweiten Weltkrieg ein Flakgeschütz neben dem anderen und bereitete den alliierten Flugverbänden, die Helgoland auf ihrem Weg nach Hamburg, Berlin oder Dresden als Orientierungspunkt nutzten, einige Probleme. Dennoch war die militärische Bedeutung Helgolands eher gering. Daher ist oft die Frage gestellt worden, warum die Ortschaft im vorletzten Luftangriff des Zweiten Weltkriegs vollständig zerstört wurde. Eine Antwort ist vielleicht weniger im militärischen denn im psychologischen Bereich zu suchen. Helgoland umgab eine Symbolik: als Geburtsstätte des Deutschlandliedes, als Prestigeobjekt für Hitler und seine Marineadmiräle.

Nachdem wir die Lange Anna fotografiert haben – wer weiß, wie lange sie noch steht –, gehen wir nicht auf dem Oberland zurück, sondern benutzen die Treppe zum Nordostgelände. Eine ganz andere Vegetation erwartet uns auf diesem ebenfalls künstlichen Terrain, das ab 1934 aufgeschüttet wurde. Genießen wir es, direkt am Wasser entlangzulaufen. Die Insel hat nur diese wenigen Meter Strand ohne Molen oder Uferschutzmauern. Hier findet man einen der schönen roten Steine mit weißen Sprenkeln oder gar Versteinerungen aus grauer Vorzeit. Genau an dieser Stelle hatte sich um 1400 Klaus Störtebeker mit seinen Likedeelern im Schutze des Felsens vor der Flotte der Hanse versteckt. Doch die entdeckte ihn und machte seinem Freibeutertum ein Ende.

Unser Rundgang wird an der Nordseehalle enden. Vielleicht bleibt noch ein wenig Zeit, hineinzugehen und im Nordseemuseum eine der wechselnden Ausstellungen über Helgoland zu betrachten.

Vor der Nordseehalle finden wir eine kleine Tafel, die an den Helgoländer Jacob Andresen Siemens (1794–1849) erinnert, der 1826 das Seebad begründete. Die Existenzgrundlage der Insulaner hatte von jeher das Meer mit Fisch- und Hummerfang, Bergung von Strandgut und Lotsenfahrt gebildet. Heute ist der Fremdenverkehr die wichtigste Erwerbsquelle. Siemens war anfangs auf großen Widerstand seiner Landsleute gestoßen, entwickelte aber dennoch eine Vision von einem beliebten Ausflugsziel der Festländer.

Deshalb sind wir heute hier. Und wir werden wiederkommen. Denn auf Helgoland ist alles anders.

Ein Helgoländer mit Weitblick: Jacob Andresen Siemens setzte 1826 seine Vision von einem Seebad gegen den Widerstand vieler Landsleute durch.

Leben mit Landunter: die Halligen

Fiete Pingel

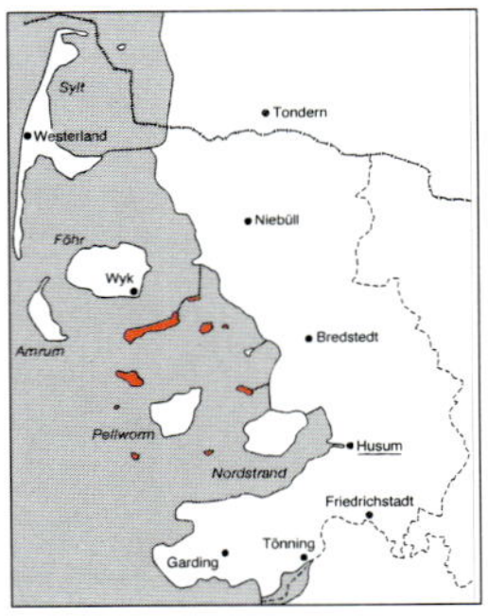

Ansiedlungen mitten in der einsamen Weite des Meeres, Abbruchkanten, Landunter, Romantik kärglichen Lebens – diese Bilder sind eng mit dem Begriff „Hallig“ verknüpft. In der Tat sucht die Art, wie die gut 250 Menschen auf den zehn Halligen des nordfriesischen Wattenmeeres leben, in Europa und weit darüber hinaus auch heute noch ihresgleichen.

Die meisten Halligen verdanken ihre Entstehung den Sturmfluten des 14. Jahrhunderts, vor allem der „Groten Mandränke“ von 1362. Der durch sie losgerissene Boden lagerte sich an bestimmten Stellen wieder ab. Jede Flut hinterließ eine Sedimentschicht; auf der alten Oberfläche wuchs innerhalb weniger Jahrzehnte neues Land heran.

Es ist davon auszugehen, daß die größeren Halligen etwa zu Beginn des 15. Jahrhunderts besiedelt waren, wichtigste Lebensgrundlage dürfte von Anfang an die Viehwirtschaft gewesen sein. Die Häuser wurden auf Warften errichtet, in Handarbeit aufgeworfenen Hügeln, die bei den häufigen Überflutungen Zuflucht für Mensch und Tier boten.

Die Oktoberflut des Jahres 1634 zerriß die große Insel Alt-Nordstrand. Zu ihren Überresten gehören Nordstrandischmoor und die Hamburger Hallig. Etwa gleichzeitig begann eine ganz besondere Phase der Halliggeschichte, nämlich die des Walfangs und der Seefahrt. Die überwiegende Mehrheit der männlichen Halligbevölkerung fand über Generationen auf den Schiffen ihr Auskommen. Ein bis dahin nicht gekannter Wohlstand kehrte in die Hallighäuser ein. Die Ausstattung mancher guten Stube wurde von Kapitänen und Steuerleuten der Walfang- und Handelsschiffe angeschafft, die es sich nun auch leisten konnten, ihren daheim die Wirtschaft führenden Frauen prächtigen Silberschmuck mitzubringen.

Die Französische Revolution und die anschließenden kriegerischen Auseinandersetzungen hatten in den Jahrzehnten um 1800 tiefgreifende Auswirkungen auf viele Bereiche. Die Seefahrt etwa kam weitgehend zum Erliegen, was wiederum einschneidende Konsequenzen für das Leben auf den Halligen hatte. Nun war man dort für den Erwerb des Lebensunterhalts wieder fast ausschließlich auf die Erträge des eigenen Landes, der eigenen Umgebung angewiesen.

In den Seefahrerzeiten hatten nur wenige Weitblickende auf den ständigen beträchtlichen Landverlust der Halligen geachtet. Die erste umfassende offizielle Vermessung der Halligen wurde in den Jahren von 1802 bis 1804 auf Veranlassung des von Kopenhagen aus regierten dänischen Gesamtstaats durchgeführt. Für die zehn heute noch bestehenden Halligen ergab sie eine Fläche von knapp 3800 Hektar. Bis zum Jahre 1859 verloren sie, wie Folgevermessungen ergaben, über 1200 Hektar, mehr als 30 Prozent ihrer Landfläche.

Die Sturmflut vom 3. Februar 1825, die sogenannte Halligenflut, ließ sehr deutlich werden, wie gefährdet die Existenz auf den Halligen war. Von 937 zuvor dort gezählten Menschen ertranken 74, darunter alle zwölf Bewohner von Südfall. 90 Prozent der Häuser wurden völlig zerstört oder unbewohnbar gemacht.

Eine Welle der Hilfsbereitschaft regte sich zugunsten der Halligbewohner. An die Spitze der Bemühungen stellte sich der Landesherr der Herzogtümer Schleswig und Holstein, König Friedrich VI. von Dänemark. Er ordnete eine Kirchenkollekte und Haussammlung an, die herzoglich-königliche Verwaltung übernahm die Verteilung der Hilfsgelder und -güter. Im Juli 1825 besuchte der König den Ort der Katastrophe. Die Kapitänsstube, in der er auf der Hooger Hanswarft übernachtete, heißt seitdem „Königspesel“.

Durch die Flut und ihre Folgen rückten die Halligen in den Mittelpunkt des öffentlichen Interesses. Bald wurden erste Pläne gefaßt, sie gegen den Landabbruch zu sichern. Diese Vorhaben gelangten jedoch infolge der politischen Entwicklung zunächst nicht über Ansätze hinaus. Die inzwischen preußische Wasserbauin-

spektion Husum präsentierte 1894 einen umfassenden Halligschutzplan mit einer langen Reihe von Einzelmaßnahmen zum festen Ausbau der Halligufer und zur Errichtung von Sicherungsdämmen. Von den 63 Kilometern Halligküste wurden im Laufe mehrerer Jahrzehnte 50 Kilometer durch Deckwerke gesichert. Die Fläche der Halligen beträgt heute rund 2300 Hektar, zu Landverlusten kommt es praktisch nicht mehr.

Bis über die Mitte des 20. Jahrhunderts hinaus bestimmte die Nutzung des Landes für die Viehhaltung das Zusammenleben der Menschen und die Wirtschaft. Auf den von mehr als einer Familie besiedelten Halligen wurde diese Nutzung gemeinschaftlich organisiert nach den althergebrachten Regeln der Allmende. Das Land war den einzelnen Warften zugeschlagen und aufgeteilt in Fennen- (Weide-) und Meede-(Heu-)land. An beiden hatte jeder Haushalt auf der Warft ein anteiliges Nutzungsrecht. Um Ungerechtigkeiten bei der Landverteilung möglichst auszuschließen, wurden die Heulandstücke in jedem Jahr neu verteilt. Jeder Hof bekam einmal das gute und einmal das schlechtere Land, dabei wurden sogar von der See bereits fortgerissene Flächen einbezogen. Die entsprechende Vermessung erfolgte „auf Daumenbreite" genau.

Geheizt wurde mit den sogenannten Ditten. Um diese herzustellen, wurde der Rinderdung auf der Warftböschung ausgestrichen. War die obere Seite getrocknet, wurden mit einem speziellen Spaten brikettgroße Stücke aus der Fläche ausgestochen und sodann kunstgerecht aufgestapelt. Sobald die Stücke vollständig durchgetrocknet waren – sie verloren damit auch ihren Geruch –, wurden sie wie das Heu bis zum Gebrauch auf dem Dachboden verstaut.

Plattfische und Krabben fingen die Halligleute aus den Prielen des Wattenmeeres. Die Entenjagd bereicherte den Speisezettel. Milch bildete eine wesentliche Grundlage der Hauswirtschaft. Ne-

Ein schmaler Strich über dem Horizont ist das Halligland. Gegen den Himmel über Hallig Hooge heben sich nur die Warften mit den Häusern deutlich ab. Sie erscheinen wie kleine Schiffe, die auf dem Meer treiben.

Das Brenn- und Heizmaterial war ein Nebenprodukt der Landwirtschaft. Zur Vorbereitung der Dittenproduktion wurde der Rinderdung auf der Warftböschung ausgestrichen und flachgeklopft.

ben wenigen eigenen Tieren hielt man „Pensionsvieh“, Rinder vom Festland, die auf dem Halligrasen gemästet wurden; dazu kamen vor allem Schafe. Ackerbau in jeglicher Form machten die häufigen Überflutungen und die Durchsalzung des Bodens praktisch unmöglich.

Auch das Grundwasser der Halligen ist salzig. Die Wasserversorgung beruhte daher in alter Zeit auf dem Sammeln von Regen und Schnee. Der Hauptwasserspeicher jeder Halligwarft war der Fething: Beim Bau der Warft wurde eine große Eintiefung ausgespart, deren Inhalt dann der Viehtränke diente. Dazu kam der gemauerte oder mit Grassoden eingefaßte Soot, in dem insbesondere der Niederschlag von den Reetdächern der Häuser für den menschlichen Gebrauch gesammelt wurde. Vielfach trug auch der sogenannte Schetel, ein kleines, mit einem niedrigen Schutzwall umgebenes Grabensystem vor dem Warftfuß, zur Wassergewinnung bei. Eine durch den Warftkörper geführte Rohrleitung transportierte das hier aufgefangene Wasser in den Fething. Die Sorgfalt und Mühe, mit der dieses System gepflegt wurde, die große Anstrengung, sich jeden nur erreichbaren Tropfen des kostbaren Nasses nutzbar zu machen, steht gewissermaßen symbolisch für die strenge Kargheit des traditionellen Halliglebens.

Angestoßen durch eine Flutkatastrophe, bei der in den Niederlanden 1953 mehr als 2000 Menschen umkamen, wurde unter Federführung des schleswig-holsteinischen Landesentwicklungs-Unternehmens „Programm Nord“ ein Sanierungsprogramm für die Halligen aufgelegt. Die Sturmflut vom 16. und 17. Februar 1962, von der die Halligen wiederum schwer getroffen wurden, beschleunigte seine Durchführung entscheidend. Maßgeblich war dabei das Konzept der „bewohnten Wellenbrecher“. Die Bewohner selbst sollten mit nachhaltiger Unterstützung der Behörden für den Erhalt der Halligen zuständig sein. Den Ausgangspunkt der Halligsanierung bildete der Gedanke, daß die Familien auf Dauer nur bleiben würden, wenn man ihnen einen nach modernen Maßstäben angemessenen Lebensstandard ermöglichte. Der Bau von Fähranlegern und die Einrichtung regelmäßiger Schiffslinien verbesserten die Verkehrsanbindung, die größeren Halligen wurden an das Strom- und Wassernetz angeschlossen – Oland und Langeneß 1954 (Strom) und 1963 (Wasser), Hooge 1959 (Strom) und 1968 (Wasser), Nordstrandischmoor 1975 und

Die einzelnen aus der Dungschicht ausgestochenen Ditten wurden kunstgerecht aufgestapelt. Waren sie durchgetrocknet, so war auch der Geruch verschwunden und sie konnten auf dem Dachboden eingelagert werden.

Gröde 1976. Die Landnutzung stellte man – außer auf Gröde – von der traditionellen Allmende auf die Privatwirtschaft um. Seit 1961 wurde die Bausubstanz auf den Halligen saniert. Die Häuser erhielten nun auf Betonpfählen ruhende Schutzräume als sichere Zuflucht im Falle einer Sturmflut.

Langeneß mit seinen 920 Hektar und 114 Bewohnern auf 18 Warften bildet zusammen mit Oland, das 117 Hektar umfaßt und auf dessen einziger Warft 28 Menschen leben, eine politische Gemeinde. Seit 1899 sind die beiden Halligen durch einen Sicherungsdamm von drei Kilometer Länge miteinander verbunden. Ein erster, ebenfalls 1899 fertiggestellter Damm zwischen Oland und dem Festland wurde nach schweren Sturmflutschäden durch einen Nachfolgebau auf einer sichereren, nach Dagebüll führenden Trasse ersetzt. Er ist 4,9 Kilometer lang und wurde 1927 fertiggestellt.

Zur Langenesser Kirchengemeinde gehört neben dem dort 1894 errichteten Gotteshaus und der Oländer Kirche von 1824 auch die Kirche auf Gröde aus dem Jahre 1825. Auf dem Oländer Kirchhof liegt der Dichter Wilhelm Lobsien (1872–1947) begraben, der durch erfolgreiche Romane wie „Der Halligpastor" und „Landunter" wesentlich dazu beigetragen hat, die Halligen populär zu machen.

Gröde wurde durch Uferschutzmaßnahmen in den Jahren 1899 bis 1902 mit der Nachbarhallig Appelland verbunden, es umfaßt nun 278 Hektar und hat 16 Einwohner. Bei Wahlen erlangt Gröde Aufmerksamkeit, wenn sein – relativ überschaubares – Stimmergebnis landes- oder bundesweit als erstes feststeht.

Die Kirche der Hallig Hooge stammt aus dem Jahre 1640. Zu ihrer Errichtung wurde das Material der in der Flut von 1634 zerstörten Kirche von Osterwold auf Alt-Nordstrand verwendet. Auf Hooge entstand 1911 der erste Sommerdeich auf einer Hallig, der mit seinen bis zu 2,2 Metern Höhe die meisten der früher sehr häufigen Überschwemmungen verhindert. Allerdings wird auch Hooge immer noch – je nach Wetterentwicklung – vier- bis fünfmal pro Winterhalbjahr überflutet. Aufgrund der niedrigen Deichhöhen (zwischen 1,2 und 1,4 Meter) müssen Langeneß, Oland und Gröde häufiger Landunter melden. Im Jahre 1990 traf es Gröde beispielsweise 90mal.

Mit der Errichtung der Deiche wurde die klassische Definition des Begriffs Hallig erweitert. Früher galt: Eine Hallig ist ein vom Meer abgelagertes und umgebe-

Deutlich sichtbar ist auf dieser bei Landunter aufgenommenen Halligwarft der große Wasserspeicher, der Fething. Die Bezeichnung ist verwandt mit den deutschen Wörtern „fassen“ und „Gefäß“.

Die schematische Darstellung zeigt die traditionelle Wasserversorgung einer Halligwarft. In den gemauerten oder aus Grassoden aufgesetzten Sooten (dunkle Punkte bei den Häusern) wurde das Regenwasser für den menschlichen Gebrauch von den Dächern gesammelt. Der Hauptwasserspeicher für das Vieh war der Fething (großes Quadrat links von der Warftmitte). Außerhalb des Warftfußes lag der Schetel (links im Bild), ein niedrig umwalltes Grabensystem, das mittels eines durch den Warftkörper geführten Rohres mit dem Fething verbunden war.

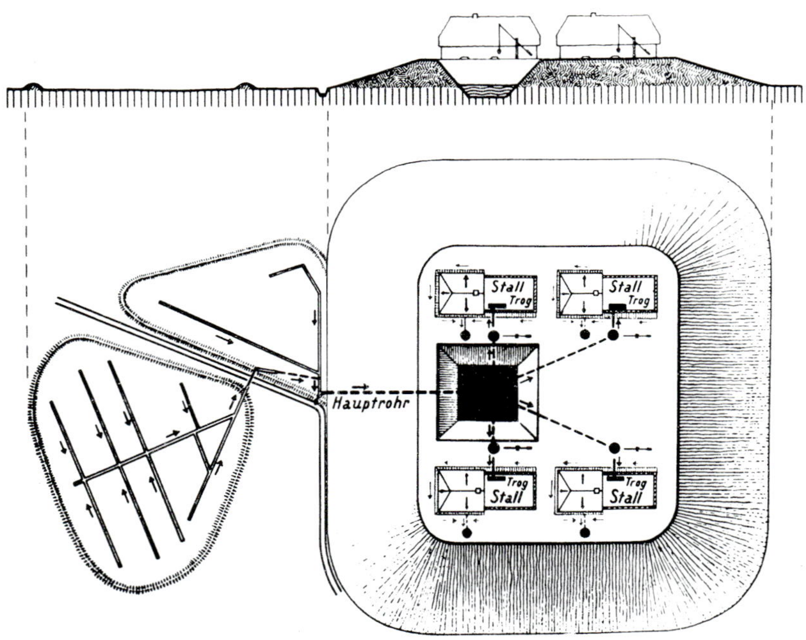

nes Stück Land, das – im Gegensatz zu einer Insel – keinen Deichschutz genießt. Heute läßt sich die Vorstellung von einer Hallig durchaus mit einem niedrigen Schutzdeich verbinden. Allerdings gehört ein Landunter auch weiterhin zum normalen Ablauf.

Unbedeicht sind immer noch die Halligen Norderoog (acht Hektar) und das unbewohnte Habel (vier Hektar) sowie Südfall (56 Hektar) und Süderoog (60 Hektar), die jeweils von zwei Menschen bewohnt werden. Süderoog war in den 1920er und -30er Jahren in Europa weithin bekannt als „Hallig der Jungs". Ihr damaliger Besitzer Hermann Neuton Paulsen (1898–1951) errichtete ein internationales Jugendlager, in dem er aufgrund seiner Erfahrungen im Ersten Weltkrieg Jungen aus verschiedenen Ländern im Sinne der Friedenspädagogik zusammenführte.

Acht der Halligen im nordfriesischen Wattenmeer werden vom Amt Pellworm aus verwaltet. Nordstrandischmoor gehört mit seinen 180 Hektar, seinen vier Warften und seinen 18 Bewohnern dagegen zur Gemeinde Nordstrand. Eine Kirche gibt es hier nicht, wohl aber einen ganz besonderen Friedhof. Er liegt auf einem rechteckigen, mit einem Graben umgebenen Inselchen innerhalb der Hallig, das über einen schmalen Steg zugänglich ist. Die Grabsteine sind flach in den Rasen gelegt, so daß die Flut sie weder umwerfen noch wegreißen kann. Lüttmoor, wie die Hallig auch genannt wird, ist seit 1933 durch einen 5,5 Kilometer langen Sicherungsdamm mit dem Festland verbunden. Ebenso wie auf den Dämmen nach Oland und Langeneß sind auch hier Schienen verlegt, auf denen – vor allem zum privaten Gebrauch – Motorloren verkehren.

Die Schulen auf Hooge (Verhältnis Lehrkräfte/Schulkinder: 2/16), Langeneß (1/10), Oland und Nordstrandischmoor (jeweils 1/3) und Gröde (1/2) bieten ganz besondere Lernbedingungen. Zum Besuch weiterführender Schulen müssen die Kinder dann allerdings aufs Festland.

Die Hamburger Hallig gehört zur Gemeinde Reußenköge. Durch Anlandungen am 1874 errichteten Sicherungsdamm – dem ersten Halligdamm, der Bestand hatte – ist ihre Fläche auf 110 Hektar gewachsen.

Kein Motiv zeigt die Besonderheit der Lebensumstände auf den kleinen Eilanden typischer als eine bei Überflutung der Hallig aus dem Wasser ragende Warft – hier die Rixwarft auf Langeneß. Mit einer gewissen Selbstverständlichkeit ziehen sich die Bewohner auf die von Menschenhand aufgeworfenen Hügel zurück, wenn das Wasser kommt – Leben mit Landunter.

Der Fremdenverkehr hat auf den Halligen inzwischen die Landwirtschaft als wichtigsten Broterwerb verdrängt. In der Hochsaison kommen beispielsweise bis zu 1000 Tagesausflügler nach Hooge. Das entspricht dem Achtfachen der einheimischen Bevölkerung, und in Boom-Zeiten ist die Zahl noch größer. Man stelle sich zum Vergleich vor, daß das Bundesland Rheinland-Pfalz – es hat mit rund 200 Einwohnern pro Quadratkilometer etwa die gleiche Bevölkerungsdichte wie Hooge – mit seinen ungefähr vier Millionen Bürgern innerhalb weniger Stunden einen Ansturm von über 30 Millionen Besuchern zu verkraften hätte, und das über Monate jeden Tag.

Seit 1971 unterhält die Gemeinde Hooge ein Fremdenverkehrsbüro, Oland-Langeneß folgte 1991. Allein auf Hooge werden rund 250 Betten in Privatquartieren und noch einmal so viele in vier Jugendlagern angeboten. Auf Oland und Langeneß stieg die Zahl der Betten von knapp 100 Mitte der sechziger Jahre bis 1990 auf 260 und bis 1997 weiter auf 340. Auf den Halligen werden jährlich etwa 60 000 Übernachtungen gezählt.

Es gibt auch Probleme: Mehr als 20 Prozent der Häuser auf den größeren Halligen sind beispielsweise inzwischen im Besitz Auswärtiger, die sie vielfach nur

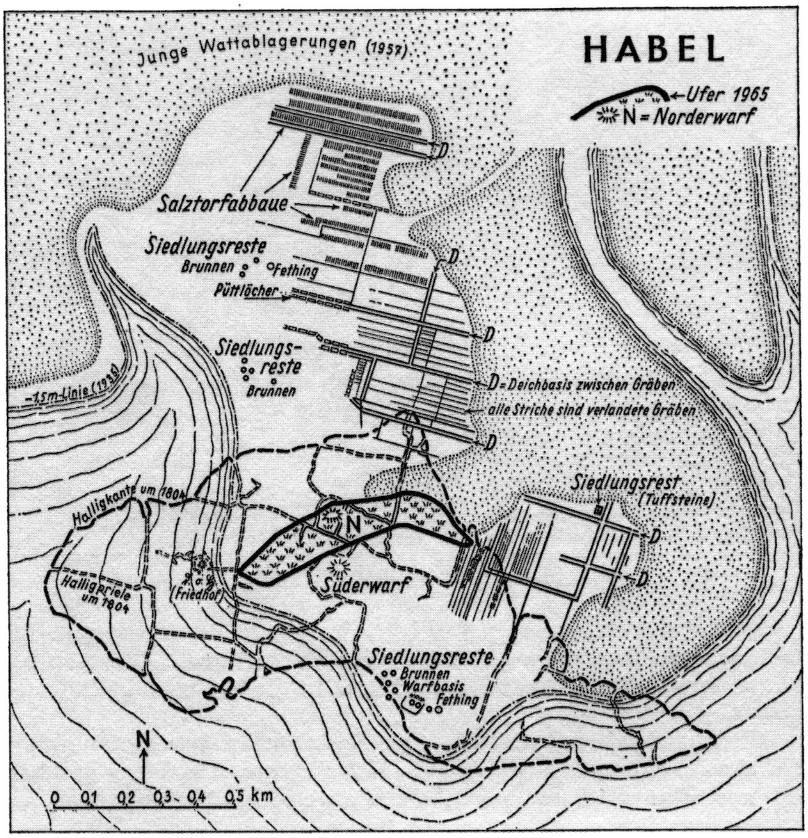

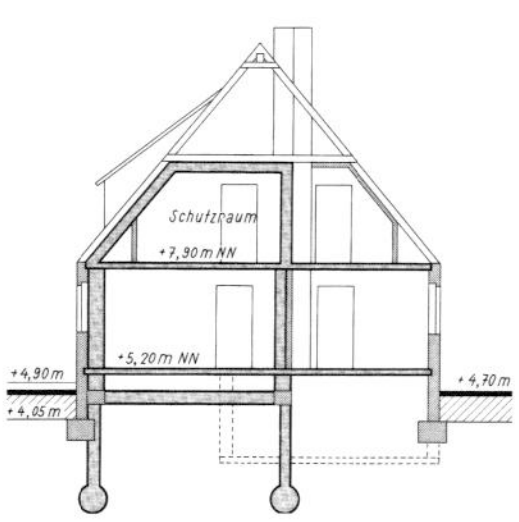

Habel (oben) umfaßt noch ganze vier Hektar. Siedlungsreste im Watt zeugen von der früheren Ausdehnung der Hallig.

Die in die Hallighäuser eingebauten Schutzräume (unten) bieten heute ein hohes Maß an Sicherheit.

für einige Ferienwochen bewohnen. Für das Zusammenleben auf der Hallig, insbesondere für die mitunter notwendige Nachbarschaftshilfe, fallen viele dieser Neubürger weitgehend aus. Einem weiteren „Ausverkauf" entgegenzuwirken ist nur eine Aufgabe der 1990 vom Kreis Nordfriesland ins Leben gerufenen Stiftung „Nordfriesische Halligen" unter Vorsitz des Landrates. Die Stiftung versteht sich als Anwältin der Halligen, die je nach Bewohnerzahl mit einer oder zwei Personen in ihrem Beirat vertreten sind.

Die Halligen liegen mitten im 1985 gegründeten Nationalpark Schleswig-Holsteinisches Wattenmeer. Auf allen nisten – oftmals seltene – Seevögel, auf den meisten sind seit Jahrzehnten Vogel- und Naturschutzgebiete ausgewiesen. Norderoog ist sogar ein reines Vogelreservat. Die Betreuung organisiert der 1907 gegründete „Verein Jordsand", der nach der heute zu Dänemark gehörigen, östlich der Sylter Nordspitze gelegenen Vogelhallig benannt ist. Auf Norderoog „regierte" vier Jahrzehnte lang Jens Sörensen Wandt, der legendenumwobene „Vogelkönig". 1950 ertrank er im Wattenmeer. Heute besorgen die Betreuung Freiwillige, meist junge Leute, die Engagement für den Naturschutz mit dem Wunsch verbinden, eine Zeitlang von der Betriebsamkeit des modernen Lebens Abstand zu gewinnen.

Auch auf Südfall und Süderoog spielt der Vogelschutz eine besondere Rolle. Die jeweiligen Pächter der in staatlichem Besitz befindlichen Halligen zeichnen sich durch ein besonderes Engagement aus und sind wichtige und beliebte Ansprechpartner der vielen Hallig-Ausflügler, die während der Saison zu Besuch kommen.

Oft wird die Geschichte erzählt, daß die Hooger und die Gröder am 22. März 1888 den Geburtstag ihres Landesherrn, Kaiser Wilhelms I., zünftig feierten, obwohl der Monarch bereits zwei Wochen zuvor das Zeitliche gesegnet hatte. Die Halligen waren in jenem Winter durch Eisgang wochenlang isoliert. Heute sind sie über Radio, Fernsehen und Internet mit der Welt verbunden. Dennoch ist von der Beschaulichkeit, die zwischen den Zeilen der kaiserlichen Anekdote zu lesen ist, einiges erhalten geblieben.

Ohne Deckwerk waren die Halligufer zerklüftet. Seit der ersten genauen Vermessung der Halligen Anfang des 19. Jahrhunderts bis zum Einsetzen der Sicherungsbauten in den 1890er Jahren ging über ein Drittel der ursprünglich vorhandenen Fläche verloren.

Der seine Pfeife schmauchende alte Halligmann vor der Klöndöör steht symbolisch für das einst entbehrungsreiche, aber auch beschauliche Halligleben. Dieses Leben hat einen tiefgreifenden Wandel erfahren, ist jedoch bis heute etwas Besonderes geblieben.

Die steinernen Uferschutzwerke gewähren – vorausgesetzt sie werden gut gewartet – eine weitgehende Garantie gegen Landabbrüche. Hier auf Hooge wurde kurz nach 1900 mit dem Bau der Steinkante begonnen. Insgesamt sind die festen Uferdecken auf den Halligen mehr als 50 Kilometer lang.

Von der Propstei Strand zum Seeheilbad: Nordstrand

Peter Schmidt-Eppendorf

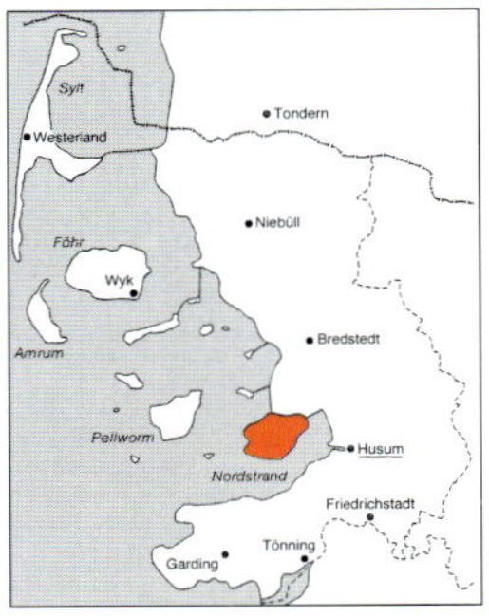

Die heutige Halbinsel Nordstrand ist nur ein bescheidener Rest jener großen und volkreichen Insel Strand, die urkundlich erstmals in einem Schreiben Papst Innozenz' III. aus dem Jahre 1198 erwähnt wird. Wegen der vielfachen Überschwemmungen und der Unzugänglichkeit des Gebietes, das am Rande der See von vielen Prielen und Wasserläufen durchzogen war, erhielt der Propst des Strandes besondere Vollmachten bezüglich der Vertretung des Bischofs von Schleswig, zu dessen Sprengel die Insel gehörte. Auch wurden territoriale Streitigkeiten geschlichtet.

Die kirchliche Organisation scheint im 12. Jahrhundert abgeschlossen gewesen zu sein. Zur Propstei Strand gehörten Oland, Gröde, Ockholm, Westerwold, Osterwold, Buptee, Bupsee, Volgsbüll, Königsbüll, Rörbek, Eesbüll, Balum, Buphever, Pellworm, Illgroff, Brunock, Stintebüll, Gaikebüll, Odenbüll, Trendermarsch, Hersbüll und Rungholt. Sicherlich war Rungholt der bedeutendste Ort in diesem Gebiet. Von hier aus wurde ein umfangreicher Handel mit Getreide und Vieh nach Hamburg, ja bis in die Niederlande betrieben. Der Ort besaß an seiner Kirche ein sogenanntes Kollegium, d. h. ein Stiftskapitel mit einem Dekan an der Spitze. Nach seiner Zerstörung durch die Flut von 1362 war Rungholt viele Jahre nur aus der Sage noch bekannt. In unserer Zeit war es der Nordstrander Landwirt Andreas Busch (1883–1972), der seit 1921 intensiv die Rungholtforschung im Wattenmeer betrieben hat. Inzwischen wurden auch urkundliche Zeugnisse von Rungholt und der Edomsharde in Hamburg entdeckt.

Nach dem Untergang Rungholts besaß Stintebüll eine solche Kollegiatskirche. Zu den Hauptkirchen gehörten im 15. Jahrhundert neben Stintebüll die Alte Kirche von Pellworm, Morsum und Königsbüll.

Das 16. Jahrhundert brachte entscheidende Veränderungen mit sich. Der Chronist Anton Heimreich berichtet, daß Nordstrander Studenten im Jahre 1528 erstmals die lutherische Lehre auf der Insel bekanntgemacht hätten. Auch habe damals der Staller Joachim Leve zu Morsum bereits einen evangelischen Prediger auf seinem Hof gehabt. Vor allem war es der Husumer Vikar Hermann Tast (1490–1551), der sich in diesem Gebiet für die Reformation einsetzte. Von 1539 bis 1545 war Tast Propst auf dem Strand.

Der dänische König Christian III. hatte sich ganz auf die Seite Luthers gestellt. Die Klöster im Land wurden aufgehoben, die Bischöfe seines Reiches abgesetzt, mit Ausnahme des Schleswigers Gottschalk von Ahlefeldt. Erst nach dessen Tode 1541 wurde in Schleswig-Holstein die von dem norddeutschen Reformator Johannes Bugenhagen (1485–1558) verfaßte evangelische Kirchenordnung eingeführt. Mitten in der Notzeit des Dreißigjährigen Krieges (1618–1648) wurde Nordstrand von einer gewaltigen Flutkatastrophe heimgesucht. In der Nacht vom 11. auf den 12. Oktober 1634 brach an mehr als 40 Stellen der Deich. Von den damals rund 8000 auf der Insel lebenden Menschen ertranken mehr als 6400. Von der einst so großen und fruchtbaren Insel blieben schließlich nur Pellworm, Nordstrandischmoor und ein Teil des heutigen Nordstrand übrig. 17 der damals noch existierenden 20 Kirchen wurden zerstört bzw. mußten aufgegeben werden. Das verwertbare Baumaterial wurde verkauft, das noch brauchbare, zum Teil sehr kostbare Inventar anderen Gemeinden überlassen oder an den Generalsuperintendenten und den Herzog nach Schleswig eingeliefert. Nur drei Kirchen blieben erhalten: die „alte" Kirche (St. Salvator) und die „neue" Kirche auf Pellworm sowie die St.-Vinzenz-Kirche in Odenbüll. Noch heute zeugen die kostbaren Altäre dieser drei Kirchen von dem Reichtum der Nordstrander Bauern. Viele Kunstwerke finden sich jetzt in Kirchen auf dem Festland oder im Museum zu Schleswig.

Während die Wiederbedeichung der ersten Köge auf Pellworm schon sehr bald

Schafe prägen das Bild der Nordstrander Landschaft. Die eingedeichte Marscheninsel im Wattenmeer vor Husum wurde nach der Sturmflut von 1634 neu gewonnen.

gelang, hatten die Nordstrander damit weniger Glück. Immer wieder zerstörte die wilde See mit neuen Fluten das mühsam begonnene Eindeichungswerk. Die Bevölkerung war zu geschwächt, um diesen Kampf durchzustehen. Viele der Überlebenden hatten ihre Heimat verlassen und auf anderen Inseln oder auf dem Festland Zuflucht gesucht. Ein Teil wanderte auch in die Niederlande und sogar nach Amerika aus. Mutlos überließ man das Land seinem Schicksal.

Herzog Friedrich III. von Schleswig-Holstein-Gottorf bemühte sich jedoch, das fruchtbare Land wieder eindeichen zu lassen. Die besten Deichbauer der damaligen Zeit gab es in den Niederlanden, im Scheldegebiet bei Antwerpen. 1652 kam es zu einem Vertrag mit dem niederländischen Deichgrafen Quirinus Indervelden (1625–1666) und weiteren Teilhabern (Partizipanten). Diese übernahmen das Deichwerk auf eigene Kosten, bekamen dafür weitgehende Rechte über das neu gewonnene Land und wurden Herren der Insel. Drei von den vier Teilhabern waren katholisch. Sie forderten Religionsfreiheit für Katholiken auf Nordstrand, was ihnen der Herzog auch gestattete. Das war keine Selbstverständlichkeit, gab es doch nach der Reformation keine Niederlassungsfreiheit für Katholiken in Schleswig-Holstein. Auch waren durch den Westfälischen Frieden (1648) die konfessionellen Verhältnisse festgeschrieben. Ausnahmen gab es bis dahin nur an den Orten Altona, Glückstadt und Friedrichstadt.

Die neuen Deichbauer und Siedler auf Nordstrand kamen vorwiegend aus Flandern und Brabant, nur wenige aus dem heutigen Holland. Auch französische Interessenten waren beteiligt. Sie brachten sich ihre Seelsorger aus Belgien mit, Oratorianer aus Mecheln. Deren Kongregation, eine Gemeinschaft von Weltpriestern, besaß mehrere Niederlassungen („Häuser“) in Belgien und Nordfrankreich, dazu auch eine Niederlassung in Kevelaer bei Xanten am Niederrhein. Diese

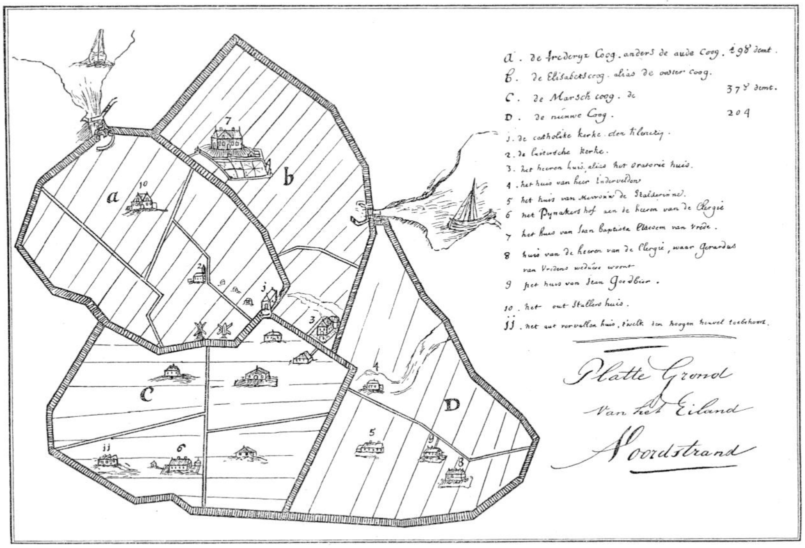

Eine Karte aus der Zeit um 1730 zeigt den Verlauf der Deiche und die wichtigsten Gebäude der Insel. Der Friedrichskoog (heute Alter Koog), der Marie-Elisabeth-Koog (heute Osterkoog), der Trendermarschkoog und der Neukoog waren zwischen 1654 und 1691 eingedeicht worden.

Häuser, vor allem Mecheln, Löwen und Kevelaer, gaben ebenfalls erhebliche Summen für den Deichbau auf Nordstrand. Erst im Jahre 1887 endete mit der Wahl einer Gemeindevertretung die Herrschaft der Hauptpartizipanten auf der Insel.

Der erste katholische Gottesdienst auf Nordstrand nach der Reformation wurde im damals leerstehenden Pastorat zu Odenbüll gehalten. Später versammelte sich die Gemeinde in der Kapelle des neu errichteten Oratoriums, auch „Herrenhaus" genannt, am Herrendeich. 1662 wurde von den Oratorianern die Theresienkirche am Osterdeich erbaut, die heute Pfarrkirche der Altkatholiken für Schleswig-Holstein und Hamburg ist. Fast 80 Jahre lang war sie die gemeinsame Pfarrkirche der Katholiken auf Nordstrand. Der für die Insel bedeutendste Oratorianer, Christian de Cort (1608/09–1669) aus Hilvarenbeek in den Niederlanden, fand hier seine letzte Ruhestätte. Er war mit den Indervelden verwandt. Unermüdlich sorgte er sich um die Eindeichungen und deren Finanzierung. Zeitweilig war er Direktor des gesamten Deichwesens.

Eine Kirchenspaltung in den Niederlanden, ausgelöst durch die katholische Reformbewegung des Jansenismus, in deren Verlauf der Bischof von Utrecht mit seinem Domkapitel von Rom getrennt wurde, wirkte sich auch auf Nordstrand verhängnisvoll aus. Im Jahre 1740 spaltete sich die Gemeinde in einen jansenistischen und einen papsttreuen römisch-katholischen Teil. Die Jansenisten blieben im Besitz der Pfarrkirche, da eine Mehrheit der Hauptpartizipanten sich für einen Verbleib unter Utrecht entschieden hatte. Proteste und gerichtliche Schritte der römisch-katholischen Gemeindemitglieder blieben ohne Erfolg. Sie hielten sich fortan unter großen Schwierigkeiten zur Hauskapelle der Oratorianer auf dem Herrendeich und zur nächsten katholischen Pfarrkirche in Friedrichstadt.

Da die Regierung nicht bereit war, der Hauskapelle des Oratoriums den Rang einer Pfarrkirche einzuräumen, mußten die papsttreuen Katholiken sich für Taufen und andere kirchliche Handlungen an den Pfarrer von Friedrichstadt wenden. Um die so beschwerliche Seereise mit den Neugeborenen nach Friedrichstadt zu vermeiden, wurden stets alle katholischen Kinder der Insel vom jansenistischen Priester getauft. Zur Erstkommunion und zur Hochzeit fuhr man nach Friedrichstadt. Begraben wurden wieder alle vom jansenistischen Priester bei der Theresienkirche. Erst 1807 änderten sich die Verhältnisse. Das Obergericht in Gottorf gestattete von diesem Jahre an alle Amtshandlungen auch für die Kapelle am Herrendeich. Heute gehören auf Nordstrand etwa vier Fünftel der Bevölkerung zur evangelisch-lutherischen und ein Fünftel zur katholischen Kirche, während nur noch etwa zehn Menschen zur altkatholischen Gemeinde zählen.

Die ersten drei neuen Köge wurden in verhältnismäßig kurzer Zeit eingedeicht: der Friedrichskoog (heute Alter Koog) mit der Odenbüller Kirche 1654, der Marie-Elisabeth-Koog (heute Osterkoog) 1657 und schließlich der Trendermarschkoog 1663. 1691 wurde im Bereich der ehemaligen Kirchspiele Evensbüll, Lith und Hersbüll der Neue Osterkoog (heute Neukoog) gewonnen. Vorwiegend die rheinischen Partizipanten, d. h. die Erben der Freins und Indervelden, betrieben seit 1737 die Eindeichung eines weiteren Kooges: Allerheiligen 1739 konnte der Deichschluß des Christianskooges vollzogen werden. Eine verheerende Sturmflut

Die evangelische St.-Vinzenz-Kirche in Odenbüll stammt aus dem 13. Jahrhundert. Sie ist eine von drei Kirchen, die die Flut von 1634 überstanden.

Nach dem Verlust der Theresienkirche im Jahre 1740 hielten sich die römisch-katholischen Einwohner Nordstrands zur Kapelle des Oratoriums bzw. zur Kirche in Friedrichstadt. Erst 1866 konnten sie die neue Pfarrkirche St. Knud auf dem Süden bauen. 1929 erhielt sie einen Turm über dem Westeingang. Zugleich wurde die Kirche um den jetzigen Altarraum verlängert.

Malerisch liegt die Theresienkirche auf dem Osterdeich in der Mitte der Insel, wo Alter Koog, Osterkoog und Trendermarschkoog zusammentreffen. Sie ist heute die Pfarrkirche der Altkatholiken Schleswig-Holsteins und Hamburgs.

In der Herrenkammer auf dem Süden fanden die Ratsversammlungen der Herren Hauptpartizipanten statt. Später war hier der Sitz der Amts- und Gemeindeverwaltung. Auf dem Süden befand sich auch „dat swarte Lock", das Gefängnis für die Spitzbuben.

im Jahre 1751 zerstörte jedoch das neue Deichwerk so gründlich, daß alle Bemühungen einer Wiederbedeichung fehlschlugen. Zudem waren die beteiligten Hauptpartizipanten hoch verschuldet. Ihre Ländereien gingen dabei in Konkurs. Der dänische Geheime Konferenzrat Graf Jean Henri Desmercières (1687–1778) kaufte später diese Flächen auf und ließ sie erneut eindeichen. So entstand 1771 der Elisabeth-Sophien-Koog, der mit seinen nur 43 Einwohnern noch heute die zweite Gemeinde des Amtes Nordstrand bildet. Rund hundert Jahre später folgte der Morsumkoog (1866) und 1925 der Pohnshalligkoog, von dem aus seit 1935 eine feste befahrbare Straße zum Festland führt. Schon vorher, seit 1906, hatte es einen Lahnungsdamm gegeben, der allerdings nur bei Ebbe begehbar war.

Durch die Eindeichung der Nordstrander Bucht 1983 bis 1987 hat Nordstrand endgültig seinen Inselcharakter verloren. Es entstand der Beltringharder Koog mit einer neuen Deichlinie von rund neun Kilometern. Das neuerschlossene Gebiet mit einer Fläche von 3350 Hektar, in dem sich zwei Süßwasserbiotope und ein Salzwasserbiotop befinden, steht unter Naturschutz. Es grenzt unmittelbar an den Nationalpark Schleswig-Holsteinisches Wattenmeer.

Die Halbinsel Nordstrand zählt heute annähernd 2400 Einwohner. Neben der Landwirtschaft hat der Fremdenverkehr zunehmend an Bedeutung gewonnen. 1991 erhielt Nordstrand die Anerkennung als Seeheilbad. Ein Kurzentrum mit Schwimmbad, Bäder- und Massagepraxen dient der Gesundung und Erholung der Gäste und Einheimischen. Von großer Bedeutung ist auch der zunehmende Schiffsverkehr vom 1958 erbauten Hafen Strucklahnungshörn aus. Mehrmals täglich verkehrt von hier aus die Autofähre zur Nachbarinsel Pellworm. In der Saison starten hier auch die Ausflugsfahrten zu den Halligen und nach Sylt. Ein Rettungskreuzer der Deutschen Gesellschaft zur Rettung Schiffbrüchiger ist im Hafen stationiert. Der alte Süderhafen, der bis 1935 dem Fährverkehr nach Husum diente, wird heute vorwiegend von Sportbooten genutzt, gelegentlich auch noch zum Transport von Material und Wasserfracht für den dort befindlichen Silo.

Ein altes friesisches Sprichwort lautet: „Wo einmal Wasser war, dort kommt es auch wieder hin." Das heißt, Fluten werden immer wieder kommen, eine absolute Sicherheit hinter den Deichen gibt es nicht. Bedeutende Fluten ereigneten sich in jedem Jahrhundert, zuletzt 1962 und 1976. Seit 1962, als es fast zu einer Katastrophe gekommen wäre, hat jedoch die systematische Erhöhung und Verstärkung der Deiche auch den Schutz der Bevölkerung verbessert.

Seit 1935 verbindet ein Straßendamm die Insel Nordstrand mit dem Festland. Er ersetzte einen seit 1906 bestehenden Lahnungsdamm, der nur bei Ebbe benutzt werden konnte.

Heuerleute und kleine Handwerker hatten nur die Möglichkeit, auf öffentlichem Grund zu bauen. Ihre Häuser schmiegen sich deshalb eng an den Deich.

Das 1705 erbaute Indervseldensche Haus im Neuen Koog beherbergte in seinem zweiten Stock die Gerichtsstube. Sie befindet sich heute im Altonaer Museum in Hamburg. Der Staller Indervelden besaß ein komfortables Stadthaus in Husum und kam meist nur zu den Sitzungen und Gerichtsverhandlungen nach Nordstrand.

Koog um Koog gewonnen: Pellworm

Walter Fohrbeck

In der Nacht vom 11. auf den 12. Oktober 1634 ging die alte Insel Strand bei einer verheerenden Sturmflut unter. Schon die Jahre vor dieser Flut hatten die Bevölkerung der Insel schwer belastet. 1603/04 hatte die Pest gewütet, die Auswirkungen des Dreißigjährigen Krieges hatten zu hohen Abgabenbelastungen geführt, und häufige Deichbrüche seit Beginn des 17. Jahrhunderts machten aufwendige Reparaturen erforderlich.

Ursprünglich gehörten die Marschgebiete der Utlande zu den reichsten und fruchtbarsten Schleswig-Holsteins. Die Landwirtschaft bot in ruhigen Zeiten so reichen Ertrag, daß die hier lebenden Menschen nicht nur eine rege Kultur und Bildung pflegten, sondern auch ein hohes Maß an Selbstverwaltung verwirklichen konnten. Zwar hatten die Gottorfer Herzöge als zuständige Landesherren Oberbeamte eingesetzt (Staller und Landschreiber), aber die Ratsleute und die sogenannten Gevollmächtigten, die Deichgrafen und Deichrichter sowie die Hauptleute, die nicht nur im militärischen Bereich, sondern auch im Deichbau Funktionen erfüllten, stammten aus den reicheren und „ratsfähigen" Familien des Strandes. Dahinter stand große wirtschaftliche Macht, und so konnten die Privilegien bei jedem Thronwechsel verteidigt werden.

Die Flut von 1634 riß 44 Löcher in die Deiche. Die Pellworm-Harde, einer der drei Verwaltungsbezirke der Insel, war ähnlich hart betroffen wie die anderen Harden. Sie hatte neben dem Kirchspiel der Alten Kirche St. Salvator und dem der Neuen Kirche St. Crucis noch die Orte Balum, Buphever, Langeland und Teile von Illgroff sowie die Halligen Hooge und Südfall umfaßt und maß knapp 5000 der über 20 000 Hektar der Gesamtinsel. Außer Teilbereichen des Alten und des Neuen Kirchspiels, die fortan die Insel Pellworm bildeten, gingen alle Flächen der Harde endgültig verloren. In den beiden erhaltenen Kirchspielen waren 191 von 254 Häusern zerstört, 1012 Menschen ertrunken und neben fast allem Vieh auch die Erntevorräte verloren. Trotzdem gelang es den Einwohnern, verstärkt durch den kapitalkräftigen Niederländer Cornelius Jansen Allers, fast 1800 Hektar in den folgenden zwei Jahren wiederzugewinnen. Bis 1687 wuchs die wiedergewonnene Fläche auf fast 2800 Hektar an.

Von 1660 bis 1717 erlebte die Insel eine neue Blütezeit. Während die Bevölkerung infolge von Krankheiten stetig abnahm, führte ein reger Zuzug in das reiche Gebiet zur Erhaltung der Wirtschaftskraft. Der Haupterwerbszweig war eine mittelständische Landwirtschaft mit Hofgrößen von fünf bis 50 Hektar, die neben der Viehmast überwiegend im Getreideanbau bestand. Ab 1680 baute man auch Raps an, da für den Deichbau viel Stroh benötigt wurde. Die Überschüsse wurden exportiert, zum Teil bis in die Niederlande, Baumaterialien und viele Gegenstände des Alltags importiert. Als Häfen dienten die Zufahrt zum Tammensiel – der heutige Hafen – und bis zur Wiedergewinnung der südlichen Köge (1673) auch das Tief am Tilli. Handwerk und Gewerbe waren auf die Landwirtschaft ausgerichtet, unterlagen aber keinerlei Zunftzwängen. Fischerei und Milchproduktion dienten nur dem Eigenbedarf, da wegen der schlechten Verkehrsanbindung zum Festland keine auswärtigen Abnehmer der leichtverderblichen Produkte bedient werden konnten. Die reicheren Bauern wohnten in festen Langhäusern hohen Wohnniveaus auf Einzelwarften, die ärmeren Menschen lebten in Reihensiedlungen auf den Mitteldeichen. Wegen der Arbeitsspitzen während der Deichbau- und -pflegephasen sowie in der Ernte- und Dreschzeit gab es eine Reihe von Saisonarbeitern, die die Insel nur im Sommer aufsuchten. Die Selbstverwaltung im Straf-, Zivil- und Deichrecht sowie im Bereich der Armenpflege war nach Straffung und Reorganisation der alten Strukturen beibehalten worden.

Die romanische Alte Kirche St. Salvator mit ihrer gotischen Turmruine ist heute das Wahrzeichen der Insel Pellworm. 1407 besetzte der Dithmarscher Freibeuter Cortte Widerik den Turm für längere Zeit und nutzte ihn als Raubnest. Im April 1611 stürzte der Ostteil des Turms ein und zerstörte einen Teil des Langhauses. Berühmt ist die Kirche auch durch ihre klangvolle Orgel, die auf den Orgelbauer Arp Schnitger (1648–1719) zurückgeht.

Der fünfflügelige spätgotische Altaraufsatz der Alten Kirche von etwa 1470 zeigt auf seiner geschnitzten Festtagsseite die Passionsgeschichte. Die Alltagsseite stellt die Mariengeschichte in acht Ölgemälden dar. Bilder und Schnitzereien stammen aus einer Hand und verweisen auf die nördlichen Niederlande und Lübeck.

Ein Gedenkstein auf dem Friedhof der Namenlosen erinnert an eine Katastrophe von 1950: 15 junge Schweden sanken mit dem Nachbau eines Wikingerschiffes „Ormen Friske“ bei Helgoland auf dem Weg zur Weltausstellung in Paris.

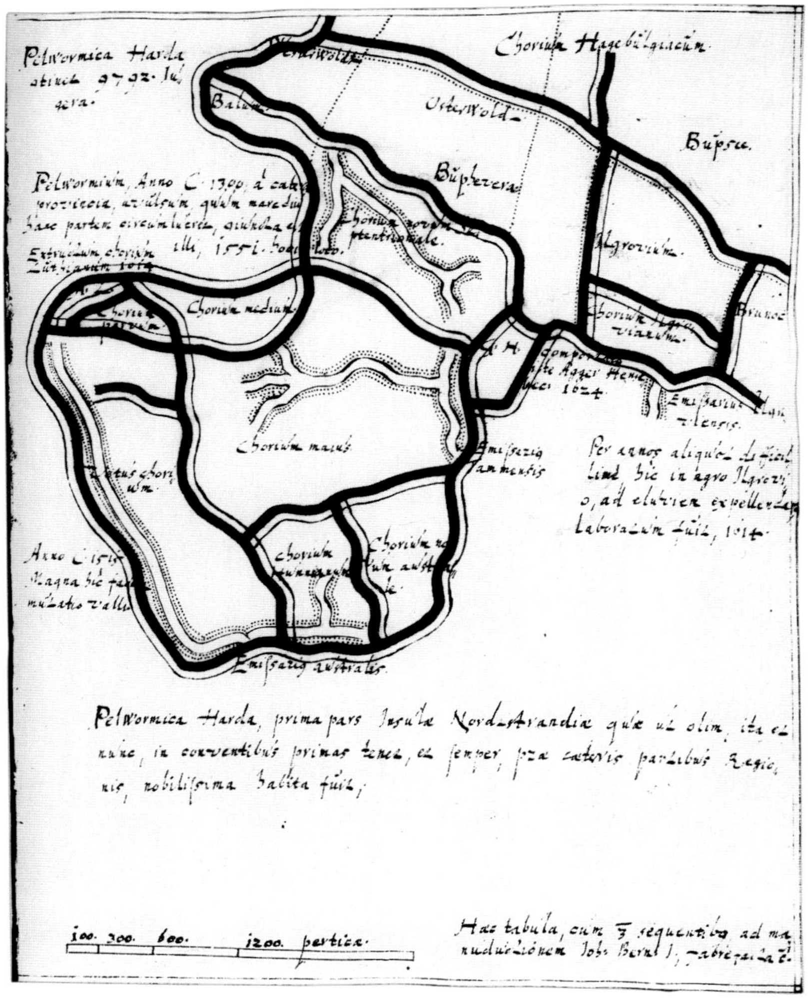

Handzeichnung der Pellworm-Harde vor ihrer Überflutung im Oktober 1634 von Peter Sax. Der väterlicherseits von Alt-Nordstrand stammende Sax war Bauer und Ratmann in Koldenbüttel/Eiderstedt und beschrieb in seinen Annalen den Verlauf der Katastrophenflut.

Die Weihnachtsflut vom 24. Dezember 1717 brachte einen erheblichen Rückschlag. 38 Menschen kamen ums Leben, und die Ernteverluste trafen die Landeigner so sehr, daß die Gesamtwirtschaft das ganze 18. Jahrhundert über nicht mehr auf den Stand vor der Weihnachtsflut gelangen konnte. Fast jedes Jahr brach das Wasser wieder ein. Jeder Schaden, jeder Verlust riß neue Löcher. Jetzt kamen auch Krankheiten infolge von schlechtem Trinkwasser – nur gesammeltes Regenwasser war verfügbar – und vitaminarmer Ernährung zum Tragen. Die Sterblichkeit lag in schlechten Jahren zwei- bis dreimal so hoch wie die Geburtenrate. Deshalb überschritt die Einwohnerzahl Pellworms trotz Neuansiedlung von Auswärtigen nie die 2000-Einwohner-Marke. Der Zuzug verhinderte aber, daß sich Folgen von Inzucht einstellten. Gleichzeitig führte er zum Verlust der ursprünglich friesischen Sprache zugunsten des Plattdeutschen.

1771 war endlich klar, daß das bisherige Deichrecht nicht mehr genügte. Bis dahin war jedem Landeigner ein bestimmtes Deichstück zugeordnet, das er pflegen mußte (Deichpflicht). Dabei konnte der Sachverstand professioneller Deichunternehmer nur in Ausnahmefällen zum Zuge kommen, da jeder Deichpflichtige mit eigenem Material und eigenen Leuten versuchte, seiner Aufgabe nachzukommen. Man führte deshalb die Kommuniondeichung anstelle der bisherigen Privatdeichung ein: Alle anfallenden Aufgaben wurden an Fachleute übergeben, die Kosten auf den Grundbesitz umgelegt. Das erlaubte rationelles Arbeiten, die Landbesitzer konnten die entstehenden Kosten teilweise durch Auftragsarbeiten am Deich wieder hereinholen. Damit war ein wesentlich höherer Stand der Deichsicherung zu gewährleisten.

Trotzdem mußten nach der Sturmflut von 1793 auf der gesamten Wetterseite im Westen und Süden der Insel Gebiete aufgegeben und ausgedeicht werden. Die wirtschaftliche Situation wurde immer angespannter. Als im Jahre 1825 das Meer das letzte Mal über die Deiche stieg, mußte infolge der Kosten ein Drittel der Landeigner Konkurs anmelden. Da sich keine Käufer fanden, übernahm der dänische Staat die Ländereien und wurde so in großem Umfang in die Deichpflicht eingebunden. Deshalb wollte man von Regierungsseite auch Einfluß auf die Deichverwaltung nehmen und setzte 1830 einen Ingenieur, den Kapitän Harm von Petersen, als Deichkommissar ein. Dieser hatte weitgehende Befugnisse, was zu Streitigkeiten mit dem gewählten Deichgrafen führte. Er setzte sich jedoch durch und überzeugte auch die übergeordneten Stellen davon, daß Pellworm nicht zur Hallig herabgestuft werden dürfe. Das hätte bedeutet, den Deichschutz aufzugeben. Da Pellworm aber Wellenbrecher für große Teile der Festlandsküste sei, so die Argumentation, müsse der Gesamtstaat auch wesentliche Aufgaben übernehmen. Petersen beschaffte Gelder der Regierung, begann nach der

Pellworm strebt seit Jahren eine autarke Energieversorgung mit regenerativer Erzeugung an. Das Solar- und Windkraftwerk, begonnen 1983 und 1992 erweitert, ist ein wesentlicher Baustein.

Obwohl der küstennahe Fisch- und Krabbenfang in Schleswig-Holstein zurückgeht, laufen vom Pellwormer Hafen auch heute noch fünf Fischkutter zum Fang aus.

Weite, Wolken und Einsamkeit. Noch heute findet man auf Pellworm zahlreiche naturnahe Bereiche. Die Pütten, ehemalige Erdentnahmestellen für den Deichbau, die Uferbereiche der Entwässerungsgräben und Binnenlandpriele sowie die Vogelkoje bieten zahlreichen Tier- und Pflanzenarten Lebensraum.

Die großen Höfe der Insel liegen auf Einzelwarften im Land. Alle Lebens- und Arbeitsbereiche wurden ursprünglich unter einem Dach zusammengefaßt. Eingangsgiebel und Wohnteil weisen fast immer nach Süden.

Die begrenzte Warftoberfläche verlangte häufig eine Bauweise im Winkel, so daß die Höfe bis zu geschlossenen Vierkanthöfen wuchsen. Im 19. Jahrhundert begann man, Bäume als Windschutz zu pflanzen.

Die ärmeren Leute waren nicht in der Lage, sich Warften zu bauen. Sie siedelten in langen Reihen auf den Mitteldeichen. Eine dieser Reihen zieht sich am Westertilli hin. Hier lebten Tagelöhner, Deicharbeiter, kleine Handwerker und Kaufleute.

Wiederherstellung der Deiche mit dem Bau von steinernen Fußsicherungen und führte mit den Ländereien, die durch Konkurse an die Krone gefallen waren, eine Flurbereinigung durch. Aufgrund seiner Machtfülle konnte er wagemutige landwirtschaftliche Unternehmer mit wirtschaftlich existenzfähigen arrondierten Höfen ausstatten, die eine Erfüllung der Deichpflicht ermöglichten. Die Kommuniondeichung wurde aufgehoben, da die Kosten explodiert waren: Jeder versuchte als Unternehmer mehr aus der Deichkasse zu holen, als er als Landeigner eingezahlt hatte. Durch diese Maßnahmen entstand auf Pellworm wieder eine vermögende landwirtschaftliche Grundbesitzerschicht, die fortan in der Lage war, die Geschicke der Insel zu meistern. Gleichzeitig war der Staat wegen der anerkannten überregionalen Bedeutung Pellworms auf Dauer in die Deichsicherung eingebunden.

Die zweite Hälfte des 19. Jahrhunderts brachte wieder einen Aufschwung. Zwar war Pellworm in starkem Maße von der Überseeauswanderung betroffen, die Daheimgebliebenen fanden aber zumeist ihr Auskommen. 1938/39 wurde die Inselfläche durch die Eindeichung des Bupheverkoogs vergrößert, die im Rahmen einer geplanten, aber nicht verwirklichten Festlandsanbindung der Insel durch einen Sicherungsdamm durchgeführt wurde. Die gewonnenen Ländereien wurden zur Hälfte an Pellwormer, zur anderen Hälfte an „verdiente" Parteigenossen der NSDAP vom Festland vergeben.

Die Nachkriegszeit brachte auch für Pellworm eine große Zahl von Flüchtlingen. 2500 Menschen siedelten zeitweise zusätzlich auf der Insel. Da sie aber nur begrenzt Arbeit fanden, wanderten die meisten ab, sobald sich die Möglichkeit dazu ergab. So entstanden Verbindungen nach Süddeutschland, wo viele dieser „Pellwormer auf Zeit" eine neue Heimat fanden. Heute leben 1200 Menschen auf der Insel.

Im Dezember 1965 erreichte endlich eine Trinkwasserleitung vom Festland die Insel. Bei der Verteilung des Wassers wurden die meisten Häuser auch mit Strom versorgt. Bis dahin waren noch weite Bereiche von Regenwasserspeicherung und Petroleum abhängig gewesen. Dieser Eintritt in die „moderne Zeit" erlaubte es auch, den Fremdenverkehr auf Pellworm auszubauen. Seit 1865 gab es einen regelmäßigen Dampfschiffsverkehr nach Husum, ab Anfang der 1960er Jahre nach Nordstrand. Durch den Bau eines Anlegers in der Mündung des Hafenpriels konnte die Verbindung seit 1993 weitgehend tideunabhängig gestaltet werden. Damit verbesserten sich die Chancen des Fremdenverkehrs, der vor wenigen Jahren die Landwirtschaft als Haupteinnahmequelle überholt hat.

Leben an der Grenze: die Wiedingharde

Adeline Petersen

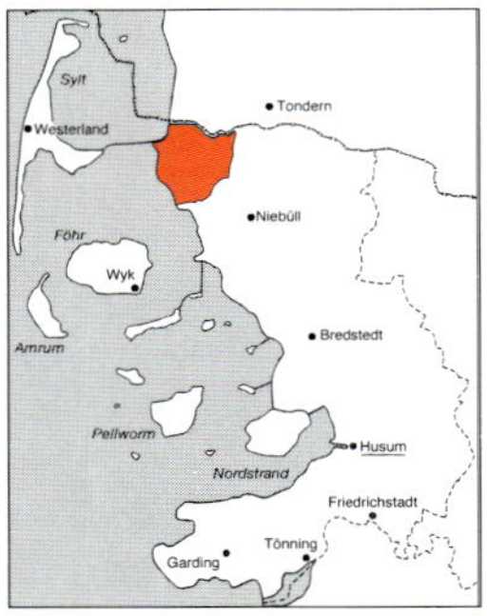

Die Wieding- oder Horsbüllharde gehört zusammen mit Eiderstedt und Pellworm zu den frühen Siedlungsgebieten der nordfriesischen Marsch. Ausgrabungen auf den Warften Alt-Horsbüll und Toftum bei Emmelsbüll haben erwiesen, daß es dort um 200 n. Chr. schon Siedlungen gegeben hat, die zu Beginn der Völkerwanderungszeit wieder verlassen wurden. Im 8. oder 9. Jahrhundert ließ eine weitere Gruppe von Einwanderern sich in der verlassenen Harde nieder, deren Herkunft nicht eindeutig geklärt ist. Möglicherweise handelte es sich um Dänen oder um die sogenannten Inselfriesen, die sich vermutlich im 11. Jahrhundert mit den neu angekommenen Festlandsfriesen vermischt haben.

Als selbständiges Verwaltungsgebiet taucht die Wiedingharde erstmals zusammen mit den übrigen nordfriesischen Harden als *Horsæbuheret* im „Erdbuch", einem Verzeichnis der Steuereinnahmen des dänischen Königs Waldemar II. aus dem Jahre 1231, auf. Unter Einfluß des Friesischen wird die dänische Form des Hauptortes *Horsæbu* – aus *hors* (Pferd) und *bu* (Ort) – später zu Horsbüll. Bis ins 18. Jahrhundert war der Name Horsbüllharde neben Wiedingharde (aus *Wiðing*, Bewohner an der Wiedau) der gebräuchlichste.

Aus der Höhe der Abgaben im „Erdbuch" Waldemars läßt sich schließen, daß die Wiedingharde zur damaligen Zeit zu den verhältnismäßig wohlhabenden Harden gehörte. Die Vermutung liegt nahe, daß die Bewohner einen großen Teil der Einkünfte durch den Handel mit Pferden erwarben. Zur Zeit Waldemars II. war der Meeresspiegel so weit angestiegen, daß die Bewohner ihre Wirtschaftsflächen eindeichen und ihre Häuser auf Warften bauen mußten. Die Deiche dieser Kleinköge sind zum Teil noch in der Landschaft sichtbar, unter anderem bei Schneedeich sowie in Nord- und Südhesbüll. Ab dem 14. Jahrhundert spitzte die Lage sich so zu, daß auch die Harde selbst zu schrumpfen begann, zunächst an der Westseite, wo unter anderem das Kirchspiel Wippenbüll ein Opfer der Fluten wurde. Durch die große „Mandränke" von 1362, die weite Teile der Marsch südlich der Wiedingharde fortgespült hatte, ging die Verbindung zur Bökingharde verloren. Um 1400 wurde Aventoft von der übrigen Harde getrennt, wobei auch das Kirchspiel Revtoft unterging. Jetzt konnte die Nordsee ungehindert in die nördlichen und östlichen Niederungen eindringen, und im Laufe kurzer Zeit war die Wiedingharde zu einer Insel geworden.

Ohne Schutz vor der steigenden Nordsee hätte sich die übriggebliebene Marschfläche kaum halten können. Im Jahre 1465 wurde daher ein geschlossener Seedeich um die Insel gezogen, der nach den Prophezeiungen der Wahrsagerin Hertje von Hesbüll, die um 1400 in der Wiedingharde lebte, Bestand haben sollte. Gerade der „Goldene Ring", wie sie ihn nannte, sollte aber zahlreiche Male überflutet werden und bis ins 19. Jahrhundert das Sorgenkind der Harde bleiben.

Was durch die Sturmfluten an wirtschaftlicher Kraft verlorengegangen war, konnte im 16. Jahrhundert durch Handel und Fischerei wieder aufgewogen werden. Vom Seehafen Tondern aus fand ein reger Überseehandel mit Ost- und Westfriesland sowie den übrigen Niederlanden statt. Verkauft wurden Pferde, Ochsen, Schafe, Wolle und Federn, während Korn in die getreidearme Harde eingeführt werden mußte. Außerdem beteiligten sich Wiedingharder am Heringsfang in der Nordsee und betrieben Fischfang in den Binnengewässern. Ein erster Versuch, etwas von dem verlorenen Land durch Eindeichung der nordöstlichen Harde um die Brunsodder Hallig zurückzugewinnen, scheiterte 1513. Ein zweiter, weit großzügiger angelegter Plan, die gesamten östlichen Niederungen von der Geest aus mit der Insel zu verbinden, gelang 1566 mit der Eindeichung des Gotteskooges, der auch Teile der Karr- und Bökingharde umfaßte. Erst danach konnte 1618 der alte Plan verwirklicht werden, die Brunsodder

Vom Friedrich-Wilhelm-Lübke-Koog aus gesehen, zeichnet sich die Silhouette Horsbülls mit dem ehemaligen Seedeich am Horizont ab. Der 1954 eingedeichte Koog wurde aus zum Teil unbewachsenem Schlickland gewonnen.

Hallig einzudeichen und die gefährlichen nördlichen Tiefs mit dem neuen Brunottenkoog zu schließen. Das Kirchspiel Rickelsbüll im Nordwesten der Harde hatte man jedoch nicht retten können, es mußte 1615 aufgegeben werden.

Trotz erheblicher Vergrößerung der Harde waren die folgenden Jahrhunderte geprägt von wirtschaftlicher Not. Die Ländereien in den neugewonnenen Kögen waren von mäßiger bis schlechter Qualität, und die erhöhten Steuerlasten während der Kriegsjahre des 17. Jahrhunderts und des Nordischen Krieges (1700–1721) brachten die Harde mehrmals an den Rand des Ruins. Die Deiche waren vernachlässigt worden, und zahlreiche Sturmfluten führten zu großen Verlusten an Land, Menschen und Vieh. Allein die zweite „Mandränke“ 1634 forderte 143 Menschenleben. Nach einer weiteren Sturmflutreihe von 1717 bis 1721 wurde die Lage so kritisch, daß man überlegte, „die ganze ruinierte Harde“ aufzugeben. Mehrmals mußte der Seedeich zurückverlegt werden, bis er nach der Sturmflut von 1825 endlich unter Beteiligung der Nachbarharden erhöht und verstärkt werden konnte. Die wirtschaftliche Not nahm danach jedoch eher zu als ab. Die Auswirkungen des dänischen Staatsbankrotts 1813 wurden spürbar, und als der absolute Tiefpunkt um 1830 erreicht war, mußte der Staat eingreifen, um eine völlige Verödung der Harde zu verhindern.

Die preußische Zeit ab 1864/67 brachte außer einigen modernen Errungenschaften wie Post, Telefon und einer neuen Klinkerstraße von Tondern über Emmelsbüll und Neugalmsbüll nach Niebüll weniger grundlegende Veränderungen als die Zeit nach dem Ersten Weltkrieg, in der sich das Leben radikal wandelte. Die im Jahre 1920 gezogene deutsch-dänische Grenze schnitt die Harde von ihrer Kreisstadt Tondern und von Nordschleswig ab, wo traditionell viel Magervieh zum Grasen hergekommen war. Viele Familien waren nun auf zwei Länder verteilt, und der Ruttebüller See wurde zur Hälfte dä-

Diese 1804/05 erstellte Karte läßt noch deutlich die Konturen der ehemaligen Insel (Wiedingharder Alter Koog) und die Halliglandschaft im Gotteskoog erkennen. Der Ausschnitt stammt aus dem Kartenwerk des Herzogtums Schleswig, gefertigt von Heinrich du Plat im Auftrag des dänischen Kronprinzen Friedrich.

nisch. Besonders in den nördlichen Dörfern war die Grenze ein wirtschaftliches und soziales Hindernis. In Rodenäs, dem ohnehin schon ärmsten Dorf der Wiedingharde, verlief die Grenze am Norddeich teilweise unter den Fenstern der Katen, und manch einer sah sich plötzlich von seinem guten Nachbarn, seinem Gemüsegarten oder seinem Arbeitsplatz getrennt. In Rodenäs und Aventoft gab es bei der Abstimmung über die neue Grenzziehung auch den größten Stimmenanteil für Dänemark, der jedoch nirgends über 15 Prozent hinausging.

Die Grenzziehung verstärkte die Abgeschiedenheit der Harde, die bisher keine direkte Landverbindung zum neuen Kreisort Niebüll besaß, spürbar. Deshalb wurde jetzt alles darangesetzt, das Gebiet zu erschließen, unter anderem durch Trockenlegung des Gotteskoogs und den Bau der schon vor der Abstimmung begonnenen Bahnstrecke von Niebüll über Klanxbüll nach Westerland/Sylt sowie der parallel laufenden Straße von Langstoft nach Emmelsbüll-Bahnhof.

Die beiden neuen Verbindungen führten mitten durch den Gotteskoog, der bis dahin kaum passierbar gewesen war. Durch das West-Ost-Gefälle hatte sich seit der Eindeichung so viel ablaufendes Regenwasser von der Geest und vom Wiedingharder Alten Koog in den Niederungen gesammelt, daß er sich während der Wintermonate oftmals in eine einzige Wasserfläche verwandelte, aus der nur noch die Halligen mit ihren Warften herausragten. Nur ein knappes Drittel des Koogs konnte als Grasland für das Vieh genutzt werden. Etwa die Hälfte bestand aus niedrigem Schlickland, auf dem allenfalls im Sommer Heu geborgen werden konnte, und ein Viertel des Kooges war ständig mit Wasser bedeckt.

Ein großangelegter Plan, den Gotteskoog trockenzulegen, war 1625 gescheitert. Auch weitere Entwässerungsmaßnahmen brachten keine grundlegenden Verbesserungen. Die Menschen, die im oder am Gotteskoog wohnten, hatten sich an diese sich ständig verändernde Landschaft angepaßt. Neben der bescheidenen Landwirtschaft lebten sie von Binnenfischerei, Reetgewinnung und Binsenflechterei. Aus den getrockneten Rohrkolben wurden Matten, Hausschuhe und vor allem Bänder für die Reetbunde geflochten; in Aventoft und Rosenkranz hatte sich diese Kunst zu einer kleinen Hausindustrie entwickelt. Das Hauptverkehrsmittel war das Boot. In strengen Wintern, wenn der Gotteskoog zu einer riesigen Eisfläche geworden war, konnte man sich auf Schlittschuhen oder mit dem Schlitten frei bewegen.

Diese über Jahrhunderte gewachsene Kultur sollte innerhalb kurzer Zeit für immer verschwinden, als die 1928 und 1933 fertiggestellten Schöpfwerke Hemenswarft bei Südwesthörn und Verlath am Ruttebüller See begannen, das Wasser mit Diesel- bzw. Elektromotoren abzupumpen, und der Koog neu besiedelt und

Der Ruttebüller See in den 1920er Jahren. Die von ortsansässigen Bootsbauern hergestellten Flachboote waren bis Anfang der 1930er Jahre in großen Teilen der Harde das wichtigste Verkehrsmittel.

Ein dänischer Zöllner patrouilliert auf dem Deich kurz nach der Grenzziehung im Jahre 1920. Die neu festgelegte deutsch-dänische Grenze verstärkte die Abgeschiedenheit der Wiedingharde.

Die 1920 gezogene deutsch-dänische Grenze verlief in Rosenkranz mitten auf der Straße um ein Haus herum (im Bild links), dessen Eigentümer unbedingt in Dänemark wohnen wollte.

Die Kirche in Horsbüll liegt unmittelbar hinter dem Deich. Der Seedeich um den Wiedingharder Alten Koog mußte mehrmals landeinwärts verlegt werden, in Horsbüll zum letztenmal nach der Sturmflut von 1825. Damals wurde ein großes Stück der alten Dorfwarft ausgedeicht, um die Kirche zu retten.

ganzjährig bewirtschaftet werden konnte. Nach dem Zweiten Weltkrieg wurde die Entwässerung durch Erweiterung des Schöpfwerks Verlath 1951 zielstrebig weiterverfolgt, und im Rahmen des „Programms Nord" sanierte man die kranken, moorigen Böden, so daß der Koog jetzt flächenhaft besiedelt und mit den neuangelegten Wirtschaftswegen völlig erschlossen werden konnte.

Die Zeit vor der Trockenlegung des Gotteskoogs ist bei älteren Leuten noch immer in lebhafter Erinnerung. In den Kindheitsbeschreibungen vieler erscheint die damalige Landschaft als eine einzigartige Erlebniswelt, die nicht nur durch ihre Vielfalt, sondern auch durch ihre Schönheit besticht. Diese Schönheit vermochten viele auch damals schon zu erkennen. In einem Aufsatz von 1922 prägte der Kieler Lehrer und Fotograf Theodor Möller (1873–1953) den Begriff „amphibisches Land", das seiner Meinung nach „mit zu dem Merkwürdigsten und Schönsten gehört, was unsere Heimat zu bieten vermag". Am eindrucksvollsten aber schildern die Bilder und Bücher des Kunstmalers Emil Nolde die Verbundenheit mit dem Gotteskoog. Nolde hatte 1926 die heutige Warft Seebüll am Hülltofter Tief erworben, um in dieser Umgebung zu malen. Er mußte mit ansehen, wie sich die Landschaft kurz danach vor seinen Augen veränderte. Seine Warnungen vor der Trockenlegung waren erfolglos, ihm blieben für die Zukunft nur noch „dunkle Wasserlöcher, gleich Gottestränen", wie er es selber vorausgesagt hatte.

Der „innere Neulandgewinn" im Gotteskoog und die vollständige Erschließung der restlichen Harde bis zu den entlegensten Höfen und Feldern brachte der Landwirtschaft den erwarteten Aufschwung. Dazu trug auch der 1954 eingedeichte Friedrich-Wilhelm-Lübke-Koog bei, der südlich des Hindenburgdamms aus zum Teil unbewachsenem Schlickland gewonnen wurde. Mit seiner geradlinigen Flächeneinteilung war der Lübke-Koog ein Vorbild der neuen Effizienz im Hinblick auf den Umgang mit der Natur. Er hätte in keinem größeren Kontrast stehen können zu dem neuesten, 1982 nördlich des Hindenburgdamms entstandenen Rickelsbüller Koog, der vollständig unter Naturschutz gestellt wurde.

Etwa gleichzeitig wurde ein Renaturierungsverfahren der inzwischen fast völlig verlandeten Seengebiete des Gotteskoogs eingeleitet. Angestrebt wurde die Wiederherstellung einer Landschaft, die

Schafe grasen am Deich des Friedrich-Wilhelm-Lübke-Kooges. Der Windmühlenpark entlang der vollen Länge des Seedeichs war bei seiner Errichtung 1990 der größte Europas. Inzwischen wurde ein zweiter Park entlang des früheren Seedeichs gebaut.

etwa der von 1955 entspricht, um sowohl einheimischen Pflanzen und Tieren als auch Zugvögeln einen Teil ihres verlorenen Lebensraums wieder zurückzugeben.

Beide Projekte sind aus einer deutsch-dänischen Zusammenarbeit entstanden. Das Amt Wiedingharde, das sechs Gemeinden mit 4400 Einwohnern umfaßt, beteiligt sich seit 1990 außerdem an einer Zusammenarbeit auf kommunaler Ebene mit der Nachbargemeinde Hoyer. Das daraus entstandene neueste grenzüberschreitende Vorhaben, das „Integrierte Entwicklungskonzept Wiedingharde – Tonderner Marsch", zielt unter anderem auf eine Umstrukturierung der in die Krise geratenen Landwirtschaft in einen sozialverträglichen, kulturorientierten Tourismus.

Zu den bedeutendsten kulturellen Merkmalen der Wiedingharde gehört ihre sprachliche Vielfalt. Noch heute werden hier fünf Sprachen nebeneinander gesprochen: neben Deutsch auch Friesisch, Süderjütisch, Niederdeutsch und in einigen Familien der Minderheit Dänisch.

Traditionell war das Wiedingharder Friesisch die allgemein benutzte Dorf- und Familiensprache in den Dörfern Emmelsbüll, Horsbüll, Klanxbüll und dem größten Teil Neukirchens. Der Nordteil Neukirchens und Rodenäs waren gemischtsprachig friesisch und süderjütisch, während Aventoft als rein süderjütisch galt. Niederdeutsch wurde in verhältnismäßig wenigen Familien gesprochen. In den zwanziger Jahren galt die Wiedingharde noch als eine Hochburg des Festlandsfriesischen, aber nach dem Zweiten Weltkrieg fand ein fast vollständiger Sprachwechsel der jungen Generation zum Hochdeutschen statt. Während das Dänische durch die politische Zusammenarbeit wieder an Status gewonnen hat, ist es bisher nur in geringem Umfang gelungen, dem Rückgang des Friesischen Einhalt zu gebieten. Seit 1988 jedoch können die Schüler in der dritten und vierten Klasse an beiden deutschen Schulen am Friesischunterricht teilnehmen, und es gibt erste Anzeichen einer Amtspolitik, die auch dem Wiedingharder Friesisch wieder einen etwas größeren Platz einräumt, als es bisher der Fall war.

Von der Geest geprägt: die Karrharde und Leck

Ulrich Jeß

Der Name „Karrharde" ist die historische Bezeichnung für ein Siedlungsgebiet auf der schleswigschen Geest, das im Jahre 1231 als „Kyærræhereth" im „Erdbuch" des dänischen Königs Waldemar II. erstmals urkundlich erwähnt wurde. Der friesische Begriff *Karr*, in dänisch-jütischer Ausdrucksweise *Kaer*, weist auf eine von Moor, Sumpf und kargem Sandboden geprägte Landschaft hin. Unter „Harde" verstand man in alten Zeiten die unterste Einheit für Verwaltung, Heerfolge und Rechtspflege.

Die Landschaft der Karrharde wurde im wesentlichen durch Einflüsse der jüngsten Eiszeit, teilweise auch der vorangegangenen Vereisung, sowie durch die klimatischen Schwankungen der nachfolgenden Perioden geprägt. Bedingt durch das Abschmelzen der Gletscher ergossen sich vom östlichen Eisrand aus ungeheure Wassermengen über den durch die vorangegangene Eiszeit gebildeten, bereits damals von heftigen Niederschlägen ausgewaschenen und somit nährstoffarmen Untergrund der Geest. Die mitgeführten Sand- und Geröllmassen lagerten sich als flache Sanderflächen ab. Das Schmelzwasser sammelte sich in breiten Strömen, wodurch die Urstromtäler entstanden, in denen wir heute die Wiesenlandschaften der Auen vorfinden. Da der leichte Sandboden den starken Frühjahrs- und Herbststürmen ausgesetzt war, wurde er an vielen Stellen, insbesondere im Nordwesten der Karrharde, zu Binnendünen zusammengeweht, wie man sie noch heute bei Süderlügum besonders gut erkennen kann. Auch die in der Ladelunder Gemarkung vorhandenen Sandhügel werden jener Zeit zugeordnet.

Mit einer deutlichen Erwärmung des Klimas ging das Heranwachsen ausgedehnter Waldgebiete der bislang tundraähnlichen Landschaft einher. Sie wurden zunächst von Birken, danach von nordischen Kiefern und schließlich aus Laubbäumen – vor allem Eichen, Linden und Haseln – gebildet. Auf den ehemaligen Waldreichtum weisen die Namen der Orte hin, die mit der Silbe „-lund" enden. In Niederungen angestaute Wassermengen führten zur Bildung ausgedehnter Moore. Daß der Waldbestand auf der Geest später wieder rapide zurückging und durch eine karge Heidelandschaft abgelöst wurde, ist einerseits einem erneuten Klimawechsel, vor allem aber dem Einfluß des Menschen zuzuschreiben, der zur Deckung seines immensen Holzbedarfs hemmungslos Raubbau betrieb. Im 8. und 9. Jahrhundert wurde auch die Karrharde von dänischen Jüten besiedelt. Das Gebiet der Harde reichte im Norden etwa bis zur Linie des heutigen deutsch-dänischen Grenzverlaufs zwischen Süderlügum und Jardelund, berührte im Osten die Ortschaften Wallsbüll und Schafflund, erstreckte sich im Süden bis zur Linie Soholm–Enge–Stedesand und stieß im Westen an die Marschen.

Rechtsstreitigkeiten und Strafverfahren wurden auf der Gerichtsversammlung (Thing) in Leck verhandelt, dem Hauptort der Karrharde. Ausgehend von der hier im 12. Jahrhundert im romanischen Stil errichteten St.-Willehad-Kirche, entfaltete sich das kirchliche Leben in der Region. Schon bald setzte auf dem gesamten Geestrücken eine rege Kirchenbautätigkeit ein. Dies hatte zur Folge, daß sich im Gebiet der Karrharde immer mehr Kirchengemeinden herausbildeten, die steinerne Gotteshäuser aufzuweisen hatten. So werden um 1300 die Kirchen Karlum, Ladelund und Braderup urkundlich aufgeführt, von denen die erstgenannte als Mutterkirche der beiden anderen fungierte. Der Bau der Humptruper Kirche und der ihr damals untergeordneten Kirche zu Süderlügum dürfte, genau wie die Errichtung der Kirchen in Stedesand, Klixbüll und Medelby, etwa um 1200 erfolgt sein. Eine Urkunde aus dem Jahre 1359 bezeugt die offizielle Abtrennung der Enger Katharinenkapelle von der Lecker Mutterkirche. Alle genannten Kirchen – und nur diese – sind noch heute Mittelpunkt selbständiger Kirchspiele.

Der historische Ochsenweg, hier ein gut erhaltenes Teilstück zwischen Leck und Klintum auf einem um 1920 entstandenen Foto, wurde auch „Heer-“ oder „Herrweg“ genannt. Seit dem 16. Jahrhundert trieb man auf diesem Weg Vieh zum Markt. Das kleine Geestdorf Leck konnte sich so zu einem bedeutenden Marktort entwickeln. Heute erweist sich der Weg als Attraktion für Erholungsuchende im „grünen Herzen Südtonderns“.

Das Leben in den Dörfern der Karrharde wurde von alters her im wesentlichen durch die Landwirtschaft bestimmt. Die Dorfgemeinschaften wurden gebildet aus den Familien der Hofstelleninhaber (Bohlsleute oder Hufner), die das Sagen hatten, den mit geringfügigem Besitz ausgestatteten Kätnern und den Insten, die weder über Landanteile noch über ein eigenes Haus verfügten und deshalb nicht das geringste Mitspracherecht besaßen. Auch die Handwerker, Pastoren und Lehrer betrieben in der Regel nebenbei Landwirtschaft. Auf dem kargen Sandboden waren jedoch, gemessen an den vergleichsweise üppigen Ernteerträgen der Marsch- und Hügellandgebiete, nennenswerte Reichtümer kaum zu erwirtschaften. Dies gilt für die Zeit der Gemeinwirtschaft, in der das Acker- und Weideland, das den Bauern – ihren Steueranteilen entsprechend – jährlich zugelost wurde, als gemeinschaftliches Eigentum angesehen wurde. Es trifft aber auch für die erste Zeit nach der Einkopplung der Ländereien zu, die am Ende des 18. und Beginn des 19. Jahrhunderts erfolgte. Erst die Einführung des Kunstdüngers sorgte bei den Geestbauern für ergiebigere Ernten.

Eine Ausnahmestellung im wirtschaftlichen und gesellschaftlichen Leben nahmen die adligen Güter ein, deren Besitzer seit dem 16. Jahrhundert Herren über weite Landgebiete und ganze Dörfer waren. Zu diesen Gütern zählen Fresenhagen, Klixbüllhof und Lütjenhorn. Letzteres verdient besondere Erwähnung, weil hier bereits 1789 die Leibeigenschaft aufgehoben wurde, 15 Jahre vor der allgemeinen Abschaffung in den Herzogtümern Schleswig und Holstein.

Die Kultivierung von Heideflächen begann um 1760, als der dänische König Friedrich IV. süddeutsche Kolonisten anwarb, die sich – zum Beispiel in Bramstedtfeld, Ladelund und in der Lecker Gemarkung Wilhelminenfeld – auf den von ihnen in mühsamer Arbeit landwirtschaftlich nutzbar gemachten Flächen kleine

Im Herrenhaus des Gutes Lütjenhorn residierte einst Matthias Jacob Schleiden, dessen fortschrittliches Denken bewirkte, daß in seinem Herrschaftsbereich bereits im Jahre 1789 die Leibeigenschaft aufgehoben wurde. In den Herzogtümern Schleswig und Holstein wurde sie allgemein erst 1804 abgeschafft.

Hofstellen schufen. In großem Stile wurde die Bewirtschaftung der Heideflächen aber erst zu Beginn des 20. Jahrhunderts betrieben, als es möglich wurde, mit Hilfe dampfgetriebener Maschinen die wasserundurchlässige Ortsteinschicht zu durchbrechen, den Heideboden zu fräsen und Mergel als Düngemittel in den Boden einzubringen. Dem Abbau von rund 750 000 Kubikmeter Mergel in den Jahren von 1906 bis 1927 verdankt die Gemeinde Ladelund ihr idyllisch gelegenes „Naturbad", da eine der drei Kuhlen, die sich dauerhaft mit Wasser füllten, 1960 zu einem Freibad ausgebaut wurde. Durch eine teilweise Entfernung der Landzunge zwischen dem Badesee und dem angrenzenden mittleren See wurde eine 40 000 Quadratkilometer große Wasserfläche geschaffen, die von Wasserskiläufern eifrig genutzt wird. Das Kleinklima der Karrharde erfuhr eine deutliche Milderung durch Aufforstungen, die vor rund 150 Jahren begonnen, von der „West-Mittelschleswigschen Actiengesellschaft für Holzculturen" 1863 intensiviert und unter dem Forstmeister Carl Emeis in der Zeit von 1878 bis 1890 erfolgreich abgeschlossen wurden. Letzterem sind die Wiederaufforstung des zuvor abgebrannten Karlumer Waldes und die Anpflanzung des Langenberger sowie des Süderlügumer Forstes zu verdanken.

Eine weitere kleinklimatische Verbesserung hatte das „Programm Nord" seit 1953 zur Folge, in dessen Verlauf viele Windschutzanlagen gepflanzt wurden. Auch der Ausbau eines leistungsfähigen Wirtschaftswegenetzes ist dem Programm zu verdanken, das allerdings wegen teilweise radikaler Eingriffe in die Natur – zum Beispiel der Begradigung von Wasserläufen – von Ökologen später heftig kritisiert wurde. Auf eine zentrale Versorgung mit einwandfreiem Trinkwasser zielte der 1955 gegründete „Wasserbeschaffungsverband Drei Harden" ab, dessen Wasserwerk in Karlum errichtet wurde. Es war so ausgelegt, daß das aus Tiefbrunnen gewonnene Wasser in das gesamte Gebiet der Karr-, Böking- und Wiedingharde hätte geleitet werden können. Die Gemeinden im Raume Medelby und Ladelund traten dem Verband jedoch nicht bei. Sie beziehen ihr Trinkwasser aus Hörup. Die Halligen Oland und Langeneß hingegen werden seit einigen Jahren von Karlum aus versorgt.

Grenzgebiet im weitesten Sinne des Wortes war die Karrharde schon von jeher, da hier dänisch-jütische, friesische und später deutsche Einflüsse zusammentrafen, was auch an der Sprachenvielfalt erkennbar ist. Im politischen Sinne wurde sie es jedoch erst nach der deutsch-dänischen Abstimmung im Jahre 1920 als Bestandteil des Kreises Südtondern. Der neue Status wurde nach außen hin unter anderem durch die Errichtung einer Reihe repräsentativer öffentlicher Gebäude entlang der neuen Grenze dokumentiert. Sie tragen die unverkennbare architektonische Handschrift des damaligen Leiters des Preußischen Hochbauamtes Flensburg, Regierungsbaumeister Wilhelm Oelker. Er, der leidenschaftlich die „bombastische Talmi-Architektur" seiner Zeit anprangerte, wollte mit seinen Bauten, zum Beispiel den Schulen in Ladelund und Westre sowie dem Finanzamt in Leck, nach eigenem Bekunden „praktische Bauberatung" betreiben.

Eine Belastung besonderer Art hat bis heute die Gemeinde Ladelund zu bewältigen. Da ihr ehemaliges Reichsarbeitsdienstlager im Herbst 1944 kurzzeitig zu einem Außenlager des KZ Neuengamme umgewandelt wurde, um die Häftlinge nach dem Prinzip „Vernichtung durch

Der Name der „Fischerhäuser" deutet darauf hin, daß Leck einst einen Hafen besaß. Nach Danckwerths Landesbeschreibung von 1652 verschlammte er aber. Daß in den Häusern tatsächlich einst Fischer gewohnt haben, ist nicht belegt.

Die Heimvolkshochschule Leck wurde nach der deutsch-dänischen Abstimmung des Jahres 1920 zwecks Förderung der deutschen Kultur im neuen Grenzgebiet errichtet und im April 1923 als „Grenzvolkshochschule" in Betrieb genommen.

Die im 12. Jahrhundert errichtete St.-Willehad-Kirche zu Leck war Ausgangspunkt für die Entfaltung des kirchlichen Lebens in der Karrharde. Der Name des Gotteshauses ehrt das Lebenswerk des „Missionars der Friesen", der sich aber nie in der Karrharde aufhielt.

Das Wappen des heutigen Amtes Karrharde ist aus dem alten Bildsiegel abgeleitet, das der Karrharde im Jahre 1359 zuerkannt wurde. Es zeigt fünf Bäume hinter einem Flechtzaun, die auf den einstigen Waldreichtum des Gebietes hindeuten.

Arbeit" beim Bau eines militärisch völlig sinnlosen Panzerabwehrgrabens einzusetzen, haben ihre Einwohner die menschenunwürdige Behandlung und das Sterben vieler Gefangener in ihrer unmittelbaren Nachbarschaft mit ansehen müssen. Der Gemeindepastor Johannes Meyer (1896–1965) setzte es durch, die insgesamt rund 300 Häftlinge aus 13 Nationen, die während der nur sechswöchigen Existenz des KZ-Außenlagers – vom 2. November bis zum 16. Dezember 1944 – in Ladelund ums Leben kamen, auf dem Friedhof seiner Kirchengemeinde zu beerdigen. Auch gelang es ihm, Namen und Herkunft der Toten zu notieren. Seine Aufzeichnungen ermöglichten es nach Kriegsende, mit vielen Angehörigen der 107 Toten, die aus der holländischen Kleinstadt Putten stammten, Kontakt aufzunehmen und auf der Basis des christlichen Glaubens eine „Versöhnung über den Gräbern" einzuleiten. Sie hat bewirkt, daß sich zwischen zahlreichen Menschen in Putten und Ladelund eine enge Freundschaft entwickelte und weiterhin ständig vertieft. Auch ehemalige KZ-Gefangene sowie Angehörige verstorbener Häftlinge aus Dänemark und Polen haben inzwischen an den Begegnungen Anteil. Eine hauptamtlich betreute KZ-Gedenk- und Begegnungsstätte mit einer wissenschaftlich erarbeiteten Dauerausstellung befindet sich seit 1990 in Sichtweite der Gräber.

Im heutigen Sprachgebrauch ist die Karrharde ein Amt. Zwecks „Verbesserung der Verwaltungskraft im ländlichen Bereich" wurde es 1966 unter dem Namen „Süderkarrharde" aus den 23 Gemeinden der aufgelösten Ämter Enge, Klixbüll, Leck und Medelby gebildet. Zum selben Zeitpunkt wurde Leck amtsfrei. Mit der Auflösung des Amtes Ladelund im Jahre 1967 wurden auch dessen vier Gemeinden in die größere Einheit einbezogen, die seitdem den historischen Namen „Karrharde" trägt. Die Kreisreform am 26. April 1970 ordnete die fünf Gemeinden des Amtes Medelby dem Amt Schafflund und somit dem Landkreis Schleswig-Flensburg zu. 1974 kam es zu einer erneuten Fusion; insbesondere wurden die Gemeinden Klintum und Oster-Schnatebüll in die amtsfreie Gemeinde Leck eingegliedert. Seitdem weist das Amt Karrharde noch zehn Gemeinden auf: Achtrup, Bramstedtlund, Enge-Sande, Karlum, Klixbüll, Ladelund, Sprakebüll, Stadum, Tinningstedt und Westre mit insgesamt rund 7200 Einwohnern. Die Gemeinden Bosbüll, Braderup, Ellhöft, Holt, Humptrup, Lexgaard, Süderlügum und Uphusum bilden das eigenständige Amt Süderlügum mit etwa 4200 Einwohnern.

Die Ortschaften entwickeln sich immer stärker von einst reinen Bauerndörfern zu Wohngemeinden mit Dienstleistungs- und Gewerbebetrieben, jedoch auch mit zahlreichen pendelnden Arbeitnehmern. Einen bedeutsamen Arbeitgeber für Zivilbedienstete stellt die Bundeswehr dar, die in Bramstedtlund eine Funkabhörstation („Kastagnette") sowie ein Sanitätsdepot, in Ladelund ein für ganz Norddeutschland zuständiges Geräte- sowie in Sande und Süderlügum je ein Munitionsdepot unterhält. Besondere Bedeutung, nicht zuletzt auch als Wirtschaftsfaktor, hat sie für die Gemeinde Leck, die bereits während des Zweiten Weltkriegs einen wichtigen Fliegerhorst aufwies, der nach seiner Schleifung im Jahre 1948 bereits ab 1956 wieder neu errichtet wurde.

Zahlreiche Arbeitsplätze bietet auch der renommierte Lecker Buchherstellungsbetrieb „Clausen & Bosse", der – insbesondere auf dem Sektor der Taschenbuchherstellung – zu den modernsten in Europa zählt.

Alter Überlieferung nach soll es an der Lecker Au im Mittelalter einen Hafen gegeben haben. Auch wird angenommen, daß schon im 12. Jahrhundert ein dem Dienstadel angehöriger Schloßherr südlich der Lecker Au eine auf Pfählen errichtete Turmburg namens „Leckhus" bewohnte, die einen Zugang zum Hafen besaß. Die Untersuchung aufgefundener Pfahlreihen spricht für diese Vermutung, wenngleich heute deutlich erkennbare Überreste des „Schlosses" nicht mehr vorhanden sind. Einen ersten wirtschaftlichen Aufschwung erlebte das Heidedorf Leck, als Herzog Johann der Ältere 1548 zwei jährlich abgehaltene Märkte nach

Das Pastorat der Ladelunder Kirchengemeinde St. Petri steht unter Denkmalschutz. Seine Existenz läßt sich bis zum Jahr 1580 zurückverfolgen. Nachdem das Gebäude im Februar 1992 bis auf die Grundmauern niedergebrannt war, wurde es noch in demselben Jahr nach alten Plänen neu errichtet.

Leck verlegte, die bis zu diesem Zeitpunkt in unmittelbarer Nähe einer Wallfahrtskapelle in Strichsand, also am alten Heerweg von Tondern nach Flensburg, stattgefunden hatten. Die Lage Lecks an dem weitaus bedeutenderen „Ochsenweg“ von Tondern über Husum nach Wedel, von der sich der Landesherr höhere Profite versprach, mag für die Maßnahme den Ausschlag gegeben haben. Die Lecker Vieh- und Krammärkte entwickelten sich sehr vital und hielten sich bis in die 1970er Jahre. In der Form stets gutbesuchter Jahrmärkte städtischen Charakters leben die jeweils im Frühjahr und Herbst abgehaltenen Lecker Märkte noch heute fort.

Als „grünes Herz Südtonderns“, wie der Ort in der Werbung für den Fremdenverkehr bezeichnet wird, ist Leck Sitz der Verwaltungen sowohl der rund 7600 Einwohner umfassenden Gemeinde Leck als auch des Amtes Karrharde. Es fungiert nicht nur als Einkaufszentrum und Standort des Finanzamtes, sondern weist auch ein breitgefächertes Bildungsangebot auf. Bis auf ein Gymnasium verfügt Leck über Regelschulen aller Art, ergänzt durch eine traditionsreiche Heimvolkshochschule und eine Abendvolkshochschule. Mit Ausnahme der Grundschule sind die Lecker Schulen auch für die Karrharde insgesamt zuständig.

Als besondere touristische Attraktion hat sich die waldreiche Umgebung Lecks erwiesen, die nicht nur erholungsuchende Urlauber anlockt, sondern darüber hinaus auch heimatkundlich interessierten Gästen die Möglichkeit bietet, guterhaltene Überreste des einstigen Heer- bzw. Ochsenwegs zu besichtigen. Das reetgedeckte Gebäude der 1836 zugelassenen „Königlich Privilegierten Apotheke“ ist – neben den sogenannten „Fischerhäusern“ – vermutlich das meistfotografierte Haus der aufstrebenden Gemeinde Leck, die bislang darauf verzichtete, das Stadtrecht zu beantragen.

Im Zentrum ein Moor: die Bökingharde und Niebüll

Heinz Sandelmann

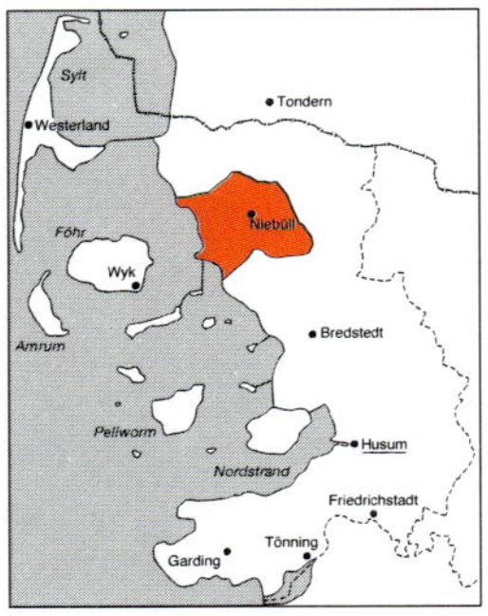

Am Rande der Sanderinsel Risummoor lebten in der Steinzeit zeitweise Menschen; darauf lassen Funde besonders im Raum Lindholm-Klockries schließen. Aus der Eisenzeit stammt ein in Niebüll gemachter Münzfund. Zu dieser Zeit war die zum Hochmoor entwickelte Sanderinsel umgeben von Niederungsmooren, Bruchwald und Sümpfen. Die Menschen, über deren Herkunft nichts bekannt ist, haben das Gebiet wahrscheinlich während der Völkerwanderungszeit verlassen. Seit dem 11. Jahrhundert wurde das Gebiet durch Zuwanderer aus Skandinavien, besonders aber durch Friesen aus dem südlichen Nordseeküstenraum, neu besiedelt.

Im Jahre 1231 wurde die Bökingharde erstmals genannt. Sie wird von der Sander- oder Geestinsel Risummoor und einer tiefer gelegenen, sie umrahmenden Marschlandschaft gebildet. Die Sanderinsel war zunächst vom Wasser des Inlandes umgeben, das nach Westen abfloß. Risummoor wurde etwa seit dem Ende des Mittelalters auch „Kornkoog" genannt. Beide Landschaften erfuhren eine Umgestaltung durch die Nacheiszeit und die Meereseinbrüche besonders des Mittelalters und des nachfolgenden Jahrhunderts.

Die Marsch, unterschieden nach der „alten" und der „jungen" Marsch, ist das Ergebnis tiefgreifender Veränderungen durch den Einfluß der Nordsee. Während die „junge" Marsch nach der Sturmflut von 1362 entstand, zerriß dieselbe Naturkatastrophe die Bökingharde und ließ große Teile der „alten" Marsch untergehen. Vier Halligen – Galmsbüll, Dagebüll, Fahretoft und Ockholm – entstanden. Risummoor wurde teilweise dem Meereseinfluß ausgesetzt und war vom Festland getrennt. Maßnahmen zum Schutz der Menschen und des Landes wurden notwendig, und der Deichbau zur Landgewinnung setzte ein.

Im späten 13. Jahrhundert begann man mit dem Bau von Kirchen, die teilweise auf Warften errichtet wurden. Die acht Gotteshäuser der Bökingharde verfügen zum Teil über sehr altes Inventar. Bemerkenswert sind freistehende Glockentürme neben den Kirchen und manche alten Grabsteine.

Die Bökingharde blieb trotz wechselvoller politischer Entwicklungen eine weitgehend selbständige Verwaltungseinheit mit eigener Rechts- und Gerichtsverfassung. Die Oberhoheit des Dänenkönigs in seiner Eigenschaft als Herzog hatte bis 1864 Bestand. Eine Erinnerung an die mittelalterliche Vergangenheit ist das Siegel der Bökingharde von 1377: Schiff und Pflug symbolisieren wesentliche Erwerbszweige der damaligen Zeit.

Von kriegerischen Handlungen größeren Ausmaßes blieb dieses Gebiet bis heute verschont. Der Ort Langsumtoft war 1344 Schauplatz eines Kampfes der Bökingharder gegen den König von Dänemark. Ursache der Auseinandersetzung, in der sie unterlagen, war ihre Weigerung, dem Monarchen Abgaben zu entrichten. Während des Dreißigjährigen Krieges (1618–1648) hatten die Bewohner von 1627 bis 1629 unter der Einquartierung Wallensteinscher Truppen zu leiden. Auch im weiteren Verlauf des Krieges wurden rücksichtslos Lebensmittel, Geld oder andere Abgaben von den wehrlosen Einwohnern eingetrieben.

Ab Mitte des 14. Jahrhunderts waren erste große Landverluste in der Bökingharde zu beklagen. So hatte die Harde zum Beispiel nach der Sturmflut von 1362 drei Kirchen verloren. Viele Einwohner des Ortes Langsumtoft (später Langstoft) siedelten sich auf dem höher gelegenen, zunächst flutsicheren Rand des Risummoores, wie die Sanderinsel inzwischen genannt wurde, an. Dort entstanden die Ansiedlungen Gath und Uhlebüll (alte Siedlung). Zuletzt wurde Niebüll (neue Siedlung) gegründet. Deezbüll, Lindholm mit den Ortsteilen Klockries, Kremperhaus und Wegacker sowie Risum mit Maasbüll waren schon früher entstanden. Die Kirche von Risum wurde um 1400 auf das Moor verlegt.

Das Andersenhaus in Klockries, Gemeinde Risum-Lindholm, konnte dank der Bemühungen des Ostermooringer Friesenvereins bewahrt und 1993 zu einem wichtigen Kulturzentrum ausgebaut werden. Der ehemalige Bauernhof wurde vorbildlich restauriert.

Das 1986 errichtete Rathaus in Niebüll löste einen Vorgängerbau von 1928 ab, der seitdem als Museum für moderne Kunst dient. Zwischen beiden Gebäuden entstand ein Platz, der dem erst 1960 zur Stadt gewordenen Ort einen Mittelpunkt gab.

Das aus dem 19. Jahrhundert stammende, modernisierte und renovierte Pastorat in Niebüll zeigt die traditionelle friesische Bauweise, die ansonsten großenteils städtischer Architektur Platz machen mußte. Vielerorts in Nordfriesland sind indes auch die alten Pastorenhäuser nüchternen Zweckbauten gewichen.

Mit dem Abbau des vor Jahrhunderten entstandenen Moores, der Kultivierungsarbeit im Risummoor, hat man sofort begonnen. Sie war nur gemeinsam zu bewältigen und ermöglichte erst den Kornanbau, der dem Kornkoog seinen Namen gab. Die zunehmende Bedrohung durch die Nordsee, die im 14. Jahrhundert bis an den Geestrand vordrang, machte langwierige und kostspielige Deichbauten zum zentralen Thema in der Bökingharde. Verlorenes, überflutetes Land sollte und mußte wiedergewonnen werden. Die Höhe des Risummoores bot keinen Schutz mehr, Teilbedeichungen wurden erforderlich. Abschnittsweise wurden sie bis zum Ende des 16. Jahrhunderts ausgeführt. Auch der Abfluß des von der höheren Geest und vom Risummoor kommenden Wassers war zu regulieren, zum Beispiel durch den Bau von Sielen oder niedrigen Schutzwällen.

Besonders in der Zeit vom 16. bis 18. Jahrhundert wurden mehrere Köge eingedeicht. Ihre Gewinnung war fast immer mit besonderen Ereignissen verbunden, zum Beispiel mit mehrmaligen Deichbrüchen, länger andauernden Überschwemmungen, jahrzehntelangen Entwässerungsschwierigkeiten, späten Besiedlungen, der Unterdrückung von Deicharbeiteraufständen oder langwierigen Gerichtsprozessen um das Vorland. War der Deichbau zunächst eine örtliche Gemeinschaftsaufgabe gewesen, so nahm jetzt mehr und mehr der staatliche Einfluß zu. Einige Eindeichungen bewerkstelligten finanzkräftige auswärtige Unternehmer. Sie ließen sich vom Landesherrn zum Ausgleich ihres Risikos Privilegien (Oktrois) für viele Jahre zusichern. Köge umgaben nun die ehemalige Sanderinsel Risummoor, ließen sie und die ehemaligen Halligen Galmsbüll, Dagebüll, Fahretoft und Ockholm landfest werden. Die insbesondere durch die Sturmflut von 1362 zerrissene Marschlandschaft bildete wieder eine Einheit. Viele der früheren Außendeiche sind noch zu sehen. Sie werden heute allgemein als Mittel- oder Schlafdeiche bezeichnet, häufig verlaufen Straßen auf ihnen.

Insgesamt entstanden von der Mitte des 15. Jahrhunderts bis 1939 in der Bökingharde 18 Köge: Klixbüller Koog (1465/66), Großer Kohldammer Koog (1465/66), Störtewerker Koog (1551), Kleiner Kohldammer Koog (1554), Gotteskoog (1566), Waygaarder Koog (1577), Maasbüller Herrenkoog (1641), Bottschlotter Koog (1641), Blumenkoog (1652), Alter Christian-Albrechts-Koog (1682), Fahretofter Koog (1688/90), Dagebüller Koog (1704), Neuer Christian-Albrechts-Koog (1706), Kleiseerkoog (1727), Juliane-Marien-Koog (1778), Marienkoog (1798), Osewoldter Koog (1936), Galmsbüllkoog (1939).

Die Bökingharde ist zu einer Landschaft der Köge geworden. Sie beherbergen geschichtsträchtige Anwesen, darunter imposante Drei- oder Vierseithöfe. So finden sich zum Beispiel in den Christian-Albrechts-Kögen der Carolinenhof, die Höfe Gottesgabe, Neuwerk, der Katharinenhof und der Nahnshof sowie im Kleiseerkoog der Hof Gottesberg. Sie sind ein Abglanz früherer Zeiten.

Wegen der Nähe zum Meer hatten sich besonders einige Einwohner des Ortes Deezbüll, der bis zum Ende des 17. Jahrhunderts über einen Hafen verfügte, für etliche Jahre der Handelsschiffahrt oder dem Walfang zugewandt. Es gab auch diverse Handwerker. Der Haupterwerbszweig war jedoch die Landwirtschaft, wobei meistens mehr Weidewirtschaft als Ackerbau betrieben wurde. Obwohl der Handel mit den landwirtschaftlichen Erzeugnissen Wohlstand brachte, waren die wirtschaftlichen Verhältnisse starken Schwankungen unterworfen. Erst von der Mitte des 19. Jahrhunderts an ging es aufwärts.

Eine durchgreifende Strukturverbesserung brachte seit 1953 das „Programm Nord“, in dessen Mittelpunkt die Flurbereinigung stand. Es wurden Aussiedlungen vorgenommen, Wirtschaftswege gebaut, die Wasserwirtschaft verbessert und Aufforstungen sowie Anpflanzungen für den Windschutz vorgenommen. Wohnwert und Lebensverhältnisse glichen sich städtischen Standards an. Vor allem seit den 1970er Jahren nahm der Fremdenverkehr

Mole in Dagebüll, um 1930. Die seit 1895 verkehrende Kleinbahn hat Feriengäste vom Niebüller Bahnhof bis auf die Mole gefahren. Das dampfende Fährschiff nach Föhr/Amrum wartet schon.

Den „Königsteinschen Haubarg" ließ Baron Ludwig Pincier von Königstein errichten. Er war zu Beginn des 18. Jahrhunderts Amtmann zu Tondern und beteiligte sich an der Bedeichung des Neuen Christian-Albrechts-Kooges als Investor. Das 1980 abgebrannte Haus entstand – untypisch für das nördliche Nordfriesland – nach dem Vorbild der Eiderstedter Haubarge.

Blick aus der Vordiele eines utlandfriesischen Hauses der Bökingharde. Es handelt sich um das bald nach der Sturmflut von 1634 erbaute „Haus Hansen" in Klockries. 1967/68 wurde es im Schleswig-Holsteinischen Freilichtmuseum in Molfsee bei Kiel wiedererrichtet.

Der jetzige Bau der Kirche zu Fahretoft stammt aus dem Jahr 1703. Das Gotteshaus beherbergt den alten Altar der Tonderner Christuskirche. Auf dem Friedhof erinnern Gedenksteine an den Landmann und Rechenmeister Hans Momsen und den Missionsstifter Christian Jensen.

einen ungeahnten Aufschwung. Er ist für viele eine wichtige Einnahmequelle geworden.

Neben den politischen Parteien gibt es in der gesamten Bökingharde ein reiches Vereinsleben. Die friesischen Vereine sind bemüht, die regionale Kultur und die friesische Sprache, die Mooringer Mundart, zu erhalten und möglichst weiterzuverbreiten. Der älteste friesische Verein Nordfrieslands entstand 1879 in Niebüll-Deezbüll. Stätten friesischer Kulturpflege sind das Andersenhaus in Klockries und der Bauernhof Bahnsen, das heutige Friesische Heimatmuseum in Niebüll-Deezbüll.

Das Gebiet der Bökingharde wird heute von zwei Dienststellen verwaltet: Stadt Niebüll und Amt Bökingharde. Aus den ehemaligen kleinen Ämtern Dagebüll, Fahretoft und Lindholm sowie aus Teilen des Amtes Enge wurde 1967 das Amt Bökingharde gebildet. Die ihm angehörenden zwölf Gemeinden faßte man zu vier Gemeinden zusammen: Dagebüll (Fahretoft, Juliane-Marien-Koog, Waygaard), Galmsbüll (Christian-Albrechts-Koog, Kleiseerkoog, Marienkoog), Risum-Lindholm und Stedesand (Störtewerker Koog, Wester-Schnatebüll). Die Gemeinde Stedesand gehörte ursprünglich zur Karrharde, ist aber seit 1974 der Bökingharde angegliedert. Insgesamt umfaßt das Amt rund 5700 Einwohner.

In Risum-Lindholm, der mit 3300 Einwohnern weitaus größten Gemeinde, in der sich auch die Amtsverwaltung befindet, stehen an der ca. 9,5 Kilometer langen Dorfstraße, die zum Teil auf dem Geestrand verläuft, viele typische Friesenhäuser. Warften in der Gemeinde Dagebüll weisen auf den ehemaligen Halligcharakter ihrer Ortsteile hin. In diesem staatlich anerkannten Erholungsort macht sich der Tourismus besonders bemerkbar. Dagebüll ist der Fährhafen nach Föhr und Amrum. Jährlich befördern die Schiffe der Wyker Dampfschiffs-Reederei etwa 275 000 Autos auf die Inseln und Halligen. Stark landwirtschaftlich geprägt ist nach wie vor die Gemeinde Galmsbüll, in der noch manches an ihr früheres Halligdasein erinnert.

Bereits früh besaß Niebüll eine übergeordnete Bedeutung. Seit 1671 wurde ein Markt abgehalten. Das Hardengericht tagte hier immer häufiger. In dem Ort gab es Krämer, Handwerker, Müller, Ärzte, eine Apotheke und Schulen; Geldgeschäfte wurden hier erledigt. Zeitweise verfügte Niebüll über vier Armenhäuser für mittellose Bürger. Der Ort war Sam-

Der Hauke-Haien-Koog ist vermutlich die einzige Örtlichkeit, die nach einer literarischen Gestalt benannt wurde, nämlich nach Storms „Schimmelreiter“. In dem 1959 eingedeichten Koog wird das aus dem Hinterland abfließende Regenwasser in großen Speicherbecken gesammelt, um Überschwemmungen zu vermeiden. Vielen Vögeln bieten sie ein Rückzugsgebiet.

melpunkt und häufig auch Wohnsitz zahlreicher Menschen der unterschiedlichsten Berufs- und Sprachgruppen. Die Bevölkerungszahl wuchs. Man sprach friesisch, aber auch plattdeutsch, hochdeutsch und zu einem kleinen Teil plattdänisch. Umgangssprache wurde im 20. Jahrhundert zunehmend das Hochdeutsche. Die Bahnverbindungen nach Hamburg/Tondern seit 1887, Flensburg seit 1889 und Dagebüll seit 1895 sowie der Ausbau des Straßennetzes Mitte bis Ende des 19. Jahrhunderts brachten für Niebüll einen wirtschaftlichen Aufschwung.

Nach der Volksabstimmung von 1920, die zur Bildung des Kreises Südtondern mit Niebüll als Kreisort im Jahre 1923 führte, und nach 1945, als sehr viele Flüchtlinge aufgenommen werden mußten, entstanden neue öffentliche Einrichtungen. Handel und Gewerbe weiteten sich aus. Der Ort wurde zum regionalen Zentrum und verlor zunehmend seinen dörflichen Charakter. Nach der Eingemeindung Deezbülls wurde Niebüll 1960 Stadt. Mit heute 7700 Einwohnern ist sie nach Husum und Westerland die drittgrößte Stadt Nordfrieslands.

Vielen ist Niebüll als „Tor zu den Inseln“ bekannt. Die seit 1895 bestehende Kleinbahn, 1926 von Schmal- auf Vollspur umgestellt, bringt Tausende Reisende zum Fährhafen Dagebüll. Mit dem Autozug geht es über den 1927 gebauten Hindenburgdamm auf die Insel Sylt. In den 1980er Jahren entstanden sowohl das Naturkundemuseum im früheren Landratsamt als auch das Richard-Haizmann-Museum im ehemaligen Rathaus, das Werke des in der NS-Zeit nach Niebüll gekommenen, als „entartet“ eingestuften Malers und andere moderne Kunst zeigt. Umfangreiche Sanierungsvorhaben haben das Aussehen Niebülls, das 1985 als Luftkurort anerkannt wurde, seit dem Anfang der achtziger Jahre stark verändert. Größere Betriebe konnten aus der Stadt in zwei Gewerbegebiete umgesiedelt werden. Durch die Umleitung des Verkehrs, der bis 1985 auf der Hauptgeschäftsstraße mitten durch das einstige Straßendorf geflossen war, konnte der Rathausplatz zu einem Ortsmittelpunkt umgestaltet werden, der bis dahin gefehlt hatte.

Die Bökingharde, insbesondere die Gemeinde Risum-Lindholm, wird oft als eine Hochburg der friesischen Sprache und Kultur bezeichnet. Weitere Anstrengungen sind erforderlich, damit die regionale Identität auch im 21. Jahrhundert erhalten bleibt.

„Mitten in der Welt": Bredstedt und die Nordergoesharde

Thomas Steensen

Wo liegt Bredstedt? Die schönste Lagebestimmung hat Klaus Groth, der Begründer der neuniederdeutschen Literatur, in seiner Dichtung *„De Heisterkrog"* gegeben:

„Ol Bredstedt liggt recht midden in'e Welt,
Wo alle Weg' na to und wedder weg föhrt."
(Alt Bredstedt liegt recht mitten in der Welt,
Wo alle Wege hin- und auch wieder wegführen.)

Wenigstens für die kleine Welt drumherum befindet sich Bredstedt wirklich mittendrin. Es ist der Mittelpunkt der Nordergoesharde, und es liegt mitten in Nordfriesland. Für seine Geschichte und Entwicklung hat diese zentrale Lage mehrfach Bedeutung gehabt. Hier, im „Mittelpunctsorte der von Friesen bewohnten Districte", trafen sich 1844 bis 1846 Tausende zu den „Volksfesten der Nordfriesen". Auch heute noch strahlen manche Einrichtungen auf ganz Nordfriesland aus, so das „grüne Zentrum" um die traditionsreiche Landwirtschaftsschule, das *Nordfriisk Instituut* als zentrale wissenschaftliche Stelle für die friesische Sprache und Kultur, und neuerdings auch das Forstamt.

Bredstedt liegt aber auch zwischen zwei „Welten": zwischen Marsch und Geest, und dies hat die Entwicklung des Ortes bestimmt. Der Unterschied zeigt sich nicht allein im Landschaftsbild. Das fruchtbare, dem Meer abgewonnene Marschland einerseits, der karge Geestboden andererseits haben zu unterschiedlichen Formen der Landwirtschaft, des Zusammenlebens und des wirtschaftlichen Auskommens geführt und natürlich auch die Mentalität der Menschen beeinflußt. Diese zwei Welten trafen in Bredstedt zusammen, und dies macht einen besonderen Reiz des Ortes aus.

Noch in anderer Weise liegt Bredstedt an einem Schnittpunkt. Hier begegneten sich drei verschiedene Sprachen und Kulturen. Im frühen Mittelalter siedelten in diesem Gebiet wohl Menschen dänisch-jütischer Herkunft. Vor knapp 1000 Jahren kamen Friesen ins Land, und sie gaben später auch in Bredstedt den Ton an. Schon gegen Ende des Mittelalters und in der frühen Neuzeit siedelten sich mehr und mehr Handwerker und Kaufleute von außerhalb an, viele davon aus deutschsprachigen Gebieten. Nach und nach wechselten die meisten Einwohner von der friesischen zur niederdeutschen Umgangssprache über. In der Umgebung wurde noch bis ins 20. Jahrhundert hinein viel Friesisch gesprochen. Wenige Kilometer östlich des Ortes, auf dem schleswigschen Geestrücken, begann das süderjütische Sprachgebiet. Das „Plattdänisch" wurde aber im 19. und 20. Jahrhundert in der Nordergoesharde vollständig vom Niederdeutschen verdrängt.

Besondere Beziehungen unterhält Bredstedt auch zur „großen Welt". Es kann als sicher gelten, daß eine Bredstedter Familie 1636 mit an der Wiege der heute großartigsten Stadt der Welt, New York, stand. Seit 1994 arbeitet am *Nordfriisk Instituut* das Auswanderer-Archiv Nordfriesland. Es sammelt Daten über Emigranten aus der Region, dokumentiert und erforscht die Geschichte der Auswanderung. Auf diese Weise wird von Bredstedt aus eine Brücke über den „großen Teich" geschlagen. Ein Denkmal am Institut erinnert an die vielen tausend Menschen aus Nordfriesland, die ihre Heimat verließen, um in Übersee ein besseres Leben zu führen.

Schon zur Zeit der Neandertaler siedelten Menschen in der Nordergoesharde, wie bei Drelsdorf und Joldelund gefundene Faustkeile bezeugen. Auch die Anfänge Bredstedts liegen viel weiter zurück als dessen erste Erwähnung 1231 im „Erdbuch" des dänischen Königs Waldemar II., in dem dieser die Steuern aus den verschiedenen Gegenden seines Reiches verzeichnen ließ. Der Ortsname

„Brethæstath“, wie er darin erscheint, oder „Brestede“, wie er 1377 lautet, dürfte dänischen Ursprungs sein und wird als „breite Stätte“ gedeutet.

Kirchlich war Bredstedt zunächst dem Nachbardorf Breklum angeschlossen. Im Jahre 1460 erhielt Bredstedt eine Kapelle, die etwa ein halbes Jahrhundert später zur Vollkirche erhoben wurde. In einem Privileg des dänischen Königs von 1530 wurden dem „Flecken“ jährlich zwei Märkte erlaubt. Ein Jahrhundert später, 1632/33, gewährte Christian IV. einen Wochenmarkt, der noch heute an jedem Freitag auf dem Marktplatz abgehalten wird. Die Wochenmärkte, vor allem aber die Vieh- und Pferdemärkte, die bis ins 20. Jahrhundert hinein ihre Bedeutung behielten, zogen viele Menschen an. An die Tradition als Marktort knüpfen seit einigen Jahren die als Volksfest gestalteten „Bredstedter Markttage“ jeweils Anfang August an.

Im Flecken Bredstedt blühte vor allem das Handwerk in vielen verschiedenen Sparten. Es gab hier zum Beispiel Rademacher, Gerber, Färber, Reepschläger und besonders viele Schuster. Aus einem kleinen Handwerksbetrieb ging 1898 die Tabakfabrik Preisler hervor, in der ersten Hälfte des 20. Jahrhunderts der weitaus bedeutendste Betrieb der Stadt. Von hier aus wurden in viele Gegenden Deutschlands Zigarren versandt, zum Beispiel die Erfolgsmarke „Dusendank“ oder die extralangen „Friesen-Riesen“. Nach dem Zweiten Weltkrieg wurde die Produktion eingestellt; die Fabrikgebäude stehen noch am Bredstedter Marktplatz.

Auf dem dreieckigen Platz, der in jüngster Zeit wieder mit Pflastersteinen versehen wurde, treffen sich die wichtigsten Straßenzüge. An seiner westlichen Stirnseite bildet das Rathaus, errichtet 1894 in neogotischem Stil und 1930 erweitert, einen Blickfang. 1900 erhielt der Flecken Stadtrechte. Es dürfte einzigartig sein, daß der Sitz der Verwaltung nicht der Stadt gehört, sondern der Spar- und Leihkasse, 1840 gegründet und nach wie vor selbständig. Einige der kleinen Giebelhäuser, die früher das Ortsbild prägten, sind bewahrt worden. Ansonsten bestimmen die Gründerzeit des Kaiserreichs und die erneute Gründerzeit des bundesrepublikanischen „Wirtschaftswunders“ das architektonische Bild.

Große, bedeutende Baudenkmäler hat Bredstedt nicht aufzuweisen, aber sein Charakter als nordfriesische Landstadt ist erhalten geblieben. Man spürt ihn zum Beispiel, wenn man durch die Hohle Gasse und weiter in die Norderstraße spaziert. Hier steht das schöne Geburtshaus des Kunstmalers Christian Carl Magnussen (1821–1896). Auch Christian Albrecht Jensen (1792–1870), der im 19. Jahrhundert bedeutendste Porträtist Dänemarks, stammt aus Bredstedt. Der schon im Mittelalter aufgestaute Mühlenteich mit dem ebenfalls der Sparkasse gehörenden Park bildet ein besonderes Idyll. Über Natur und Landschaft informiert das Naturzentrum Nordfriesland in der Bahnhofstraße, das auch Vorträge, Ausflüge und Wattwanderungen anbietet. Im Jahre 1998 wurde Bredstedt, das heute gut 5000 Einwohner zählt, als Luftkurort anerkannt.

Oben: Der Bredstedter Marktplatz, hier um 1900 fotografiert, wird geprägt von gründerzeitlichen Gebäuden, aber auch noch von kleinen Giebelhäusern. Das Rathaus in der Mitte wurde 1930 erweitert.

Zwei Kunstmaler sind die bekanntesten Söhne Bredstedts: Christian Carl Magnussen (Mitte) malte vor allem Szenen vom Volksleben und gründete später eine Schnitzschule in Schleswig. Christian Albrecht Jensen (unten) malte viele Große seiner Zeit. Sein Porträt von Carl Friedrich Gauß zierte den letzten deutschen Zehn-Mark-Schein.

St. Nikolai in Bredstedt gehört nicht zu den ältesten Kirchen Nordfrieslands, steht aber immerhin auch schon seit etwa einem halben Jahrtausend.

Jean Henri Desmercières ließ im 18. Jahrhundert in Nordfriesland drei Köge eindeichen, zwei in der Bredstedter Bucht und einen auf Nordstrand.

Nach den Sturmfluten des späten Mittelalters, durch die sich die Landschaftsverhältnisse in Nordfriesland grundlegend veränderten, lag Bredstedt nahe am Wattenmeer. Die Bedeichung bzw. Wiederbedeichung des Landes nach der Sturmflutkatastrophe von 1362 setzte um 1520 ein, als der Bredstedter Koog gewonnen wurde. Im 17. Jahrhundert begann die Geschichte des Bredstedter Werks: die Bedeichung der großen Bucht vor Bredstedt zwischen Ockholm und dem Hattstedter Neuen Koog. Es ist ein Geschehen voller Hoffnungen und Enttäuschungen, Faszination und Dramatik, Fehlschlägen und – schließlich – Erfolgen. Theodor Storm, der wie sein Vater als Advokat und späterer Amtsrichter auch mit Deichangelegenheiten zu tun hatte, gestaltete seine Novelle „Der Schimmelreiter“ zum Teil nach diesen Ereignissen.

Anno 1619 wollte Christian IV., einer der bedeutendsten dänischen Könige, die große Bucht vor Bredstedt mit einem großen Schlag bedeichen. Er versprach sich von den fetten Marschböden mit hohen Ernteerträgen vor allem erkleckliche Gewinne für die königliche Schatulle, denn die Landwirtschaft hatte Konjunktur. Die Deichbauarbeiten beaufsichtigte Christian IV. persönlich, meist zu Pferd; Wochen und Monate hielt er sich damals in und um Bredstedt auf. Trotz vieler Rückschläge schien man 1625 vor dem Erfolg zu stehen, aber eine Serie schwerer Sturmfluten machte das ganze Werk zunichte. Nach der verheerenden Flut von 1634, in der die große hufeisenförmige Insel Strand zerrissen wurde, bildete sich an der gegenüberliegenden Festlandsküste vor Bredstedt vermehrt Vorland. Kapitalkräftige Investoren schmiedeten neue Pläne für großräumige Eindeichungen, scheiterten aber ebenfalls. Den Schlüssel zum Erfolg fand Jean Henri Desmercières (1687–1778), unehelicher Sohn eines reichen Hugenotten und einer Modehändlerin in der Rue des Mercières (Straße der Kurzwarenhändler) in Paris, der in Dänemark zu einem der einflußreichsten Finanz- und Wirtschaftsmänner aufgestiegen war. Er zog die Lehren aus den fehlgeschlagenen Plänen einer Großeindeichung und ließ abschnittsweise vorgehen. Auf diese Weise wurden 1741 der – nach der dänischen Königin benannte – Sophien-Magdalenen-Koog und 1767 der Desmerciereskoog gewonnen. Desmercières' Erbe trat ein entfernter Verwandter an, Heinrich XLIII. Graf Reuß-Schleiz-Köstritz. Er ließ 1789 den Reußenkoog bedeichen, 1799 folgte der nach seiner Ehefrau benannte Louisen-Reußen-Koog. Nach dem Grafen wird die Gesamtheit der Köge vor Bredstedt heute „Reußenköge“ genannt; sie bilden immer noch eine eigenständige Gemeinde.

Die letzten Kapitel in der Geschichte des Bredstedter Werks wurden im 20. Jahrhundert geschrieben. Im Jahre 1905 konnte der Cecilienkoog – benannt nach der preußischen Kronprinzessin, besiedelt großenteils von Dithmarschern – gewonnen werden, und 1923 bis 1925 entstand als letztes Eindeichungswerk mit maßgeblicher privater Beteiligung der Sönke-Nissen-Koog, dessen Boden zu den fruchtbarsten in ganz Deutschland zählt. Sönke Nissen (1870–1923) aus dem kleinen nordfriesischen Dorf Klockries hatte als Ingenieur beim Eisenbahnbau in

Der von 1923 bis 1925 gewonnene Sönke-Nissen-Koog war der letzte Koog Nordfrieslands, der von einer bäuerlichen Genossenschaft eingedeicht wurde. Seine Böden gehören zu den fruchtbarsten in Deutschland. Die weißen Höfe mit ihren grünen Dächern geben dem Koog ein eigenes Gepräge.

Sönke Nissen mit seiner Frau Elisabeth geb. Rabe. Sie heiratete später den schwedischen Industriellen Birger Dahlerus, der auf dem Hof Elisabethbay im Sönke-Nissen-Koog am 7. August 1939 eine britische Delegation mit dem Generalfeldmarschall Hermann Göring zusammenbrachte, um den heraufziehenden Weltkrieg zu verhindern.

Deutsch-Südwestafrika Diamanten gefunden und einen Großteil seines Vermögens in die Eindeichung eingebracht. Mehrere der markanten weißen Höfe mit flachen grünen Dächern tragen die Namen von Bahnstationen in Deutsch-Südwest und erinnern an die ungewöhnliche Entstehungsgeschichte des Kooges. Somit war das Bredstedter Werk vollendet, das Ziel erreicht, das Christian IV. drei Jahrhunderte zuvor erfolglos angestrebt hatte. Als vermutlich letztes Bedeichungswerk vor Bredstedt entstand 1987 der Beltringharder Koog, der aber nicht landwirtschaftlich genutzt wird, sondern unter Naturschutz steht.

Einen beeindruckenden Blick über die Marsch vor Bredstedt bis hin zum Wattenmeer mit Inseln und Halligen bietet der Stollberg nördlich der Stadt, der mit seinen 44 Metern Höhe im Flachland schon als Berg bezeichnet wird. Ein 114 Meter hoher Sendeturm für Radio, Fernsehen und Funk besitzt auch eine Aussichtsplattform. Bei guter Sicht erkennt man zum Beispiel die Hamburger Hallig, die in faszinierender Weise die wechselhafte Geschichte dieser Region widerspiegelt. Zwei Kaufleute der Familie Amsinck aus Hamburg gewannen einen Koog auf der Insel Strand, der aber bei der Sturmflut 1634 zerstört wurde. Erneute Bedeichungsversuche scheiterten. Arnold Amsinck verlor dabei sein Vermögen und starb in Kummer und Einsamkeit auf dem wieder zur Hallig gewordenen Bollingland. Nach seinem Herkunftsort erhielt die Hallig ihren heutigen Namen. Schon in der zweiten Hälfte des 19. Jahrhunderts wurde sie als erste Hallig durch einen Damm mit dem Festland verbunden, ist also eigentlich eine „Halbhallig“. Zwar

Sönke Ingwersen (Seneca Ingwersen) stieg vom Langenhorner Waisenjungen zum Schiffsarzt auf, wurde Kaufmann und Oberhaupt von Cheribon auf Java und danach Baron von Gelting. Er stiftete der Kirche seines Heimatdorfes 1761 eine schöne Orgel.

kann man mit dem Auto dorthin fahren, vorzuziehen ist aber eine Radtour oder eine Fußwanderung. Die gemütliche Gastwirtschaft im weißen Hallighaus lädt zur Einkehr ein. Bei Flut kann man hier hervorragend baden, bei Ebbe im Watt spazieren.

Die Nordergoesharde, ein alter Verwaltungs- und Gerichtsbezirk, wurde im Norden durch die Soholmer Au und im Süden durch die Arlau begrenzt, reichte im Westen bis an die Nordsee bzw. später an die „oktroyierten" – d. h. rechtlich und verwaltungsmäßig selbständigen, mit gewissen Vorrechten ausgestatteten – Reußenköge und im Osten bis auf die hohe Geest. Die Bedeutung des Namens „Goes" ist unbekannt, vermutlich besteht eine Verbindung mit dem deutschen Wort „Gau". Aus der Harde entwickelte sich das Amt Bredstedt. Wie das Amt Flensburg, mit dem es eng verbunden war, gehörte es bis 1721 zu den königlichen Anteilen im Herzogtum Schleswig und nahm damit in Nordfriesland eine Sonderstellung ein, denn das sonstige Nordfriesland war mit wenigen Ausnahmen herzoglich-gottorfisch. Zum Amt Bredstedt gehörten die Kirchspiele Bredstedt, Breklum, Drelsdorf, Viöl, Joldelund, Langenhorn, Bargum, Bordelum und später auch Ockholm. Nach kurzer Eigenständigkeit war das Amt Bredstedt im 19. Jahrhundert mit dem Amt Husum verknüpft und wurde 1867 Bestandteil des Landkreises Husum. Im Rahmen des Kreises Nordfriesland bestehen im Gebiet der früheren Nordergoesharde heute neben der Stadt Bredstedt die Ämter Bredstedt-Land, Stollberg und – im Süden darüber hinausreichend – Viöl.

Die Nordergoesharde weist ganz unterschiedliche Landschaftsformen auf. Nur der kleinere Westteil besteht aus Marschland. „Sämtliche Geestländereien der Nordergoes-Harde sind mit Heidestrecken und Morästen angefüllt", schrieb noch 1821 der Bredstedter Landvogt Christian Levsen. Erst im späteren 19. und im 20. Jahrhundert wurden sie kultiviert. Kaum mehr als die schöne Bordelumer und Langenhorner Heide, schon 1938 unter Naturschutz gestellt, ist davon geblieben. Die Wälder wie der Drelsdorfer Forst und der Haaks bei Bohmstedt sind erst seit dem ausgehenden 19. Jahrhundert, die ausgedehnten Windschutzanpflanzungen in Joldelund erst nach dem Zweiten Weltkrieg entstanden.

Die meisten Orte zwischen Soholmer Au und Arlau wirken nach wie vor wie Bauerndörfer, Bohmstedt zum Beispiel oder Goldelund, doch hat die Landwirtschaft auch hier ihre einst dominierende Stellung verloren. Viele einstige Bauernhöfe werden längst neu genutzt. Zahlreiche Dorfbewohner pendeln nach Bredstedt, Niebüll, Husum oder Flensburg.

Die meisten größeren Ortschaften liegen am Geestrand, so ganz im Norden, beiderseits der Bundesstraße 5, die das Gebiet der Nordergoesharde in nord-südlicher Richtung durchzieht, Bargum mit 600 Einwohnern, dessen Ortsname auf seine erhöhte Lage hinweist. In Oster-Bargum hat die große Windmühle „Aeolus" durch private Initiative ihr ursprüngliches Aussehen bewahrt bzw. zurückerhalten. In Wester-Bargum lohnt ein Blick in die bescheidene, Harmonie ausstrahlende Kirche.

Langenhorn, Hauptort im Norden der einstigen Harde mit gut 2900 Einwohnern, macht seinem Namen alle Ehre. Aus mehreren aneinandergereihten Ortsteilen bestehend, ist es das längste und auch größte Dorf weit und breit. Die

Naturschauspiel über der Hamburger Hallig – als erste Hallig erhielt sie bereits 1874 durch einen Damm eine Verbindung zum Festland. Im Jahre 1930 wurde sie zu einem der ersten Naturschutzgebiete in Nordfriesland erklärt.

Die Kirche von Ockholm, ein schlichter Saalbau, wurde 1647 errichtet, nachdem das vorherige Gotteshaus bei der Sturmflut von 1634 zerstört worden war.

Reetgedeckte Häuser zieren viele Dörfer in der Nordergoesharde. Dieses steht an der Dorfstraße in Langenhorn, die sich über mehrere Kilometer hinzieht.

Vom Hafen Bongsiel aus, ganz im Nordwesten der Nordergoesharde gelegen, fuhren früher die Schiffe zu den Halligen. Hier kommt gerade ein Postboot an. Nach der Eindeichung des Hauke-Haien-Kooges von 1957 bis 1959 wurde der neue Hafen Schlüttsiel angelegt, der im Unterschied zu Bongsiel auch bei Niedrigwasser angelaufen werden kann.

Lauritz Thamsen (1848–1929) kam 1903 als Schleusenwärter nach Bongsiel. Gemeinsam mit seiner Frau baute er eine vielbesuchte Gastwirtschaft auf, die auch von Künstlern bevölkert wurde. „Vadder Thamsen“ wußte große Gesellschaften mit seinem Witz und seiner Erzählkunst zu unterhalten. Sein Freund Alexander Eckener, Kunstmaler und Radierer, bezeichnete ihn als „de Patriarch vun de freesche Waterkant“.

ungewöhnliche, schöne Kirche mit T-förmigem Grundriß beherbergt eine prachtvolle Orgel, die in jedem Sommer bekannte Organisten und ein großes Publikum anzieht. Sie geht zurück auf eine Schenkung des Langenhorner Bauernsohns Sönke Ingwersen von 1761. Dieser hatte, so wird erzählt, seine Heimat nach einem Streit verlassen, da er irrtümlich meinte, seinen Gegner getötet zu haben. In Ostindien wurde er reich und nach der Rückkehr in die Heimat als Baron von Gelting geadelt. Eine Gedenktafel in der Kirche erinnert an den in Langenhorn geborenen bedeutenden Pädagogen und Philosophen Friedrich Paulsen.

Weite, äußerst dünn besiedelte Marschflächen erstrecken sich zur Nordsee hin. In Ockholm (380 Einwohner), ganz im Westen gelegen, kann man noch heute, fast 500 Jahre nach der Landfestmachung erkennen, daß es im späten Mittelalter – und nochmals für einige Jahre nach der Sturmflut von 1634 – eine Hallig war. Viele Häuser und auch die kleine Kirche mit dem hölzernen Glockenturm stehen auf Warften. Die 1800 Einwohner zählende Gemeinde Bordelum umfaßt mehrere Ortsteile, zumeist an der Landstraße von Bredstedt nach den Fährhäfen Dagebüll und Schlüttsiel gelegen. Einsam am Stollberghang steht die schöne alte Kirche. In der Nähe entspringt eine Quelle, deren Wasser in früheren Jahrhunderten viele Krankheiten und Gebrechen geheilt haben soll. Weithin bekannt und bei kirchlichen Würdenträgern berüchtigt war die „Bordelumer Rotte“, die

1738/39 ein radikales Christentum forderte und zum Beispiel für Gütergemeinschaft statt Privateigentum eintrat.

Eine schon von weitem sichtbare Landmarke ist der hohe Turm der alten Hauptkirche der Harde in dem rund 2100 Einwohner zählenden Ort Breklum. In besonderer Weise geprägt wurde das Dorf durch die 1876 von Pastor Christian Jensen (1839–1900) gegründete Missionsgesellschaft. Sie sandte Missionare und Pastoren vor allem nach Indien, Afrika, China, Papua-Neuguinea und Nordamerika aus. So unterhält Breklum noch heute weltweite Verbindungen, obwohl der Sitz des Nordelbischen Missionszentrums inzwischen nach Hamburg verlegt wurde. Breklum beherbergt aber weiterhin kirchliche Einrichtungen, so eine Seminarstätte und ein Sanatorium. Die Kirchengemeinde umfaßt ein außergewöhnlich großes Landgebiet, bis hin nach Lütjenholm im Norden und Högel im Osten. Eine schöne holländische Windmühle, die 1806 errichtete „Fortuna“, steht in Struckum unweit der Bundesstraße 5.

Zu den alten Kirchen der Region gehört auch die in Drelsdorf (1150 Einwohner). In ihr hängt das Bildnis eines zehnjährigen Pastorensohns. Mit weit geöffneten Augen ängstlich blickend, eine rote Nelke in der Hand haltend, ist der 1656 aufgrund einer Unachtsamkeit des Knechtes ertrunkene Knabe dargestellt. Das Bild und die lateinische Inschrift „aquis incuria servi submersus“ regten Theodor Storm zu seiner Novelle „Aquis submersus“ an. Ahrenshöft (460 Einwohner) wird vor allem als Ort mit der zentralen Mülldeponie für Nordfriesland angefahren, weist aber auch manch schönes Haus auf.

Die Dörfer auf der östlichen Geest werden in der Literatur häufig stiefmütterlich behandelt, bieten aber manches Kleinod, so zum Beispiel das knapp 700 Einwohner zählende Joldelund mit seiner Feldsteinkirche und der Windmühle mit „Steert“. Hauptort im Osten ist das an der alten Straße Husum-Flensburg gelegene frühere Marktdorf Viöl mit rund 1600 Einwohnern, das als Sitz von Amtsverwaltung, Schulen und Firmen auf ein weites Umland ausstrahlt. Der vom dänischen „Fjolde“ abgeleitete Ortsname ist verwandt mit dem deutschen Wort „Feld“. Weithin sichtbar liegt auf einer Anhöhe die romanische Kirche St. Christophorus mit ihrem stumpfen Turm. Der Sage nach hat ein Riese in Drelsdorf seinen Gegner in Viöl mit Felssteinen beworfen und dabei die Spitze getroffen.

Die Kirche von Viöl, ein einschiffiger romanischer Bau mit gotisch gewölbtem Chor, geht auf die Zeit um 1200 zurück.

Zwischen Kopenhagen und Berlin: Husum und die Südergoesharde

Ulf Dietrich von Hielmcrone

Wer in Husum auf dem Marktplatz steht und sich umsieht, kann die Geschichte der Stadt, aber mehr noch des Landes auf einen Blick erfassen, ein geschultes Auge und einige Kenntnisse vorausgesetzt. Hier werden, an Baulichkeiten festgemacht, die geistigen und politischen Strömungen, die über Jahrhunderte bis heute für die Entwicklung der Stadt ausschlaggebend waren, nachvollziehbar.

Da ist das im Kern noch mittelalterliche Herrenhaus, da ist der alte, ebenfalls noch spätmittelalterliche Straßenmarkt. Das 1601 gebaute Alte Rathaus steht für die Gottorfer Zeit und ihre Verbindung über die Nordsee in die Niederlande, sein Baumeister war Peter Mastricht. Die von 1828 bis 1833 erbaute klassizistische Marienkirche entwarf Christian Frederik Hansen (1756–1845), der wie kein zweiter die Baukunst des Nordens, vor allem Dänemarks, beeinflußt hat; eines seiner Hauptwerke ist die Domkirche in Kopenhagen. Und da ist das Denkmal für eine Husumer Bürgerstiftung in der Form eines Granitbrunnens mit der Figur einer jungen Fischersfrau, eine Stadtgöttin in Holzpantinen gleichsam, deren Schöpfer einer der bedeutenden Bildhauer Berlins unter Kaiser Wilhelm II. war: Adolf Brütt (1855–1939). Einige seiner Werke können am Berliner Dom auch heute noch betrachtet werden. Zwei europäische Metropolen, Kopenhagen und Berlin, grüßen also in unsere kleine und keineswegs immer graue Stadt am Meer. Daß die beiden Künstler eng mit der Stadt verbunden sind, nimmt kein Wunder: Der Vater Hansens stammte aus Husum, Brütt wurde hier geboren.

Und so bewegt sich auch die politische Geschichte Husums zwischen den beiden Polen Kopenhagen und Berlin, durchaus gewürzt mit dem Schuß Eigenständigkeit, auf die die Schleswig-Holsteiner und

schon gar die Westküstenbewohner immer stolz waren und die sie auch in Zukunft behalten wollen im Konzert europäischer Länder und Regionen.

Verwunderlich wäre nun natürlich nur, wenn Theodor Storm, der große Dichter der Stadt, nicht auch am Markt geboren wäre. Tatsächlich erblickte er am 14. September 1817 im Haus Markt 9 das Licht der Welt.

Aber nicht nur die Vergangenheit Husums wird am Markt lebendig, er ist bis heute das lebhafte Zentrum der Stadt geblieben. Davon zeugen viele moderne Neubauten – manche mehr, manche weniger geglückt. Sie stehen häufig neben alten Kaufmannshäusern aus dem 16. Jahrhundert mit ihren lübischen Stufengiebeln, aber auch neben Häusern aus späteren Zeiten bis hin zu stolzen Bauten der Gründerzeit oder des ersten Drittels des 20. Jahrhunderts. Alle zusammen bilden ein geschlossenes, wenn auch nicht einheitliches Erscheinungsbild, das sich von den anderen Altstadtvierteln unserer Stadt unterscheidet und deutlich macht, daß dieser Kernbereich Husums immer mehr sein wollte als nur ein – heute wür-

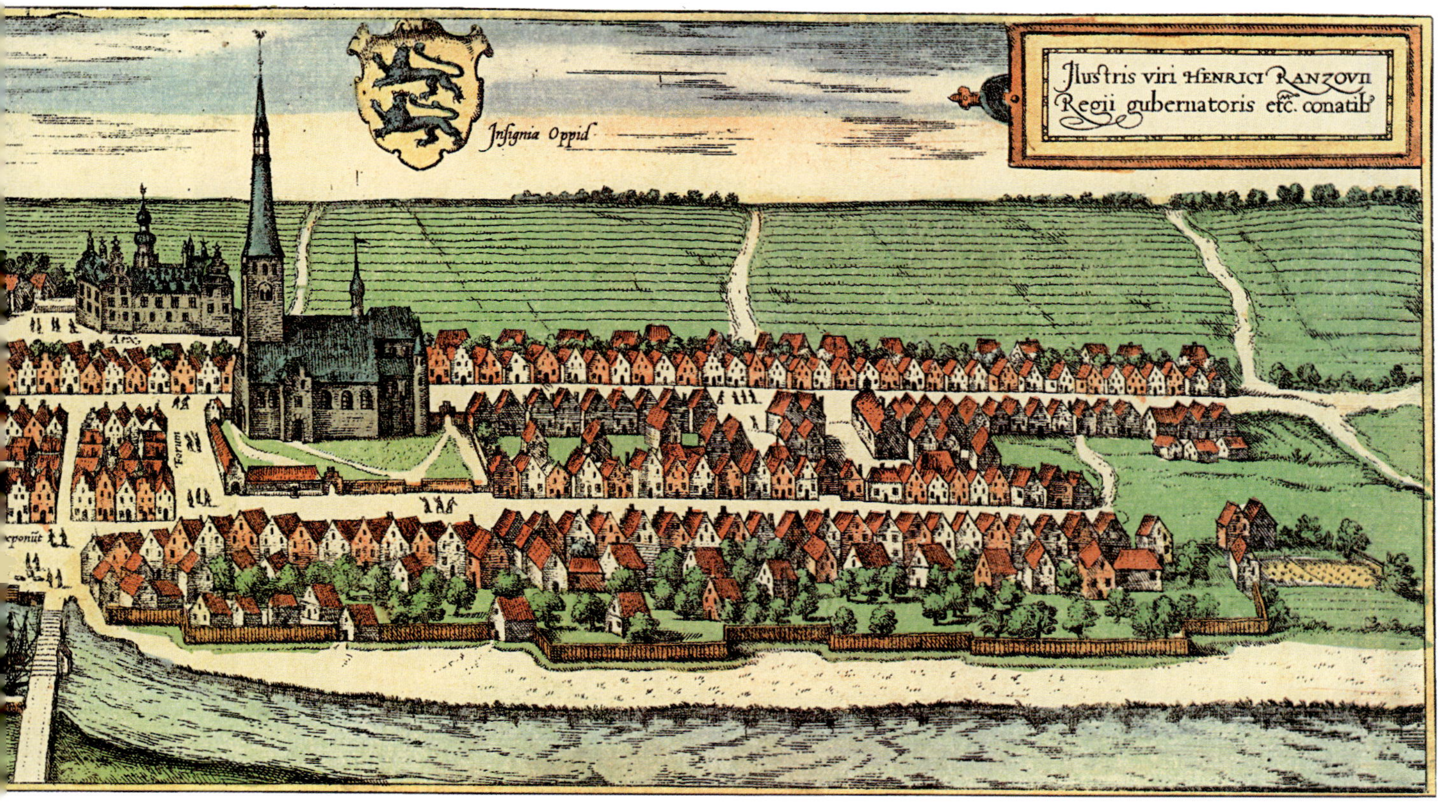

Erstaunlich genau gibt diese älteste Ansicht das Ortsbild Husums Ende des 16. Jahrhunderts wieder. Die wichtigsten Gebäude waren damals schon vorhanden: die St. Marienkirche, das Schloß und auch das Gasthaus zum Ritter Sankt Jürgen, eine Sozialeinrichtung, wie sie jede größere Stadt in Norddeutschland aufwies. Deutlich ist dieses St.-Jürgen-Hospital, in Husum „Kloster" genannt, an der östlichen Ausfallstraße zu erkennen. Ein Rathaus erhielt Husum erst später im Rahmen der Erhebung zur Stadt in den ersten Jahren des 17. Jahrhunderts. Wichtig war vor allem der Hafen mit der „Schiffbrücke", dem der Ort seinen wirtschaftlichen Aufstieg verdankte.

de man sagen – ländlicher Zentralort oder ein Fischerstädtchen. Dieser Teil Husums hat stets den Anspruch erhoben, Zentrum eines größeren Bereiches zu sein und weit in das Land, aber auch über das damals erreichbare Meer, die Nordsee, hinauszustrahlen. Dieser Anspruch ist ein – außerhalb Husums keineswegs immer gern gehörter – Grundakkord, den das Gemeinwesen durchaus bis heute spielen möchte und der viel mit der Entstehung des Ortes zu tun hat. Die Mitte der Stadt, also das Gebiet zwischen Hohler Gasse und Binnenhafen im Westen und der Norderstraße sowie der westlichen Süderstraße bis zum Plan im Osten, ist entgegen der ersten Vermutung der jüngste Teil der Altstadt und bildete, bedingt durch ihre Entstehung, ein Sondergebiet.

Die kleinstädtischen Straßenzüge im Westen und ein Teilbereich im Osten – vermutlich Gebiete der Süderstraße und der Straße Hinter dem Plan – formten im Mittelalter die Dorfschaften Wester- und Osterhusum. Dazwischen lag, so muß vermutet werden, ein freier Platz, auf dem wohl schon damals die später so berühmten Husumer Viehmärkte abgehalten wurden. Die Legende berichtet, daß mitten auf dem Platz ein Gasthaus stand, und vielleicht handelte es sich dabei um das aus schriftlicher Überlieferung bekannte Gasthaus „Zum Engel", das um 1600 dem damals neuen, heutigen Alten Rathaus weichen mußte.

Der Viehmarkt, der später allerdings an anderer Stelle stattfand, spielte bis in die sechziger Jahre des 20. Jahrhunderts eine große Rolle für die Stadt. Es bildete sich eine ganz eigene Wirtschafts- und Handelskultur heraus, die mit der Schließung des Marktes 1970 zu Ende ging, wenn sich auch bis heute einige Reste des alten Marktgeschehens erhalten haben.

Wahrscheinlich war es die natürliche Lage auf einem weit in die Marsch vorgeschobenen Geestplateau, die die Voraussetzung für die Entstehung des Viehmarktes schuf. Diese höher gelegene Fläche befand sich gleichzeitig auch recht weit im Lande, war also vor Sturmfluten geschützt. Sie war der natürliche Endpunkt des im Westen der jütländischen Halbinsel nach Süden führenden Ochsenweges, davor lag das recht unwegsame, gezeitenabhängige Mündungssystem der Flüsse

Seit vielen Jahrhunderten treffen sich Stadt und Land jeden Donnerstag zum traditionellen Wochenmarkt auf dem Husumer Marktplatz. Die Produkte der einheimischen Landwirtschaft finden hier ihre treuen Abnehmer. Früher war es keine Seltenheit, die Bewohner der Nachbardörfer in ihren Trachten hier zu finden, aber auch die Helgoländer kamen mit ihren Schiffen nach Husum. Das Foto stammt aus den ersten Jahrzehnten des 20. Jahrhunderts und zeigt noch eine Reihe alter Bauten, die nicht mehr bestehen.

Eider und Treene. Die alten Straßenzüge der Stadt, Neustadt, Norder- und Süderstraße, verdeutlichen bis heute die Hauptwege des Verkehrs in früheren Zeiten, sie führen nach Norden und nach Osten, nicht jedoch nach Süden.

Eine menschliche Ansiedlung gibt es auf dem Gebiet Husums bereits seit 10 000 Jahren. Siedlungsreste sind vor allem im Gebiet des Husumer Hafens nachgewiesen worden. Als geradezu spektakulär erwies sich ein Fund, der dort um 1900 ans Tageslicht kam: Es handelte sich um einen besonders bearbeiteten Rentierknochen, der erst später als Spant für ein mit Fell bespanntes Boot identifiziert wurde. Damit ist dieser Teil eines Husumer Bootes der älteste Schiffsfund weltweit.

Wie es dann später mit der Besiedlung des Husumer Gebietes weiterging, wissen wir nicht, immerhin ist ein Münzfund aus der Zeit um Christi Geburt nachgewiesen. Aber erst sehr viel später kam es wohl zur Besiedlung des nach der Völkerwanderung menschenleer gewordenen Raums durch Dänen aus dem Norden, Friesen aus dem Westen und später Sachsen aus dem Süden. Drei unterschiedliche Völkerschaften trafen sich also auf dem Gebiet der Südergoesharde, zu der auch das spätere Husum lange gehörte – eine Konstellation, die das Grundmotiv der politischen und kulturellen Geschichte dieser Region werden sollte.

Husum wurde erstmals nach 1252 urkundlich erwähnt: Ein wenig später entstandener Urkundentext berichtet, der dänische König Abel sei in diesem Jahr „in Utlandia iuxta Huusaenbro“ – also in den Marschlanden in der Nähe der Husumer Brücke – von aufständischen Friesen erschlagen worden. Wie diese Erwähnung verstanden werden muß, ist höchst strittig, wahrscheinlich handelte es sich um eine Brücke, die über einen der die Marsch durchschneidenden Wasserläufe führte und auf dem Weg nach Husum lag.

Die eigentliche Geburtsstunde Husums schlug aber erst wesentlich später, und sie war an Dramatik nicht zu überbieten: Es war die große „Mandränke“, die Sturmflut vom 15. bis 17. Januar 1362. Sie kostete nicht nur viele tausend Menschen auf den Inseln und in den Marschen das Leben, sondern zeichnete vor allem die Landkarte der Küste radikal neu. Husum bekam einen direkten Zugang zum Meer. Und damit ergaben sich plötzlich völlig neue Perspektiven für eine wirtschaftliche Entwicklung.

Es lohnt sich, ein wenig bei diesem Punkt zu verweilen: Wir können uns

Der Husumer Wochenmarkt vor historischer Kulisse mit der Marienkirche, dem Rathaus und dem spätgotischen „Herrenhaus“ (am linken Bildrand) zieht immer wieder Besucher an. Er ist eine der Attraktionen der gar nicht so grauen Stadt am Meer.

leicht vorstellen, welch gewaltiger Schrekken vor allem die Einwohner von Westerhusum erfaßt haben muß, als nach tagelangem gewaltigen Sturm das Meer plötzlich vor ihren Häusern stand. Als dann aber der Wind abflaute, wird es nicht lange gedauert haben, bis sie entdeckten, daß dieser Sturm ihnen ein ebenso gewaltiges Geschenk hinterlassen hatte: einen Hafen, der nicht nur für ihre kleinen Fischerboote geeignet war, sondern auch für die damaligen seegängigen Schiffe. Ihr Glück war ein doppeltes: Das Meer hätte sich keinen günstigeren Platz aussuchen können, denn der neue Hafen lag am südwestlichen Rand jenes Geestplatzes, auf dem der Viehmarkt abgehalten wurde. Und der war vermutlich weitgehend unbebaut, so daß Platz für neue Häuser vorhanden war und die entsprechende Infrastruktur geschaffen werden konnte.

Später wurde das Gebiet zwischen den beiden Dörfern, die schon durch die überlebenden Flüchtlinge dieser Katastrophe einen erheblichen Bevölkerungszuwachs erlebt hatten, nicht wild bebaut, sondern vielmehr nach einem vorher festgelegten Plan mit gleichgroßen Grundstücksparzellen, was heute noch an Hand der Katasterpläne nachvollziehbar ist. Hier entstand also ein neues, das dritte

Als Wahrzeichen Husums gilt der Marktbrunnen mit der Figur der „Tine“, Husums Stadtgöttin in Holzschuhen. Schöpfer des Brunnens, der ursprünglich an eine großzügige Stiftung der Husumer Catharina Asmussen und August Friedrich Woldsen erinnern sollte, war der aus Husum gebürtige Bildhauer Adolf Brütt. Selten ist ein Denkmal aus der Kaiserzeit so von den Menschen angenommen worden wie dieser Brunnen. Heute sieht sich in der „Tine“ die ganze Stadt repräsentiert, so daß die ursprüngliche Bedeutung fast in Vergessenheit geraten ist.

und eigentliche Husum, das nicht die Tradition der beiden Dörfer weiterführte, sondern ambitioniert und tatkräftig in die Geschichte eintrat.

So begann man 1432 mit dem Bau einer eigenen Kapelle, nachdem offiziell noch die beiden Dörfer Oster- und We-

Die Husumer Marienkirche ist ein Hauptwerk des großen dänischen Baumeisters des Klassizismus Christian Frederik Hansen, der nach dem Abbruch der alten, domartigen Kirche die Planung für den 1833 vollendeten Neubau übernahm. Mit diesem Gotteshaus erhielt Husum ein wichtiges Baudenkmal, das eine künstlerische Brücke nach Kopenhagen, der alten Hauptstadt, schlug. Hansen besaß eine persönliche Beziehung zur Stadt, da sein Vater ein gebürtiger Husumer war, der sich nach Erlernung des Schusterhandwerks in Kopenhagen niedergelassen hatte.

sterhusum mit den Kirchherren zu Mildstedt, die sich dies natürlich bezahlen ließen, 1431 einen Vertrag zur Errichtung der Kapelle geschlossen hatten. Diese Kapelle war der Beginn einer fast spektakulären Entwicklung, denn ungefähr 80 Jahre später war daraus eine ansehnliche Kirche geworden, einem Dom gleich, mit einem 21 Meter hohen Chor und einem Turm, der fast 100 Meter aufragte. Diese Kirche kam in ihren Ausmaßen an den Schleswiger Dom heran und übertraf ihn sogar durch den Turm, der im flachen Land der Marsch auch auf große Entfernung die Bedeutung des Ortes Husum im Wortsinne aufsehenerregend dokumentieren sollte. Das Gotteshaus bot einen Anblick, den wir heute noch in den Ortschaften der südlichen Niederlande nachvollziehen können, die sich ebenfalls durch sehr hohe, aber gleichwohl elegante Kirchtürme auszeichnen – möglicherweise kein Zufall, waren doch die Niederlande der Haupthandelspartner der Husumer.

Die Kirche war der heiligen Maria geweiht, eine St. Marienkirche also, und diese Namensgebung deutet darauf hin, daß die Kaufleute in Husum das Sagen hatten. Sie wählten im ganzen nördlichen Raum traditionell den Namen der Muttergottes für ihre Kirchen, während die Seeleute den Heiligen Nicolaus bevorzugten.

Von Husum aus wurde im wesentlichen Getreide verschifft, das über die Nordsee nach den Niederlanden und Flandern gelangte, während deren Produkte auf der Rückfahrt nach Husum kamen und von dort aus häufig ihren Weg weiter nach Flensburg und in den Ostseeraum fanden.

Dieser Getreidehandel – ohne jene denkwürdige Flut des Jahres 1362 und den durch sie geschaffenen Hafen gar nicht denkbar – machte Husum nicht nur im 15. und 16. Jahrhundert wohlhabend, sondern spielt auch heute noch eine große Rolle. Allerdings wird das Getreide nicht mehr in den hohen Böden der Kaufmannshäuser gelagert, sondern in den Silos am Außenhafen. Mit etwa 500 000 Tonnen Güterumschlag und zwei bedeutenden Landhandelsfirmen spielt der Husumer Hafen für die Westküste immer noch eine wichtige Rolle. Zum Hafen gehört auch eine Werft, und zwar schon seit dem 16. Jahrhundert. Das mit 11 031 Tonnen größte bisher in Husum gebaute Schiff trug die Neubaunummer 1523 und wurde 1995 auf chinesische Rechnung gebaut – Weltverkehr also auch heute noch.

Mit Viehmarkt und Hafen waren im Laufe des Mittelalters zwei wichtige Faktoren entstanden, die bis heute das Leben Husums bestimmen sollten. Wenn auch der Viehmarkt nicht mehr seine einstige Bedeutung besitzt, so ist Husum doch für die Versorgung des weiten ländlichen Umlandes als Dienstleistungszentrum immer noch wichtig. Die großen Kaufhäuser in der Innenstadt, die Einkaufszentren an der Peripherie, Arzt- und Anwaltspraxen zeugen davon. Ein dritter Faktor kam am Ende des 15. Jahrhunderts hinzu, der zu diesem Zeitpunkt noch etwas undeutlich erscheinen mochte, schließlich aber doch von großer Bedeutung sein sollte: Husum als staatliches Verwaltungszentrum.

Die Möglichkeit, von Husum aus Handel zu treiben, war wegen der Steuern auch für den Landesherrn verlockend. So erhielt der Ort von dem seit 1460 regierenden dänischen König Christian I. erste Privilegien, Vorläufer von Stadtrechten und andere Vergünstigungen. Trotzdem machten die Husumer 1472 einen Auf-

stand. Diese Rebellion richtete sich gegen das sogenannte Bauernlegen, das aufgrund der Schwäche des Königs vom Osten des Landes auf den Westen überzugreifen drohte und auch hier den freien Bauernstand vernichtet und die Bauern zu Leibeigenen gemacht hätte. Zwar schlug der König den Aufstand nieder – richtiger: die Husumer und mit ihnen die Bauern der Marsch ergriffen die Flucht –, aber durch das neuerliche Erstarken der Königsmacht konnte dem Adel Einhalt geboten werden, und das freie Bauerntum an der Westküste blieb erhalten. Eine gescheiterte Revolution, die langfristig doch ihr Ziel erreichte und bis heute Folgen hat, denn sie hat nachhaltigen Einfluß auf die Sozialstruktur des Landes ausgeübt. Der Sage nach sollen übrigens die Sandsteinköpfe am Giebel des Herrenhauses am Markt die hingerichteten Husumer Rebellen darstellen. Ob die Geschichte stimmt oder nicht, sie sind jedenfalls bis heute den Husumern als „Rebellenköpfe" Denkmal dieses Aufstandes.

Eine Generation später – die Verhältnisse hatten sich wieder gewandelt – erfreute sich der Ort des Wohlwollens eines anderen Landesherrn: Friedrichs I., des Herzogs von Schleswig-Holstein-Gottorf, eines jüngeren Sohnes des dänischen Königs, dessen Erbanspruch durch dieses neue Herzogtum befriedigt wurde. Er schien zielgerichtet Husum als Hauptort seines Herzogtums ausbauen zu wollen, denn der Ort besaß einen unschätzbaren Vorteil: Hier hatte der Herzog im Gegensatz zu den Städten des Landes allein zu sagen. Bekannt wurde die herzogliche Münze im Herrenhaus, in dem der Husumer Taler geprägt wurde, die erste Münze dieser Art im Norden.

Es war wohl Friedrich, der mit dazu beitrug, die Marienkirche auszubauen. Auch holte er bedeutende Künstler ins Land, wie etwa Hans Brüggemann, von dem wir Nachrichten nur aus seiner Husumer Zeit haben und der der Überlieferung nach auch hier gestorben ist. Der Bordesholmer Altar im Schleswiger

Husums Schicksal war und ist eng mit dem Hafen verbunden. Heute zieht der Binnenhafen viele Besucher Husums in seinen Bann durch die Lage mitten in der Stadt, die alten Häuser und den direkt zu erlebenden Wechsel zwischen Ebbe und Flut.

Herzog Friedrich ließ im Jahre 1522 in Husum diese Silbermünze mit seinem Konterfei in Umlauf bringen, den sogenannten Husum-Taler.

Dom zeugt von den Fähigkeiten dieses großen Künstlers. Seine Kunst wurde aber aus zwei Gründen schon bald nicht mehr geschätzt: Zum einen wurde schon sehr früh durch Diedrich Becker und Hermann Tast in Husum die Reformation eingeführt, die bereits 1527 ihren Abschluß fand. Schlimmer aber war, daß Brüggemanns Auftraggeber, der Herzog, im Jahre 1523 König von Dänemark wurde und somit sein Herzogtum verließ. Warum Brüggemann nicht mitzog, wissen wir nicht.

Friedrich I. wurde übrigens im Haus seines Schwiegersohns (Ecke Langenharmstraße-Neustadt) von Abgesandten der Reichsstände die Krone angetragen, worauf er allerdings auch schon gewartet hatte, betrieb er doch hinter den Kulissen das Spiel um die Macht. Seither wird dänischen Monarchen, wenn sie nach Husum kommen und diese Stelle passieren, ein Blumenstrauß überreicht.

Wenn Husum vielleicht zu Beginn des 16. Jahrhunderts die Rolle eines herausragenden Ortes in einem kleinen Fürstentum zugedacht war, so stellte dies doch nur eine Episode dar. Fürstlicher Glanz kehrte erst etwa 50 Jahre später wieder zurück. Der Sohn Friedrichs I., Herzog Adolf, erhielt 1544 wiederum das Herzogtum Gottorf, womit die schleswig-holsteinische Geschichte eine neue und diesmal nachhaltige Wende nahm.

Herzog Adolf baute sein kleines Fürstentum zielgerichtet aus und modernisierte die Verwaltung grundlegend. In Husum errichtete er 1577 bis 1582 auf dem Gelände eines ehemaligen Klosters eine Nebenresidenz, das heutige Schloß vor Husum, so genannt, weil es vor der Stadt lag. Der Baustil der Anlage mit drei Treppentürmen und vier Dachreitern orientierte sich an der niederländischen Renaissance. Ohnehin lagen die Vorbilder des Herzogs in Holland und Flandern. Das galt für Architektur und Malerei ebenso wie für jene wichtige und praktische Kunst, der Nordsee Land abzuringen, also Deiche zu bauen und das neue Land zu entwässern. Auch am profitablen Kornhandel wollte der Herzog teilnehmen. So behielt er das Land des unter seiner Regie eingedeichten Adolfskooges südwestlich von Husum für sich. Dort steht heute übrigens einer der schönsten Haubarge Eiderstedts, der Rote Haubarg.

Mit dem Schloßbau begann Husum ein politisches Zentrum zu werden. Zugleich konzentrierten sich hier Kunst und Kultur in zunehmendem Maße, als im 17. Jahrhundert das Schloß als Witwensitz der Gottorfer eine eigene kleine Residenz bildete. Und irgendwann im frühen 17. Jahrhundert wurde Husum auch Sitz eines eigenen Amtes, aus dem dann schließlich 1970 der Kreis Nordfriesland hervorging. Merkwürdigerweise läßt sich bis heute nicht das genaue Datum der Gründung des Amtes Husum feststellen, das als Leibgedinge für Herzogin Augusta geschaffen wurde und das sie zunächst auch selbst verwaltete. So wurde das Schloß auch Amtshaus und behielt diese Funktion bis 1972, als für den Kreis Nordfriesland ein eigenes Verwaltungsgebäude auf dem Gelände des ehemaligen Viehmarkts errichtet wurde.

Das neue Fürstengeschlecht, das Herzog Adolf begründete, sollte eine große geschichtliche Bedeutung erlangen. Mit ihm löste sich das Herzogtum im Laufe der Zeit einerseits deutlich von Dänemark ab, andererseits entstand eine wichtige eigenstaatliche Tradition in Schleswig-Holstein, eine der Wurzeln des heutigen Bundeslandes. Wichtig war auch die Tatsache, daß mit Peter III. 1762 ein Gottorfer russischer Zar wurde und ein anderer, Adolf Friedrich, 1751 die schwedische Thronfolge antrat. Letzterer war der Vater des berühmten Gustav III.

Heute zeigt sich das Husumer Schloß in der Gestalt, wie es in den Zeiten des dänischen Gesamtstaates in der Mitte des 18. Jahrhunderts umgebaut wurde. Es ist damit ein Zeichen einer glücklichen Epoche harmonischen und kulturell wie wirtschaftlich fruchtbaren Zusammenlebens aller Bevölkerungsteile unter der Krone Dänemarks lange vor den teilweise gewaltsamen nationalen Auseinandersetzungen des 19. Jahrhunderts. Von der Gottorfer Epoche zeugen die sehr prachtvollen Sandstein- und Alabasterkamine, aber auch einige Fürstenporträts, die uns

Das Schloß vor Husum gehört zu den wichtigsten Sehenswürdigkeiten der Stadt, und das nicht nur wegen der Krokusblüte im Frühjahr, sondern etwa auch wegen der prachtvollen Kamine. Es lag früher tatsächlich vor der Stadt, und der alte Schloßgarten ging im Norden und Osten in die freie Landschaft über. Um die Herkunft der Krokusse ranken sich viele Legenden, am wahrscheinlichsten aber ist, daß sie im 17. Jahrhundert durch die auf dem Schloß residierenden Witwen der Gottorfer Herzöge nach Husum kamen.

Als schönstes Gebäude der Stadt gilt das aus dem Jahre 1612 stammende Torhaus zum Schloß vor Husum. Der figürliche Schmuck des Portals mit den ursprünglich drei Göttinnen Aphrodite, Athene und Hera (sie befand sich in der mittleren, heute leeren Nische) diente der Verherrlichung der Herzogin Augusta.

Was wäre Husum ohne ein Denkmal für seinen berühmtesten Sohn Theodor Storm? Adolf Brütt schuf dieses Denkmal im Schloßgarten, das 1898 enthüllt wurde.

Einen kräftigen modernen Akzent in der Mitte der Stadt setzt das neue Rathaus am Binnenhafen, das Reste einer alten Werftanlage aufgenommen hat und auch sonst einen maritimen Charakter besitzt. Entworfen wurde es von dem Hamburger Architekten Bernhard Winking. Sein 1989 eröffnetes Bauwerk war in der Bevölkerung Husums zunächst umstritten. Heute ist das Gebäude jedoch nicht mehr aus dem Stadtbild wegzudenken und zählt neben dem Schloß und der Marienkirche zu den architektonischen Landmarken Husums.

in eine andere Zeit mitnehmen: etwa das Bildnis Herzogin Marie Elisabeths, die lange in diesem Schloß wohnte, verewigt mit zwei King Charles Spaniels – offenbar ein Geschenk aus England, denn diese Tiere waren die Lieblingshunde des englischen Königs Karl I. Der war ein Neffe der Schwiegermutter Marie Elisabeths, Herzogin Augusta, und wurde unter Cromwell hingerichtet. Ein anderes Bild – schräg gegenüber – zeigt ihren Enkel König Karl XI. von Schweden, der die schwedische Marine gründete. Kinder in aller Welt kennen ihn, wenn sie Nils Holgersson von Selma Lagerlöf gelesen haben.

So holen wir dann ein wenig die große Welt und ihre Geschichte auch in das kleine Husum hinein, das bis heute stolz auf seine ganz eigene Vergangenheit ist – eine Stadt, die Bauten von Bedeutung aufweisen kann, deren Gassen von vergangenen Zeiten erzählen, die aber zugleich der Zukunft zugewandt ist. Sehr selbstbewußt hat Husum sein neues Rathaus in ganz modernen Formen an den Binnenhafen gestellt, einen sehr sinnfälligen Ort, denn hier war es, wo 1362 das Meer den Husumer Hafen schuf. Zu einem wirtschaftlichen Standbein der Stadt hat sich der Tourismus entwickelt, denn Sehenswürdigkeiten gibt es genug in Husum. Dazu zählen die Marienkirche, das alte Rathaus mit seiner eindrucksvollen unteren Halle von 1601, der Hafen und die Altstadt. Das Schiffahrtsmuseum wartet mit seiner jüngsten Attraktion auf, einem im Watt vor Eiderstedt im frühen 17. Jahrhundert gesunkenen Handelsschiff. Zu besichtigen sind das Storm-Haus, in dem der große Husumer einen wichtigen Teil seiner Werke schuf, das große Museum Nordfrieslands, das Ludwig-Nissen-Haus, sowie das Schloß und sein Garten mit der Krokusblüte im Frühjahr. Einen Besuch lohnen ebenfalls das Ostenfelder Bauernhaus – Deutschlands ältestes Freilichtmuseum – und das Gasthaus zum Ritter St. Jürgen, ein Altenstift, mit seiner romantischen „Klosterkirche" und dem Storm-Grab auf dem Klosterfriedhof direkt nebenan. Aber auch das neue Rathaus der heute gut 21 500 Einwohner zählenden Stadt mit seiner auffälligen modernen Architektur gehört zu den Sehenswürdigkeiten.

Auch der Ausflug in die Umgebung der alten Südergoesharde lohnt sich. Die Südergoesharde umfaßte das Gebiet zwischen der Nordsee und Eiderstedt im Westen und der Treene im Osten und Süden. Ausgenommen waren Schwabstedt und Rödemis, die dem Bischof von Schleswig gehörten, sowie Friedrichstadt. Im Norden bildete die Arlau die Grenze. Es handelt sich um ein landschaftlich besonders ansprechendes Gebiet mit alten Dörfern, Wäldern, Flußläufen und Marschen. Das Meer trifft in Schobüll bei Husum auf einen Geestrücken, so daß diese Stelle als einzige an der deutschen Nordseeküste ohne einen Deich auskommen kann. Ein Besuch der meist alten Kirchen ist immer zu empfehlen, da ihre mittelalterliche Ausstattung zum großen Teil erhalten ist.

Ein wenig zu kurz kommen meist die ansprechenden Geestdörfer in der Umgebung der Storm-Stadt. Doch auch hier lohnt der Besuch. Alter Hauptort der Südergoesharde war Mildstedt, und auch heute ist das Dorf mit rund 3200 Einwohnern die größte Gemeinde im Husumer Umland und hat insofern sogar das nahe gelegene Friedrichstadt überflügelt. Wenn sich auch das Ortsbild durch die vielen neuen Einfamilienhäuser erheblich verändert hat, findet der Besucher doch hier und da noch einige schöne alte Bauernhäuser. Besonders beeindruckend aber ist die spätromanische St.-Lamberti-Kirche mit dem wuchtigen, westwerkartigen Turm, die im Innern manche Kunstschätze birgt. Das große saalartige Hauptschiff der Kirche macht die Bedeutung dieses Sakralbaus als Hauptkirche der südlichen Südergoesharde deutlich. Nicht versäumen sollte der Besucher einen Blick auf das Grab Wilhelm Hartwig Beselers, das sich nördlich des Hauptwegs zur Kirche befindet. Beseler (1806-1884) wuchs in Rödemis bei Husum auf, wurde später einer der führenden Köpfe der schleswig-holsteinischen Bewegung und 1848 Präsident der provisorischen Regierung. Mit seinem Bruder Georg (1809-1888) gehörte er der Frankfurter Nationalversammlung von 1848 an und hatte großen Einfluß auf das dort erarbeitete Verfassungswerk. In kirchlicher Hinsicht zu Mildstedt gehört auch die in den letzten Jahrzehnten ebenfalls stark gewachsene Gemeinde Rantrum. Viele ihrer rund 1350 Einwohner arbeiten in der nahen Kreisstadt Husum. Auf die Lage des hübschen Dorfes am Geestrand weist auch sein Name – „Randheim" – hin.

Etwa zehn Kilometer östlich von Mildstedt liegt das Dorf Ostenfeld (1350 Einwohner), das sich trotz aller modernen Entwicklung einen guten Teil seines alten Charmes erhalten hat. Immer noch beeindrucken die großen alten Bauernhäuser in der Mitte des Ortes mit ihren Reetdächern, der Dorfteich und die Kirche mit ihrem eleganten Turm aus dem 18. Jahrhundert auf einem Feldsteinsockel. Im 19. Jahrhundert lag Ostenfeld etwas abseits und konnte viel von seinem alten Brauchtum bewahren, insbesondere die Ostenfelder Tracht. Immer wieder zog es Maler in dieses wunderschöne, auf einem Geestrücken gelegene Dorf, sie hielten die Kleidung der Ostenfelder, aber auch Interieurs der Häuser für die Nachwelt fest, so daß der Name des Dorfes in der deutschen Kunstwelt einen gewissen Ruf erlangte. Die Ostenfelder St.-Petri-Kirche weist eine Besonderheit auf: Es finden sich in ihr zwei bespielbare Orgeln, eine aus dem 18. Jahrhundert, eine vom Ende des 19. Jahrhunderts aus dem Hause der bekannten Berliner Firma Sauer.

Heute liegt er abseits der Hauptstraße, der alte Hockensbüller Krug wenige hundert Meter nördlich der Stadtgrenze Husums. Früher aber spielte er als Rastmöglichkeit eine bedeutende Rolle, denn er lag direkt an der alten Landstraße von Husum nach Hattstedt und damit auf dem Weg nach Norden. Akribisch genau wurde der alte Krug restauriert und rekonstruiert. Er stellt heute ein interessantes Baudenkmal dar.

Überhaupt sind es die Kirchen, die das Gesicht der Dörfer über die Jahrhunderte geprägt haben. Dazu gehört auch das Gotteshaus in Schwesing, einem wenige Kilometer östlich von Husum gelegenen Ort mit 880 Einwohnern. Die Schwesinger Kirche geht wie die Mildstedter auf das frühe 13. Jahrhundert zurück. Die Ziegelsteine sollen vom Danewerk stammen, dem dänischen Befestigungsbauwerk südwestlich von Schleswig. Das Feldsteinmauerwerk des Turms gibt der Kirche ein wehrhaftes und urwüchsiges Gepräge, das durch das Schindeldach der mächtigen Turmhaube unterstrichen wird. Auch die Schwesinger Kirche weist eine wertvolle Inneneinrichtung auf, die aus einem spätgotischen Schnitzaltar, einer romanischen Taufe und einer Kanzel aus dem 16. Jahrhundert besteht. Es zeugt vom damaligen Reichtum des südlichen Nordfriesland, daß eine solche Ausstattung der Kirchen mit leichten Variationen fast als Standardprogramm bezeichnet werden kann. Allerdings kommen meistens noch Triumphkreuze und Apostelfiguren aus der Zeit der Gotik hinzu. In der Schwesinger Gemarkung Engelsburg befand sich im Herbst 1944 ein Außenlager des KZ Neuengamme. Seit 1987 erinnert eine von dem Bildhauer Uli Lindow gestaltete Gedenkstätte daran.

Zu den alten Dörfern der Südergoesharde zählt auch das nördlich von Husum gelegene Hattstedt (2200 Einwohner), das durch seine Lage an der nordsüdlich

Die St.-Lamberti-Kirche in Mildstedt – hier auf einem um 1930 entstandenen Foto – überragt auf ihrem Hügel den geschäftigen Husumer Vorort. Mildstedt war im Mittelalter Sitz des alten Thinggerichts, und das Gotteshaus, ein um 1200 entstandener, wuchtiger romanischer Ziegelbau, galt als Hauptkirche der Südergoesharde.

durch Nordfriesland verlaufenden Verkehrsachse der Bundesstraße 5 im Laufe der Zeit sein Aussehen stark verändert hat. Vor allem in der Nähe der Kirche finden wir aber noch immer einige ansprechende Ecken. Auch die Kirche selbst ist mit ihrem hohen trutzigen Turm und dem langen weiß geschlemmten Kirchenschiff sehenswert. Ihr Turm diente lange als Seezeichen.

Nur wenige Kilometer lang ist der Weg von der Anhöhe, auf der Hattstedt liegt, zum heute gar nicht mehr so kleinen, 1640 Einwohner zählenden Nordseedorf Schobüll. Die Heide und der Geestrücken bei Schobüll zogen immer schon die Besucher vor allem aus dem nahegelegenen Husum an. Zunächst richteten sie nur gern ihren Sonntagsspaziergang nach Schobüll, dann aber entschlossen sie sich in erheblicher Zahl, ganz dorthin zu ziehen. So wurde dieser Ort zum heute beliebtesten Wohnort betuchter Husumer. Und tatsächlich: Wo sonst auf dem Festland an der Nordsee findet man einmal eine ähnliche Lage am Meer, gleichzeitig aber auch Wald? Die bewaldete Kuppe des Schobüller Berges trägt dazu bei, daß der Ort ein bevorzugtes Naherholungsgebiet ist. Auch die Kirche erfreut sich großer Beliebtheit. Sie wird für Konzerte gern genutzt, vor allem aber als Hochzeitskirche. Und wer das Gotteshaus einmal gesehen hat, kennt die Gründe seiner Attraktivität. Da ist einmal die Lage am Meer mit einem herrlichen Blick über die Husumer Bucht und die Insel Nordstrand, vor allem aber strahlt der Kirchenbau mit seinem geduckten, stabil wirkenden Turm Geborgenheit und Verläßlichkeit über die Jahrhunderte hinweg aus. Die schlichte gotische Architektur, aber auch die reiche Ausstattung machen den Bau zum Inbegriff einer Dorfkirche, deren Charme sich niemand entziehen kann.

Aber nicht nur Schobüll war immer schon ein beliebtes Ausflugsziel für die Husumer, sondern auch das an der Treene gelegene Schwabstedt, einst Sitz der Bischöfe von Schleswig. Seine eher kleine Kirche beherbergt heute den ungewöhnlich großen Schnitzaltar aus der 1807 abgebrochenen alten Husumer Marienkirche. Zwei Novellen hat Theodor Storm mit diesem idyllisch gelegenen Ort verknüpft, „Zur ‚Wald- und Wasserfreude"" und „Renate", deren düsterer Stoff ihm durch seine Tätigkeit als Amtsrichter in Husum bekannt wurde.

Eine Besonderheit im südlichen Teil Nordfrieslands, vor allem in der Südergoesharde, sind die bronzezeitlichen Grabhügel. Heute eher auf den entlegeneren Teilen des Geestrückens zu finden, fallen diese Grabhügel etwa bei Rantrum, Oldersbek und Schwesing, aber auch bei Schwabstedt auf. Sie ergeben, auf einer Karte eingezeichnet, eine von Nord nach Süd verlaufende leicht gebogene Linie, die vielleicht auf eine alte Verkehrsverbindung hinweist.

Die Palette der Sehenswürdigkeiten, die in der Stadt Husum und ihrem Umland auf den Besucher wartet, ist breit gefächert, sie erschließt sich allerdings nicht immer auf den ersten Blick. Wer sich indessen die Mühe macht, diese Region ein wenig zu erforschen, wird reich belohnt.

„Kirchlein am Meer" wird das Gotteshaus in Schobüll genannt, dessen Ursprünge in das 13. Jahrhundert zurückreichen. Seine architektonischen Formen sind einprägsam. Trotzig stemmt es sich dem Wind entgegen, der vom nur wenige hundert Meter entfernten Meer herüberweht. Schobüll ist der einzige Ort an der nordfriesischen Festlandsküste, der direkt an der Nordsee liegt. Ein Deich ist überflüssig, denn die hochgelegene Geest trifft hier unmittelbar auf das Meer.

Mit ihrem Turm aus unregelmäßigen Granitquadern, die durch schwere Eisenanker zusammengehalten werden, erweckt die im frühen 13. Jahrhundert erbaute Schwesinger Kirche einen archaischen Eindruck. Gekrönt wird das wehrhaft wirkende Mauerwerk von einer mächtigen schindelgedeckten Turmhaube.

Die bereits 1240 erwähnte Kirche in Hattstedt gehört zu den ältesten der Region. Stolz reckt sich ihr Turm in den nördlichen Himmel. Immer wieder ist er den wütenden Herbst- und Frühjahrsstürmen ausgesetzt, die oft genug seine Spitze umgeworfen haben.

Vom Wasser geprägt: die Region Friedrichstadt

Walter Raabe

Das Wasser war es, das diese Region geprägt hat: die Eider mit ihren Nebenflüssen Treene und Sorge und letztlich die Nordsee, deren Tide noch bis in die erste Hälfte des 20. Jahrhunderts über die Eider bis nach Rendsburg hineinreichte.

Die östlich von Friedrichstadt gelegenen weiten Flußniederungen sind saaleeiszeitliche Schmelzwasserrinnen, in denen das abtauende Eis und das Niederschlagswasser ins Meer abflossen. Von Westen her drang die Nordsee mit ihren Fluten weit in diese Niederungen ein und lagerte dabei Sedimente ab. Die gewaltige mittelalterliche Sturmflut von 1362 vergrößerte den Überflutungsraum, sorgte aber auch für eine zusätzliche Aufschlikkung und ließ damit weitere Flußmarschen entstehen. Da weder Flüsse noch Niederungen eingedeicht waren, konnten sowohl das Nordsee- als auch das von der höher gelegenen Geest kommende Niederschlagswasser relativ schnell und ungehindert ins Meer abfließen.

Im Bereich dieser Flußmarschen, die im 13. Jahrhundert erstmals mit dem Namen Stapelholm verbunden wurden, lag im Norden und im Süden jeweils eine Geestinsel. Die nördliche erstreckt sich bis auf wenige Kilometer vor das heutige Friedrichstadt. Eingelagert in die Marschen waren aber auch Moore und sumpfige Gebiete, die eine Erschließung erschwerten und darum wohl keine frühgeschichtliche Besiedlung zuließen. Am westlichen Rand dieser nördlichen Geestinsel liegen die Dörfer Seeth und Drage. Von Drage wissen wir, daß die ersten Siedler sturmflutvertriebene Bewohner des Dorfes Dornebüll waren, das bis zu seinem Untergang im 14. Jahrhundert in den Treeneniederungen westlich der heutigen Straße Seeth/Schwabstedt gelegen hatte. Die Bewohner fanden auf der etwa sechs bis acht Meter über dem Meeresspiegel liegenden Geestkante nur enttäuschend mageren Heideboden vor, aber der neue Wohnplatz bot ihnen Sicherheit vor den allmählich steigenden Fluten der Nordsee. Auch konnten sie ihr fruchtbares Marschland von hier aus weiter bewirtschaften. Um ihren Wirtschaftsraum in den Niederungen ebenfalls vor Sturmfluten zu sichern, begannen die Bewohner im 15. und 16. Jahrhundert, Deiche zu bauen. So entstanden die fünf südlich und westlich liegenden, noch heute zu Drage gehörenden Köge: der Schlickkoog (1525), der Oldenkoog (1494), der Oldenfelder Koog (um 1468), der Südfelder Koog (vor 1462) und der Deljekoog (1515).

Mit den Eindeichungen verkleinerte sich der Überflutungsraum der Eider. Die Abdämmung der Treene 1570 bei Friedrichstadt und die der Sorge im Jahre 1624 bewirkten weitere Veränderungen. Eine Bedeichung der Flußufer wurde notwendig. Dadurch verlagerte sich aber die Tide mit um so höherem Pegel weiter flußaufwärts. Bei Sturmfluten hielten die Deiche dem Wasserdruck oft nicht stand, da ihrer Höhe und Breite durch den meist moorigen Untergrund Grenzen gesetzt waren. So ereigneten sich 1926 allein im Bereich der Eiderniederungen 38 Deichbrüche und weiträumige Überflutungen landwirtschaftlicher Nutzgebiete. Aber die Überschwemmungen wurden nicht nur durch die von außen eindringenden Wassermassen verursacht. Die Flußdeiche erschwerten das Abfließen des Niederschlagswassers und bewirkten Aufstauungen an der Binnenseite. Der mühevolle und oft verlustreiche Kampf gegen das Wasser in diesem Gebiet endete erst 1936 mit dem Abdämmen der Eider bei Nordfeld. Dadurch war der täglichen Tide und auch den Sturmfluten der Weg ins Binnenland versperrt. Zusätzlich verbesserten neue technische Möglichkeiten, wie zum Beispiel leistungsstarke Schöpfwerke, die Entwässerung erheblich.

Über Jahrhunderte war Drage ein Bauerndorf. Der Strukturwandel in der Landwirtschaft hat jedoch auch dieses Dorf nachhaltig verändert. Gab es 1992 immerhin noch 20 landwirtschaftliche Voll- und zehn Nebenerwerbsbetriebe, waren es 1998 nur noch neun bzw. zwei.

Ein oft aufgenommenes Motiv: Der Mittelburggraben mit der historischen Steinbrücke und den Treppengiebelhäusern an der Nordseite des Marktplatzes. Friedrichstadt, das sich nach dem Willen seines Gründers, des Gottorfer Herzogs Friedrich III., zu einer Handelsmetropole entwickeln sollte, ist bis heute eine kleine und beschauliche Stadt geblieben.

Von der 1645 Hektar großen Fläche des Dorfes werden 1350 Hektar landwirtschaftlich genutzt. 52 Prozent dieses Landes sind Eigentum von Drager Bauern, während 788 Hektar von Auswärtigen bewirtschaftet werden. 164 Hektar des Gemeindelandes sind Wasserflächen. Eine große Anzahl der 570 Einwohner arbeitet als Pendler.

In unmittelbarer Nachbarschaft liegt das Dorf Seeth, das etwas älter als Drage ist. Seine landwirtschaftlich genutzten Marschniederungen reichen bis an die Treene und umfassen den Mildterkoog (eingedeicht um 1550), den Tadjebüller Koog (vor 1507), den Nordfelder Koog (zwischen 1500 und 1507) und den Osterfelder Koog (um 1436). Auch Seeth war über Jahrhunderte ein von der Landwirtschaft geprägtes Dorf, das seine Äcker und Wiesen in den Niederungen vor dem allgegenwärtigen Wasser schützen mußte. Einige Angaben machen den Strukturwandel auch in diesem Dorf sichtbar: Lieferten 1959 noch 25 Betriebe 1,1 Millionen Liter Milch in die dorfeigene Meierei, so gibt es heute nur noch vier landwirtschaftliche Vollerwerbsbetriebe in Seeth. Die Meierei ist längst geschlossen. Viele der 740 Einwohner pendeln heute zu ihren auswärts liegenden Arbeitsstellen. Von der 1386 Hektar großen Landfläche werden noch 1116 landwirtschaftlich genutzt. Das übrige Areal ist größtenteils als Naturschutzgebiet ausgewiesen. 1965 bezog die Bundeswehr mit einem Nachschubbataillon – es wurde 1996 durch eine Marinesicherungseinheit ersetzt – den Kasernenneubau auf der Krelauer Heide. Seither ist das Militär der größte Arbeitgeber weit und breit. Vor dem schmucken Gemeindehaus, das im Rahmen der Dorferneuerung erbaut wurde, hängt in der Gabelung eines gefällten Baumes eine für den Stapelholmer Raum typische Bauernglocke, die über Jahrhunderte die Bewohner bei Gefahr zusammenrief. Der westliche Teil Stapelholms mit den Gemeinden Seeth, Drage und Friedrichstadt wurde 1970 aus dem Kreis

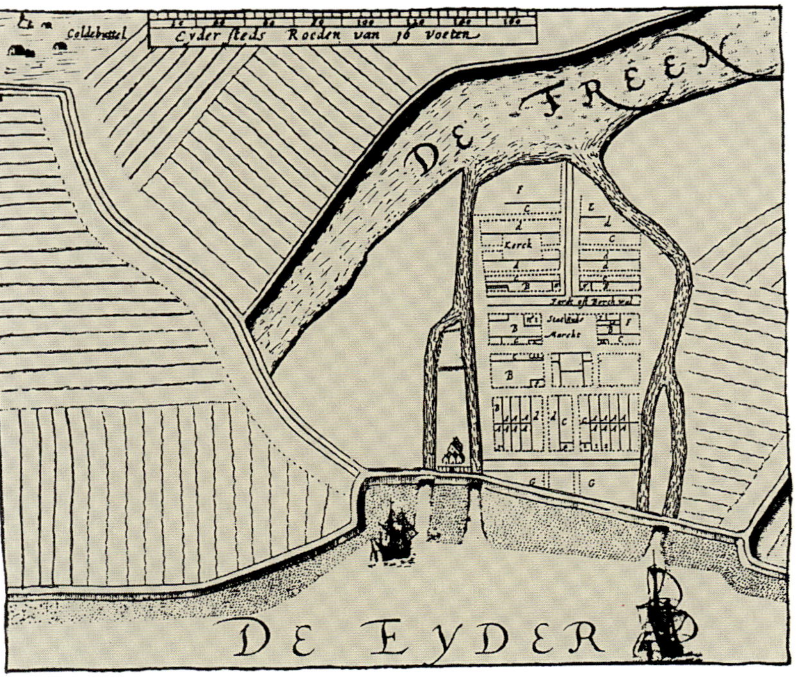

Eine Karte aus der Gründungszeit Friedrichstadts zeigt die genaue Aufteilung des Stadtgebiets in Straßen, Plätze und Grundstücke.

Die erste belegte Bauernglocke in Seeth stammt aus dem Jahre 1687. Über Jahrhunderte rief sie die Bewohner bei Gefahr zusammen. Heute hängt die Glocke in der Stapelholmer Kaserne in Krelau.

Schleswig herausgenommen und dem neugebildeten Kreis Nordfriesland zugeordnet.

Friedrichstadt liegt am Zusammenfluß von Eider und Treene. Aus der Vogelperspektive fallen dem Betrachter sogleich die sich rechtwinklig schneidenden Straßen der Altstadt als Indiz für eine auf dem Reißbrett geplante Anlage und die vielen Wasserwege auf. Und das Wasser war es, dem Friedrichstadt seine Entstehung verdankt.

Der 1616 an die Regierung gekommene Landesherr, der Gottorfer Herzog Friedrich III., war ein tatkräftiger und agiler Herrscher. Schon bald nach der Thronbesteigung versuchte er, durch Ausweitung der Handelsbeziehungen Macht, Einfluß und Wohlstand im Herzogtum Schleswig zu mehren. Das Gelände am Zusammenfluß von Eider und Treene bot sich ihm für den Bau einer Hafenstadt an. Die Treene war schon 50 Jahre zuvor durch Herzog Adolf I. abgedämmt und über zwei Sielzüge mit der Eider verbunden worden. Zwei Schleusen konnten das Niederschlagswasser aus der Treene reguliert an die Eider abführen, Eiderdeiche minderten die Gefahr von Überflutungen. Schließlich sprach für die Standortwahl, daß es von einer Schleuse aus eine Fährverbindung nach Dithmarschen gab. Die leicht erhöht liegende künstliche Insel zwischen den Sielzügen war Drager Gebiet und hieß Seebüll.

Auf der Suche nach Siedlungswilligen wurde der Herzog in den Niederlanden fündig. Innerhalb der Reformierten Kirche war es dort zu Glaubensstreitigkeiten gekommen. Eine Gruppe um den Leidener Theologieprofessor Jacobus Arminius (1560–1609) lehnte die strengen calvinistischen Glaubensgrundsätze ab. Das Bemühen um größere Liberalität scheiterte aber. Auf einer Generalsynode in Dordrecht 1618/19 wurden die Arminianer oder Remonstranten – wie sie auch hießen – aus der Kirche ausgestoßen. Da es unter ihnen viele handelserfahrene, begüterte Kaufleute und Gelehrte gab, glaubte der Herzog, in ihnen die richtigen Partner für die Errichtung einer Handelsmetropole mit Stapelplatz und Ausfuhrhafen an der Eider gefunden zu haben. Daneben gab es eine Gruppe weltoffener niederländischer Kaufleute, die nicht aus religiösen Gründen kamen, sondern auf florierende und gewinnträchtige Geschäfte im Herzogtum hofften. Der Herzog nahm Gespräche auf und sicherte den Glaubensflüchtlingen neben der Religionsfreiheit auch andere weitgehende Privilegien zu. Sie wurden an der Gestaltung der Stadt beteiligt und sollten auch die städtische Verwaltung in eigenen Händen behalten. Grachten gliederten das Siedlungsgebiet. Im September 1621 konnte der Grundstein für das erste Haus gelegt werden, und 1633 verlieh der Herzog dem Ort, der seinen Namen erhielt, das Stadtrecht. Friedrich III. schickte Gesandtschaften nach Rußland und sogar nach Persien, um Handelsbeziehungen zu knüpfen. Während die Zusage der Religionsfreiheit verschiedene Glaubensgemeinschaften ansässig werden ließ, scheiterten jedoch die allzu hochfliegenden Pläne, in Friedrichstadt ein mächtiges Handelszentrum zu etablieren.

Friedrichstadt, das heute 2640 Einwohner zählt, blieb letztlich eine kleine, wenn auch sehr rührige, von kultureller Vielfalt geprägte ländliche Stadt. Zwar ragten seit dem 19. Jahrhundert die Schornsteine einiger kleiner Fabriken in

Die turmlose katholische Kirche in Friedrichstadt stammt aus dem Jahre 1854. Sie hat den dänischen König Knut IV. zum Schutzpatron.

Die erste Friedrichstädter Remonstrantenkirche von 1626 ging im Krieg 1850 in Flammen auf. 1854 stand der Neubau. „Deze kerk is hier te lande een unicum", ließ der holländische Prediger Mesinga seine Landsleute wissen.

1649 wurde die evangelisch-lutherische Kirche geweiht. Bei der Beschießung Friedrichstadts im Kriegsjahr 1850 erlitt sie so schwere Schäden, daß sie erneuert werden mußte.

Die Sitte, ihre Häuser mit „gevelstenen“ oder Hausmarken zu schmücken, brachten die holländischen Einwanderer aus ihrer Heimat mit. Die Hausmarke in der Lohgerberstraße zeigt drei gelbe Holzschuhe auf rotem Grund. Es ist das Familienwappen des niederländischen Besitzerehepaares Laman Trip (oben). Das Wandrelief an einem anderen Haus weist aus, daß von 1698 bis 1734 ein Stellmacher hier sein Handwerk betrieb (Mitte). Die Hausmarke mit dem Eichhörnchen ist neueren Datums und soll wohl die Naturverbundenheit des Hauseigentümers dokumentieren (unten).

den Himmel, aber sie sind längst abgebrochen. Auch der Schiffsverkehr im Hafen war zeitweise sehr lebhaft, bis Wassertiefe und Schleusenenge für die zunehmend größeren Schiffe nicht mehr ausreichten.

In beispielhafter Toleranz lebten die verschiedenen Religionsgemeinschaften – Lutheraner, Remonstranten, Mennoniten, Juden (sie machten in der Mitte des 19. Jahrhunderts über 20 Prozent der Stadtbevölkerung aus), Quäker, Katholiken, Polnische Brüder und andere – friedlich im städtischen Gemeinwesen zusammen. Erst die Nationalsozialisten zerstörten dieses über Jahrhunderte bewährte tolerante Miteinander in wenigen Jahren durch Drangsalierung und Verfolgung der jüdischen Mitbürger.

Hinweisschilder an den Zufahrtsstraßen weisen das heutige Friedrichstadt als „Stadtdenkmal“ aus. Nur fünf Städten in Schleswig-Holstein wurde bislang dieses Prädikat zuerkannt. Und in der Tat begegnen wir auf Schritt und Tritt den erhaltenen Spuren und Baudenkmälern aus der Zeit der Stadtgründung. Leistungsfähige mittelständische Handwerksbetriebe und Geschäfte lassen den Ort zur gern besuchten Einkaufsstadt werden. Die am Hafen liegende Eidermühle und die „Getreide AG“ können in unmittelbarer Nähe Schiffe be- und entladen. Rund 7500 Tonnen Getreide werden im Hafen jährlich umgeschlagen.

Eine dominierende Rolle spielt der Fremdenverkehr. Die historische Altstadt mit ihrem besonderen Flair, aber auch die vielen Wasserwege im Luftkurort Friedrichstadt begeistern zahlreiche Touristen immer aufs neue. Die fischreiche Treene ist nicht nur für Angler, sondern auch für Wassersportler ein Eldorado. Wer keinen sportlichen Ehrgeiz entwickelt, kann die Stadt gemütlich vom Tretboot aus erkunden oder mit einem Motorschiff eine Flußfahrt nach Schwabstedt unternehmen.

Schwabstedt, das mit Abstand älteste Gemeinwesen in der Treene-Region, feierte 1993 sein 725jähriges Bestehen. Ein im Raum Schwabstedt gefundenes, aus einem Hirschgeweih gefertigtes Messer belegt, daß schon vor 10 000 bis 15 000 Jahren, in der Zeit also, in der die nomadisierenden Jäger seßhaft zu werden begannen, Menschen diesen Raum bevölkerten oder auf der Jagd durchstreiften. Die Anwesenheit von Menschen vor 5000 Jahren dokumentiert ein nördlich des Dorfes auf dem Galliberg liegendes, guterhaltenes Megalithgrab.

Bei Erdarbeiten im Jahre 1950 konnten die Grundrisse zweier großer Häuser aus der jüngeren Steinzeit freigelegt werden. Ihr Alter wurde auf etwa 4000 Jahre geschätzt. Aus der gleichen Zeit fand man ein Grab mit dem Skelett eines in Hockstellung bestatteten Mannes. Auch der Glockenturm neben der Kirche steht auf einem hohen Vorzeitgrab.

Schwabstedt wird in der Blütezeit des Handelsortes Haithabu um 1000 n. Chr. durch seine Lage auf der hohen Geest – der Huder Glockenturm liegt 47 Meter über dem Meeresspiegel – unmittelbar an der Treene sicherlich eine große Bedeutung am Handelsweg über die Landenge zwischen Schlei und Nordsee gehabt haben. Diese berechtigte Vermutung ist allerdings noch nicht durch Grabungen bestätigt. Ins Rampenlicht der überregionalen Geschichte gelangte Schwabstedt in der Zeit von 1268 bis 1624. Die Schleswiger Bischöfe wählten die in einer herrlichen Umgebung an der Treene gelegene Siedlung für den Bau einer Residenz. In der Nähe des heutigen Fährhauses entstand ein mit Wall und Graben gesichertes Schloß. Schwabstedt wurde, wie ein heute noch erhaltenes Siegel ausweist, zur Festungsstadt. 1624 starb mit Herzog Ulrich, einem Bruder des dänischen Königs Christian IV., der letzte in Schwabstedt residierende Bischof. Die Reste des Schlosses wurden 1705 abgebrochen.

Schwabstedt, das jetzt 1270 Einwohner zählt, war nie ein reines Bauerndorf. Landwirtschaft, Handwerk, Handel und Gewerbe waren annähernd in gleicher Stärke vertreten. Wie in Seeth und Drage wurden auch hier in neuerer Zeit viele Höfe aufgegeben bzw. in Nebenerwerbsbetriebe umgewandelt. Von den 38 Vollerwerbsbetrieben, die das Dorf 1979 besaß, waren 1998 noch vier übrig.

Kunstvolle Türen, Butzenscheiben und Rosenstöcke tragen zum besonderen Flair der Altstadt bei. Das historische Stadtbild Friedrichstadts zieht viele Besucher an.

Das 1637 erbaute beeindruckende Paludanushaus in Friedrichstadt schmückt eine Hausmarke mit einem reich verzierten Weinbottich. Sie weist den damaligen Besitzer als Weinhändler aus.

Die schmucken Treppengiebelhäuser an der Nordseite des historischen Marktplatzes machen verständlich, daß Friedrichstadt oft liebevoll „Klein-Amsterdam“ genannt wird. Vor allem niederländische Kaufleute und Religionsflüchtlinge siedelten sich im 17. Jahrhundert in der Stadt an.

Der hölzerne Glockenturm neben der um 1160 erbauten Schwabstedter Kirche wurde auf einem hohen Vorzeitgrabhügel errichtet (links).

An der Straße zwischen Koldenbüttel und Ramstedt steht noch heute der Stein, der einst die Grenze zwischen dem bischöflichen Gebiet von Schwabstedt und dem der Friesen Eiderstedter Rechts markierte (rechts).

Die Saaleeiszeit hat im Raum Schwabstedt eine besonders reizvolle Landschaft entstehen lassen. So ist es nicht verwunderlich, daß der Fremdenverkehr einen immer höheren Stellenwert einnimmt. Schwabstedt, seit 1968 anerkannter Luftkurort, hat in der Tat viel zu bieten: Da ist zum einen die Treene, die zum Baden und zu wassersportlichen Aktivitäten einlädt. Das 130 Hektar große Lehmsieker Gehölz, das 850 Hektar umfassende, zum größten Teil unter Naturschutz stehende Wilde Moor und 85 Kilometer ausgeschilderte Wanderwege in der hügeligen Knicklandschaft begeistern Wanderer wie Naturfreunde. Das hübsche, reetgedeckte Kurgasthaus an der Treene beherbergt auch ein kleines Heimatmuseum. Schwabstedt ist der Geburtsort des Komponisten und Orgelvirtuosen Nicolas Bruhns (1665–1697).

In der strukturschwachen Eider-Treene-Sorge-Region sucht man heute Wege zu einer Verbesserung der wirtschaftlichen, sozialen und ökologischen Lage. Die Bemühungen fanden 1998 eine erste Anerkennung in der Verleihung des Prädikats „Zukunftsregion“ in einem Wettbewerb des Bundesbauministeriums, der Musterbeispiele für eine nachhaltige Siedlungs- und Raumentwicklung auszeichnete. Nachhaltigkeit bedeutet einfach ausgedrückt, daß nicht mehr verbraucht werden soll, als produziert wird. Die Region wird einen weiten Weg zurückzulegen haben, um die ökonomischen und ökologischen Belange in Einklang zu bringen. Auf der einen Seite wird der Fremdenverkehr als wirtschaftliches Standbein der Region mit intakter Natur und Umwelt werben müssen, auf der anderen Seite gilt es zu bedenken, daß über sechs Milliarden Menschen dieser Erde nicht von der Wildnis, sondern nur noch von der in Kulturland transferierten Natur ernährt werden können.

Die Treene zwischen Friedrichstadt und Schwabstedt bildet ein ideales Revier für Freizeitkapitäne auf kleiner Fahrt. Ein Ausgangspunkt ist der Bootshafen in Schwabstedt.

Ausflugsdampfer am Ufer der Treene warten auf Gäste. Von Friedrichstadt aus können Besucher eine Flußfahrt nach Schwabstedt unternehmen.

Seerosen und Fischreichtum sind ein Indiz dafür, daß die Wasserqualität im Unterlauf der Treene in Ordnung ist. Der Fluß gilt als Eldorado für Angler.

Die Dreilande: Eiderstedt

Claus Heitmann

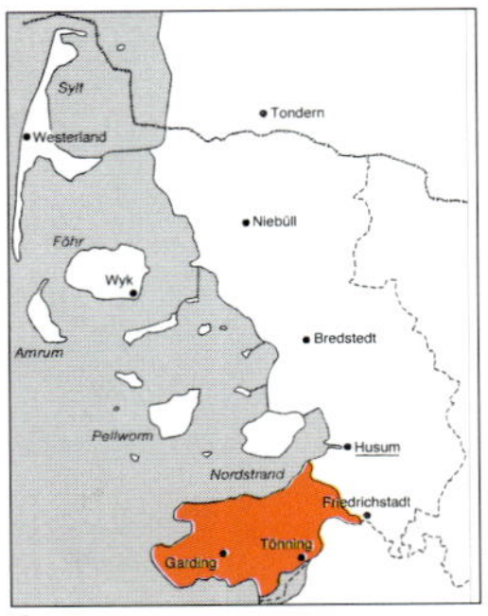

Drei Begriffe bestimmen die Eiderstedter Geschichte: Freiheit, Selbstverwaltung und Wirtschaftsstreben. Die Landschaft blickt mit Stolz auf eine Vergangenheit, in der Freiheiten mit Waffen oder durch den Kauf von Privilegien erlangt wurden, in der das Gemeinwesen genossenschaftlich und eigenverantwortlich gestaltet wurde und das wirtschaftliche Leben blühte. Gern wird dabei allerdings übersehen, daß viele Anregungen von außen gekommen sind. Die feindlichen Brüder des Stolzes sind der Beharrungssinn, die Ablehnung des Neuen und mangelnde Flexibilität, die ebenso in der Eiderstedter Geschichte nachzuweisen sind.

Freiheit

Im Kampf um Freiheiten oder in der Abwehr der Bevormundung gab es mehr oder weniger erfolgreiche Phasen, bis die Landschaft 1867 zu einem Kreis Preußens wurde. Im „Chronicon eiderostadense vulgare" von 1547, der ersten Chronik Eiderstedts, steht unter der Jahreszahl 1252 folgende Bemerkung: „*...unde spreken alle uth einem munde, dat ... koninck Karolus ere vorolderen ...fry gegeven hadde ... unde eer se koninck Abel wolden huldigen ... dar wolden se alle sterven, edder koninck Abel scholde sterven*". Der dänische König Abel hatte den Widerwillen seiner Untertanen erregt, als er 1252 eine neue Steuer, den „Ploogpenning", eintreiben wollte. Die Bewohner der Dreilande wehrten sich und hatten Erfolg. In mehreren Gefechten schlugen sie die Truppen des Königs, und auch Abel selbst fand dabei durch einen Pfeilschuß den Tod. Zur Legitimation ihres Aufstands beriefen sich die drei Harden Utholm, Everschop und Eiderstedt auf ein Privileg Karls des Großen, der ihnen als Verteidigern des Landes gegen das Meer Freiheit von anderen Diensten versprochen habe. Tatsächlich hat Karl der Große nördlich der Eider nie eine Herrschaft ausgeübt. Im Glauben an dieses Privileg meinten sie mit vollem Recht zu handeln, und der Sieg über Abel bei Oldenswort verstärkte ihr Bewußtsein einer berechtigten Freiheit und einer verdienten Selbständigkeit. Auch wenn das Privileg – wie viele andere mittelalterliche Urkunden – eine Fälschung war, wirkte es in den Köpfen derer, die von der Fälschung nichts wußten. Es bewährte sich auch in den folgenden Jahrhunderten und wurde Antriebsfeder für den Erwerb von Freiheiten und Sonderrechten auf den Gebieten des Rechts, der Selbstverwaltung und der Wirtschaft.

Als 1370 die beiden Harden Utholm und Eiderstedt sich von den Seeräubern in Westerhever, den Wogemännern, befreiten, wurden sie von dem Staller Ove Hering angeführt. Mit dem Amt des Stallers war eine Kontrollinstanz zur Wahrnehmung der landesherrlichen Interessen entstanden. Die Freiheit der Selbstbestimmung von 1252 hatte nicht lange gehalten. Von nun an galt es, sich mit den Herrschenden zu arrangieren. Die Eiderstedter wählten den Weg der Diplomatie und des Geldes. Sie huldigten 1414 dem Grafen Gerhard von Holstein und wurden ermächtigt, ihr eigenes Recht aufzuzeichnen: Es entstand die „Krone der Rechten Wahrheit" (1426), eine Festschreibung des Rechts der „Vorolderen", ein konservatives Recht, das vor allem Erb- und damit auch Racheverpflichtungen regelte.

1435 bekam der Herzog die Utlande zugesprochen. Die neue Obrigkeit und deren Rechtsauffassung wurden nicht akzeptiert. 1439 wurde der Staller Epe Wunnekens vertrieben, 1445 kam es zur Revolte gegen den Amtmann Otto Split, 1461 wurde der Staller Jon Jonssen erschlagen. Erst in der Folgezeit festigte sich das Stalleramt, und erst Tete Fedderkens, Staller auf der Garde in Kotzenbüll, war ab 1461 die unangetastete Autorität in diesen Landen.

Die gesetzliche Ordnung war durch eine Reihe von Beliebungen (Rechtsverordnungen) entstanden, geschaffen in gemeinsamer Arbeit der Ratmänner der Landschaft und der Justitiare des Herzogs. Die Beteiligung der Eiderstedter an der Gesetzgebung war ebenso erwünscht wie die Durchführung der gerichtlichen Pro-

Die 1648 entstandene Karte der Dreilande (Eiderstedt) von Johannes Mejer wurde 1652 in der „Landesbeschreibung der zwei Herzogthümer Schleswig und Holstein“ von Caspar Danckwerth veröffentlicht.

zesse durch die Eiderstedter Ratmänner. Eiderstedt war somit eingebunden und verwaltete sich selbst. Die Ratmänner trugen die Verantwortung, hafteten bei Fehlentscheidungen mit ihrem Vermögen und zogen viel Ansehen und Stolz aus dieser Tätigkeit, führten aber im Grunde die Arbeit des Landesherrn aus.

1572 erhielt die Landschaft das Eiderstedter Landrecht, das dem Dithmarscher Landrecht nachempfunden war, da Eiderstedt und Dithmarschen seit 1559 derselben Landesherrschaft unterstanden. Zunächst wurde das Bewußtsein der Mitsprache und Freiheit durch den Kauf von Privilegien wachgehalten. 1595 erwarben die Eiderstedter mit dem Stallerprivileg das Recht, eine Person aus den eigenen Reihen als Staller vorzuschlagen. Das Vorschlagsrecht suggerierte zwar Freiheit und Mitsprache, die Wirklichkeit sah jedoch anders aus: Die Reihe der Staller des 17. Jahrhunderts bestand weitgehend aus Adligen aus dem Umkreis des Herzogs, und 1735 wurde den Eiderstedtern sogar ein Oberstaller als höchste Instanz vorgesetzt.

Der Höhepunkt der Eiderstedter Geschichte war 1612 erreicht, als der Bau des Dreilandenkoogs als Gemeinschaftswerk die drei Harden zu einer Einheit zusammenschloß und ein gemeinsames Identitätsbewußtsein schuf. Seinen äußerlichen Ausdruck fand es durch die Bildung des Eiderstedter Wappens. Zuvor hatten die Harden die Siegel ihrer Hauptkirchen benutzt, jetzt gab es das Siegel mit den drei Booten, später Koggen, die die Embleme der einzelnen Harden zunächst auf ihren Rümpfen, dann auf ihren Segeln trugen. Zugleich hatten die zahlreichen zukunftsweisenden Unternehmungen des wohl tatkräftigsten Stallers der Dreilande, Caspar Hoyer (1540–1594), zu einer wirtschaftlichen Blüte geführt, die sich in dem Ausspruch niederschlug, daß es mehr Gold und Silber in diesen Landen gebe als Eisen.

Doch die Glanzzeit dauerte nicht lange. Bald begannen wirtschaftliche Not

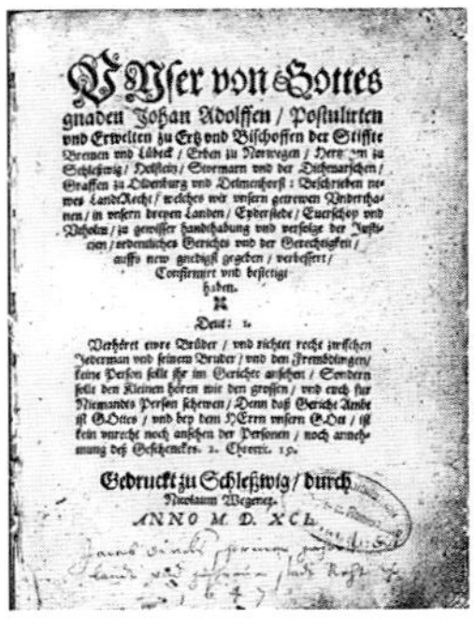
Wyser von Gottes gnaden Johan Adolffen / Postulirten vnd Erwelten zu Ertz vnd Bischoffen der Stiffte Bremen vnd Lübeck / Erben zu Norwegen / Hertzogen zu Schleßwig / Holstein / Stormarn vnd der Ditmarschen / Graffen zu Oldenburg vnd Delmenhorst : Beschrieben newes LandtRecht / welches wir vnsern getrewen Vnderthanen / in vnsern dreyen Landen / Eyderstede / Euerschop vnd Vthholm / zu gewisser handthabung vnd verfolge der Justicien / ordentliches Gerichts vnd der Gerechtigkeit / auffs new gnedigst gegeben / verbessert / Confirmirt vnd bestetigt haben.

Deut: 1.

Verhöret ewre Brüder / vnd richtet recht zwischen Jederman vnd seinem Bruder / vnd den Frembdlingen / keine Person solt jhr im Gerichte ansehen / Sondern solt den Kleinen hören wie den grossen / vnd euch für Niemandes Person schewen / Denn daß Gerichte Ambt ist GOttes / vnd bey dem HErrn vnserm GOtt / ist kein vnrecht noch ansehen der Personen / noch annehmung deß Geschenckes. 2. Chroni. 19.

Gedruckt zu Schleßwig / durch Nicolaum Wegener.

ANNO M. D. XCI.

Im 16. Jahrhundert gewann das Römische Recht an vielen europäischen Fürstenhöfen stark an Bedeutung. Es prägte auch das im Jahre 1572 von Herzog Adolf von Gottorf erlassene neue Eiderstedter Landrecht, das sich von der friesischen Rechtsüberlieferung abwandte. Seine revidierte Fassung von 1591, deren Titelblatt hier gezeigt wird, ist in hochdeutscher Sprache gehalten, auch darin zeigt sich die Tendenz, sich in Justiz und Verwaltung von der Volkstradition zu entfernen.

und politische Entmündigung. Die Sturmflut von 1634 leitete einen wirtschaftlichen Abstieg ein, der sich durch die Auswirkungen des Dreißigjährigen Krieges (1618–1648) und des Nordischen Krieges (1700–1721) fortsetzte. Der absolutistisch regierte dänische Gesamtstaat hat die Eiderstedter Selbstverwaltung durchaus respektiert und in Funktion gelassen. Nach der Eingliederung in den preußischen Staat 1867 wurde die Verwaltung allerdings modernisiert und angeglichen. Immerhin blieb noch bis 1970, unterbrochen nur durch die Jahre 1932/33, als Zeichen Eiderstedter Eigenständigkeit ein eigener Landkreis erhalten.

Selbstverwaltung

Der Begriff Landschaft bezeichnet eine Verwaltungseinheit. Die Landschaft Eiderstedt besaß eigenständige Institutionen, auf die sie stolz war und für die sie an ihre Landesherren, die Gottorfer Herzöge, viel Geld bezahlte. Die Selbstverwaltung erstreckte sich auf fast alle Gebiete. Der Einfluß jedes einzelnen richtete sich nach der Größe seines Landbesitzes, der nach Demat – ein Demat entspricht etwa einem halben Hektar – bemessen wurde und als Richtzahl für die Steuern diente. Der reichste Mann zahlte also die höchsten Steuern, folglich stand ihm das größte Mitspracherecht zu. Er war meist der Lehnsmann (Bürgermeister) – eine Bezeichnung, die im 16. Jahrhundert nachzuweisen ist –, denn er mußte für die Ausgaben seines Kirchspiels haften. Das Mitspracherecht der anderen richtete sich nach einer bestimmten Besitzgröße, die in den Dörfern unterschiedlich bemessen war. Nur aus diesem Kreise der Interessenten konnten die Kirchenvorsteher, Kirchenbaumeister, Ratmänner, Wardiersmänner (Taxierer) und Lehnsmänner gewählt werden. Besitz war Bedingung, erst dann entschied die Befähigung.

Anfangs besaß der Lehnsmann große Macht und übte sogar die niedere Gerichtsbarkeit aus. Er war zuständig für den Deich, die Entwässerung, die Wege, den Strand und die allgemeine Ordnung in seinem Ort. Im Laufe der Jahrhunderte wandelte sich sein Amt immer stärker zu einer reinen Verwaltungstätigkeit. Was ihm blieb, waren die gemeindlichen Aufgaben, das Verwalten des Vermögens sowie das Einziehen der Steuern und Landschaftsabgaben. Auf der Ebene der Landschaft vertraten die Lehnsmänner oder Ratmänner ihren Ort im Rat der Sechsunddreißiger. Die Ratmänner sprachen Recht und hafteten bei Fehlentscheidungen ebenfalls mit ihrem Vermögen. Von besonderer Bedeutung für die Eiderstedter Selbstverwaltung waren die beiden Pfennigmeister. Sie waren in der Landschaft zuständig für die Finanzen. Das Amt wurde 1888 aufgelöst.

Der Kampf mit dem Wasser, sei es beim Deichbau, sei es bei der Entwässerung des Landes, war die eigentliche Leistung, die die Kulturlandschaft der Halbinsel Eiderstedt geschaffen hat. Sie stellte ursprünglich einen wesentlichen Kern der Selbstverwaltung dar. Der Deichbau war zunächst ein genossenschaftliches Unternehmen der Kirchspiele, die das eigene Vorland vor ihrer Gemeinde eindeichten. Die ersten, von etwa 1100 an errichteten Deiche waren noch niedrig und schützten vorerst nur gegen schwächere Sommerfluten. Die Sicherheit der Bewohner war durch die höhergelegenen Wohnplätze auf den Nehrungen, den Sandrücken von Brösum nach Garding/Katharinenheerd, oder durch den Bau von Warften in den neugeschaffenen Kögen gewährleistet.

Bei der Wiedergewinnung und Neugewinnung der Köge nach der verheerenden Sturmflut von 1362 zeigte sich, daß die genossenschaftliche Organisation die Aufgaben nicht bewältigen konnte. Die ordnende Hand der Obrigkeit kam zum Einsatz, als es 1437 bei einem Deichstreit in Osterhever mehrere Tote gegeben hatte. Der Landesherr griff ein. Immer deutlicher wurde die Notwendigkeit einer offiziellen Deichregelung. 1489 verwandelte der Bau des Dammkoogs die Insel Eiderstedt in eine Halbinsel. Dieses Unternehmen war wohl die letzte eigenständige und gemeinsame Leistung der Landschaft. 1557 wurde das „Spadelandsrecht" geschaffen, das fortan den Deichbau regelte und die Verpflichtungen und

Der Haubarg – hier der „Rosenhof“ im winterlichen Westerhever – ist das typische Wirtschaftsgebäude Eiderstedts, in dem sich Wohnteil und Stallungen unter einem Dach befinden. In Eiderstedt gab es 1800 noch 400 Haubarge, 1999 waren nur etwa 50 verblieben.

Der 1764 errichtete Haubarg „Hochdorf“ in Tating ist einer der größten in Eiderstedt. Seine Umgebung verschönert ein großer Park mit seltenen Bäumen. Der Besitzer hat in diesem Park ein Schweizerhaus und eine künstliche Ruine erbauen lassen.

Der ursprüngliche „Haubarg“ ist eigentlich eine Haubargscheune. Das Grundgerüst bilden vier bis zehn Ständer, die das hohe Dach tragen, während die Mauer nur eine Schutzfunktion hat. Mit Ausnahme der importierten Ständer aus Eichen- oder Kiefernholz, die meist auf ebenfalls importierten Findlingen stehen, wird das Gebäude aus heimischem Material (Reet und Ziegel) errichtet.

In kleinen Katen, wie hier bei Westerhever, lebte zumeist der weniger wohlhabende Teil der Bevölkerung in der Landschaft Eiderstedt. Die Kate konnte sich zu einem Langhaus ausweiten mit einer Querdiele und einem Wohnteil im Osten und dem Stallteil im Westen.

Zuständigkeiten festlegte. Systematische Landgewinnung erfolgte am Ende des 16. Jahrhunderts unter dem tüchtigen Staller Caspar Hoyer, der Wassertechniker aus den Niederlanden herbeiholte und Deichgrafen einsetzte. In Eiderstedt war Matthias Typotius der erste Deichgraf.

Die Deichbauarbeiten überforderten die einzelnen Kirchspiele und auch die Landschaft insgesamt. Einen Ausweg boten die „oktroyierten Köge“: Das Vorland wurde einem Privatier zur Eindeichung auf eigene Kosten übergeben, der dann 15 Jahre lang ohne steuerliche Abgaben Gewinn aus dem Land ziehen durfte. Auf diese Weise entstanden nach 1693 vier neue Köge in Eiderstedt. Entscheidend für die Entwicklung des Deichbaus war aber, daß der Landschaft nun das Heft aus der Hand genommen war. Schritt für Schritt nahm auch hier der staatliche Einfluß zu, bis schließlich 1971 die Unterhaltung der Seedeiche ganz in die Zuständigkeit des Landes Schleswig-Holstein überging. Geblieben ist aber in den Herzen vieler Einwohner ein Rest von Stolz auf die „mit dem Spaten gewonnene Heimat“. Dabei vergißt man, daß diese Anstrengungen vor langer Zeit unternommen wurden und schon seit vielen Jahrzehnten oder gar Jahrhunderten kein Bewohner eigenverantwortlich einen Spaten für den Deichbau angerührt hat. Die eigene Verantwortung des 1941 gebildeten Deich- und Hauptsielverbandes Eiderstedt – Vorgänger war seit 1803 der III. Schleswigsche Deichband – reduziert sich auf mahnende Kontrolle, wenn der Staat seiner Küstenschutzaufgabe nicht hinreichend nachkommt, und auf die Entwässerung.

Wirtschaft und Mentalität

Die wirtschaftliche Grundlage der Eiderstedter Bevölkerung war bis etwa 1960 die Landwirtschaft. Das ökonomische Potential der Landschaft manifestiert sich in den mächtigen, für Eiderstedt typischen Haubargen, von denen es um 1800 noch etwa 400 gab. Sie dienten in gleicher Weise der Viehzucht wie auch dem Ackerbau. Beide Formen der Bewirtschaftung haben immer bestanden, ihre Gewichtung wandelte sich jedoch. Waren zunächst Viehzucht und -export die Lebensgrundlage der Bewohner, so stellte in der Zeit von 1550 bis 1650, der „Holländerzeit“, die Milcherzeugung mit Butter- und Käseproduktion den Haupterwerb dar. Es folgte eine Phase verstärkten Ackerbaus; Ende des 18. Jahrhunderts diente nach einem zeitgenössischen Bericht ein Drittel der Landschaft als Pflugland. Der Export von Shorthornrindern nach England im 19. Jahrhundert ließ die Grünlandflächen wieder anwachsen. Bis 1935 lagen 90 Prozent der Landschaft unter Gras, nur zehn Prozent unter dem Pflug.

Viele wichtige Errungenschaften wurden von außerhalb nach Eiderstedt hineingetragen. Das begann im Grunde schon mit der Einwanderung der Friesen im 11./12. Jahrhundert. Ihnen gelang die Kultivierung nicht nur in wassertechnischer, sondern auch in kirchlicher und verwaltungstechnischer Hinsicht. Unter ihrem Einfluß entstand die Landschaft, wie sie sich heute noch mit Deichen, Sielen und Kirchen darbietet – die eigentliche Eiderstedter Kulturlandschaft.

Neuerungen hatten es auf der Halbinsel immer schwer. Der Bau der „Bootfahrten“ genannten Kanäle stieß 1612 auf Widerstand, ebenso der Straßenbau seit den 1840er Jahren. Die Eisenbahn wurde 1854 von der Mehrheit abgelehnt und mußte deshalb in weitem Bogen um Ol-

Weiße Dünen mit Strandhafer säumen den Strand von St. Peter-Ording. Sie bilden sich neu auf der Sandbank, während die alten Dünen schon mit Heide, Krüppelkiefern und Birken bewachsen sind. Zusammen mit dem Deich dienen die Dünen dem Schutz gegen das Meer.

Der grüne Strand bei Vollerwiek ist eine beliebte Badestelle. Der Deich war hier durch den Purrenstrom nach der Fertigstellung des Eidersperrwerks 1973 gefährdet. Durch Aufspülungen, die den Deich schützen sollten, hat man einen schönen Badestrand geschaffen.

Schafe weiden auf dem Deich bei Süderhöft in St. Peter. Man nennt sie die „Tiere mit den goldenen Hufen“, denn sie treten den Deich fest und halten das Gras kurz, so daß sich eine Decke aus festen Soden bilden kann.

Theodor Mommsen, der berühmteste Sohn der Stadt Garding, wurde 1817 als Sohn des Pastors in diesem Haus (im Bild links) geboren. Für seine monumentale „Römische Geschichte" erhielt er 1902 den Nobelpreis für Literatur. Politisch setzte er sich schon früh für eine Demokratisierung und Einigung Deutschlands ein; dem Reichskanzler Bismarck warf er vor, der Nation „das Rückgrat gebrochen" zu haben.

denswort und Witzwort herum verlegt werden. Noch 1950 wurde die Trinkwasserversorgung in einigen Dörfern als überflüssig angesehen. Der Tourismus wurde um 1900 in St. Peter belacht. Erst als gesichert war, daß man seinen Unterhalt damit verdienen konnte, akzeptierten und förderten die Eiderstedter auch diesen Erwerbszweig. Der Naturschutz, vor allem in Form des 1985 eingerichteten Nationalparks, wurde und wird vielfach bekämpft, planerische Landschaftsprogramme werden als Bevormundung abgewiesen. Dabei sind die Konsequenzen aus den heutigen wirtschaftlichen Machtverhältnissen noch nicht gezogen worden. Weiterhin bestimmen überwiegend die Landwirte, die in den Dörfern zumeist die Bürgermeisterämter bekleiden, die Entscheidungen, obwohl die Landwirtschaft nur sechs Prozent zur wirtschaftlichen Kraft der Halbinsel beiträgt. Der Tourismus, der 58 Prozent der Erträge erwirtschaftet, hat seine Möglichkeiten zur Gestaltung der Landschaft noch nicht wahrgenommen und beginnt nur zögerlich, sich seiner Verantwortung zu stellen.

Städte und Dörfer

Eiderstedt ist eine Landschaft auf den zweiten Blick, die Schönheiten fallen nicht gleich ins Auge, sondern das Sehen muß erlernt werden. Es ist vor allem die Weite der Landschaft, die beeindruckt. Der Blick würde sich im Endlosen verlieren, wären da nicht die Kirchtürme, die von weitem sichtbar sind und Orientierung bieten. Da sind die schlanken Türme von Tönning und Tating, die stolzen von Kotzenbüll und Oldenswort, der massive Turm von Garding. Die kleineren Kirchen haben teilweise noch ihren freistehenden Glockenturm.

Der Kirchenkreis Eiderstedt ist – als kleinster in Nordelbien – erhalten geblieben. Verwaltungsmäßig aber bildet die Halbinsel keine Einheit. 15 Gemeinden gehören zum Amt Eiderstedt, Koldenbüttel, Uelvesbüll und Witzwort jedoch zum Amt Friedrichstadt, Simonsberg zum Amt Treene, eigene Einheiten bilden die Städte Garding und Tönning sowie die amtsfreie Gemeinde St. Peter-Ording. Insgesamt leben in Eiderstedt auf 373 Quadratkilometern 19 424 Einwohner. Mit 52 Einwohnern je Quadratkilometer ist die Halbinsel sehr dünn besiedelt.

Die Kirche in Garding, die zweimal im Sturm ihren Turm verloren hat, steht mitten in der Stadt und wirkt wie eine Glucke auf ihrem Nest. Garding, das heute 2700 Einwohner zählt, hat sich immer als Mittelpunkt der Landschaft gefühlt, und der Propst des Kirchenkreises Eiderstedt hat noch heute hier seinen Sitz. Der Ort diente den Eiderstedter Bauern als Handelsplatz, bekam schon 1575 das Recht für den Markt an jedem Dienstag und erhielt 1590 sogar das Stadtrecht, um alle Handwerker aufnehmen zu können. Die Bauern der großen Höfe zogen gern nach Garding, wenn sie aufs Altenteil gingen. Dem Gotteshaus gegenüber steht das Geburtshaus des Althistorikers Theodor Mommsen (1817–1903), der für seine monumentale „Römische Geschichte" mit dem Literatur-Nobelpreis ausgezeichnet wurde.

Der schmale und schlanke Turm von Tating (rund 1000 Einwohner) könnte ein Symbol sein für geringere Bedeutung, doch gibt es durchaus Besonderes in diesem Dorf: Die 1103 errichtete, St. Magnus geweihte Kirche, Hauptkirche der Harde Utholm, repräsentiert den Beginn des Christentums in dieser Landschaft. Tating besitzt mit dem Hochdorfer Garten, der eine künstliche Ruine und ein Schwei-

Eine erstaunliche Vielzahl reich ausgestatteter Kirchen prägt die Landschaft Eiderstedt. Die Kirche von Garding ist 1107 auf dem „Garsande" errichtet worden. Sie war die Hauptkirche der Everschop-Harde. Der Turm der Kirche mußte mehrmals erneuert werden, zuletzt 1806.

Das Innere der Kirche von Tetenbüll gleicht einem Bilderbuch. Die Decke zieren Szenen der Geschichte Christi und der Verbreitung der christlichen Lehre, die Nordempore ist ein „Lesebuch" mit Szenen des Alten Testaments. Sehenswert ist auch die spätgotische Triumphkreuzgruppe mit den verschiedenen Marterwerkzeugen.

Die Kirche von Oldenswort, auch „der Dom" genannt, hatte eine Vorgängerin auf der Warft in der Nähe von Hoyerswort und ist 1245 gegründet worden. 1415 plünderten die Dithmarscher diese Kirche und machten große Beute. 1416 wurde sie wieder errichtet und erhielt im 16. Jahrhundert eine reiche Renaissance-Ausstattung mit Malereien von Marten van Achten.

Der Altar in der Kirche von Witzwort, um 1500 gefertigt, ist nur eine der Sehenswürdigkeiten dieser Kirche. Sie besitzt noch ihren Glockenturm von 1631 sowie berühmte Porträts ihrer Pastoren, die von Carl Ludwig Jessen und Albert Johannsen gemalt worden sind.

Ferdinand Tönnies (1855–1936), der von dem großen Marschhof „Op de Riep" in Oldenswort stammte, zählt zu den Begründern der Soziologie.

zerhaus birgt, den schönsten Park Eiderstedts.

Der hoch aufragende Turm von St. Laurentius in Tönning markiert den Übergang der Eidermündung in den Eiderfluß, wo die Eider überquert werden konnte, und weist zugleich auf die Bedeutung der heute knapp 4900 Einwohner zählenden Stadt für Eiderstedt hin. Wie Garding erhielt sie 1590 die Stadtrechte. In wirtschaftlicher, militärischer und administrativer Hinsicht bildete sie zumeist das Zentrum, war zum Beispiel von 1867 bis 1970 Verwaltungssitz des Kreises Eiderstedt. 1581 bis 1583 baute das Gottorfer Herzogshaus dort ein Schloß, später auch eine Festung. Sie zog Kriege an, unter denen ganz Eiderstedt zu leiden hatte. In Tönning und der Umgebung des Ortes kämpften Dänen, Schweden, Kosaken und Deutsche. Das Schloß wurde zerstört, die Festung geschleift. Trotz einer Küstenlänge von fast 100 Kilometern besitzt die Halbinsel Eiderstedt nur in Tönning einen richtigen Hafen, alle anderen waren und sind kleine Sielhäfen von geringer Bedeutung. Der Hafen, um 1612 erbaut, sorgte für die wirtschaftliche Blüte der Stadt. Ab 1784 bildete er den Endpunkt des Eiderkanals, der die Ostsee mit der Nordsee verband. Das Packhaus am Hafen zeugt von den großen Erwartungen der Kanalbauer. Das Verbot des Viehtransports nach England 1888 und die Eröffnung des Nord-Ostseekanals 1895 ließen Tönning indes wirtschaftlich in Bedeutungslosigkeit versinken. Der malerische Charme des Hafens und des Marktplatzes ist spät entdeckt worden. Über den Ort hinaus sind das Wasser- und Schiffahrtsamt und das Landesamt für den Nationalpark von Bedeutung. Seit 1999 zeigt das Multimar-Wattforum in eindrucksvoller Weise die Lebenswelt des Wattenmeers. Große Söhne Tönnings sind der Barockmaler Jürgen Ovens (1623–1678), von dem ein Epitaph-Gemälde in der Kirche zu bewundern ist, und der Chirurg Friedrich von Esmarch (1823–1908), der zum Beispiel der Ersten Hilfe mit zum Durchbruch verhalf.

Aufgrund ihrer dichten Bauweise muten die Dörfer Oldenswort mit rund 1300 Einwohnern und Witzwort mit knapp 1000 Einwohnern fast kleinstädtisch an. Auffallend groß ist die spätromanische St. Pankratius-Kirche in Oldenswort. Von dem Hof Riep stammt Ferdinand Tönnies (1855–1936), ein Begründer der Soziologie. Die Gemeinde Witzwort beherbergt eines der bekanntesten Bauwerke Eiderstedts, den Roten Haubarg. Auch die Kirche von Tetenbüll ist erstaunlich groß für das kleine Dorf mit rund 700 Einwohnern. Sehenswert ist das Haus Peters, ein alter Kaufmannsladen, in dem wechselnde Ausstellungen gezeigt werden.

Ganz im Osten Eiderstedts liegt das langgestreckte, 800 Einwohner zählende Dorf Koldenbüttel. Auf dem Friedhof an der schönen Kirche ruht Peter Sax (1597–1662), der erste Chronist für ganz Nordfriesland. Während fast alle Kirchen Eiderstedts aus dem Mittelalter stammen, wurde das Gotteshaus in Simonsberg (840 Einwohner) erst im 19. Jahrhundert errichtet. Es handelt sich aber bereits um das vierte in diesem Dorf: Ein Vorgängerbau wurde 1532 mit einem Teil der Lundenberghardе ausgedeicht, die anderen gingen bei Sturmfluten verloren.

Eine der kleinsten Gemeinden Eiderstedts ist Westerhever mit 120 Einwohnern. Westerheversand und der Leuchtturm, millionenfaches Fotomotiv, locken viele Gäste hierher. Wie andere Eiderstedter Kirchen steht das Gotteshaus mit seinem mächtigen Turm auf einer Warft. Ein

Die mittelalterliche Kirche von Westerhever ist dem heiligen Stephanus geweiht. Das 1804 wesentlich umgebaute Gotteshaus macht den Eindruck einer trutzigen Halligkirche.

Die dem heiligen Leonhard geweihte Kirche in Koldenbüttel stammt aus dem 12. Jahrhundert. Auf dem Friedhof finden sich Zeugnisse der Grabsteinkultur des 16. Jahrhunderts mit reichen Verzierungen. Hier liegt auch das Grab des berühmtesten Chronisten Eiderstedts: Peter Sax.

Die romanische Taufe in der Kirche von Westerhever ist aus Sandstein gefertigt und stammt aus dem 12. Jahrhundert. Der schwebende Taufengel entspricht ländlicher Barockkunst und kann auf die Zeit um 1800 datiert werden.

Dieses um 1920 entstandene Foto läßt St. Peter noch als dörfliches Idyll erscheinen. Die Mühle auf der Bövergeest wurde 1928 abgerissen. Das Diakonatshaus im Vordergrund diente anfangs auch als Schule.

Findling auf dem Friedhof erinnert an Jacob Alberts (1860–1941), den Maler der Halligen. Der dörfliche Strukturwandel wird in Westerhever besonders deutlich. Das Dorf verlor in gut 100 Jahren drei Viertel seiner Einwohner. Mehr als die Hälfte der verbliebenen Gebäude befindet sich im Besitz von Auswärtigen oder Neubürgern und wird zumeist nicht dauerhaft bewohnt. 1971 schloß die Schule, 1974 der Dorfladen.

Das wirtschaftliche Herz der Landschaft Eiderstedt schlägt in St. Peter-Ording. Ehemals als Armenhaus der Landschaft verlacht, da der sandige Boden nicht ertragreich war, hat der Ort jetzt den Charakter einer Goldgräberstadt. Hohe Hotelbauten und Appartementhäuser bestimmen das Bild, nicht mehr die Kirchen. Der zwölf Kilometer lange und weite Strand zieht als Hauptattraktion Urlauber und Tagesgäste aus nah und fern an. Hier kann der Tourist immer das Gefühl haben, allein zu sein. Der Fremdenverkehr begann in St. Peter um 1877 mit einem ersten Logierhaus. Der Ort wuchs schnell, besonders nachdem die Eisenbahn 1932 bis nach St. Peter verlängert worden war.

Die „Gesundheitsindustrie" schafft Arbeitsplätze in Kinderheimen, Kureinrichtungen und Rehakliniken, Unternehmer entdecken die Gewinnmöglichkeiten, internationale Gastronomie bereichert den Ort. Der überschaubare Dorfcharakter jedoch ist verschwunden, und Anonymität prägt zunehmend den heute 4200 Einwohner zählenden Ort. Bemühungen um historische und landschaftliche Bewahrung haben es schwer. St. Peter-Ording fällt nun wieder aus der Gemeinschaft der Eiderstedter Dörfer heraus, diesmal durch die Gewinnmöglichkeiten. Wenn gelegentlich noch von einer „Feindschaft" zwischen Dithmarschen und Eiderstedt gesprochen wird, dann meint man es nicht mehr ernst. Eine spürbare Aversion zwischen der Landschaft Eiderstedt und dem Ort St. Peter-Ording besteht aber auf beiden Seiten.

Seit 1911 stehen Pfahlbauten am Strand von St. Peter-Ording. Das erste Gebäude wurde „Giftbude“ genannt, weil es dort „wat geev“. Um auf die Sandbank zu gelangen, mußte man einen Priel durchschwimmen oder sich von einem Boot übersetzen lassen.

Zu jeder der fünf Badestellen am Strand von St. Peter-Ording gehören drei Gebäude auf Pfählen: die Kabine der Badeaufsicht, das Restaurant und ein Toilettengebäude. Am bekanntesten ist die „Arche Noah“ an der Badestelle Bad.

Die erstmals 1926 errichtete Seebrücke von St. Peter-Ording erhielt 1986 ihre jetzige Gestalt mit 1012 Meter Länge. Anfangs überquerte sie ein Wattgebiet, aus dem in den letzten Jahren durch Bewuchs ein seltenes Salzwiesenbiotop geworden ist.

Sonnenuntergänge am Strand von St. Peter-Ording sind immer wieder beliebte Fotomotive. Bei so viel Schönheit vergißt man, daß die Nordsee auch gewaltig wüten und stürmen kann.

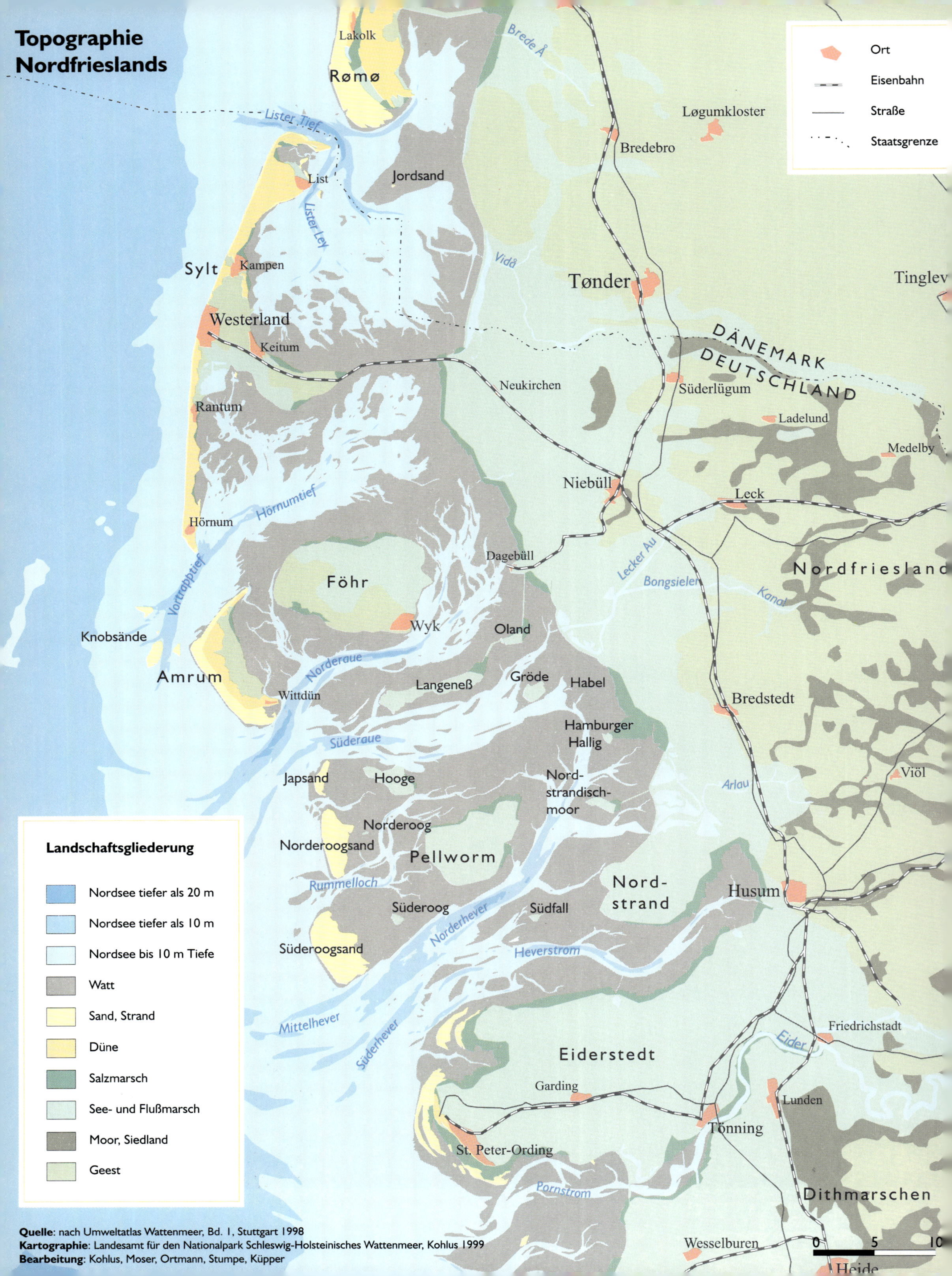

Quelle: nach Umweltatlas Wattenmeer, Bd. 1, Stuttgart 1998
Kartographie: Landesamt für den Nationalpark Schleswig-Holsteinisches Wattenmeer, Kohlus 1999
Bearbeitung: Kohlus, Moser, Ortmann, Stumpe, Küpper

Anhang

Wat deer ouers nuch önj stoont

Autorinnen und Autoren
Literaturverzeichnis
Register

Autorinnen und Autoren

Hans-Günther Andresen
geb. 1945 in Sterup/Angeln, Studium der Kunstgeschichte, Neueren Geschichte und Politologie. Kunsthistoriker, Lehrbeauftragter an der Muthesius-Hochschule für Kunst und Gestaltung in Kiel. Veröffentlichungen zur Kunst- und Architekturgeschichte sowie zur Bau- und Denkmalpflege.

Nils Århammar
Prof. fil. lic. habil., geb. 1931 in Katrineholm/Schweden, Studium der Germanistik an den Universitäten Uppsala, Münster, Köln und Marburg. 1960–1963 wissenschaftlicher Assistent an der Nordfriesischen Wörterbuchstelle der Universität Kiel, 1963–1976 wissenschaftlicher Assistent und Lektor an der Universität Marburg, 1977–1988 Inhaber des Lehrstuhls für Friesisch an der Universität Groningen, 1988–1996 Inhaber des Lehrstuhls für Friesisch an der Universität Flensburg mit Leitungs- und Lektoratsfunktionen am Nordfriisk Instituut in Bredstedt. Zahlreiche Veröffentlichungen, vor allem zur friesischen Sprache.

Walter Asmus
geb. 1950, Studium der Germanistik, Geographie/Wirtschaftsgeographie in Hamburg, seit 1975 im Schuldienst, seit 1982 an der Theodor-Storm-Schule in Husum. Mitarbeit an verschiedenen Projekten zur Wirtschaftsgeschichte Schleswig-Holsteins. Veröffentlichungen zur Verkehrsgeschichte (u. a. Historischer Verkehrsatlas Schleswig-Holstein). Forschung und Projektleitung zur regionalen Verkehrsgeschichte im Arbeitskreis für Wirtschafts- und Sozialgeschichte. Dissertation zum Bedeutungswandel von Verkehrssystemen im Entstehen.

Klaus Baese
geb. 1946 in Bünsdorf/Kreis Rendsburg-Eckernförde, Studium der Meteorologie/Ozeanographie und Landwirtschaft in Kiel, 1972 Diplom in Meteorologie an der Universität Kiel, danach Assistentenzeit in Kiel, 1977 Eintritt in den Deutschen Wetterdienst im Wetteramt Schleswig, 1979–1995 zuständig für Wettervorhersage für Schleswig-Holstein, seit 1996 Leiter der Wetterdienstaußenstelle Schleswig. Seit dem Studium nebenbei viele Jahre meteorologischer Betreuer und Ausbilder der Segler des deutschen Olympiakaders. Lehrbeauftragter an der Christian-Albrechts-Universität Kiel.

Ludwig Fischer
Prof. Dr., geb. 1939, Studium der Biologie, Germanistik, Evangelischen Theologie und Allgemeinen Rhetorik in Tübingen, Basel und Zürich. 1968–1970 Lektor an der Universität Stockholm, 1971–1976 Assistent an der TU Berlin. Habilitation 1976. Seit 1978 Professor für Neuere deutsche Literatur an der Universität Hamburg. Arbeitsschwerpunkte: Sozialgeschichte der deutschen Literatur, besonders der Nachkriegszeit; Massen- und Unterhaltungsliteratur; Film und Fernsehen, vor allem dokumentarischer Film; Kulturtheorie und Kulturgeschichte, insbesondere Theorie und Geschichte des Naturverhältnisses und seiner medialen Vermittlungen. Außerdem Beschäftigung mit Regionalgeschichte und Entwicklung der ländlichen Räume. Zahlreiche Veröffentlichungen.

Walter Fohrbeck
geb. 1956, 1975–1986 Studium an der Rheinisch Westfälischen Technischen Hochschule Aachen und den Universitäten Berlin und Göttingen mit Abschluß Magister. 1987–1989 Wissenschaftlicher Mitarbeiter beim Museum des Oberbergischen Kreises in Nümbrecht, seit 1990 Leiter des Inselmuseums/Inselarchivs auf Pellworm. Veröffentlichungen zur Regionalgeschichte der Insel Pellworm, u.a. zur Entwicklung des Fremdenverkehrs.

Konrad Grunsky
Dr., geb. 1947, Studium der Europäischen Ehtnologie und Soziologie in Marburg. 1978–1980 Mitarbeiter am Amt für Rheinische Landeskunde in Bonn für volkskundliche Dokumentationen. 1980–1991 Museumsleiter für die kreiseigenen Museen der Stiftung Nordfriesland, seit 1992 Leiter des Kulturamtes des Kreises Nordfriesland, Geschäftsführer der Stiftung Nordfriesland. Veröffentlichungen zur Kunst- und Kulturgeschichte Nordfrieslands.

Ulf Hahne
Dr., geb. 1956 in Braunschweig, Diplom-Volkswirt, Korrespondierendes Mitglied der Akademie für Raumforschung und Landesplanung (Hannover). Beratungs-, Forschungs- und Lehrtätigkeit, seit 1996 am Institut für Geographie der Universität Flensburg. Schwerpunkte: Regionalökonomie, ländlicher Raum, Tourismus. August-Lösch-Preisträger.

Claus Heitmann
geb. 1939 in Tating/Eiderstedt, seit 1972 Oberstudienrat am Nordseegymnasium St. Peter-Ording mit den Fächern Französisch, Spanisch, Philosophie. Begründer und Vorsitzender der AG Orts-Chronik in St. Peter-Ording und Herausgeber der Hefte „Aus der Ortsgeschichte St. Peter Ordings", seit 1991 Geschäftsführer des Heimatbundes Landschaft Eiderstedt. Das vorrangige Interesse liegt in der Verbreitung des historischen Wissens und der Verdeutlichung der kulturellen Leistungen dieser Landschaft durch kleine Abhandlungen und Berichte.

Ulf Dietrich von Hielmcrone
Dr., geb. 1944 in Husum, Jurastudium in Kiel, beschäftigte sich außerdem mit Geschichte und Kunstgeschichte seiner Heimatstadt, Volontariat bei den „Husumer Nachrichten", Promotion über ein sowohl rechtsgeschichtliches wie auch kunstgeschichtliches Thema, Tätigkeit als Rechtsanwalt, zahlreiche lokalgeschichtliche Veröffentlichungen, ist politisch für seine Heimatstadt, die Region und auf Landesebene tätig.

Dietrich Hoffmann
Dr,. geb. 1936 in Berlin, Studium der Geologie in Göttingen und Kiel, 1968 Dissertation zum Thema „Alter und Aufbau der Marsch im Kern der Insel Sylt". 1968–1970 wissenschaftlicher Mitarbeiter am Geologischen Institut der Universität Kiel, 1970–1985 wissenschaftlicher Mitarbeiter der Abteilung Marschen- und Wurtenforschung am Landesmuseum für Vor- und Frühgeschichte in Schleswig, seit 1985 wissenschaftlicher Mitarbeiter am Institut für Ur- und Frühgeschichte der Universität Kiel. Arbeitsgebiet: Geologie der Nordseeküste Schleswig-Holsteins im Zusammenhang mit der Besiedlung in der Nacheiszeit. Veröffentlichungen zur Landschafts- und Siedlungsgeschichte der schleswig-holsteinischen Westküste.

Gundula Hubrich-Messow
Dr., geb. 1944 in der Mark Brandenburg, Studium der Germanistik, Romanistik und Sprachwissenschaft in Tübingen und Kiel, Magisterexamen, Volontariat im Buchhandel, Promotion. Lehrauftrag an der Universität Kiel, fünfjähriger Aufenthalt in Norwegen, Verlagslektorin in Husum, Referentin für Volkskunde im Schleswig-Holsteinischen Heimatbund. Ihr besonderes Interesse gilt der Erzählforschung. Sie legte 1981 die Untersuchung „Personennamen in schleswig-holsteinischen Volksmärchen" vor und gab zahlreiche regionale Sagen- und Märchenbände heraus, so auch die Anthologie „Der Storch" von 1996.

Manfred Jakubowski-Tiessen
Prof. Dr., geb. 1948 in Bredstedt, Professor am Max-Planck-Institut für Geschichte in Göttingen. Zahlreiche Veröffentlichungen zur Sozial-, Mentalitäten- und Kirchengeschichte der Frühen Neuzeit, Buchveröffentlichungen u. a. „Der frühe Pietismus in Schleswig-Holstein", Göttingen 1983; „Sturmflut 1717. Die Bewältigung einer Naturkatastrophe in der Frühen Neuzeit", München 1992; „Krisen des 17. Jahrhunderts. Interdisziplinäre Perspektiven", Göttingen 1999 (Hrsg.); „Dünger und Dynamit", Neumünster 1999 (zus. mit Klaus-J. Lorenzen-Schmidt).

Johannes Jensen
Dr., geb. 1928, Historiker und Germanist. Seit 1958 im Schuldienst, von 1976 bis 1991 Leiter der deutschen Sankt-Petri-Schule in Kopenhagen, seitdem Veröffentlichungen über Themen aus der Geschichte Nordfrieslands im 19. Jahrhundert, über die er 1957 promoviert hat, und zur Geschichte der deutschen Sankt-Petri-Gemeinde und Schule in Kopenhagen.

Ulrich Jeß
geb. 1936 in Berlin, Ausbildung zum Grund- und Hauptschullehrer an der Pädagogischen Hochschule Flensburg, Schuldienst ab Herbst 1962, Leitungstätigkeit in der Grund- und Hauptschule Ladelund und der Grundschule Leck, seit 1977 außerdem freier Mitarbeiter des „Nordfriesland Tageblatt", Beiträge für das Jahrbuch des Heimatvereins Schleswigsche Geest.

Manfred Jessen-Klingenberg
Dr., geb. 1933 in Norderstapel, Oberstudienrat, Studium der Lateinischen Philologie und der Geschichte an der Universität Kiel, Promotion, Staatsexamen für das Lehramt an Gymnasien, nach längerer Tätigkeit als Wissenschaftlicher Assistent am Historischen Seminar der Kieler Universität (Lehrstuhl für Schleswig-Holsteinische und Nordische Geschichte) Eintritt in den Schuldienst, Lehrbeauftragter für Geschichte an der Erziehungswissenschaftlichen Fakultät der Universität, Verfasser zahlreicher Bücher und Aufsätze zur Geschichte Schleswig-Holsteins, langjährige Herausgebertätigkeit wissenschaftlicher Zeitschriften, Vorsitzender des Kuratoriums des Instituts für schleswig-holsteinische Zeit- und Regionalgeschichte.

Rudolf-Eugen Kelch
geb. 1940 in Bad Freienwalde/Oder, aufgewachsen in Lübeck. Nach Abitur und Wehrdienst gärtnerische Ausbildung in Pflanzenvermehrung und Landschaftsgestaltung. Studium der Landespflege an der TU Hannover mit den Schwerpunkten Raumordnung, Landschaftsplanung und Rekultivierung im Braunkohletagebau. Referendariat als Regierungsbaureferendar bei der Oberfinanzdirektion Kiel. Nach der 2. Staatsprüfung seit 1973 beim Kreis Nordfriesland zunächst mit den Aufgaben der Bauleitplanung und Landschaftsplanung betraut, später als Leiter des Umweltamtes für Naturschutz und Landschaftspflege, Wasserwirtschaft sowie Abfallwirtschaft zuständig.

Hans Joachim Kühn
Dr., geb. 1945 auf Hallig Hooge, Oberrat, Archäologe, Studium in München und in Kiel, 1977 Promotion. Anschließend beteiligt am interdisziplinären Forschungsvorhaben „Norderhever-Projekt", seit 1979 Dezernent für das archäologische Grabungswesen am Archäologischen Landesamt Schleswig-Holstein, Leitung mehrerer archäologischer Ausgrabungen im Watt, auf den Halligen und Inseln sowie in der Küstenmarsch Nordfrieslands, mehrere Veröffentlichungen zur Küstenarchäologie, darunter „Der frühe Deichbau in Nordfriesland", „Die Anfänge des Deichbaus in Schleswig-Holstein", „Gestrandet bei Uelvesbüll. Wrackarchäologie in Nordfriesland".

Gerd Kühnast
geb. 1936 in der Gemeinde Hattstedtermarsch, Südergoesharde, als Volksschul- und Sonderschullehrer bis zur Pensionierung an verschiedenen Orten in Nordfriesland tätig. Vorsitzender der 1980 gegründeten Interessengemeinschaft Baupflege Nordfriesland e.V. (IGB); Herausgeber und Redakteur der IGB-Zeitschrift „Der Maueranker"; seit 45 Jahren aktiv im Naturschutz tätig.

Harry Kunz
geb. 1953 in Forbach/Baden, Diplom-Soziologe, Dokumentar, langjährige Arbeit bei der Deutschen Presse-Agentur in Hamburg. Er entwickelt seit 1996 am Nordfriisk Instituut in Bredstedt das „Höfe-Archiv Schleswig-Holstein". Bisher wurde das Quellenmaterial zur Agrargeschichte für das Gebiet des Kreises Nordfriesland in einem speziell für Laienforscher aufbereiteten Wegweiser und Findbuch verzeichnet, wodurch der Zugang für die Forschung erheblich erleichtert wird. Das Quellenbuch für den Kreis Dithmarschen liegt ebenfalls im Druck vor, das für den Kreis Schleswig-Flensburg wird zur Zeit erarbeitet.

Klaus Lengsfeld
Dr., geb. 1945 in Bamberg, Dissertation über ein funktionsbiologisches Thema bei Hirschen. Seit 1982 Leiter des Nordfriesischen Museums Ludwig-Nissen-Haus in Husum, seit 1996 außerdem Leiter des Museumsverbunds Nordfriesland. Er war auch Vorsitzender des Museumsverbands Schleswig-Holstein e.V. Zahlreiche Veröffentlichungen zur Kultur und Natur Nordfrieslands.

Dieter Lohmeier
Prof. Dr., geb. 1940, Studium der Germanistik und Romanistik. Seit 1967 am Institut für Literaturwissenschaft der Universität Kiel tätig. 1982 Habilitation, seit 1985 Direktor der Schleswig-Holsteinischen Landesbibliothek in Kiel. Zahlreiche Veröffentlichungen zur Literatur- und Kulturgeschichte Schleswig-Holsteins und zu kulturellen Wechselbeziehungen zwischen Deutschland und Dänemark.

Jürgen Newig
Prof. Dr., geb. 1941, Direktor der Abteilung Geographie im Institut für Kulturwissenschaften der Universität Kiel, Promotion zum Dr. rer. nat. 1973 in Kiel, Habilitation in Kiel 1988, zahlreiche Veröffentlichungen zum Thema Küstenschutz, Küstenentwicklung und historische Küstenzustände sowie zur Geographie des Fremdenverkehrs und der Kulturerdteile, Mitherausgeber des Standardwerkes „Die Ostsee, Natur und Kulturraum".

Albert Panten
geb. 1945 in Soholm/Nordfriesland, Studium der Physik und Mathematik an der Universität Kiel. Oberstudienrat an der Friedrich-Paulsen-Schule in Niebüll. Er beschäftigt sich seit über drei Jahrzehnten intensiv mit der Geschichte Nordfrieslands, insbesondere des Mittelalters und der Frühen Neuzeit; 1972–1992 Vorsitzender der Arbeitsgruppe Genealogie und Geschichte des Nordfriisk Instituut. Verfasser bzw. Herausgeber zahlreicher Bücher und Aufsätze zur Geschichte Nordfrieslands, u.a. Peter Sax, Werke zur Geschichte Nordfrieslands und Dithmarschens, 7 Bände. 1992 Hans-Momsen-Preis des Kreises Nordfriesland.

Paul-Heinz Pauseback
Dr., geb. 1961 in Husum, 1981–1988 Studium an der Christian-Albrechts-Universität Kiel, 1988 Magister Artium, 1994 Promotion (Mittlere und Neuere Geschichte, Alte Geschichte und Englische Philologie). Seit 1994 Aufbau und Betreuung des Auswanderer-Archivs Nordfriesland im Nordfriisk Instituut in Bredstedt. Wissenschaftliche Betreuung einer Ausstellung zur Übersee-Auswanderung aus Schleswig-Holstein im Nordfriesischen Museum in Husum.

Adeline Petersen
geb. 1940 in Niebüll, Studium der dänischen Sprache und Literatur, Frisistik und angewandten Sprachwissenschaft in Kopenhagen und Groningen. Lehr- und Forschungstätigkeit am Frysk Ynstitút der Rijksuniversiteit Groningen, der Rijksuniversiteit Utrecht und der Vrije Universiteit Amsterdam. Seit 1994 Sprachlektorin am Nordfriisk Instituut, Erstellung von Materialien für den Friesischunterricht, Lehrbeauftragte für Nord- und Westfriesisch an der Universität Kiel und an der Universität Flensburg, Mitglied der Schriftleitung und Koordinatorin des „Nordfriesischen Jahrbuchs".

Fiete Pingel
geb. 1956 in Husum, Studium der Geschichte und Politikwissenschaft an der Universität Bonn, Magisterexamen 1983. Seit 1984 wissenschaftlicher Mitarbeiter des Nordfriisk Instituut, hier schwerpunktmäßig zuständig für die Beratung von Laienforschern, Mitwirkung an Publikationsprojekten und Öffentlichkeitsarbeit des Instituts, Redaktionsmitglied der Zeitschrift „Nordfriesland".

Georg Quedens
geb. 1934 auf Amrum, Fotografenlehre. Durch schon in der Kindheit ausgeprägtes Interesse für Natur und Heimatgeschichte ab Ende der 60er Jahre autodidaktische und selbständige Berufslaufbahn als Fotograf und Schriftsteller, zahlreiche Beiträge und Veröffentlichungen über Natur und Geschichte in Zeitschriften, Tageszeitungen, Büchern, Chroniken und Bildbänden über Inseln, Halligen und Wattenmeer sowie auflagenstarke Inselführer. 1999 Frederik-Paulsen-Preis.

Walter Raabe
geb. 1924 in Westerhever/Eiderstedt, nach Kriegsdienst und Kriegsgefangenschaft von 1947–1949 Studium an der Pädagogischen Hochschule in Kiel. Von 1949–1966 Lehrer in Westerhever, an der deutschen Heimvolksschule in Tingleff/Dänemark und in Garding. Nach der 1965 absolvierten Prüfung zum Realschullehrer von 1966–1987 Direktor an der Realschule in Friedrichstadt. Als Privatpilot und Hobbyfotograf hält er Vorträge über Eiderstedt und Nordfriesland mit Luftbild-Dias, veranstaltete diverse Luftbildausstellungen. Seine Bilder schmücken den Kalender „Jarling 2000".

Claus Rauterberg
Dr. Ing., geb. 1934 in Bielefeld, Architekturstudium an der Technischen Universität Braunschweig, 1963-1970 wissenschaftlicher Assistent am Lehrstuhl für Baugeschichte der TU Braunschweig, 1970 Promotion. Seit 1970 im kirchlichen Dienst, ab 1977 Referent im Baudezernat des Nordelbischen Evangelisch-Lutherischen Kirchenamtes, zuständig für die Bauberatung und kirchliche Baugenehmigungen sowie Denkmalpflege im Landesteil Schleswig, Dithmarschen und Kiel, Lehrbeauftragter für Geschichte des Kirchenbaus am Institut für Kirchengeschichte der Universität Kiel.

Karsten Reise
Prof. Dr., geb. 1946, Studium der Biologie in Kiel, Würzburg, Kalifornien und Göttingen, dort Promotion, 1982 Habilitation und 1987 ernannt zum apl. Professor. Seit 1985 an der Wattenmeerstation in List auf Sylt, die seit 1998 dem Alfred-Wegener-Institut für Polar- und Meeresforschung angehört. Außerdem Professor an den Universitäten Hamburg seit 1991 und Kiel seit 1998. Veröffentlichungen zur Erforschung und Entwicklung des Ökosystems Wattenmeer.

Wolfgang Riedel
Prof. Dr., geb. 1942 in Braunschweig, Diplom und Promotion in Geographie, Bodenkunde und Archäologie an der Universität Hamburg, arbeitete als wissenschaftlicher Assistent für Geographie an der Pädagogischen Hochschule Flensburg/Universität, Leiter der Zentralstelle für Landeskunde in Eckernförde, Landesbeauftragter für Naturschutz und Landschaftspflege des Landes Schleswig-Holstein, seit 1996 Prorektor der Universität Rostock. Forschungsschwerpunkte sind kommunale Landschaftsplanung, integrierte Entwicklung ländlicher Räume unter besonderer Berücksichtigung des europäischen Einigungsprozesses.

Brar C. Roeloffs
geb. 1928 in Süderende/Föhr, Studium der Landwirtschaft an der Höheren Landbauschule in Schleswig und der Universität Kiel, 1960–1962 Referendarausbildung. Beamter des höheren Dienstes in den Kulturämtern Lübeck und Flensburg, bei der Schleswig-Holsteinischen Landgesellschaft in Kiel, im Amtsgericht Flensburg, im Landwirtschaftsministerium in Kiel, Referent im Bundeslandwirtschaftsministerium in Bonn sowie in der Staatskanzlei des Landes Schleswig-Holstein, Leiter der Abteilung Landeskultur, später Agrarstruktur und Küstenschutz im Landwirtschaftsministerium in Kiel, Staatssekretär im Landwirtschaftsministerium in Schwerin, Sachverständiger in mehreren gemeinnützigen Stiftungen Schleswig-Holsteins. Veröffentlichungen vor allem zur Geschichte der Insel Föhr.

Heinz Sandelmann
geb. 1925 in Oldenburg i. O., gest. 1998 in Niebüll. Aufgewachsen in Wilhelmshaven, Lehre in der Verwaltung einer Behörde. Nach der Entlassung aus der Kriegsgefangenschaft 1947 Einstellung bei der Bahn und 1954 Versetzung nach Niebüll. Nordfriesland wurde seine Wahlheimat, deren Geschichte er schrittweise erforschte. Maßgebliche Beteiligung am 1986 erschienenen Buch „Niebüll – Junge Stadt mit Tradition". In der Reihe „Studien und Materialien" des Nordfriisk Instituut erschienen „Das Kirchen-, Armen- und Schulwesen in Niebüll-Deezbüll", „Die Mühlen Niebülls", „Recht und Gericht im Volksleben der Bökingharde" und „Der Kornkoog". Mit Albert Panten zusammen wurden vier umfangreiche Arbeiten des Petrus Petrejus transkribiert und herausgegeben.

Thorsten Schmidt
geb. 1961 in Kiel. Studium der Politologie und Soziologie an der Universität Kiel, Schauspielausbildung in Kiel. Drehbuchautor des Films „Wer befreite Helgoland?" und Autor und Herausgeber zahlreicher Veröffentlichungen über Helgoländer Geschichte, Autor von Musikbüchern zum Beispiel über die Beatles, Rolling Stones, Jimi Hendrix, Verlagsleiter des Verlages Kultur Buch Bremen.

Peter Schmidt-Eppendorf
geb. 1931 in Hamburg-Eppendorf, Studium an der Philosophisch-Theologischen Hochschule St. Georgen in Frankfurt/Main, 1957 Eintritt in das Priesterseminar in Osnabrück. Kaplanstätigkeit in Dalum, Voxtrup, Ahrensburg und Westerland, 1972 Pfarrer auf Nordstrand, Dechant des Dekanates Flensburg, 1990 Päpstlicher Ehrenkaplan (Monsignore). Veröffentlichungen, wie zum Beispiel „Sylt – Memoiren einer Insel", „Kirchenbotengeschichten" und zahlreiche Vorträge zur Kirchengeschichte in Hamburg und Schleswig-Holstein, Morgenandachten im NDR, Organisation der Tourismusseelsorge an der Westküste Dänemarks. 1998 Verdienstmedaille des Landes Schleswig-Holstein.

Ulrich Schulte-Wülwer
Dr., geb. 1944 in Meppen/Ems, Studium der Kunstgeschichte, Klassischen Archäologie und Volkskunde an den Universitäten Münster und Kiel, 1974 Promotion an der Universität Kiel, Dissertationsthema: „Das Nibelungenlied in der deutschen Kunst und Kunstliteratur zwischen 1806 und 1871". Seit 1983 Museumsdirektor am Städtischen Museum Flensburg, Lehrbeauftragter am Kunsthistorischen Institut der Universität Kiel. Zahlreiche Veröffentlichungen zur Kunstgeschichte Schleswig-Holsteins.

Martin Georg Segschneider
geb. 1966 in Lübeck, Besuch des Insel-Gymnasiums in Wyk auf Föhr, 1989–1994 Studium an den Universitäten Kiel und Marburg (Ur- und Frühgeschichte, Botanik, Zoologie), 1994 Diplom als Prähistoriker. 1995 Arbeit am Forschungsprojekt „Besiedlungsgeschichte der Föhrer Marsch" des Archäologischen Landesamtes, seit 1997 an der Universität Kiel, Vorbereitung der Dissertation „Die Föhrer Marsch und die Wiedingharde – zwei Altsiedellandschaften im Vergleich", Veröffentlichungen zu Ausgrabungen und zur Besiedlungsgeschichte.

Thomas Steensen
Prof. Dr., geb. 1951 in Bredstedt, war Redakteur der „Husumer Nachrichten". Studium der Geschichte, Friesischen Philologie, Politologie und Soziologie, seit 1987 Leiter und seit 1992 Direktor des Nordfriisk Instituut in Bredstedt, seit 1999 Honorarprofessor an der Universität Flensburg. Verfasser bzw. Herausgeber zahlreicher Bücher und Aufsätze, vor allem zur Geschichte und Kultur Nordfrieslands. 1987 Conrad-Borchling-Preis der Alfred-Toepfer-Stiftung F.V.S. zu Hamburg.

Christina Tadsen
geb. 1961 auf Amrum, dort auch aufgewachsen, Studium der Philosophie, Friesischen Philologie und Indologie in Kiel und Frankfurt, 1991 Magisterexamen in Kiel. Seit 1991 im Nordfriisk Instituut tätig als Lektorin für Nordfriesisch. Sie bereitet als Dissertation eine sprachsoziologische Untersuchung über die Insel Amrum vor.

Jakob Tholund
geb. 1928 in Goting auf Föhr, Studium der Philosophie, Theologie, Literaturwissenschaft und Geschichte in Kiel und Freiburg, Staatsexamen 1954. Gymnasiallehrer für Deutsch und Geschichte in Wyk/Föhr, Flensburg und St. Peter, 1965 bis zur Pensionierung 1990 Direktor des Gymnasiums Insel Föhr. Bekleidete zahlreiche Ehrenämter in der friesischen Bewegung (mehrfach Präsident des Gesamtfriesenrats, Vorsitzender und Beiratssprecher des Vereins Nordfriesisches Institut, Mitglied des Friesengremiums des Schleswig-Holsteinischen Landtages, Vorsitzender des Deutschen Komitees für Sprachminderheiten, Vorstandsmitglied der Ferring Stiftung). Publizierte zahlreiche Aufsätze und mehrere Bücher über friesische Themen. 1996 Hans-Momsen-Preis des Kreises Nordfriesland.

Sönnich Volquardsen
geb. 1941 in Niebüll, aufgewachsen in der Wiedingharde, Landwirt in Tetenbüll/Eiderstedt. Familiengeschichtliche und agrarhistorische Aufsätze, Beiträge zur NS-Zeit in Nordfriesland, Veröffentlichung alter bäuerlicher Tagebücher und Erinnerungen. Vorsitzender der Arbeitsgruppe Geschichte des Nordfriisk Instituut.

Manfred Wedemeyer
Dr., geb. 1931 in Nortorf/Holstein, Diplom-Volkswirt, Promotion auf dem Gebiet der Volkswirtschaft an der Universität Kiel, danach Public Relations für eine amerikanische Firma, 1971–1998 Leiter der Akademie am Meer (Volkshochschule Klappholttal auf Sylt), lebt in Morsum/Sylt. Verfasser zahlreicher heimatkundlicher Bücher, vor allem zur Geschichte und Kultur der Insel Sylt.

Ommo Wilts
Dr., geb. 1937 in Oldenburg (Oldb.), Studium der Germanistik, Anglistik und Nordistik in Marburg, Kiel, Reykjavik, Kiel, Staatsexamen und Lehrtätigkeit in den USA, Promotion über altgermanische Spruchdichtung. Lehrtätigkeit als Studienrat in Brake/Unterweser, seit 1972 als Akademischer Direktor wissenschaftlicher Mitarbeiter an der Nordfriesischen Wörterbuchstelle der Universität Kiel. Arbeiten zur Lexikographie, Literatur und Didaktik des Nordfriesischen.

Literaturverzeichnis

Allgemein

Albert Bantelmann, Rolf Kuschert, Albert Panten, Thomas Steensen: Geschichte Nordfrieslands, 2. Aufl., Heide 1996.

Conrad Borchling, Rudolf Muuß (Hrsg.): Die Friesen, Breslau 1931.

Christian Degn, Uwe Muuß, Hans-Peter Jorzick: Topographischer Atlas Schleswig-Holstein und Hamburg, Neumünster 1979.

Christian Degn, Uwe Muuß: Luftbildatlas Schleswig-Holstein und Hamburg, Neumünster 1984.

Walter Fiedler: Nordfriesland. Natur, Kultur, Tourismus, Breklum 1996.

Der Kreis Nordfriesland. Deutsche Landkreise im Porträt. Bearbeitet von Rolf Kuschert, Oldenburg 1992.

Harry Kunz, Fiete Pingel, Thomas Steensen: Nordfriesland von A bis Z. 100 Begriffe in Wort und Bild, Bräist/Bredstedt 1998.

Nordfriesland. Porträt einer Landschaft. Hrsg. von der Stiftung Nordfriesland, Husum 1985.

Nordfriesland im Umbruch. In: Grenzfriedensheft 2 (1961).

Lorenz Conrad Peters (Hrsg.): Nordfriesland. Heimatbuch für die Kreise Husum und Südtondern, Husum 1929; Nachdruck: Kiel 1975.

Schleswig-Holstein, Oktober 1977 und August 1994 (Sonderhefte Nordfriesland).

Schleswig-Holsteinisches Biographisches Lexikon. Bde. 1 ff., Neumünster 1970 ff.

Das große Schleswig-Holstein Buch, Hamburg 1996.

Thomas Steensen: Wer sind die Friesen? 27 Fragen und Antworten zur nordfriesischen Geschichte, Sprache und Kultur, Bräist/Bredstedt 1994.

Thomas Steensen: Die Friesen in Schleswig-Holstein. In: Minderheiten im deutsch-dänischen Grenzbereich. Hrsg. von der Landeszentrale für Politische Bildung Schleswig-Holstein, Kiel 1993, S. 159–196.

Jakob Tholund: Eine Stimme für Nordfriesland. Reden – Aufsätze – Kommentare, Bräist/Bredstedt 1993.

Alastair Walker: Nordfriesland, die Nordfriesen und das Nordfriesische. In: Robert Hindeling, Ludwig M. Eichinger (Hrsg.): Handbuch der mitteleuropäischen Sprachminderheiten, Tübingen 1996, S. 1–30.

Zeitschriften, Jahrbücher usw.

Jahrbuch des Nordfriesischen Vereins für Heimatkunde und Heimatliebe 1–35 (1903/04–1964).

Jahrbuch des Nordfriesischen Instituts 1–9 (1949–1964).

Jahrbuch für die Schleswigsche Geest 1 ff. (1953 ff).

Nordfriesisches Jahrbuch, Neue Folge 1 ff. (1965 ff.).

Nordfriesland 1 ff. (1965 ff.).

Zwischen Eider und Wiedau. Heimatkalender für Nordfriesland 1958 ff.

Natur und Landschaft

Joachim Alexander, Hermann Flohn, Edith Kirschning, Manfred J. Müller: Ändert sich das Sommerklima in Schleswig-Holstein? Flensburg 1991 (Flensburger Regionalstudien, 4).

Hans Christian Andersen: Das Märchen meines Lebens. In: Sämtliche Werke, Bd. 8, Leipzig 1853, das Zitat auf S. 318.

Harald Asmus, Ragnhild Asmus, Karsten Reise: Ökosystem Wattenmeer: Das Wechselspiel von Algen und Tieren beim Stoffumsatz. In: Biologie in unserer Zeit 23 (1993), S. 301–307.

Karl-Heinz Bock, Ralf Brauner, Frank-Ulrich Deutler u. a. (Hrsg.): Seewetter, Hamburg 1985.

Konrad Buchwald: Nordsee. Ein Lebensraum ohne Zukunft? Göttingen 1990.

Deich- und Hauptsielverband Südwesthörn-Bongsiel: Vorentwurf für Arbeiten zur Erhaltung und Neuherstellung von Wasserflächen im Entwässerungsgebiet Südwesthörn vom 1.3.1980. Leben aus dem Wasser – Der Gotteskoog, Kiel 1998.

Kurt Delfs: Mergelförderung und Mergelung im Kirchspiel Ladelund. In: Jahrbuch für die Schleswigsche Geest 6 (1958), S. 34–43.

Hennig Eichberg: Stimmung über der Heide – vom romantischen Blick zur Kolonisierung des Raumes. In: Götz Großklaus/Ernst Oldemeyer (Hrsg.): Natur als Gegenwelt. Beiträge zur Kulturgeschichte der Natur, Karlsruhe 1983, S. 197–232; darin das Zitat Gotthelfs auf S. 224.

Walter Fiedler: Nationalpark Schleswig-Holsteinisches Wattenmeer, Heide 1992.

Ludwig Fischer: Die Ästhetisierung der Nordseemarschen als „Landschaft". In: Ders. (Hrsg.): Kulturlandschaft Nordseemarschen, Bredstedt/Westerhever 1997, S. 201–232.

Alfred Führböter: Über zeitliche Änderungen der Wahrscheinlichkeit von Extremsturmfluten, Braunschweig 1976.

Elisabeth Herre, Manfred Sturm, Karsten Reise: Historical changes in the benthos of the Wadden Sea around the island of Sylt in the North Sea. In: Helgoländer Meeresuntersuchungen 43 (1989), S. 417–433.

Berndt Heydemann: Neuer Biologischer Atlas. Ökologie für Schleswig-Holstein und Hamburg, Neumünster 1997.

Klaus Hingst, Uwe Muuß: Landschaftswandel in Schleswig-Holstein, Neumünster 1978.

Institut für Regionale Forschung und Information im Deutschen Grenzverein: Umweltatlas für den Landesteil Schleswig, Flensburg 1987.

Ulrich Jüdes, Ekkehard Kloehn, Günther Nolof,

Fridtjof Ziesemer (Hrsg.): Naturschutz in Schleswig-Holstein. Ein Handbuch für Naturschutzpraxis und Unterricht, Neumünster 1988.
Edith Kirschning: Niederschlag und Wind in St. Peter-Ording seit 1900. In: Zwischen Eider und Wiedau 1995, S. 118–131.
Edith Kirschning, Walter Leistner: Das Klima der Nordseeinsel Föhr, Bräist/Bredstedt 1993 (Studien und Materialien, 26).
Johann Georg Kohl: Die Marschen und Inseln der Herzogthümer Schleswig und Holstein, 3 Bde., Dresden und Leipzig 1846, das Zitat im Band 1, S. 319.
Landelijke Vereniging tot Behoud van de Waddenzee (Hrsg.): Wattenmeer, Neumünster 1976.
Landesamt für den Nationalpark Schleswig-Holsteinisches Wattenmeer, Umweltbundesamt (Hrsg.): Umweltatlas Wattenmeer, Bd. 1: Nordfriesisches und Dithmarscher Wattenmeer, Stuttgart 1998.
Landesamt für Naturschutz und Landschaftspflege Schleswig-Holstein: Biotopkartierung – Kreis Nordfriesland, Kiel 1993. Rote Listen der Pflanzen und Tiere Schleswig-Holsteins, Schriftenreihe des LN, Heft 5, Kiel 1982. Rote Liste der Pflanzengesellschaften Schleswig-Holsteins, Schriftenreihe des LN, Heft 6, Kiel 1988.
Landesinstitut Schleswig-Holstein für Praxis und Theorie der Schule (IPTS) und Landesamt für den Nationalpark Schleswig-Holsteinisches Wattenmeer (NPA) (Hrsg.): Erlebnis Wattenmeer. Bausteine für ganzheitliches Lernen zur Natur- und Umwelterziehung, Heide 1993.
Lorenz Lorenzen: Genaue Beschreibung der wunderbaren Insel Nordmarsch 1749. Hrsg. v. Jens Lorenzen, Hamburg 1982; das Zitat auf S. 36.
José L. Lozàn, Eike Rachor, Karsten Reise, Hein von Westernhagen, Walter Lenz (Hrsg.): Warnsignale aus dem Wattenmeer, Berlin 1994.
Gerhard Müller-Westermeier: Klima der Bundesrepublik Deutschland, Offenbach 1996.
Emil Nolde: Aus meinem Leben, Köln 1976; die Zitate auf S. 329 und 310.
Georg Quedens: Vögel der Nordsee, Breklum 1976.
Georg Quedens: Die Vogelwelt der Insel Amrum, Hamburg 1983.
Georg Quedens: Strand und Wattenmeer, München 1983.
Georg Quedens: Wattenmeer. Landschaft im Licht, 2. Aufl., Hamburg 1988.
Georg Quedens: Nationalpark Wattenmeer, 2. Aufl., Breklum 1992.
Georg Quedens: Das Wattenmeer. Eine Bildreise, Hamburg 1994.
Karsten Reise: Changing life under the tides of the Wadden Sea during the twentieth century, Ophelia Suppl. 6 (1994), S. 117–125.
Karsten Reise: Mass occurrence of green algae in the German Wadden Sea. Deutsche hydrografische Zeitschrift, Suppl. 1 (1994), S. 171–180.
Karsten Reise: Meeresküsten: Das Wattenmeer. In: Ulrike Wegener (Hrsg.): Naturschutz in der Kulturlandschaft, Jena 1998, S. 103–125.
Wolfgang Riedel: Landschaftswandel und gegenwärtige Umweltbeeinflussung im nördlichen Landesteil Schleswig, Schleswig 1978.
Wolfgang Riedel: Landschaftswandel ohne Ende, Husum 1983.
Steffi Schmidt: Die Niederlande und die Niederländer im Urteil deutscher Reisender, Siegburg 1963.
Kurt-Dietmar Schmidtke: Land im Wind. Wetter und Klima in Schleswig-Holstein, Neumünster 1995.
Hans Siebenbaum: 175 Jahre Aufforstung im Küstenraum. In: Allgemeine Forstzeitschrift 9/10, Februar 1965, S. 113–120.
Martin Stock u.a.: Ökosystemforschung Wattenmeer. Synthesebericht: Grundlagen für einen Nationalparkplan, Heide 1996.
Heinz Streble: Was finde ich am Strande? Pflanzen und Tiere der Strände, Deiche, Küstengewässer, Stuttgart 1990.
Friedrich Carl Volckmar: Versuch einer Beschreibung von Eiderstädt, Garding 1795; die Zitate auf S. 8 und 10.
Michael Wagner: Das Schleswig-Holstein-Wetter, Heide 1998.
Peter Wieland: Küstenfibel. Ein Abc der Nordseeküste, Heide 1990.
Herbert Zucchi, Hans-H. Bergmann, Klaus Hinrichs, Martin Stock: Watt. Lebensraum zwischen Land und Meer, Ravensburg 1989.

Geschichte

Wilhelm Ludwig Andresen: Besök bi ole Frünn, Husum 1981.
Albert Bantelmann: Die Landschaftsentwicklung an der schleswig-holsteinischen Westküste, dargestellt am Beispiel Nordfriesland. In: Die Küste 2 (1966), S. 5–99.
Albert Bantelmann, Rolf Kuschert, Albert Panten, Thomas Steensen: Geschichte Nordfrieslands. Hrsg. vom Nordfriisk Instituut, 2. Aufl., Heide 1996.
Klaus Bästlein, Perke Heldt, Rainer Kühnast, Friedrich Pingel, Thomas Steensen, Martin Vollmer, Helmuth Wlazik (Hrsg.): Das KZ Husum-Schwesing, 2. Aufl., Bräist/Bredstedt 1983.
Robert Bohn (Hrsg.): Nordfriesische Seefahrer in der frühen Neuzeit, Amsterdam 1999 (Nordfriesische Quellen und Studien, 1).
Kurt Boysen: Das Nordstrander Landrecht von 1572, Neumünster 1967 (Quellen und Forschungen zur Geschichte Schleswig-Holsteins, 54).
Andreas Busch: Die Entdeckung der letzten Spuren Rungholts. In: Jahrbuch des Nordfriesischen Vereins 9/10 (1923), S. 3–32.
Goslar Carstens: Deichwesen und Deichrecht. In: Lorenz Conrad Peters (Hrsg.): Nordfriesland, Husum 1929, S. 545–575.
Goslar Carstens: Wappen und Wappenmarken in Nordfriesland. In: Jahrbuch des Nordfriesischen Instituts 4 (1955/56), S. 5–270.
Dorothea von Chamisso: Pellworm im Jahrhundert der großen Flut, St. Peter-Ording 1986.
Ingo Clausen: Neue Untersuchungen an spät-eiszeitlichen Fundplätzen der Hamburger Kultur bei Ahrenshöft, Kreis Nordfriesland. In: Archäologische Nachrichten aus Schleswig-Holstein, Heft 8, 1997.
Friedrich Cordes: Eiderdamm. Natur und Technik, Hamburg 1972.
Casparum Dankwerth, Iohanne Mejero: Newe Landesbeschreibung der zweij Herzogthümer Schleswich und Holstein zusambt vielen dabeij gehörigen newen Landkarten, o. O. 1652.
Christian Degn: Schleswig-Holstein – eine Landesgeschichte. Historischer Atlas, Neumünster 1994.
Ernst Dittmer: Die Entwicklungsgeschichte der schleswig-holsteinischen Westküste. In: Meyniana 1 (1952), S. 138–168.
Fritz Joachim Falk: Föhrer Handelsfahrt um 1800, Bräist/Bredstedt 1987.
Fritz Joachim Falk: 1777. Das größte Unglück der Grönlandfahrt, Wyk/Föhr 1995.
Otto Fischer, Friedrich Müller: Das Wasserwesen an der schleswig-holsteinischen Nordseeküste. Erster Teil: Die Halligen, Berlin 1917; Zweiter Teil: Die Inseln, Berlin 1936–38; Dritter Teil: Das Festland, Berlin 1956–58; Vierter Teil: Register, Kiel 1991.
August Geerkens: Eiderstedt mein Heimatland, Garding 1935.
August Geerkens: Leert is leert! In: Zwischen Eider und Wiedau 1977, S. 193–203.
Christian Gellinek: Those Damn' Dutch, The Beginning of German Immigration in North America during the Thirty Years War, Frankfurt/Main und New York 1996.
Geschichte Schleswig-Holsteins. Im Auftrag der Gesellschaft für Schleswig-Holsteinische Geschichte, 8 Bände, Neumünster seit 1958.
Karl Gripp: Erdgeschichte von Schleswig-Holstein, Neumünster 1964.
Jörn Hagemeister: Rungholt. Sage und Wirklichkeit, St. Peter-Ording 1979.
Nis Hardt, Karsten Kjer Michaelsen: Wikinger zwischen Haithabu, Ribe und Hamburg, Heide 1994.
Anton Heimreich: Nord=Fresische Chronick, Schleswig 1666.
Hans-Herbert Henningsen: Rungholt. Der Weg in die Katastrophe. Aufstieg, Blütezeit und Untergang eines bedeutenden mittelalterlichen Ortes in Nordfriesland, Bd. 1, Husum 1998.
Boy Hinrichs, Albert Panten, Guntram Riecken: Flutkatastrophe 1634. Natur, Geschichte, Dichtung, Neumünster 1985.
Hermann Hinz: Vorgeschichte des nordfriesischen Festlandes, Neumünster 1954.
Dietrich Hoffmann: Landschafts- und Siedlungsgeschichte im südlichen nordfriesi-

schen Marschengebiet und Wattenmeer. Warum ging Rungholt unter? In: Michael Müller-Wille und Dietrich Hoffmann (Hrsg.): Der Vergangenheit auf der Spur. Archäologische Siedlungsforschung in Schleswig-Holstein, Neumünster 1992, S. 39–62.

Dietrich Hoffmann, Dirk Meier, Michael Müller-Wille: Zum mittelalterlichen Landesausbau Eiderstedts. In: Offa 46 (1989), S. 285–299.

Manfred Jakubowski-Tiessen: Kein Zurück zur Natur. Wie Romantik und Kommerz die Diskussion über die Halligwelt nach der Sturmflut 1825 prägten. In: Ders./Klaus-J. Lorenzen-Schmidt (Hrsg.): Dünger und Dynamit, Neumünster 1999, S. 121–136.

Manfred Jakubowski-Tiessen: Sturmflut 1717. Die Bewältigung einer Flutkatastrophe in der Frühen Neuzeit, München 1992.

Johannes Jensen: Nordfriesland in den geistigen und politischen Strömungen des 19. Jahrhunderts (1797–1864), Neumünster 1961; Nachdruck: Bräist/Bredstedt 1993.

Johannes Jensen: Harro Harring und Nordfriesland. Zum 150. Jahrestag seiner „ersten Rede an die Nordfriesen" in Bredstedt am 23. Juli 1848. In: Nordfriesland 123 (Sept. 1998), S. 17–27.

Johannes Jensen: Zwei „Sylter Riesen" im 19. Jahrhundert. Uwe Jens Lornsen und Schwen Hans Jensen, Bräist/Bredstedt 1998 (Nordfriesische Lebensläufe, 6).

Manfred Jessen-Klingenberg: Eiderstedt 1713–1864, Neumünster 1967 (Quellen und Forschungen zur Geschichte Schleswig-Holsteins, 53).

Hauke Jöns: Frühe Eisengewinnung in Joldelund, Kreis Nordfriesland; Teil 1, Bonn 1997.

Karl Kersten, Peter LaBaume: Vorgeschichte der nordfriesischen Inseln, Neumünster 1958.

Kleine Geschichte Nordfrieslands und der Friesen. Hrsg. vom Friesenrat. 2. Auflage, Bredstedt/Bräist 1994.

Johann Georg Kohl: Die Marschen und Inseln der Herzogthümer Schleswig und Holstein, 3 Bde., Dresden und Leipzig 1846; Reprint: Wiesbaden 1973.

Karl-Peter Kööp (Hrsg.): Quellen und Materialien zur nordfriesischen Geschichte, Bräist/Bredstedt 1992.

Wilhelm Koops: Südtondern in der Zeit der Weimarer Republik (1918–1933), Neumünster 1993 (Quellen und Forschungen zur Geschichte Schleswig-Holsteins, 101).

Georg Kossack, Ole Harck, Joachim Reichstein: Zehn Jahre Siedlungsforschung in Archsum auf Sylt, Berlin 1974 (Bericht der Römisch-Germanischen Kommission, 55, II. Teil).

Georg Kossack u. a.: Archsum auf Sylt. Teil 1: Einführung in Forschungsverlauf und Landschaftsgeschichte, Mainz 1980 (Römisch-Germanische Forschungen, 39).

Johann Kramer, Hans Rohde (Bearb.): Historischer Küstenschutz, Stuttgart 1992.

Hans Joachim Kühn: Die Anfänge des Deichbaus in Schleswig-Holstein, Heide 1992.

Hans Joachim Kühn: Das Watt im Norderhever-Bereich als untergegangene Kulturlandschaft. In: Ludwig Fischer (Hrsg.): Kulturlandschaft Nordseemarschen, Bredstedt/Westerhever 1997, S. 67–75.

Hans Joachim Kühn: Gestrandet bei Uelvesbüll. Wrackarchäologie in Nordfriesland, Husum 1999.

Hans Joachim Kühn, Albert Panten: Der frühe Deichbau in Nordfriesland. Archäologisch-historische Untersuchungen, Bräist/Bredstedt 1989.

Harry Kunz (Hrsg.): Wegweiser zu den Quellen der Haus- und Hofgeschichte Nordfrieslands, Bredstedt 1998.

Harry Kunz, Albert Panten: Die Köge Nordfrieslands, 2. Aufl., Bräist/Bredstedt 1999.

Rolf Kuschert: Landesherrschaft und Selbstverwaltung in Eiderstedt unter den Gottorfern (1544–1713), Neumünster 1981.

Ulrich Lange (Hrsg.): Geschichte Schleswig-Holsteins. Von den Anfängen bis zur Gegenwart, Neumünster 1996.

Ulrich Lange, Ingwer E. Momsen, Eckart Dege, Hermann Achenbach (Hrsg.): Historischer Atlas Schleswig-Holstein seit 1945, Neumünster 1999.

Andreas Ludwig Jacob Michelsen: Nordfriesland im Mittelalter, Schleswig 1828.

Michael Müller-Wille u. a.: Norderhever-Projekt 1. Landschaftsentwicklung und Siedlungsgeschichte im Einzugsgebiet der Norderhever (Nordfriesland), Neumünster 1988 (Offa-Bücher, 66).

Joachim Münzing: Die Jagd auf den Wal, Heide 1978.

Rudolf Muuß: Rungholt, Itzehoe 1927.

Jürgen Newig, Marcus Petersen: Eine Klassifizierung von Deichen an der Nordseeküste – erläutert an Beispielen aus Schleswig-Holstein. In: Schriften des Naturwissenschaftlichen Vereins Schleswig-Holstein 65 (1995), S. 67–106.

N.E. Nørlund: Danmarks Kortlægning 1, København 1942.

Wanda Oesau: Schleswig-Holsteins Grönlandfahrt auf Walfischfang und Robbenschlag, Glückstadt 1937.

Albert Panten: Rungholt – Rätsel im Wattenmeer. In: Nordfriesland 116 (Dez. 1996), S. 10–13.

Albert Panten: Zur Historischen Kartographie der Nordseemarschen. In: Ludwig Fischer (Hrsg.): Kulturlandschaft Nordseemarschen, Bredstedt/Westerhever 1997, S. 77–86.

Frederik Paulsen: Das neue Rom. Der Anteil der Friesen an der Entstehung New Yorks. In: Nordfriesland 8 (Nov. 1968), S. 265–276.

Paul-Heinz Pauseback: Aufbruch in eine Neue Welt. Die Auswanderung aus den schleswig-holsteinischen Kreisen Husum, Eiderstedt und Tondern in die Vereinigten Staaten in königlich-preußischer Zeit (1867–1914), Bräist/Bredstedt 1995.

Paul-Heinz Pauseback: Übersee-Auswanderung aus Schleswig-Holstein. „… als hätten sie nie eine Heimat, nie eine Mutter gehabt!", Husum und Bredstedt 2000.

Paul-Heinz Pauseback, Thomas Steensen (Hrsg.): Ameri*frisica* – Übersee-Auswanderung aus den drei Frieslanden und benachbarten Ländern, Bräist/Bredstedt 1996.

Marcus Petersen, Hans Rohde: Sturmflut. Die großen Fluten an den Küsten Schleswig-Holsteins und der Elbe, 3. Aufl., Neumünster 1991.

Petrus Petrejus: Von der Stadt und dem Amt Tondern und vom Deichwesen/1740. Hrsg. von Albert Panten und Heinz Sandelmann, Bräist/Bredstedt 1993.

Wolfgang Prange: Die Bedeichungsgeschichte der Marschen in Schleswig-Holstein. In: Probleme der Küstenforschung im südlichen Nordseegebiet 16 (1986), S. 1–53.

Georg Quedens: Inseln der Seefahrer, Hamburg 1982.

Reallexikon der germanischen Altertumskunde 10, Lieferung 1/2: Stichwort Friesen, Berlin/New York 1996; vgl. auch Lexikon des Mittelalters, Bd. 4, Lieferung 5, München/Zürich 1988.

Andreas Reinhardt (Hrsg.): Die erschreckliche Wasser-Fluth 1634, Husum 1984.

Erich Riewerts, Brar C. Roeloffs: Föhrer Grönlandfahrer, 2. Aufl. Neumünster 1996.

Brar C. Roeloffs: Von der Seefahrt zur Landwirtschaft. Ein Beitrag zur Geschichte der Insel Föhr, Neumünster 1984.

Peter Sax: Werke zur Geschichte Nordfrieslands und Dithmarschens, Bde. 1–7, St. Peter-Ording 1986.

Rudolf Scherenberg: Küstenschutz und Binnenentwässerung in den Marschen Nordfrieslands und Eiderstedts. In: Deutscher Verband für Wasserwirtschaft und Kulturbau (Hrsg.): Historischer Küstenschutz. Deichbau, Inselschutz und Binnenentwässerung an Nord- und Ostsee, Stuttgart 1992, S. 403–461.

Jürgen Schmidt-Petersen: Sturmfluten. Landverlust und Landgewinn. In: Lorenz Conrad Peters (Hrsg.): Nordfriesland, Husum 1929, S. 576–594.

Hans von Schubert: Kirchengeschichte Schleswig-Holsteins, Bd. 1 u. 2, Kiel 1907.

Uwe Sönnichsen, Jochen Moseberg: Wenn die Deiche brechen, Husum 1994.

Christian M. Sörensen: Politische Entwicklung und Aufstieg der NSDAP in den Kreisen Husum und Eiderstedt 1918–1933, Neumünster 1995 (Quellen und Forschungen zur Geschichte Schleswig-Holsteins, 104).

Thomas Steensen: Die friesische Bewegung in Nordfriesland im 19. und 20. Jahrhundert (1879–1945), 2 Bände, Neumünster 1986 (Quellen und Forschungen zur Geschichte Schleswig-Holsteins, 89 und 90).

Thomas Steensen (Hrsg.): Die friesische Freiheit, Bräist/Bredstedt 1990.

Thomas Steensen (Hrsg.): Deichbau und Sturmfluten in den Frieslanden, Bräist/Bredstedt 1992.
Thomas Steensen (Hrsg.): Nationalsozialismus in Nordfriesland, Bräist/Bredstedt 1993.
Thomas Steensen: Johannes Oldsen (1894–1958), Bräist/Bredstedt 1995.
Thomas Steensen: Rudolf Muuß, Heimatpolitiker in Nordfriesland und Schleswig-Holstein, Husum 1997 (Nordfriesische Lebensläufe, 5).
Johann Nicolaus Tetens: Reisen in die Marschländer an der Nordsee zur Beobachtung des Deichbaus, Leipzig 1788.
Harald Voigt: Die Nordfriesen auf den Hamburger Wal- und Robbenfängern 1669–1839, Neumünster 1987 (Studien zur Wirtschafts- und Sozialgeschichte Schleswig-Holsteins, 11).
Harald Voigt: Die Festung Sylt. Geschichte und Entwicklung der Insel Sylt unter militärischem Einfluß 1894–1945, Bräist/Bredstedt 1992.
Friedrich Carl Volckmar: Versuch einer Beschreibung von Eiderstädt, Garding und Hamburg 1795; Nachdruck: Husum 1976.
Johan Redlef Volquardsen: Groß Bombüll. Beiträge zur Geschichte der Wiedingharde. In: Nordfriesisches Jahrbuch 1 (1965), S. 120–133.
Sönnich Volquardsen: Aus dem Leben eines Deicharbeiters. In: Zwischen Eider und Wiedau 1988, S. 68–73.
Sönnich Volquardsen: Weshalb nun ein Band mit agrarhistorischen Themen? In: Blick über Eiderstedt, Bd. 4, Husum 1998, S. 9–13.
Robert Wiebalck: Nordfriesische Wappen. In: Nordelbingen 4 (1925), S. 686–698.
Klaus Witt: Plattdeutsche Sturmflutlieder des 16. und 17. Jahrhunderts von der schleswigschen Westküste, Flensburg 1957.

Sprache und Literatur

Christian Andersen: Studien zur Namengebung in Nordfriesland. Die Bökingharde 1760–1970, Bräist/Bredstedt 1977 (Studien und Materialien, 12).
Nils Århammar: Die Amringer Sprache. Die Amringer Literatur. In: Amrum – Geschichte und Gestalt einer Insel, 2. Aufl., Itzehoe-Münsterdorf 1969, S. 146–152.
Nils Århammar: Die Syltringer Sprache. Die Syltringer Literatur. In: Sylt – Geschichte und Gestalt einer Insel, Itzehoe-Voßkate 1967, S. 189–229; Sonderdruck, 2. Aufl., Münsterdorf 1975.
Nils Århammar: Die Sprachen der Insel Föhr. Föhrer Friesisch (Fering) und Plattdeutsch, Münsterdorf 1975.
Nils Århammar: Historisch-soziolinguistische Aspekte der nordfriesischen Mehrsprachigkeit. In: Nordfriesisches Jahrbuch 12 (1976), S. 55–76.
Nils Århammar: Zum lexikalischen Ausbau des Nordfriesischen vom 16. Jahrhundert bis zur Gegenwart. In: Deutscher Wortschatz. Ludwig Erich Schmitt zum 80. Geburtstag, Berlin, New York 1988, S. 687–726.
Nils Århammar: Sterben und Überleben von Minderheitensprachen am Beispiel des Nordfriesischen. In: Nordfriesisches Jahrbuch 26/27 (1990/91), S. 7–22.
Nils Århammar: Namen in Nordfriesland. Zu den nordfriesischen Orts- und Personennamen. In: Nordfriesisches Jahrbuch 31 (1995), S. 119–146.
Arno Bammé u. a.: Zu früh zum Aufbruch? Schriftstellerinnen im Nordfriesland der Jahrhundertwende, Bräist/Bredstedt 1996.
Georg Bollenbeck: Theodor Storm. Eine Biographie, Frankfurt am Main 1988.
Brian Coghlan, Karl Ernst Laage (Hrsg.): Theodor Storm und das 19. Jahrhundert, Berlin 1989.
Volkert F. Faltings: Kleine Namenkunde für Föhr und Amrum, Hamburg 1985.
Anthonia Feitsma, W. Jappe Alberts, Bo Sjölin: Die Friesen und ihre Sprache, Bonn 1987.
Horst Joachim Frank: Literatur in Schleswig-Holstein, Bd. 1 u. 2, Neumünster 1995 u. 1998.
Christian Peter Hansen: Sagen und Erzählungen der Sylter Friesen, Garding 1875; Neudruck: Wiesbaden 1972.
Dietrich Hofmann: Gesammelte Schriften, Bd. II, Hamburg 1989.
Reimer Kay Holander: Theodor Storm. Der Schimmelreiter. Kommentar und Dokumentation – Dichtung und Wirklichkeit, Frankfurt/M. 1976.
Ferdinand Holthausen: Die nordfriesische Literatur. In: Lorenz Conrad Peters (Hrsg.): Nordfriesland, Husum 1929, S. 397–416.
Gundula Hubrich-Messow (Hrsg.): Sagen und Märchen aus Nordfriesland, 3. Aufl., Husum 1994.
Reinhard Jannen: Sprichwörter in der Amrumschen Mundart, aufgezeichnet von Lorenz Friedrich Marstrand Mechlenburg (1799–1875). In: Nordfriesisches Jahrbuch 35 (1999), S. 177–206.
Albrecht Johannsen: Liste alter Personennamen in Nordfriesland. In: Jahrbuch des Nordfriesischen Instituts 6 (1959/60), S. 116–124.
Jurjen van der Kooi (Hrsg.): Der Ring im Fischbauch. Sagen aus Nordfriesland, Leer 1998.
Jurjen van der Kooi, Babs A. Gezelle Meerburg (Hrsg.): Friesische Märchen, München 1990.
Karl E. Laage: Theodor Storms Dichter-Welt, Heide 1995.
Karl E. Laage: Theodor Storm. Biographie, Heide 1999.
Wolfgang Laur: Die Ortsnamen in Schleswig-Holstein, Schleswig 1960 (Gottorfer Schriften, 6).
Wolfgang Laur: Historisches Ortsnamenlexikon von Schleswig-Holstein, 2. Aufl., Neumünster 1992 (vgl. Nordfriesisches Jahrbuch 29, 1993, S. 251–291).
Karl Müllenhoff (Hrsg.): Sagen, Märchen und Lieder der Herzogtümer Schleswig, Holstein und Lauenburg. Neue Ausgabe von Otto Mensing, Schleswig 1921.
Horst H. Munske u. a. (Hrsg.): Handbuch des Friesischen / Handbook of Frisian Studies, Tübingen (in Vorbereitung).
Rudolf Muuß (Hrsg.): Nordfriesische Sagen, Flensburg 1932.
Hans Christian Nickelsen: Das Sprachbewußtsein der Nordfriesen in der Zeit vom 16. bis ins 19. Jahrhundert, Bräist/Bredstedt 1982 (Studien und Materialien, 16).
Moritz Momme Nissen: De Frêske Findling (Sammlung nordfriesischer Sprichwörter, in sieben Dialekten), Stedesand 1873–1883.
Kurt Ranke (Hrsg.): Schleswig-holsteinische Volksmärchen. Band 1–3, Kiel 1955, 1958 und 1962.
Hermann Schmidt: Zur Geschichte des syltringischen Schrifttums. In: Friesisches Jahrbuch 1961, S. 59–97.
Thomas Steensen: Die friesische Bewegung in Nordfriesland im 19. und 20. Jahrhundert (1879–1945), 2 Bände, Neumünster 1986.
Thomas Steensen: Friesische Sprache und friesische Bewegung, 3. Aufl., Husum 1996 (Schriften des Kreisarchivs Nordfriesland, 11).
Thomas Steensen, Alastair Walker (Hrsg.): Friesen heute, Bräist/Bredstedt 1990.
Theodor Storm: Sämtliche Werke in vier Bänden. Hrsg. v. Karl Ernst Laage und Dieter Lohmeier, Frankfurt am Main 1987.
Ulf Timmermann: Bemerkungen zu Personennamen des 15. Jahrhunderts von Osterland-Föhr und aus der Lundenbergharde. In: Nordfriesisches Jahrbuch 8 (1972), S. 148–159.
Ulf Timmermann: Der nordfriesische Rufnamenschatz. Teil I: Die germanischen Namen dänisch-nordischer Herkunft, Kopenhagen 1997.
Alastair Walker, Ommo Wilts (Hrsg.): Friesisch heute, Sankelmark 1979.
Gondel Wieland, Hermann Schmidt: Söl'ring Spreekuurter en wat Söl'ring Snak, Bredstedt 1966.
Ommo Wilts: Den nordfrisiske Litteratur. In: Nordica 7 (1990), S. 135–146.
Ommo Wilts: Friesisches Sprichwörterlexikon. Band 1. Sprichwörter und Redensarten der Bökingharde, Neumünster 1992.
Ommo Wilts: Jens E. Mungard. Zu seinem 100. Geburtstag am 9. Februar. In: Nordfriesland 74 (Okt. 1985), S. 39–43.
Ommo Wilts: Eeb än flödj täiwe eefter niimen. Nordfriesland im Spiegel seiner Sprichwörter. In: Nordfriesland 101 (März 1993), S. 10–13.
Ommo Wilts, Marron Fort: Friesisch zwischen Meer und Moor, Brüssel 1996 (Europäische Sprachen, 3).

Kultur und Kunst

Ihno Alberts, Harm Wiemann, Ursula Basse-Soltau: Das alte Friesenspiel ist jung. Klootschießen und Boßeln einst und jetzt, Norden 1988.

Altonaer Museum in Hamburg: Volkstümliche Keramik aus Norddeutschland. Irdene Töpferware des 17. bis 20. Jahrhunderts, Hamburg 1981.

Hans-Günther Andresen: Baupflege und Heimatschutz in Nordfriesland. Landschaftsgerechtes Bauen zwischen Reform und Tradition, Husum 1979 (Schriften des Kreisarchivs Nordfriesland, 3).

Hans-Günther Andresen: Bauen in Backstein. Schleswig-Holsteinische Heimatschutz-Architektur zwischen Tradition und Reform, Heide 1989 (Schriften der Schleswig-Holsteinischen Landesbibliothek, 8).

Hans-Günther Andresen: Das Warmbadehaus in Westerland – Ein bedeutendes Denkmal neuer friesischer Architektur soll fallen. In: Die Heimat 87 (1980), S. 392–417.

Hans-Günther Andresen: Heimatloser Regionalismus? Zur nordelbischen Architektur in der NS-Zeit zwischen „hiesigem" Charakter und offiziellem Bauwillen. In: Bärbel Manitz, Thomas A. Greifeld (Hrsg.): Kunst ohne Museum. Beiträge zur KuNSt in Schleswig-Holstein 1933–1945, Heide 1993, S. 151–254.

Michael Augustin, Friedrich Johannsen: Vom Boßeln, Klootschießen und vom Bowlplaying, St. Peter-Ording 1978.

Hartwig Beseler (Hrsg.): Kunsttopographie Schleswig-Holstein, Neumünster 1969.

Jörg Biehl, Stefan Hopmann, Reinhold Wulff: Bibliographie zur schleswig-holsteinischen Schulgeschichte 1542–1945, Köln, Weimar, Wien 1994.

Dorothee Bieske: Hans Peter Feddersen. Ein Maler zwischen Tradition und Moderne, Heide 1998.

Reinhard Bordel (Hrsg.): Alte Baukultur auf Föhr, Husum 1988.

Frank Braun, Ronda Strehl: Langhaus und Winkelbau. Zur Entwicklungsgeschichte uthlandfriesischer Bauformen im 18. und 19. Jahrhundert, Bräist/Bredstedt 1989 (Studien und Materialien, 21).

Breklumer Chronik, Band 2: Kirche und Schule, Breklum 1990.

Annegret Bruhn: Schule und Lehrerbildung, Neumünster 1997.

Georg Dehio (Hrsg.): Handbuch der deutschen Kunstdenkmäler, Bd. Hamburg und Schleswig-Holstein, 2. Aufl., München u. a. 1994.

Berend Harke Feddersen: Schleswig-Holsteinisches Künstlerlexikon, Bredstedt 1984.

Ludwig Fischer: Haubarge. Eine Bauernhausform hat abgewirtschaftet? Bräist/Bredstedt 1993 (Schriften der Interessengemeinschaft Baupflege, 1).

Ludwig Fischer (Hrsg.): Kulturlandschaft Nordseemarschen, Bredstedt/Westerhever 1997.

Konrad Grunsky-Peper, Klaus Lengsfeld, Ernst Schlee: Gemaltes Nordfriesland. Carl Ludwig Jessen und seine Bilder, Husum 1983.

Carl Häberlin: Der Hausrat. In: Lorenz Conrad Peters (Hrsg.): Nordfriesland, Husum 1929, S. 336–346.

Carl Häberlin: Die Volkstrachten. In: Lorenz Conrad Peters (Hrsg.): Nordfriesland, Husum 1929, S. 347–370.

Werner Haftmann: Emil Nolde, 7. Aufl., Köln 1978.

Christian Peter Hansen: Die Anfänge des Schulwesens oder einer Schulchronik der Insel Sylt, Garding 1879.

Anna Hoffmann: Die Landestrachten von Nordfriesland, Heide 1940; Nachdruck: Heide 1980.

Anna Hoffmann: Die Tracht des Kirchspiels Ostenfeld, Heide 1952.

Jürgen Hoffmann: Carl Ludwig Jessen. Versuch über einen Heimatmaler, Heide 1982.

Christian Jensen: Die Nordfriesischen Inseln Sylt, Föhr, Amrum, Helgoland und die Halligen vormals und jetzt, 2. Aufl., Lübeck 1927.

Kari Köster-Lösche, Karl-Heinz Lösche: Küchen & Kochen in Nordfriesland. Rund um das Kochen in alten Zeiten, Hamburg 1989.

Hans-Jürgen Krähe, Klaus Lengsfeld (Hrsg.): Jacob Alberts 1860–1941, Husum 1999 (Schriften des Nordfriesischen Museums, 53).

Gerd Kühnast: Die Kellinghusener Fayencefliesen. In: Tegel 2 (1972), S. 11–15.

Die Kunstdenkmäler des Kreises Eiderstedt. Bearbeitet von Gustav Oberdieck u. a., Berlin 1939.

Die Kunstdenkmäler des Kreises Husum. Bearbeitet von Heinrich Brauer u. a., Berlin 1939.

Die Kunstdenkmäler des Kreises Südtondern. Bearbeitet von Heinrich Brauer u. a., Berlin 1939.

Jutta Kürtz: Das Kochbuch aus Schleswig-Holstein, Münster 1976.

Jutta Kürtz: Alle Jahre wieder … Winter- und Weihnachtszeit im Norden, Heide 1997.

Rolf Kuschert: Baupflege Kreis Tondern. Hrsg. vom Kreisarchiv Nordfriesland, Husum 1978.

Rolf Kuschert: Baupflege Kreis Tondern. In: Die Heimat 84 (1977), S. 254–262.

Karl Ernst Laage, Volkmar Hand: Gelehrtenschule 1527–1977. Hermann-Tast-Schule, Husum 1977.

Kari u. Karl-Heinz Lösche: Häuser der Uthlande, Bredstedt 1994.

Walter Lüden: „Redende Steine". Grabsteine auf der Insel Föhr, Hamburg 1984.

Lilli Martius: Schleswig-holsteinische Malerei im 19. Jahrhundert, Neumünster 1978 (Studien zur schleswig-holsteinischen Kunstgeschichte, 6).

Reinhold Meiborg: Das Bauernhaus im Herzogtum Schleswig und das Leben des schleswigischen Bauernstandes im 16., 17. und 18. Jahrhundert, Schleswig 1896.

Ernst Möller: Geschichte des Hermann-Tast-Gymnasiums zu Husum, Husum 1927.

Jürgen Newig: Wie sah das „typische" Sylter Haus aus? In: Nordfriesland 31 (Aug. 1974), S. 148–155.

Nordfriesischer Verein (Hrsg.): Trachten in Nordfriesland, Kiel 1995.

Friedrich Paulsen: Aus meinem Leben. Jugenderinnerungen, Jena 1909.

Marcus Petersen, Ingwer Ernst Momsen, Reimer Kay Holander: Hans Momsen – der Landmann, Mechaniker und Mathematiker aus Fahretoft in Nordfriesland, Husum 1982.

Jan Pluis: Niederländische Fliesen und ihre Verwendung in Nordfriesland. In: Der Maueranker 4/1993, S. 4–12.

Jan Pluis: Bibelfliesen, Münster 1994.

Jan Pluis: Importierte Wohnkultur. Niederländische Wandfliesen in Nordfriesland. In: Nordfriesisches Jahrbuch 31 (1995), S. 7–51.

Georg Quedens: Das Friesenhaus, Hamburg 1988.

Heinz Sandelmann: Das Kirchen-, Armen- und Schulwesen in Niebüll-Deezbüll, Bräist/Bredstedt 1989 (Studien und Materialien, 22).

Walter Schattke: Das Reetdach. Natürliches Wohnen unter sanftem Dach – von der Urzeit bis heute, Schleswig 1985.

Ernst Schlee: Landschaftsmaler an Schleswig-Holsteins Küsten, Heide 1975.

Ernst Schlee: Haus und Wohnung Nordfrieslands im Werke von Carl Ludwig Jessen. In: Konrad Grunsky-Peper, Klaus Lengsfeld, Ernst Schlee: Gemaltes Nordfriesland. Carl Ludwig Jessen und seine Bilder, Husum 1983, S. 69–175.

Ernst Schlee: Der Maler Oluf Braren. 1787–1839, Husum 1986.

Ernst Schlee: Christian Carl Magnussen. Ein Künstlerschicksal aus der Kaiserzeit, Husum 1991.

Ernst Schlee, Sigurd Schoubye: Carl Ludwig Jessen. Ein Meister des Fotorealismus des 19. Jahrhunderts im deutsch-dänischen Grenzgebiet, Tønder 1976.

Ulrich Schulte-Wülwer: Schleswig-Holstein in der Malerei des 19. Jahrhunderts, Heide 1980.

Ulrich Schulte-Wülwer: Malerei in Schleswig-Holstein. Katalog der Gemäldesammlung des Städtischen Museums Flensburg, Heide 1989.

Sigurd Schultz: C. A. Jensen, 2 Bde., København 1932.

Kai Detlev Sievers: Feste in Schleswig-Holstein. Ein lexikalischer Führer durch den Jahreslauf, Neumünster 1984.

K. Sönnichsen: Die Entwicklung der Volksschule. In: Lorenz Conrad Peters (Hrsg.): Nordfriesland, Husum 1929, S. 246–256.

Jakob Tholund: Über die Bedeutung von Sitten und Brauchtum. In: Ders.: Eine Stimme für Nordfriesland, Bräist/Bredstedt 1993, S. 75–82.

Gustav Wolf: Haus und Hof deutscher Bauern, 1. Band: Schleswig-Holstein, Berlin 1940.

Wirtschaft

Altonaer Museum in Hamburg: Saison am Strand. Badeleben an Nord- und Ostsee 200 Jahre, Herford 1986.
Walter Asmus (Hrsg.): Die Entwicklung des Verkehrs in Schleswig-Holstein 1750–1918, Neumünster 1996 (Studien zur Wirtschafts- und Sozialgeschichte Schleswig-Holsteins, 26).
Walter Asmus, Andreas Kunz, Ingwer E. Momsen (Hrsg. und Bearb.): Atlas zur Verkehrsgeschichte Schleswig-Holsteins im 19. Jahrhundert, Neumünster 1995 (Studien zur Wirtschafts- und Sozialgeschichte Schleswig-Holsteins, 25).
Gert Uwe Detlefsen: 1885–1985. 100 Jahre Wyker Dampfschiffs-Reederei Föhr-Amrum GmbH, Wyk 1984.
Gert Uwe Detlefsen: Krabben. Garnelen – Granate, Husum 1984.
Mathias Feige, Andrea Möller: Ökosystemforschung Schleswig-Holsteinisches Wattenmeer. Sozioökonomie, Teil B 2: Tourismus und Gesamtwirtschaft, München 1994.
Ulf Hahne u. a.: Die Halligen Hooge und Gröde. Eine wirtschafts- und sozialgeographische Untersuchung, Flensburg 1990.
Fritz Hähnsen: Die Entwicklung des ländlichen Handwerks in Schleswig-Holstein, Leipzig 1923.
IHK Flensburg (Hrsg.): Schiffahrt und Häfen im Bereich der Industrie- und Handelskammer zu Flensburg, Flensburg 1971.
Christian Jensen: Die Geschichte der Fischerei und des nautischen Küstenschutzes an der schleswigschen Westküste. In: Mitteilungen des Deutschen Seefischerei-Vereins, 7/10 (1917).
Wolfgang Jonas: Schiffbau in Nordfriesland. Holzschiffbau in Tönning. Stahlschiffbau in Husum, Husum 1990.
Werner Kambeck: Verkehr für Nordfriesland. In: Nordfriesland, Nr. 12–18, 21–26, 28, 30, 35/36 (1969–1976).
Kreis Nordfriesland: Tourismuskonzept Nordfriesland, Husum 1997.
Jutta Kürtz: Badeleben an Nord- und Ostsee. Kleine Kulturgeschichte der Sommerfrische, Heide 1994.
Landwirtschaftskammer Schleswig-Holstein: Struktur- und Entwicklungsanalyse für die Gemeinden der Region Eiderstedt, Kiel 1995.
Michael Lohmann u. a.: Fremdenverkehr im Kreis Nordfriesland, Kiel 1995.
Minister für Ernährung, Landwirtschaft und Forsten des Landes Schleswig-Holstein (Hrsg.): 25 Jahre Flurbereinigung, o. O. 1980.
Ministerium für Ernährung, Landwirtschaft, Forsten und Fischerei des Landes Schleswig-Holstein (Hrsg.): Agrarreport Schleswig-Holstein, Kiel 1998.
Ministerium für ländliche Räume, Landwirtschaft, Ernährung und Tourismus des Landes Schleswig-Holstein (Hrsg.): Agrarstatistische Daten für die Kreise Schleswig-Holsteins 1997, Kiel 1997.
Nordseebäderverband: Meer-Wert. Wirtschaftsfaktor Tourismus. Bestandsaufnahme und Perspektiven für die Westküste Schleswig-Holsteins, Husum 1998.
Hans Petersen: Geschichte der Mühlen zwischen Eider und Königsau, Neumünster 1988.
Programm Nord GmbH (Hrsg.): 25 Jahre Programm Nord. Gezielte Landentwicklung, Kiel 1979.
Brar Roeloffs: Landwirtschaftliche Entwicklung in Nordfriesland. In: Zwischen Eider und Wiedau 1980, S. 126–132.
Brar C. Roeloffs: Von der Seefahrt zur Landwirtschaft, Neumünster 1984.
Brar C. Roeloffs: 50 Jahre Bupheverkoog. In: Zwischen Eider und Wiedau 1990, S. 96–103.
Johannes Schätzel: Die Landwirtschaft. In: Lorenz Conrad Peters (Hrsg.): Nordfriesland, Husum 1929, S. 603–644.
Wolfgang Scheffler: Mühlenkultur in Schleswig-Holstein. Die Mühlen des Kreises Eckernförde und Nordfrieslands, Neumünster1982.
Heinz Seehase: Die Fischerei in Schleswig-Holstein, Hamburg 1935.
Brigitta Seidel: Küstenfischerei in Nordfriesland, Husum 1999.
Statistisches Landesamt Schleswig-Holstein (Hrsg.): Größenstruktur der land- und forstwirtschaftlichen Betriebe in Schleswig-Holstein 1997, Kiel 1998.
Magnus Voss: Innungen und Zünfte in Husum, Husum 1896.
Rolf Wiese (Hrsg.): Im Märzen der Bauer. Landwirtschaft im Wandel, Hamburg 1993.

Inseln – Harden – Städte

Amrum. Geschichte und Gestalt einer Insel. Hrsg. von Margot u. Nico Hansen, 2. Aufl., Münsterdorf 1969.
Ludwig Andresen: Bäuerliche und landesherrliche Leistungen in der Landgewinnung im Amte Tondern bis 1630. In: Westküste, Heft 2/3 (1940), S. 85–149.
Christian Ulrich Beccau: Geschichte Husums bis zur Ertheilung des Stadtrechts nebst der Stadtverfassung von Husum. Nachdruck der Ausgaben 1840/1854, Sankt Peter-Ording, Bräist/Bredstedt 1988.
Beiträge zur Husumer Stadtgeschichte. Hrsg. von der Gesellschaft für Husumer Stadtgeschichte 1 ff. (1988 ff.).
Blick über Eiderstedt, 4 Bände, hrsg. vom Heimatbund Landschaft Eiderstedt, Heide 1965 u. 1969, Husum 1991 u. 1998.
Reinhard Bordel: The North Frisian Island of Föhr, Heide 1997.
Kurt Boysen: Das Nordstrander Landrecht von 1572, Neumünster 1967.
Dorothea von Chamisso: Pellworm im Jahrhundert der großen Flut, St. Peter-Ording 1986.
Nils Clausen, Günter Pump: Friedrichstadt, Heide 1990.
Hans Christian Davidsen: Bramstedtlund – Geschichte und Geschichten aus einer Schleswigschen Geestgemeinde, 1. Teil, Selbstverlag, Bramstedtlund 1981.
Gert Uwe Detlefsen: Unter Dampf und mit Motor nach Pellworm. Die Chronik der Neuen Pellwormer Dampfschiffahrts GmbH, Bad Segeberg 1991.
Heinrich Erler: Friedrichstadt. Eine holländische Gründung zwischen Eider und Treene, Heide 1977.
Walter Fiedler: Helgoland erleben, 7. Aufl., Breklum 1999.
Ludwig Fischer u.a.: Westerhever – Ein Dorf an der Nordsee. Vergangenheit – Gegenwart – Zukunft, Westerhever 1994.
Föhr. Geschichte und Gestalt einer Insel. Hrsg. von Margot u. Nico Hansen, Münsterdorf 1971.
Kurt Friedrichs: Umkämpftes Helgoland. Der Leidensweg eines Inselvolkes, Helgoland 1988.
Ernst Joachim Fürsen: Der Hardesvogt im Herzogtum Schleswig unter besonderer Berücksichtigung des Zeitraumes von 1721–1867, Kiel 1973.
Malene u. Andreas Gottburgsen: 200 Jahre Marienkoog (1798–1998) und 60 Jahre Galmsbüllkoog (1939–1999), Husum 1999.
Malene Gottburgsen, Wolfgang Hassenpflug: Der Gotteskoog. Landschaft und Bewohner im Wandel der Jahrhunderte, Bad Honnef 1991.
Heinz Hammerich: Eiderstedts Landwirtschaft. Gestern und Heute, Husum 1984.
Hattstedt, unser Dorf. Hrsg. von der Gemeinde Hattstedt. Chronikheft 1 (1989), Chronikheft 2 (1993).
Max Heikens: Erinnerungen eines Helgoländers, Bremen 1995.
Claus Heitmann, Johannes Jasper: Chronicon eiderostadense vulgare, 1103–1537, St. Peter-Ording 1977.
Ulf v. Hielmcrone: Husum – Kleiner Führer durch die Stormstadt, 2. Aufl., Husum 1995.
Christian Jensen: Die Nordfriesischen Inseln Sylt, Föhr, Amrum, Helgoland und die Halligen, 2. Aufl., Lübeck 1927.
Ulrich Jeß: Das Außenkommando des KZ Neuengamme in Ladelund und 40 Jahre gegenwärtiger Geschichte in den Dörfern Putten und Ladelund. In: Jahrbuch für die Schleswigsche Geest 34 (1986), S. 56–74.
Arnold Jessen: Landschaftswandel in den Heidegebieten des Kirchspiels Karlum. In: Jahrbuch für die Schleswigsche Geest 35 (1987), S. 117–154.
Arnold Jessen: Chronik der Kirche zu Karlum, Breklum 1998.
Willers Jessen: Stapelholm. Chronik der Landschaft Stapelholm, Rendsburg 1950.
Manfred Jessen-Klingenberg: Eiderstedt 1713–1864, Neumünster 1967.
Albrecht Johannsen: In den Spuren des Heideweges, Nachdruck: Leck 1997.
Werner Kambeck: Die Wasserlösung Südwesthörn, Bredstedt 1977.

Fritz Karff: Nordstrand, 3. Aufl., Flensburg 1978.

Kleine Schriften zur Mildstedter Geschichte: Heft 1–11, Mildstedt 1979–1992.

Henry Koehn: Die Nordfriesischen Inseln, 5. Aufl., Hamburg 1961.

Georg Koester: Chronik des Marktortes Leck, Leck 1990.

Heinrich Koops: Kirchengeschichte der Insel Föhr, Husum 1987.

Heinrich Koops: Die Insel Föhr. Eine Bibliographie (1961–1985), Bräist/Bredstedt 1991 (Studien und Materialien, 25).

Karl Kuenz: Nordstrand nach 1634, Konstanz 1978.

Johann Kühn: Chronik der Gemeinde Sprakebüll, Sprakebüll/Niebüll 1992.

Harry Kunz, Albert Panten: Die Köge Nordfrieslands, 2. Aufl., Bräist/Bredstedt 1999.

Jutta Kürtz: Föhr, Hamburg 1991.

Rolf Kuschert: Landesherrschaft und Selbstverwaltung in der Landschaft Eiderstedt unter den Gottorfern 1544–1713, Neumünster 1981.

Rolf Kuschert, Hans Jessel: Eiderstedt und Friedrichstadt, Hamburg 1994.

Walter Leistner (Hrsg.): Das Buch von Föhr, 5. Aufl., Wyk 1975.

Klaus Lengsfeld (Hrsg.): Halligleben um 1900, Heide 1998.

Jörn-Peter Leppien: Das waren keine Menschen mehr... In: Grenzfriedenshefte 1983, S. 143–185.

René Leudesdorff: Wir befreiten Helgoland, Bremen 1996.

Christian Levsen: Nachrichten über das Amt Bredstedt, Altona 1821; Nachdruck: Bräist/Bredstedt 1992.

Jens Lorenzen: Die Seefahrtsepoche der Halligen. Eine Sammlung von Berichten über die Lebensverhältnisse auf den Halligen in der Zeit vom 17. bis zum 19. Jahrhundert, Hamburg 1983.

Jens Lorenzen: Die Hallig Nordmarsch-Langeneß in alten Bildern, 2. Aufl., Hamburg 1989.

Jens Lorenzen: Die Halligen in alten Abbildungen, Bräist/Bredstedt 1992.

Hans Meyer: Schwabstedt. 5000 Jahre Schwabstedter Geschichte, 3. Aufl., Schwabstedt 1999.

Dirk Meyer, James Packroß: Helgoland-Bibliographie. Ein Führer durch das monographische Schrifttum über die Insel Helgoland, Helgoland 1987.

Friedrich Müller, Otto Fischer: Das Wasserwesen an der schleswig-holsteinischen Nordseeküste. Erster Teil: Die Halligen, Berlin 1917; Zweiter Teil: Die Inseln, Berlin 1936–38; Dritter Teil: Das Festland, Berlin 1956–58; Vierter Teil: Register, Kiel 1991.

Niebüll. Junge Stadt mit Tradition. Hrsg. von der Stadt Niebüll, Niebüll 1986.

Peter Nissen, Thomas Steensen (Red.): 75 Jahre Stadt Bredstedt, Bredstedt 1975.

Marcus Petersen: Die Halligen. Küstenschutz – Sanierung – Naturschutz, Neumünster 1981.

Petrus Petrejus: Von der Stadt und dem Amt Tondern und vom Deichwesen. Hrsg. von Albert Panten und Heinz Sandelmann, Bräist/Bredstedt 1993.

Georg Quedens: Die Halligen, Breklum 1975.

Georg Quedens: Inselkirchen, Breklum 1980.

Georg Quedens: Die alten Grabsteine auf dem Amrumer Friedhof, Amrum 1984.

Georg Quedens: Das Seebad Amrum, Amrum 1990.

Georg Quedens: Kirche und Friedhöfe auf Amrum, Breklum 1997.

Georg Quedens, Hans Hingst, Gerhard Stück, Ommo Wilts: Amrum: Landschaft – Geschichte – Natur, Amrum 1991.

Henry Peter Rickmers (Hrsg.): Helgoland. Naturdenkmal der Nordsee – Deutsche Schicksalsinsel, Hamburg-Altona 1980.

Henry Peter Rickmers, Frank Woosnam: Helgoland – eine Insel auf dem Weg nach Europa, Otterndorf/Helgoland 1992.

Guntram Riecken: Die Halligen im Wandel, Husum 1982.

Brar V. Riewerts: Die Stadt Husum in Geschichte und Gegenwart, Husum 1969.

Heinz Sandelmann: Recht und Gericht im Volksleben der Bökingharde, Bräist/Bredstedt 1994 (Studien und Materialien, 28).

Heinz Sandelmann: Der Kornkoog. Berichte zum Deich-, Land- und Steuerwesen in der Bökingharde bis Mitte des 19. Jahrhunderts, Bräist/Bredstedt 1997 (Studien und Materialien, 30).

Peter Schmidt-Eppendorf: Sylt. Memoiren einer Insel. Dokumente, Chroniken, Berichte aus 1001 Jahr, Husum 1977.

Peter Schmidt-Eppendorf: Die katholischen Geistlichen auf Nordstrand, Loseblattsammlung, Nordstrand 1976–1992.

Sven Simon (Hrsg.): Sylt. Abenteuer einer Insel, Hamburg 1980.

Sylt. Geschiche und Gestalt einer Insel. Hrsg. von Margot und Nico Hansen, Itzehoe-Voßkate 1967.

Das große Sylt-Buch. Hrsg. von Hans Jessel, Hamburg 1994.

Jakob Tholund: Wyk. Die Stadt auf der grünen Insel Föhr, St. Peter-Ording 1985.

Tönning im Wandel der Zeiten. Bürger schreiben über ihre Stadt. Hrsg. von der Stadt Tönning, Husum 1990.

Eugen Träger: Die Halligen der Nordsee, Stuttgart 1892.

Friedrich Carl Volckmar: Versuch einer Beschreibung von Eiderstädt, Garding 1795; Nachdruck: Husum 1976.

Anita Vollertsen: Vom Handwerk, vom Handel und von anderem Gewerbe (im Kirchspiel Ladelund), Flensburg 1991.

Sönnich Volquardsen: Diedersbüll – Eine Langwarft und ihre Bewohner. In: Zwischen Eider und Wiedau 1976, S. 129–138.

Magnus Voß: Chronik der Kirchengemeinde Ostenfeld im Kreise Husum. In: Jahrbuch des Nordfriesischen Vereins 2 (1904/05), S. 29–183.

Manfred Wedemeyer: Sylter Schmökerlexikon, Essen 1991.

Manfred Wedemeyer: Kleine Geschichte der Insel Sylt, Essen 1993.

Wiedingharde. Daten und Gedanken zu Gestern und Heute. 1231–1981. Hrsg. vom Handels- u. Gewerbeverein, Neukirchen 1981.

Erich Wohlenberg: Die Halligen Nordfrieslands, Heide 1969.

Hans-Walter Wulf: Eiderstedt. Halbinsel der Kirchen, Hamburg 1999.

KREIS NORDFRIESLAND
Ämter und Gemeinden
List
Sylt
Kampen
Wenningstedt
LANDSCHAFT SYLT
Westerland
Sylt-Ost
Rantum
Hörnum
Föhr
Dunsum
Oldsum
Midlum
Oevenum
Süderende
Utersum
FÖHR-LAND
Alkersum
Borgsum
Wrixum
Witsum
Wyk
Nieblum
Norddorf
Nebel
AMRUM
Wittdün
Oland
Gröde
Habel
Langeneß
Hooge
Norderoog
Pellworm
PELLWORM
Süderoog
Südfall
Nordstrandischmoor
Hamburger Hallig
Elisabeth-Sophien-Koog
Nordstrand
NORDSTRAND
Rodenäs
Aventoft
Friedrich-Wilhelm-Lübke-Koog
Klanxbüll
Neukirchen
WIEDINGHARDE
Emmelsbüll-Horsbüll
Humptrup
Ellhöft
Süderlügum
SÜDERLÜGUM
Westre
Uphusum
Holm
Braderup
Lexgaard
Bosbüll
Niebüll
Klixbüll
Karlum
KARRHARDE
Tinningstedt
Ladelund
Bramstedtlund
Achtrup
Leck
Sprakebüll
Galmsbüll
Risum-Lindholm
BÖKINGHARDE
Stedesand
Dagebüll
Stadum
Enge-Sande
Bargum
Ockholm
Langenhorn
STOLLBERG
Bordelum
Lütjenholm
Goldelund
Goldebek
BREDSTEDT-LAND
Högel
Joldelund
Sönnebüll
Bredstedt
Vollstedt
Kolkerheide
Reußenkoge
Breklum
Drelsdorf
Struckum
Almdorf
Bohmstedt
Ahrenshöft
Hattstedtermarsch
Arlewatt
HATTSTEDT
Wobbenbüll
Hattstedt
Olderup
Horstedt
Schobüll
Husum
Weesby
Boxlund
Jardelund
Holt
Medelby
Osterby
Wallsbüll
Schafflund
Handewitt
Horup
Nordhackstedt
Meyn
Lindewitt
Großenwiehe
Wanderup
Lowenstedt
Jörl
Janneby
Norstedt
Haselund
Sollwitt
Süderhackstedt
Sollerup
VIOL
Viol
Behrendorf
Bondelum
Immenstedt
Ahrenviol
Ahrenviölfeld
Oster-Ohrstedt
Treia
Schwesing
Wester-Ohrstedt
Wittbek
Mildstedt
Rantrum
Ostenfeld
Simonsberg
Südermarsch
Oldersbek
TREENE
Winnert
AMT FRIEDRICHSTADT
Uelvesbüll
Norderfriedrichskoog
Witzwort
Schwabstedt
Wisch
Ramstedt
Wohlde
Koldenbüttel
Fresendelf
Hude
Süderhöft
Friedrichstadt
Seeth
Bergenhusen
Norderstapel
Drage
Süderstapel
St Annen
Lehe
Augustenkoog
Osterhever
Westerhever
Tetenbüll
Poppenbüll
Oldenswort
Tümlauer Koog
EIDERSTEDT
Katharinenheerd
Kotzenbüll
Tating
Garding
Kspl. Garding
Welt
Tönning
St Peter-Ording
Grothusenkoog
Vollerwiek
Lunden
Krempel
Groven
Schlichting
Kleve
Karolinenkoog
Rehm-Flehde-Bargen
Hemme
Fedderingen
Hennstedt
Hollingstedt
Wollen
Glüsing
Pahlen
Bergewöhrden
Delve
Erfde
Stelle-Wittenwurth
Wiemerstedt
Strübbel
Hägen
Norderheistedt
Linden
Wesselburenerkoog
Schülp
Neuenkirchen
Weddingstedt
Schalkholz
0
10 km
20 km
Maßstab 1:250000

Register

Ortsregister

Fettdruck verweist auf Abbildungen

Personenregister
Fettdruck verweist auf Abbildungen

Die Deutsche Bibliothek – CIP-Einheitsaufnahme

Das große Nordfriesland-Buch / Thomas Steensen (Hrsg.). – Hamburg: Ellert und Richter, 2000
ISBN 3-89234-886-3

Herausgeber: Thomas Steensen, Bredstedt
Lektorat: Dirk Brietzke, Hamburg
Register: Harald Wolbersen, Bredstedt
Gestaltung: Büro Brückner + Partner, Bremen
Satz: KCS GmbH, Buchholz/Hamburg
Lithographie: ORC Offset Repro im Centrum, Hamburg; Litho-Jankowski, Flensburg
Druck: C. H. Wäser Offset GmbH, Bad Segeberg
Bindung: S. R. Büge, Celle

Das Nordfriisk Instituut dankt der Ministerin für Bildung, Wissenschaft, Forschung und Kultur des Landes Schleswig-Holstein für die Förderung dieser Veröffentlichung. – Für hilfreiche Unterstützung dankt der Herausgeber Marlene Bierbach, Rita Carlsen, Ludwig Fischer, Anke Hoetter, Astrid Karstensen, Harry Kunz, Albert Panten, Fiete Pingel, Hans-Meinert Redlin, Sabine Strangfeld und Nils Århammar.

Abbildungen
(m = Marginalspalte)

Amt für ländliche Räume, Husum: S. 384/385
Andresen, Hans-Günther, Kiel: S. 315 m, 316 o+ul + ur, 319 m, 320
Archiv Ellert & Richter Verlag, Hamburg: S. 25, 139 m, 168 m, 173, 180/181, 183 m, 210 o, 264 or, 294 ur, 301, 339 m, 386 ul, 398 o, 399, 407 m, 427 ul, 439 m
Archiv Peter Carstensen, Hamburg: S. 315 o, 397, 398 ul + m, 415, 427 o + ur
Århammar, Nils, Bredstedt: S. 179 ol + or (aus: Festgabe für die Mitglieder der eilften Versammlung Deutscher Land- und Forstwirthe. Beiträge zur land- und forstwirtschaftlichen Statistik der Herzogthümer Schleswig und Holstein, Altona 1847, S. 1)
Asmus, Walter, Uelvesbüll: S. 395
Boie, Jan, Hannover: S. 266 ol
Dr. Carl Häberlin Friesenmuseum, Wyk auf Föhr: S. 186 m, 324 m
Evert, Heiko, Atelier für Werbung, Hamburg: S. 200
Grunsky, Konrad, Treia: S. 308 ur, 309 m, 327, 329 (2. Abb. v. l)
Heinze, Ottmar, Hamburg: Titel o + ul, S. 12/13, 14/15, 16/17, 18/19, 31 o + ur, 87 o, 102/103, 105 o, 117, 149, 317, 321 o + m, 343, 361, 374 o + ur, 390 o+ur, 418/419, 421 o + ur, 422 ur, 423, 428, 437 ul, 463 o, 490, 497 ul, 509, 511 o
Heitmann, Claus, St. Peter-Ording: S. 382 o, 530
Hoeg, Hans (Verlag Jens Quedens, Wittdün/Amrum): S. 245 m
Hoffmann, Dietrich, Kiel: S. 101, 106 o + u
Hoffmann, Hans, Husum: S. 324 ol + or, 350 ur, 410
Hubrich-Messow, Gundula, Sterup: S. 269 (aus: Hans Würtz, Schleswig-Hosteinische Sagen, Berlin-Schöneberg 1926), 270 m (aus: W. Lobsien, Schleswig-Holsteinische Sagen und Märchen, Hamburg-Großborstel 1916), 273 (aus: Graf Adelbert Baudissin, Schleswig-Holstein meerumschlungen, Stuttgart 1865)
Husumer Schiffswerft, Inh. Gebr. Kröger, Husum: S. 378
Jeß, Ulrich, Ladelund: S. 482, 483 o + ul + ur, 484 m, 485
Kluyver, Urs, Hamburg: S. 98/99, 232/233 (Schleswig-Holsteinische Landesbibliothek, Kiel), 271, 274/275, 277, 299 ur, 302/303, 349, 368 o, 376, 377 ul + ur, 389, 392 ul, 393, 402 ol, 421 ul, 429 o + ul + ur, 432 o + ur, 437 ur, 451 o + ul, 452 o + m, 455, 471 ul, 503 o + u, 504, 507 ul + ur, 513, 516 mo + mm, 527 ul, 528 o
Kreisarchiv Nordfriesland, Husum: S. 225 m, 353 m
Kühn, Hans Joachim, Lürschau: S. 116 m (Archäologisches Landesamt Schleswig-Holstein, Schleswig), 137, 138 or, 159 ol + or
Kühnast, Gerd, Breklum: S. 295 o, 297 o, 298, 299 o + ul, 311 ur, 312/313
Kürtz, Hans Joachim, Kiel: S. 346 ur, 351 ol, 386 ur, 434/435, 437 o, 458 o, 465 ur, 469 o, 505 o, 511 ul + ur, 515 ur, 516 mu, 517 ur, 529 o, 505 o, 511 ul + ur, 515 ur, 516 u, 517 ur, 529 o
Kunsthalle zu Kiel, Kiel: S. 207 (Foto Renard, Kiel), 289
Landesarchiv Schleswig-Holstein, Schleswig: S. 127 (aus: Hans Joachim Kühn, Die Anfänge des Deichbaus in Schleswig-Holstein, Heide 1992, S. 27)
Malcha, Karl I., Langenhorn: S. 496
Museumsberg, Städtische Museen und Sammlungen Flensburg, Flensburg: S. 336 o., 337, 338, 339 o, 340, 381
Musmann, Theo, Detmold: S. 239
© Nolde-Stiftung Seebüll: S. 341 o („Landschaft Nordfriesland") 1920, Ölfarben auf Leinwand, 86,5 x 106,5 cm, signiert unten rechts „Emil Nolde", Nolde-Stiftung Seebüll, Urban 920)
Nordfriesisches Museum, Ludwig-Nissen-Haus, Husum: S. 205 m, 220 mm, 348, 351 or
Nordfriisk Instituut, Bredstedt: S. 139 o, 141, 157 u, 159 m, 168 o (Ernst C. Payns), 169 or + m (Hauke Henck, Nordstrand), 177 (aus: Karl Boie, Schleswig-Holsteinische Siegel des Mittelalters, Neumünster 1931), 179 m, 191 m, 204 (Auswanderer-Archiv Nordfriesland, Bredstedt), 205 or (Auswanderer-Archiv Nordfriesland, Bredstedt), 211, 213 mo (Schleswig-Holsteinische Landesbibliothek, Kiel) + mm + mu (Scheswig-Holsteinische Landesbibliothek, Kiel), 214 ol + mo + mu, 215 (Thomas Steensen), 216 o (Privatbesitz) + mo (Schleswig-Holsteinische Landesbibliothek, Kiel) + mu (Schleswig-Holsteinische Landesbibliothek, Kiel), 217 or + mo, 219 (aus: Paul Tappe, Det gamle Kær Herred i billeder og tekst [Die alte Karrharde in Bild und Text], Tønder 1982), 220 o + mo + mu, 222 o + ul + m, 223 ol + or + m, 224 (aus: Hamburger Illustrierte vom 26.02.1935, S. 22, Nr. 9) + m, 225 o (Christian M. Sörensen), 226/227, 228 o (Ernst C. Payns) + ul + ur, 229 m, 238 ol + mo + mu, 240 m, 244 ol + or + m, 245 ol + or, 246 or (Hans Daniel Ingwersen) + m (Marion Herzog-Hoinkis), 247 ol + or + m, 249, 250, 258 ol + m (aus: Geschichte Nordfrieslands, Heide 1996, S. 167), 259 (Schleswig-Holsteinische Landesbibliothek, Kiel), 291 o (aus: Gustav Wolf, Haus und Hof deutscher Bauern. Erster Band: Schleswig-Holstein, Berlin 1940, Bildteil, S. 8), 305, 306/307, 309 or (Ernst C. Payns), 328 u (nach E. J. v. Westfalen, Monumenta inedita, Bd. I, Leipzig 1739), 329 (Abb. 1, 3, 4, 5, 6 v. l., aus: L. C. Peters, Nordfriesland, Husum 1929), 335 (Privatbesitz), 336 m (Gerd Remmer, Flensburg), 341 m, 353 o (Privatbesitz), 355 or (R. Dührkoop, Hamburg 1939) + m (Theodor Kähler, Kiel 1899), 356 (aus: Henry Koehn, Die Nordfriesischen Inseln, Hamburg 1939, Tafel 140), 363 m (Landesarchiv Schleswig-Holstein), 367 o (Ernst C. Payns) + ur (Ernst C. Payns), 371 (aus: Kalender Jarling 1979), 386 o, 391 (Heinz Clausen, Pellworm), 409 m (Bohmstedter Chronik), 420 m (aus: Geschichte Nordfrieslands, S. 279), 431 (Stahlstich von Albert Henry Payne, 1863), 438 o (Ernst C. Payns) + m, 449, 456 (Ernst C. Payns), 457 (Ernst C. Payns), 461 ul + ur (Ernst C. Payns), 466 (Hans Harro Hansen, Nordstrand), 467 o (Hans Harro Hansen) + ul (Hans Harro Hansen) + ur (aus: Henry Koehn, Die Nordfriesischen Inseln, Hamburg 1939, Tafel 132), 477 o + ul + ur (alle Ernst C. Payns), 481 (Ernst C. Payns), 489 o (Ernst C. Payns) + ul (Ernst C. Payns) + ur (Theodor Möller), 493 mu, 494 m (Schleswig-Holsteinische Landesbibliothek, Kiel), 495 m (Privatbesitz), 498 o + u (beide Ernst C. Payns), 499 (Ernst C. Payns), 502 (Ernst C. Payns), 505 m (Jürgen Dietrich, Husum), 510 (Ernst C. Payns), 521, 522 m, 526 m, 528 m (Gisela Hoffmann, Leck 1905)
Ohms, Reiner, Hamburg: S. 496 ol
Panten, Albert, Niebüll: S. 153, 154 ol, 154/155, 165 or, 171, 172, 175, 178 (der Grabstein befindet sich bei der Kirche in Deezbüll), 257 (Königliche Bibliothek, Kopenhagen), 328 o, 330 r + m, 331 o + ul + ur, 500/501
Pasdzior, Michael, Hamburg: S. 26/27, 29 o, 62/63, 164, 209, 272, 278 o + ul, 279, 281 o + ur, 283 o + ur, 284 o + ul, 285 o + u, 350 o, 392 o + ur, 453 o + m, 471 ur, 487 o + ul + ur, 507 o, 508, 515 o, 517 o + ul, 519 o + ul +ur, 523 o + ul + ur, 524, 525 o + ul + ur, 526 o, 527 o + ur, 529 ul + ur, 531 o + ul + ur, 532/533
Pauseback, Paul-Heinz, Husum: S. 203
Pechuel-Lösche, Klaus, Uelvesbüll: S. 304 (Albert Johannsen, Friesische Stube auf Föhr)
Pressebilderdienst Kindermann, Berlin: S. 267
Quedens, Georg, Norddorf/Amrum: Titel um + ur, S. 10/11, 22/23, 29 ul + ur, 31 ul, 32/33, 35 ul + ur, 42 m, 43 o, 44/45, 47 o + ul + ur, 49 o + ur, 50, 54, 55 o + ur, 56/57, 59 o + ul, 65 o + ul + ur, 67 o + ul + ur, 68/69, 71, 73 ul + ur, 75 o + ul + ur, 76 o + ul + ur, 78/79, 80, 81 o + ul + ur, 82 o + ul + ur, 83, 84/85, 87 ul + ur, 88 m, 89 o + ul + ur, 90 o + ul + ur, 93, 95, 96, 97, 104, 105 ul, 107, 113, 130/131, 133 o + ul + ur, 147, 151, 157 o, 166/167, 183, 184 o + m, 185 o + m, 187, 188 o + ul + ur, 192/193, 194 o + ul + ur, 214 mm, 217 mu, 239 o, 280 o + ul, 285 o + ur, 294 o, 308 ul, 311 o + ul, 323, 325 ol + m, 333 ol + or, 345o, 346 o + ul, 347, 364 o + ul, 365, 368 m, 369 o + ul + ur, 374 ul, 375, 377 o, 390 ul, 394 o + ul + ur, 398 ur, 401 o + ul + ur, 404/405, 416 ul + ur, 417, 422 o + ul, 424, 425, 432 ul, 441, 442, 443 o + ul + ur, 444, 445 o + ul + ur, 446 o + ul, 447 o + ur, 451 ur, 454 ur, 459, 461 o, 465 o + ul, 469 ul + ur, 471 o, 472 ur, 475, 478, 479, 491, 497 ur
Raabe, Walter, Friedrichstadt: S. 21, 61, 416 o, 465 o + ul, 469 ul + ur, 471 o, 475, 478, 479, 491, 496 o, 497 ur, 514 m, 515 ul, 518 ol + or
Reise, Karsten, List/Sylt: S. 39, 43 ul, 49 ul, 51 mo + mu
Rickmers, Henry P., Helgoland (Nachlaß Sammlung Franz Schensky): S. 450 o.
Roeloffs, Brar, Mielkendorf: S. 363 o
Rosenborg Slot, Kopenhagen: S. 407 or
Sandelmann, Heinz, Niebüll: S. 294 ul, 362 o
Schiffahrtsmuseum Nordfriesland, Husum: S. 121
Schleswig-Holsteinische Landesbibliothek, Kiel: S. 243, 263, 264 ol, 265 ol + or, 266 m, 316 m (aus: Hans-Günther Andresen, Bauen in Backstein, Heide 1989, S. 51), 354 (Foto: Ström, Husum)
Stiftung Schleswig-Holsteinische Landesmuseen, Archäologisches Landesmuseum, Schleswig: S. 118/119
Stiftung Schleswig-Holsteinische Landesmuseen, Landesmuseum für Kunst und Kulturgeschichte, Schleswig: S. 308 o, 493 mo
Schmidt, Thorsten, Bremen (Kultur Buch Bremen, Verlag Thorsten Schmidt, Bremen): S. 450 m
Segschneider, Martin, Kiel: S. 109, 110 o + m, 111 mo + mu (alle: Archäologisches Landesamt Schleswig-Holstein, Schleswig), 112 (Stiftung Schleswig-Holsteinische Landesmuseen Schloß Gottorf, Schleswig), 114, 115 (Nationalmuseum, Kopenhagen), 116 or, 118/119 (Stiftung Schleswig-Holsteinische Landesmuseen Schloß Gottorf, Schleswig)
Speck, Bernhard, Mölln: S. 123
Staatsarchiv der Freien und Hansestadt, Hamburg (Fotos: Kiemer & Kiemer, Hamburg): S. 124/125, 129
Steensen, Thomas, Bredstedt: S. 55 ul, 210 m, 253 m, 255 m, 379 o, 494 ol
Sühl, Heinz-Werner, Niebüll: (aus: Trachten in Nordfriesland, hrsg. vom Nordfriesischen Verein e.V., Risum-Lindholm): S. 332 m, 333 mil, mir, ul + ur
Syltbild Stöver, Wenningstedt/Sylt: S. 191 o
Theodor-Storm-Gesellschaft, Husum: S. 260 ol + m, 261 o (Foto: Callsen, Husum) + ul
Verein für Bredstedter Geschichte und Stadtbildpflege e.V., Bredstedt: S. 372, 373, 383 (Foto: A. Sternberg, Hamburg 1908, Repro: Helmut Hansen), 439 o
Volquardsen, Sönnich, Tetenbüll: S. 197, 198, 199, 201 o + m
Wernicke, Klaus, Dagebüll: S. 35 o, 36/37, 40/41, 73 o, 132 m, 144/145, 146 o + ul + ur, 160/161, 286, 287, 293 o, 472 o + ul, 497 o

Zeichnungen

Archiv Ellert & Richter Verlag, Hamburg: S. 25, 180/181, 183 m, 221, 230 ol + or, 280 ur, 291 ur, 293 ur, 295 ur
Andresen, Hans-Günther, Kiel: S. 318 ol (aus: Der Bauzeichner, Lübeck 1910), 319 o
Asmus, Walter, Uelvesbüll: S. 382 m, 383 ur, 395
Hoffmann, Dietrich, Kiel: S. 101, 106 o + u
Kelch, Rudolf-Eugen, Husum: S. 53
Kreisarchiv Nordfriesland, Husum: 317 m (aus: Der Bauzeichner, Lübeck 1910)
Kühn, Hans Joachim, Lürschau: S. 127, 135 (aus: Die Anfänge des Deichbaus in Schleswig-Holstein, Heide 1992, S. 22), 136 (aus: Der frühe Deichbau in Nordfriesland, Bredstedt 1989, S. 30), 138 l (aus: Der frühe Deichbau in Nordfriesland, Bredstedt 1989, S. 45), 158
Newig, Jürgen, Flintbek: S. 143 (aus: Das große Schleswig-Holstein Buch, Hamburg 1996), 150
Nordfriesisches Museum, Ludwig Nissen Haus, Husum: S. 458 ur
Nordfriisk Instituut, Bredstedt: S. 139 o, 141, 148 o, 163 (aus: Geschichte Nordfrieslands, S. 63), 235, 236, 278 m, 291 mil + mir (aus: Gustav Wolf, Haus und Hof deutscher Bauern. Erster Band: Schleswig-Holstein, Berlin 1940, Bildteil, S. 8), 292 m (aus: Haus und Hof deutscher Bauern, Tafel 3), 293 mil + mir (aus: Haus und Hof deutscher Bauern, Tafel 12), 294 mi (aus: Haus und Hof deutscher Bauern, Tafel 12), 295 mil + mir, 297 mil + mir + u (aus bzw. nach: Haus und Hof deutscher Bauern, Tafel 76), 362 m, 379 m, 408 ol (aus: Geschichte Nordfrieslands, S. 109), 409 or (aus: Karl-Peter Kööp (Hrsg.), Quellen und Materialien zur nordfriesischen Geschichte, Bredstedt 1992, S. 134), 412 ol + or (aus: L. C. Peters, Nordfriesland, Husum 1929), 413 ol + or (aus: L. C. Peters, Nordfriesland, Husum 1929), 460 ol + m, 464, 470, 476, 514
Panten, Albert, Niebüll: S. 148 m, 165 m
Verein Schleswig-Holsteinisches Freilichtmuseum, Molfsee: S. 294 ur (aus: Führer durch das Schleswig-Holsteinische Freilichtmuseum, Neumünster 1994, S. 76)
Wasser und Schiffahrtsamt, Tönning: S. 388 m